गीता ज्ञान

(गीता कथा)

गीता ज्ञान

गीता कथा

स्वामी मधुसूदन सरस्वतीकृत "गीताध्यानम्" सहित "श्रीमद्भगवद्गीता" के सम्पूर्ण श्लोक, उनका पदच्छेद, सरल हिन्दी में पदार्थ एवं श्लोकानुवाद, दुरूह भावों तथा दुर्गम स्थलों को सुगम बनाने के लिए टिप्पणी के रूप में विस्तृत विवेचन, अध्यायों के नामों का स्पष्टीकरण, प्रत्येक अध्याय का सारांश, अगले–पिछले अध्यायों व श्लोकों का पारस्परिक सम्बन्ध, महाभारत और गीता के प्रतिपाद्य विषयों पर विचारोत्तेजक आलेख तथा रोचक एवं शिक्षाप्रद परिशिष्टों से सम्पन्न गीता–प्रेमियों के लिए परमोपयोगी पाठ्यसामग्री

लेखक

ब्रह्मदत्त वात्स्यायन

एम.ए. (दिल्ली), शास्त्री (पंजाब),

साहित्यशास्त्री (वाराणसी)

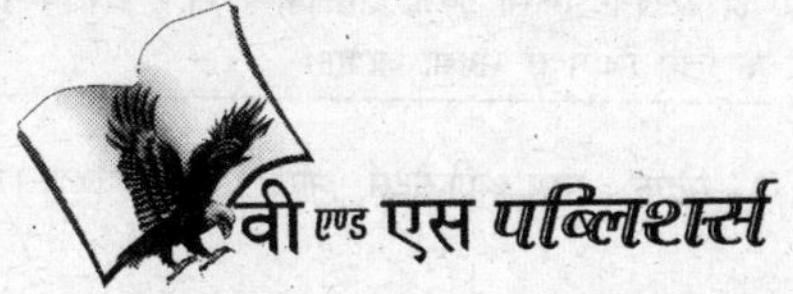

प्रकाशक

वी एण्ड एस पब्लिशर्स

F-2/16, अंसारी रोड, दरियागंज, नई दिल्ली-110002
☎ 23240026, 23240027, 23240028
info@vspublishers.com • www.vspublishers.com

Online Brandstore: amazon.in/vspublishers

क्षेत्रीय कार्यालय : हैदराबाद
5-1-707/1, ब्रिज भवन (सेन्ट्रल बैंक ऑफ इण्डिया लेन के पास)
बैंक स्ट्रीट, कोटी, हैदराबाद-500 095
☎ 040-24737290
vspublishershyd@gmail.com

फ़ॉलो करें:   

BUY OUR BOOKS FROM: AMAZON FLIPKART

ISBN 978-93-813844-9-7

नवीन संस्करण

अस्वीकरण

इस पुस्तक में सटीक समय पर जानकारी उपलब्ध कराने का हर संभव प्रयास किया गया है। पुस्तक में संभावित त्रुटियों के लिए लेखक और प्रकाशक किसी भी प्रकार से जिम्मेदार नहीं होंगे। पुस्तक में प्रदान की गयी पाठ्य सामग्रियों की व्यापकता या सम्पूर्णता के लिए लेखक या प्रकाशक किसी प्रकार की वारंटी नहीं देते हैं। पुस्तक में प्रदान की गयी सभी सामग्रियों को व्यावसायिक मार्गदर्शन के तहत सरल बनाया गया है। किसी भी प्रकार के उद्धरण या अतिरिक्त जानकारी के स्रोत के रूप में किसी संगठन या वेबसाइट के उल्लेखों का लेखक या प्रकाशक समर्थन नहीं करता है। यह भी संभव है कि पुस्तक के प्रकाशन के दौरान उद्धृत वेबसाइट हटा दी गयी हो।

इस पुस्तक में उल्लिखित विशेषज्ञ के राय का उपयोग करने का परिणाम लेखक और प्रकाशक के नियंत्रण से हटकर पाठक की परिस्थितियों और कारकों पर पूरी तरह निर्भर करेगा।

पुस्तक में दिये गये विचारों को आजमाने से पूर्व किसी विशेषज्ञ से सलाह लेना आवश्यक है। पाठक पुस्तक को पढ़ने से उत्पन्न कारकों के लिए पाठक स्वयं पूर्ण रूप से जिम्मेदार समझा जायेगा।

उचित मार्गदर्शन के लिए पुस्तक को माता-पिता एवं अभिभावक की निगरानी में पढ़ने की सलाह दी जाती है। इस पुस्तक के खरीददार स्वयं इसमें दिये गये सामग्रियों और जानकारी के उपयोग के लिए सम्पूर्ण जिम्मेदारी स्वीकार करते हैं।

मुद्रक : परम ऑफसेटर्स, ओखला, नयी दिल्ली-110020

मेरे प्रेरणास्रोत—मेरे आस्थाबिन्दु

(प्रातःस्मरणीय) **पं० रामस्वरूप** (पिताश्री) **एवम्** (मांगल्यमयी) **भगवान्-देई** (माताश्री)

की तापत्रयहारिणी—परमपुण्यप्रदायिनी—स्मृतिको "गीताकथा" रूपिणी विनम्र उपहृति

क्या — कहाँ ?

गीताकथा

कथा क्यों ?

हरियाणेमें एक कहावत है — "घोड़े कै नाल जड़ी जावै थी, तो मींडकी नै भी लात ठाई अक मेरै भी जड़ दे"। कुछ ऐसा ही विचार श्रोता अथवा पाठकके मस्तिष्कमें उठना स्वाभाविक है यह जानकर कि गीतापर हमने भी एक किताब लिख डाली। वह सोचेगा कि दालभातमें यह मूसलचन्द कौन ? इन महाशयको लेखक ही बननेका शौक़ पूरा करना था, तो उसके लिए कोई और विषय छाँट लिया होता, न कि विश्वविख्यात हिन्दुधर्मचूड़ामणि श्रीमद्भगवद्गीताका गूढ़ एवं गम्भीर तथ्य। और फिर, पिछले कई सहस्र वर्षोंमें इस दिव्यसन्देशरूपी अथाह क्षीरसागरके देशीय व विदेशीय तत्त्वदर्शियों तथा मर्मज्ञोंद्वारा गहन मन्थन-विलोडनसे इतने प्रचुर अमूल्य ज्ञानरत्न निकाले जा चुके हैं कि अवशिष्टोंमें से एक-आध प्रशस्तनग ये साहब भी निकाल पाएँगे, यह नितान्त सन्देहास्पद है।

इस प्रकारकी सभी आशंकाओं एवं जिज्ञासाओंके उत्तरमें हमारा यही विनम्र निवेदन है कि हमें भलीभाँति अहसास है कि सही अर्थोंमें लेखक बनना कोई बच्चोंका खेल नहीं, बड़ी खाँडेकी धार है। साथमें, हमें अपनी औक़ातका भी पूरा पता है कि हम कितने पानीमें हैं। अतः, हम तो लेखक होनेका दावा ही नहीं करते। और, न ही हम इस धोखेमें हैं कि श्रीमद्भगवद्गीताके किसी गुह्य सार अथवा गुप्त तत्त्वको हम भी कभी उजागर कर देंगे। ये सब बातें तो हमारी कल्पनाकी परिधिसे भी कोसों-कोसों दूर हैं।

यह सब कुछ होने पर भी, हम कहना चाहेंगे कि प्रस्तुत पुस्तक लिखनेका दुस्साहस करनेकी तहमें सुदीर्घ कालसे कचोटती हुई एक अन्तर्वेदना है। विद्यार्थी-जीवन ही से एक चुभन चली आ रही थी कि गीता जैसे भवभयहारी, मानवमंगलकारी, विश्वसम्मान्य, अनुपम ग्रंथका लाभ हमारे देशके करोड़ों हिन्दीभाषियोंको क्यों नहीं पहुँच पा रहा है। हमारे यहाँ गीताके विविध भाष्यों,

अनुवादों व संस्करणोंकी कमी नहीं है। किन्तु वे, बहुलतासे, संस्कृत, अंग्रेजी, अन्य विदेशी व देशी भाषाओंमें उपलब्ध हैं। गीता-सम्बन्धी हिन्दी रचनाओंका अपने देशमें अकाल है, ऐसी बात कदापि-कदापि नहीं है। परन्तु उनका अध्ययन उच्च अथवा उच्चमाध्यमिक शिक्षास्तरके व्यक्ति ही कर सकते हैं। इस कटुसत्यको स्वीकार करनेमें हमें रञ्च मात्र भी संकोच नहीं होना चाहिए कि इन हिन्दी ग्रन्थोंमें — कुछ उत्कृष्ट अपवादोंको छोड़कर — अधिकांशतः, गीताके श्लोकों तथा उनपर लिखे हुए भाष्योंका अर्थ मात्र शाब्दिक, भाषा क्लिष्ट, टीकापद्धति कुटिल एवं व्याख्याशैली जटिल होती है। फलतः, बेचारे पाठकको केवल अध्ययनसे ही सन्तोष करना पड़ता है और गीताके गूढ़ार्थ तथा प्रेरक तत्त्वसे वञ्चित रहना पड़ता है।

दुर्भाग्यवश, ऐसे लाभवर्जित व्यक्ति हमारे देशवासियोंका अतिप्रबल बहुलांश हैं, क्योंकि हिन्दी लिखनेपढ़नेवालों, बोलनेवालों तथा समझनेवालोंकी कुल संख्या भारत ही में ६० करोड़से कम नहीं है। अपने देशमें जनताका इतना एक विशाल सागर श्रीमद्भगवद्गीता जैसे राष्ट्रीय ग्रन्थके शुभालोकसे शून्य रह जाए, क्या यह एक राष्ट्रीय विडम्बना नहीं है ? हिमालयकाय इसी क्षतिकी लवांशपूर्तिके हेतु प्रस्तुत "गीताकथा" एक अकिञ्चन एवं नगण्य प्रयास है।

इस सदुद्देश्यकी प्राप्तिके लिए गीता-विवेचनमें यह शैली अपनाई गई है कि पहले संस्कृतमें मूलश्लोक दिया गया है, फिर अर्थसहित पदच्छेद (पद०), तत्पश्चात् अनुवादके रूपमें सारे श्लोकका अर्थ (अनु०) और, अन्तमें, दुर्गमस्थलोंके स्पष्टीकरण तथा दुस्तर विषयोंको समझनेके लिए टिप्पणी (टि०) दी गई है। यथासम्भव, भाषाको सरल, विषयविवरणको सुगम तथा वस्तुविन्यासको सरस रक्खा गया है। सर्वोपरि चेष्टा यही रही है कि पाठक यदि आदिसे अन्ततक केवल श्लोकार्थों (अनु०) तथा टिप्पणियों (टि०) ही को पढ़ जाए, तो उसे ऐसा लगे कि वह दर्शनतत्त्वसम्बन्धी किसी गूढ़ार्थक धर्मपुस्तक (गीता) को नहीं, बल्कि उसकी कथा (कहानी) को कहानी ही की भाँति निर्बाधगति से, चटखारे ले ले कर, पढ़ रहा है और, साथ में, भगवान्के अलौकिक उपदेशसे आनन्द-विभोर भी हो रहा है।

पुस्तक में कहीं-कहीं — बहुत ही कम — ग्राम्य भाषा का भी प्रयोग किया गया है, जो, मुख्यतया, ग्रामीण पाठकोंकी सुविधा, सुरुचि तथा आत्मीयताकी अनुभूतिके लिए किया गया है, ताकि चिरकालसे उपेक्षित, बहुसंख्यक ये ग्रामीण भाई-बहिनें भी यह समझें कि हिन्दी भाषा उनकी अपनी है, गीता उनकी अपनी है तथा यह "कथा" भी उनकी अपनी है।

इसी "कथा" को सहृदय एवं विवेकशील पाठकोंके समक्ष प्रगाढ़-प्रणतिपूर्वक प्रस्तुत करनेमें जहाँ हमें अपार हर्ष हो रहा है, वहाँ, असीम-कृतज्ञता-वश, कोटिशः प्रणमन किए बिना नहीं रहा जाता उस चराचरनियन्ता, ब्रह्माण्डाधिष्ठाताको, जिसके कृपाकटाक्षमात्र ही से यह सत्कर्म सम्पन्न हो पाया है। उसीने यह लिखनेकी प्रेरणा दी, उसीने वाञ्छनीय क्षमता दी, उसीने सब साधन जुटाए ; सब कुछ उसीका खेल है, यह प्रत्यक्ष दिखाई देनेवाला बखेड़ा तो केवल प्रपञ्च है।

फिर, भारी आभारभारसे नत हो जाता है हमारा मस्तक उन प्राचीन व अर्वाचीन शास्त्रकारों तथा आचार्यों, भाष्यकारों तथा मनीषियों, वीतराग संन्यासियों तथा प्रकाण्ड पण्डितोंके लिए जिनके प्रत्यक्ष वा परोक्ष, लिखित वा कथित ज्ञानविन्यासने यह सन्मार्ग आलोकित किया। इनका पृथक्-पृथक् निरूपण एक असम्भव सी प्रक्रिया है, किन्तु "कथा" के इन तीन प्रमुख स्रोतोंका यहाँ उल्लेख न करना नितान्त कृतघ्नता होगी। इनमें सर्वोपरि है गीताप्रेस, गोरखपुर। इस उदारचरित, धर्मपरायण संस्थाकी जितनी भी प्रशंसा की जाए वह कम है। हमारे जीवनपर तो इसकी अमिट छाप है। बाल्यकालमें (इसी प्रेसमें छपे) "कल्याण" अंकोंमें रंगीन चित्रोंको देखकर मुग्ध होते थे, कैशोर्यमें चित्रोंके नीचे लिखी पंक्तियों तथा मोटे-मोटे शीर्षकोंको पढ़कर मुदित होते थे और युवावस्थामें धार्मिक लेखों तथा कविताओंके अध्ययनसे आनन्दित होते थे। विचाराधीन ग्रन्थके निर्माणमें तो (इसी प्रेसद्वारा प्रकाशित) श्रीमद्भगवद्गीता (हिन्दी) एवं "कल्याण" के "गीतातत्त्वांक" का पग-पग पर आश्रय लिया गया है।

दूसरा स्रोत लाहौरके मुफ़ीद-ए-आम प्रेसमें सन् १९०५ में छपी पं॰ मंगलदास जी साधुचरणदासीद्वारा उर्दूभाषामें अनूदित स्वामी मधुसूदन सरस्वती-कृत टीका-सहित श्रीमद्भगवद्गीता है। तीसरा स्रोत मायावती (अल्मोड़ा) स्थित अद्वैत आश्रमके आदिम प्रधान, स्वामी स्वरूपानन्द जी, द्वारा सन् १९०३ में अंग्रेज़ीमें रूपान्तरित श्रीमद्भगवद्गीता है। कहना न होगा, इन दोनों पाण्डित्यपूर्ण, प्रशस्त कृतियोंका भी हमने भरपूर लाभ उठाया है।

एक जघन्य पातक मुँह बाये हमारे सामने खड़ा होगा, यदि इस सन्दर्भमें हम अपने दिवंगत माता-पिताके प्रति नम्रातिनम्र कृतज्ञता न प्रकट करें। सच तो यह है कि उनकी सर्वतोमुखी उपकृतियोंसे हमारा रोम-रोम इतना लदा पड़ा है कि जन्म-जन्मान्तरमें भी उनसे उऋण होना सम्भव नहीं। उनका उत्तमोत्तम उपकार जो हमारे सिर पर है, वह है गीर्वाणवाणी-मन्दिरके दर्शन कराना। उनकी पावनस्मृतिको कोटिशः नमन !

प्रस्तुत पुस्तककी रचनामें, हमारे कनिष्ठ भ्राता, (ब्रिगेडियर) श्रीदत्त, ने एक प्रेरक, प्रोत्साहक एवं सहायकके रूपमें अतिमहत्त्वपूर्ण भूमिका निभायी है। ईश्वर करे वह चिरायु हो और उसकी सात्त्विकी बुद्धि बनी रहे!

हम प्रकाशन संस्था, पुस्तक महल, दरियागंज, नई दिल्ली, के व्यवस्थापक/सञ्चालक, श्री रामावतार गुप्त जी, के हृदयसे आभारी हैं, जिनके सौजन्य, सहयोग तथा सौम्य व्यवहारके कारण "गीताकथा" इतने सुचारु ढंगसे प्रकाशमें आ पाई है। साथ ही, उनके सभी कार्यकर्ताओं तथा निश्शेष कर्मचारियों को भी भुला देना सम्भव नहीं, जिनकी कार्यदक्षता, कर्तव्यनिष्ठा तथा कर्मण्यता इतने अल्प समयमें इसे तैय्यार करने में सफल हो पाई है। निस्सन्देह, वे सभी प्रशंसा व बधाईके पात्र हैं।

अन्तमें, हम यह निवेदन करना परमावश्यक समझते हैं कि "गीताकथा" में हमने कोई अपना मत प्रतिपादित नहीं किया है, अपितु प्रस्तुत विषयपर उपलब्ध अनेकानेक ग्रन्थोंके सार एवं मन्तव्यों ही का यथारूप समावेश कर दिया है। इस काण्डमें हमारी भूमिका केवल एक सन्देशवाहक (दूत वा डाकिये) की सी है। विचार-सञ्चारकी इस प्रक्रियामें यदि कहीं कुछ गड़बड़ी हो गई है, तो उसके लिए दोषी हम, और केवल हम, ही हैं। ऐसे स्थलोंपर, अपनी भूल-सुधारके लिए प्रबुद्ध एवं समवेदनशील पाठकोंसे हमारा प्रबल अनुरोध है कि वे कृपया हमारी त्रुटियों व न्यूनताओंसे हमें अवश्य अवगत करायें, ताकि हम उन्हें न केवल सधन्यवाद अंगीकृत ही कर सकें, बल्कि यथाशीघ्र निराकृत भी। ऐसे प्रकरणोंमें हमें उनके प्रशस्त मार्गदर्शनकी ईप्सा है।

एक तत्त्वदर्शी मर्मज्ञने, इसी परिप्रेक्ष्यमें, जानकारी (ज्ञान) की दृष्टिसे मनुष्यजातिको निम्ननिर्दिष्ट चार श्रेणियोंमें विभक्त किया है —

(१) जो जानता है और जानता है कि वह जानता है, बुद्धिमान् है — अन्ततक उसका अनुसरण करो।

(२) जो जानता है और नहीं जानता है कि वह जानता है, भुलक्कड़ है — उसे याद दिलाओ।

(३) जो नहीं जानता है और जानता है कि वह नहीं जानता है, सीधा-सादा (सरल) है — उसे सिखाओ।

(४) जो नहीं जानता है और नहीं जानता है कि वह नहीं जानता है, मूर्ख है — उससे दूर रहो।

हमारा नम्बर इनमें से तीसरी श्रेणीमें आता है। अतः, जागृत विपश्चित् हमें सही बात सिखानेका अनुग्रह करें।

तनिक देखिए, इसी भावको ग्रामीण भाषामें कितनी सुन्दर, सरल, परन्तु प्रभावपूर्ण, रीतिसे शब्दबद्ध किया गया है — "जो गल्ती ना करै, वो रामजी ; जो गल्ती करै, वो माणस ; जो गल्ती नै समारै, वो देवता ; जो ना समारै, वो डला ना ढीम।"

इस विभाजनके अनुसार भी हम तीसरी ही श्रेणीमें आते हैं। यद्यपि हम देवता होने या कहलानेकी अनधिकार चेष्टा नहीं करते, तथापि इतना हमें भलीभाँति ज्ञात है कि ग़ल्ती करना हमारा मानवीय धर्म है, किन्तु उसका बोध हो जाने या क़रादेनेपर उसके निराकरणके लिए भरसक प्रयत्न करना हमारा जीवन-सिद्धान्त।

विद्याविलास,
३४-डी, गुलमोहर पार्क,
नई दिल्ली - ११००४९

विज्ञों व विरक्तोंका पदरज,
ब्रह्मदत्त वात्स्यायन

जन्माष्टमी, वि0 सम्0 २०४५
(३ सितम्बर, सन् १९८८)

मोहग्रस्त अर्जुन

दोनों पक्षोंकी सेनाओंमें अपने ही बन्धु-बान्धवों एवं सखा-सम्बन्धियोंको युद्धमें मरने-मारनेके लिए खड़ा देखकर, अर्जुन मोह-ममता तथा शोक व करुणासे आक्रान्त हो जाता है और किंकर्तव्य-विमूढ़ हो भगवान् श्रीकृष्णसे मार्गदर्शनके लिए विनति करता है ।

गीता किसमें ?

गीता महाभारतमें है। महाभारत एक इतना प्राचीन, विशाल व सारगर्भित ग्रंथ है कि रामायण और यह हिन्दुधर्म एवं संस्कृतिके पदयुगल कहे जाते हैं। महाभारतका किसने कब निर्माण किया, विद्वानोंका इसपर भारी मतभेद है। और इसका मुख्य कारण है संस्कृत साहित्यमें सामान्यतया इतिहासकी उपेक्षा।

यह विषय नितान्त शोचनीय है कि संस्कृत जैसी लोकोत्कृष्ट, भव्यभावमयी भाषाके लेखकोंने जहाँ सूक्ष्मातिसूक्ष्म तत्त्वोंका भी इतना मार्मिक व विशद विवेचन किया है, वहाँ अपने वैयक्तिक जीवनके सम्बन्धमें वे एकदम मौन रहे हैं। दुष्परिणामतः, इस क्षेत्रकी प्रायः सभी कृतियों तथा उनके कर्ताओंके कालके बारेमें पुराविदों एवं शोधकोंने अपनी-अपनी रुचि व तर्कके अनुकूल पृथक्-पृथक् मत प्रतिपादित कर दिये हैं। उदाहरणार्थ, विश्वकी प्राचीनतम साहित्यिक रचना — ऋग्वेद — का प्रारम्भिक काल विद्वनोंद्वारा १२०० ई॰पू॰, १५०० ई॰पू॰, २५०० ई॰पू॰, ४५०० ई॰पू॰ तथा ६००० ई॰पू॰ के रूपमें विविध रीतियोंसे आँका गया है। और तो और, कविकुलावतंस कालिदासके भी जीवनकालपर आचार्योंका मतवैषम्य, एक सुदीर्घ समय तक, १,००० वर्षोंका बना रहा और अब भी वह दो तीन सौ वर्षोंका है।

इसी प्रकार, महाभारतके बारेमें भी विद्वद्गण अपनी अलग-अलग अटकलें लगाए हुए है। परन्तु वह तीन बातोंपर पूर्णतः सहमत है — (i) इसकी रचना एक व्यक्तिने नहीं, अनेक व्यक्तियोंने की है ; (ii) अपने वर्तमान रूपमें पहुँचनेतक इसे, विभिन्न कालखण्डोंमें, तीन निर्माणप्रक्रियाओंमें से गुज़रना पड़ा है ; और (iii) अपने आद्यतम रूपमें, इसका अंकुरीकरण वैदिककालके अन्तिम चरणमें आरम्भ हो गया था। यह उस समयकी वैदिक रचनाओंमें महाभारतसम्बन्धी उल्लेखोंसे ज्ञात हो जाता है। दृष्टान्तके रूपमें, यजुर्वेदमें कुरु तथा पाञ्चाल जनजातियोंका उल्लेख है, काठक संहितामें राजा धृतराष्ट्र-वैचित्रवीर्यका, शतपथ ब्राह्मणमें जनमेजय (अर्जुनके प्रपौत्र) का और आश्वलायनगृह्यसूत्रमें भारत एवं महाभारतका।

रचनाके तीनों स्वरूपोंमें आकृति तथा वस्तुविषयकी दृष्टिसे प्रचुर विविधता होनेपर भी, महाभारत अपने बीजतत्त्वको, आदिसे अन्ततक, ज्यों-का-त्यों बनाए हुए है। यह बीजतत्त्व है अठारह-दिवसीय कौरव-पाण्डव कुरुक्षेत्रयुद्धमें पाण्डवोंका, कृष्णनेतृत्वमें, विजय प्राप्त करना। इसी आधारसूत्रमें सहस्रों आख्यान-उपाख्यान मालाके मणकोंकी भाँति गुथे हुए हैं। महाभारतकी प्रथम निर्मितिमें, इस युद्धको कुरु-पाञ्चाल युद्धसे अभिहित किया गया है। इन पाञ्चालों ही को कालान्तर में, पाण्डुकी सन्तति होने के कारण, पाण्डव कहा जाने लगा। इस युद्धके दुष्परिणाम इतने भयंकर, व्यापक व दूरगामी निकले कि भारतके उत्तरपश्चिमसे पूर्वतक फैले उस विशाल क्षेत्रमें यह सर्वत्र चर्चाका मुख्य विषय बन गया। चारणों, भाटों एवं कवियोंने अपनी-अपनी भाषामें इसपर पद्यरचनाएँ कीं। धीरे-धीरे स्थानीय गाथाओं, पारम्परिक लोककथाओं तथा प्रचलित धार्मिक व नैतिक आख्यानोंको भी उनमें जोड़ा जाने लगा। फलतः, कुछ ही शताब्दियोंमें एक ही ऐतिहासिक घटनाके अनेक पद्यमय क्षेत्रीय संस्करण बनगए, जो बहुधा अस्पष्ट, असंगत व परस्परविरोधी थे।

ऐसी स्थितिमें, एक दूरद्रष्टा, युगप्रवर्तक मनीषीके मस्तिष्कमें विचार उपजा कि प्रस्तुत सामग्रीसे, लोककल्याणके लिए, एक सुसम्बद्ध, सुगठित व प्रामाणिक ऐतिहासिक आख्यानकी रचना क्यों न की जाए। इस हेतु, उसने सर्वत्र-विकीर्ण ऐसे संस्करणोंका संग्रह किया, अवाञ्छनीय तत्त्वोंको निकाला, शेषको क्रमबद्ध किया और उसे सुव्यवस्थित, संशोधित व सम्पादित किया। यह अभूतपूर्व संकलनकर्ता, लोकोत्तरप्रतिभासम्पन्न व्यक्ति कृष्णद्वैपायन व्यास था। तब इस ग्रन्थका नाम "महाभारत" न होकर "जय" था, क्योंकि यह पाञ्चालोंकी कुरुओंपर विजयका उद्गान करता था। उस समय, इसमें श्लोकोंकी संख्या केवल ८,८०० थी।

समयचक्रके साथ-साथ, तत्कालीन भारतीयोंका जीवनचक्र भी गतिशील रहा। सभी कर्मक्षेत्रोंमें समुल्लेखनीय परिवर्तन हुए। नवीन दार्शनिक व धार्मिक सिद्धान्त प्रतिपादित हुए ; नूतन नैतिक व राजनैतिक मूल्य निर्धारित हुए ; सामाजिक व अन्तःक्षेत्रीय नवचेतनाका निर्माण हुआ और पुरातन गाथाएँ व लोककथाएँ नए वेगके साथ उभरकर सामने आने लगीं। तीन-चार शताब्दियोंतक इस क्रमके चलते-रहनेके पश्चात् एक तीव्रानुभूति हुई कि इस प्रचुर, प्रशस्त, परंतु प्रकीर्ण, सामग्रीको सञ्चित व सम्पादित कर "जय" में समाविष्ट कर दिया जाए, जिससे वह ऐतिहासिक रचना आधुनिकतम बनकर अधिक लोकोपयोगी सिद्ध हो सके। इस अतिगम्भीर व महत्त्वपूर्ण कार्यको व्यासके परमशिष्य, वैशम्पायन, ने सुचारु

रूपसे सम्पन्न किया और इस नवीन संस्करणको पहली बार (परीक्षित-पुत्र) जनमेजयको सुविख्यात नागयज्ञके अवसरपर सुनाया। अपने नए रूपमें हमारे ग्रन्थका नाम "जय" से "भारत" हो गया, क्योंकि कुरुओंपर पाञ्चालोंकी विजय गाथा मात्र न होकर अब यह भरतके समस्त वंशजोंका आख्यानग्रन्थ बन गया था। इसके श्लोकोंकी संख्या भी अब ८,८०० से बढ़कर २४,००० हो गई थी।

कुछ शताब्दियों बाद हमारे महाकाव्यने एक "अवतार" और लिया और "महाभारत" का नाम धारण किया। इस नए "जन्म" को देनेका शुभश्रेय महर्षि उग्रश्रवा सौतिको जाता है, जिन्होंने इस नवीनतम कृतिको सर्वप्रथम शौनकादि ऋषियोंको नैमिषारण्यमें सुनाया था। हमारा ग्रन्थ अब बड़ा भीमकाय बन गया था। कौरव-पाण्डव युद्धरूपी मूलभूत ऐतिहासिक सूत्र तो अब भी पहले ही जितना बना रहा, किन्तु धार्मिक, सामाजिक, दार्शनिक, नैतिक, पौराणिक, ऐतिहासिक, ऐहिक, पारलौकिक विषयोंकी तो उसमें एक प्रबल बाढ़सी आ गई। विशेषत:, पौराणिक आख्यानों, उपदेशात्मक व्याख्यानों तथा नैतिक समाख्यानोंने तो इसका कलेवर इतना फुला दिया कि अपने वर्तमान आकारमें महाभारत विश्व-भरके साहित्यिक इतिहासमें सबसे लम्बी कविता बन गई है। इसका कुछ अनुमान इस तथ्यसे लगाया जा सकता है कि यूनानके मूर्धन्य कवि होमरद्वारा रचित यूरोपके दो सर्वाधिक बड़े महाकाव्यों — इलियद तथा ओडिसी — के संयुक्त विस्तारसे प्राय: आठ गुना आकार महाभारतका है। अपनी आधुनिक स्थितिमें इसमें एक लाखसे अधिक श्लोक हैं, जिनका केवल लगभग पाँचवाँ भाग (अर्थात् २०,००० श्लोक) ही इसके मूलसूत्र — कौरव-पाण्डव युद्ध — के विषयमें है।

पुराणोंकी शैलीपर निर्मित, महाभारत एक सांस्कृतिक और धार्मिक इतिहासग्रंथ है। हिन्दुओंके धार्मिक, सामाजिक, नैतिक, दार्शनिक, गार्हस्थ्य, संन्यासीय जीवनका कोई पक्ष इससे अछूता नहीं रहा है। इसीलिए कहा गया है कि "जो इस (महाभारत) में है, वही अन्यत्र है ; और जो इसमें नहीं है, वह कहीं नहीं है।" इसमें विषयविवेचन व मतप्रतिष्ठापन वेदपुराणाश्रित होनेके कारण आधिकारिक व प्रामाणिक हैं। अत:, इसे इतिहास-आख्यान ग्रन्थके साथ-साथ स्मृतिग्रन्थ भी माना जाता है। इतना ही नहीं, मानवमात्रकी सभी समस्याओंका सुलभ समाधान इसमें होनेके कारण, इसे "विश्वज्ञानकोश" तथा "पञ्चमवेद" की उपाधियोंसे भी विभूषित किया जाता है।

यहाँ यह जानना रुचिकर होगा कि महाभारतके तीनों स्वरूपोंके तुलनात्मक अध्ययनसे भारतीयोंकी तत्तत्कालीन धार्मिक व सामाजिक दशाओंके क्रमिक

विकासका पता लगाया जा सकता है। यथा, इसके प्रथम चरण (जय) में एकमात्र ब्रह्माकी उपासना होती थी ; दूसरे चरण (भारत) में उसके साथ-साथ विष्णु और शिवकी भी होने लगी ; और तीसरे चरण (महाभारत) में शक्तिपूजा अंकुरित हुई, जो कालान्तरमें तन्त्रोंमें अपने पूर्ण विकासको पहुँची। इसी कालखण्डमें विभिन्न धार्मिक मतोंके समन्वयद्वारा अद्वैतवादको (श्रीमद्‌भगवद्‌गीताके माध्यमसे) परिपोषित किया गया। इसी प्रकार, कृष्णको, रचनाकी प्रथम अवस्थामें, केवल एक मानव समझा जाता था, देवता नहीं, यद्यपि एक शीर्षस्थ वेदान्ती, कुशल कूटनीतिज्ञ तथा निर्भीक रणयोद्धाके रूपमें उसका प्रचुर समादर होता था। फिर, दूसरी अवस्थामें, उसे विष्णुका अवतार मानकर देवताके रूपमें पूजा जाने लगा ; और तीसरी अवस्थामें तो उसने (गीताके द्वारा) स्वयंके साक्षात् ब्रह्म ही होनेकी घोषणा कर दी। सामाजिक स्तर पर, हम, जयके निर्माणकालमें, एक स्त्रीके बहुत पति होना, विवाहसे पूर्व ही उसे सन्तान हो जाना, नियोग-व्यवस्था और अन्तर्जातीय विवाह जैसी प्रथाएँ देखते हैं। किन्तु, आगे चलकर, हम स्त्रीजातिकी एक बहुपरिवर्तित व परिमार्जित छवि उभरी हुई पाते हैं।

प्रस्तुत प्रकरणमें, महाभारतके प्रतिपाद्य विषयका सिंहावलोकन करलेना भी असंगत न होगा। यह महाग्रन्थ १८ पर्वों (पुस्तकों) में विभक्त है। इसका "हरिवंश" नामक उन्नीसवाँ पर्व भी है, किन्तु वह एक परिशिष्टके रूपमें है। इन पर्वोंका आकार बड़ी विविधता लिए हुए है। बारहवाँ सबसे लम्बा (लगभग १४,००० श्लोक) है, और सतरहवाँ सबसे छोटा (केवल ३१२ श्लोक) है। आठवें और अन्तिम तीन पर्वोंको छोड़कर, शेष सभी पर्व, अधिक लम्बे होनेके कारण, उपपर्वोंमें विभक्त हैं। वैसे, प्रत्येक पर्व अध्यायोंमें तो विभाजित है ही। इस अद्‌भुत कृतिकी गौरवमयी कथाको अब हम यथाशक्ति संक्षिप्त रूपमें पर्वक्रमानुसार देनेका प्रयास करेंगे —

(१) आदिपर्व = प्राचीन कालमें उत्तरी भारत (जो उस समय कुरुओंद्वारा शासित होनेके कारण कुरुक्षेत्र कहलाता था) की (वर्तमान दिल्लीसे उत्तरपूर्वमें ५७ मील दूर) हस्तिनापुर नामक राजधानी थी। उसमें राजा विचित्रवीर्यके (दो पत्नियोंसे उत्पन्न) दो पुत्र — धृतराष्ट्र और पाण्डु — रहते थे। धृतराष्ट्र बड़ा था, परन्तु अन्धा था। अतः, पाण्डु ही राज्यसञ्चालन करता था। उसके पाँच पुत्र (पाण्डव) थे — युधिष्ठिर (सबसे बड़ा), भीम, अर्जुन, नकुल तथा सहदेव। धृतराष्ट्रके सौ पुत्र (कौरव) थे, जिनमें सबसे बड़ा दुर्योधन था। पाण्डुकी असामयिक मृत्युके बाद, धृतराष्ट्रने राजकाज सँभाल लिया और अपने भतीजों (पाण्डवों) का भी अपने पुत्रोंके साथ लालन-पोषण आरम्भ कर दिया। पाण्डव

कौरवोंकी अपेक्षा अस्त्र-शस्त्र-विद्यामें अधिक निपुण और ज़्यादा बुद्धिमान् थे, इसलिए धृतराष्ट्रने युधिष्ठिरको अपना उत्तराधिकारी नियुक्त कर दिया।

कौरवोंको पाण्डवोंकी यह बढ़ती हुई शक्ति और लोकप्रियता एक आँख नहीं भाई और वे उनके वधकी योजना बनाने लगे। पाण्डवोंको जैसे ही इसका पता चला, वे वहाँसे खिसक गए। बनोंको पार करते हुए, वे पाञ्चालदेश पहुँचे और वहाँके राजा (द्रुपद) की कन्या (द्रौपदी) को अर्जुनने स्वयंवरमें जीता। अपनी माताकी इच्छाके अनुसार, पाँचों भाइयोंने सामूहिक रूपसे द्रौपदीको अपनी पत्नी बना लिया।

स्वयंवरके अवसरपर ही पाण्डवोंकी भेंट प्रथम बार अपने मामाके पुत्र यादवनरेश कृष्ण, से हुई, और तभीसे उन दोनों वंशोंके सम्बन्ध दृढ़तर होते चले गए। धृतराष्ट्रने अपने भतीजोंके इस नवीन दोहरे गठबन्धन (पाञ्चालों तथा यादवोंके साथ) को देखते हुए उन्हें मना लेना ही उचित समझा। सो, उसने उन्हें अपने पास बुलाकर अपने राज्यको दो भागोंमें बाँट दिया। कौरवोंकी राजधानी तो हस्तिनापुर ही बनी रही, किन्तु पाण्डवोंने, अपनी राजधानीके रूपमें, एक नया नगर — इन्द्रप्रस्थ (वर्तमान दिल्ली) — बनाया।

(२) सभापर्व = अपनी बुद्धि और चातुरीसे पाण्डवोंने अपना राज्य, थोड़े ही समयमें, बड़ा समृद्ध और वैभवशाली बना लिया। यह सब देखकर ईर्ष्यालु दुर्योधन जल उठा और उसने अपने धूर्त, जुआरी मामा, शकुनि, के साथ मिलकर उनका राज्य हड़पनेकी एक चाल चली। इसके अनुसार, धृतराष्ट्रसे कहा गया कि वह पाण्डवोंको हस्तिनापुर आनेके लिए आमन्त्रित करे। उनके वहाँ आजानेपर, दुर्योधनने युधिष्ठिरको जुआ खेलनेके लिए चुनौती दी। युधिष्ठिरने उसे स्वीकार किया, किन्तु वह हार गया और अपना सब कुछ — राज्य, सम्पत्ति, सेना, चारों भाई और, अन्त में, द्रौपदी भी — गँवा बैठा। फिर एक समझौता हुआ, जिसके अधीन पहले पाण्डव १२ वर्षोंका निर्वास और फिर एक वर्षका अज्ञातवास करेंगे और उसके पश्चात् ही, लौटकर, अपना राज्य वापस ले सकेंगे।

(३) वनपर्व = पाण्डव, द्रौपदीके साथ, सरस्वती तीरपर स्थित काम्यक वन आते हैं और वहाँ १२ वर्ष रहते हैं। इस अवधिमें अनेक ऋषिमुनिगण पौराणिक कथाओं व धार्मिक प्रवचनोंसे इनका ढारस बँधाते और मनोबल बढ़ाते हैं।

(४) विराटपर्व = तेरहवाँ (अज्ञातवास) वर्ष वे मत्स्यनरेश विराटके सेवकोंके रूपमें बिताते हैं। इसी समय कौरवोंका मत्स्यदेशपर आक्रमण हो जाता है, किन्तु, अपने सेवकों (पाण्डवों) की सहायता से, विराट उसे विफल कर देता

है। अबतक वह तेरहवाँ वर्ष भी समाप्त हो जाता है और पाण्डव अपनी वास्तविकता राजा विराटपर प्रकट कर देते हैं। इतना ही नहीं, वे उसके साथ एक सन्धि भी कर लेते हैं।

(५) उद्योगपर्व = अपने राज्यकी वापसीके लिए, पाण्डव एक दूतको दुर्योधनके पास भेजते हैं। कोई उत्तर न पाकर, वे युद्धकी तैय्यारी करते हैं। दोनों सेनाएँ, अपने-अपने समर्थकोंके साथ, कुरुक्षेत्रके पावन स्थलपर एकत्रित होती हैं। कौरवोंके मुख्य सहायक कोसल, विदेह, अङ्‌ग, वङ्‌ग, कलिंग, सिन्धु, गान्धार और बाह्लीकके राज्य तथा शक व यवन हैं। पाण्डवोंके प्रधान पक्षधर पाञ्चाल, मत्स्य, काशी, चेदि तथा मगधके राज्य और कृष्णानुयायी यादव हैं।

(६ - १०) भीष्मपर्व, द्रोणपर्व, कर्णपर्व, शल्यपर्व तथा सौप्तिकपर्व = अठारह दिनोंतक घोर युद्ध होता है, जिसमें सारे कौरव मारे जाते हैं और केवल पाण्डव तथा उनका सारथी (कृष्ण) बचते हैं।

(११) स्त्रीपर्व = मृतकोंके अन्तिम संस्कारोंका वर्णन।

(१२ - १३) शान्तिपर्व तथा अनुशासनपर्व = मृत्युशय्यापर लेटे भीष्म पितामह युधिष्ठिरको, लगभग २०,००० श्लोकोंमें, राजाके कर्तव्यों तथा अन्य विषयोंपर उपदेश देते हैं।

(१४) आश्वमेधिकपर्व = वृद्ध नरेश धृतराष्ट्र तथा पाण्डवोंके पारस्परिक वैमनस्यके दूर हो जानेपर युधिष्ठिरका हस्तिनापुरमें राज्याभिषेक तथा अश्वमेध यज्ञ।

(१५) आश्रमवासिकपर्व = हस्तिनापुरमें १५ वर्षोंतक रहनेके बाद धृतराष्ट्रका गान्धारीके साथ वनको प्रस्थान करना और वहाँ एक भीषण अग्निकाण्डमें दोनोंका जलकर मर जाना।

(१६) कौशलपर्व = कुरुक्षेत्रयुद्धमें कौरवों तथा पाण्डवोंके समर्थक यादवोंका भी प्रतिद्वन्द्विताके कारण गृहयुद्ध छिड़ जाना और उनका सर्वनाश हो जाना। शोकातुर कृष्णका निर्जन वनको निवृत्त होना और वहाँ एक व्याधका तीर लगनेसे परमधामको सिधारना।

(१७) महाप्रास्थानिकपर्व = जीवनसे ऊबे पाण्डवोंका भी युवक राजकुमार परीक्षित (अर्जुनपौत्र) को हस्तिनापुरका राज्यभार सौंपकर वन चले जाना और देवपर्वत मेरुके चढ़नेकी प्रक्रियामें मृत्युको प्राप्त हो जाना।

(१८) **स्वर्गारोहणपर्व** = पाण्डवोंका द्रौपदी-समेत स्वर्गलोक पहुँचना।

महाभारतका ऐतिहासिक आख्यान इसी अठारहवें पर्वपर समाप्त हो जाता है। इससे संलग्न उन्नीसवाँ पर्व--हरिवंश—मुख्य ग्रन्थका परिशिष्ट या खिलपर्व कहलाता है। पाश्चात्य विद्वानोंका मत है कि इसे बादमें, ख्रिष्टीय दूसरी शताब्दीके पश्चात्, जोड़ा गया है, क्योंकि इसमें रोमन सिक्के "दीनार" का उल्लेख है, जो भारतमें ख्रिष्टीय पहली व दूसरी शताब्दियोंके बीच प्रचलित हुआ था।

जैसा कि इसके नामसे ही विदित होता है, इस पर्वमें हरि (विष्णु वा कृष्ण) के वंशका वर्णन है। इसमें १६,००० से अधिक श्लोक हैं और इसके तीन भाग हैं। पहले भागमें कृष्णके पूर्वजोंसे लेकर उनका (विष्णुके अवतारके रूपमें) जन्म लेनेतक का इतिहास है। दूसरेमें कृष्णकी जीवनलीलाओंका वृत्तान्त है। तीसरा भाग कलियुगके अनाचारों व दुराचारोंसे सम्बद्ध हैं।

महाभारतकी चर्चा हो और उसमें उसके कर्ताका उल्लेख न हो, यह बात जचती नहीं। अत :, इस विषयमें भी हम दो शब्द कहना चाहेंगे। इस ग्रन्थरत्न के रचयिता महर्षि व्यास हैं। ये पराशर ऋषि और धीवरकन्या सत्यवतीके पुत्र थे। ये, साँवले (काले) रंगके होनेके कारण, "कृष्ण" तथा यमुनाके एक द्वीपमें उत्पन्न होनेके कारण "द्वैपायन" कहलाये, और इस प्रकार इनका नाम "कृष्ण द्वैपायन" पड़ा। बदरीमें इनका आश्रम होनेके कारण, ये "बादरायण" भी कहलाये।

इनकी मातासे बादमें राजा शन्तनुने विवाह किया था। इससे उनके दो पुत्र हुए। बड़ा पुत्र, चित्रांगद, युद्धमें मारा गया और छोटा, विचित्रवीर्य, सन्तानहीन मर गया। कृष्ण द्वैपायनने वानप्रस्थीय वैराग्य तथा तपस्साधनाका जीवन धारण किया हुआ था, किन्तु माताके आग्रहपर उन्होंने विचित्रवीर्यकी दोनों सन्तानहीन विधवाओं—अम्बिका तथा अम्बालिका—से नियोग नियमके अनुसार दो पुत्र उत्पन्न किए। अम्बिकासे ज्येष्ठ पुत्र, धृतराष्ट्र, ने जन्म लिया और अम्बालिकासे कनिष्ठ पुत्र, पाण्डु, ने। वहीं महलकी एक ब्राह्मणी दासीसे उन्होंने तीसरा पुत्र—विदुर—भी पैदा किया।

शताब्दियोंसे इधर-उधर बिखरे-पड़े, असम्बद्ध कौरव-पाण्डव-युद्ध विषयक पद्यों तथा पौराणिक गाथाओंको इन्होंने एकत्रित कर क्रमबद्ध, संशोधित तथा सम्पादित किया और उन्हें एक साहित्यिक रचनाका रूप दिया। तबसे ये "व्यास" भी कहलाने लगे। "व्यास" किसी व्यक्तिविशेषका नाम न होकर एक उपाधि है, जो किसी भी व्यवस्थापक, संशोधक, सम्पादक, संकलनकर्ताको दी जा सकती है।

भारतीय परम्पराके अनुसार, कृष्णद्वैपायनने ही, महाभारतके अतिरिक्त, विकीर्ण व विसंगत वैदिकमन्त्रोंको विषयक्रमानुसार चार पृथक् संहिताओंमें वर्गीकृत किया, और वे "वेदव्यास" कहलाये। फिर इन मन्त्रोंके व्याख्याहेतु ब्रह्मसूत्रोंकी रचना की। इनकी भी पृष्ठभूमिको स्पष्ट करनेके लिए अठारह पुराणोंका निर्माण किया। इतना ही नहीं, महाभारतकी समाप्तिपर, उसके परिशिष्टके रूपमें, हरिवंशका भी सृजन किया।

पाश्चात्य विद्वानोंके अनुसार, कृष्णद्वैपायन व्यासने केवल महाभारत ही का निर्माण किया है और अन्य रचनाओंका अन्य व्यक्तियोंने। यदि इसी मतको मान्यता दे दी जाए, तो भी महर्षि व्यासकी गरिमा-महिमापर कोई अन्तर नहीं पड़ता। वह युगप्रवर्तक राष्ट्रपुरुष तत्कालीन भारतके शासक वंशकी सात पीढ़ियों की जीवनलीलाओंका एक अन्तरंग द्रष्टा ही नहीं, अभिन्न मार्गदर्शक भी था। उनकी समूची नैतिक व राजनैतिक गतिविधियोंके मोड़ोंपर उसकी अमिट छाप है। उसकी सूक्ष्म तथा व्यापक दृष्टिसे उनके उत्थान-पतनका कोई भी पक्ष नहीं छिप पाया है। वास्तविकता तो यह है कि यदि वह नहीं होता, तो कुरुवंश ही नहीं चल पाता, न कुरुक्षेत्रयुद्ध होता और न महाभारत ही रची गई होती। कृष्णद्वैपायन व्यास जैसी कोई दिव्यविभूति ही श्रीमद्भगवद्गीता सरीखे दिव्यसन्देशका प्रणयन कर सकती है, और फिर उससे महाभारतको समलंकृत कर उसे भी अनन्यता व अनन्तता प्रदान कर सकती है। महाभारत-जैसे ग्रन्थका कभी ह्रास नहीं हुआ करता ; वह अमर है। उसका कर्ता भी अमर है ; वह चिरजीवी है — उसे शाश्वत प्रणाम !

गीतामें क्या ?

गीतामें ब्रह्मविद्या है। इसमें वह विधि निर्दिष्ट है जिसके द्वारा ब्रह्मज्ञान की उपलब्धि होती है ; जीव ब्रह्म बन जाता है ; जीवात्मा अपने जीवत्व को छोड़कर (विशुद्ध) आत्मा ही के रूपमें शेष रह जाता है ; नर नारायणपदको प्राप्त हो जाता है ; प्राणी जीवन-मरणसे रहित होकर मोक्ष ग्रहण कर लेता है।

ब्रह्मज्ञान गीताके पूर्ववर्ती ग्रन्थोंमें भी चर्चित हुआ था। वेदोंमें अंकुरित होकर, यह ब्राह्मणोंमें पल्लवित, आरण्यकोंमें प्रफुल्लित और उपनिषदोंमें प्रफलित हुआ था। किन्तु अनेकानेक ऋषियों, आचार्यों, दार्शनिकों एवं धर्मगुरुओंके बहुसंख्यक व बहुधा-परस्परविरोधी मतोंद्वारा आक्रान्त होकर यह विषय इतना विषम व विविधमुखी बन गया था कि एक जिज्ञासुके लिए उस भूलभुलैय्याँमें से अपनेलिए एक सुकर मार्ग निकाल पाना नितान्त दुष्कर हो गया था। ऐसी स्थितिमें, उन सभी पन्थोंके विवेचन व विश्लेषणके उपरान्त गीताने उनके समुच्चय और समन्वयका एक नूतन पथ प्रशस्त किया।

इस नई डगरके द्वारको खोलनेवाली कुञ्जी एक छोटेसे शब्दके रूपमें थी, और वह शब्द है "निष्काम"। पुराने धर्मशास्त्रोंद्वारा अनुमोदित यज्ञानुष्ठानादि कर्म, सकाम होनेके कारण, स्वर्गादिके रूपमें केवल अनित्यसुख ही प्रदान कर सकते थे, किन्तु मोक्ष नहीं। इसके विपरीत, गीताने प्रथम बार समुद्घोषित किया कि निष्काम कर्म, अनिवार्यरूपसे, मोक्ष देनेवाले हैं। उसका तर्क है कि यदि कोई कर्म किसी फलकी अपेक्षा अथवा इच्छाके बिना किया जाता है, तो वह कोई फल अथवा वासना उत्पन्न नहीं कर सकता (क्योंकि, जैसा कारण वैसा कार्य)। जब वासनाएँ ही पैदा होनी बन्द हो जाएँगी, तो उन्हें तृप्त करनेके लिए नए जन्म लेने का प्रश्न भी नहीं उठता, और नए जन्म न लेनेका अर्थ है मोक्षकी प्राप्ति। इस प्रकार, विषय-वासनाओंके अनवरत, प्रबल थपेड़ोंसे बचकर मुक्तिरूपी अनन्त शान्तिकी प्राप्तिके लिए "निष्कामकर्म" के अमोघ अस्त्रकी गीताद्वारा मनुष्यको एक अनुपम व अपूर्व देन है।

मावनकल्याणकी दिशामें गीताका दूसरा अमूल्य योगदान "पूर्णयोग"के रूपमें है। वैदिक साहित्यकी भाँति, गीता भी मोक्षके लिए तीन मार्गों—कर्म, भक्ति और ज्ञान—का अनुमोदन करती है। किन्तु पूर्ववर्ती ग्रन्थ जहाँ इन तीनोंको प्रायः पृथक्-पृथक् मार्ग मानकर इनमेंसे किसी एकको भी स्वतन्त्र रूपसे लक्ष्य-सिद्धिका सक्षम साधन समझते हैं, वहाँ गीताका मत है कि ये तीनों मार्ग अलग-अलग न होकर एक ही महामार्गके अभिन्न अंग हैं और किसी एककी भी उपेक्षा साधकको उसके निर्धारित लक्ष्यसे भटका देगी।

गीताकी यह धारणा नितान्त जीवनतथ्यपर आधारित है। मनुष्यकी कर्मलीलाके स्तम्भभूत तीन तत्त्व हैं — इन्द्रिय (कर्मजनक), मन (भक्तिजनक) और बुद्धि (ज्ञानजनक)। इन तीनोंके समुचित तथा सामूहिक विकाससे ही व्यक्तिका सम्पूर्ण व सर्वांगीण उत्कर्ष सम्भव है। किसी एककी भी अवहेलनासे उसका व्यक्तित्व अधूरा रह सकता है और वह "नीम-हकीम" (अनाड़ी) बनकर अपने तथा समाजके लिए "ख़तरा-ए-जाँ" (घातक) सिद्ध हो सकता है।

इस प्रकरणमें "नीम-हकीम" शब्दके प्रयोगसे हमें अपने बाल्यकालकी एक घटना याद आरही है। दाँतकी पीड़ासे व्याकुल, किस्मतका मारा, एक ग्रामीण भाई अपने पड़ौसके अधकचरे दन्तचिकित्सकसे जा टकराया। ख़ूब अच्छी तरह बतलाए जानेपर भी कि दर्द दाँतमें है और उसे निकलवाना है, ये महाशय अपने औज़ार लेकर उसकी जाड़से जा-चिपटे और लगे उसे उखाड़ने। बेचारे देहातीकी हालत ख़राब दर्दके मारे! जब नहीं रहा गया तो हिम्मत करके वह बोल उठा, "डाक्दर साब, के करो सो ? दाँत काढो सो, अक खूँटा पाड़ो सो ?" सो, वो गरीब कराहता आया था, बिलबिलाता गया !

अब देखिये इस दृष्टान्तमें, व्यक्तिविशेषके इन्द्रिय और मन तो अपना-अपना काम ठीक कर रहे थे, किन्तु, अपरिपक्व होनेके कारण, बुद्धि उनका साथ नहीं निभा पाई। फलतः, वह समाजके एक सदस्यके लिए दुःखका कारण बना। मनुष्यके जीवनमें इन तीनों ही तत्त्वोंका समुचित सम्मिश्रण होनेके कारण, कर्ममार्ग, भक्तिमार्ग तथा ज्ञानमार्ग—इन तीनोंका "पूर्णयोग" ही उसे गन्तव्यतक ले जा सकता है।

एक अत्यन्त क्रान्तिकारी विचार जो गीताने विश्वके समक्ष रक्खा है, वह है "गृहस्थ-संन्यास" का। जहाँ अन्य विचारधाराएँ व मतमतान्तर संन्यासीकेलिए घर-बार छोड़कर वन-पर्वत आदिके निर्जन स्थानमें चले जाना अनिवार्य समझते हैं, वहाँ गीता, जगत्के धार्मिक तथा दार्शनिक इतिहासमें प्रथम बार, डंकेकी चोटके

साथ घोषणा करती है कि यह सब नितान्त अनावश्यक है। साधकका इन्द्रियोंको वशमें कर, मनको बुद्धिके अंकुश-तले लाना और फिर स्थिरधी बनकर अपनी समूची शक्तियोंको ब्रह्मप्राप्तिके लिए केन्द्रित कर देना ही "संन्यास" है। यह तो चित्तस्थ एक आन्तरिक प्रक्रिया है, जिसके साथ जिज्ञासुके देश, वेश, प्रदेश, परिवेशका दूरका भी वास्ता नहीं।

पग-पगपर गीता अपने भक्तको यही स्मरण कराती है कि भयसे भागना भीरुता है और उसका डटकर मुकाबला करना वीरता। एक सच्चा संन्यासी वह है, जो गृहस्थमें रहता हुआ कुटिल, कुमति, कृतघ्न कुटुम्बियोंके क्रूर कर्म-चक्रवातमें भी हिमाचलवत् अचल खड़ा रहे ; कामना, कामिनी, काञ्चनके करालानलमें फँसा हुआ भी प्रह्लादके सदृश स्वयंको आँच न लगने दे; मद, मोह, मात्सर्यके महामकरोंसे समावृत होनेपर भी ध्रुवधैर्य धारण किए रहे; विषय, वासना, विलासके वारिधिमें वास होनेपर भी कमलके समान अप्रभावित रहे। अर्थात्, वानप्रस्थी ही नहीं, गृहस्थी भी, सामन रूपसे, संन्यासी बननेका अधिकारी है।

समाजके किसी भी क्षेत्रमें, अपने नित्यप्रतिके सांसारिक कर्तव्य निभाता हुआ, कोई भी व्यक्ति—धनी, निर्धन ; स्त्री, पुरुष ; ब्राह्मण, शूद्र ; बाल, वृद्ध ; गोरा, काला ; शिक्षित, अशिक्षित ; आर्य, अनार्य—संन्यास ग्रहण कर सकता है। निस्सन्देह, गीताके "गृहस्थ-संन्यास" रूपी वरदानसे गृहस्थियोंमें निर्लिप्त व निस्स्वार्थ भावसे अपने सांसारिक कर्म सम्पन्न करते हुए मोक्ष प्राप्त करनेकी एक नई चेतना आई है। इस प्रकार, गीता "जनतोपनिषद्" (जनसाधारणका उपनिषद्) बन गई है।

उपरिनिर्दिष्ट तथा अन्य विशिष्टताओंके कारण, भगवद्गीता विश्वके धार्मिक साहित्यका सर्वाधिक देदीप्यमान रत्न और अक्षय प्रभापुञ्ज है। सहस्रों वर्षोंसे यह सन्त्रस्त तथा सम्भ्रमित सांसारिकोंका मोक्षमार्ग आलोकित करती आ रही है और इसकी ज्योति निरन्तर बढ़ती ही जा रही है। अनेक विद्वानोंका कथन है कि आध्यात्मिक व दार्शनिक क्षेत्रमें संसारका कोई भी ग्रन्थ विचारगम्भीरता, भाषासरलता एवं प्रस्तुतिसुगमतामें गीताकी तुलना नहीं कर सकता।

किन्तु इसमें विस्मयकी बात क्या है ? जो गीत भगवान्‌का हो, भगवान् ही ने (कृष्णके रूपमें) गाया हो, जिसे सबसे पहले अर्जुन जैसे भक्तको सुनाया गया हो, जिसे व्यास जैसे कविने रचा हो, और जो देववाणी (संस्कृत) में रचा गया हो, वह लोकोत्तर नहीं होगा तो क्या होगा ? दो नहीं, तीन नहीं, बल्कि पाँच पावन सरिताओंके विरल संगमने इस रचनाको त्रिवेणी नहीं पञ्चवेणी बना दिया है,

जिसकी पाममोचनी, अमृतमयी धारा, कालगतिके साथ, तीव्रतर ही होती जा रही है।

और, अनन्य काव्यशिल्पी व्यासका तो कहना ही क्या ? उसकी रचनाचातुरी तथा सृजनक्षमताका कोई जवाब नहीं। लाखोंकी संख्यामें एक विशाल क्षेत्रमें स्वतन्त्र रूपसे इधर-उधर बिखरे-हुए मन्त्रोंको सञ्चित, संकलित, सम्पादित कर, उसने उन्हें चार वर्गीकृत वैदिक संहिताओंमें परिणत किया। फिर उनकी व्याख्याके रूपमें ब्रह्मसूत्रोंकी रचना की, और उनमें भी चर्चित विषयोंके परिप्रेक्ष्यको स्पष्ट करनेके लिए उसने अठारह पुराणोंका निर्माण किया। किन्तु इस सबसे उसकी साहित्यसृजनक्षुधा शान्त नहीं हुई। उसने सोचा कि क्यों न जनसामान्यके लाभके लिए, उसकी ही भाषामें, वेदोंके प्रतिपाद्य विषयको एक छोटे आकारके ग्रन्थमें मूर्तिमत् कर दिया जाए। वेदोंमें कर्म, भक्ति, ज्ञान तथा आख्यानोंका समावेश है, अतः व्यासने भी अपने समयके प्रख्याततम आख्यान—कौरव-पाण्डव-युद्ध—को आधारसूत्र बना, उसके चारों ओर कर्म, भक्ति और ज्ञान ही से सम्बन्धित अनेकानेक उपदेशात्मक कथाओं तथा लोकप्रचलित उपाख्यानोंको लपेट दिया। फलस्वरूप, महाभारतका जन्म हुआ, जिसमें लगभग एक लाख ही श्लोक थे। यह तत्कालीन संस्कृतभाषामें लिखा एक लघुवेद था।

व्यासकी निर्माणातुर प्रकृतिको अभी चैन नहीं पड़ा था। वह महाभारतसे भी आगे बढ़ा और भगवद्गीताके रूपमें एक लघुमहाभारतका प्रणयन किया। वस्तुविषय वही पहलेवाला बना हुआ था, किन्तु श्लोकोंकी संख्या एक लाखसे घटकर अब मात्र सात सौ रह गई थी। हमारे कविकी रचनाकुल बुद्धिने एक छलाँग और लगाई, और एक, लघुगीता (भगवद्गीता ही के) दूसरे अध्यायके तीन श्लोकों— ४८ (कर्म), ६१ (भक्ति) व ७१ (ज्ञान) — में सारबद्ध कर दी। विचारबिन्दु, आदि-से-अन्ततक, वही-का-वही बना रहा, किन्तु श्लोकोंकी संख्या (वेदोंके) कई लाखसे घटकर केवल तीन रह गई! गागरमें सागर भरनेका ऐसा अनूठा जादू कहीं और देखा है क्या ?

यहाँ यह देख लेना रुचिशून्य न होगा कि चारों रचनाओंके आकारोंमें इतना विशाल अन्तर होते हुए भी उनका मूलविचार आद्योपान्त एक ही कैसे बना रहा। हम देखेंगे कि कथ्यविषय यद्यपि सर्वत्र वही रहा है—कर्म-भक्ति-ज्ञान तथा आख्यानका—तथापि उसके रूपमें निरन्तर विविधता आती रही है, अर्थात्, भूमिका वही रही है, परन्तु पात्र लगातार बदलते रहे हैं। वेदोंमें आख्यान प्राकृतिक

पदार्थों व भौतिक घटनाओंके प्रतीक देव-देवियोंके हैं, और युद्ध सुरों तथा असुरोंका है। महाभारतमें आख्यान पौराणिक व्यक्तियों एवम् ऐतिहासिक वीरोंके हैं, यथा, शकुन्तला-दुष्यन्त, सावित्री-सत्यवान्, दमयन्ती-नल, मत्स्योपाख्यान, रामचरित, गंगावतरण, ऋषि ऋष्यशृंग, राजा शिबि, अर्जुन-स्वर्गयात्रा। इसमें युद्ध कौरवों तथा पाण्डवोंके बीच कुरुक्षेत्रमें हुआ अठारह दिनोंका संग्राम है।

गीताका मुख्य प्रतिपाद्य विषय वेदान्त है, किन्तु उसमें अन्य दर्शनोंके भी दर्शन होते हैं और, साथमें, तत्कालीन धार्मिक परम्पराओं, साम्प्रदायिक विचारधाराओं तथा सामाजिक रीति-रिवाजोंके भी। इसमें वर्णित युद्ध हड्डी-माँससे बने कौरव-पाण्डवोंके बीच कुरुक्षेत्र नामक विशिष्ट भूखण्डपर केवल अठारह दिनोंतक चलनेवाला संग्राम नहीं है, अपितु प्रत्येक सांसारिक जीवके अन्त:करण रूपी कुरुक्षेत्रमें आसुरिक शक्तियों रूपी कौरवों तथा दैवी शक्तियों रूपी पाण्डवोंके बीच निरन्तर चलता रहनेवाला संघर्ष है। गीताके दिव्यसन्देशके अनुसार, मोहमायामस्त, विषयविलासव्यस्त, संसारसंतापसन्त्रस्त हर कोई मनुष्य अर्जुन है, जो विविक्तविरक्तवृत्ति रूपी कृष्णके नेतृत्वमें, निर्लेपभाव तथा निष्कामकर्मके बाणोंसे तृष्णा-वासनारूपी कौरवोंका नाश कर मोक्षरूपी विजयको प्राप्त कर सकता है।

गीताका दूसरा अध्याय तो, प्राय:, उसका संक्षेपमात्र ही है। इसके ४८वें तथा सम्बद्ध श्लोकोंमें, हृदयशुद्धिके लिए, फलकामनारहित निस्स्वार्थ कर्म करनेके लिए कहा गया है। फिर, ६१वें तथा सम्बद्ध श्लोकोंमें, शुद्धचित्त व्यक्तिको भक्तिका उपदेश दिया गया है। इनसे सन्नद्ध साधकको, उच्चतम संन्यासके योग्य बनानेके निमित्त, ७१वें तथा सम्बद्ध श्लोकोंके माध्यमसे, ज्ञानयोगका मार्ग निर्दिष्ट किया गया है।

यहाँ यह भी द्रष्टव्य है कि व्यासने गीताके विभिन्न श्लोकोंका तत्तत् अध्यायमें विन्यास तथा १८ अध्यायोंका एक विशिष्ट क्रम एक सुविचारित योजना एवं सुनिश्चित प्रणालीके अधीन किया है। हमने ऊपर देखा है कि वेदोंद्वारा मोक्षके तीन मार्ग प्रतिपादित किए गए हैं—कर्म, भक्ति तथा ज्ञान। इनमें से प्रथम—कर्ममार्ग—का विवेचन गीताके आदिम षट्क (छै अध्यायों) में है ; अगला षट्क (अध्याय ७ से १२) दूसरे मार्ग—भक्ति — का निरूपण करता है; और अन्तिम षट्क (अध्याय १३ से १८) तीसरे मार्ग—ज्ञान—का।

कुछ विद्वानोंका मत है कि व्यासने यह अध्याय-विन्यास छान्दोग्य उपनिषद्के महावाक्य "तत्त्वमसि" (तुम वह हो) के प्रत्येक पदकी पृथक्-पृथक् व्याख्याके लिए

किया है। उनके अनुसार, गीताका पहला षट्क कर्ममार्गका वर्णन करता हुआ "तुम" (जीव) का विवेचन करता है। दूसरा षट्क भक्तिमार्गका अनुमोदन करता हुआ "वह" (ब्रह्म) की व्याख्या करता है। तीसरा षट्क ज्ञानमार्गकी उत्कृष्टता बताता हुआ "हो" (एक ही है, अर्थात्, जीव ब्रह्म ही है) का विशद निरूपण करता है।

श्रीमद्भगवद्गीता महाभारतके भीष्मपर्वमें २५वें अध्यायसे ४२वें अध्यायतक के १८ अध्यायोंसे संकलित ग्रन्थ है। महाभारतकी भाँति इसके भी रचनाकालके विषयमें पर्याप्त मतभेद है। इसमें स्वयं कहा गया है कि यह कुरुक्षेत्रमें महाभारत युद्धारम्भके ठीक पहले अर्जुनका व्यामोह दूर करनेके लिए कृष्ण और उसके बीच संवादके रूपमें उच्चरित हुई थी। यही परम्परागत विश्वास हिन्दुओंमें आजतक बना हुआ है। न्यायाधीश तैलंग और भण्डारकरके विचारसे यह ईसापूर्व चौथी शताब्दीमें रची गई थी। किन्तु आधुनिक विद्वान् इसे पहली या दूसरी शताब्दी ईस्वीकी रचना मानते हैं। सम्भवत:, गीताका ७०० श्लोकोंवाला वर्तमान आकार पीछे स्थिर हुआ, परन्तु मूल उपदेशरूपमें यह महाभारतकालीन ही है।

महाभारतके दार्शनिक और परमोच्च-ज्ञान-सम्बन्धी अंशोंमें सबसे अधिक महत्त्वपूर्ण, सुप्रसिद्ध एवं लोकप्रिय भगवद्गीता ही है। यह निर्लिप्तभावसे किये गए निष्काम-कर्मद्वारा ब्रह्मप्राप्तिका सदुपदेश देती है। यह वर्णव्यवस्थाकी विरोधी नहीं है, जैसी कि कुछ लोगोंकी धारणा है। किन्तु यह गुण और स्वभावके आधारपर उसका अनुमोदन करती है। हिन्दुधर्मके सभी महत्त्वपूर्ण सिद्धान्तोंकी परिभाषा प्रस्तुत कर, यह उनका परिष्कार करती है। इसके समयतक भारतीय जीवनमें जो अन्तर्विरोध उत्पन्न हो गए थे, गीता उनका परिहार करके समुच्चय और समन्वयका मार्ग प्रशस्त करती है।

विश्वभरके आध्यात्मिक ग्रन्थोंमें गीताकी सर्वोत्कृष्टता एवं लोकप्रियताका पता इससे चलता है कि संसारकी प्राय: सभी भाषाओंमें इसके असंख्य संस्करण अनुवादके रूपमें प्रकाशित हो चुके हैं और हो रहे हैं। सैंकडों आचार्योंने इसपर भाष्य, टीकाएँ तथा निबन्ध लिखे हैं। इनमें शाङ्‌करभाष्य, रामानुजभाष्य, मधुसूदन सरस्वतीकी टीका ("गीतागूढ़ार्थदीपिका"), ज्ञानेश्वरी, लोकमान्य तिलकका "गीतारहस्य" तथा श्री अरविन्दका "एसेज़ ऑन दी गीता" उल्लेखनीय हैं। भाष्योंमें मूर्धन्य आदिशंकराचार्य-कृत शांङ्‌करभाष्य है, जो अद्वैतवादी तथा निवृत्तिमार्गी है।

संस्कृतभाषामें गीतापर ५० से अधिक टीकाएँ लिखी गई हैं, जिनमें गीता-

गूढ़ार्थदीपिकाको सर्वोत्तम माना जाता है। इस टीकाके कर्ता स्वामी मधुसूदन सरस्वती थे, जिनका जीवनकाल आजसे लगभग ३०० वर्ष पहले था। अद्वैतसम्प्रदायके प्रधान आचार्य तथा ग्रन्थलेखक होनेके साथ-साथ, ये उच्चकोटिके कृष्णभक्त भी थे, जो इनकी रचना "भक्तिरसायन" से सिद्ध होता है। गीतापर टीका इन्होंने वृन्दावनमें रहकर लिखी थी। कहते हैं वहाँ उन्हें प्रतिदिन भगवान् कृष्णके साक्षात् दर्शन हुआ करते थे। इनकी नौ-दस रचनाएँ विशेष रूपसे प्रसिद्ध हैं, जिनमें "गीताध्यानम्" भी सम्मिलित है। इसमें केवल नौ श्लोक हैं, जो स्तुतिपरक हैं और गीताके प्रतिपाद्य विषय, उसके रचयिता, उसके आधार तथा उसके सूत्रधारके बारेमें संकेतरूपसे बोध कराते हैं। एक प्रकारसे, यह गीताकी झाँकी है। आइये, हम भी इस झाँकीमें तनिक झाँककर देखें।

गीताध्यानम्

ॐ पार्थाय प्रतिबोधितां भगवता नारायणेन स्वयं
व्यासेन ग्रथितां पुराणमुनिना मध्ये महाभारतम् ।
अद्वैतामृतवर्षिणीं भगवतीमष्टादशाध्यायिनी-
मम्ब त्वामनुसन्दधामि भगवद्गीते भवद्वेषिणीम् ॥१॥

पद० — ॐ = हे परमात्मन् ; पार्थाय = अर्जुनके लिए ; प्रतिबोधिताम् = उपदिष्ट की हुई (को) ; भगवता = भगवान् (द्वारा) ; नारायणेन = ईश्वरसे ; स्वयम् = साक्षात् ; व्यासेन = व्याससे ; ग्रथिताम् = गूँथी हुई (को) ; पुराणमुनिना = पुरातन मुनि (के द्वारा) ; मध्ये = बीचमें ; महाभारतम् = महाभारतके ; अद्वैतामृतवर्षिणीम् = अद्वैत रूपी अमृतकी वर्षा करने वाली (को) ; भगवतीम् = दिव्यगुणोंवाली (को) ; अष्टादशाध्यायिनीम् = अठारह अध्यायोंसे युक्त (को) ; अम्ब = हे माँ ; त्वाम् = तुझको : अनुसन्दधामि = निरन्तर ध्याता हूँ ; भगवद्गीते = हे भगवद्गीते ; भवद्वेषिणीम् = जन्मकी शत्रु (को)।

अनु० — हे परमात्मन् ! साक्षात् भगवान् नारायणने जिसका अर्जुनको उपदेश दिया है, जिसे पुरातनमुनि व्यासने महाभारतके बीच गूँथा हुआ है, जो अद्वैतज्ञानरूपी अमृतकी वर्षा करनेवाली है, जो दिव्यगुणोंसे सम्पन्न है, जो अठारह अध्यायोंसे युक्त है और जो जन्मकी शत्रु है, ऐसी तुझको, हे माँ भगवद्गीते ! मैं निरन्तर ध्याता हूँ।

टि० — स्वामी मधुसूदन सरस्वतीद्वारा विरचित "गीताध्यानम्" के नौ श्लोकोंमें यह सबसे पहला श्लोक है। इसके आदिमें हम "ॐ" अंकित हुआ पाते हैं। यह क्यों ? इसका कारण यह है कि आदिकाल ही से भारतीयोंकी आस्था रही है कि ब्रह्म (परमात्मा) ही इस समस्त ब्रह्माण्डका कर्ता, धर्ता और हर्ता है। सकल जीवोंके भाग्यका निर्माता भी वही है। अतः, प्राणियोंको उनके प्रयासोंमें सफलता दिलाना या न दिलाना उसीके हाथमें है। यही सोचकर, उसकी स्नेहमयी कृपादृष्टि प्राप्त करनेके लिए, वे अपने हर कामको आरम्भ करनेसे पहले और उसकी समाप्तिपर उसका स्मरण और स्तवन करते हैं। हमारे साहित्यकार इसका

अपवाद नहीं हैं। अपनी रचनाओंकी सिद्धि व ख्यातिके लिए वे उनके आदिमें, मध्यमें तथा अन्तमें मंगलाचरण करते हैं। इसी कारणवश, स्वामीजीने भी "गीताध्यानम्" का शुभारम्भ "ॐ" से किया है, क्योंकि यह प्रतीक है ब्रह्म (परमात्मा) का।

आइये, अब देखते हैं कि "ॐ" ब्रह्म वा परमात्माका बोधक कैसे है। "ॐ" एक रहस्यवादी पवित्र अक्षर है, जिसका पूर्ण विस्तार "ओ३म्" रूपमें होता है। "ओम्" "अ", "उ" तथा "म्" इन तीन वर्णोंसे मिलकर बना है। "अ" से विष्णुका बोध होता है, "उ" से शिवका और "म्" से ब्रह्माका। इन तीनोंके इकट्ठा हो जानेसे "ओम्" (प्रणव) बन जाता है, जिसमें तीनों प्रधान पौराणिक देवताओं—ब्रह्मा, विष्णु एवं शिव—का समावेश होनेसे उनकी निजी (वैयक्तिक) शक्तियों के साथ-साथ उनकी सामूहिक (आदि वा परा) शक्ति, अर्थात् ब्रह्म, का भी बोध होता है। इस प्रकार, ईश्वरके दोनों ही भेद—सगुण तथा निर्गुण— "ॐ" से निर्दिष्ट होते हैं।

और देखिए ! यह विश्व नाम-रूपात्मक है ; उसमें जितने पदार्थ हैं, उनकी अभिव्यक्ति वर्णों अथवा अक्षरोंसे होती है। अब, केवल संस्कृत ही नहीं, संसार भरकी जितनी भी भाषाएँ हैं उन सभीके वर्णोंका— और तो और, सभी ध्वनियों तक का भी — उच्चारणस्थान या तो मुखका सबसे भीतरी भाग— कण्ठ — है, या उसके सबसे बाहरी भाग — ओष्ठ तथा नासिका — हैं, और या इन दोनों छोरोंके मध्यवर्ती भाग — तालु, मूर्धा तथा दन्त — हैं। किन्तु कण्ठ तो "अ" का भी उच्चारणस्थान है और ओष्ठ "उ" के भी हैं, तथा नासिका "म्" का भी है। और "अ", "उ" तथा "म्" से मिलकर तो "ओम्" बनता है। इसका अर्थ यह हुआ कि "ओम्" में सभी शब्द तथा ध्वनियाँ समाहित हैं। दूसरे शब्दोंमें, उनके अभिव्यक्त विषय — सकल पदार्थ — "ओम्" में समाहित हैं, अर्थात्, उसीमें उत्पन्न होते हैं, स्थित रहते हैं तथा विलीन हो जाते हैं। अब, पदार्थोंकी — यानी, विश्वकी — ये तीनों अवस्थाएँ तो केवल ब्रह्म ही में देखनेको मिलती हैं, अन्यत्र नहीं। इसका सीधा सा अर्थ हो गया कि ओम् और ब्रह्म एक ही हैं, अलग-अलग नहीं — मोटे शब्दोंमें, ओम् ब्रह्म ही है।

अभी एक दृष्टिपात और ! हम ऊपर कह आए हैं कि अ (विष्णु), उ (शिव) तथा म् (ब्रह्मा) जब तीनों आपसमें मिलकर एक हो जाते हैं, तो ओम् (या प्रणव) बन जाता है। अब "प्रणव" का शाब्दिक अर्थ है "पवित्र घोष" अथवा "शब्द"। और शब्द — "शब्दो वै ब्रह्म" के अनुसार — ब्रह्म है, तो ओम् भी, अन्ततः,

ब्रह्म हो गया। क्योंकि, ओम् = प्रणव = शब्द = ब्रह्म, इसलिए ओम् = ब्रह्म। इस प्रकार, हमने उपर्युक्त तीन रीतियोंसे देखा कि "ॐ" ब्रह्मका प्रतीक है ; वह ब्रह्म ही है। उसके परमपवित्र एवं मांगलिक होनेके कारण, "गीताध्यानम्" का सूत्रपात उसीके द्वारा किया गया है।

अब कुछ चर्चा श्लोककी करलें। इसमें गीताका ध्यान (संस्मरण) किया गया है। इसका मोटा सा अर्थ है कि "हे भगवद्गीते ! मैं तेरा निरन्तर ध्यान करता हूँ।" तू कैसी है, यह बतलानेके लिए सारा श्लोक इसके विशेषणोंसे भरा पड़ा है।

प्रतिबोधिताम् = उपदेशके रूपमें बताई हुई (यानी, जिसका ज्ञान दिया गया है), किन्तु बार-बारके प्रश्नोत्तर-क्रमद्वारा। अर्थात्, कृष्णने कुछ कहा, उसपर अर्जुनको शंका हुई और कृष्णने उसका समाधान किया। फिर अर्जुनको कुछ जिज्ञासा हुई और कृष्णने उसको शान्त किया ; फिर भी अर्जुनने कुछ पूछा और कृष्णने उसका भी जवाब दिया। इस प्रकार, प्रश्नोत्तरका यह क्रम सारी गीतामें तबतक चलता रहा जबतक कि, अन्तमें, अर्जुन पूरीतरह विगतसन्देह न हो गया। इसीलिए, गीताको "श्रीकृष्णार्जुनसंवाद" से भी अभिहित किया जाता है।

नारायणेन स्वयम् = साक्षात् ईश्वरद्वारा (गीताका उपदेश दिया गया है)। यहाँ यह शंका हो सकती है कि जब ईश्वर निराकार है, तो वह कैसे उपदेश दे सकता है। इसका उत्तर है कि यद्यपि प्रत्यक्षमें कृष्ण ही ने उपदेश दिया था, किन्तु वे तो विष्णु (नारायण वा ईश्वर) ही के अवतार थे, अर्थात्, ईश्वरसे अभिन्न थे। अतः, उस उपदेशको ईश्वरद्वारा दिया भी कहा जा सकता है।

पुराणमुनिना = पुरातन वा सनातन मुनिसे। कुरुवंशकी सात पीढ़ियोंकी कर्मलीला इन्होंने (व्यासने) देख रक्खी थी। अतः, इनकी मति-परिपक्वता, विचारगम्भीरता, तीक्ष्णदर्शिता तथा तथ्यविश्लेषण-विदग्धतापर कौन उंगली उठा सकता था ? कुछ विद्वान् इस पदका अर्थ करते हैं — " पुराणोंके रचनाकार मुनिद्वारा", क्योंकि व्यास मुनिने ही अठारह पुराणोंकी रचना की थी।

अद्वैतामृतवर्षिणीम् = अद्वैतज्ञानरूपी अमृतकी वर्षा करनेवाली। यहाँ अद्वैतज्ञानको अमृत कहा गया है, क्योंकि निष्कामकर्मद्वारा ब्रह्मप्राप्तिके सिद्धान्तको जीवनमें उतारनेसे जीव मोक्ष प्राप्त कर लेता है ; वह अमर हो जाता है। और, गीता इस अमृतका यूँ ही जहाँ-तहाँ दो-चार जगह ही उल्लेख नहीं करती, अपितु भरपूर मात्रामें, आदिसे अन्ततक, इसका प्रबल प्रतिपादन करती है ; वर्षाकी तरह झड़ी-सी लगाती है, दो-चार बूँद ही नहीं टपकाती।

अम्ब ! = हे माँ ! गीताका यह विशेषण बड़ा सार्थक है। अन्य सब नाते छोड़कर, केवल माँका ही सम्बन्ध गीताके साथ स्थापित करना अतिसारगर्भित है। कारण ? संसारके अन्य सभी प्राणियोंका व्यवहार, कम वा अधिक, छल, कपट, द्वेष अथवा स्वार्थसे प्रेरित होता है, किन्तु माँका अपनी सन्तानके साथ बर्ताव, निश्शेष एवं निरपवाद रूपसे, निस्स्वार्थ स्नेह, त्याग, बलिदान, ममता एवम् अगाध सहिष्णुतासे भरा होता है। और सभी व्यक्ति, हमारी दो-चार त्रुटियोंके बाद ही, जहाँ डण्डेसे बात करते हैं, वहाँ मंगलमूर्ति माँ, हमारे जघन्य दोषों, घिनौने पापों तथा नृशंस दुष्कृत्योंकी एकदम अनदेखी कर हमारे सौख्य, सामर्थ्य, सुस्वास्थ्यके लिए आजीवन कामनारत रहती है। वह औरोंको क्षति पहुँचा देगी, स्वयं भी कष्ट उठा लेगी, मगर अपने बच्चोंपर फूलकी भी चोट नहीं आने देगी। गाँवोंमें कहावत है "माँ जै डायण भी बण जागी, अपणे बालकाँ नै तो फेर भी छोड़ देगी"। पूत तो कपूत बन सकता है, किन्तु माता कुमाता नहीं बन सकती। अतः, विलास, वासना, विषयोंके विषम बाटपर जन्मों-जन्मोंसे भटकते भग्नाश अपने बालकोंको, कर्मयोग-सञ्जीवनीद्वारा, गीता-माँ ही मोक्षद्वारतक ले जा सकती है।

भवद्वेषिणीम् = जन्मकी शत्रुको। जब गीता, जैसा हमने अभी ऊपर देखा है, अद्वैतज्ञानरूपी अमृतकी वर्षा करनेवाली है, तो अमर हो जानेके बाद जन्म-मरणका चक्र (संसारबन्धन) तो अपने-आप ही समाप्त हो जाता है। इस प्रकार, पुनर्जन्म न होने देनेके कारण, गीताने, मानो, जन्म ही को नष्ट कर दिया — वह उसकी शत्रु बन गई है।

नमोऽस्तु ते व्यास विशालबुद्धे, फुल्लारविन्दायतपत्रनेत्र।
येन त्वया भारततैलपूर्णः, प्रज्वालितो ज्ञानमयः प्रदीपः ॥२॥

पद० — नम : = नमस्कार ; अस्तु = हो ; ते = तेरेलिए ; व्यास = हे व्यास ; विशालबुद्धे = हे विशाल बुद्धिवाले ; फुल्लारविन्दायतपत्रनेत्र = हे खिले-हुए कमल-पुष्पकी बड़ी-बड़ी पंखड़ियोंकी भाँति आँखोंवाले ; येन = जिस (से) ; त्वया = तुझसे ; भारततैलपूर्णः = महाभारतरूपी तेलसे भरा हुआ ; प्रज्वालितः = जलाया गया है ; ज्ञानमयः = ज्ञानका ; प्रदीपः = बड़ा दीपक।

अनु० — हे विशाल बुद्धिवाले ! हे खिले-हुए कमल-पुष्पकी चौड़ी-चौड़ी पंखड़ियोंकी भाँति (बड़ी-बड़ी) आँखोंवाले ! हे व्यासदेव ! तुझको (मेरा) नमस्कार हो, (क्योंकि) तूने (हृदयमन्दिरका अज्ञानान्धकार दूर करनेके लिए) महाभारतरूपी तेलसे भरा हुआ (गीता) ज्ञानरूपी महान् दीपक जलाया है।

टि॰ — पिछले श्लोकमें स्वामी मधुसूदन जी ने गीताका ध्यान किया था ; इस श्लोकके द्वारा वे गीताकार (महर्षि वेदव्यास) का ध्यान (स्तवन) करते हैं।

***भारततैलपूर्ण*:** = महाभारतरूपी तेलसे भरा हुआ। हम पहले देख आए हैं कि गीता महाभारत ही का अंशविशेष है — यह उसके भीष्मपर्वमें १८ अध्यायों (२५-४२) ही से बनी है। इसलिए, महाभारतकी विविधज्ञान सामग्री ही इसमें साररूपसे उल्लसित होती है। उसीका प्रकाशतत्त्व इसकी ज्ञानज्योतिको प्रदीप्त किए हुए है, जैसे कि तेल एक दीपकको जलनेकी क्षमता प्रदान करता है।

***प्रदीप*:** = बड़ा दीपक। दीपावली आदि प्रकाशोत्सवोंमें हम देखते हैं कि एक दीपक बड़ा होता है और शेष ढेर सारे छोटे-छोटे होते हैं, जिन्हें उस बड़े दीपकसे जलाया जाता है। इसी प्रकार, व्यासने गीतारूपी एक ऐसे महान् ज्ञानदीपककी रचना की, जिसने कालान्तरमें, विविध भाषाओंमें, काव्य, नाटक, उपन्यास, कथा, कविता आदिके रूपमें नाना साहित्यिक कृतियोंके निर्माणके लिए प्रेरणा दी।

प्रपन्नपारिजाताय, तोत्रवेत्रैकपाणये।
ज्ञानमुद्राय कृष्णाय, गीतामृतदुहे नम : ॥३॥

पद॰ — प्रपन्नपारिजाताय = शरणागतोंके कल्पवृक्ष (के लिए) ; तोत्रवेत्रैकपाणये = एक हाथमें बेंतका चाबुक धारण करनेवाले (के लिए) ; ज्ञानमुद्राय = ज्ञानमुद्रा धारण करनेवाले (के लिए) ; कृष्णाय = कृष्णके लिए; गीतामृतदुहे = गीतारूपी अमृतको दुहनेवाले (के लिए) ; नमः= नमस्कार हो।

अनु॰ — जो शरणागत भक्तोंको, कल्पवृक्षके समान, मनोवाञ्छित फल देनेवाला है, जिसके एक हाथमें (गौओं वा घोड़ोंको हाँकनेके लिए) बेंतका चाबुक है, जो ज्ञानमुद्रासे युक्त है और जो गीतारूपी अमृतको दुहने (निकालने) वाला है, ऐसे कृष्णके लिए नमस्कार हो।

टि॰ — गीता व गीताकारका ध्यान करनेके पश्चात्, श्री मधुसूदन सरस्वती जी, प्रस्तुत श्लोकमें, गीताके सूत्रधार—श्रीकृष्ण—का पवित्र स्मरण करते हैं।

ज्ञानमुद्रा = सिद्धयोगियों तथा गुरुओंद्वारा धारित वह मुद्रा, जिसके अनुसार हस्तकी तर्जनी अंगुलीकी नोक अंगूठेकी नोकसे मिलकर एक मण्डल (गोल चक्र) बना देती है, और शेष तीनों अंगुलियाँ इनसे अलग होकर एक साथ मिली रहती हैं। इसमें अंगूठा ब्रह्मका प्रतीक है, तर्जनी अंगुली जीवका और शेष तीनों अंगुलियाँ सत्त्व, रजस् और तमस् रूपी तीनों गुणोंका और सामूहिक रूपसे

प्रकृतिका। इसका अभिप्राय है कि जब जीव त्रिगुणात्मक प्रकृतिका पूर्ण परित्याग कर निश्शेष रूपसे ब्रह्मकी शरणमें आ जाता है, तो वह भी शून्य (गोलचक्र) में खो (मिल) जाता है और तन्मय (ब्रह्ममय) हो जाता है।

गीतामृतदुहे = इसमें कृष्णको गीतारूपी अमृतका दुहनेवाला बताया गया है। कारण यह है कि कृष्ण पूर्णयोगी एवं वेदान्तनिष्ठ हैं। उन्होंने उपनिषदोंका मर्म निकालकर अपने अनन्य भक्त व सखा अर्जुनको उसे पहली बार सुनाया है। यह मर्म अमृतवत् है, जो गीतामें निहित है। इसीलिए उन्हें गीतामृतका दुहने (निकालने) वाला बताया गया है। यही अगले श्लोकमें विस्तारपूर्वक वर्णित है।

सर्वोपनिषदो गावो, दोग्धा गोपालनन्दनः ।
पार्थो वत्सः सुधीर्भोक्ता, दुग्धं गीतामृतं महत् ॥४॥

पद॰ —सर्वोपनिषदः = सारे उपनिषद् ; गावः = गौएँ ; दोग्धा = दूध दुहनेवाला; गोपालनन्दनः = ग्वालपुत्र (कृष्ण) ; पार्थः = पृथापुत्र (अर्जुन) ; वत्सः = लुआरा वा लेरुआ (बच्छा वा बछड़ा) ; सुधीः = शुद्ध-बुद्धिवाला ; भोक्ता = उपभोग करनेवाला ; दुग्धम् = दूध ; गीतामृतम् = गीतारूपी अमृत; महत् = महान् (बड़ा)।

अनु॰ — सारे उपनिषद् गौओंके समान हैं। (उन गौओंका) दूध दुहनेवाला ग्वालोंके राजा (नन्द) का पुत्र (कृष्ण) है। (गौका) लुआरा (बछड़ा) अर्जुन है। शुद्ध-बुद्धिवाले (पवित्र मनवाले भक्तजन) उस दूधका पान करनेवाले (आनन्द लेनेवाले) हैं। और वह दूध गीता (का उपदेश) रूपी महान् अमृत है।

टि॰ — इस श्लोकमें, एक बड़ी सुन्दर उपमाद्वारा, गीताके सदुपदेशको गौका दूध बतलाया गया है। जिस प्रकार एक ग्वाला, गौका दूध निकालते समय, उसका दूध सबसे पहले उसके बछड़ेको पिलाता है और उसके बाद ही उसे अपने घरवालों, मित्रों, ग्राहकों आदिको देता है, उसी प्रकार (ग्वालोंके राजकुमार उस) कृष्णने भी सारे उपनिषदोंका मनन-मन्थन कर आत्मनित्यत्व और निष्कामकर्म रूपी उनके सार-तत्त्वको सबसे पहले अपने अभिन्न मित्र, सम्बन्धी (बहनोई) एवं शिष्य अर्जुनको (महाभारत युद्धसे पहले) सुनाया और तत्पश्चात् ही वह अमर सन्देश गीताके रूपमें सारे सांसरतक पहुँचा।

वसुदेवसुतं देवं कंसचाणूरमर्दनम् ।
देवकीपरमानन्दं कृष्णं वन्दे जगद्गुरुम् ॥५॥

पद॰ — वसुदेवसुतम् = वसुदेवके पुत्र (को) ; देवम् = दिव्यरूपधारी

(को) ; कंसचाणूरमर्दनम् = कंस तथा चाणूरका कचूमर निकालनेवाले (को) ; देवकीपरमानन्दम् = देवकीके लिए परम आनन्दस्वरूप (को) ; कृष्णम् = कृष्ण को ; वन्दे = नमस्कार करता हूँ ; जगद्गुरुम् = विश्वके शिक्षक (को)।

अनु॰ — (मैं) वसुदेवके पुत्र, दिव्यरूपधारी, कंस तथा चाणूर (नामक दुष्टों) का संहार करनेवाले, देवकी (माता) के लिए परम आनन्दस्वरूप (अर्थात्, देवकी मैय्याको अत्यधिक आनन्द देनेवाले) एवं (समस्त) संसारके शिक्षक (सन्मार्गदर्शक) भगवान् कृष्णकी वन्दना करता हूँ (उन्हें नमस्कार करता हूँ)।

भीष्मद्रोणतटा जयद्रथजला गान्धारनीलोपला,
शल्यग्राहवती कृपेण वहनी कर्णेन वेलाकुला।
अश्वत्थामविकर्णघोरमकरा दुर्योधनावर्तिनी,
सोत्तीर्णा खलु पाण्डवै रणनदी कैवर्तकः केशवः॥६॥

पद॰ — भीष्मद्रोणतटा = भीष्म और द्रोणरूपी तटोंवाली ; जयद्रथजला = जयद्रथरूपी जलवाली; गान्धारनीलोपला = शकुनिरूपी नीले पत्थर (चट्टान) वाली ; शल्यग्राहवती = शल्यरूपी घड़ियालवाली ; कृपेण = कृपाचार्य से ; वहनी = प्रवाहवाली ; कर्णेन = कर्णसे ; वेलाकुला = उन्नत तरंगोंवाली ; अश्वत्थामविकर्णघोरमकरा = अश्वत्थामा और विकर्णरूपी भयंकर मगरोंवाली; दुर्योधनावर्तिनी = दुर्योधनरूपी भँवरवाली ; सा = वह ; उत्तीर्णा = पार कर ली गई ; खलु = निश्चय (ही) ; पाण्डवै : = पाण्डवोंद्वारा ; रणनदी = युद्धरूपी नदी ; कैवर्तकः = मल्लाह (नाव-खिवैय्या) ; केशवः = कृष्ण।

अनु॰— भीष्म और द्रोण जिसके दो (बड़े-बड़े) किनारे थे, जयद्रथ जिसका (अगाध) जल था, गान्धारनरेश (शकुनि) जिसमें (बड़ी) नीली चट्टान था, शल्य जिसमें घड़ियाल था, कृपाचार्य जिसका तीव्र प्रवाह था, कर्ण जिसकी ऊँची-ऊँची लहरोंका समूह था, अश्वत्थामा और विकर्ण जिसमें भयंकर मगरमच्छ थे तथा दुर्योधन जिसमें (घातक) भँवर था, ऐसी (दुस्तर) (कुरुक्षेत्र) युद्धरूपी नदीको भी पाण्डवोंने, निश्चय ही (सहज ही), पार कर लिया, क्योंकि उनके मल्लाह (कर्णधार) भगवान् कृष्ण थे।

टि॰ — यहाँ कौरवों और पाण्डवोंके बीच हुए अठारह-दिवसीय कुरुक्षेत्रयुद्ध की उपमा एक भयावह, अवरोधपूर्ण नदीसे की गई है। किसी ऐसी नदीको, जिसके किनारे सुदृढ़, सीधे तथा ऊँचे खड़े हों, जल अतिगहरा, तेज़ प्रवाहवाला तथा प्रचण्ड लहरोंसे आकुल हो, और जो बड़ी-बड़ी चट्टानों, विकराल घड़ियालों,

मगरमच्छों तथा भँवरोंसे व्याप्त हो, पार करनेकी चेष्टा करना साक्षात् मृत्युका आवाहन करना होता है। प्राय: वही स्थिति पाण्डवोंकी भी इस युद्धमें थी। उनके पास केवल सात अक्षौहिणी सेना थी, जब कि कौरवोंके पास ग्यारह अक्षौहिणी थी। इसके अतिरिक्त, भीष्म, द्रोण, कर्ण आदि तत्कालीन लगभग सभी उद्भट योद्धा और मूर्धन्य महारथी भी उन्हींकी ओर थे। फिर भी विजयश्रीने पाण्डवों ही का वरण किया, क्योंकि उनका नेतृत्व (समरसञ्चालन) द्वारकाधीश कृष्णके कुशल हाथोंमें था। उनके रणचातुर्य, नीतिनैपुण्य, विचारवैदग्ध्य तथा व्यवहारकौशल्यका इससे बड़ा प्रमाण और क्या हो सकता है ? इस प्रकार, इस श्लोकमें भी श्रीकृष्ण ही का स्तवन किया गया है।

पाराशर्यवच:सरोजममलं गीतार्थगन्धोत्कटं
नानाख्यानककेसरं हरिकथासम्बोधनाबोधितम्।
लोके सज्जनषट्पदैरहरहः पेपीयमानं मुदा
भूयाद्भारतपंकजं कलिमलप्रध्वंसि नः श्रेयसे ॥७॥

पद॰ — पाराशर्यवच:सरोजम् = व्यासके वचनरूपी सरोवरमें पैदा हुआ ; अमलम् = निर्मल ; गीतार्थगन्धोत्कटम् = गीताके अर्थरूपी सुगन्धसे अत्यन्त सुवासित; नानाख्यानककेसरम् = नाना प्रकारकी कथारूपी केसरवाला ; हरिकथासम्बोधनाबोधितम् = भगवान्‌की कथाके उपदेशसे विकसित ; लोके = संसारमें ; सज्जनषट्पदै: = सज्जनरूपी भ्रमरोंसे ; अहरह: = प्रतिदिन ; पेपीयमानम् = बारम्बार पीया जानेवाला ; मुदा = आनन्दपूर्वक ; भूयात् = हो ; भारतपंकजम् = महाभारतरूपी कमल ; कलिमलप्रध्वंसि = कलिकालके पापोंको नष्ट करनेवाला ; न: = हमारे ; श्रेयसे = कल्याणके लिए।

अनु॰ — कलिकालके (समस्त) पापोंको नष्ट करनेवाला तथा पराशरके पुत्र (महर्षि व्यास) के वचनरूपी सरोवरमें पैदा हुआ, महाभारतरूपी निर्मल कमल हमारेलिए कल्याणकारी हो— जो (कमल) गीताके अर्थरूपी सुगन्धसे अत्यन्त खुशबूदार (सुवासित) है, नाना प्रकारकी कथाएँ ही जिसके केसर हैं, जो भगवान्‌की कथाके उपदेशसे ही विकसित है तथा (सारे) संसारमें सज्जनरूपी भ्रमर (भौंरे) जिसके सारभूत मकरन्द (पराग) का प्रतिदिन आनन्दपूर्वक बारम्बार पान करते रहते हैं।

टि॰ — गीता, गीताकार तथा गीतासूत्रधारके मंगलमय ध्यान (वन्दन) के पश्चात् स्वामी मधुसूदन जी अब गीताधार— महाभारत— का पुण्य संस्मरण करते हैं और उससे विश्वकल्याणके लिए प्रार्थना करते हैं।

प्रस्तुत श्लोककी अन्तिम पंक्तिमें स्वामीजीने “भारतपंकजम्” शब्दद्वारा महाभारतकी तुलना कमलके साथ की है, जो बड़ी सुन्दर, सार्थक व समीचीन है। आइए, तनिक इसका अवलोकन करें।

हम नित्यप्रति देखते हैं कि कमल तालाब, झील आदि किसी जलाशयमें पैदा होता है। उधर, महाभारतके पैदा होनेका “जलाशय” पाराशर्य (व्यासके) वचन हैं। हम पहले कह आए हैं कि व्यास ऋषिपराशर तथा धीवरकन्या सत्यवतीकी सन्तान हैं, अतः उनके अनेक अभिधानोंमें एक “पाराशर” भी है। हम यह भी जानते हैं कि महाभारत व्यासकी रचना है, अर्थात्, श्लोक आदिके रूपमें उसका समस्त वाग्विस्तार व्यास ही के द्वारा हुआ है। दूसरे शब्दोंमें, महाभारत व्यास ही के वचनोंका समुदाय है, मानो, उन्हींसे निस्सृत हुई है।

कमल सुन्दर, स्वच्छ तथा मैलरहित (अमल) होता है। उधर, महाभारत भी त्रुटि, दोष तथा मल (पाप) रहित है और अपने भक्तोंको भी अमल (अर्थात्, निर्मल वा निष्कलंक) बना देती है।

कमल अपने रेशे-तन्तुओं व पंखड़ियों आदिमें पूर्णतया व्याप्त गन्धके कारण स्वयं भी सुगन्धित रहता है और अपने चारों ओरके वायुमण्डलमें भी उस सुगन्ध को फैलाता है। उधर, महाभारतकी सुगन्ध (सुख्याति व सदुपयोगिता) का स्रोत उसके मध्यमें स्थित भगवद्गीताका (निष्कामकर्म तथा निर्लेपभावरूपी) सदुपदेश है, जिसने गीता ही को नहीं अपितु (उसके कारण) महाभारत ही को विश्वका सर्वोत्कृष्ट ग्रन्थ बना दिया है और उसके माध्यमसे मानव मात्र ही को लाभान्वित कर दिया है।

कमलमें उसकी सुन्दरता बढ़ाने व सुगन्ध फैलानेका काम उसके केसर (सूत्र वा तन्तु) करते हैं। उधर, महाभारतमें उसकी महत्ता व उपादेयता बढ़ानेका काम उसमें विशाल मात्रामें वर्तमान लौकिक कथाएँ, ऐतिहासिक गाथाएँ तथा पौराणिक आख्यान करते हैं।

कमल अपनी तीव्रगन्ध तथा परमसुन्दरताके कारण अपने पूर्ण विकासको प्राप्त होता है। उधर, महाभारत हरि (विष्णु वा कृष्ण) सम्बन्धी बहुसंख्यक कथाओं तथा उपदेशोंके कारण अपने पूर्ण विकास (चरम उत्कर्ष) को प्राप्त होती है।

कमल तथा महाभारतकी तुलनाके क्रममें, अब हम अपने श्लोककी तीसरी पंक्तिपर आते हैं। इसका प्रत्येक शब्द बड़ा सोद्देश्य व सारगर्भित है। देखिए,

इधर कमलका रस भौंरे पीते हैं; और उधर, महाभारतका आनन्द सज्जन लेते हैं। ऐसा नहीं है कि एक बार रस पीकर उड़ जानेके बाद भौंरे उस कमलपर फिर लौटकर नहीं आएँगे और उसका रस नहीं पीएँगे, बल्कि बार-बार पीएँगे। इसलिए, "पेपीयमानम्" शब्द प्रयुक्त किया गया है, न कि "पीयमानम्"। इसी प्रकार, सज्जन (महात्मा व भक्त लोग) भी महाभारतके अध्ययनका आनन्द बार-बार आजीवन उठाते हैं।

फिर, कमलरसको भौंरे मन मारकर अथवा बाध्य होकर नहीं पीते, बल्कि अपनी ही इच्छासे और पूरे आनन्दसे पीते हैं। इसलिए, "मुदा" शब्द कहा गया है। इसी प्रकार, सज्जन भी अनिच्छा वा विवशतासे महाभारतका पठन-पाठन नहीं करते, अपितु आनन्दवश करते हैं।

भौंरोंके रसपानका समय यहाँ "अहरहः" से निर्दिष्ट किया गया है, जो नितान्त युक्तियुक्त है। "अहरहः" का शाब्दिक अर्थ है "दिन-दिनमें"। यह सर्वविदित है कि कमल सूर्यास्तके साथ बन्द हो जाता है और फिर अगले दिन सूर्योदय होनेपर ही खुलता है। जब रातभर कमलका मुँह बन्द ही रहेगा, तो भँवरे कैसे उसके अन्दर घुस सकेंगे? इस प्रकार, वे केवल दिन ही दिनमें पीते हैं। यदि वे रातको भी रस पी सकते होते, तो कदाचित् "अहरहः" की बजाय "अहर्निशम्" शब्द प्रयुक्त हुआ होता।

स्वामीजीने यहाँ भँवरेके लिए "षट्पद" शब्दका प्रयोग किया है, जो बहुत ही उपयुक्त है। "षट्पद" का अर्थ है "छै पैरोंवाला"। भँवरेकी छै ही टाँगें होती हैं, जिनके द्वारा वह वस्तुओंके साथ सम्पर्क कर बाह्य जगत्का बोध करता है। अब, यही शब्द "सज्जन" के साथ भी बिल्कुल ठीक बैठता है, क्योंकि वह भी छै "टाँगों" वाला है। ये "टाँगें" उसकी पाँच कर्मेन्द्रियों तथा मनको मिलाकर बनती हैं। इन छै माध्यमोंके द्वारा ही तो मनुष्य बाह्यजगत्के साथ सम्पर्कमें आता है और अनुभूति प्राप्त करता है। इस प्रकार, एक ही शब्दका प्रयोग दोनों ओर कितना सुन्दर, सही बैठता है!

एक अन्तिम शब्द रह गया है— "लोके।" इसका अभिप्राय है कि सज्जनरूपी भँवरे महाभारतरूपी कमलका रसास्वादन केवल भारतमें अथवा किसी अन्य विशिष्ट भूखण्ड ही में नहीं, अपितु समग्र विश्वभरमें करते हैं। सो, प्रत्येक शब्दके प्रयोग करनेमें कोई न कोई कारण है, कोई उद्देश्य है।

मूकं करोति वाचालं पंगुं लंघयते गिरिम् ।
यत्कृपा तमहं वन्दे परमानन्दमाधवम् ॥८॥

पद०—मूकम् = गूँगेको ; करोति = कर देती है ; वाचालम् = वक्ता ; पंगुम् = लँगड़ेको ; लंघयते = लँघा (पार करा) देती है ; गिरिम् = पर्वत को ; यत्कृपा = जिसकी कृपा ; तम् = उसको ; अहम् = मैं, वन्दे = प्रणाम करता हूँ ; परमानन्दमाधवम् = परमानन्दस्वरूप ब्रह्मको।

अनु०— जिसकी कृपा गूँगेको (कुशल) वक्ता (जिभाल) बना देती है और लँगड़ेसे पर्वत (भी) लँघा (पार करा) देती है (अर्थात्, अत्यन्त असमर्थको भी समर्थ बना देती है), उस परमानन्दस्वरूप ब्रह्मको मैं प्रणाम करता हूँ।

टि०— गीताध्यानम्के अन्तिम दो श्लोकोंद्वारा, श्री मधुसूदन सरस्वतीजी कृष्णके निराकार प्रकार—ब्रह्म— का पुण्य स्मरण करते हैं। इस श्लोकमें, वे इस विचारका सबल प्रतिपादन करते हैं कि ब्रह्म सर्वशक्तिमान् है—नहीं, वह साक्षात् शक्ति ही है। वह नितान्त असमर्थको भी सर्वथा समर्थ बना देता है। जैसे, एक गूँगेको वह केवल बोलने ही के योग्य नहीं बना देता, अपितु एक कुशल, स्पष्ट और सशक्त वक्ता भी। इसी प्रकार, एक लँगड़ेको वह केवल चलने ही के समर्थ नहीं बनाता, बल्कि उससे पहाड़ तक भी लँघवा देता है। सारांश यह कि मनुष्यके लिए जो बात असम्भव है, ईश्वरकी कृपासे वही उसके लिएं सम्भव, सुकर तथा खेलमात्र बन जाती है।

यं ब्रह्मावरुणेन्द्ररुद्रमरुतः स्तुवन्ति दिव्यैः स्तवै-
र्वेदैः सांगपदक्रमोपनिषदैर्गायन्ति यं सामगाः ।
ध्यानावस्थिततद्गतेन मनसा पश्यन्ति यं योगिनो
यस्यान्तं न विदुः सुरासुरगणा देवाय तस्मै नमः ॥९॥

पद० — यम् = जिसको; ब्रह्मावरुणेन्द्ररुद्रमरुतः = ब्रह्मा, वरुण, इन्द्र, रुद्र, मरुत् (वायु) (आदि) देवता; स्तुवन्ति = स्तुति करते हैं; दिव्यैः = अलौकिक (से); स्तवैः = स्तुतियोंसे; वेदैः = वेदोंके द्वारा; सांगपदक्रमोपनिषदैः = अंग, पद, क्रम और उपनिषद् सहित; गायन्ति = गान करते हैं; यम् = जिसको; सामगाः = सामवेदका गान करनेवाले; ध्यानावस्थिततद्गतेन = ध्यानमें स्थिर किए-हुए उस (ब्रह्म) में गए-हुए (से); मनसा = चित्तसे; पश्यन्ति = देखते हैं; यम् = जिसको; योगिनः =योगीलोग; यस्य = जिसके; अन्तम् = पारको; न = नहीं; विदुः = जानते हैं; सुरासुरगणाः = देवताओं तथा राक्षसोंके

समुदाय; देवाय = दिव्यपुरुष (ब्रह्म) के लिए; तस्मै = उसके लिए; नमः = नमस्कार।

अनु० — ब्रह्मा, वरुण, इन्द्र, रुद्र, वायु (आदि देवता) दिव्य (अलौकिक) स्तुतियोंद्वारा जिसका स्तवन करते हैं; सामवेदका गान करनेवाले (विद्वान्) अंग, पद, क्रम और उपनिषद् सहित वेदोंसे जिसका यशोगान करते हैं; ध्यानमें स्थिर किए-हुए तद्गत (ब्रह्ममें पहुँचे हुए) चित्तसे योगीलोग जिसका साक्षात्कार करते हैं तथा समस्त देवता और राक्षस भी जिसका पार नहीं पाते हैं, ऐसे उस दिव्यपुरुष (परमात्मा वा ब्रह्म) के लिए नमस्कार है।

टि० — पिछले श्लोकमें स्वामीजीने ब्रह्मको सर्वशक्तिमान् बतलाया था, यहाँ, उससे आगे बातको बढ़ाते हुए, वे कहते हैं कि ब्रह्म सर्वशक्तिमान् ही नहीं, शक्तिस्रोत भी है; वह आदिशक्ति है। इतना ही नहीं, वह सनातन पुरुष, अतीन्द्रिय तथा अज्ञेय भी है। आइये देखें वे इन चारों उपाधियोंका ब्रह्मके विषय में औचित्य प्रस्तुत चार पंक्तियोंद्वारा कैसे प्रतिपादित करते हैं।

सबसे पहले वे कहते हैं कि ब्रह्मा, वरुण, इन्द्र आदि देवता उस (ब्रह्म) की स्तुति करते हैं। क्यों करते हैं ? क्योंकि वे जानते हैं कि उनकी शक्ति अपनी शक्ति नहीं है, बल्कि किसी और अज्ञेय तत्त्वकी दी हुई है। ब्रह्मा यदि सृष्टि करता है, विष्णु यदि उसका पालन करता है, शिव यदि उसका संहार करता है, इन्द्र यदि वर्षा करता है, अग्नि यदि दहन करता है, सूर्य यदि ताप और प्रकाश देता है, तो अपनी इच्छासे नहीं, अपितु किसी अन्य परमतत्त्वकी आज्ञासे। वह इन सब देवताओंका आधार-बिन्दु है; उनके अस्तित्व ही का मूलकारण है। वह सबको शक्ति देता है, परन्तु कोई उसे नहीं देता; दे भी कैसे सकता है जब वह स्वयं ही शक्ति है — आदिशक्ति ही वह है।

दूसरी पंक्तिमें कहा गया है कि सामवेदका गान करनेवाले (अर्थात्, मन्त्रोंके उद्‌गाता) चारों वेदों तथा उनके छहों अंगों, नाना पद, क्रम व उपनिषदों (वेदान्त) द्वारा ब्रह्मका यशोगान करते हैं। हम जानते हैं कि वेद विश्वसाहित्यकी प्राचीनतम रचनाएँ हैं। भारतीय विद्वान् तो इनको अपौरुषेय मानते हैं। सृष्टिके आदिकाल ही से इनका अस्तित्व है, ऐसी उनकी धारणा है। अब यदि इतनी उत्कृष्ट व पुरातन कृतियाँ भी किसीका प्रशस्तिवाचन करती हैं, तो इसका अर्थ हुआ कि इनके प्रतिपाद्य विषयको परमस्तुत्य व चरमश्लाघ्य होनेके साथ-साथ इनका प्राग्वर्ती भी होना चाहिये, यानी, सृष्टिरचनासे भी पूर्व उसकी सत्ता होनी चाहिये — दूसरे शब्दोंमें, उसे सनातन पुरुष होना चाहिये।

अब हम तीसरी पंक्तिमें देखते हैं कि ब्रह्म अतीन्द्रिय कैसे है। इसमें प्रत्येक शब्दका अपना महत्त्व है। हम "यम्" से आरम्भ करते हैं। "यम्" = जिसको, अर्थात्, ब्रह्मको, "पश्यन्ति", यानी, देखते हैं। क्या सामान्य मनुष्य देखते हैं ? नहीं, "योगिनः", केवल योगीलोग। क्या वे भी उसे बाहरकी (स्थूल) आँखोंसे देखते हैं ? नहीं, "मनसा" (मनसे), केवल मनकी आँखोंसे। क्या मनसे भी वे उसे सर्वदा देख सकते हैं ? नहीं, "ध्यानावस्थिततद्गतेन," अर्थात्, जब वे स्वयं तो ध्यानमुद्रामें स्थित हों और उनका मन "तद्गत" हो, यानी, उसमें (ब्रह्ममें) गया हुआ हो (खोया हुआ हो, लीन हुआ हो)। सो, बड़े-बड़े संयमी योगी भी ब्रह्मका साक्षात्कार केवल उतनी ही देरतक कर सकते हैं जबतक वे स्वयं तो ध्यानसमाधिमें हों और उनका मन ब्रह्ममें डूबा हुआ हो। रही सामान्य मनुष्यकी अपनी साधारण आँखोंसे परमात्माको देखनेकी बात, तो उसका तो प्रश्न ही नहीं उठता। इस प्रकार, हमने देखा कि ब्रह्म हमारे (नेत्र) इन्द्रियसे ग्राह्य नहीं है, अर्थात्, वह इन्द्रियोंसे बहिर्भूत है — वह अतीन्द्रिय है।

अन्तिम पंक्तिमें निर्दिष्ट है कि सारे देवता — और राक्षस भी — ब्रह्मका पार नहीं पा सके हैं। जब ऐसा है, तो फिर बेचारे मर्त्य मानवको तो कभी उसका पूर्ण ज्ञान हो ही नहीं सकता, अर्थात्, वह (ब्रह्म) अज्ञेय है।

उस निराधार, सर्वाधार, सच्चिदानन्दस्वरूप परब्रह्मके इस मंगलस्तवनके साथ ही स्वामी मधुसूदन सरस्वतीजीके नवश्लोकात्मक "गीताध्यानम्" का यहाँ समापन हो जाता है। इन श्लोकोंकी "गीताध्यानम्" संज्ञा सर्वथा समीचीन ही है, क्योंकि इनके पढ़ते या सुनते ही एक साथ मस्तिष्कमें "गीता" का एक "ध्यान", एक मानसिक चित्र, उभरकर आजाता है कि ओहो ! गीता ऐसी होगी, ऐसी होगी, यह उसकी पृष्ठभूमि है, यह उसका रचयिता है, ये उसके मुख्य पात्र हैं, यह उसका विषय है, यह उसका लक्ष्य है। आइये, अब "ध्यान" से "गीता" की ओर चलते हैं और अपनी "कथा" का भी शुभारम्भ करते हैं।

श्रीमद्भगवद्गीता—पहला अध्याय

धृतराष्ट्र उवाच।

धर्मक्षेत्रे कुरुक्षेत्रे समवेता युयुत्सवः।
मामकाः पाण्डवाश्चैव किमकुर्वत सञ्जय॥१॥

पद॰—धृतराष्ट्रः = धृतराष्ट्रने; उवाच = कहा। धर्मक्षेत्रे = धर्मभूमि (में); कुरुक्षेत्रे = कुरुक्षेत्रमें; समवेताः = इकट्ठे हुए; युयुत्सवः = युद्धकी इच्छावाले; मामकाः = मेरे; पाण्डवाः = पाण्डुके पुत्रों (ने); च = और; एव = ही; किम् = क्या; अकुर्वत = किया; सञ्जय = हे सञ्जय!

अनु॰— धृतराष्ट्रने कहा, "हे सञ्जय! धर्मभूमि कुरुक्षेत्रमें इकट्ठे-हुए युद्धकी इच्छावाले मेरे और पाण्डुके पुत्रोंने क्या किया ?"

टि॰— पाण्डवोंका बारह-बरसका बनवास समाप्त हो चुका होता है। उसके बाद एक वर्षका अज्ञातवास भी बीत जाता है। अतः, अपना राज्य वापस लेनेके लिए पाण्डव एक दूत दुर्योधनके पास भेजते हैं। किन्तु वह उसे टका-सा जवाब दे देता है । राजा धृतराष्ट्रका मन्त्री और सारथी, सञ्जय, भी दुर्योधनद्वारा पाण्डवोंका राज्य लौटाए जानेका आग्रह करता है। उसे भी वह धृष्टतापूर्वक ठुकरा देता है।

अन्तिम प्रयासके रूपमें, पाण्डवोंकी ओरसे भगवान् कृष्ण शान्तिदूत बनकर हस्तिनापुर जाते हैं और पितामह भीष्म, आचार्य द्रोण, महात्मा विदुर एवं राजा धृतराष्ट्रके समक्ष भरे दरबारमें पाण्डवोंकी न्यायसंगत माँग, पापाचरणसे जातिकुलसर्वनाश तथा युद्धके भयंकर दुष्परिणामोंका दुर्योधनको बोध कराना चाहते हैं। परन्तु कालचक्रग्रस्त होनेके कारण, वह इस सबको एक कानसे सुन दूसरेसे निकाल देता है। समाजकल्याण एवं मानवहितसे प्रेरित होकर वे दुर्योधनसे पाण्डवों का सारा राज्य नहीं बल्कि (उन) पाँच भाइयोंके लिए केवल पाँच गाँव ही देनेका प्रस्ताव करते हैं। इसके उत्तरमें, मदान्ध और सत्तालोलुप वह अत्यन्त ढिठाईसे कहता है कि पाँच गाँव तो रहे दूर, एक सुईकी नोक जितनी भूमि छेदती है, वह उतनी भूमि भी पाण्डवोंको युद्धके बिना देनेके लिए उद्यत नहीं है। इतना ही नहीं,

उस पापात्माने कृष्णको बन्दी बनानेकी कुचेष्टा भी की, जिसे नीतिनिपुण उस नरहरिने सर्वथा विफल बिना दिया।

युद्धको अनिवार्य जान, पाण्डवोंने भी अब उसकी तैय्यारी आरम्भ कर दी। कुछ ही समयमें, दोनों पक्षोंकी सेनाएँ, अस्त्र-शस्त्रसे सुसज्जित हो, कुरुक्षेत्रके विशाल भूखण्डमें एक-दूसरेके सामने आ डटीं।

ऐसी स्थितिमें, महर्षि व्यास धृतराष्ट्रसे कहने लगे, "राजन् ! यदि तुम यह घोर संग्राम देखना चाहो, तो मैं तुम्हें दिव्यनेत्र प्रदान कर सकता हूँ।" इसपर धृतराष्ट्रने कहा, "हे ब्रह्मर्षिश्रेष्ठ! मैं कुलके इस हत्याकाण्डको अपनी आँखोंसे देखना तो नहीं चाहता, परन्तु युद्धका सारा वृत्तान्त भलीभाँति सुनना अवश्य चाहता हूँ।" तब व्यासने सञ्जयको दिव्यदृष्टि देकर धृतराष्ट्रसे कहा, "ये सञ्जय तुम्हें युद्धका सब वृत्तान्त सुनाएँगे। युद्धकी समस्त घटनओंको ये प्रत्यक्ष देख सकेंगे; इनसे कोई भी बात छिपी न रह सकेगी।"

व्यासके चले जानेके बाद, धृतराष्ट्रके पूछनेपर, सञ्जय उन्हें पृथ्वीके विभिन्न द्वीपोंका वृत्तान्त सुनाते रहे। उसीमें उन्होंने भारतवर्षका भी वर्णन किया। तदनन्तर जब कौरव-पाण्डवयुद्ध प्रारम्भ हो गया और उसके दसवें दिन, अर्जुनके बाणोंसे बुरी तरह घायल होकर, भीष्म रणभूमिमें रथसे नीचे गिर पड़े, तब सञ्जयने धृतराष्ट्रको अकस्मात् भीष्मके पतनका समाचार सुनाया।

यहाँ हम यह स्पष्ट करदें कि भीष्मका "पतन" हुआ था, "मरण" नहीं। मार तो उन्हें कोई सकता ही नहीं था, क्योंकि वे इच्छामृत्यु थे। घायल होनेपर भी शरशय्यापर लेटे-लेटे उन्होंने युद्धके शेष आठ दिनोंका नरसंहार देखा। उसके उपरान्त, युधिष्ठिरका राज्याभिषेक हो जानेपर, श्रीकृष्णके आग्रहसे, कई दिनोंतक उन्होंने पाण्डवोंको धर्मका उपदेश दिया। अन्तमें, जब सूर्य उत्तरायणमें आगए, तब उन्होंने भगवान् कृष्णके सामने योगधारणासे शरीर त्याग दिया और दिव्यलोकमें चले गए।

अस्तु, भीष्मके धराशायी होनेका समाचार सुनकर धृतराष्ट्र बड़े दुःखी हुए; वे स्तब्ध-से रह गए। अत्यन्त व्याकुल हो, उन्होंने सञ्जयसे गत दस दिनोंके भीषण युद्धका पूरा विवरण प्रारम्भसे सुनानेके लिए कहा—कौन किससे कैसे भिड़ा और किसके द्वारा कौन, कैसे, कब मारा गया। धृतराष्ट्रके इसी प्रश्नसे श्रीमद्भगवद्गीताका श्रीगणेश होता है। संयोगवश, सारी गीतामें धृतराष्ट्रद्वारा केवल यही एक श्लोक कहा गया है। शेष ६९९ श्लोक सञ्जयका उत्तरमात्र हैं, जिनका एक बहुत बड़ा भाग कृष्ण और अर्जुनके बीच हुए संवादके रूपमें है।

कुरुक्षेत्रे = कुरुक्षेत्र एक अत्यन्त प्राचीन, प्रसिद्ध व पवित्र तीर्थस्थल है। ब्राह्मणग्रन्थोंमें इसे सरस्वती नदीके दक्षिणभाग और दृषद्वती नदीके उत्तर भागके मध्यमें स्थित बतलाया गया है। इसकी लम्बाई-चौड़ाई पाँच-पाँच योजन (अर्थात्, बीस-बीस कोस) थी। इस समय भी कुरुक्षेत्र नामक स्थान वहीं है, जो अम्बालेसे दक्षिण तथा दिल्लीसे उत्तरकी ओर है।

धर्मक्षेत्रे = यहाँ कुरुक्षेत्रको "धर्मक्षेत्र", अर्थात्, पुण्यभूमि कहा गया है, क्योंकि अत्यन्त प्राचीन कालमें यह वैदिक संस्कृतिका मुख्य केन्द्र था। शतपथ ब्राह्मणादि शास्त्रोंके अनुसार, यहाँ अग्नि, इन्द्र, ब्रह्मा आदि देवताओंने एक विशाल यज्ञ किया था। इसके पश्चात् महाराज कुरुने भी यहाँ घोर तपस्या की थी, जिसके फलस्वरूप इस स्थानका नाम "कुरुक्षेत्र" पड़ा। इसकी पुण्यता तथा पवित्रताका अनुमान इसीसे लगाया जा सकता है कि धार्मिक ग्रन्थोंने यहाँ मरने वालोंकी उत्तम गति (मुक्ति) होनेका निर्देश किया है। और तो और, जो यह केवल कह ही कह दे कि वह कुरुक्षेत्र जाएगा और वहाँ रहेगा, वह भी पापमुक्त हो जाता है। इसकी धूलिका कण भी यदि कोई महापापी बस स्पर्श ही करले, तो वह कण ही उसके लिए स्वर्ग हो जाता है।

धृतराष्ट्रद्वारा "कुरुक्षेत्र" के लिए किसी अन्य विशेषणके स्थानपर केवल "धर्मक्षेत्र" ही को प्रयुक्त करना, और वह भी (श्लोकमें) उससे पहले, उसकी विचित्र मानसिक स्थितिका द्योतक है। उसे पता था कि कुरुक्षेत्र जैसे पुण्यस्थलमें प्राणीकी उपस्थितिमात्र ही उसमें सात्विक वृत्ति अंकुरित कर देती है। सो, उसे भय था कि दुर्योधन जैसा दुष्ट और पापाचारी भी कभी वहाँ पहुँचकर सत्यनिष्ठ एवं धर्मपरायण न बन जाए और, युद्ध करनेकी बजाय, अच्छा ख़ासा हथियाया हुआ राज्य कहीं पाण्डवोंको वापस न कर दे। उधर, पाण्डवोंके बारेमें यह सोचे बैठा था कि वे तो पहले ही से धर्मनिष्ठ तथा सदाचारी हैं, अतः कुरुक्षेत्र जाकर तो वे इतने सतोगुणी बन जाएँगे कि युद्धको नितान्त गर्ह्य एवं कुत्सित मान, वैराग्य धारण कर, एक बार फिर वे बनोंको प्रस्थान कर जाएँगे। किन्तु हुई दोनोंमें से कोई भी बात नहीं, क्योंकि अब तो उसे सञ्जयसे पता लग चुका है कि युद्ध न केवल आरम्भ ही हो चुका है, अपितु उसे चलते-चलते दस दिन भी बीत चुके हैं। अतः, एक ओर वह हृष्ट है, तो दूसरी ओर खिन्न।

मामका := इसका अर्थ है "मेरे"। इस एक शब्दसे धृतराष्ट्रकी "मैं," "मेरी," "ममत्व" की दुर्भावनाका पता चलता है कि वह कितना लघुवृत्ति,

संकीर्णहृदय और द्वेषपूर्ण था। वह केवल दुर्योधन आदि अपने पुत्रोंको ही अपना समझता था और अपने भतीजोंको पराया। वह आँखों ही का नहीं, दिलका भी अन्धा था। यदि आँखोंमें लाज होती, तो अपने बेटोंसे अधिक अपने भाईके बेटोंसे, जो बाल्यकाल ही में बेबाप हो गए थे, प्यार करता। यदि दिलकी आँख खुली होती, तो अपने भतीजोंसे अन्याय न होने देता। उसकी पुत्रमोहान्धता नेत्रान्धतासे कहीं अधिक घातक थी। इस भ्रातृजभेदभावनाको वह भीतर ही भीतर सुलगने देता था, क्योंकि उसे व्यक्त करनेमें उसे भीष्म, द्रोण तथा विदुरकी भर्त्सना एवं व्यासकी फटकारका भय था।

अकुर्वत = यह भूतकालीय क्रिया है, जिसका अर्थ है "किया"। इससे संकेत मिलता है कि युद्ध आरम्भ हो चुका है और धृतराष्ट्र-सञ्जय संवाद उसके उपरान्त आरम्भ हुआ है। यदि दोनों प्रक्रियाएँ साथ-साथ चली होतीं, तो धृतराष्ट्रने वर्तमानकालिक क्रियाका प्रयोग किया होता, जैसें, "क्या कर रहे हैं?", "क्या करते हैं ?" दूसरे शब्दोंमें, प्रस्तुत श्लोकमें "अकुर्वत" के स्थानपर "कुर्वते" प्रयुक्त हुआ होता।

आइये, आधिभौतिक पक्षसे हटकर अब इस श्लोकके आध्यात्मिक पक्षपर ध्यान दें। यहाँ "कुरुक्षेत्र" से अभिप्राय है कर्मभूमि, अर्थात्, शरीरधारी जीवके नाना कर्म करनेके निमित्त जीवनके विविध क्षेत्र। वही "धर्मक्षेत्र" भी है, क्योंकि जीवका धर्म है शरीर धारण कर, कर्मफलानुसार, वासनाप्रेरित कार्य करना। ये वासनाएँ दो प्रकारकी हैं — सत् (शुभ, अच्छी) और असत् (अशुभ, बुरी) — जो उसके मनमें "समवेताः" (इकट्ठी होकर) "युयुत्सवः" (आपसमें युद्ध करती रहती हैं, एक-दूसरेको दबानेके लिए)। असत् वासनाएँ ही "मामकाः" हैं, यतः वे "मैं," "मेरा" रूपी मोह, ममता, मदादि दुर्भावनाओंसे परिपूर्ण हैं, और सत् वासनाएँ ही "पाण्डवाः" हैं।

शंकित, भ्रमित, त्रसित, मोहित, जीवन-संघर्षमें निरन्तर भटकते, लड़खड़ाते रहनेवाला हममें से प्रत्येक मनुष्य "अर्जुन" है। वह जब परमात्मारूपी "कृष्ण" को अपना मार्गदर्शक (सारथी) बना लेता है, तो निष्कामकर्मके गाण्डीव-धनुषसे संसाररूपी कुरुक्षेत्रयुद्ध जीतकर मोक्षरूप विजय प्राप्त कर लेता है। भगवद्गीताका यही मर्म है; इसके दिव्य उपदेशका यही सार है। इसे ध्यानमें रखकर गीता पढ़नेमें ही गीताका वास्तविक आनन्द है; इस सारको जीवनमें साकार बना लेनेमें ही गीता पढ़नेका सही लाभ है।

संजय उवाच।

दृष्ट्वा तु पाण्डवानीकं व्यूढं दुर्योधनस्तदा ।
आचार्यमुपसंगम्य राजा वचनमब्रवीत् ॥२॥

पद० — सञ्जयः = सञ्जयने ; उवाच = कहा। दृष्ट्वा = देखकर ; तु = किन्तु ; पाण्डवानीकम् = पाण्डवोंकी सेनाको ; व्यूढम् = व्यूहरचनायुक्त; दुर्योधनः = दुर्योधन ; तदा = तब ; आचार्यम् = आचार्यको ; उपसंगम्य = पास जाकर ; राजा = राजा ; वचनम् = (ये) वचन ; अब्रवीत् = बोला।

अनु० — संजयने कहा — किन्तु तब राजा दुर्योधन, व्यूहरचनायुक्त (रणयोजनाके अनुसार अवस्थित) पाण्डवोंकी सेनाको देखकर, आचार्य (द्रोण) के पास जाकर ये वचन बोला।

टि० — यहाँ एक छोटे-से "तु" शब्दसे सञ्जयने धृतराष्ट्रको इस बातका संकेत दे दिया है कि उसका बेटा पाण्डवसेनाको देखकर डर गया है। दोनों सेनाएँ कील-काँटेसे लेस एक-दूसरेके सामने खड़ी हैं; युद्ध हुआ ही चाहता है। ऐसी स्थितिमें उसे युद्धके विषयमें यदि कोई बात करनी है, तो उसे सेनाध्यक्ष (भीष्म पितामह) के पास जाना चहिए न कि गुरु (द्रोण) के पास। किन्तु जैसे एक डरा हुआ बालक, और सबको छोड़कर, माता-पिता ही के पास दौड़कर जाता है, वैसे ही दुर्योधन भी, भीष्मादि सबको छोड़कर, अपने गुरु — जो पिताके समान होता है— के पास भागकर जाता है।

संजयका दुर्योधनके लिए "राजा" की उपाधिका प्रयोग करना सर्वथा संगत है, क्योंकि, अन्धा होनेके कारण, धृतराष्ट्र तो नाममात्रका राजा था, शासनका समस्त कार्य तो दुर्योधन ही करता था। फिर, पुत्रके लिए एक सम्मानसूचक विशेषण कह कर पिता (धृतराष्ट्र) को प्रसन्न करनेका अभिप्राय भी तो संजयका हो सकता है।

राजा होते हुए भी, दुर्योधन स्वयं क्यों द्रोणके पास जाता है, उन्हें ही अपने पास क्यों नहीं बुला लेता, ऐसा तर्क युक्तियुक्त नहीं है। युद्ध अभी-अभी छिड़ने ही जा रहा है;ऐसे गम्भीर समयमें योजनाबद्ध-अवस्थित सेनाके किसी भी भाग अथवा प्रभागके प्रमुख अधिकारीको, किसी भी कारणवश, उसके स्थानसे हटाना गड़बड़ी अथवा अव्यवस्था पैदा कर सकता है। फिर, वयोवृद्ध और ज्ञानवृद्ध होनेके साथ-साथ द्रोणाचार्य, गुरु होनेके नाते भी तो, आदरके पात्र हैं। इसके अतिरिक्त, दुर्योधनको इस समय द्रोणसे अपना मतलब पूरा करना है। इसलिए, उन्हें सम्मान

देकर उनका प्रियपात्र बनना उसे अभीष्ट है, ताकि वे पाण्डवोंसे पूरे मनोबल, साहस एवं चातुर्यसे युद्ध करें। इन सभी कारणोंसे, दुर्योधनने स्वयं ही द्रोणके पास जाना उचित समझा।

पश्यैतां पाण्डुपुत्राणामाचार्य महतीं चमूम्।
व्यूढां द्रुपदपुत्रेण तव शिष्येण धीमता ॥३॥

पद० — पश्य = देखिए; एताम् = इसको; पाण्डुपुत्राणाम् = पाण्डुके पुत्रोंकी; आचार्य = हे आचार्य; महतीम् = विशाल (को); चमूम्= सेनाको; व्यूढ़ाम् = व्यूहाकार (रणनीतिके अनुसार) खड़ी की-हुई (को); द्रुपदपुत्रेण = द्रुपदके पुत्र-द्वारा; तव = आपके; शिष्येण = शिष्यसे; धीमता = बुद्धिमान् (से)।

अनु० — हे आचार्य! आपके बुद्धिमान् शिष्य द्रुपदपुत्र (धृष्टद्युम्न) द्वारा व्यूहाकार (अर्थात्, रणयोजनाके अनुसार) खड़ी की-हुई पाण्डुके पुत्रोंकी इस विशाल (प्रबल) सेनाको देखिए।

टि० — दुर्योधन दुरात्मा होनेके साथ बड़ा चतुर कूटनीतिज्ञ भी है। धृष्टद्युम्नके प्रति प्रतिहिंसा तथा पाण्डवोंके प्रति बुरी भावना जागृत करके वह द्रोणाचार्यको विशेष उत्तेजित करना चाहता है। इसीलिए, उसने धृष्टद्युम्नको "द्रुपदपुत्र" एवम् "आपका बुद्धिमान् शिष्य" कहा है। इन शब्दोंके द्वारा वह उन्हें स्मरण करा रहा है कि देखिए, द्रुपदने आपके साथ पहले बुरा बर्ताव किया था और फिर उसने आपका वध करनेके उद्देश्यसे ही यज्ञ करके धृष्टद्युम्नको पुत्ररूपमें प्राप्त किया था। वह इतना कुटिल है और आप इतने सरल हैं कि आपको मारने - के लिए पैदा होकर भी उसने आप ही से धनुर्वेद की शिक्षा प्राप्त करली। फिर, इस समय भी उसकी बुद्धिमानी देखिए कि उसने हम सबको छकानेके लिए कैसी सुन्दर व्यूहरचना की है। उसी पुरुषको पाण्डवोंने अपना प्रधान सेनापति बनाया है। सो, अब आप ही सोच लीजिए कि धृष्टद्युम्न तथा पाण्डवोंके प्रति आपका क्या व्यवहार होना चाहिए।

कौरवसेना ग्यारह अक्षौहिणी थी और पाण्डवसेना केवल सात ही अक्षौहिणी थी। फिर भी दुर्योधनने पाण्डवसेना ही को "महतीम्", अर्थात्, बड़ी, विशाल वा शक्तिशालिनी बताया है। इसका मुख्य कारण है कि वह "व्यूढ़ां द्रुपदपुत्रेण" है, यानी, उसकी व्यूहरचना धृष्टद्युम्नद्वारा की गई है। यह एक सैनिक तथ्य है कि जिस सेनाकी साज-सज्जा, भागानुरूप अवस्थिति व व्यूहरचना स्थान, समय व संसाधनको दृष्टिमें रखकर कुशल सन्नेतृत्वमें होती है, वह अपेक्षतया स्वल्प

होनेपर भी सफल रहती है। व्यूहविरचन एवं सैन्यविन्यासके क्षेत्रमें धृष्टद्युम्न दोनों ही पक्षोंमें अग्रणी था। इस कलाका अनुपम शिल्पी होनेके कारण ही पाण्डवोंने अपनी अल्पसंख्यक सेनाका उसे कर्णधार बनाया था। उसने पाण्डवसेनाका अवस्थापन वज्रव्यूहमें किया था, जिससे, संख्यामें बहुत कम होने पर भी, वह दुर्योधनको "महती" (बहुत बड़ी) मालूम होती थी। कहना न होगा कि अपेक्षतया सुव्यस्थित होनेके कारण वह अधिक शक्तिशालिनी थी।

जैसे एक बिच्छू अपने प्राणत्राताको भी डंक मारनेसे नहीं चूकता, वैसे ही दुर्योधन भी अपने शिक्षक व संरक्षक द्रोणका अपमान तथा उपहास करनेसे बाज नहीं आता। यह आशय भी इस श्लोकसे ध्वनित होता है। सीधे शब्दोंमें, उसका अभिप्राय है कि हे गुरो! अपने शत्रुपुत्र, जिसके द्वारा आपकी मृत्यु बदी है, उस धृष्टद्युम्नको तथा जिनपर आपका सदा विशेष स्नेह एवं मोह बना रहा है उन पाण्डुपुत्रोंको आपने अतीव लगन, प्रेम व चावसे अस्त्र-शस्त्रविद्या सिखाई है। अब वे ही आपके होनहार, आज्ञाकारी और प्राणप्रिय शिष्य आपके प्रियप्राण लेनेपर उतारू हैं। क्या अब भी आपको अपनी मूर्खतापर पश्चात्ताप नहीं होता कि आपने इन कृतघ्नोंको शिष्य बनानेकी भूल क्यों की?

अत्र शूरा महेष्वासा भीमार्जुनसमा युधि।
युयुधानो विराटश्च द्रुपदश्च महारथः ॥४॥
धृष्टकेतुश्चेकितानः काशिराजश्च वीर्यवान्।
पुरुजित्कुन्तिभोजश्च शैव्यश्च नरपुंगवः ॥५॥
युधामन्युश्च विक्रान्त उत्तमौजाश्च वीर्यवान्।
सौभद्रो द्रौपदेयाश्च सर्व एव महारथाः ॥६॥

पद० — अत्र = इस (पाण्डवसेना) में; शूराः = (बहुत से) शूरवीर; महेष्वासाः = बड़े-बड़े धनुर्धारी; भीमार्जुनसमाः = भीम और अर्जुनके समान; युधि = युद्धमें; युयुधानः = युयुधान (सात्यकि); विराटः = विराट; च = और; द्रुपदः = (राजा) द्रुपद; च = और; महारथः = महारथी; धृष्टकेतुः = धृष्टकेतु; चेकितानः = चेकितान; काशिराजः = काशिराज; च = तथा; वीर्यवान् = बलवान्; पुरुजित् = पुरुजित्; कुन्तिभोजः = कुन्तिभोज; च = और; शैव्यः = शैव्य; च = तथा; नरपुंगवः = मनुष्योंमें श्रेष्ठ; युधामन्युः = युधामन्यु; च = और; विक्रान्तः = पराक्रमी; उत्तमौजाः = उत्तमौजा; च = और; वीर्यवान् = बलवान्; सौभद्रः = सुभद्रापुत्र (अभिमन्यु); द्रौपदेयाः = द्रौपदीके (पाँचों) पुत्र; च = तथा; सर्वे = सब; एव = ही; महारथाः = महारथी।

अनु० — इस (पाण्डवसेना) में बड़े-बड़े धनुर्धारी तथा युद्धमें भीम और अर्जुनके समान शूरवीर युयुधान (सात्यकि) और विराट तथा महारथी राजा द्रुपद, धृष्टकेतु और चेकितान तथा बलवान् काशिराज, पुरुजित्, कुन्तिभोज और मनुष्योंमें-श्रेष्ठ शैव्य, पराक्रमी युधामन्यु तथा बलवान् उत्तमौजा, सुभद्रापुत्र (अभिमन्यु) एवं द्रौपदीके (पाँचों) पुत्र — ये सभी महारथी हैं।

टि० — पाण्डव-सेनाकी व्यूहरचना द्रोणाचार्यको दिखलानेके बाद अब दुर्योधन इन तीन श्लोकोंद्वारा उसके प्रमुख महारथियोंके नाम बतलाता है—

युयुधानः = अर्जुनके शिष्य सात्यकिका ही दूसरा नाम युयुधान था। यह यादववंशीय राजा शिनिका पुत्र था और महाभारतयुद्धके उपरान्त यादवोंके गृहयुद्धमें मारा गया था।

विराटः = यह मत्स्यदेशका राजा था। पाण्डवोंने अपने अज्ञातवासका एक वर्ष इसीके यहाँ बिताया था। इसकी पुत्री उत्तराका विवाह अर्जुनके पुत्र अभिमन्युके साथ हुआ था।

द्रुपदः = यह पाञ्चालदेशके राजा पृषत्का पुत्र और धृष्टद्युम्न तथा द्रौपदी-का पिता था। महाभारतयुद्धमें यह द्रोणके हाथों मारा गया था।

धृष्टकेतुः = यह चेदिदेशके राजा शिशुपालका पुत्र था। यह भी महाभारत-युद्धमें द्रोणद्वारा मारा गया था।

चेकितानः = यह एक वृष्णिवंशीय यादव और बड़ा शूरवीर योद्धा था। पाण्डवोंकी सात अक्षौहिणी सेनाके सात सेनापतियोंमें से यह भी एक था और युद्धमें दुर्योधनके हाथों मारा गया था।

काशिराजः = काशीका राजा। इसके नामका ठीक पता नहीं लगता; कहीं यह सेनाविन्दु है, कहीं क्रोधहन्ता और कहीं अभिभू।

पुरुजित्कुन्तिभोजश्च = पुरुजित् और कुन्तिभोज। ये दोनों कुन्तीके भाई थे और, इस प्रकार, युधिष्ठिर आदि पाण्डवोंके मामा लगे। इन दोनोंको भी युद्धमें द्रोणाचार्यने मारा था।

शैव्यः = यह युधिष्ठिरका श्वसुर था और इसकी पुत्रीका नाम देविका था।

युधामन्युश्च उत्तमौजाः = युधामन्यु और उत्तमौजा — ये दोनों भाई थे और पाञ्चाल-देशके राजकुमार थे। अतिपराक्रमी होनेके कारण, इन्हें आरम्भमें

अर्जुनके रथके पहियोंकी रक्षा करनेके लिए नियुक्त किया गया था। ये दोनों ही रातको सोते हुए अश्वत्थामाद्वारा मारे गए थे।

सौभद्रः = सुभद्राका पुत्र, अभिमन्यु। यह अर्जुनका पुत्र और परीक्षितका पिता था। यह असाधारण पराक्रमी, अनन्य शूरवीर एवम् उद्भट योद्धा था। एक बालयुवक होनेपर भी, यह अकेले ही द्रोणरचित चक्रव्यूहको तोड़कर उसके भीतर घुस गया था। वहाँ द्रोण, कर्ण, अश्वत्थामा आदि कौरव महारथियोंने इसे धोखे तथा अन्यायसे घेर लिया और दु:शासनके लड़केने छलपूर्वक सिरपर गदा मारकर इसका अन्त कर दिया था।

द्रौपदेयाः = द्रौपदीके पुत्र। ये पाँच थे — प्रतिविन्ध्य, सुतसोम, श्रुतकर्मा, शतानीक और श्रुतसेन, जो, क्रमशः, युधिष्ठिर, भीम, अर्जुन, नकुल तथा सहदेवकी सन्तान थे। इनको भी सोते हुओंको रात्रिके समय अश्वत्थामाने मार डाला था।

महारथः — महारथी। ऐसे असाधारण वीरको "महारथी" कहते हैं, जो शास्त्र-और-शस्त्रविद्या (दोनों) में अत्यन्त निपुण हो और अकेला ही दस हज़ार धनुर्धारी योद्धाओंके साथ युद्ध करनेमें समर्थ हो।

अस्माकं तु विशिष्टा ये तान्निबोध द्विजोत्तम।
नायका मम सैन्यस्य संज्ञार्थं तान् ब्रवीमि ते॥७॥

पद० — अस्माकम् = हमारे पक्षमें; तु = भी; विशिष्टाः = प्रधान; ये = जो-जो; तान् = उनको; निबोध = समझ लीजिए; द्विजोत्तम = ब्राह्मणश्रेष्ठ; नायकाः = सेनापति; मम = मेरी; सैन्यस्य = सेनाके; संज्ञार्थम् = जानकारीके लिए; तान् = उनको; ब्रवीमि = बतलाता हूँ; ते = आपकी।

अनु० — हे ब्राह्मणश्रेष्ठ! हमारे (अपने) पक्षमें भी जो प्रधान हैं, उनको आप समझ लीजिए। आपकी जानकारीके लिए, मेरी सेनाके जो-जो सेनापति हैं, उनको मैं बतलाता हूँ।

टि० — पाण्डवसेनाके प्रधान योद्धाओंके नाम बतलाकर दुर्योधन अब आचार्य द्रोणसे अपने पक्षके मुख्य शूरवीरोंको भी जान लेनेका अनुरोध करता है। दुर्योधनके मुँहसे निकला हुआ होनेके कारण, इस अनुरोधका प्रच्छन्न अर्थ है कि युद्धविद्यामें आप चाहे कितने भी निपुण क्यों न हों, फिर भी आप मूलतः एक ब्राह्मण ही हैं, जो शान्तिप्रिय (यानी, भीरु अथवा कायर) होता है। अतः, पाण्डवसेना से भयभीत

हो जाना आपके लिए स्वाभाविक है। किन्तु घबराने या दिल छोटा करनेकी कोई बात नहीं, क्योंकि हमारी सेनामें भी अनेक मूर्धन्य पराक्रमी हैं, जिनके नाम मैं अब बतलाने जा रहा हूँ।

भवान् भीष्मश्च कर्णश्च कृपश्च समितिञ्जयः ।
अश्वत्थामा विकर्णश्च सौमदत्तिस्तथैव च ॥८॥

पद० — भवान् = आप ; भीष्मः = भीष्म ; च = और ; कर्ण : = कर्ण ; च = तथा ; कृपः = कृप ; च = और ; समितिञ्जयः = संग्रामविजयी ; अश्वत्थामा = अश्वत्थामा ; विकर्णः = विकर्ण ; च = तथा ; सौमदत्तिः = सोमदत्तका पुत्र ; तथा = वैसे ; एव = ही ; च = और।

अनु० — आप (द्रोणाचार्य) और (पितामह) भीष्म तथा कर्ण एवं संग्रामविजयी कृपाचार्य तथा वैसे ही (शूरवीर) अश्वत्थामा, विकर्ण और सोमदत्तका पुत्र (भूरिश्रवा)।

टि० — दुर्योधनके दिलमें चोर था। उसे एकदम खटका लगा कि कहीं अनावश्यक वा अपशब्द बोलकर उसने आचार्यका उपहास अथवा अपमान तो नहीं कर दिया है। अतः, उसने अब उन्हें मक्खन लगाना शुरू किया। इस उद्देश्यसे, अपने पक्षके प्रमुख योद्धाओंकी गणना करनेमें उसने उनका उल्लेख (सेनाध्यक्ष और पितामह) भीष्मसे भी पहले किया। इतना ही नहीं, उनके साले, कृपाचार्य, तथा उनके पुत्र, अश्वत्थामा, के भी उसने नाम गिनवाये। और तो और, कृपाचार्यके लिए ते उसने "युद्धको जीतनेवाला" यह विशेषण भी प्रयुक्त कर दिया, क्योंकि उसे मनुष्योंकी इस दुर्बलताका पता था कि "सारी ख़ुदाई एक तरफ़, जोरुका भाई एक तरफ़।"

श्रीमद्भगवद्गीताके कुछ संस्करणोंमें "सौमदत्तिस्तथैव च " के स्थानपर 'सौमदत्तिर्जयद्रथः"—ऐसा पाठ है। अर्थात्, इस प्रकरणमें अन्य वीरोंके साथ वे जयद्रथकी भी गणना करते हैं।

कर्णः = यह कुन्तीपुत्र और पाण्डवोंका सौतेला भाई था, जिसका, सूर्यदेवके प्रभावसे, कुन्तीकी कुमारी-अवस्थामें ही जन्म हो गया था। इसने परशुराम तथा द्रोणाचार्यसे शस्त्रास्त्रविद्या सीखी थी। यह अद्वितीय योद्धा, अनुपम दानी तथा अनन्य मित्रभक्त था। दुर्योधनसे इसकी प्रगाढ़ मैत्री थी, जिसके कारण इसे अंगदेशका

राज्य मिल गया था। द्रोणाचार्यके बाद महाभारत-युद्धमें दो दिनोंतक कौरवसेनापति रहकर यह अर्जुनद्वारा मारा गया था।

कृप : = कृपाचार्य, जो द्रोणके साले थे। ये वेद-शास्त्रके ज्ञाता, धर्मात्मा तथा धुरन्धर धनुर्धारी थे। द्रोणाचार्यसे पूर्व कौरव-पाण्डवोंके ये ही गुरु थे। समस्त कौरववंशके नाश हो जानेपर भी ये जीवित रहे और अभिमन्युपुत्र परीक्षितको अस्त्रविद्या सिखाई।

विकर्ण : = यह दुर्योधनका छोटा भाई था और अतीव धर्मात्मा तथा वीर था।

सौमदत्ति : = यह भूरिश्रवा नामक एक कौरव-योद्धा था। यह राजा शान्तनुके बड़े भाई बाह्लीकका पौत्र और सोमदत्तका पुत्र था। यह बड़ा ही धर्मात्मा था और इसने बड़ी-बड़ी दक्षिणावाले अनेक यज्ञ किए थे।

जयद्रथ : = यह सिन्धुदेशका राजा और दुर्योधनकी एकमात्र बहन, दुःशला, का पति था। इसके पिताका नाम वृद्धक्षत्र और पुत्रका नाम सुरथ था। महाभारतयुद्धमें अभिमन्यु-वधके समय, यह ही चक्रव्यूहका रक्षक था। इसे बादमें अर्जुनने मार डाला था।

अन्ये च बहवः शूरा मदर्थे त्यक्तजीविताः ।
नानाशस्त्रप्रहरणाः सर्वे युद्धविशारदाः ॥९॥

पद॰ — अन्ये = और ; च = भी ; बहवः = बहुत से ; शूराः = शूरवीर ; मदर्थे = मेरेलिए ; त्यक्तजीविताः = जीवनकी आशा छोड़देनेवाले ; नानाशस्त्रप्रहरणाः = अनेक प्रकारके शस्त्रास्त्रोंसे सुसज्जित ; सर्वे = सब ; युद्धविशारदाः = युद्धमें चतुर (निपुण)।

अनु॰ — और भी मेरेलिए जीवनकी आशा छोड़देनेवाले (अर्थात्, अपने प्राणोंका मोह छोड़कर मेरेलिए मर-मिटनेको तैय्यार) बहुतसे शूरवीर हैं, जो अनेक प्रकारके शस्त्रों व अस्त्रोंसे सुसज्जित (लैस) हैं और सब-के-सब युद्धमें चतुर (निपुण) हैं।

अपर्याप्तं तदस्माकं बलं भीष्माभिरक्षितम् ।
पर्याप्तं त्विदमेतेषां बलं भीमाभिरक्षितम् ॥१०॥

पद॰ — अपर्याप्तम् = असीमित (अजेय) ; तत् = वह ; अस्माकम् =

हमारी ; बलम् = सेना ; भीष्माभिरक्षितम् = भीष्मद्वारा रक्षित ; पर्याप्तम् = सीमित (सुजेय) ; तु = परन्तु ; इदम् = यह ; एतेषाम् = इन (पाण्डवों) की ; बलम् = सेना ; भीमाभिरक्षितम् = भीमद्वारा रक्षित।

अनु० — भीष्मपितामहद्वारा नियन्त्रित (सञ्चालित) हमारी वह सेना असीमित (अजेय) है, परन्तु भीमद्वारा परिरक्षित पाण्डवोंकी यह सेना सीमित (सुजेय, जीतनेमें सुगम) है।

टि० — अपना भय दूर करनेकी बजाय, दुर्योधनको, मानो, द्रोणाचार्यका मनोबल बढ़ानेकी अधिक चिन्ता पड़ी है। वह अब कहता है कि हे गुरो! कोई डरनेकी बात नहीं है, क्योंकि हमारी सेना एक तो असीमित (अर्थात्, आवश्यकतासे कहीं अधिक — पाण्डवसेनासे चार अक्षौहिणी अधिक) है और, दूसरे, भीष्मपितामह जैसे अनुभवी, निर्भीक तथा कुशल रणयोद्धाका इसे नेतृत्व प्राप्त है। उधर, पाण्डवोंकी सेना हमारी सेनाकी अपेक्षा केवल बहुत छोटी ही नहीं, अपितु नेतृत्वमें भी बहुत निर्बल है, क्योंकि उसका संरक्षक भीम है। वह स्वयं तो बहुत बलवान् है तथा गदायुद्ध में भी अद्वितीय है, किन्तु रणकला एवं धनुर्विद्यासे प्राय: अनभिज्ञ है। उसकी भीष्मके साथ युद्धसंचालनके क्षेत्रमें कोई तुलना ही नहीं है। अत:, जहाँ पाण्डवसेनाको बड़ी आसानी से जीता जा सकता है, वहाँ हमारी सेना नितान्त अजेय है।

अनेक विद्वान् टीकाकार "पर्याप्तम्" का अर्थ "काफ़ी, बहुत अधिक, सक्षम, सशक्त" करते हैं। उनके मतानुसार, भयभीत दुर्योधन पाण्डवसेनाको, चार अक्षौहिणी कम होनेपर भी, पर्याप्त (अधिक शक्तिशालीनी) समझता है। उसका कहना है कि कौरवसेनामें सैनिक तो अधिक हैं, किन्तु कुशल सेनापति तथा चतुर रणनायक पाण्डवोंकी फ़ौजकी तुलनामें बहुत कम हैं। फिर, उनका मुख्य सेनाध्यक्ष — भीष्म पितामह — एक वयोवृद्ध, निरुत्साह एवं निर्लिप्त सैनिक है, किन्तु पाण्डवसेनापति — धृष्टद्युम्न — उत्साहपरिपूर्ण, प्रतिशोधाग्निसन्तप्त एक परमतरुण योद्धा है। जहाँ भीष्मको युद्धपरिणामसे कुछ विशेष लेनादेना नहीं है, वहाँ धृष्टद्युम्नको अपने पिता (राजा द्रुपद) के अपमानका बदला आप (द्रोणाचार्य) से लेना है और अपनी बहन (द्रौपदी) के सार्वजनिक अनादरका बदला भी कौरवोंसे चुकाना है। अत :, वह जिस लगन, जोश तथा निष्ठासे लड़ेगा, भीष्म नहीं लड़ेंगे। वैसे भी, युद्धसंचालन, सैन्यनिर्देशन तथा सेनांगविन्यासमें धृष्टद्युम्नका कौरवोंके पास कोई जवाब नहीं है। इसलिए, उसके अनुपम नेतृत्वके कारण भी, दुर्योधन पाण्डवोंकी अपेक्षतयाछोटी सेनाको ही अधिक बलवती समझता है। किन्तु यह मत

प्रस्तुत प्रकरणमें असंगत तथा अनुपयुक्त ही प्रतीत होता है और "पर्याप्तम्" का प्रथम अर्थ — सीमित (सुजेय) — ही बहुलतया मान्य है।

अयनेषु च सर्वेषु यथाभागमवस्थिताः ।
भीष्ममेवाभिरक्षन्तु भवन्तः सर्व एव हि ॥११॥

पद० — अयनेषु = मोर्चोंपर ; च = और (इसलिए) ; सर्वेषु = सब (पर) ; यथाभागम् = अपनी-अपनी जगह ; अवस्थिताः = स्थित रहते हुए ; भीष्मम् = भीष्मपितामहको ; एव = ही ; अभिरक्षन्तु = सब-ओरसे रक्षा करें ; भवन्तः = आप लोग ; सर्वे = सबके सब ; एव = ही ; हि = निस्सन्देह।

अनु० — इसलिए, सब मोर्चोंपर अपनी-अपनी जगह स्थित रहते हुए आप लोग सभी, निस्सन्देह, भीष्मपितामहकी ही सब ओरसे रक्षा करें।

टि० — इस प्रकार भीष्मद्वारा संरक्षित अपनी सेनाको अजेय बतलाकर, अब दुर्योधन सब-ओरसे भीष्मकी ही रक्षा करनेके लिए द्रोणादि समस्त महारथियोंसे अनुरोध करता है। भीष्म ही की सब प्रकारसे रक्षा करनेके लिए दुर्योधन क्यों इतना चिन्तित है, जब वह भलीभाँति जानता है कि भीष्म पितामह इच्छामृत्यु हैं — उन्हें कोई भी नहीं मार सकता ? इसका कारण है युद्धसे पहले भीष्मद्वारा की गई घोषणा कि वे राजा द्रुपदके पुत्र शिखण्डी — जो जन्मसे स्त्री था किन्तु बादमें पुरुष बन गया था — पर प्रहार नहीं करेंगे। कौरवोंको यह भी पता है कि शिखण्डी पाण्डवसेनाकी ओरसे युद्धमें सम्मिलित है और भीष्मवध ही उसका एकमात्र उद्देश्य है।

अतः, जागरूक दर्योधन अपने पक्षके सभी सेनापतियोंको सावधान करता है कि वे अपने-अपने मोर्चे (स्थान) पर दृढ़तासे डटे रहते हुए नितान्त सतर्क व चौकन्ने बने रहें कि अवसर पाकर कहीं किसी-स्थानसे शिखण्डी उनकी सेनामें घुसकर उनके मुख्यसेनापति — भीष्म — के पास न पहुँच जाए। तब उसकी आड़में कोई भी पाण्डवसैनिक भीष्मपर अस्त्र छोड़ सकता है और, ऐसी स्थितिमें, वे उसका प्रतिकार भी नहीं कर पाएँगे।

दूसरा कारण, जैसा अभी हमने ऊपर कहा है, कौरवोंके पास उत्तमश्रेणीके सेनापतियोंकी कमी है। पिछले श्लोकोंमें दुर्योधनने द्रोणाचार्यको पाण्डवोंके १७ सेनापतियोंके नाम गिनाये हैं। उनके साथ पाँचों पाण्डवों तथा मुख्यसेनापति धृष्टद्युम्नके नाम मिलाकर कुल संख्या २३ हो जाती है। इसके विपरीत, अपने पक्षके तो वह, जयद्रथ समेत भी, केवल आठ ही नाम गिना पाया है। इसका अर्थ

हुआ कि, पाण्डवोंकी तुलनामें, कौरवोंके लिए एक सेनापतिका मूल्य और महत्त्व कहीं अधिक है। और, भीष्म तो मुख्यसेनापति हैं। अतः, उनकी जानके लिए तो सभीको पूरी तरह अपनी जान लड़ा देनी चाहिये।

एक कारण और भी है। आजकल क्रिकेटके खेलमें देखा जाता है कि प्रारम्भिक बल्लेबाजके जल्दी उड़ जानेपर शेष खिलाड़ियोंका मनोबल बुरी तरह दुष्प्रभावित हो जाता है और पारीके शीघ्र ही सिमट जानेका भय हो जाता है। इसी प्रकार, दुर्योधन भी अपने प्रारम्भिक सेनापतिसे एक लम्बी "इनिंग्ज" (पारी) खेलनेकी अपेक्षा करता है, ताकि शेष सेनापतियों एवं सैनिकोंका साहस बना रहे। ऐसा तभी हो सकता है जब सभी महारथी एवं सैनिकगण हर सम्भव रीतिसे भीष्मकी रक्षा करनेपर जुट जाएँ।

तस्य संजनयन् हर्षं कुरुवृद्धः पितामहः।
सिंहनादं विनद्योच्चैः शंखं दध्मौ प्रतापवान् ॥१२॥

पद० — तस्य = उस (दुर्योधन) के (हृदयमें) ; संजनयन् = उत्पन्न करते हुए ; हर्षम् = प्रसन्नताको ; कुरुवृद्धः = कौरवोंमें वृद्ध ; पितामहः = पितामह (भीष्म) ने ; सिंहनादम् = शेरकी दहाड़के समान ; विनद्य = गरजकर ; उच्चैः = ऊँचे स्वरसे ; शङ्खम् = शङ्खको ; दध्मौ = बजाया ; प्रतापवान् = बड़े प्रतापी।

अनु० — कुरुकुलमें बड़े (वृद्ध), (महान्) प्रतापी, पितामह (दादा) भीष्मने उस (दुर्योधन) के (मनमें) प्रसन्नता उत्पन्न करते हुए (बड़े) ऊँचे स्वरसे शेरकी दहाड़के समान गरजकर (अपना) शङ्ख बजाया।

टि० — भीष्मने अपनी तीक्ष्ण दृष्टि तथा विलक्षण प्रतिभासे दूरसे ही भाँप लिया कि दुर्योधन पाण्डवसेनाको देखकर बड़ा चकित व चिन्तित है और द्रोणाचार्य, उसकी बातोंमें कोई रुचि न लेने के कारण, उदासीनमुद्रामें हैं। अपने पौत्रकी यह दयनीय अवस्था देख, पितामहका हृदय द्रवित हो उठा। उसे स्वस्थचित्त एवम् आश्वस्त करनेके लिए कि उसकी भीति व शंका निर्मूल हैं क्योंकि कौरवदल सब प्रकारसे सन्नद्ध एवं समर्थ है, उन्होंने अखण्डवीर्योचित आत्मविश्वास तथा निर्भीकताके साथ शङ्खकी सिंहध्वनि की। इससे दुर्योधनका गिरता मनोबल तो उभरा ही, साथमें उसकी रणकामना भी पूरी हो गई, क्योंकि यह शङ्खनाद ही युद्धारम्भका अग्रदूत था। यहाँ यह द्रष्टव्य है कि भीष्मशंखनादके रूपमें युद्धका

आह्वान कौरवपक्ष ही की ओरसे हुआ है, अर्थात्, एक बार फिर कौरवों ही ने पाण्डवोंपर आक्रमण किया है।

ततः शंखाश्च भेर्यश्च पणवानकगोमुखाः ।
सहसैवाभ्यहन्यन्त स शब्दस्तुमुलोऽभवत् ॥१३॥

पद० — ततः = उसके उपरान्त ; शङ्खाः = शंख ; च = और ; भेर्यः = नगारे ; च = तथा ; पणवानकगोमुखाः = ढोल, मृदंग और नरसिंघे आदि बाजे ; सहसा = एक साथ ; एव = ही ; अभ्यहन्यन्त = बज उठे ; सः = वह ; शब्दः = शोर ; तुमुलः = बड़ा भयंकर ; अभवत् = हुआ।

अनु० — उसके उपरान्त (उसके पश्चात) शङ्ख और नगारे तथा ढोल, मृदंग एवं नरसिंघे आदि बाजे एक-साथ ही बज उठे। उनका वह शब्द (शोर) बड़ा (ही) भयंकर हुआ।

टि० — आरम्भमें धृतराष्ट्रने पूछा था कि युद्धके लिए एकत्र होनेके बाद मेरे और पाण्डुके पुत्रोंने क्या किया। इसके उत्तरमें, संजयने अबतक कौरवपक्षवालोंकी बात सुनाई है, अब अगले पाँच श्लोकोंमें वे पाण्डवपक्षकी बात बतलाते हैं।

ततः श्वेतैर्हयैर्युक्ते महति स्यन्दने स्थितौ ।
माधवः पाण्डवश्चैव दिव्यौ शंखौ प्रदध्मतुः ॥१४॥

पद० — ततः = इसके अनन्तर ; श्वेतैः = सफ़ेद (से) ; हयैः = घोड़ोंसे ; युक्ते = युक्त (में) ; महति = उत्तम (विशाल) (में) ; स्यन्दने = रथमें ; स्थितौ = बैठे हुए ; माधवः = श्रीकृष्ण ; पाण्डवः = अर्जुन ; च = और ; एव = भी ; दिव्यौ = अलौकिक (को) ; शंखौ = शंखोंको ; प्रदध्मतुः = बजाया।

अनु० — इसके अनन्तर सफेद घोड़ोंसे युक्त (जुड़े-हुए) उत्तम (श्रेष्ठ तथा विशाल) रथमें बैठे हुए श्रीकृष्ण और अर्जुनने भी (अपने-अपने) अलौकिक शंख बजाए।

पाञ्चजन्यं हृषीकेशो देवदत्तं धनञ्जयः ।
पौण्ड्रं दध्मौ महाशंखं भीमकर्मा वृकोदरः ॥१५॥

पद० — पाञ्चजन्यम् = पाञ्चजन्यको ; हृषीकेशः = इन्द्रियोंके स्वामी (श्रीकृष्ण) ने ; देवदत्तम् = देवदत्तको ; धनञ्जयः = (अपार शत्रु) धन जीतनेवाले (अर्जुन) ने ; पौण्ड्रम् = पौण्ड्रको ; दध्मौ = बजाया ; महाशंखम् = बड़े

(आकारवाले) शंखको ; भीमकर्मा = भयानक कर्म करनेवाला ; वृकोदरः = भीमने।

अनु॰ — इन्द्रियोंके स्वामी (श्रीकृष्ण) ने (अपने) पाञ्चजन्य (नामक शंख) को, (अपार) (शत्रुओंकी) धनराशि जीतनेवाले (अर्जुन) ने (अपने) देवदत्त (नामक शंख) को और भयानक कर्म करनेवाले भीमने (अपने) पौण्ड्रनामक विशाल शङ्खको बजाया।

टि॰ — "वृकोदरः" का अर्थ है "भेड़ियेजैसे पेटवाला"। यह भीमका एक नाम है, क्योंकि उसका पेट भेड़ियेकी तरह था — उसके समान बहुत अधिक खाता था, अत्यन्त शारीरिक परिश्रमके कार्य करते रहनेके कारण उसे पचा भी बहुत जल्दी लेता था, और फिर वही भूखेका भूखा ! उसके विषय में प्रसिद्ध है कि उनके घर जब भोजन बनता था, तो आधा उसके चारों (पाण्डव) भाइयों तथा माता कुन्तीके लिए होता था और शेष आधा अकेले भीमके लिए ... और फिर भी अधिकके लिए माँग करता ही रहता था। प्रचुर व्यायाम करनेसे उसका पेट भी बहुत पतला था, एकदम कमरसे लगा हुआ — भेड़ियेकी भाँति !

यहाँ उल्लेखनीय है कि अपने समस्त सैनिकोंको युद्धके निमित्त तैय्यार हो जानेका निर्देश देनेके लिए शंख बजानेका क्रम कौरवोंकी ओरसे तो सर्वाधिक आयुवाले तथा मुख्यसेनापति भीष्मपितामहने आरम्भ किया था, किन्तु पाण्डवपक्षमें यह सम्मान ज्येष्ठतम पाण्डव — युधिष्ठिर — को अथवा उनके प्रधान सेनाध्यक्ष — धृष्टद्युम्न — को नहीं प्राप्त हुआ था, अपितु सारथी कृष्णको। उन्होंने ही पाण्डवोंकी ओरसे, कौरवोंकी युद्ध-ललकार स्वीकारते हुए, सबसे पहले शंख बजाया था। इससे उनकी गरिमा, महिमा एवं प्रतिष्ठाका कुछ अनुमान लगाया जा सकता है। वे एक धुरी अथवा केन्द्रबिन्दु थे, जिसके चारों ओर सकल पाण्डवदल नृत्य करता था और पग-पगपर मार्गदर्शन-हेतु उसकी ओर उन्मुख रहता था।

अनन्तविजयं राजा कुन्तीपुत्रो युधिष्ठिरः।
नकुलः सहदेवश्च सुघोषमणिपुष्पकौ ॥१६॥

पद॰ — अनन्तविजयम् = अनन्तविजयको ; राजा = राजा ; कुन्तीपुत्रः = कुन्तीका पुत्र ; युधिष्ठिरः = युधिष्ठिरने ; नकुलः = नकुल ; सहदेवः = सहदेवने ; च = और ; सुघोषमणिपुष्पकौ = सुघोष तथा मणिपुष्पकको।

अनु॰ — कुन्तीपुत्र राजा युधिष्ठिरने अनन्तविजय (नामक शङ्‌ख) और नकुल तथा सहदेवने (क्रमशः) सुघोष एवं मणिपुष्पक (नामक शंख) बजाए।

काश्यश्च परमेष्वासः शिखण्डी च महारथः ।
धृष्टद्युम्नो विराटश्च सात्यकिश्चापराजितः ॥१७॥
द्रुपदो द्रौपदेयाश्च सर्वशः पृथिवीपते ।
सौभद्रश्च महाबाहुः शंखान्दध्मुः पृथक्पृथक् ॥१८॥

पद॰ — काश्यः = काशिराज ; च = और ; परमेष्वासः = श्रेष्ठ-धनुषवाला ; शिखण्डी = शिखण्डी ; च = तथा ; महारथः = महारथी ; धृष्टद्युम्नः = धृष्टद्युम्न ; विराटः = विराट ; च = और ; सात्यकिः = सात्यकि ; च = एवम् (और) ; अपराजितः = अजेय ; द्रुपदः = द्रुपद ; द्रौपदेयाः = द्रौपदीके (पाँचों) पुत्र ; च = तथा ; सर्वशः = सभीने ; पृथिवीपते = हे राजन् ; सौभद्रः = सुभद्राका पुत्र (अभिमन्यु) ; च = और ; महाबाहुः = बड़ी-भुजावाला ; शंखान् = शंखोंको ; दध्मुः = बजाया ; पृथक् = अलग ; पृथक = अलग।

अनु॰ — श्रेष्ठ-धनुषवाले (धनुर्धारी) काशिराज और महारथी शिखण्डी एवं धृष्टद्युम्न तथा राजा विराट और अजेय सात्यकि, (राजा) द्रुपद एवं द्रौपदीके (पाँचों) पुत्र और बड़ी (लम्बी) भुजावाले (पराक्रमी) सुभद्रापुत्र (अभिमन्यु) — इन सभीने, हे राजन् ! अलग-अलग शंख बजाए।

स घोषो धार्तराष्ट्राणां हृदयानि व्यदारयत् ।
नभश्च पृथिवीं चैव तुमुलो व्यनुनादयन् ॥१९॥

पद॰ — सः = उस ; घोषः = शब्दने ; धार्तराष्ट्राणाम् = धृतराष्ट्रपुत्रोंके ; हृदयानि = हृदयोंको ; व्यदारयत् = विदीर्ण कर दिया ; नभः = आकाशको ; च = और ; पृथिवीम् = पृथ्वीको ; च = तथा ; एव = भी ; तुमुलः = भयानक ; व्यनुनादयन् = शब्दायमान करते हुए।

अनु॰ — और उस भयानक शब्दने आकाश तथा पृथ्वीको भी शब्दायमान करते हुए (गुँजाते हुए) धृतराष्ट्रपुत्रों — (आपके पुत्रों) — अर्थात्, कौरवदल, के हृदयोंको विदीर्ण कर दिया (चीर डाला)।

टि॰ — चौदहवें श्लोकसे लेकर इस श्लोकतक के पाण्डवपक्षके वर्णनमें सञ्जयने धृतराष्ट्रको पर्याप्त संकेत दे दिए हैं कि पाण्डवसेना, संख्यामें थोड़ी होनेपर भी, सामरिक दृष्टिसे अधिक बलवती है और, फलस्वरूप, उसकी विजय

अनिवार्य है। उदाहरणार्थ, कौरवोंद्वारा शंख व अन्य वाद्योंके बजानेकी प्रक्रियाको वह जहाँ एक ही — तेरहवें — श्लोकमें समाप्त कर देता है, वहाँ पाण्डवपक्षके इसी कामके लिए उसने उपर्युक्त छः श्लोक — १४ से १९ तक — प्रयुक्त किए हैं। वह केवल शंख बजाने ही की चर्चा नहीं करता है, बल्कि उसके विस्तारमें जाता है कि शंखोंके नाम क्या हैं, उनके बजानेवाले कौन हैं, प्रमुख योद्धाका रथ कैसा है, रथके घोड़े कैसे हैं, आदि। फिर, कौरवोंका शंखनाद तो केवल भीषण ही था, किन्तु पाण्डवोंका भीषणमात्र ही नहीं, बल्कि इतना भयंकर था कि उसने पृथ्वी और आकाशको गुँजानेके साथ धृतराष्ट्रसमर्थकों — समस्त कौरवदल — का हृदय भी विदीर्ण कर दिया। संजयकी तीखी और पैनी वर्णनरीतिने धृतराष्ट्रपर स्पष्ट कर दिया होगा कि सत्य ही की जीत होनी है और उसके परिवार तथा पक्षका सर्वनाश अवश्यम्भावी है।

अथ व्यवस्थितान् दृष्ट्वा धार्तराष्ट्रान् कपिध्वजः ।
प्रवृत्ते शस्त्रसम्पाते धनुरुद्यम्य पाण्डवः ।
हृषीकेशं तदा वाक्यमिदमाह महीपते ॥२०॥

पद० — अथ = उसके उपरान्त ; व्यवस्थितान् = रीतिसे खड़े-हुओंको ; दृष्ट्वा = देखकर ; धार्तराष्ट्रान् = धृतराष्ट्रपुत्रोंको ; कपिध्वजः = अर्जुनने ; प्रवृत्ते = तैय्यारीके समय ; शस्त्रसम्पाते = शस्त्र चलनेकी ; धनुः = धनुषको ; उद्यम्य = उठाकर ; पाण्डवः = पाण्डुपुत्र (अर्जुन) ने ; हृषीकेशम् = कृष्णको ; तदा = तब ; वाक्यम् = वचन ; इदम् = यह ; आह = कहा ; महीपते = हे राजन् !

अनु० — हे राजन् (धृतराष्ट्र) ! इसके बाद पाण्डुपुत्र, कपिध्वज (अर्जुन) ने मोर्चा बाँधकर खड़े (डटे) हुए धृतराष्ट्रके पुत्रों (सैनिकों) को देखकर, शस्त्र चलनेकी तैय्यारीके समय (गाण्डीव) धनुष उठाकर इन्द्रियोंके स्वामी (श्रीकृष्ण) से ये वचन कहे।

टि० — जैसे नृत्यसभामें किसी नृत्यको देखकर एक नचणिये (नर्तक) के पैरोंमें स्वत एव थरथराहटसी आजाती है और वह स्वयं भी नाचनेके लिए आतुर हो उठता है, अथवा किसी संगीत सभामें कोई गाना सुनते ही एक गवैय्ये (गायक) के गलेमें अपने-आप ही गुनगुनाहट सी होने लगती है और वह खुद भी गानेके लिए व्याकुल हो जाता है, वैसे ही अपने सामने सजी-धजी युद्धके मोर्चोंपर तैय्यार खड़ी शत्रुसेनाको देखकर रणबाँकुरे अर्जुनके भी मनमें वीररसका उद्रेक हो गया और, बरबस, उसका हाथ गाण्डीवधनुषपर जा पड़ा।

आजकलकी भाँति प्राचीन समयमें भी, सैन्यनायकों एवं सेनापतियोंके अपने-अपने परिचय-चिन्ह हुआ करते थे, जिन्हें वे निजी वाहनों अथवा पताकाओंपर धारण किया करते थे। अर्जुनने अपनी ध्वजाके लिए ऐसा चिन्ह एक कपि (वानर) — हनुमान् — का रक्खा हुआ था — कदाचित्, उसकी वीरता, भक्ति, सावधानी एवं स्फूर्तिके कारण। इसीलिए, अर्जुनको "कपिध्वज" कहते थे।

अर्जुन उवाच।

सेनयोरुभयोर्मध्ये रथं स्थापय मेऽच्युत ॥२१॥
यावदेतान्निरीक्षेऽहं योद्धुकामानवस्थितान्।
कैर्मया सह योद्धव्यमस्मिन्रणसमुद्यमे ॥२२॥

पद॰ — अर्जुनः = अर्जुनने ; उवाच = कहा।

सेनयोः = सेनाओंके ; उभयोः = दोनों (के) ; मध्ये = बीचमें ; रथम् = रथको ; स्थापय = खड़ा कर दीजिए ; मे = मेरे ; अच्युत = हे अमर (नित्य) ; यावत् = ताकि (जबतक कि) ; एतान् = इन (को) ; निरीक्षे = अच्छी प्रकार देखलूँ ; अहम् = मैं ; योद्धुकामान् = युद्धकी कामनावालों (को) ; अवस्थितान् = स्थित हुओं (को) ; कैः = किनसे; मया = मुझे ; सह = साथ ; योद्धव्यम् = युद्ध करना है ; अस्मिन् = इसमें ; रणसमुद्यमे = युद्धके व्यापार (विकट प्रसंग) में।

अनु॰ — अर्जुनने कहा — हे अमर (नित्य, कृष्ण)! (कृपया) मेरे रथको दोनों सेनाओंके बीचमें खड़ा कर दीजिए, ताकि (अथवा, जबतक कि) मैं (युद्धक्षेत्रमें) स्थित (डटे) हुए युद्धके अभिलाषी इन (विपक्षी योद्धाओं) को अच्छी प्रकार देख लूँ कि इस युद्धरूप व्यापार (विकट प्रसंग) में मुझे किन-किनके साथ युद्ध करना है।

टि॰ — कुरुक्षेत्रयुद्धकी एक बड़ी विलक्षणता यह थी कि इसमें योद्धा बहुधा दोनों पक्षोंसे सामान्यरूपसे सम्बद्ध थे, अथवा सम्बद्ध एक पक्षसे थे और युद्ध दूसरी ओरसे कर रहे थे। जैसे, भीष्म दोनों पक्षोंके सामान्य रूपसे पितामह थे ; द्रोण सामान्यरूपसे दोनों ही पक्षोंके गुरु थे ; उधर, कर्ण भाई तो पाण्डवोंके थे, किन्तु लड़ कौरवोंकी ओरसे रहे थे ; शल्य मामा तो नकुल और सहदेवके थे, किन्तु साथ दुर्योधनका देरहे थे ; इसके विपरीत, युयुत्सु भाई तो दुर्योधनके थे, किन्तु समर्थन पाण्डवोंका कर रहे थे।

अतः, किसीके स्पष्ट रूपसे बतलाए बिना अथवा स्वयं देखे बिना यह

निर्धारण करना नितान्त कठिन था कि कौन योद्धा किस ओरसे लड़ रहा है अथवा कौन किसका मित्र है और कौन शत्रु। इसी व्यापक भ्रम एवं संशयको मिटानेके लिये पहले दुर्योधनने द्रोणको दोनों पक्षोंके महारथियोंके नाम अलग-अलगसे बतलादेना आवश्यक समझा था ; और अब, इसी उद्देश्यके लिए,अर्जुनने श्रीकृष्णसे अनुरोध किया है कि वे उसके रथको दोनों पक्षोंके बीच ले जाकर खड़ा कर दें, ताकि वहाँसे वह अपने मित्रों तथा शत्रुओंकी पहचान कर सके।

योत्स्यमानानवेक्षेऽहं य एतेऽत्र समागताः ।
धार्तराष्ट्रस्य दुर्बुद्धेर्युद्धे प्रियचिकीर्षवः ॥२३॥

पद॰ — योत्स्यमानान् = युद्ध करनेवालोंको ; अवेक्षे = देखूँगा ; अहम् = मैं ; ये = जो ; एते = ये ; अत्र = यहाँ ; समागताः = आए हैं ; धार्तराष्ट्रस्य = धृतराष्ट्रपुत्र (दुर्योधन) का ; दुर्बुद्धेः = पापात्मा (का) ; युद्धे = युद्धमें ; प्रियचिकीर्षवः = कल्याण चाहनेवाले।

अनु॰ — युद्धमें पापात्मा (दुष्ट) दुर्योधनका कल्याण चाहनेवाले ये जो-जो (राजालोग) इस (कौरव) सेनामें आए हैं, उन युद्ध करनेवालोंको मैं देखूँगा।

टि॰ — अर्जुन अपनेसे पंगा लेनेकी धृष्टता करनेवालोंको देखनेके लिए अधीर हो रहा है। वह भलीभाँति जानता है कि दुर्योधनके सहायक राजा, अधिकांशतः,किसी नैतिक मूल्य अथवा सिद्धान्तकी रक्षा-हेतु उसका समर्थन नहीं कर रहे हैं, अपितु उसका केवल कृपाभाजन बननेके लिए, क्योंकि उनका विश्वास है कि अधिक सेना होनेके कारण दुर्योधनकी विजय अनिवार्य है और फिर लूटी हुई शत्रुसम्पत्तिमें वे भी सहभागी होंगे।

सञ्जय उवाच।

एवमुक्तो हृषीकेशो गुडाकेशेन भारत ।
सेनयोरुभयोर्मध्ये स्थापयित्वा रथोत्तमम् ॥२४॥
भीष्मद्रोणप्रमुखतः सर्वेषां च महीक्षिताम् ।
उवाच पार्थ पश्यैतान्समवेतान् कुरूनिति ॥२५॥

पद॰ — सञ्जयः = सञ्जय ; उवाच = बोला।

एवम् = इस प्रकार ; उक्तः = कहा हुआ ; हृषीकेशः = जितेन्द्रिय (कृष्ण) ने ; गुड़ाकेशेन = नींद जीतलेने वाले (अर्जुन) द्वारा ; भारत = हे (महाराज)

भरतकी सन्तान (धृतराष्ट्र) ; सेनयोः = सेनाओंके ; उभयोः = दोनों (के) ; मध्ये = बीचमें ; स्थापयित्वा = खड़ा करके ; रथोत्तमम् = श्रेष्ठ-रथको ; भीष्मद्रोणप्रमुखतः = भीष्मपितामह और द्रोणाचार्यके सामने ; सर्वेषाम् = सभी (के) ; च = और ; महीक्षिताम् = राजाओंके ; उवाच = कहा ; पार्थ = हे पृथापुत्र (अर्जुन) ; पश्य = देख ; एतान् = इन (को) ; समवेतान् = इकट्ठे-हुओं (को) ; कुरून् = कौरवोंको ; इति = ऐसे।

अनु० — सञ्जय बोला — हे (राजन्) धृतराष्ट्र ! अर्जुनद्वारा इस प्रकार कहे (प्रार्थना किए) हुए कृष्णने दोनों सेनाओंके बीचमें भीष्मपितामह, द्रोणाचार्य तथा सभी राजाओंके सामने उस श्रेष्ठ (भव्य) रथको खड़ा करके इस प्रकार कहा कि हे पृथापुत्र (अर्जुन) ! युद्धके लिए इकट्ठे-हुए इन कौरवोंको देख।

तत्रापश्यत् स्थितान् पार्थः पितॄनथ पितामहान् ।
आचार्यान् मातुलान् भ्रातॄन् पुत्रान् पौत्रान् सखींस्तथा ।
श्वशुरान् सुहृदश्चैव सेनयोरुभयोरपि ॥२६॥

पद० — तत्र = वहाँ ; अपश्यत् = देखा ; स्थितान् = खड़े (स्थित) हुओं (को) ; पार्थः = अर्जुनने ; पितॄन् = पिताके भाइयोंको ; अथ = उसके उपरान्त ; पितामहान् = दादाओंको ; आचार्यान् = गुरुओंको ; मातुलान् = मामाओंको ; भ्रातॄन् = भाइयोंको ; पुत्रान् = बेटोंको ; पौत्रान् = पोतोंको ; सखीन् = साथियोंको ; तथा = और ; श्वशुरान् = ससुरोंको ; सुहृदः = मित्रोंको ; च = और ; एव = भी ; सेनयोः = सेनाओंमें ; उभयोः = दोनों (में) ; अपि = ही।

अनु० — इसके बाद पृथापुत्र (अर्जुन) नें उन दोनों ही सेनाओंमें स्थित (खड़े) ताऊ-चाचोंको, दादों-परदादोंको, गुरुओंको, मामाओंको, भाइयोंको, पुत्रोंको, पौत्रोंको तथा साथियोंको, ससुरोंको और मित्रोंको भी देखा।

तान्समीक्ष्य स कौन्तेयः सर्वान्बन्धूनवस्थितान् ।
कृपया परयाविष्टो विषीदन्निदमब्रवीत् ॥२७॥

पद० — तान् = उन (को) ; समीक्ष्य = देखकर ; सः = वह ; कौन्तेयः = कुन्तीपुत्र (अर्जुन) ; सर्वान् = सब (को) ; बन्धून् = बन्धुओंको ; अवस्थितान् = खड़े-हुओंको ; कृपया = करुणासे ; परया = अत्यन्त (से) ; आविष्टः = युक्त हुआ ; विषीदन् = शोक करता हुआ ; इदम् = इस (को) ; अब्रवीत् = बोला।

अनु० — उन उपस्थित (अपने) सारे बन्धुओंको देखकर, वह कुन्तीपुत्र (अर्जुन), अत्यन्त करुणासे युक्त होकर, शोक करता हुआ यह (वचन) बोला।

टि० — अर्जुनके शोक और कारुण्यका कारण है उसका यह विचार कि दोनों ओर सब उसके बन्धु-बान्धव ही हैं, जो आपसमें किसी न किसी प्रकारसे सम्बद्ध हैं। वे सब यहाँ विरोधी पक्षके समर्थकोंके प्राण लेनेकेलिए आए हैं। युद्धके अन्तमें, आज दिखाई पड़नेवालोंमें से कोई-कोई ही बच पाएगा। ऐसी स्थितिमें, विजेताका राज्य एक श्मशानका राज्य होगा। जो युद्ध महँगा इतना है और प्राप्त उससे कुछ नहीं होना, तो उससे लाभ क्या? इस मर्मान्तक विचारने अर्जुनके मन एवं मस्तिष्कको बुरी तरह झंझोड़ दिया। वह अपना सन्तुलन खो बैठा, उसे अपना अस्तित्व ही निरर्थक दिखाई देने लगा, उसे लगा जैसे वह निराधार हो गया है। किंकर्तव्यविमूढ़ताके उस गहन अन्धकारमें उसका एकमात्र प्रकाशदीप था उसका अभिन्न सखा, सम्बन्धी और सारथी — कृष्ण। इसलिए, विवश होकर, वह अपने मनोमन्थनको उसके सामने रखने लगा।

अर्जुन उवाच।

दृष्ट्वेमं स्वजनं कृष्ण युयुत्सुं समुपस्थितम्।
सीदन्ति मम गात्राणि मुखं च परिशुष्यति ॥२८॥
वेपथुश्च शरीरे मे रोमहर्षश्च जायते।
गाण्डीवं स्रंसते हस्तात्त्वक् चैव परिदह्यते ॥२९॥

पद० — अर्जुनः = अर्जुनने ; उवाच = कहा।

दृष्ट्वा = देखकर ; इमम् = इस (को) ; स्वजनम् = अपने आदमियोंको ; कृष्ण = हे कृष्ण ; युयुत्सुम् = युद्धकी इच्छावालेको ; समुपस्थितम् = खड़े-हुएको ; सीदन्ति = बैठते (शिथिल हुए) जाते हैं ; मम = मेरे ; गात्राणि = शरीरके अंग ; मुखम् = मुँह ; च = और ; परिशुष्यति = सूखा जाता है ; वेपथुः = कँपकँपी ; च = तथा ; शरीरे = शरीरमें ; मे = मेरे ; रोमहर्षः = रोमाञ्च ; च = और ; जायते = होता है ; गाण्डीवम् = गाण्डीव धनुष ; स्रंसते = गिरता (खिसकता) है ; हस्तात् = हाथसे ; त्वक् = त्वचा (शरीरकी खाल) ; च = तथा ; एव = भी ; परिदह्यते = बहुत जलती है।

अनु० — अर्जुनने कहा — हे कृष्ण! युद्धक्षेत्रमें डटे-हुए लड़ाईकी इच्छावाले इन अपने आदमियोंको देखकर मेरे शरीरके अंग शिथिल हुए जा रहे हैं, मुख सूखा

जा रहा है, मेरे शरीरमें कम्प (कँपकँपी) और रोमाञ्च हो रहे हैं, गाण्डीव धनुष भी मेरे हाथसे गिरा (खिसका) जा रहा है और त्वचा (शरीरकी खाल) बहुत जल रही है।

न च शक्नोम्यवस्थातुं भ्रमतीव च मे मनः ।
निमित्तानि च पश्यामि विपरीतानि केशव ॥३०॥

पद० — न = नहीं ; च = तथा ; शक्नोमि = समर्थ हूँ ; अवस्थातुम् = खड़ा रहनेको ; भ्रमति = घूम रहा है ; इव = सा ; चं = और ; मे = मेरा ; मनः = मन ; निमित्तानि = लक्षणों (शकुनों) को ; च = भी ; पश्यामि = देखता हूँ ; विपरीतानि = उलटों (बुरों) (को) ; केशव = (लम्बे, सुन्दर केशवाले अथवा केशीनामक राक्षसको मारनेवाले) हे कृष्ण।

अनु० — मेरा मन (मस्तिष्क) घूम-सा रहा है, (इसलिए) मैं खड़ा रहनेमें भी समर्थ नहीं हूँ। हे कृष्ण ! मैं (सारे) लक्षण (शकुन) भी उलटे-उलटे (बुरे-बुरे) ही देख रहा हूँ।

न च श्रेयोऽनुपश्यामि हत्वा स्वजनमाहवे ।
न कांक्षे विजयं कृष्ण न च राज्यं सुखानि च ॥३१॥

पद० — न = नहीं ; च = और ; श्रेयः = कल्याण ; अनुपश्यामि = देखता हूँ ; हत्वा = मारकर ; स्वजनम् = अपने आदमियोंको ; आहवे = युद्धमें ; न = नहीं ; कांक्षे = चाहता हूँ ; विजयम् = जीतको ; कष्ण = हे कृष्ण ; न = नहीं ; च = तथा ; राज्यम् = राज्यको ; सुखानि = सुखोंको ; च = भी।

अनु० — अपने आदमियोंको युद्धमें मारनेमें मुझे कोई अच्छाई (भलाई) भी नहीं दिखाई पड़ती है। हे कृष्ण ! मुझे जीत, राज्य अथवा सुख-वैभव (कुछ भी) नहीं चाहिए।

किं नो राज्येन गोविन्द किं भोगैर्जीवितेन वा ।
येषामर्थे कांक्षितं नो राज्यं भोगाः सुखानि च ॥३२॥
त इमेऽवस्थिता युद्धे प्राणांस्त्यक्त्वा धनानि च ।
आचार्याः पितरः पुत्रास्तथैव च पितामहाः ॥३३॥
मातुलाः श्वशुराः पौत्राः श्यालाः सम्बन्धिनस्तथा ॥३४॥

पद० — किम् = क्या ; नः = हमें ; राज्येन = राज्यसे ; गोविन्द = हे कृष्ण ; किम् = क्या ; भोगैः = भोगोंसे ; जीवितेन = जीवनसे ; वा = अथवा ;

येषाम् = जिनके ; अर्थे = लिए ; कांक्षितम् = इच्छित है ; नः = हमें ; राज्यम् = राज्य ; भोगाः = भोग ; सुखानि = सुख ; च = और ; ते = वे (ही) ; इमे = ये ; अवस्थिताः = खड़े हैं ; युद्धे = युद्धमें ; प्राणान् = प्राणों (जीवन) को ; त्यक्त्वा = छोड़कर ; धनानि = धन-सम्पत्तिको ; च = तथा ; आचार्याः = गुरुजन ; पितरः = ताऊ-चाचे ; पुत्राः = बेटे ; तथा = वैसे ; एव = ही ; च = और ; पितामहाः = दादा ; मातुलाः = मामा ; श्वशुराः = ससुर ; पौत्राः = पोते ; श्यालाः = साले ; सम्बन्धिनः = रिश्तेदार ; तथा = और।

अनु॰ — हे गोविन्द (इन्द्रियोंके अधिष्ठाता ; अथवा गौओंके रखवाले ; कृष्ण) हमें ऐसे राज्यसे क्या प्रयोजन है अथवा ऐसे भोगोंसे एवं जीवनसे भी क्या लाभ है ? हमें जिनके लिए राज्य, भोग और सुखादि चाहिएँ (अभीष्ट हैं), वे ही ये सब धन और जीवन (की आशा) को छोड़कर युद्धमें खड़े हुए हैं। (इनमें हमारे) गुरुजन, ताऊ-चाचे, बेटे और, उसी प्रकार, दादे, मामे, ससुर, नाती, साले तथा अन्य रिश्तेदार भी (सम्मिलित) हैं।

एतान्न हन्तुमिच्छामि घ्नतोऽपि मधुसूदन ।
अपि त्रैलोक्यराज्यस्य हेतोः किं नु महीकृते ॥३५॥

पद॰ — एतान् = इन (सब) को ; न = नहीं ; हन्तुम् = मारना ; इच्छामि = चाहता हूँ ; घ्नतः = मारा जानेपर ; अपि = भी ; मधुसूदन = हे कृष्ण ; अपि = भी (अथवा) ; त्रैलोक्यराज्यस्य = तीनों लोकोंके राज्यके ; हेतोः = लिए ; किम् = कैसे ; नु = निस्सन्देह ; महीकृते = पृथ्वीके लिए।

अनु॰ — हे (मधु राक्षसको मारनेवाले) कृष्ण ! (इनद्वारा) मारा जानेपर भी अथवा तीनों लोकोंके राज्यके लिए भी मैं इन सबको मारना नहीं चाहता ; फिर (केवल) पृथिवीके लिए तो कहना ही क्या ?

निहत्य धार्तराष्ट्रन्नः का प्रीतिः स्याज्जनार्दन ।
पापमेवाश्रयेदस्मान्हत्वैतानाततायिनः ॥३६॥

पद॰ — निहत्य = मारकर ; धार्तराष्ट्रान् = धृतराष्ट्रके पुत्रों (समर्थकों) को ; नः = हमारी ; का = क्या ; प्रीतिः = प्रसन्नता ; स्यात् = होगी ; जनार्दन = हे (जन नामक राक्षसको मारनेवाले अथवा मनुष्योंद्वारा पूजित) कृष्ण ; पापम् = पाप ; एव = ही ; आश्रयेत् = लगेगा ; अस्मान् = हमें ; हत्वा = मारकर ; एतान् = इन (को) ; आततायिनः = दुष्टोंको।

अनु० — हे कृष्ण ! धृतराष्ट्रके पुत्रों (कौरवों) को मारकर हमें क्या प्रसन्नता होगी (मिलेगी) ? इन दुष्टोंको मारकर तो हमें पाप ही लगेगा।

टि० — मनुस्मृतिके अनुसार "अनिष्ट करनेके लिए आते-हुए आततायीको बिना विचारे ही मार डालना चाहिये। आततायीके मारनेसे मारनेवालेको कुछ भी दोष नहीं होता।" इस "आततायी" के लक्षण वसिष्ठस्मृतिमें इस प्रकार बतलाये गये हैं — "आग लगानेवाला, विष देनेवाला, हाथमें शस्त्र लेकर मारनेको उद्यत, धन हरण करनेवाला, जमीन छीननेवाला और स्त्रीका हरण करनेवाला — ये छहों ही आततायी हैं।" अब, ये सारे लक्षण दुर्योधनादि कौरवोंमें पूरी तरह पाए जाते हैं। यथा, लाक्षाभवनमें आग लगाकर उन्होंने पाण्डवोंको जलानेकी चेष्टा की थी ; भीमके भोजनमें विष मिला दिया गया था ; हाथमें शस्त्र लेकर मारनेको वे तैय्यार थे ही ; जूएमें छल करके पाण्डवोंका समस्त धन और सम्पूर्ण राज्य हर लिया गया था ; अन्यायपूर्वक द्रौपदीको भरी सभामें लाकर उसका घोर अपमान किया गया था ; और जयद्रथ द्रौपदीको वनमें हरकर ले ही गया था। ऐसी अवस्थामें, जब यह सिद्ध हो जाता है कि कौरव आततायी थे, तो अर्जुनके इस कथनका क्या औचित्य है कि उनके मारनेसे पाप लगेगा ?

इसका उत्तर यह है कि एक स्मृतिकारने यह विशेष बात भी कही है कि "जो अपने कुलका नाश करता है, वह सबसे बड़ा पापी है।" तो, इस विशिष्ट वाक्यको सामान्य आज्ञाकी अपेक्षा अधिक बलशाली समझकर यहाँ अर्जुनका मन्तव्य है कि "धृतराष्ट्रके पुत्र, आततायी होनेपर भी, जब हमारे कुटुम्बी हैं, तब इनको मारनेमें तो हमें पाप ही लगेगा।"

यहाँ यह बात ध्यान देनेयोग्य है कि अबसे पहले अपने जीवनमें अर्जुनने सैंकड़ों युद्ध किए थे, किन्तु उनमें शत्रुका ख़ून बहानेमें कभी उसे पाप-पुण्यका विचार नहीं आया और न ही बड़ी-से-बड़ी हत्या करनेमें कभी उसे कोई संकोच हुआ। कारण ? ये सब युद्ध पराये (ग़ैर) आदमियोंसे हुए थे, अपनोंसे नहीं। अपनोंसे युद्ध करनेका संयोग तो उसके जीवनमें पहली-पहली बार आया ही अब था। आरम्भसे ही वह कहता आरहा है कि दुर्योधनादि कौरव (ताऊके पुत्र होनेके कारण) उसके अपने ही भाई हैं, और शत्रुपक्षमें सब उसके अपने ही बन्धु-बान्धव, नाती-सम्बन्धी तथा सखा-साथी हैं। दूसरे शब्दोंमें, वे सब उसके अपने आदमी — स्वजन — हैं, और इसीलिए उनके साथ युद्ध करनेमें उसे आपत्ति है।

प्रस्तुत श्लोकमें वह स्पष्ट कहता है कि अपने आदमियोंको मारनेसे पाप तो होता ही है, साथमें कोई प्रसन्नता (सांसारिक उपलब्धि) भी नहीं होती। इसलिए,

स्वजनोंके साथ युद्ध करना नितान्त असंगत, अवाञ्छनीय एवं पापमय है। इस अध्यायके अन्ततक अर्जुन अपने इसी मतका सशक्त प्रतिपादन करता है और युद्ध न करनेके अपने निश्चयको बार-बार दोहराता है।

तस्मान्नार्हा वयं हन्तुं धार्तराष्ट्रान् स्वबान्धवान् ।
स्वजनं हि कथं हत्वा सुखिनः स्याम माधव ॥३७॥

पद० — तस्मात् = इसलिए ; न = नहीं ; अर्हाः = योग्य ; वयम् = हम ; हन्तुम् = मारनेके लिए ; धार्तराष्ट्रान् = धृतराष्ट्रके पुत्रोंको ; स्वबान्धवान् = अपने बान्धवों (को) ; स्वजनम् = अपने कुटुम्बको ; हि = क्योंकि ; कथम् = कैसे ; हत्वा = मारकर ; सुखिनः = सुखी ; स्याम = हो सकेंगे ; माधव = हे कृष्ण।

अनु० — इसलिए, हे कृष्ण! अपने ही भाइयों, धृतराष्ट्रके पुत्रों, को मारनेके लिए हम योग्य नहीं हैं (अर्थात्, उनका मारना हमारे लिए उचित नहीं है), क्योंकि अपने ही कुटुम्बियोंको मारकर हम कैसे सुखी हो सकेंगे ?

यद्यप्येते न पश्यन्ति लोभोपहतचेतसः ।
कुलक्षयकृतं दोषं मित्रद्रोहे च पातकम् ॥३८॥
कथं न ज्ञेयमस्माभिः पापादस्मान्निवर्तितुम् ।
कुलक्षयकृतं दोषं प्रपश्यद्भिर्जनार्दन ॥३९॥

पद० — यद्यपि = हालाँकि, अगरचेह ; एते = ये लोग ; न = नहीं ; पश्यन्ति = देखते हैं ; लोभोपहतचेतसः = लोभसे भ्रष्ट चित्त (बुद्धि) हुए ; कुलक्षयकृतम् = कुलके नाशसे उत्पन्न ; दोषम् = बुराईको ; मित्रद्रोहे = मित्रोंके साथ विरोध करनेमें ; च = और ; पातकम् = पापको ; कथम् = क्यों ; न = नहीं ; ज्ञेयम् = विचार किया जाना चाहिए ; अस्माभिः = हमसे ; पापात् = पापसे ; अस्मात् = इस (से) ; निवर्तितुम् = हटनेके लिए ; कुलक्षयकृतम् = कुटुम्बके नाश करनेसे उत्पन्न (को); दोषम् = दोषको ; प्रपश्यद्भिः = स्पष्ट देखनेवालों (से) (अच्छी-प्रकार जाननेवालोंसे) ; जनार्दन = हे कृष्ण।

अनु० — यद्यपि लोभसे भ्रष्ट चित्त (बुद्धि) हुए ये लोग (कौरव) कुलके नाशसे उत्पन्न दोषको और मित्रोंसे विरोध करनेमें पापको नहीं देखते (समझते), तो भी, हे कृष्ण! कुटुम्बके नाशसे उत्पन्न बुराइयोंको साफ़-साफ़ देखनेवाले (भली-भाँति जाननेवाले) हम लोगोंको इस पापसे हट जानेके लिए क्यों नहीं विचार करना चाहिए ?

कुलक्षये प्रणश्यन्ति कुलधर्माः सनातनाः ।
धर्मे नष्टे कुलं कृत्स्नमधर्मोऽभिभवत्युत ॥४०॥

पद॰ — कुलक्षये = कुलके नाश होनेपर ; प्रणश्यन्ति = नष्ट हो जाती हैं ; कुलधर्माः = कुलकी धार्मिक प्रथाएँ ; सनातनाः = प्राचीन ; धर्मे = धर्मके ; नष्टे = नाश होजानेपर ; कुलम् = कुलको ; कृत्स्नम् = सम्पूर्ण (को) ; अधर्मः = पाप ; अभिभवति = बहुत दबा लेता है ; उत = भी (और)।

अनु॰ — कुलके नाश होनेपर उस (कुल) की प्राचीन (परम्परासे चली-आरही) धार्मिक प्रथाएँ (मान्यताएँ) नष्ट हो (मिट) जाती हैं। और धार्मिक मान्यताओंके मिट जानेपर सम्पूर्ण कुलको पाप बहुत (बुरी तरह) दबा (जकड़) लेता है।

अधर्माभिभवात्कृष्ण प्रदुष्यन्ति कुलस्त्रियः ।
स्त्रीषु दुष्टासु वार्ष्णेय जायते वर्णसंकरः ॥४१॥

पद॰ — अधर्माभिभवात् = पापके अधिक बढ़ जानेसे ; कृष्ण = हे कृष्ण ; प्रदुष्यन्ति = दूषित (भ्रष्ट) हो जाती हैं ; कुलस्त्रियः = कुलकी स्त्रियाँ ; स्त्रीषु = स्त्रियोंके ; दुष्टासु = दूषित हो जानेपर ; वार्ष्णेय = हे वृष्णिवंशमें उत्पन्न (कृष्ण) ; जायते = उत्पन्न होता है ; वर्णसंकरः = दोगलापन।

अनु॰ — हे कृष्ण ! पापके अधिक बढ़ जानेसे कुलकी स्त्रियाँ अत्यन्त दूषित (भ्रष्ट, व्यभिचारिणी) हो जाती हैं, और हे वार्ष्णेय ! स्त्रियोंके भ्रष्ट (पतित) हो जानेपर वर्णसंकर उत्पन्न होता है (अर्थात्, दोगली, अन्तर्वर्णीय सन्तान होने लगती है)।

संकरो नरकायैव कुलघ्नानां कुलस्य च ।
पतन्ति पितरो ह्येषां लुप्तपिण्डोदकक्रियाः ॥४२॥

पद॰ — संकरः = वर्णसंकर ; नरकाय = नरकके लिए ; एव = ही ; कुलघ्नानाम् = कुलघातियों (कुलका नाश करनेवालों) के ; कुलस्य = कुलका ; च = और ; पतन्ति = गिर जाते हैं ; पितरः = पितर लोग ; हि = भी ; एषाम् = इनके ; लुप्तपिण्डोदकक्रियाः = लोप-हुई पिण्ड और जलकी क्रियावाले।

अनु॰ — वर्णसंकर कुलघातियोंको और कुलको नरकमें ले जानेके लिए ही होता है। लुप्त-हुई पिण्ड और जलकी क्रियावाले (अर्थात्, श्राद्ध और तर्पणसे वञ्चित) इनके पितर लोग भी अधोगतिको प्राप्त होते हैं।

टि॰ — "लुप्तपिण्डोदकक्रियाः" द्वारा हिन्दुओंकी सुविख्यात धार्मिक क्रिया "श्राद्ध" का निर्देश किया गया है। श्राद्धमें जो पिण्डदान किया जाता है और पितरोंके निमित्त ब्राह्मण-भोजनादि कराया जाता है, वह "पिण्डक्रिया" है ; और तर्पणमें जो जलाञ्जलि दी जाती है, वह "उदकक्रिया" है। इन दोनोंके समाहारको "पिण्डोदकक्रिया" कहते हैं। इसीका नाम "श्राद्ध-तर्पण" है। शास्त्र और कुलमर्यादाको जानने-माननेवाले लोग श्राद्ध-तर्पण किया करते हैं। परन्तु कुलघातियोंके कुलमें धर्मके नष्ट हो जानेसे जो वर्णसंकर उत्पन्न होते हैं, वे अधर्मसे उत्पन्न और अधर्माभिभूत होनेके कारण, प्रथम तो, श्राद्ध-तर्पणादि क्रियाओंको जानते ही नहीं, फिर कोई बतलाता भी है तो श्रद्धा न होनेसे उन्हें करते नहीं, और यदि कोई करते भी हैं तो, शास्त्र-विधिके अनुसार उनका अधिकार न होनेसे, वे पितरोंको मिलती नहीं। इस प्रकार, जब पितरोंको सन्तानके द्वारा पिण्ड और जल नहीं मिलता, तब उनका पतन हो जाता है।

दोषैरेतैः कुलघ्नानां वर्णसंकरकारकैः ।
उत्साद्यन्ते जातिधर्माः कुलधर्माश्च शाश्वताः ॥४३॥

पद॰ — दोषैः = दोषोंसे ; एतैः = इन (से) ; कुलघ्नानाम् = कुलघातियोंके ; वर्णसंकरकारकैः = वर्णसंकर उत्पन्न करनेवालों (से) ; उत्साद्यन्ते = नष्ट हो जाते हैं ; जातिधर्माः = जातिधर्म ; कुलधर्माः = कुलधर्म ; च = और ; शाश्वताः = सनातन।

अनु॰ — वर्णसंकर उत्पन्न करनेवाले इन दोषोंसे कुलघातियोंके सनातन जाति-धर्म और कुल-धर्म नष्ट हो जाते हैं।

टि॰ — पिछले श्लोकमें अर्जुनने कहा था कि वर्णसंकर कुलघातियोंको तथा सारे कुलको तो नरकमें ले ही जाता है, साथमें उनके पितरों (मृतक पूर्वजों) का भी वह पतन कर देता है। यहाँ वह कहता है कि जिन दोषोंके कारण वर्णसंकर उत्पन्न होता है, वे उनके प्राचीन जातिधर्मों और कुलधर्मोंको भी नष्ट कर देते हैं। जैसा पिछले श्लोकोंमें बताया जा चुका है, ये दोष चार हैं — (१) कुलका नाश ; (२) कुलके नाशसे कुलधर्मका नाश ; (३) कुलधर्मके नाशसे पापोंकी वृद्धि ; तथा (४) पापोंकी वृद्धिसे कुलस्त्रियोंका व्यभिचारादि दोषोंसे दूषित होना। इन्हीं चार दोषोंसे वर्णसंकरकी उत्पत्ति होती है।

वेद-शास्त्रोंमें प्रतिपादित वर्णों तथा आश्रमोंके धर्म को "जातिधर्म" कहते हैं तथा वंशपरम्परागत सदाचारकी मर्यादाओंका नाम "कुलधर्म" है। कुलकी श्रेष्ठ

मर्यादाओंके जानने और चलानेवाले बड़े-बूढ़ोंका अभाव होनेसे जब "कुलधर्म" नष्ट हो जाते हैं और वर्णसंकरकारक दोष बढ़ जाते हैं, तब "जातिधर्म" भी नष्ट हो जाते हैं, क्योंकि भिन्नवर्णके व्यक्तिके संयोगसे उत्पन्न संकरसन्तानमें वर्णाश्रम-धर्म रह ही नहीं सकते। इस प्रकार, वर्णसंकरकारक दोषोंसे जातिधर्मों तथा कुलधर्मोंका भी नाश हो जाता है।

उत्सन्नकुलधर्माणां मनुष्याणां जनार्दन ।
नरकेऽनियतं वासो भवतीत्यनुशुश्रुम ॥४४॥

पद० — उत्सन्नकुलधर्माणाम् = नष्ट-हुए कुलधर्मवालोंका ; मनुष्याणाम् = आदमियोंका ; जनार्दन = हे मनुष्योंद्वारा पूजित वा सम्मानित (कृष्ण) ; नरके = नरकमें ; अनियतम् = अनिश्चित (अनन्त) कालतक ; वासः = रहना ; भवति = होता है ; इति = ऐसा ; अनुशुश्रुम = सुना है।

अनु० — हे कृष्ण ! (उन) मनुष्योंका, जिनके कुल-धर्म (तथा जाति-धर्म) नष्ट हो गए हैं, अनिश्चित (अनन्त) कालतक नरकमें वास (पड़े रहना) होता है, ऐसा हम (परम्परासे) सुनते आए हैं।

अहो बत महत्पापं कर्तुं व्यवसिता वयम् ।
यद्राज्यसुखलोभेन हन्तुं स्वजनमुद्यताः ॥४५॥

पद० — अहो = ओहो ; बत = शोक है ; महत्पापम् = महान् पापको ; कर्तुम् = करनेको ; व्यवसिताः = तैय्यार हुए हैं ; वयम् = हम ; यत् = कि जो ; राज्यसुखलोभेन = राज्य और सुखके लोभसे ; हन्तुम् = मारनेको ; स्वजनम् = अपने कुलवालोंको ; उद्यताः = उतारू हैं।

अनु० — ओहो, बड़े शोककी बात है कि (धर्मात्मा एवं बुद्धिमान् माने-जानेवाले) हम लोग (भी) एक महान् पाप करनेको तैय्यार हो गए हैं, कि जो राज्य तथा सुखके लोभमें अपने ही आदमियों (कुटुम्बियों) को मारनेपर उतारू हैं।

यदि मामप्रतीकारमशस्त्रं शस्त्रपाणयः ।
धार्तराष्ट्रा रणे हन्युस्तन्मे क्षेमतरं भवेत् ॥४६॥

पद० — यदि = अगर ; माम् = मुझको ; अप्रतीकारम् = सामना न करने वालेको ; अशस्त्रम् = शस्त्ररहितको ; शस्त्रपाणयः = हाथमें शस्त्र लिए हुए ; धार्तराष्ट्राः = धृतराष्ट्रके पुत्र ; रणे = युद्धमें ; हन्युः = मार डालें ; तत् = वह ; मे = मेरेलिए ; क्षेमतरम् = अधिक कल्याणकारी ; भवेत् = होए।

अनु० — अगर सामना (मुक़ाबला) न करनेवाले एवं शस्त्ररहित (निहत्थे) मुझको हाथमें हथियार लिए हुए (शस्त्रधारी) धृतराष्ट्रके पुत्र (कौरव) युद्धमें मार डालें, तो वह (मुझे मार डालना) मेरेलिए अधिक कल्याणकारी होगा — अर्थात्, इस प्रकारके मरनेको मैं अधिक श्रेयस्कर समझूँगा।

सञ्जय उवाच।

एवमुक्त्वार्जुनः संख्ये रथोपस्थ उपाविशत्।
विसृज्य सशरं चापं शोकसंविग्नमानसः ॥४७॥

पद० — सञ्जयः = सञ्जय; उवाच = बोला। एवम् = इस प्रकार; उक्त्वा = कहकर; अर्जुनः = अर्जुन; संख्ये = रणभूमिमें; रथोपस्थे = रथके पिछले भागमें; उपाविशत् = बैठ गया; विसृज्य = छोड़कर; सशरम् = बाणसहित; चापम् = धनुषको; शोकसंविग्नमानसः = शोकसे दुःखी-मनवाला।

अनु० — सञ्जय बोला, "(हे राजन् धृतराष्ट्र!) रणभूमिमें शोकसे दुःखी-मनवाला अर्जुन इस प्रकार कहकर (और) बाणसहित (गाण्डीव) धनुषको छोड़कर रथके पिछले भागमें बैठ गया।"

टि० — प्रस्तुत श्लोकमें एक ऐसे अर्जुनका चित्रण किया गया है, जो चिन्तामग्न है, शोकातुर है, सम्भ्रमितमति है। तनिक कल्पना कीजिए योद्धा-शिरोमणि उस अर्जुनकी, जिसका नाममात्र ही शत्रुका दिल दहलानेके लिए पर्याप्त था, जिसके गाण्डीवकी टंकार सुनते ही उसे अपने सामने मौत नाचती हुई दिखाई देती थी, जिसने अपने जीवनमें छोटे-बड़े सैंकड़ों युद्ध कर गाजर-मूलीकी तरह नरमुण्डोंका छेदन किया था और रिपुरक्तपात ही जिसका होलिकोत्सव था। आज वही अर्जुन अपने क्षात्रत्वके निर्णायक परीक्षणके समय मैदान छोड़कर भाग रहा है। ऐसा क्यों? क्योंकि आज पहली बार उसे अपनोंसे युद्ध करना पड़ रहा है। उसने अपने चारों ओर, दोनों पक्षोंमें, अपने ही कुटुम्बियों, बन्धु-बान्धवों, नाती-सम्बन्धियों, सखा-साथियों, आचार्य-पितामहों, पुत्र-पौत्रों — एक-दूसरेके लहूके प्यासों — को खड़ा देखा। ममत्व व मोहका एक अभूतपूर्व भावोद्रेक उसमें प्रस्फुटित हो पड़ा। अपने आदमियों — स्वजनों — की हत्यासे जनित दुष्परिणामोंकी एक विचार-शृंखला उसके मस्तिष्कमें खनखना उठी। उसने कृष्णको बताया कि किस प्रकार स्वजनवधसे कुलक्षय होगा, कुलक्षयसे कुलधर्मोंका नाश, उससे पापोंका बाहुल्य, उसके कारण कुलस्त्रियोंका दूषित (भ्रष्ट वा व्यभिचारिणी) हो जाना, उनद्वारा वर्णसंकरकी उत्पत्ति, वर्णसंकरसे नरकभोग एवं

पितरपतन, ऐसा होनेपर सनातन जातिधर्मों व कुलधर्मोंका ह्रास और, उसके फलस्वरूप, अनन्तकालीन नरकवास।

कुलक्षयकी इस विभीषिकासे बचनेके लिए, अर्जुनने प्रस्तावित युद्धको यथासम्भव प्रयासोंसे रोकना चाहा। उसके लिए वह अपना राज्य छोड़ने तथा अपने प्राणोंकी आहुति देनेतक को भी तैय्यार होगया। किन्तु वह सब व्यर्थ था, क्योंकि अर्जुन भलीभाँति जानता था कि उस अकेलेके युद्ध न करनेसे वह रुकनेवाला नहीं। सभी शान्तिप्रयत्न विफल हो चुके थे और दोनों ओरके निश्शेष सैन्यगण एक-दूसरेको समाप्त करनेपर बुरी तरह उतारू थे। उस अपरिहार्य स्थितिमें, अर्जुनको लगा जैसे उसके सब मार्ग बन्द हो गए हैं, चारों ओर अन्धकार ही अन्धकार है, अंग सर्वथा शिथिल पड़ गए हैं, मन सन्तुलन खो चुका है, बुद्धि सकतेमें आ गई है, शरीरमें कम्प तथा रोमाञ्च हो रहा है, शस्त्र पकड़ने और खड़ा रहनेतक की भी शक्ति चली गई है। सो, चिन्ता, शोक तथा सम्भ्रान्तिमें निमग्न वह अपने धनुष-बाण छोड़कर रथके पिछले भागमें चुपचाप बैठ जाता है — एक प्रतिमा बना हुआ, वहाँ रणभूमिमें, वीरता, रौद्रता, क्षत्रताकी नहीं, अपितु विवशता, विह्वलता, व्यामोह और विषादकी।

— O —

ॐ तत्सदिति श्रीमद्भगवद्गीतासूपनिषत्सु ब्रह्मविद्यायां योगशास्त्रे श्रीकृष्णार्जुनसंवादे अर्जुनविषादयोगो नाम प्रथमोऽध्याय:।।१।।

गीताके प्रत्येक अध्यायकी समाप्तिपर हम उपर्युक्त पुष्पिका पाएँगे, जिसमें इस अमर कृतिके माहात्म्य और प्रभावको प्रकट किया गया है। इसका एक-एक शब्द महत्त्वपूर्ण है। देखिए —"ॐ तत्सत्" भगवान्के पवित्र नाम हैं। "इति" किसी विषयका समाप्तिसूचक एक अव्यय है। स्वयं श्रीभगवान्के द्वारा गायी जाने (उपदिष्ट होने) के कारण, इसका नाम "श्रीमद्भगवद्गीता" है। इसमें उपनिषदोंका सारतत्त्व संग्रहीत है और यह स्वयं भी उपनिषद् है, इससे इसको "उपनिषद्" कहा गया है। निर्गुण, निराकार परमात्माके परमतत्त्वका साक्षात्कार करानेवाली होनेके कारण इसका नाम "ब्रह्मविद्या" है। जिस कर्मयोगका "योग" के नामसे वर्णन हुआ है, उस निष्कामभावपूर्ण कर्मयोगका तत्त्व बतलानेवाली होनेसे इसका नाम "योगशास्त्र" है। यह साक्षात् परमपुरुष भगवान् श्रीकृष्ण और भक्तवर अर्जुनके बीच हुआ संवाद है, अत:, यह "श्रीकृष्णार्जुनसंवाद" है। इसके

प्रत्येक अध्यायमें परमात्माको प्राप्त करानेवाले योगका वर्णन है, इसलिए, उसके नाममें "योग:" शब्द प्रयुक्त है। प्रस्तुत अध्यायमें कुलक्षयके भयसे अर्जुनके मनमें उत्पन्न विषादकी मुख्यरूपसे चर्चा है, इसलिए, इसका नाम "अर्जुनविषादयोग:" हो गया। इस प्रकार, यहाँ प्रथम (पहले) अध्यायकी विधिवत् समाप्ति हो जाती है।

अब, उपरिलिखित पुष्पिकाका अर्थ हुआ — ॐ नित्यस्वरूप उस परमात्माको नमस्कार! श्रीमद्भगवद्गीतारूपी उपनिषद् एवं ब्रह्मविद्या तथा योगशास्त्र-विषयक श्रीकृष्ण-और-अर्जुनके संवादमें "अर्जुनविषादयोग" नामक पहला अध्याय यहाँ समाप्त होता है ॥१॥

श्रीमद्भगवद्गीता — दूसरा अध्याय

सञ्जय उवाच।

तं तथा कृपयाविष्टमश्रुपूर्णाकुलेक्षणम्।
विषीदन्तमिदं वाक्यमुवाच मधुसूदनः॥१॥

पद॰ — सञ्जयः = सञ्जय ; उवाच = बोला। तम् = उसको ; तथा = उस (पूर्वोक्त) प्रकारसे ; कृपया = करुणासे ; आविष्टम् = व्याप्त (को) ; अश्रुपूर्णाकुलेक्षणम् = आँसुओंसे पूर्ण तथा व्याकुल नेत्रोंवाले (को) ; विषीदन्तम् = शोक करते-हुए (को) ; इदम् = यह ; वाक्यम् = वचन ; उवाच = बोला ; मधुसूदनः = मधु राक्षसको मारनेवाला — कृष्ण।

अनु॰ — सञ्जय बोला — (हे राजन् धृतराष्ट्र!) उस प्रकार करुणासे व्याप्त, आँसुओंसे पूर्ण (भरी) तथा व्याकुल नेत्रोंवाले और शोक करते हुए उस (अर्जुन) को (तब) भगवान् कृष्ण ये वचन कहने लगे।

श्रीभगवानुवाच।

कुतस्त्वा कश्मलमिदं विषमे समुपस्थितम्।
अनार्यजुष्टमस्वर्ग्यमकीर्तिकरमर्जुन ॥२॥

पद॰ — श्रीभगवान् = श्रीकृष्ण भगवान्‌ने ; उवाच = कहा। कुतः = कहाँसे (क्यों वा किसलिए) ; त्वा = तुझको ; कश्मलम् = अज्ञान (मोहजनित कायरता) ; इदम् = यह ; विषमे = अनुपयुक्त (गम्भीर) (समय तथा स्थानपर) ; समुपस्थितम् = प्राप्त हुआ (हो गया है) ; अनार्यजुष्टम् = जिसका श्रेष्ठपुरुषोंद्वारा आचरण नहीं किया गया है ; अस्वर्ग्यम् = स्वर्गको नहीं देनेवाला ; अकीर्तिकरम् = यश नहीं देनोवाला ; अर्जुन = हे अर्जुन।

अनु॰ — श्रीकृष्ण भगवान् बोले — हे अर्जुन! तुझे ऐसे अनुपयुक्त (गम्भीर, नाज़ुक) समय (और स्थान) में यह अज्ञान (मोहसे उत्पन्न कायरभाव) क्यों (कैसे) प्राप्त हो गया है, क्योंकि न तो यह श्रेष्ठपुरुषोंद्वारा आचरित है, न स्वर्गको देनेवाला है और न ही यश करनेवाला है।

टि॰ — अर्जुनको मीठा-मीठा डाँटते हुए, बड़े आश्चर्यपूर्वक श्रीकृष्णजी उससे पूछते हैं कि जिसकें नामसे बड़े-बड़े महारथी भी काँपते हैं, ऐसे तुझ शूरवीरके हृदयमें ये कायरता और शोक कैसे आगए। और वह भी ऐसे गलत स्थान — युद्धभूमि — में और ग़लत (नाज़ुक व गम्भीर) समयपर — जबकि युद्ध छिड़ने ही वाला है। फिर, यह तेरा मोह (अज्ञान) न तो श्रेष्ठ (बुद्धिमान्) मनुष्योंद्वारा सेवित है, न स्वर्ग देनेवाला है और न ही यश फैलानेवाला है। ऐसी अवस्थामें, यह सब कायरपन तुझे शोभा नहीं देता ; इसका तुरन्त परित्याग कर और दृढ़ संकल्पके साथ युद्धके लिए खड़ा हो जा — यही भगवान्के कहनेका अभिप्राय है।

क्लैब्यं मा स्म गमः पार्थ नैतत्त्वय्युपपद्यते ।
क्षुद्रं हृदयदौर्बल्यं त्यक्त्वोत्तिष्ठ परन्तप ॥३॥

पद॰ — क्लैब्यम् = नपुंसकताको ; मा स्म गमः = मत प्राप्त हो ; पार्थ = हे अर्जुन (पृथाके पुत्र) ; न = नहीं ; एतत् = यह ; त्वयि = तेरेमें (तुझको) ; उपपद्यते = योग्य है (शोभा देता है) ; क्षुद्रम् = तुच्छ (को) ; हृदयदौर्बल्यम् = मनकी दुर्बलताको ; त्यक्त्वा = छोड़कर ; उत्तिष्ठ = (युद्धके लिए) खड़ा हो जा ; परन्तप = हे शत्रुओंको सन्ताप पहुँचानेवाले (अर्जुन)।

अनु॰ — (इसलिए) हे अर्जुन ! नपुंसकताको मत प्राप्त हो, तुझे यह शोभा नहीं देती (अर्थात्, यह तेरे योग्य नहीं है)। हे शत्रुओंको सन्ताप (पीड़ा) पहुँचानेवाले (हे अर्जुन !) अपने मनकी (इस) तुच्छ दुर्बलताको छोड़कर (युद्धके लिए) खड़ा हो जा।

अर्जुन उवाच ।
कथं भीष्ममहं संख्ये द्रोणं च मधुसूदन ।
इषुभिः प्रतियोत्स्यामि पूजार्हावरिसूदन ॥४॥

पद॰ — अर्जुनः = अर्जुनने ; उवाच = कहा। कथम् = किस प्रकार ; भीष्मम् = भीष्मपितामहको ; अहम् = मैं ; संख्ये = युद्धमें ; द्रोणम् = द्रोणाचार्यको ; च = और ; मधुसूदन = हे मधु (दैत्य) को मारनेवाले (कृष्ण) ; इषुभिः = बाणोंसे ; प्रति = के विरुद्ध ; योत्स्यामि = युद्ध करूँगा ; पूजार्हौ = पूजाके योग्योंको ; अरिसूदन = हे शत्रुओंका नाश करनेवाले (कृष्ण)।

अनु॰ — अर्जुनने कहा — हे मधुराक्षसको मारनेवाले (कृष्ण) ! मैं युद्धमें किस प्रकार बाणोंसे भीष्मपितामह और द्रोणाचार्यके विरुद्ध लड़ूँगा (लड़ सकूँगा) ? (क्योंकि) हे वैरियोंका संहार करनेवाले (कृष्ण) ! वे दोनों ही (मेरे) पूजनीय हैं।

टि॰ — अर्जुनद्वारा कृष्णके लिए यहाँ "मधुसूदन" एवम् "अरिसूदन" सम्बोधनोंका प्रयोग करना नितान्त प्राकरणिक है। मधु नामक राक्षसको मारनेके कारण कृष्णको "मधुसूदन" कहते हैं और शत्रुओंका नाश करनेके कारण वे "अरिसूदन" कहलाते हैं। अर्जुनका इन दोनों पर्यायोंको प्रयुक्त करनेसे अभिप्राय यह है कि हे भगवन्! आपने राक्षसों एवं शत्रुओंका जो वध किया था, वह तो सर्वथा वाञ्छनीय तथा प्रशंसनीय था, किन्तु आपका मुझे भीष्मपितामह और द्रोणाचार्यके साथ युद्ध करनेके लिए आदेश देना तो पूर्णतः अनुचित है। कारण, वे दोनों न तो राक्षस हैं और न मेरे शत्रु। इसके विपरीत, वे दोनों ही मेरे गुरुजन हैं और, इसलिए, पूजा व श्रद्धाके पात्र। अतः, उनपर बाणप्रहारकी तो मैं कल्पना भी नहीं कर सकता।

गुरूनहत्वा हि महानुभावाञ्छ्रेयो भोक्तुं भैक्ष्यमपीह लोके ।
हत्वार्थकामांस्तु गुरूनिहैव भुञ्जीय भोगान् रुधिरप्रदिग्धान् ॥५॥

पद॰ — गुरून् = गुरुजनोंको ; अहत्वा = न मारकर ; हि = निस्सन्देह ; महानुभावान् = महानुभावोंको ; श्रेयः = अधिक अच्छा वा कल्याणकारक ; भोक्तुम् = खाना ; भैक्ष्यम् = भिक्षाका अन्न ; अपि = भी ; इह = इस ; लोके = लोकमें ; हत्वा = मारकर ; अर्थकामान् = धन व कामनारूपी ; तु = (तो) किन्तु ; गुरून् = गुरुजनोंको ; इह = इस लोकमें ; एव = ही ; भुञ्जीय = भोगूँगा ; भोगान् = भोगोंको ; रुधिरप्रदिग्धान् = ख़ूनसे सने हुए।

अनु॰ — निस्सन्देह, इन महानुभाव (उन्नत-आत्मा) गुरुजनोंको न मारकर मैं इसलोक (जीवन) में भिक्षाका अन्न भी खाना कल्याणकारी समझता हूँ (अर्थात्, उन्हें मारनेकी अपेक्षा तो मैं भिक्षाका अन्न भी खाना अधिक अच्छा समझता हूँ)। क्योंकि गुरुजनोंको मारकर तो, इस लोकमें, (उनके) ख़ूनसे सने-हुए ही धन-ऐश्वर्य एवं कामनाके अनुकूल (इच्छित) भोग भोगूँगा (अर्थात्, उनको मारनेसे तो मेरे सांसारिक सुख, मानो, उनके ही रक्तसे रंगे जाएँगे और मैं जीतेजी ही नरकमें पड़ जाऊँगा)।

न चैतद्विद्मः कतरन्नो गरीयो यद्वा जयम यदि वा नो जयेयुः ।
यानेव हत्वा न जिजीविषामस्तेऽवस्थिताः प्रमुखे धार्तराष्ट्राः ॥६॥

पद॰ — न = नहीं ; च = और ; एतत् = यह ; विद्मः = (हम) जानते हैं ; कतरत् = दोनोंमें से कौनसी (बात) ; नः = हमारे लिए ; गरीयः = श्रेष्ठ ; यत् = कि ; वा = आया ; जयेम = हम जीतें ; यदि वा = अथवा ; नः = हमें ;

जयेयु: = वे जीतें ; यान् = जिनको ; एव = ही ; हत्वा = मारकर ; न = नहीं ; जिजीविषाम: = जीना चाहते हैं ; ते = वे ; अवस्थिता: = खड़े हैं ; प्रमुखे = सामने ; धार्तराष्ट्रा: = धृतराष्ट्रके पुत्र।

अनु० — और (फिर) हम यह (भी) नहीं जानते कि इन दोनों (बातों) में से कौनसी (बात) हमारेलिए श्रेष्ठ (अधिक कल्याणकारी) है, कि आया हम (उन्हें) जीतें अथवा (वे) हमें जीतें। (क्योंकि) जिनको मारकर हम जीना (भी) नहीं चाहते, वे ही (हमारे अपने भाई) धृतराष्ट्रके पुत्र (हमारे) सामने (मुक़ाबिलेमें) खड़े हैं।

कार्पण्यदोषोपहतस्वभावः पृच्छामि त्वां धर्मसंमूढचेताः।
यच्छ्रेयः स्यान्निश्चितं ब्रूहि तन्मे शिष्यस्तेऽहं शाधि मां त्वां प्रपन्नम्॥७॥

पद० — कार्पण्यदोषोपहतस्वभाव: = दीनताके दोषसे जिसका स्वभाव नष्ट-सा हो गया है ; पृच्छामि = पूछता हूँ ; त्वाम्. = तुमको (आपको) ; धर्मसंमूढ़चेता: = धर्म (कर्तव्य) के विषयमें भ्रमित-बुद्धिवाला ; यत् = जो ; श्रेय: = कल्याणकारी ; स्यात् = हो ; निश्चितम् = निश्चितरूपसे ; ब्रूहि = बताइये ; तत् = वह ; मे = मेरे लिए ; शिष्य: = शिष्य (शागिर्द) ; ते = तेरा (आपका) ; अहम् = मैं ; शाधि = शिक्षा दीजिए ; माम् = मुझे ; त्वाम् = तुम्हें (आपको) ; प्रपन्नम् = शरणमें आए-हुएको।

अनु० — (करुणाजन्य कायरता एवं शोकरूपी) दीनताके दोष (अवगुण) से जिसकी (क्षत्रिय) प्रकृति नष्ट-सी हो गई है और (अपने) कर्तव्यके बारेमें जिसकी बुद्धि डाँवा-डोल हो रही है, ऐसा मैं आपसे पूछता (प्रार्थना करता) हूँ कि जो (मार्ग) मेरे लिए कल्याणकारी (मंगलमय) हो, उसे निश्चित रूपसे (स्पष्ट) बतलाइये। (हे भगवन्! ऐसा आपको अवश्य करना ही होगा, क्योंकि) मैं (तो) आपका शिष्य हूँ। आपकी शरणमें आये-हुए मुझको (कृपया) शिक्षा दीजिए (राह सुझाइए)।

टि० — यहाँ अर्जुनके लिए दो विशेषण प्रयुक्त किए गए हैं — "कार्पण्यदोषोपहतस्वभाव: " और "धर्मसंमूढ़चेता: "। पहला समस्त पद चार शब्दोंसे बना है — "कार्पण्य", "दोष", "उपहत" तथा "स्वभाव"। अर्थात्, जिसका स्वभाव कार्पण्यदोषद्वारा नष्ट-सा हो गया है। अब, अर्जुन जन्म तथा कर्मसे क्षत्रिय है ; उसका स्वभाव शूरता, वीरता, धीरता, निर्भीकतासे युक्त होकर दुष्टोंका दलन एवं शत्रुओंका नाश करना है। किन्तु अभी अर्जुनपर कार्पण्य — यानी, दैन्य ; करुणाजन्य कायरता, शोक, मोह और ममत्वरूपी दीनता — का दोष बुरी तरह छाया हुआ है, जिससे उसके क्षत्रियगुण, एक बड़ी सीमातक, लुप्त (नष्ट) हो गए हैं। इसलिए, कौरवोंसे युद्ध करनेकी बजाय, वह युद्धसे भागना चाह रहा है और भिक्षावृत्ति, संन्यास एवं वनवासकी बात कर रहा है।

दूसरा विशेषण — धर्मसंमूढ़चेता: — तीन शब्दो — धर्म, संमूढ और चेता: — से मिलकर बना है। अर्थात्, जिसका चेता: (चित्त अथवा मन) संमूढ (मोहग्रस्त, भ्रमित, उलझा हुआ) है धर्म (कर्तव्य) के विषयमें। अर्जुनको सूझ ही नहीं रहा है कि उसका कर्तव्य क्या है — युद्ध करना अथवा नहीं करना।

श्लोककी अन्तिम पंक्तिमें अर्जुनका नितान्त विनीत एवं विनम्र भाव दरसाया गया है। वह घोर अन्धकारसे घिरा हुआ है, उसकी शारीरिक व मानसिक दशा चरमचिन्तनीय है, आत्मीयजनोंके मोहने उसे कायर और भीरु बना दिया है। ऐसी गम्भीर स्थितिमें वह भगवान् कृष्णसे आर्तनादमें प्रार्थना करता है कि हे करुणानिधे! आप ही मेरा मार्गदर्शन कीजिए, क्योंकि मैं आपका शिष्य हूँ और आपकी शरणमें आया हूँ। शिष्य वा शरणागतकी अभ्यर्थना, भला, कौन ठुकराता है, यही अर्जुनके निवेदनका आधार है।

न हि प्रपश्यामि ममापनुद्याद्यच्छोकमुच्छोषणमिन्द्रियाणाम्।
अवाप्य भूमावसपत्नमृद्धं राज्यं सुराणामपि चाधिपत्यम्॥८॥

पद० — न = नहीं; हि = निस्सन्देह; प्रपश्यामि = देख पाता हूँ; मम = मेरे; अपनुद्यात् = दूर कर सके; यत् = जो; शोकम् = शोकको; उच्छोषणम् = सुखानेवाले (को); इन्द्रियाणाम् = इन्द्रियोंके; अवाप्य = प्राप्त करके; भूमौ = पृथ्वीपर; असपत्नम् = निष्कण्टक (को); ऋद्धम् = धनधान्यसम्पन्न (को); राज्यम् = राज्यको; सुराणाम् = देवताओंके; अपि = भी; च = और; आधिपत्यम् = प्रभुत्वको।

अनु० — निस्सन्देह, (सारी) पृथ्वीके निष्कण्टक व धनधान्यसम्पन्न राज्यको तथा देवताओंपर प्रभुत्वको प्राप्त कर लेनेपर भी, मैं (किसी ऐसे उपायको) नहीं देख पाता हूँ जो (कि) इन्द्रियोंके सुखानेवाले मेरे (इस) शोकको दूर कर सके।

सञ्जय उवाच।

एवमुक्त्वा हृषीकेशं गुडाकेशः परन्तपः।
न योत्स्य इति गोविन्दमुक्त्वा तूष्णीं बभूव ह॥९॥

पद० — सञ्जय: = सञ्जय; उवाच = बोला। एवम् = इस प्रकार; उक्त्वा = कहकर; हृषीकेशम् = इन्द्रियोंके स्वामीको; गुडाकेश: = निद्राको जीतनेवाला; परन्तप: = शत्रुओंको सन्ताप देनेवाला; न = नहीं; योत्स्ये = युद्ध करूँगा; इति = ऐसे; गोविन्दम् = श्रीकृष्णको; उक्त्वा = कहकर; तूष्णीम् = चुप; बभूव = हो गया; ह = स्पष्ट।

अनु० — सञ्जय बोला — निद्राको जीतनेवाला तथा शत्रुओंको सन्ताप (नष्ट कर) देने वाला (अर्जुन) इन्द्रियोंके स्वामी (अथवा अन्तर्यामी — श्रीकृष्ण) को इस प्रकार कहकर और (फिर) (उन्हीं) गोविन्द (श्रीकृष्ण) को "मैं युद्ध नहीं करूँगा" ऐसा स्पष्ट बताकर चुप हो गया।

तमुवाच हृषीकेशः प्रहसन्निव भारत ।
सेनयोरुभयोर्मध्ये विषीदन्तमिदं वचः ॥१०॥

पद० — तम् = उसको ; उवाच = कहा ; हृषीकेशः = (इन्द्रियोंके स्वामी, अथवा अन्तर्यामी) श्रीकृष्णने ; प्रहसन् = हँसते-हुए ; इव = से ; भारत = हे भरतवंशी (धृतराष्ट्र); सेनयोः = सेनाओंके; उभयोः = दोनों (के); मध्ये = बीचमें; विषीदन्तम् = शोक करते-हुए (को); इदम् = यह; वचः = वचन।

अनु० — (उसके उपरान्त) हे भरतवंशी (धृतराष्ट्र)! श्रीकृष्णने दोनों सेनाओंके बीचमें शोक करते-हुए उस (अर्जुन) को हँसते हुए-से ये वचन कहे।

टि० — यह क्या ? अत्यन्त शोक और मोहके कारण अर्जुनकी दशा तो इतनी बिगड़ी हुई पहले ही से है — उसका दिल बैठा जा रहा है, रोंगटे खड़े हुए हैं, मुँह सूखा जा रहा है, खड़े होनेतककी शक्ति नहीं रही — और कृष्ण उसपर ऊपरसे हँस रहे हैं! यह घावपर नमक क्यों ? नहीं, यह घावपर नमक नहीं, बल्कि घटामें बिजली है। जैसे, बरसातमें घुमड़-घुमड़ कर उठते-हुए काले बादलोंमें बिजलीकी कौंधके बाद बारिश शुरू हो जाती है, धरती तथा उसके जीव-जन्तुओं की प्यास बुझती है, बादलोंके छट जानेसे आकाश स्वच्छ और निर्मल हो जाता है तथा सूर्य फिर अपने पहलेवाले प्रकाश एवं तेजके साथ दृष्टिगोचर होता है, उसी प्रकार कृष्णकी मुसकान इस बातका संकेत है कि अर्जुनके शोक-बादलोंमें अब कृष्णकी मुसकान-बिजली कौंध गई है। अतः, अब गीताके उपदेशकी अमृतवर्षा होनेवाली है, जिसके मधुरपानसे मानवमात्रकी सदा-सदाके लिए मोक्ष-प्यास बुझेगी, अर्जुन स्वस्थचित्त एवं स्थिरधी बनकर फिर अपने पहलेवाले क्षात्रतेज, पुरुषत्व और शूरत्वको उपलब्ध करेगा और युद्धके लिए सर्व प्रकारसे सन्नद्ध हो जाएगा।

कृष्णकी मुसकानका कारण अर्जुनका यह विचित्र व्यवहार भी हो सकता है कि जिस अर्जुनने पहले बड़े साहसके साथ अपने रथको दोनों सेनाओंके बीचमें खड़ा करनेके लिए कहा था, ताकि वह अपने शत्रुओं और मित्रोंको देख सके, अब वह ही अर्जुन दोनों पक्षोंमें स्थित अपने आदमियोंको देखते ही मोह और ममताके कारण

व्याकुल हो रहा है। फिर, कृष्णको यह देखकर भी हँसी आ सकती है कि अभी-अभी तो अर्जुन अत्यन्त विषादके कारण इतना घबरा रहा था कि उसे कोई मार्ग नहीं सूझरहा था और मेरी शरणमें आकर मुझसे शिक्षा देनेके लिए कह रहा था ; किन्तु अब, मुझे कुछ कहनेका अवसर दिये बिना ही, अपने-आप यह निर्णय कर बैठा कि मैं युद्ध नहीं करूँगा। वे मन-ही-मन सोचते होंगे कि जब इस महात्माको अपनी ही इच्छासे काम करना था, तो मुझसे मार्गदर्शनके लिए कहा ही क्यों था।

अन्तमें, कृष्णकी यह हँसी एक मित्रोचित चुहल भी हो सकती है ; मानो, वे कहरहे हों, "वाह भई वाह! अर्जुन तू भी ख़ूब रहा! मृत्यु भी कोई शोक करनेकी चीज़ है ? भले आदमी! न तो कोई मरता है, न कोई किसीको मारता है। मौत तो मनका भ्रम है। तू कौरवोंको नहीं भी मारेगा, तो भी ये सब मरेंगे — कोई नहीं इनमें से बचनेवाला। तू इनके वा अपनोंके लिए कितना भी रो-ले धो-ले, तो भी इन्हें संसारमें नहीं रहना। फिर, व्यर्थके शोकमें क्यों मुँह लटकाए बैठा है ? सचमुच, तेरे पागलपनका जवाब नहीं। चल, खड़ा हो और युद्ध कर।"

अस्तु, कृष्णजी, किसी उपर्युक्त वा अन्य किसी कारणसे, चाहे हँसे हों, किन्तु एक बात निश्चित और निर्विवाद है कि वे अर्जुनका मज़ाक़ उड़ानेके लिए नहीं हँसे थे। वे हँसे थे, तो अर्जुनके मनका बोझ हल्का करनेके लिए, न कि उसे और भारी बनानेके लिए।

श्रीभगवानुवाच।

अशोच्यानन्वशोचस्त्वं प्रज्ञावादांश्च भाषसे।
गतासूनगतासूंश्च नानुशोचन्ति पण्डिताः ॥११॥

पद॰ — श्रीभगवान् = श्रीकृष्ण भगवान्ने ; उवाच = कहा। अशोच्यान् = शोक न करनेयोग्य (मनुष्यों) के लिए ; अन्वशोचः = शोक करता है ; त्वम् = तू ; प्रज्ञावादान् = बुद्धिमत्ता-के-से वचनोंको ; च = और ; भाषसे = कहता है ; गतासून् = जिनके प्राण चले गए हैं, उनके लिए ; अगतासून् = जिनके प्राण नहीं गए हैं, उनके लिए ; च = और ; न = नहीं ; अनुशोचन्ति = शोक करते हैं ; पण्डिताः = बुद्धिमान् लोग।

अनु॰ — श्रीकृष्णभगवान्ने कहा — (हे अर्जुन !) जिनके लिए शोक नहीं करना चाहिये, तू उनके लिए शोक कर रहा है ; फिर भी, (तू) बुद्धिमत्ता-के-से वचन कह रहा है। किन्तु (वास्तविक) बुद्धिमान् आदमी, न तो जिनके प्राण चले गए हैं उन (मृतकों) के लिए और न ही जिनके प्राण (अभी) नहीं गए हैं उन (जीवितों) के लिए, शोक किया करते हैं।

टि॰ — "प्रज्ञावादान्" से श्रीकृष्णका अभिप्राय अर्जुनद्वारा पहले अध्यायके ३१ से ४४ तक के श्लोकों तथा इसी अध्यायके चौथे और पाँचवें श्लेकोंमें कहे-गए वचनोंसे है।

न त्वेवाहं जातु नासं न त्वं नेमे जनाधिपाः ।
न चैव न भविष्यामः सर्वे वयमतः परम् ॥१२॥

पद॰ — न = नहीं ; तु = तो ; एव = ही ; अहम् = मैं ; जातु = कभी (किसी कालमें) ; न = नहीं ; आसम् = था ; न = नहीं ; त्वम् = तू ; न = नहीं ; इमे = ये ; जनाधिपाः = राजालोग ; न = नहीं ; च = और ; एव = ही ; न = नहीं ; भविष्यामः = होंगे ; सर्वे = सब ; वयम् = हम ; अतः = इससे ; परम् = आगे।

अनु॰ — न तो ऐसा ही है कि मैं कभी (किसी कालमें) नहीं था या तू नहीं था अथवा ये राजालोग नहीं थे। और न ही ऐसा है कि इससे आगे हम सब नहीं होंगे (रहेंगे)।

टि॰ — इस श्लोकमें गीताका आधार-विचार — शरीर मरता है, आत्मा नहीं — प्रस्तुत किया गया है। वर्तमान शरीरोंकी उत्पत्तिसे पहले भी हम सब थे और इनके नाशके बाद भी रहेंगे। हम सबमें से किसीका भी कभी किसी कालमें अभाव नहीं हुआ, क्योंकि शरीरके नाशसे (शरीरधारी) आत्माका नाश नहीं होता। अतः, शरीरके नाशकी आशंकासे स्वजनोंके लिए शोक करना उचित नहीं — यही भगवान्का अर्जुनको कहनेका आशय है।

देहिनोऽस्मिन्यथा देहे कौमारं यौवनं जरा ।
तथा देहान्तरप्राप्तिर्धीरस्तत्र न मुह्यति ॥१३॥

पद॰ — देहिनः = शरीरधारी (आत्मा) के ; अस्मिन् = इसमें ; यथा = जैसे ; देहे = शरीरमें ; कौमारम् = बचपन ; यौवनम् = जवानी ; ज़रा = बुढ़ापा ; तथा = वैसे ही ; देहान्तरप्राप्तिः = अन्य शरीरकी प्राप्ति ; धीरः = शान्तचित्त व्यक्ति ; तत्र = उस विषयमें ; न = नहीं ; मुह्यति = मोहित होता है।

अनु॰ — जैसे जीवात्माके इस शरीरमें बचपन, जवानी और बुढ़ापा-रूपी अवस्थाएँ होती हैं, वैसे ही अन्य शरीरकी प्राप्ति होती है। उस विषयमें धीर पुरुष (शान्तचित्त वा समभाव व्यक्ति) मोहित नहीं होता (धोका नहीं खाता)।

टि॰ — पिछले श्लोकमें आत्माकी नित्यताको बतलाकर, इस श्लोकमें

भगवान् उसकी निर्विकारताका प्रतिपादन करते हैं। वे कहते हैं कि जिसप्रकार बचपनसे जवानी और जवानीसे बुढ़ापारूपी अवस्था-परिवर्तन स्थूलशरीरमें होता है, आत्मामें नहीं —आत्मामें उसका केवल आरोप किया जाता है — उसी प्रकार, एक शरीरसे दूसरे शरीरमें जाने-आने का क्रम भी, वास्तवमें, सूक्ष्मशरीरका होता है, आत्माका नहीं — आत्मामें तो उसका केवल आरोप किया जाता है। दोनों स्थितियोंमें आत्मामें कोई विकार नहीं होता ; वह वैसे-का-वैसा ही बना रहता है, क्योंकि आत्माका शरीर — स्थूल वा सूक्ष्म — से कोई संबंध नहीं। अतः, धीर पुरुष — जो आत्मसाक्षात्कार अथवा समभावके कारण शान्तप्रकृति बन गए हैं — इस तत्त्वको जाननेकी वजहसे शरीरनाशपर दुःखी नहीं होते। इसलिए, हे अर्जुन ! तेरा अपनोंकी मृत्युकी आशंकाके कारण शोक करना सर्वथा अनुचित है।

मात्रास्पर्शास्तु कौन्तेय शीतोष्णसुखदुःखदाः ।
आगमापायिनोऽनित्यास्तांस्तितिक्षस्व भारत ॥१४॥

पद० — मात्रास्पर्शाः = इन्द्रियोंके विषयोंके साथ संयोग ; तु = तो ; कौन्तेय = हे कुन्तीपुत्र (अर्जुन) ; शीतोष्णसुखदुःखदाः = सर्दी-गर्मी और सुख-दुःखको देनेवाले ; आगमापायिनः = आदि तथा अन्तवाले ; अनित्याः = अस्थायी ; तान् = उनको ; तितिक्षस्व = सहन कर ; भारत = हे भरतवंशी।

अनु० — हे कुन्तीपुत्र ! सर्दी-गर्मी और सुख-दुःख तो इन्द्रियोंके (अपने) विषयोंके साथ संयोगसे उत्पन्न होते हैं। उनका आदि एवम् अन्त होता है तथा वे अस्थायी होते हैं। हे भरतवंशी (अर्जुन) ! उन्हें (धैर्यपूर्वक) सहन कर।

टि० — पिछले दो श्लोकोंद्वारा भगवान्से यह जान लेनेपर कि आत्मा नित्य और निर्विकार है, अर्जुनको जिज्ञासा होती है कि ऐसा होनेपर भी इस तथ्यको तो नकारा नहीं जा सकता कि इन्द्रियों तथा उनके विषयोंके पारस्परिक संयोग-वियोगादिसे सुख-दुःखादिका प्रत्यक्ष अनुभव नित्यप्रति होता रहता है। अतः, शोक-हर्षादिके बिना संसारमें कैसे रहा जा सकता है। इसलिए, इस श्लोकमें भगवान् अर्जुनको समझाते हैं कि सुखदुःखादिको देनेवाले इन्द्रिय-विषय-संयोगों का तो आदि तथा अन्त होता है, अर्थात्, वे क्षणभंगुर और अनित्य होते हैं। अतः, उनके आने-जानेपर हर्ष वा शोक किए बिना उन्हें शान्ति एवं धैर्यसे सहन करना चाहिये, क्योंकि वे तो जीवनका एक अभिन्न अंग होते हैं।

यं हि न व्यथयन्त्येते पुरुषं पुरुषर्षभ ।
समदुःखसुखं धीरं सोऽमृतत्वाय कल्पते ॥१५॥

पद॰ — यम् = जिसको ; हि = क्योंकि ; न = नहीं ; व्यथयन्ति = व्याकुल करते हैं ; एते = ये ; पुरुषम् = व्यक्तिको ; पुरुषर्षभ = हे पुरुषोंमें श्रेष्ठ ; समदुःखसुखम् = दुःखसुखको समान समझनेवाले (को) ; धीरम् =अभेद-बुद्धिवालेको ; सः = वह ; अमृतत्वाय = मोक्षके लिए ; कल्पते = योग्य होता है।

अनु॰ — क्योंकि, हे पुरुषश्रेष्ठ (अर्जुन) ! दुःख-सुखको समान समझनेवाले और (हर्ष-शोकादि द्वन्द्वोंमें) अभेद-बुद्धिवाले जिस व्यक्तिको ये (इन्द्रिय-विषय-संयोग) व्याकुल नहीं करते, वह (ही) मोक्षके योग्य होता है।

टि॰ — पिछले श्लोकमें अर्जुनसे इन्द्रियोंके विषयोंके साथ संयोगोंको सहन करनेके लिए कहा गया था। उसका प्रयोजन बतलाते हुए, भगवान् यहाँ कहते हैं कि ऐसा करना मोक्षके लिए अनिवार्य है। क्योंकि, इन्द्रियोंके उनके विषयोंके साथ संयोग-वियोगसे ही सुख-दुःख, राग-द्वेष, गर्मी-सर्दी आदि द्वन्द्वोंकी अनुभूति होती है, जो जीवमें अच्छे वा बुरे विकार उत्पन्न करती है। अब, यदि वह इन विकारोंमें ही उलझा रहा, तो अपने जीवनलक्ष्य — ब्रह्मप्राप्ति — तक कैसे पहुँच पाएगा ? अतः, उसके लिए यह नितान्त आवश्यक हो जाता है कि वह असीम धैर्यके साथ अनवरत, कठोर अभ्यास करता रहे, ताकि ये विकार उसमें उठने ही न पावें। जब ऐसी स्थिति आजाएगी कि सांसारिक विषयोंके आकर्षण वा थपेड़े उसे टस-से-मस नहीं कर सकेंगे और वह नाना द्वन्द्वोंमें कोई भेद न समझकर उनसबको समान रूपमें देखेगा, तो समझो कि वह मुक्तिपदके लिए तैय्यार हो चुका है। यह निर्विवाद है कि संसार और ईश्वर दोनों एकसाथ साधकमें नहीं रह सकते — यदि संसार है, तो ईश्वर नहीं, और ईश्वर है, तो संसार नहीं ; जितना संसारसे दूर, उतना ईश्वरके पास, और जितना संसारके पास, उतना ईश्वरसे दूर। इसलिए, हे अर्जुन ! अभ्यास कर, और अभ्यास कर, और इन्द्रियों तथा विषयोंके सम्पर्कसे जन्य विकारोंको जीतकर अपने गन्तव्य — मोक्ष — की ओर क़दम बढ़ा।

नासतो विद्यते भावो नाभावो विद्यते सतः ।
उभयोरपि दृष्टोऽन्तस्त्वनयोस्तत्त्वदर्शिभिः ॥१६॥

पद॰ — न = नहीं ; असतः = असत् (वस्तु) का ; विद्यते = है ; भावः = अस्तित्व ; न = नहीं ; अभावः = न होना ; विद्यते = है ; सतः = सत्‌का ;

उभयोः = दोनोंका ; अपि = ही ; दृष्टः = देखा गया है ; अन्तः = तत्त्व (सार) ; तु = इसीप्रकार (यही) ; अनयोः = इन दोनोंका ; तत्त्वदर्शिभिः = ज्ञानी-पुरुषोंद्वारा।

अनु॰ — असत् वस्तुकी सत्ता नहीं है और सत्का अभाव नहीं है। इन दोनों ही का तत्त्व (सार) ज्ञानी-पुरुषोंद्वारा इसी प्रकार (यही) देखा गया है।

टि॰ — बारहवें श्लोकमें आत्माको नित्य बतलाया गया है और चौदहवें श्लोकमें इन्द्रिय-विषय-संयोगोंको अनित्य। किन्तु "नित्य" तथा "अनित्य" के भेदका अभीतक स्पष्टीकरण नहीं हुआ। अतः, इस श्लोकमें, भगवान् इन दोनोंके लक्षण बतलाते हैं। "नित्य" का अर्थ है "सत्", अर्थात्, सदा रहनेवाला, जिसका कभी अभाव नहीं होता। इसका परिवर्तन अथवा नाश किसी भी अवस्थामें किसी भी कारणसे नहीं होता, यानी, यह सदा एकरस, अखण्ड और निर्विकार रहता है। यही सर्वद्रष्टा, सर्वज्ञ तथा सर्वान्तर्यामी "आत्मा" है। इसके विपरीत, "अनित्य" का अभिप्राय "असत्" से है, अर्थात्, जो वस्तु सदा नहीं रहती, जिसका सर्वदा विद्यमान रहना सम्भव नहीं। इसका परिवर्तन अथवा नाश कभी भी हो सकता है, अर्थात्, यह नितान्त क्षणभंगुर, अस्थायी और विकारशील है। यही सादि-एवं-सान्त शरीर, इन्द्रियों और इन्द्रिय-विषयों सहित समस्त "जडवर्ग" का वाचक है।

अविनाशि तु तद्विद्धि येन सर्वमिदं ततम्।
विनाशमव्ययस्यास्य न कश्चित्कर्तुमर्हति ॥१७॥

पद॰ — अविनाशि = नाशरहित ; तु = तो ; तत् = उसको ; विद्धि = जान ; येन = जिससे ; सर्वम् = सारा ; इदम् = यह ; ततम् = व्याप्त है ; विनाशम् = विनाश ; अव्ययस्य = अविनाशीका ; अस्य = इस(का) ; न = नहीं ; कः = कोई ; चित् = भी ; कर्तुम् = करनेको ; अर्हति = समर्थ है।

अनु॰ — नाशरहित तो तू उसको जान, जिससे यह सम्पूर्ण (जगत्) व्याप्त है। इस अविनाशीका विनाश करनेमें कोई भी समर्थ नहीं है।

टि॰ — पूर्वश्लोकमें "सत्" तथा "असत्" का उल्लेख किया गया है। यहाँ "सत्" की व्याख्या करते हुए, भगवान् कहते हैं कि इससे शरीर, इन्द्रिय, भोगोंकी सामग्री एवं भोगस्थान आदि समस्त जडवर्ग व्याप्त है। यही चेतन आत्मतत्त्व है। आकाशसे बादलके सदृश, इस आत्मतत्त्वके द्वारा अन्य सम्पूर्ण जडवर्ग व्याप्त होनेके कारण, उनमें से कोई भी — अथवा उन सबका (इकट्ठे

मिलकर) समुच्चय भी — इसका नाश नहीं कर सकता। अतः, सदा-सर्वदा विद्यमान रहनेवाला होनेसे यह चेतन आत्मा ही एकमात्र "सत्" तत्त्व है।

अन्तवन्त इमे देहा नित्यस्योक्ताः शरीरिणः ।
अनाशिनोऽप्रमेयस्य तस्माद्युध्यस्व भारत ॥१८॥

पद॰ — अन्तवन्तः = अन्तवाले (नाशवान्) ; इमे = ये ; देहाः = शरीर ; नित्यस्य = सदा एकसा बने रहनेवाले (नित्यस्वरूप) (का) ; उक्ताः = कहे गए हैं ; शरीरिणः = देहधारी (जीवात्मा) के ; अनाशिनः = नाशरहित (का) ; अप्रमेयस्य = असीम (का) ; तस्मात् = इसलिए ; युध्यस्व = युद्ध कर ; भारत = हे भरतवंशी (अर्जुन)।

अनु॰ — नित्यस्वरूप, नाशरहित तथा निस्सीम इस देहधारी (जीवात्मा) के ये (सब) शरीर अन्तवाले (नाशवान्) कहे गए हैं। इसलिए, हे भरतवंशी (अर्जुन) ! तू युद्ध कर।

टि॰ — "सत्" के अनन्तर अब "असत्" की व्याख्या करते हुए, कृष्णजी यहाँ कहते हैं कि हमारे चारों ओर दिखलाई पड़नेवाले ये सब शरीर (अपनी इन्द्रियों, भोगसामग्री तथा भोगस्थान आदि सहित) नाशवान् हैं, अतः ये "असत्" हैं, क्योंकि सदा न रहनेवाली, आदि-एवम्-अन्तवाली तथा सीमित वस्तुको ही "असत्" कहते हैं। इसके विपरीत, इन सब शरीरोंको धारण करनेवाला जीवात्मा "सत्" है, यतः वह सदा रहनेवाला (नित्य) है, अन्तहीन (अनाशी) है और सब प्रकारकी सीमाओं एवं मर्यादाओंसे रहित (अप्रमेय) है।

प्रस्तुत श्लोकमें यह बात ध्यान देनेयोग्य है कि "देहाः" पदमें बहुवचनका और "शरीरिणः" में एकवचनका प्रयोग किया गया है। ऐसा इसलिये, क्योंकि भगवान् अर्जुनको यह बतलाना चाहते हैं कि समस्त शरीरोंमें एक ही आत्मा है। शरीरोंके भेद से, अज्ञानके कारण, आत्मामें भेद प्रतीत होता है ; वास्तवमें भेद नहीं है। देह (शरीर) अनेक हैं, इसलिए उनके लिए बहुवचन ही का प्रयोग होना चाहिये ; और शरीरी (जीवात्मा) एक, केवल एक, ही है, अतः उसके साथ तो एकवचन ही का प्रयोग उचित है।

एक बात और — यहाँ हेतुवाचक "तस्मात्" पदके साथ अर्जुनको युद्धके लिए आज्ञा देकर भगवान्‌ने यह दिखलाया है कि जब यह बात सिद्ध हो चुकी है कि शरीर नाशवान् हैं — उनका नाश अनिवार्य है — और आत्मा नित्य है — उसका कभी नाश नहीं होता — तब युद्धमें किञ्चिन्मात्र भी शोकका कोई कारण नहीं है।

अतः, अर्जुन! अब तुझे युद्ध करनेमें किसी तरहकी आनाकानी नहीं करनी चाहिए — यही कृष्णका अभिप्राय है।

य एनं वेत्ति हन्तारं यश्चैनं मन्यते हतम्।
उभौ तौ न विजानीतो नायं हन्ति न हन्यते ॥१९॥

पद० — यः = जो ; एनम् = इस (आत्मा) को ; वेत्ति = जानता (समझता) है ; हन्तारम् = मारनेवाले (को) ; यः = जो ; च = और ; एनम् = इसको ; मन्यते = मानता है ; हतम् = मरेहुए (को) ; उभौ = दोनों ; तौ = वे ; न = नहीं ; विजानीतः = जानते हैं ; न = नहीं ; अयम् = यह (आत्मा) ; हन्ति = मारता है ; न = नहीं ; हन्यते = मारा जाता है।

अनु० — जो इस (आत्मा) को मारनेवाला समझता है तथा जो इसको मरा हुआ (मरनेवाला) मानता है, वे दोनों (ही) नहीं जानते (ठीक-ठीक नहीं समझते) ; (क्योंकि) यह (आत्मा) न (तो) किसीको मारता है और न ही किसीके द्वारा मारा जाता है (यतः, वास्तवमें, मारनेवाला भी शरीर होता है और मरनेवाला भी शरीर होता है)।

न जायते म्रियते वा कदाचिन्नायं भूत्वा भविता वा न भूयः।
अजो नित्यः शाश्वतोऽयं पुराणो न हन्यते हन्यमाने शरीरे ॥२०॥

पद० — न = नहीं ; जायते = पैदा होता है ; म्रियते = मरता है ; वा = या (अथवा) ; कदाचित् = कभी ; न = नहीं ; अयम् = यह (आत्मा) ; भूत्वा = होकर ; भविता = होनेवाला है ; वा = अथवा ; न = नहीं ; भूयः = फिर ; अजः = अजन्मा ; नित्यः = सदा रहनेवाला ; शाश्वतः = सदा एकरूपमें स्थित ; अयम् = यह (आत्मा) ; पुराणः = चिरकालीन और सदा एकरस रहनेवाला ; न = नहीं ; हन्यते = मारा जाता है ; हन्यमाने = मारे जानेपर ; शरीरे = शरीरमें।

अनु० — यह (आत्मा) कभी पैदा होता वा मरता नहीं है ; नहीं होकर यह फिर अस्तित्व में आता है, ऐसा नहीं है (अथवा — होकर यह फिर अस्तित्वमें नहीं आता है, ऐसा नहीं है) ; यह अजन्मा, सदा रहनेवाला, सदा एकरूपमें स्थित तथा सदा एकरस रहनेवाला है ; और (यह) शरीरके मारे जाने (नष्ट होने) पर भी नहीं मारा जाता (नहीं नष्ट होता) है।

टि० — पिछले श्लोकमें कहा गया था कि आत्मा किसीके द्वारा नहीं मारा जाता। इसपर यह जिज्ञासा होती है कि इसका क्या कारण है। इसके उत्तरमें,

भगवान्, आत्मामें सब प्रकारके विकारोंका अभाव बतलाते हुए, उसके स्वरूपका प्रतिपादन प्रस्तुत श्लोकद्वारा करते हैं। सबसे पहले, "न जायते म्रियते वा कदाचित्" कहकर उन्होंने आत्मामें उत्पत्ति और विनाशरूप आदि-अन्तके दो विकारोंका अभाव बतलाकर उत्पत्ति आदि छहों विकारोंका अभाव सिद्ध किया है। इसके बाद, प्रत्येक विकारका अभाव दिखलानेके लिए अलग-अलग शब्दोंका भी उन्होंने प्रयोग किया है। इस प्रकार, इस श्लोकका प्रत्येक शब्द सारगर्भित एवं महत्त्वपूर्ण हो जाता है।

उपरोक्त छह विकार ये हैं— (१) उत्पत्ति (जन्मना); (२) अस्तित्व (उत्पन्न होकर सत्तावाला होना); (३) वृद्धि (बढ़ना); (४) विपरिणाम (रूपान्तरको प्राप्त होना); (५) अपक्षय (क्षय होना या घटना) और (६) विनाश (मर जाना)। इनमें से आत्माको "अजः" (अजन्मा) कहकर उसमें "उत्पत्ति" रूप विकारका अभाव बतलाया है। "नायं भूत्वा भविता वा न भूयः" — अर्थात्, ऐसा नहीं है कि वह जन्म न लेकर फिर सत्तावाला होता है अथवा जन्म लेकर फिर सत्तावाला नहीं होता है; यानी, वह स्वभावसे ही सत् है — यह कहकर "अस्तित्व" रूप विकारका अभाव दिखलाया है। फिर, "पुराणः" (चिरकालीन और सदा एकरस रहनेवाला) कहकर "वृद्धि" रूप विकारका, "शाश्वतः" (सदा एकरूपमें स्थित) कहकर "विपरिणाम" का, "नित्यः" (सदा रहनेवाला, अर्थात्, अखण्ड सत्तावाला) कहकर "अपक्षय" का और "न हन्यते हन्यमाने शरीरे" (शरीरके नाशसे इसका नाश नहीं होता) कहकर "विनाश" रूपी विकारका अभाव दिखलाया है।

वेदाविनाशिनं नित्यं य एनमजमव्ययम्।
कथं स पुरुषः पार्थ कं घातयति हन्ति कम्॥२१॥

पद० — वेद = जानता है; अविनाशिनम् = नाशरहित (को); नित्यम् = सदा रहनेवाला; यः = जो; एनम् = इस (आत्मा) को; अजम् = अजन्मा (को); अव्ययम् = विकाररहित (को); कथम् = कैसे; सः = वह; पुरुषः = आदमी; पार्थ = हे पृथापुत्र (अर्जुन); कम् = किसको; घातयति = मरवाता है; हन्ति = मारता है; कम् = किसको।

अनु० — हे पृथापुत्र (अर्जुन)! जो आदमी इस (आत्मा) को नाशरहित, सदा रहनेवाला, अजन्मा (जन्मरहित) और निर्विकार जानता है, वह कैसे किसको मरवाता है (और कैसे) किसको मारता है?

टि० — उन्नीसवें श्लोकमें कहा गया था कि आत्मा न तो किसीको मारता है

और न किसीसे मारा जाता है। पिछले श्लोकमें उसके नहीं मारेजानेका कारण बताया गया था। अब, इस श्लोकमें भगवान् बतलाते हैं कि वह किसीको क्यों नहीं मारता। वे कहते हैं कि जिस ज्ञानीपुरुषने आत्माके स्वरूपको ठीक-ठीक समझ लिया है कि वह अजन्मा, अविनाशी, अव्यय और नित्य है, तो वह भला कैसे सोच सकता है कि वह किसीको मारता है अथवा किसीको मरवाता है। उसके ज्ञानमें तो सर्वत्र एक ही आत्मतत्त्व है, अर्थात्, सब जीवोंमें एक ही आत्मा विद्यमान है, जो न मरता है और न मारा जा सकता है, न किसीको मार सकता है और न किसीको मरवा सकता है। अतः, ये मरना, मारना और मरवाना आदि सब-कुछ अज्ञानके कारण ही आत्मामें मान लिए जाते हैं; वास्तवमें, आत्माका इनके साथ कोई सम्बन्ध नहीं। प्रस्तुत युद्ध-प्रकरणमें "हन्ति" (शत्रुको मारता है) का संकेत अर्जुनकी ओर है और "घातयति" (शत्रुको मरवाता है) का स्वयं कृष्णकी ओर, क्योंकि वे ही अर्जुनको युद्धके लिए निर्विराम प्रेरित एवं बाध्य कर रहे हैं।

वासांसि जीर्णानि यथा विहाय नवानि गृह्णाति नरोऽपराणि ।
तथा शरीराणि विहाय जीर्णान्यन्यानि संयाति नवानि देही ॥२२॥

पद० — वासांसि = वस्त्रोंको ; जीर्णानि = पुरानों (को) ; यथा = जैसे ; विहाय = छोड़कर ; नवानि = नए (वस्त्रों) को ; गृह्णाति = ग्रहण करता है ; नरः = मनुष्य ; अपराणि = दूसरों (अन्यों) (को) ; तथा = वैसे (ही) ; शरीराणि = शरीरोंको ; विहाय = त्यागकर ; जीर्णानि = पुरानों (को) ; अन्यानि = दूसरों (को) ; संयाति = प्राप्त होता है ; नवानि = नए (शरीरों) को ; देही = जीवात्मा।

अनु० — जैसे मनुष्य पुराने वस्त्रोंको छोड़कर दूसरे नए वस्त्रोंको धारण करता (पहनता) है, वैसे ही जीवात्मा पुराने शरीरोंको छोड़कर दूसरे नए शरीरोंको प्राप्त होता है।

टि० — पिछले श्लोकोंमें बतलाया गया था कि आत्मा नित्य और अविनाशी है — उसका कभी नाश नहीं हो सकता — इसलिए उसके निमित्त शोक करना अनुचित है। और शरीरके विषयमें कहा गया था कि वह अनित्य और नाशवान् है — उसका नाश होना अवश्यम्भावी है — अतः, उसके लिए भी शोक करना अनुचित है। किन्तु आत्माका जो एक शरीरसे सम्बन्ध छूटकर दूसरे शरीरसे स्थापित होता है, उसमें तो उसे अत्यन्त कष्ट होता है। अतः, उसके लिए शोक करना कैसे अनुचित है ? इसके उत्तरमें कहते हैं कि इस प्रकारका नया सम्बन्ध स्थापित करनेमें केवल अज्ञानीको ही दुःख होता है, विवेकीको नहीं। माता

बालकके पुराने, गन्दे कपड़े उतारती है और नए पहनाती है, तो वह रोता है। परन्तु माता, उसके रोनेकी परवाह न करके, उसके हितके लिए, कपड़े बदल ही देती है। उसी प्रकार, भगवान् भी, जीवके हितके लिए, उसके रोनेकी कोई परवाह किए बिना, उसके देहको बदल देता है।

प्रस्तुत श्लोकमें "शरीराणि" के साथ प्रयुक्त "जीर्णानि" (पुराने) विशेषणसे एक शंका उठनी स्वाभाविक है कि संसारका कोई ऐसा नियम नहीं है कि वृद्ध होनेपर (शरीर पुराना होनेपर) ही मनुष्यकी मृत्यु हो। दिन-प्रतिदिन देखा जाता है कि भरे-पूरे नौजवान तथा अबोध बालक भी मरतेरहते हैं। इसका समाधान यह है कि "जीर्णानि" पदसे ९० या १०० वर्षकी आयुसे तात्पर्य नहीं है। प्रारब्धवश, युवा अथवा बाल, जिस-किसी अवस्थामें प्राणी मरता है, वही उसकी आयु समझी जाती है, और आयुकी समाप्तिका नाम ही "जीर्णावस्था" है। अतः, यहाँ "जीर्णानि" विशेषण सर्वथा युक्तिसंगत है।

नैनं छिन्दन्ति शस्त्राणि नैनं दहति पावकः ।
न चैनं क्लेदयन्त्यापो न शोषयति मारुतः ॥२३॥

पद० — न = नहीं ; एनम् = इस (आत्मा) को ; छिन्दन्ति = काट सकते हैं ; शस्त्राणि = हथियार ; न = नहीं ; एनम् = इसको ; दहति = जला सकती है ; पावकः = आग ; न = नहीं ; च = और ; एनम् = इसे ; क्लेदयन्ति = गला सकते हैं ; आपः = जल ; न = नहीं ; शोषयति = सुखा सकता है ; मारुतः = वायु (हवा)।

अनु० — इस (आत्मा) को शस्त्र (हथियार) नहीं काट सकते, इसको आग नहीं जला सकती, इसे जल नहीं गला सकता और (इसे) हवा (भी) नहीं सुखा सकती।

टि० — पिछले श्लोकमें आत्माके एक शरीरसे दूसरे शरीरको प्राप्त होनेमें शोक करनेको अनुचित ठैरा कर, अब भगवान्, आत्माके स्वरूपका अत्यन्त कठिनतासे समझमें आनेके कारण, तीन श्लोकोंद्वारा, भिन्न-भिन्न प्रकारसें, यह प्रतिपादित करते हैं कि आत्मा नित्य और निर्विकार है। इस सबका उद्देश्य अर्जुनको यह समझाना है कि आत्माके विनाशकी आशंकासे उसका शोक करना सर्वथा अनुचित है, क्योंकि कोई भी शक्ति उसको नष्ट नहीं कर सकती।

अच्छेद्योऽयमदाह्योऽयमक्लेद्योऽशोष्य एव च ।
नित्यः सर्वगतः स्थाणुरचलोऽयं सनातनः ॥२४॥

पद० — अच्छेद्यः = नहीं काटा जा सकता ; अयम् = यह (आत्मा) ; अदाह्यः = नहीं जलाया जा सकता ; अयम् = यह ; अक्लेद्यः = नहीं गलाया जा सकता ; अशोष्यः = नहीं सुखाया जा सकता ; एव = निस्सन्देह ; च = और ; नित्यः = नाशरहित ; सर्वगतः = सब जगह पहुँचा हुआ (सर्वव्यापी) ; स्थाणुः = नहीं हिलनेवाला ; अचलः = नहीं चलनेवाला ; अयम् = यह ; सनातनः = सदासे रहनेवाला (अनादि)।

अनु० — यह (आत्मा) नहीं काटा जा सकता है ; यह नहीं जलाया जा सकता, न ही गलाया जा सकता और, निस्सन्देह, न ही सुखाया जा सकता है। (और) यह (आत्मा) नाशरहित, सर्वव्यापी, कम्पहीन (नहीं हिलनेवाला), एकही जगह स्थिर (नहीं हटाया जा सकनेवाला) और सदासे रहनेवाला (अनादि) है।

अव्यक्तोऽयमचिन्त्योऽयमविकार्योऽयमुच्यते ।
तस्मादेवं विदित्वैनं नानुशोचितुमर्हसि ॥२५॥

पद० — अव्यक्तः = इन्द्रियोंका विषय नहीं है (अप्रत्यक्ष) ; अयम् = यह (आत्मा) ; अचिन्त्यः = मनका विषय नहीं है (जो सोचा या विचारा न जा सके) ; अयम् = यह (आत्मा) ; अविकार्यः = विकार-रहित ; अयम् = यह (आत्मा) ; उच्यते = कहा जाता है ; तस्मात् = इसलिए ; एवम् = ऐसा ; विदित्वा = जानकर ; एनम् = इस (आत्मा) को ; न = नहीं ; अनुशोचितुम् = शोक करनेको ; अर्हसि = योग्य हो।

अनु० — यह (आत्मा) इन्द्रियोंद्वारा प्रत्यक्षरूपसे नहीं जाना जा सकता, यह मनके द्वारा भी नहीं सोचा जा सकता और यह विकार-रहित (कभी न बदलनेवाला) है, (ऐसा इसके विषयमें) कहा जाता है। इसलिए (हे अर्जुन !) इस (आत्मा) को ऐसा (अर्थात्, जैसा पिछले श्लोकों तथा इस श्लोकमें बताया गया है) जानकर, तुझे (इसके आशंकित विनाशके लिए) शोक करना उचित नहीं है।

अथ चैनं नित्यजातं नित्यं वा मन्यसे मृतम् ।
तथापि त्वं महाबाहो नैनं शोचितुमर्हसि ॥२६॥

पद० — अथ = यदि ; च = और ; एनम् = इस (आत्मा) को ; नित्यजातम् = सदा पैदा होनेवाले (को) ; नित्यम् = सदा ; वा = और ; मन्यसे

= मानता है ; मृतम् = मरनेवाले (को) ; तथा = तो ; अपि = भी ; त्वम् = तू ; महाबाहो = हे बड़ी (शक्तिशालिनी) भुजाओंवाले (अर्जुन) ; न = नहीं ; एनम् = इस (आत्मा) को ; शोचितुम् = शोक करनेको ; अर्हसि = योग्य है।

अनु० — और यदि (तू) इस (आत्मा) को सदा पैदा होनेवाला तथा सदा मरनेवाला मानता है, तो भी, हे शक्तिशालिनी भुजाओंवाले (अर्जुन) ! तू इस (आत्मा) का शोक करनेके योग्य नहीं है (अर्थात्, तेरेलिए इसका शोक करना उचित नहीं है — तुझे यह शोभा नहीं देता है)।

टि० — उपर्युक्त श्लोकोंमें भगवान्ने आत्माको अजन्मा और अविनाशी बतलाकर उसके लिए शोक करना अनुचित सिद्ध किया था। अब, दो श्लोकोंके द्वारा वे यह सिद्ध करते हैं कि यदि औपचारिकरूपसे (केवल तर्कके लिए) आत्माको जन्मने-मरनेवाला मान लिया जाए, तो भी उसके लिए शोक करना अनुचित है —

जातस्य हि ध्रुवो मृत्युर्ध्रुवं जन्म मृतस्य च ।
तस्मादपरिहार्येऽर्थे न त्वं शोचितुमर्हसि ॥२७॥

पद० — जातस्य = पैदा-हुएकी ; हि = क्योंकि ; ध्रुवः = निश्चित ; मृत्युः = मौत ; ध्रुवम् = निश्चित ; जन्म = पैदा होना ; मृतस्य = मरे-हुएका ; च = और ; तस्मात् = इसलिए ; अपरिहार्ये = अनिवार्य (बिना उपायवाले) (में) ; अर्थे = विषयमें ; न = नहीं ; त्वम् = तू ; शोचितुम् = शोक करनेको ; अर्हसि = योग्य है।

अनु० — क्योंकि (उपर्युक्त मान्यताके अनुसार) पैदा-हुए (आत्मा) की मौत निश्चित है और मरे-हुए (आत्मा) का जन्म निश्चित है। इसलिए, इस निरुपाय (अनिवार्य) विषयमें (भी) तेरा (मृत्युपर) शोक करना उचित नहीं है।

टि० — पूर्वश्लोकमें दी गई मान्यताके अनुसार, जब आत्माका जन्मके बाद मरण और मरणके बाद जन्म नितान्त निश्चित एवम् अवश्यम्भावी है और उसमें किसी प्रकारका हेर-फेर अथवा अदल-बदल सम्भव नहीं, तो, हे अर्जुन ! तेरे इन सब सगे-सम्बन्धियों तथा सखा-साथियोंको भी मरनेसे नहीं रोका जा सकता। ऐसी स्थितिमें, तेरा इनकी मृत्युके भयसे शोक करना मूर्खता व निरर्थकता नहीं तो और क्या है ? इस प्रकार, दोनों ही मतोंके अनुसार आत्माके लिए शोक करना सर्वथा अनुचित है — यही श्रीकृष्णका कथनाशय है।

अव्यक्तादीनि भूतानि व्यक्तमध्यानि भारत ।
अव्यक्तनिधनान्येव तत्र का परिदेवना ॥२८॥

पद०— अव्यक्तादीनि = जन्मसे पहले अप्रकट ; भूतानि = प्राणी ; व्यक्तमध्यानि = बीचमें प्रकट ; भारत = हे भरतकी सन्तान ; अव्यक्तनिधनानि = मृत्युके बाद अप्रकट ; एव = ही ; तत्र = उस विषयमें ; का = क्या ; परिदेवना = चिन्ता।

अनु०— हे भरतकी सन्तान (अर्जुन) ! (सारे) प्राणी जन्मसे पहले बिना (वर्तमान) शरीरवाले (थे) (और) मरनेके बाद (भी) बिना (वर्तमान) शरीरवाले (होंगे), (केवल) बीचमें ही (वर्तमान) शरीरवाले (प्रतीत होते) हैं। (फिर) उस विषयमें (ऐसी स्थितिमें) क्या चिन्ता करनी (शोक करना) है ?

टि०— ऊपर यह दिखाया जा चुका है कि आत्माके लिए शोक करना अनुचित है ; अब यहाँ यह बतलाते हैं कि शरीरके लिए भी शोक करना मूर्खता है। सभी जीवोंके वर्तमान स्थूल शरीर उनके जन्मसे पहले नहीं दिखाई पड़ते थे और न ही वे उनकी मृत्युके बाद दिखाई पड़नेवाले हैं, केवल बीचकी अवस्थामें (जन्मसे लेकर मृत्युपर्यन्त) ही वे दिखाई पड़ते हैं। इसका अर्थ हुआ कि वे अस्थायी हैं। जैसे स्वप्नकी सृष्टि स्वप्नकालसे पहले या पीछे नहीं है, केवल स्वप्नकालमें ही मनुष्यका उसके साथ सम्बन्ध-सा प्रतीत होता है, वैसे ही स्थूलशरीरोंके साथ प्राणियोंका सम्बन्ध भी कुछ ही कालके लिए होता है। स्वप्नके सदृश, स्थूलशरीर भी अनित्य है, एक भ्रम है, धोखा है। इसलिए, हे अर्जुन ! तेरे अपने पक्षके तथा शत्रुपक्षके सभी योद्धाओंके शरीरोंको तो कभी-न-कभी, कैसे-न-कैसे नष्ट होना ही है ; तू चाहे लड़ या मत लड़, उससे कोई अन्तर नहीं पड़ने वाला। सो, शरीर-नाशके लिए शोक करना अज्ञान मात्र है — यही भगवान्‌का बार-बार कहनेका अभिप्राय है।

आश्चर्यवत्पश्यति कश्चिदेनमाश्चर्यवद्वदति तथैव चान्यः ।
आश्चर्यवच्चैनमन्यः शृणोति श्रुत्वाप्येनं वेद न चैव कश्चित् ॥२९॥

पद०— आश्चर्यवत् = अचम्भेकी तरह ; पश्यति = देखता है ; कश्चित् = कोई ; एनम् = इसको ; आश्चर्यवत् = विस्मयकी भाँति ; वदति = बोलता है ; तथा = वैसे ; एव = ही ; च = और ; अन्यः = दूसरा कोई ; आश्चर्यवत् = चमत्कारके सदृश ; च = और ; एनम् = इसको ; अन्यः = कोई दूसरा ; शृणोति = सुनता है ; श्रुत्वा = सुनकर ; अपि = भी ; एनम् = इसको ; वेद = जानता है ; न = नहीं ; च = और ; एव = ही ; कश्चित् = कोई।

अनु॰ — कोई (तो) इस (आत्मतत्त्व) को (एक) अचम्भेकी तरह देखता है, वैसे ही, कोई और (इसका) विस्मयकी भाँति वर्णन करता है, तथा कोई अन्य इसका (एक) चमत्कारके सदृश श्रवण करता है और कोई-कोई तो सुनकर भी इसे समझ नहीं पाता।

टि॰ — आत्मतत्त्व अत्यन्त दुर्बोध होनेके कारण, उसे समझानेके लिए भगवान्‌ने उपर्युक्त श्लोकोंद्वारा भिन्न-भिन्न प्रकारसे उसके स्वरूपका वर्णन किया था। यहाँ वे बतलाते हैं कि आत्माका विषय इतना गहन, गभीर, सूक्ष्म, अनुपम एवम् अलौकिक है कि साधारणजन तो इसका दर्शन, वर्णन और श्रवण एक विचित्र, अद्‌भुत तथा अनन्य चमत्कारके सदृश करते हैं, क्योंकि आत्मा, सामान्यरीतिसे, न देखा जा सकता है, न बताया जा सकता है और न ही सुना जा सकता है। और, यदि जैसे-कैसे सुन भी लिया जाए, तो उसके स्वरूपको जानना एवं समझना नितान्त कठिन है।

इस श्लोकका अर्थ ऐसे भी लगाया जा सकता है कि आश्चर्यमय आत्माको देखने, बताने एवं सुननेवाले मनुष्य स्वयम् एक आश्चर्य हैं, क्योंकि ऐसे व्यक्ति तो विरले ही होते हैं। अतः, हे अर्जुन! यदि तू भी, आत्माके गुह्य तत्त्वको न समझ सकनेके कारण, मृत्युके विषयमें शोक करता है, तो कोई आश्चर्य नहीं।

देही नित्यमवध्योऽयं देहे सर्वस्य भारत।
तस्मात्सर्वाणि भूतानि न त्वं शोचितुमर्हसि ॥३०॥

पद॰ — देही = आत्मा; नित्यम् = सदा; अवध्यः = नाशरहित; अयम् = यह; देहे = शरीरमें; सर्वस्य = सबके; भारत = हे भरतकी सन्तान; तस्मात् = इसलिये; सर्वाणि = सभी (को); भूतानि = प्राणियोंको; न = नहीं; त्वम् = तू; शोचितुम् = शोक करनेको; अर्हसि = योग्य है।

अनु॰ — हे भरतकी सन्तान (अर्जुन)! सब (जीवों) के शरीरोंमें (स्थित) यह आत्मा सदा (ही) नाशरहित है। इसलिए, सभी प्राणियोंके लिए तुझे शोक करना उचित नहीं है (अर्थात्, किसी भी प्राणीके लिए तुझे शोक नहीं करना चाहिये)।

टि॰ — "देही" शब्दमें एकवचन प्रयुक्त करनेसे यह भाव दिखलाया गया है कि समस्त प्राणियोंके शरीरोंमें एक ही आत्मा है। शरीरोंके भेदसे, अज्ञानके कारण, आत्मामें भेद प्रतीत होता है; वास्तवमें, कोई भेद नहीं है। और, उस आत्माका कोई-भी कभी-भी, कैसे-भी नाश नहीं कर सकता। अतः, हे अर्जुन! किसी भी

प्राणीके नाशकी आशंकासे शोक न करके, तुझे युद्धके लिए तैय्यार हो जाना चाहिये — यही भगवान्‌का बारम्बार आदेश है।

ग्यारहवें श्लोकसे लेकर इस श्लोकतक — पूरे बीस श्लोकोंमें — भगवान्‌ने सांख्ययोगके अनुसार अनेक युक्तियोंद्वारा नित्य, शुद्ध, बुद्ध, सम एवं निर्विकार आत्माके एकत्व, अविनाशित्व आदिका प्रतिपादन करके तथा शरीरोंको विनाशशील बतलाकर आत्माके या शरीरोंके लिए अथवा आत्मा और शरीरके वियोगके लिए शोक करना अनुचित सिद्ध किया है। साथ ही, प्रसंगवश, आत्माको जन्मने-मरनेवाला माननेपर भी शोक करना अनुचित ठहराया है और अर्जुनको युद्ध करनेके लिए आज्ञा दी है। अब, अगले सात श्लोकोंद्वारा क्षात्रधर्मके अनुसार भी शोक करना अनुचित सिद्ध करते हुए, वे फिर अर्जुनको युद्धके लिए प्रोत्साहित करते हैं —

स्वधर्ममपि चावेक्ष्य न विकम्पितुमर्हसि।
धर्म्याद्धि युद्धाच्छ्रेयोऽन्यत्क्षत्रियस्य न विद्यते ॥३१॥

पद॰ — स्वधर्मम् = अपने धर्मको ; अपि = भी ; च = और ; अवेक्ष्य = देखकर ; न = नहीं ; विकम्पितुम् = डाँवाडोल होनेको (संकोच करनेको) ; अर्हसि = योग्य है ; धर्म्यात् = धर्मयुक्त (से) ; हि = क्योंकि ; युद्धात् = युद्धसे ; श्रेयः = श्रेष्ठ (कल्याणकारी) ; अन्यत् = दूसरा (कोई) ; क्षत्रियस्य = क्षत्रियके लिए ; न = नहीं ; विद्यते = है।

अनु॰ — और अपने (क्षत्रिय) धर्मको देखकर भी (हे अर्जुन!) तुझे (लड़नेमें कोई) संकोच (अथवा संशय) नहीं करना चाहिए, क्योंकि (एक) क्षत्रियके लिए धर्मयुद्ध लड़नेसे बढ़कर कोई और श्रेष्ठ (कल्याणकारी) कर्तव्य नहीं है।

यदृच्छया चोपपन्नं स्वर्गद्वारमपावृतम्।
सुखिनः क्षत्रियाः पार्थ लभन्ते युद्धमीदृशम् ॥३२॥

पद॰ — यदृच्छया = अपने-आप ; च = और ; उपपन्नम् = प्राप्त-हुए (को) ; स्वर्गद्वारम् = स्वर्ग-के-द्वार-रूप (को) ; अपावृतम् = खुले-हुए (को) ; सुखिनः = भाग्यशाली ; क्षत्रियाः = क्षत्रियलोग ; पार्थ = हे पृथा (कुन्ती) के पुत्र (अर्जुन) ; लभन्ते = प्राप्त करते हैं ; युद्धम् = युद्धको ; ईदृशम् = ऐसे (को)।

अनु॰ — हे अर्जुन! (बिना इच्छा-किए) अपने-आप प्राप्त-हुए और खुले-हुए स्वर्ग-के-द्वार रूप ऐसे (धर्म) युद्धको (तो केवल) भाग्यशाली क्षत्रिय (ही) प्राप्त करते हैं।

टि० — अर्जुनको बताया गया है कि यह युद्ध उसे अपने-आप प्राप्त हुआ है, क्योंकि उन्होंने (पाण्डवोंने) यह युद्ध करना नहीं चाहा था, उनपर तो इसे दुर्योधनने थोपा है। सो, अपनी इच्छाके विरुद्ध भी, पाण्डवोंको तो बाध्य होकर यह युद्ध करना पड़ रहा है। साथ ही, यह युद्ध "खुले-हुए स्वर्ग-के-द्वार रूप" है, यतः शास्त्रोंमें कहा गया है कि धर्मयुद्धमें मरनेवाले लोग सीधे स्वर्ग जाते हैं ; मानो, उनके लिए स्वर्गका द्वार ही खुला हो।

अथ चेत्त्वमिमं धर्म्यं संग्रामं न करिष्यसि ।
ततः स्वधर्मं कीर्तिं च हित्वा पापमवाप्स्यसि ॥३३॥

पद० — अथ = किन्तु ; चेत् = यदि ; त्वम् = तू ; इमम् = इस (को) ; धर्म्यम् = धर्ममय (को) ; संग्रामम् = युद्धको ; न = नहीं ; करिष्यसि = करेगा ; ततः = तो ; स्वधर्मम् = अपने धर्मको ; कीर्तिम् = यशको ; च = और ; हित्वा = छोड़कर (खोकर) ; पापम् = पापको ; अवाप्स्यसि = प्राप्त होगा।

अनु० — किन्तु यदि (हे अर्जुन !) तू इस धर्मयुद्धको नहीं करेगा, तो अपने धर्म और यशको खोकर (गँवा कर) पापको प्राप्त होगा (पापका भागी बनेगा)।

अकीर्तिं चापि भूतानि कथयिष्यन्ति तेऽव्ययाम् ।
सम्भावितस्य चाकीर्तिर्मरणादतिरिच्यते ॥३४॥

पद० — अकीर्तिम् = निन्दाको ; च = और ; अपि = भी ; भूतानि = लोग ; कथयिष्यन्ति = कहेंगे ; ते = तेरी ; अव्ययाम् = (कभी) न नष्ट होनेवाली (को) ; सम्भावितस्य = सम्मानित (व्यक्ति) की ; च = और ; अकीर्तिः = बुराई ; मरणात् = मरनेसे (भी) ; अतिरिच्यते = बढ़कर (होती) है।

अनु० — तथा (सब) लोग तेरी कभी न नष्ट होनेवाली (सदा बनी रहनेवाली) निन्दा भी करेंगे। और (निस्सन्देह) सम्मानित (प्रतिष्ठित) व्यक्तिके लिए बुराई (उसकी) मृत्युसे (भी) बढ़कर (अधिक दुःखदायिनी) होती है।

भयाद्रणादुपरतं मंस्यन्ते त्वां महारथाः ।
येषां च त्वं बहुमतो भूत्वा यास्यसि लाघवम् ॥३५॥

पद० — भयात् = डरसे ; रणात् = युद्धसे ; उपरतम् = हटे (विमुख) हुए (को) ; मंस्यन्ते = मानेंगे ; त्वाम् = तुझको ; महारथाः = वीर योद्धा ; येषाम् = जिनके ; च = और ; त्वम् = तू ; बहुमतः = बहुत सम्मानित ; भूत्वा = होकर ; यास्यसि = प्राप्त होगा ; लाघवम् = लघुता (छुटपन) को।

अनु० — (दोनों पक्षोंके) वीर-योद्धा तुझे डरके कारण युद्धसे हटा हुआ (भागा हुआ) समझेंगे। और (इस प्रकार) जिनके द्वारा तू (अब) बहुत सम्मानित है, (उनके लिए भी) छोटा बन जाएगा (अर्थात्, जिनकी दृष्टिमें तू अब बहुत चढ़ा हुआ है, एकदम गिर जायेगा)।

अवाच्यवादांश्च बहून्वदिष्यन्ति तवाहिताः ।
निन्दन्तस्तव सामर्थ्यं ततो दुःखतरं नु किम् ॥३६॥

पद० — अवाच्यवादान् = न कहने-योग्य वचनोंको ; च = और ; बहून् = बहुतों (को) ; वदिष्यन्ति = बोलेंगे ; तव = तेरे ; अहिताः = वैरी ; निन्दन्तः = निन्दा करतेहुए ; तव = तेरी ; सामर्थ्यम् = वीरताको ; ततः = उससे ; दुःखतरम् = अधिक दुःख ; नु = फिर (तब) ; किम् = क्या।

अनु० — और, तेरे वैरी, तेरी वीरताकी बुराई करते हुए, (तेरे विषयमें) बहुत-सी न-कहने-योग्य (अशोभनीय) बातोंको कहेंगे। तब उससे अधिक दुःख (कष्टदायक) और क्या होगा ?

हतो वा प्राप्स्यसि स्वर्गं जित्वा वा भोक्ष्यसे महीम् ।
तस्मादुत्तिष्ठ कौन्तेय युद्धाय कृतनिश्चयः ॥३७॥

पद० — हतः = मारा गया ; वा = या (यदि) ; प्राप्स्यसि = प्राप्त करेगा ; स्वर्गम् = स्वर्गको ; जित्वा = जीतकर ; वा = अथवा ; भोक्ष्यसे = भोगेगा ; महीम् = पृथ्वीको ; तस्मात् = इस (कारण) से ; उत्तिष्ठ = खड़ा हो ; कौन्तेय = हे कुन्तीके पुत्र (अर्जुन) ; युद्धाय = युद्धके लिए ; कृतनिश्चयः = निश्चय करके।

अनु० — यदि (युद्धमें) मारा गया, तो (तू) स्वर्गको प्राप्त करेगा ; अथवा जीतकर (अर्थात्, यदि जीत गया तो) पृथ्वी (के राज्य) को भोगेगा। इसलिए, हे अर्जुन ! युद्ध (करने) के लिए (दृढ़) निश्चय करके (अब) तू खड़ा होजा।

टि० — कृष्णजीके कहनेका आशय है कि अर्जुन ! तेरे तो दोनों हाथोंमें लड्डू हैं — यदि युद्धमें मारा गया तो स्वर्ग मिलेगा, और जीत गया तो पृथ्वीका राज्य। इसलिए, संकोच छोड़ और लंगर-लंगोट कसकर युद्धके लिए खड़ा हो जा, क्योंकि हर स्थितिमें तेरा कल्याण इसीमें है।

सुखदुःखे समे कृत्वा लाभालाभौ जयाजयौ ।
ततो युद्धाय युज्यस्व नैवं पापमवाप्स्यसि ॥३८॥

पद० — सुखदुःखे = सुख-दुःखको ; समे = = समान (को) ; कृत्वा =

करके (समझकर) ; लाभालाभौ = लाभ-हानिको ; जयाजयौ = हार-जीतको ; ततः = उसके उपरान्त ; युद्धाय = युद्धके लिए ; युज्यस्व = तैय्यार हो जा ; न = नहीं ; एवम् = इस प्रकार ; पापम् = पापको ; अवाप्स्यसि = प्राप्त होगा।

अनु० — सुख-दुःख, लाभ-हानि (तथा) हार-जीतको समान (एक-जैसा) समझकर (हे अर्जुन!) फिर तू युद्धके लिए तैय्यार हो जा। इस प्रकार (युद्ध करनेसे) तू पापको नहीं प्राप्त होगा (अर्थात्, तुझे पाप नहीं लगेगा)।

टि० — पिछले श्लोकमें भगवान्ने युद्धका फल स्वर्गप्राप्ति अथवा समूचे लोकका राज्यसुख बतलाया है। किन्तु अर्जुन तो पहले ही स्पष्ट कह चुका है कि केवल इस लोकके तो राज्यकी बात ही क्या, वह तीनों लोकोंके राज्यके लिए भी अपने कुलका नाश कर पाप नहीं कमाना चाहता। ऐसी स्थितिमें, उसे किस प्रकार युद्ध करना चाहिए ताकि वह पापसे बच सके, वह उपाय भगवान्ने इस श्लोकमें निर्दिष्ट किया है। वे कहते हैं कि युद्धमें होनेवाले विभिन्न अनुभवों, जैसे सुख-दुःख, लाभ-हानि और हार-जीत, को एक-जैसा, समान रूपसे समझनेपर कोई पाप नहीं लगता। सांसारिक विषयोंके विविध अनुभवद्वन्द्वोंमें भेदबुद्धिसे ही मनमें राग-द्वेष या हर्ष-शोकादि विकार उत्पन्न होते हैं, जो पापका कारण बनते हैं। अतः, युद्धके प्रत्येक परिणाममें समबुद्धि होकर युद्ध करनेसे कोई किसी प्रकारका विकार ही मनमें नहीं उठ पायेगा, जिससे तुझे कोई पाप भी नहीं लग सकेगा।

एषा तेऽभिहिता सांख्ये बुद्धिर्योगे त्विमां शृणु ।
बुद्ध्या युक्तो यया पार्थ कर्मबन्धं प्रहास्यसि ॥३९॥

पद० — एषा = यह ; ते = तेरेलिए ; अभिहिता = कही गई है ; सांख्ये = ज्ञानयोगके विषयमें ; बुद्धिः = सम-बुद्धि ; योगे = कर्मयोगके विषयमें ; तु = और ; इमाम् = इसको ; शृणु = सुन ; बुद्ध्या = बुद्धिसे ; युक्तः = युक्त हुआ ; यया = जिससे ; पार्थ = हे अर्जुन ; कर्मबन्धम् = कर्मोंके बन्धनको ; प्रहास्यसि = पूरी तरह छोड़ देगा।

अनु० — हे अर्जुन ! यह सम-बुद्धि तेरेलिए (अब तक) ज्ञानयोगके विषयमें कही गई है और (अब) तू इसीको कर्मयोगके विषयमें सुन, जिस बुद्धिसे युक्त हुआ तू कर्मोंके बन्धनको पूरी तरह छोड़ देगा (अर्थात्, सर्वथा नष्ट कर डालेगा)।

टि० — इस श्लोकमें कृष्ण भगवान्ने "बुद्धि", अर्थात्, सम-बुद्धि, यानी समानताके दृष्टिकोण, पर बल दिया है। संसारके नाना विषयों एवं कर्मोंमें भेदभाव

रखनेके कारण ही उनमें अच्छा-बुरा, छोटा-बड़ा, गरम-ठण्डा, सुख-दुःख आदिका अनुभव होता है, जिससे मनमें विकार उत्पन्न होते हैं और वे कर्मबन्धनरूपी पापका कारण बनते हैं। अब यदि इस मूलबातको समझ लिया जाए कि सभी पदार्थ एक ही प्रकृतिके तथा सभी जीव एक ही आत्माके अंश हैं, तो भिन्न-भिन्न वस्तुओं तथा प्राणियोंके प्रति यह अलग-अलग होने तथा असमानता (बे-बराबरी) की नीच भावना ही समाप्त हो जाएगी, जिससे मनमें नाना विकार भी नहीं उपजेंगे और, फलस्वरूप, कर्मबन्धनोंके कारणभूत पाप भी नहीं पैदा हो सकेंगे। सो, कर्मबन्धनोंका नाश करने, यानी, मोक्ष प्राप्त करने, के लिए यह समानताका दृष्टिकोण — अर्थात्, सम-बुद्धि — होना नितान्त आवश्यक ही नहीं, अपितु सर्वथा अनिवार्य है।

इस "सम-बुद्धि" के तत्त्वको भगवान्ने अब तक — इस अध्यायके ग्यारहवें श्लोकसे लेकर तीसवें श्लोक तक — सांख्ययोगके प्रकरणमें बताया है, अब अगले श्लोकसे वे इसीको कर्मयगके सन्दर्भमें बताना आरम्भ करेंगे। "सांख्ययोग" क्या ? वह है ज्ञानयोग, अर्थात्, ज्ञानके द्वारा जीवात्माका परमात्माके साथ योग (जोड़ वा मिलाप)। जब जीवात्माको यह ज्ञान हो जाए कि संसार निस्सार, नाशवान् तथा एक धोखा है और केवल ब्रह्म ही शाश्वत, नित्य एवं सकल ब्रह्माण्डका उद्‌गम व विलय-केन्द्र है और संसारसे अपने-आपको पूर्णरूपसे हटाकर समूची इन्द्रियों, मन तथा बुद्धिसे उसीके अनवरत चिन्तन, मनन एवं ध्यानद्वारा अपने-आपको उस (परमात्मा) में लीन करदे — अपना उसके साथ योग करदे — तो इस प्रक्रियाको "ज्ञानयोग" अथवा "सांख्ययोग" कहेंगे।

इसी प्रकार, जीवके परमात्माके साथ कर्मके द्वारा योग करनेको "कर्मयोग" कहते हैं। "कर्म" कैसे ? वे काम जो ममता, आसक्ति तथा फलेच्छाके बिना, सफलता और असफलतामें समभाव होकर, राग-द्वेषादि मनोविकारोंसे ऊपर उठते हुए निश्शेष रूपसे परमेश्वरके चरणोंमें समर्पित कर दिए गए हों। इस विधिसे किए गए कर्म फल उत्पन्न करनेमें असमर्थ होते हैं और मनुष्य अपने पूर्वसञ्चित कर्मफलोंका भोग समाप्त कर परमात्मामें विलीन हो जाता है — उसके साथ अपना योग कर देता है। इस प्रकार, भगवान् अर्जुनको सांख्ययोग (ज्ञानयोग) एवं कर्मयोगरूपी दोनों ही साधनोंमें समभावसे युक्त होना आवश्यक बतलाते हैं और दोनों ही सिद्धान्तोंकी दृष्टिसे युद्धका औचित्य प्रतिपादित करते हैं।

नेहाभिक्रमनाशोऽस्ति प्रत्यवायो न विद्यते ।
स्वल्पमप्यस्य धर्मस्य त्रायते महतो भयात् ॥४०॥

पद॰ — न = नहीं ; इह = इस (कर्मयोग) में ; अभिक्रमनाशः = आरम्भ (बीज) का नाश ; अस्ति = है ; प्रत्यवायः = उल्टा फल ; न = नहीं ; विद्यते = होता है ; स्वल्पम् = थोड़ा-सा ; अपि = भी ; अस्य = इस (का) ; धर्मस्य = धर्मका ; त्रायते = रक्षा करदेता है ; महतः = महान् (से) ; भयात् = भयसे।

अनु॰ — इस (कर्मयोग) में आरम्भका, अर्थात्, बीजका, नाश नहीं (होता) है और न ही (इसमें) उल्टा फल (विपरीत परिणाम) होता (निकलता) है। (और-तो-और) इस (कर्मयोगरूप) धर्मकी थोड़ी-सी भी (साधना जन्म-मृत्युरूप) महान् भयसे रक्षा कर देती है (उबार देती है)।

टि॰ — यदि कोई केवल एक ही शब्दमें "कर्मयोग" की परिभाषा पूछे, तो हम निस्संकोच कह सकते हैं — "निर्लिप्तनिष्कामकर्म" (अर्थात्, बिना लगाव व इच्छाके काम करना)। किन्तु यह कह देना और लिख लेना जितना आसान है, उसे कर पाना उतना ही कठिन। एक जन्म नहीं, लाखों-करोड़ों ज़न्मोंके बाद भी यदि कोई साधक मोक्ष प्राप्त कर लेता है, तो उसे अपने-आपको धन्य समझना चाहिये। इसका अर्थ यह नहीं है कि अपने लक्ष्यतक पहुँचनेके लिए उसे कर्मयोगकी यात्रा करनी ही नहीं चाहिये। नहीं, उसे तुरन्त ही आरम्भ करदेनी चाहिये, और पूरी लगन व निष्ठाके साथ। क्योंकि कोई नहीं जानता कि इस जन्ममें स्वार्थ-व-इच्छा-रहित काम करना आरम्भ कर देने पर भी, उसके असंख्य अतीत जन्मोंके अज्ञात कर्मभारका फलभोग कब, किस जन्ममें जाकर समाप्त हो पाएगा। अतः, यात्राकी लम्बाईकी चिन्ता किए बिना इसी क्षण चलपड़ना अधिक वाञ्छनीय एवं महत्त्वपूर्ण है।

यदि इस जन्ममें इस डगरपर केवल आधी-ही डग चल पाए हो, तो भी कोई हताश होनेकी बात नहीं, क्योंकि अगले जन्ममें तुम्हारी यात्रा फिर इस आधी-डगसे ही आगे आरम्भ हो जायेगी। कारण ? कर्मयोगके संस्कार जो इस जन्ममें तुम्हारे अन्तःकरणमें अंकुरित हो गए हैं, वे तुम्हें अगले जन्ममें ज़बरदस्ती खींचकर फिर उसी साधनामें लगा देंगे। इसीलिए श्लोकमें कहा गया है कि कर्मयोगमें साधकके पुरुषार्थके आरम्भ — बीजमात्र — तक का भी नाश नहीं हो पाता, अर्थात्, वह व्यर्थ नहीं जाता।

इसके अतिरिक्त, कर्मयोगके क्षेत्रमें मनुष्यको उसके प्रयासोंका उल्टा फल

भी नहीं मिलता। कारण स्पष्ट है, फल उल्टा या सुल्टा तो किसीको तब मिले जब वह कोई फल चाहता हो। एक कर्मयोगी तो सारे काम ही बिना किसी कामना व इच्छाके करता है, अतः उसे किसी भी प्रकारके फलके मिलनेका प्रश्न ही नहीं उठता।

कर्मयोगकी उपरिनिर्दिष्ट दोनों विशेषताओं से यह भलीभाँति ज्ञात हो जाता है कि यह मार्ग अपने बटोहीको उसके गन्तव्य — परब्रह्म — तक लेजानेमें निर्विवादरूपसे समर्थ है, यतः इस क्षेत्रमें किया गया कोई भी प्रयास न तो नष्ट (विफल) होता है और न ही उसका कोई विपरीत परिणाम (उल्टा फल) ही निकलता है। थोड़ा-थोड़ा ही सही, किन्तु निरन्तर अभ्यास करनेवाले साधकको यह, अन्तमें, पूर्णरूपसे निष्काम बनाकर अनन्तकालीन जन्म-मृत्युरूपी महान् भयसे छुटकारा दिला देता है (अर्थात्, मोक्ष प्रदान कर देता है)।

व्यवसायात्मिका बुद्धिरेकेह कुरुनन्दन ।
बहुशाखा ह्यनन्ताश्च बुद्धयोऽव्यवसायिनाम् ॥४१॥

पद० — व्यवसायात्मिका = निश्चयात्मक ; बुद्धिः = समझ (सोच-विचारने की शक्ति) ; एका = एक ; इह = इस (कर्मयोग) में ; कुरुनन्दन = हे कुरुवंशज (अर्जुन) ; बहुशाखाः = बहुत भेदोंवाली ; हि = निस्सन्देह ; अनन्ताः = असंख्य ; च = और ; बुद्धयः = बुद्धियाँ (लक्ष्य) ; अव्यवसायिनाम् = अनिश्चयात्मक (अस्थिर) मतिवालोंकी ।

अनु० — हे अर्जुन ! इस (कर्मयोग) में निश्चयात्मिका बुद्धि एक (ही) होती है, (किन्तु) अस्थिर विचारवालोंकी बुद्धियाँ (लक्ष्य), निस्सन्देह, अनेक भेदोंवाली और असंख्य होती हैं।

टि० — पिछले श्लोकमें कर्मयोगका महत्त्व बतलाकर, भगवान् यहाँ उस क्षेत्रमें चरमसहायक — स्थिर व अचल विचार — तथा घोरबाधक — अस्थिर व डाँवाडोल विचार — के स्वरूपोंका वर्णन करते हैं। वे कहते हैं कि एक कर्मयोगीका अपने लक्ष्यकी प्राप्तिके लिए अनिवार्य उपकरण उसकी दृढ़निश्चयात्मिका एवम् एकबिन्दुकेन्द्रिता बुद्धि है। जिस बुद्धिका निश्चय दृढ़ और अटल है तथा जो एक परमात्मा ही में केन्द्रित हो जानेके कारण स्थिर व सम बन गई है, वह ही साधकको मोक्ष दिला सकती है। इसके विपरीत, जिसकी बुद्धि अस्थिर व चञ्चल है, उसके विचार भी बहे-हुए व चलायमान होते हैं और, इस प्रकार, एक ईश्वरपर ही केन्द्रित रहनेकी बजाय उसका ध्यान संसारके असंख्य

पदार्थों, व्यक्तियों तथा कर्मोंमें पग-पगपर भटकता रहता है। परिणामस्वरूप, इस प्रकारकी अनिश्चयात्मिका बुद्धि एक कर्मयोगीके साधना-मार्गमें भीषण रुकावट बन जाती है। सो, एक दृढ़निश्चयी कर्मयोगीका लक्ष्य एक, केवल एक — परमात्मा — ही होता है और एक अस्थिरबुद्धिके लक्ष्य संसारमें असंख्य एवं नाना प्रकारके होते हैं।

यामिमां पुष्पितां वाचं प्रवदन्त्यविपश्चितः ।
वेदवादरताः पार्थ नान्यदस्तीतिवादिनः ॥४२॥
कामात्मानः स्वर्गपरा जन्मकर्मफलप्रदाम् ।
क्रियाविशेषबहुलां भौगैश्वर्यगतिं प्रति ॥४३॥
भोगैश्वर्यप्रसक्तानां तयापहृतचेतसाम् ।
व्यवसायात्मिका बुद्धिः समाधौ न विधीयते ॥४४॥

पद० — याम् = जिस (को) ; इमाम् = इस प्रकारकी ; पुष्पिताम् = फूलोंकी तरह (केवल सुन्दर) ; वाचम् = वाणीको ; प्रवदन्ति = कहा करते हैं ; अविपश्चितः = अविवेकी जन ; वेदवादरताः = वेदोंके (कर्मफलप्रशंसा -सम्बन्धी) वाक्यों (ही) में प्रीति रखनेवाले ; पार्थ = हे पृथाके पुत्र (अर्जुन) ; न = नहीं ; अन्यत् = और कुछ ; अस्ति = है ; इति = ऐसा ; वादिनः = कहनेवाले ; कामात्मानः = विषयवासनायुक्त ; स्वर्गपराः = स्वर्ग (ही) को परमलक्ष्य माननेवाले ; जन्मकर्मफलप्रदाम् = जन्मरूपी कर्मफलको देनेवाली (को) ; क्रियाविशेषबहुलाम् = नाना प्रकारकी बहुत-सी क्रियाओंका वर्णन करनेवाली (को) ; भौगैश्वर्यगतिम् = भोग तथा ऐश्वर्यकी प्राप्ति (को) ; प्रति = के लिए ; भोगैश्वर्यप्रसक्तानाम् = विषयोंके आनन्द एवं सांसारिक चमक-दमकमें फँसे-हुए (मनुष्यों) की ; तया = उस (वाणी) से ; अपहृतचेतसाम् = हरे-हुए मनवालों की ; व्यवसायात्मिका = निश्चयसे परिपूर्ण (स्थिर) ; बुद्धिः = बुद्धि ; समाधौ = (परमात्माके) ध्यानमें ; न = नहीं ; विधीयते = होती है (जमती वा ठैरती है)।

अनु० — हे अर्जुन! (ऐसे मनुष्योंकी) बुद्धि (परमात्माके) ध्यानमें निश्चयात्मक (स्थिर) नहीं हो पाती, जो विषयोंके आनन्द एवं सांसारिक चमक-दमकमें फँसे हुए हैं तथा जिनका मन ऐसे अविवेकी-जनोंकी फूलोंकी तरह (केवल सुन्दर, अर्थात्, दिखाऊ वा लच्छेदार) वाणीसे हर लिया गया है, जो वेदोंके (कर्मफलप्रशंसक) वाक्यों (ही) में प्रीति रखते हैं और कहते हैं कि (ऐसे वेदवाक्योंसे बढ़कर) अन्य कुछ नहीं है, जो विषयवासनायुक्त हैं, जो स्वर्ग (ही)

को परमलक्ष्य मानते हैं तथा जिनकी (यह) वाणी जन्मरूपी कर्मफलको देनेवाली है और भोग तथा ऐश्वर्यकी प्राप्तिके लिए नाना प्रकारकी बहुत-सी क्रियाओंका वर्णन करनेवाली है।

टि० — संसारके सकल भोग व ऐश्वर्यकी सर्वथा उपेक्षा कर निष्काम भावसे ईश्वरप्राप्तिको ही अपने जीवनका एकमात्र लक्ष्य समझनेवाले कर्मयोगीकी बुद्धि सुस्थिर व एकनिष्ठ होती है तथा, इसके विपरीत, परमात्मासे विमुख होकर असंख्य क्षणभंगुर इन्द्रियप्रलोभनोंमें भटकते-रहनेवाली बुद्धि नितान्त अशान्त, अस्थिर व अधीर बनी रहती है — यह तथ्य ऊपर बतलाया जा चुका है। यहाँ कृष्ण जी वेदोंके विषयमें बढ़-चढ़कर बात करनेवाले तथाकथित-पण्डितोंके प्रति अर्जुनको सावधान करते हैं। उनका आशय है कि वेदोंमें इस लोक और परलोकके भोगोंकी प्राप्तिके लिए बहुत प्रकारके भिन्न-भिन्न कर्मोंका विधान किया गया है और उन कर्मोंके भिन्न-भिन्न फल भी बतलाए गए हैं।

अविवेकी पण्डित-जन, वेदोंके कर्मफलसम्बन्धी ऐसे वाक्योंके आधारपर, यह प्रतिपादित करते हैं कि सांसारिक भोगविलास तथा परलोकके स्वर्गादि सुखके अतिरिक्त मोक्ष जैसी कोई वस्तु है ही नहीं, जिसकी प्राप्तिके लिए चेष्टा की जाए। स्वर्गकी प्राप्तिको ही वे सर्वोपरि परमध्येय मानते हैं। किन्तु वे यह भूलते हैं कि स्वर्गादि सुख तो एक निर्धारित समयके लिए ही होते हैं; कर्मफलभोगकी समाप्तिके अनन्तर जीवको परलोकसे फिर इहलोकमें जन्म-मृत्युके दुर्भेद्य चक्रमें फँसनेके लिए आना होता है। अतः, मोक्षमात्रसे प्राप्य शाश्वत शान्ति एवम् अनन्त आनन्द यज्ञहवनादि अनुष्ठानोंसे उसे कहाँ मिलें ? उनकी उपलब्धिके लिए तो उसे आध्यात्मिक मार्ग ही अपनाना होगा।

यहाँ यह स्मर्तव्य है कि यागादिकर्मोंके सन्दर्भको लेकर उपरिनिर्दिष्ट मतभिन्नताके आधारपर गीताको वेदविरोधिनी समझ लेना सर्वथा अनुचित, अविवेकपूर्ण एवम् असंगत होगा। इसकी मुख्य विचारधारा, निस्सन्देह, कर्मकाण्डके पक्षमें नहीं है, किन्तु वेदोंमें संसारके प्रति वैराग्य उत्पन्न करनेवाले और परमात्माके यथार्थस्वरूपका निरूपण करनेवाले वचन भी तो प्रचुर मात्रामें विद्यमान हैं। वस्तुतः, समस्त वेदोंका मुख्य-चर्चित विषय है ही परमात्माका स्वरूप; उनके द्वारा जाननेयोग्य एकमात्र तत्त्व ब्रह्म ही तो है।

प्रस्तुत श्लोकमें "वाचम्" — कर्मकाण्ड-सम्बन्धी वेदवाणी — के लिए "पुष्पिताम्" विशेषण प्रयुक्त हुआ है। इससे यह भाव दिखलाया गया है कि उस

वाणीमें यद्यपि, वस्तुतः, कोई विशेष महत्त्व नहीं है, क्योंकि वह नाशवान् भोगोंके नाममात्र क्षणिक सुखका ही वर्णन करती है, तथापि वह टेसूके फूलकी भाँति ऊपर से बड़ी रमणीय और सुन्दर — चमत्कारी और लच्छेदार — होती है, जिसके कारण उसके वक्ता एवं श्रोता सभी मन्त्रमुग्ध-से हो जाते हैं। अतः, उसके दुष्प्रभावोंसे बचना सभीके हितमें है।

त्रैगुण्यविषया वेदा निस्त्रैगुण्यो भवार्जुन ।
निर्द्वन्द्वो नित्यसत्त्वस्थो निर्योगक्षेम आत्मवान् ॥४५॥

पद॰ — त्रैगुण्यविषयाः = तीनों-गुणोंके कार्यरूप (संसार) की चर्चा करनेवाले ; वेदाः = (चारों) वेद ; निस्त्रैगुण्यः = तीनों-गुणों (के कार्य वा दुष्प्रभावों) से रहित ; भव = हो ; अर्जुन = हे अर्जुन ; निर्द्वन्द्वः = (सुखदुःखादि के) जोड़ोंसे रहित ; नित्यसत्त्वस्थः = नित्यवस्तु (परमात्मा) में स्थित ; निर्योगक्षेमः = प्राप्ति तथा रक्षा (के विचारों) से मुक्त ; आत्मवान् = आत्मामें लीन।

अनु॰ — हे अर्जुन ! (चारों) वेद तीनों-गुणोंके कार्यरूप (संसार) की चर्चा करनेवाले हैं। (अतः, तू) तीनों-गुणों (के कार्य वा दुष्प्रभावों) से रहित, (सुखदुःखादिके) जोड़ोंसे अप्रभावित, नित्यवस्तु (परमात्मा) में स्थित, प्राप्ति तथा रक्षा (के विचारों) से मुक्त (और सदा) आत्मामें लीन रहनेवाला — आत्मपरायण — हो (बन)।

टि॰ — अर्जुनको यह बतलानेके बाद कि भोग और ऐश्वर्यमें आसक्त सकाम मनुष्यकी बुद्धि ईश्वरध्यानमें निश्चयात्मिका (स्थिर) नहीं हो सकती, भगवान् उसे अब आसक्तिसे रहित होकर समभाव एवं निष्काम बननेके लिए तथा कर्मयोगके पथपर चलनेहेतु उपयुक्त साधन जुटानेके वास्ते कहते हैं। सबसे पहले, वे उसे "निस्त्रैगुण्य", अर्थात्, सत्त्व, रज एवं तमरूपी तीनों गुणोंके कार्य अथवा दुष्प्रभावोंसे मुक्त, होनेको कहते हैं। "त्रैगुण्य" से अभिप्रेत इन गुणोंके कार्यरूप इहलोक और परलोकके समस्त पदार्थ, भोग तथा उनके उपायभूत सकल कर्म हैं। उनमें ममता, आसक्ति तथा कामनासे सर्वथा रहित हो जाना ही "निस्त्रैगुण्य" होना है। यह द्रष्टव्य है कि वेदोंमें कर्मकाण्डका वर्णन अधिक होनेके कारण ही उन्हें यहाँ "त्रैगुण्यविषयाः" कहा गया है।

"निस्त्रैगुण्य" के पश्चात् अर्जुनको "निर्द्वन्द्व", "नित्यसत्त्वस्थ", "निर्योगक्षेम" तथा "आत्मवान्" बननेको कहा गया है। सुख-दुःख, लाभ-हानि,

कीर्ति-अपकीर्ति, मान-अपमान, अनुकूल-प्रतिकूल आदि परस्परविरोधी युग्म (जोड़े-के) पदार्थोंका नाम "द्वन्द्व" है। इन सबके संयोग-वियोगमें सदा ही एक-समान रहना — किसी भी तरह विचलित या मोहित न होना — "निर्द्वन्द्व" बनना है। सच्चिदानन्दघन परमात्मा ही नित्यसत्त्व —शाश्वतरूपसे रहनेवाला — तत्त्व है। उसके स्वरूपका नित्य-निरन्तर चिन्तन करते हुए उसमें अटलभावसे स्थित हो जाना ही "नित्यसत्त्वस्थ" बनना है। अप्राप्त वस्तुकी प्राप्तिको "योग" और प्राप्त वस्तुकी रक्षाको "क्षेम" कहते हैं। किसी भी वस्तुकी प्राप्ति या रक्षाको चाहनेवाला न बनना "निर्योगक्षेम" होना है। "आत्मवान्" के दो अर्थ हो सकते हैं — "आत्मा में लीन रहनेवाला (आत्मपरायण)" तथा "मन, बुद्धि व इन्द्रियोंको वशमें करनेवाला (आत्मावाला)"।

यावानर्थ उदपाने सर्वतः सम्प्लुतोदके ।
तावान् सर्वेषु वेदेषु ब्राह्मणस्य विजानतः ॥४६॥

पद० — यावान् = जितना ; अर्थः = प्रयोजन ; उदपाने = जलाशयमें ; सर्वतः = सब-ओरसे ; सम्प्लुतोदके = उमड़ते हुए (बाढ़के) पानीमें ; तावान् = उतना ; सर्वेषु = सब (में) ; वेदेषु = वेदोंमें ; ब्राह्मणस्य = ब्रह्मको जाननेवाले-का ; विजानतः = भलीभाँति समझनेवाले (परमज्ञानी) का।

अनु० — सब-ओर उमड़ते-हुए (बाढ़के) पानीके होनेपर (एक व्यक्तिके लिए) जितना प्रयोजन एक जलाशयसे होता है, उतना (ही प्रयोजन) ब्रह्मको भलीभाँति जानलेनेवाले (परमज्ञानी) का सारे वेदोंसे (रह जाता है)।

टि० — पूर्वश्लोकमें अर्जुनको वेदोंद्वारा प्रतिपादित तीनों गुणोंके कार्यरूप समस्त भोगों तथा वासनाओंका परित्याग कर निस्त्रैगुण्य बनजानेको कहा था, ताकि वह ब्रह्मको जान सके (प्राप्त कर सके)। यहाँ, जलाशयके दृष्टान्तसे, एक ब्रह्मज्ञानीके लिए वेदोंकी निष्प्रयोजनता एवं निरर्थकताको बतलाया गया है। जैसे भयंकर बाढ़में एक आदमीके चारों ओर पानी ही पानी उपलब्ध होनेपर, अपनी जलीय आवश्यकताओंके निमित्त उसे किसी बावड़ी, कुएँ वा तालाब आदि जलाशयके पास नहीं जाना पड़ता, वैसे ही जिस कर्मयोगी साधकको परमानन्दके समुद्र पूर्णब्रह्म परमात्माकी प्राप्ति हो जाती है, फिर उसे आनन्दके लिए वेदोक्त यज्ञहवनानुष्ठान आदि कर्मोंके फलरूप क्षणिक भोगोंसे कुछ लेना-देना नहीं रह जाता। उस ब्रह्मज्ञानीके वास्ते सारे वेद सर्वथा निरर्थक एवम् अनावश्यक हो जाते हैं, क्योंकि वह स्वयं पूर्णकाम व नित्यतृप्त बन जाता है।

कर्मण्येवाधिकारस्ते मा फलेषु कदाचन ।
मा कर्मफलहेतुर्भूर्मा ते संगोऽस्त्वकर्मणि ॥४७॥

पद० — कर्मणि = काम करनेमें ; एव = ही ; अधिकारः = अधिकार ; ते = तेरा ; मा = नहीं ; फलेषु = परिणामोंमें ; कदाचन = कभी भी ; मा = मत ; कर्मफलहेतुः = कर्मोंके फलका कारण ; भूः = हो ; मा = न ; ते = तेरा ; संगः = लगाव (आसक्ति) ; अस्तु = हो ; अकर्मणि = कर्म न-करनेमें।

अनु० — (हे अर्जुन!) तेरा कर्म करनेमें ही अधिकार है, उसके फलोंमें कभी नहीं। (इसलिए) तू कर्मोंके फलका कारण मत हो (और) तेरी कर्म न-करनेमें (भी) आसक्ति न हो।

टि० — श्रीकृष्ण अर्जुनको नश्वर, निस्सार संसारसे सर्वथा विमुख होकर, इन्द्रिय-मन-बुद्धिको नियन्त्रित कर, समत्व एवं निर्लिप्तभावसे निष्कामकर्म करते हुए, आत्मनिष्ठ हो कर्मयोगद्वारा ब्रह्मप्राप्तिके लिए बार-बार उद्बोधित करते आरहे हैं। अब इस और अगले श्लोकोंमें वे एक कर्मयोगीके कर्मवैशिष्टचके विषयमें बताते हैं। वे कहते हैं कि हे अर्जुन! तेरा (अर्थात्, एक कर्मयोगीका) कर्तव्य केवल काम करनेका है, न कि उसके परिणाम — सफलता वा विफलता — के बारेमें सोचनेका, क्योंकि वह अधिकार तो मेरा (ईश्वरका) है। और फिर, तुझे हर काम इच्छा वा स्वार्थसे प्रेरित-हुए बिना करना है, यतः किसी कामनासे किया हुआ काम अपना फल पैदा करता है, जो भाग्य तथा संसारबन्धनका कारण होता है। इसका अर्थ यह भी नहीं कि तू काम करना ही बन्द करदे, क्योंकि ऐसा तो तू, चाहते हुए भी, नहीं कर सकता। प्रकृति अपने-आप ही काम तो तुझसे करालेगी — और कुछ नहीं, तो जीवित रहनेके लिए साँस तो लेना ही पड़ेगा। सो, काम तो निरन्तर ही करते रहना है, किन्तु बिना लिप्त हुए और किसी इच्छाके।

योगस्थः कुरु कर्माणि संगं त्यक्त्वा धनञ्जय ।
सिद्धचसिद्धचोः समो भूत्वा समत्वं योग उच्यते ॥४८॥

पद० — योगस्थः = योगमें स्थित हुआ ; कुरु = कर ; कर्माणि = कार्योंको ; संगम् = आसक्ति (लगाव) को ; त्यक्त्वा = छोड़कर ; धनञ्जय = हे (शत्रुओंके) धनको जीतनेवाले (अर्जुन) ; सिद्धचसिद्धचोः = सफलता तथा विफलतामें ; समः = समान (एक-जैसा) ; भूत्वा = होकर ; समत्वम् = समान बने-रहना ; योगः = योग ; उच्यते = कहा जाता है।

अनु॰ — हे अर्जुन! तू आसक्ति (हर प्रकारके लगाव) को छोड़कर (तथा) सफलता और विफलतामें एक-जैसा बना रहकर योगमें स्थित हुआ कार्योंको कर; (क्योंकि, हर परिस्थितिमें) समान-भावसे बनेरहना (ही) "योग" कहलाता है।

टि॰ — अर्जुनको ऊपर कहा गया है कि वह किसी इच्छाको लेकर काम न करे, ताकि वह कर्मोंके फल (जंन्म-मृत्यु-बन्धन) का कारण न बन सके और कर्म न-करनेमें भी उसे आसक्त नहीं होना चाहिए, अर्थात्, उसे कर्मोंका त्याग भी नहीं करना चाहिए। यहाँ उसे बताया जाता है कि वह कर्म किस प्रकार करे। सबसे पहले, तो उसे अपने मनमें कोई किसी प्रकारका लगाव नहीं रखना चाहिये। फिर, सफालता तथा असफलतामें अपने मनमें किसी प्रकारका विकार न आनेदे — काम बन गया, तो ख़ुशीके मारे पागल न हो जाये और यदि नहीं बना, तो मरने-मारनेपर उतारू न हो जाये। अन्तमें, उसे सदा ही योगमें स्थित रहना चाहिये, अर्थात्, केवल सफलता और असफलताके अवसरोंपर ही नहीं, अपितु प्रत्येक क्रियाके करते समय भी उसे किसी भी पदार्थमें, कर्ममें या उसके फलमें अथवा किसी भी प्राणीमें विषमभाव (भेदबुद्धि) न रखकर सदा एक-जैसा ही बने-रहना चाहिये। इस प्रकार, कर्मयोगी बननेके लिए, कृष्ण अर्जुनको नित्य समभावमें स्थित होकर कर्म करनेको कहते हैं।

दूरेण ह्यवरं कर्म बुद्धियोगाद्धनञ्जय।
बुद्धौ शरणमन्विच्छ कृपणाः फलहेतवः ॥४९॥

पद॰ — दूरेण = अत्यन्त; हि = क्योंकि; अवरम् = तुच्छ; कर्म = (सकाम) कर्म; बुद्धियोगात् = बुद्धियोगसे; धनञ्जय = हे अर्जुन; बुद्धौ = समत्वबुद्धिमें; शरणम् = आश्रयको; अन्विच्छ = ग्रहण कर (ढूँढ); कृपणाः = दीन (दयाके पात्र); फलहेतवः = फलका कारण बननेवाले।

अनु॰ — हे अर्जुन! (इस समत्वरूप) बुद्धियोगसे (सकाम) कर्म अत्यन्त ही निम्न श्रेणीका (तुच्छ) है, (इसलिए) तू समत्वबुद्धिमें ही शरण ढूँढ (अर्थात्, बुद्धियोगका ही आश्रय ग्रहण कर), क्योंकि फलका कारण बननेवाले (नितान्त) दीन (दयाके पात्र) हैं।

टि॰ — कर्मयोगकी प्रक्रिया बतलानेके बाद, श्रीकृष्ण, अब सकामकर्मकी निन्दा और समभावका महत्त्व प्रकट करते हुए, अर्जुनको समताका आश्रय लेनेके लिए कहते हैं। यहाँ सकामकर्मको बुद्धियोगकी अपेक्षा अत्यन्त निकृष्ट बतलाया गया है, क्योंकि सकाम कर्मोंका फल नाशवान्, क्षणिक सुखकी प्राप्ति है और

बुद्धियोगका फल परमात्माकी प्राप्ति है। अतः, दोनोंमें आकाश-पातालका अन्तर है।

बुद्धियुक्तो जहातीह उभे सुकृतदुष्कृते ।
तस्माद्योगाय युज्यस्व योगः कर्मसु कौशलम् ॥५०॥

पद० — बुद्धियुक्तः = समत्वबुद्धिसे युक्त ; जहाति = छोड़ देता है ; इह = इस जीवनमें ; उभे = दोनों (को) ; सुकृतदुष्कृते = पुण्य और पापको ; तस्मात् = इसलिए ; योगाय = समत्वबुद्धियोगके लिए ; युज्यस्व = लगा दे (समर्पित करदे) ; योगः = (समत्वबुद्धिरूप) योग ; कर्मसु = कामोंमें ; कौशलम् = चतुरता।

अनु० — समत्वबुद्धिसे युक्त (साधक) पुण्य और पाप दोनोंको इसी जीवनमें छोड़ देता है, अर्थात्, उनसे मुक्त हो जाता है। इसलिए (हे अर्जुन !) तू समत्वरूप योगके लिए (ही अपने आपको) लगा दे (जुटा दे)। यह समत्वरूप योग ही कर्मोंमें कुशलता (चतुरता) है, अर्थात्, कर्मबन्धनसे छूटनेका (सहज) उपाय है।

टि० — समत्वबुद्धिसे युक्त होकर कर्मयोगका अनुष्ठान करनेके लिए अर्जुनसे पुनः आग्रह करते हुए, भगवान् इस प्रक्रियाका यहाँ लाभ बतलाते हैं। वे कहते हैं कि ऐसा साधक अपने जीवनकालमें ही समस्त पाप-पुण्योंको छोड़कर अपने निश्शेष कर्मोंसे मुक्त हो जाता है। कारण ? बिना किसी इच्छा व स्वार्थके किए-हुए होनेकी वजहसे उसके कर्म कोई फल वा परिणाम पैदा करनेमें सर्वथा असमर्थ होते हैं, जिससे नया कर्मफल उसका कोई बन नहीं पाता और पुराने (सञ्चित) कर्मफलोंका क्षय होता ही रहता है। इस प्रकार, उसके समस्त कर्म विलीन हो जाते हैं और फिर पुनर्जन्म आदि कर्मफल मिलनेका कोई प्रश्न ही नहीं उठता। समत्वयोग (अथवा कर्मयोग) को, इसी विलक्षणता वा विचित्रताके कारण, "कर्मसु कौशलम्" (कर्मोंमें दक्षता वा चतुरता) कहा जाता है, क्योंक, इसके अनुसार, कर्म चाहे ख़ूब छिककर करो, उनका तुमपर कोई प्रभाव नहीं पड़नेवाला, (निष्काम होनेके कारण) उनका कोई फल पैदा ही नहीं होगा और (इस प्रकार) कर्मबन्धन टूट जानेसे मोक्ष ही प्राप्त हो जायेगा।

कर्मजं बुद्धियुक्ता हि फलं त्यक्त्वा मनीषिणः ।
जन्मबन्धविनिर्मुक्ताः पदं गच्छन्त्यनामयम् ॥५१॥

पद० — कर्मजम् = कर्मोंसे उत्पन्न (होनेवाले) (को) ; बुद्धियुक्ताः = समत्वबुद्धिसे युक्त ; हि = क्योंकि ; फलम् = फलको ; त्यक्त्वा = छोड़कर ;

मनीषिणः = ज्ञानीजन ; जन्मबन्धविनिर्मुक्ताः = जन्मरूप बन्धनसे छुटे हुए ; पदम् = परमधामको ; गच्छान्ति = जाते (प्राप्त होते) हैं ; अनामयम् = निर्दोष (अमृतमय) (को)।

अनु॰ — क्योंकि समत्वबुद्धिसे युक्त ज्ञानीजन कर्मोंसे उत्पन्न होनेवाले फलको छोड़कर जन्मरूप बन्धनसे मुक्त हो निर्विकार (अमृतमय) परमधामको चले (प्राप्त हो) जाते हैं।

टि॰ — समत्वबुद्धिसे युक्त कर्मयोगी मोक्ष प्राप्त करलेता है — पिछले श्लोकके इसी विचारको, इसकी गम्भीरता तथा चरममहत्ताके कारण, भिन्न शब्दावलीमें यहाँ प्रस्तुत किया गया है। इसका भाव स्पष्ट है — कर्म स्वाभाविक ही मनुष्यको बन्धनमें डालनेवाले होते हैं और बिना कर्म किए कोई मनुष्य रह नहीं सकता, कुछ-न-कुछ उसे करना ही पड़ता है ; ऐसी परिस्थितिमें कर्मोंसे छूटनेकी सबसे अच्छी युक्ति समत्वयोग है। इस समत्वबुद्धिसे युक्त होकर कर्म करनेवाला मनुष्य, इसके प्रभावसे, उनके बन्धनमें नहीं फँसता और जन्ममरणचक्रसे मुक्त हो सच्चिदानन्द परमात्माके उस अमृतमय अनन्त धामको पहुंच जाता है, जहाँसे प्राणी नहीं लौटते।

यदा ते मोहकलिलं बुद्धिर्व्यतितरिष्यति ।
तदा गन्तासि निर्वेदं श्रोतव्यस्य श्रुतस्य च ॥५२॥

पद॰ — यदा = जब ; ते = तेरी ; मोहकलिलम् = मोहरूप दलदलको ; बुद्धिः = बुद्धि ; व्यतितरिष्यति = भलीभाँति (पूरीतरह) पार कर जाएगी ; तदा = तब ; गन्तासि = प्राप्त होगा ; निर्वेदम् = वैराग्यको ; श्रोतव्यस्य = सुनी-जानेवाली (बातों) के ; श्रुतस्य = सुनी-हुई (बातों) के ; च = और।

अनु॰ — जब तेरी बुद्धि मोहरूप दलदलको भलीभाँति (पूरीतरह) पार कर जायेगी, तब तू सुनी-हुई और सुनी-जानेवाली (इस लोक और परलोक सम्बन्धी) सभी बातोंसे वैराग्यको प्राप्त हो जायेगा।

टि॰ — भगवान्ने ऊपर कर्मयोगके आचरणद्वारा निर्विकार (अमृतत्व) पदकी प्राप्ति बतलाई है। इसपर अर्जुनको यह जिज्ञासा हो सकती है कि उस परमपदकी प्राप्ति उसे कब और कैसे होगी। इसका उत्तर वे इस तथा अगले श्लोकोंमें देते हैं। उनका कथन है कि स्वजन-बान्धवोंके वधकी आशंकासे स्नेहवश अर्जुनके हृदयमें जो मोह उत्पन्न हो गया था, उसीके कारण वह अपना कर्तव्य निश्चित करनेमें असमर्थ था। यह मोह एक प्रकारका आवरणयुक्त "मल" दोष है, जिसे यहाँ

"मोहकलिल" (मोहरूप दलदल) कहा गया है। किन्तु भगवत्परायण होकर निष्कामभावसे कर्म करते रहनेसे इस दोषका (अर्थात्, मोहरूपी पर्देका) सर्वथा नाश हो जाता है। मोहके दूर होते ही इस लोक तथा परलोकके निश्शेष भोगैश्वर्य — अबतक सुनेहुए तथा भविष्यमें सुने जा सकनेवाले — निस्सार लगने लगेंगे और मनमें पूर्ण वैराग्य उत्पन्न हो जायेगा। यही स्थिति एक कर्मयोगीके लिए अमृतत्वपद (ब्रह्मधाम) प्राप्त करनेकी होती है।

श्रुतिविप्रतिपन्ना ते यदा स्थास्यति निश्चला।
समाधावचला बुद्धिस्तदा योगमवाप्स्यसि ॥५३॥

पद॰ — श्रुतिविप्रतिपन्ना = भाँति-भाँतिके अनेक सिद्धान्तोंको सुननेसे विचलित हुई ; ते = तेरी ; यदा = जब ; स्थास्यति = ठैर जायेगी ; निश्चला = स्थिर ; समाधौ = परमात्माके स्वरूपमें ; अचला = जो चलायमान न हो (अडिग) ; बुद्धिः = बुद्धि ; तदा = तब ; योगम् = समत्वरूप (भगवत्प्राप्तिरूप) योगको ; अवाप्स्यसि = प्राप्त हो जायेगा।

अनु॰ — भाँति-भाँतिके अनेक सिद्धान्तोंको सुननेसे विचलित हुई तेरी बुद्धि जब परमात्माके स्वरूपमें अडिग और स्थिर होकर ठैर जायेगी, तब तू समत्वरूप (भगवत्प्राप्तिरूप) योगको प्राप्त हो जायेगा।

टि॰ — " श्रुतिविप्रतिपन्ना बुद्धि " से अभिप्राय है किसी सामाजिक, धार्मिक अथवा आध्यात्मिक विषयपर नाना वैदिक शास्त्रों तथा धार्मिक ग्रन्थोंद्वारा प्रतिपादित विभिन्न परस्परविरोधी सिद्धान्तों एवं मतोंद्वारा मची-खलबलीवाली बुद्धि। इस भ्रान्ति व अशान्तिके कारण बुद्धि किसी भी प्रश्नपर निश्चित तथा निश्चल रूपसे टिक नहीं पाती — अभी एक बातको ठीक समझती है, कुछ ही समय बाद दूसरीको।

इस प्रकार, इन दो श्लोकोंद्वारा कृष्णने अर्जुनको बतलाया कि जब तुम्हारी बुद्धि मोहरूपी दलदलको सर्वथा पार कर जायेगी तथा तुम इस लोक व परलोकके समस्त भोगोंसे विरक्त हो जाओगे और तुम्हारी बुद्धि परमात्माके स्वरूपमें निश्चल होकर ठैर जायेगी, तब तुम परमपद (ब्रह्मधाम) को प्राप्त हो जाओगे। इसपर, परमात्मा-को-प्राप्त, स्थितप्रज्ञ सिद्धयोगीके लक्षण और आचरण जाननेकी इच्छा अर्जुन अगले श्लोकमें व्यक्त करता है —

अर्जुन उवाच।

स्थितप्रज्ञस्य का भाषा समाधिस्थस्य केशव ।
स्थितधीः किं प्रभाषेत किमासीत व्रजेत किम् ॥५४॥

पद॰ — अर्जुनः = अर्जुनने ; उवाच = कहा।

स्थितप्रज्ञस्य = स्थिरबुद्धिवाले पुरुषका ; का = क्या ; भाषा = लक्षण ; समाधिस्थस्य = समाधिमें स्थित (पुरुष) का ; केशव = हे कृष्ण ; स्थितधीः = स्थिरबुद्धि ; किम् = कैसे ; प्रभाषेत = बोलता है ; किम् = कैसे ; आसीत = बैठता है ; व्रजेत = चलता है ; किम् = कैसे।

अनु॰ — अर्जुनने कहा (पूछा) — हे कृष्ण ! समाधिमें स्थित, स्थिरबुद्धिवाले (भगवत्प्राप्त) पुरुषका क्या लक्षण है। (वह) स्थिरबुद्धि (पुरुष) कैसे बोलता है, कैसे बैठता है (और) कैसे चलता है ?

श्रीभगवानुवाच।

प्रजहाति यदा कामान्सर्वान्पार्थ मनोगतान् ।
आत्मन्येवात्मना तुष्टः स्थितप्रज्ञस्तदोच्यते ॥५५॥

पद॰ — श्रीभगवान् = श्रीकृष्ण भगवान् ; उवाच = बोले।

प्रजहाति = भलीभाँति (पूरीतरह) छोड़ देता है ; यदा = जब ; कामान् = इच्छाओंको ; सर्वान् = सब (को) ; पार्थ = हे पृथाके पुत्र (अर्जुन) ; मनोगतान् = मनमें स्थित (हुओंको) ; आत्मनि = आत्मामें ; एव = ही ; आत्मना = आत्मासे ; तुष्टः = सन्तुष्ट ; स्थितप्रज्ञः = स्थिरबुद्धिवाला ; तदा = तब ; उच्यते = कहा जाता है।

अनु॰ — श्रीकृष्णने कहा (उत्तर दिया) — हे अर्जुन ! जब (कोई पुरुष) मनमें स्थित सब (सम्पूर्ण) इच्छाओंको भलीभाँति (पूरीतरह) छोड़ देता है (और) आत्मासे आत्मामें ही सन्तुष्ट रहता है, तब वह "स्थितप्रज्ञ" (स्थिरबुद्धिवाला) कहा जाता (कहलाता) है।

टि॰ — "आत्मासे आत्मामें ही सन्तुष्ट" से अभिप्राय है जब साधकके अन्तःकरणमें समस्त कामनाओंका सर्वथा अभाव हो जाता है और यह नश्वर, स्थूल संसार उसके लिए नितान्त नीरस व फीका बन जाता है, तब वह सुख व शान्तिको, बाहरकी बजाय, मनके भीतर खोजता है। दूसरे शब्दोंमें, उसका (जीव) आत्मा (परम) आत्मामें प्रविष्ट होकर तद्रूप और तन्मय बन जानेकी घोर साधना-

द्वारा अलौकिक सुख तथा आनन्दकी अनुभूति करने लगता है। उसे लगता है कि जितना अधिक अभिन्नभावसे वह परमात्मामें रमण व विहार करता जाता है, उतना ही अधिक वह सन्तुष्ट और तृप्त होता जाता है। सो, जब साधकके आत्माको, बाह्य संसारके स्थानपर, परमात्मा ही में सन्तोष व आनन्द मिलने लगें, तब समझलो कि वह "स्थितप्रज्ञ" बन गया है।

पूर्वश्लोकमें अर्जुनने स्थितप्रज्ञके विषयमें चार बातें पूछी थीं — (१) उसका क्या लक्षण है ? (२) वह कैसे बोलता है ? (३) वह कैसे बैठता है ? (४) वह कैसे चलता है ? प्रस्तुत श्लोकमें भगवान्ने उसके पहले प्रश्नका संक्षेपमें उत्तर दे दिया है। अब अगले दो श्लोकोंमें वे उसके दूसरे प्रश्नका उत्तर देते हैं —

दुःखेष्वनुद्विग्नमनाः सुखेषु विगतस्पृहः ।
वीतरागभयक्रोधः स्थितधीर्मुनिरुच्यते ॥५६॥

पद० — दुःखेषु = दुःखोंमें ; अनुद्विग्नमनाः = जिसका मन क्षुब्ध न होता हो ; सुखेषु = सुखोंमें ; विगतस्पृहः = लालसारहित ; वीतरागभयक्रोधः = आसक्ति (लगाव), डर तथा गुस्सेसे शून्य ; स्थितधीः = स्थिरबुद्धि ; मुनिः = मननशील (ध्यानी) ; उच्यते = कहा जाता है।

अनु० — दुःखोंमें जिसका मन क्षुब्ध न होता हो, सुखोंमें जिसकी लालसा न हो (अर्थात्, जो सुख-ऐश्वर्यके पीछे न दौड़ता हो) तथा जो आसक्ति (लगाव), डर तथा गुस्सेसे शून्य हो (अर्थात्, इनसे प्रभावित न होता हो), ऐसा ध्यानशील मनुष्य "स्थिरबुद्धि" (स्थितप्रज्ञ) कहलाता है।

यः सर्वत्रानभिस्नेहस्तत्तत्प्राप्य शुभाशुभम् ।
नाभिनन्दति न द्वेष्टि तस्य प्रज्ञा प्रतिष्ठिता ॥५७॥

पद० — यः = जो (पुरुष) ; सर्वत्र = सब जगह (सब वस्तुओंके प्रति) ; अनभिस्नेहः = रागरहित ; तत्तत् = उस-उस (को) ; प्राप्य = प्राप्तकरके ; शुभाशुभम् = अच्छी तथा बुरी (वस्तुओं) को ; न = नहीं ; अभिनन्दति = प्रसन्न होता है ; न = नहीं ; द्वेष्टि = द्वेष करता है (अप्रसन्न होता है) ; तस्य = उसकी ; प्रज्ञा = बुद्धि ; प्रतिष्ठिता = स्थिर (है)।

अनु० — जो (पुरुष) सब-वस्तुओंके प्रति रागरहित है (तथा) सभी अच्छी (वस्तुओं) के प्राप्त होनेपर प्रसन्न नहीं होता (और) सभी बुरी (वस्तुओं)के (मिलनेपर) अप्रसन्न (नाराज़) नहीं होता, उसकी बुद्धि स्थिर है।

टि० — हमने अभी ऊपर कहा है कि इन दो श्लोकोंमें भगवान्ने अर्जुनके दूसरे प्रश्न — स्थितप्रज्ञ कैसे बोलता है ? — का उत्तर दिया है। किन्तु इन दोनों श्लोकोंमें बोलनेकी बात तो स्पष्ट रूपसे कहीं भी नहीं आई है। फिर यह कैसे समझा जाए कि ये श्लोक उसी प्रश्नके उत्तररूप हैं ? इस शंकाका समाधान यह है कि यहाँ साधारण (मुँहसे) बोलनेकी बात नहीं है। केवल वाणीकी बात हो, तब तो कोई भी दम्भी या पाखण्डी मनुष्य रटकर अच्छे-से-अच्छा भाषण झाड़ सकता है। यहाँ तो यथार्थमें मनके भावोंकी प्रधानता है। इन दो श्लोकोंमें बतलाए-हुए मानसिक भावोंके अनुसार, इन भावोंसे उद्भूत जो वाणी होती है, उसीसे भगवान्का तात्पर्य है। इसीलिए, इनमें वाणीकी स्पष्ट बात न कहकर मानसिक भावोंकी बात कही गई है।

अब, अगले श्लोकमें, कृष्णजी अर्जुनके तीसरे प्रश्न — स्थितप्रज्ञ कैसे बैठता है ? — का उत्तर देते हुए कहते हैं कि उसकी इन्द्रियोंका सर्वथा उसके वशमें हो जाना और आसक्तिसे रहित होकर अपने-अपने विषयोंसे उपरत हो जाना ही स्थितप्रज्ञ पुरुषका बैठना है —

यदा संहरते चायं कूर्मोऽगांनीव सर्वशः ।
इन्द्रियाणीन्द्रियार्थेभ्यस्तस्य प्रज्ञा प्रतिष्ठिता ॥५८॥

पद० — यदा = जब ; संहरते = समेट लेता है ; च = और ; अयम् = यह (पुरुष) ; कूर्मः = कछुआ ; अंगानि = अवयवोंको ; इव = की भाँति ; सर्वशः = सब-ओरसे ; इन्द्रियाणि = इन्द्रियोंको ; इन्द्रियार्थेभ्यः = इन्द्रियोंके विषयोंसे ; तस्य = उसकी ; प्रज्ञा = बुद्धि ; प्रतिष्ठिता = स्थिर होती है।

अनु० — और, कछुआ सबओरसे अपने अंगोंको जैसे (पूर्णतया) समेट लेता है, वैसे ही जब यह (पुरुष अपनी) इन्द्रियोंको (ब्रह्ममें लगी होनेके कारण) इन्द्रियोंके विषयोंसे (सब प्रकारसे पूर्णतया) हटा लेता है, तब उसकी बुद्धि स्थिर होती है।

विषया विनिवर्तन्ते निराहारस्य देहिनः ।
रसवर्जं रसोऽप्यस्य परं दृष्ट्वा निवर्तते ॥५९॥

पद० — विषयाः = विषय (भोग्यपदार्थ) ; विनिवर्तन्ते = निवृत्त हो जाते हैं ; निराहारस्य = विषयोंको न ग्रहण करनेवाले (के) ; देहिनः = पुरुषके ; रसवर्जम् = राग (आसक्ति) को छोड़कर ; रसः = राग (आसक्ति) ; अपि = भी ; अस्य = इस (पुरुष) का ; परम् = परमात्माको ; दृष्ट्वा = देखकर (साक्षात्कार करके) ; निवर्तते = निवृत्त हो जाता है।

अनु० — (इन्द्रियोंके द्वारा) विषयोंको ग्रहण न करनेवाले पुरुषके (केवल) विषय (तो) निवृत्त हो जाते हैं, (परन्तु) उनमें रहने वाली आसक्ति नहीं निवृत्त हो पाती। इस (स्थितप्रज्ञ पुरुष) की (तो) आसक्ति भी परमात्माका साक्षात्कार करके निवृत्त हो जाती है।

टि० — ऊपर स्थितप्रज्ञके इन्द्रिसंयमकी बात कही गई है। अन्य प्रकारसे किए जानेवाले इन्द्रियसंयमकी अपेक्षा, इस विशिष्ट इन्द्रियसंयमनकी विलक्षणताको इस श्लोकमें दरसाया गया है। अस्थिरमति मनुष्यके एकनिष्ठ न होनेके कारण, उसके मनमें नाना विषयोंके प्रति आसक्ति (अनुरक्ति) सदा बनी रहती है। अत:, यदि कभी वह जैसे-तैसे थोड़े-बहुत समयके लिए इन्द्रियोंके द्वार बन्द कर उनके विषयोंको निवृत्त कर भी देता है, तो भी, मनमें आसक्तिका नित्यवास होनेके कारण, वह विषयोंका सदा चिन्तन करता रहता है। इस प्रकार, उसकी आसक्ति पूर्ववत् ही बनी रहती है। इसके विपरीत, एक स्थितप्रज्ञके ब्रह्मनिष्ठ होनेके कारण, उसके मनमें तो सदा परमात्मा ही का साक्षात्कार होता रहता है। अत:, उसमें किसी सांसारिक विषयके अनुरागके घुसनेतक के लिए भी अवकाश कहाँ है? इसलिए, एक स्थिरमति जब इन्द्रियसंयम करता है, तो विषयोंके साथ-साथ उनकी आसक्ति भी मनमन्दिरके द्वार बन्द पाती है।

यततो ह्यपि कौन्तेय पुरुषस्य विपश्चितः।
इन्द्रियाणि प्रमाथीनि हरन्ति प्रसभं मनः ॥६०॥

पद० — यततः = यत्न करते (जूझते) हुए (के); हि = निस्सन्देह; अपि = भी; कौन्तेय = हे कुन्तीके पुत्र (अर्जुन); पुरुषस्य = मनुष्यके; विपश्चितः = बुद्धिमान् (के); इन्द्रियाणि = इन्द्रियाँ; प्रमाथीनि = विलोडन-करने (झकझोरने) वाली — प्रचण्ड शक्तिशालिनी; हरन्ति = उखाड़ फैंकती हैं; प्रसभम् = बलपूर्वक; मनः = मनको।

अनु० — हे अर्जुन! (पूर्णताके लिए) संघर्ष करते हुए (एक) बुद्धिमान् मनुष्यके भी मनको प्रचण्डशक्तिशालिनी (ये) इन्द्रियाँ बलपूर्वक (बड़े-वेगसे) उखाड़ फैंकती हैं (अस्थिर बना देती हैं)।

टि० — सांसारिक भोगैश्वर्यमें आसक्तिके निश्शेष नाश बिना, केवल विषयोंकी निवृत्ति होनेसे ही यथेष्ट इन्द्रियसंयम सम्भव नहीं — यह बता चुकनेके उपरान्त श्रीकृष्णने, इस श्लोकमें, इन्द्रियनियन्त्रणकी चरम आवश्यकतापर बल दिया है। उनका कथन है कि जब ये प्रमथनशील इन्द्रियाँ, विषयासक्तिके कारण,

एक बुद्धिमान्, विवेकी, यत्नशील मनुष्यके भी मनको बलपूर्वक विषयोंमें प्रवृत्त करदेती हैं, तब साधारण लोगोंकी तो बात ही क्या ? अतः, स्थितप्रज्ञ-अवस्था प्राप्त करनेकी इच्छावाले मनुष्यको, आसक्तिका सर्वथा त्याग करके, इन्द्रियोंको पूर्णरूपसे अपने वशमें करनेका जी-तोड़ प्रयत्न करना चाहिये।

तानि सर्वाणि संयम्य युक्त आसीत मत्परः ।
वशे हि यस्येन्द्रियाणि तस्य प्रज्ञा प्रतिष्ठिता ॥६१॥

पद॰ — तानि = उन (को) ; सर्वाणि = सबको ; संयम्य = नियन्त्रणमें करके ; युक्तः = एकाग्रचित्त हुआ ; आसीत = बैठे (स्थित होवे) ; मत्परः = मुझमें ध्यान लगाए हुए ; वशे = वशमें ; हि = क्योंकि ; यस्य = जिस (साधक) की ; इन्द्रियाणि = इन्द्रियाँ ; तस्य = उसकी ; प्रज्ञा = बुद्धि ; प्रतिष्ठिता = स्थिर (होती है)।

अनु॰ — (इसलिए साधकको चाहिए कि वह अपनी) उन सब (इन्द्रियों) को नियन्त्रणमें करके, एकाग्रचित्त हुआ मुझ (परमात्मा ही) में ध्यान लगाए-हुए बैठे (स्थित हो)। क्योंकि जिस (साधक) की इन्द्रियाँ (मन सहित उसके) वशमें (होती हैं), उस (ही) की बुद्धि स्थिर (होती है)।

ध्यायतो विषयान्पुंसः संगस्तेषूपजायते ।
संगात्सञ्जायते कामः कामात्क्रोधोऽभिजायते ॥६२॥

पद॰ — ध्यायतः = ध्यान (चिन्तन) करनेवाले (की) ; विषयान् = विषयों (भोग्यपदार्थों) को ; पुंसः = पुरुषकी ; संगः = आसक्ति ; तेषु = उन (विषयों) में ; उपजायते = हो जाती है ; संगात् = आसक्ति (लगाव) से ; सञ्जायते = पैदा होती है ; कामः = कामना (इच्छा) ; कामात् = कामनासे ; क्रोधः = रोष (गुस्सा) ; अभिजायते = उत्पन्न होता है।

अनु॰ — विषयोंका (निरन्तर) चिन्तन करनेवाले पुरुषकी उन (विषयों) में आसक्ति (रुचि, अनुरक्ति) हो जाती है, आसक्तिसे (उन विषयोंको प्राप्त करनेकी) कामना (इच्छा) पैदा होती है (और उस) कामना (में विघ्न पड़ने) से क्रोध उत्पन्न होता है।

क्रोधाद्भवति सम्मोहः सम्मोहात्स्मृतिविभ्रमः ।
स्मृतिभ्रंशाद्बुद्धिनाशो बुद्धिनाशात्प्रणश्यति ॥६३॥

पद॰ — क्रोधात् = क्रोधसे ; भवति = (उत्पन्न) होता है ; सम्मोहः =

मूढ़भाव (मतिपर पर्दा पड़ जाना) ; सम्मोहात् = मूढ़भावसे ; स्मृतिविभ्रमः = स्मरणशक्तिका बहक (उलझ) जाना ; स्मृतिभ्रंशात् = स्मरणशक्तिके ह्रास (उलझ जाने) से ; बुद्धिनाशः = बुद्धि (विवेकशक्ति) का नाश ; बुद्धिनाशात् = बुद्धिका नाश होनेसे ; प्रणश्यति = नष्ट हो जाता है (नैतिक अन्त हो जाता है)।

अनु॰ — (फिर) क्रोधसे मूढ़भाव (उत्पन्न) होता है (अर्थात्, मतिपर पर्दा छा जाता है), मूढ़भावसे स्मरणशक्ति बहक (उलझ) जाती है, स्मरणशक्तिमें उलझनके होनेसे बुद्धि (विवेकशक्ति) का नाश होता है (और, अन्तमें) बुद्धिका (विवेकका) नाश होनेसे (मनुष्य स्वयं ही) नष्ट हो जाता है (नैतिक मृत्युको प्राप्त हो जाता है)।

टि॰ — इन दो श्लोकोंमें, हमने देखा कि मनसहित इन्द्रियोंको वशमें न करनेवाले मनुष्यका किस प्रकार उत्तरोत्तर पतन होता चला जाता है। अब, भगवान् अर्जुनके चौथे प्रश्न — स्थितप्रज्ञ कैसे चलता है ? — का उत्तर देना आरम्भ करते हैं। पहले, अगले दो श्लोकोंमें, वे बतलाते हैं कि ऐसा साधक, जिसके मन और इन्द्रियाँ वशमें होते हैं, विषयोंमें किस प्रकार विचरण करता है और उसका क्या फल होता है —

रागद्वेषवियुक्तैस्तु विषयानिन्द्रियैश्चरन् ।
आत्मवश्यैर्विधेयात्मा प्रसादमधिगच्छति ॥६४॥

पद॰ — रागद्वेषवियुक्तैः = प्रेम-तथा-ईर्ष्यासे रहितों (से) ; तु = परन्तु ; विषयान् = विषयोंको ; इन्द्रियैः = इन्द्रियोंद्वारा ; चरन् = भोगता हुआ ; आत्मवश्यैः = अपने वशमें की-हुइयों (से) ; विधेयात्मा = स्वाधीन अन्तःकरण वाला — आत्मसंयमी — (साधक) ; प्रसादम् = आन्तरिक प्रसन्नता (शान्ति) को ; अधिगच्छति = प्राप्त होता है।

अनु॰ — परन्तु स्वाधीन अन्तःकरणवाला (आत्मसंयमी) (साधक) प्रेम-तथा-ईर्ष्यासे रहित (और) अपने वशमें की-हुई इन्द्रियोंद्वारा विषयोंमें विचरण करता हुआ (अर्थात्, विषयोंको भोगता हुआ) आन्तरिक प्रसन्नता (शान्ति) को प्राप्त होता है।

प्रसादे सर्वदुःखानां हानिरस्योपजायते ।
प्रसन्नचेतसो ह्याशु बुद्धिः पर्यवतिष्ठते ॥६५॥

पद॰ — प्रसादे = आन्तरिक-प्रसन्नता (शान्ति) में ; सर्वदुःखानाम् = सारे-

दुःखोंका ; हानिः = नाश (अन्त) ; अस्य = इसके ; उपजायते = हो जाता है ; प्रसन्नचेतसः = प्रसन्न (शान्त) चित्तवालेकी ; हि = क्योंकि ; आशु = शीघ्र ; बुद्धिः = बुद्धि ; पर्यवतिष्ठते = भलीभाँति स्थिर हो जाती है।

अनु॰ — आन्तरिक-प्रसन्नता (शान्ति) के प्राप्त होनेपर, इसके (साधकके)सारे दुःखोंका नाश (अन्त) हो जाता है, क्योंकि प्रसन्न (शान्त) चित्तवालेकी बुद्धि शीघ्र (ही सब ओरसे हटकर एक परमात्मामें ही) भलीभाँति स्थिर हो जाती है।

टि॰ — मन-और-इन्द्रियोंको वशमें करके अनासक्तभावसे इन्द्रियोंद्वारा व्यवहार करनेवाले साधकको सुख, शान्ति और स्थितप्रज्ञ-अवस्था प्राप्त होनेकी बात यहाँ कही गई है। अब, इससे विपरीत — जिसके मन-इन्द्रिय जीते हुए नहीं हैं तथा जो साधनारहित और विषयासक्त है — मनुष्यमें सुखशान्तिका अभाव दिखलाकर विषयोंके संगसे उसकी बुद्धिके विचलित हो जानेका प्रकार कृष्ण अर्जुनको अगले दो श्लोकोंद्वारा बतलाते हैं —

नास्ति बुद्धिरयुक्तस्य न चायुक्तस्य भावना ।
न चाभावयतः शान्तिरशान्तस्य कुतः सुखम् ॥६६॥

पद॰ — न = नहीं ; अस्ति = होती है ; बुद्धिः = एकनिष्ठ (निश्चयात्मिका) बुद्धि ; अयुक्तस्य = अस्थिर (न जीतेहुए मन और इन्द्रियोंवाले) मनुष्यकी ; न = नहीं ; च = और ; अयुक्तस्य = अस्थिरबुद्धिकी ; भावना = आस्तिक भाव (ईश्वरमें ध्यान लगानेकी क्षमता) ; न = नहीं ; च = और ; अभावयतः = भावनाहीन (व्यक्ति) की ; शान्तिः = शान्ति ; अशान्तस्य = शान्तिहीन (मनुष्य) का ; कुतः = कहाँ ; सुखम् = सुख।

अनु॰ — अस्थिरचित्त (मनुष्य) की (एकनिष्ठ) बुद्धि नहीं होती है और न ही ईश्वरमें ध्यान लगानेकी क्षमता। (ऐसी) क्षमतासे विहीन (व्यक्ति) को शान्ति नहीं (मिलती) और शान्तिशून्य (मनुष्य) को सुख कहाँसे (कैसे) मिल सकता है (अर्थात्, नहीं मिल सकता)।

इन्द्रियाणां हि चरतां यन्मनोऽनुविधीयते ।
तदस्य हरति प्रज्ञां वायुर्नावमिवाम्भसि ॥६७॥

पद॰ — इन्द्रियाणाम् = इन्द्रियोंमें से ; हि = क्योंकि ; चरताम् = (विषयोंमें) विचरती हुइयोंके ; यत् = जिस (इन्द्रिय) को ; मनः = मन ;

अनुविधीयते = पीछे (साथ) रहता है ; तत् = वह (एक-ही इन्द्रिय) ; अस्य = इस (अयुक्त पुरुष) की ; हरति = छीन लेती है ; प्रज्ञाम् = बुद्धिको (विवेकशक्तिको) ; वायुः = हवा ; नावम् = नावको ; इव = जैसे (की तरह) ; अम्भसि = जलमें।

अनु॰ — क्योंकि जलमें (चलनेवाली) नावको जैसे (तेज़) हवा हर लेती है (निर्धारित मार्गसे हटा देती है), (वैसे ही, विषयोंमें) विचरती-हुई इन्द्रियोंमें से जिस किसी (इन्द्रिय) के साथ मन रहता है, वह (एक-ही इन्द्रिय) इस (अयुक्त पुरुष) की बुद्धि (विवेकशक्ति) को छीन लेती है (मोक्षके निर्धारित मार्गसे हटा देती है)।

तस्माद्यस्य महाबाहो निगृहीतानि सर्वशः ।
इन्द्रियाणीन्द्रियार्थेभ्यस्तस्य प्रज्ञा प्रतिष्ठिता ॥६८॥

पद॰ — तस्मात् = इसलिए ; यस्य = जिस (साधक) की ; महाबाहो = हे शक्तिशालिनी भुजाओंवाले (अर्जुन) ; निगृहीतानि = वशमें की हुई हैं ; सर्वशः = सब प्रकारसे ; इन्द्रियाणि = इन्द्रियाँ ; इन्द्रियार्थेभ्यः = इन्द्रियोंके विषयोंसे ; तस्य = उसकी ; प्रज्ञा = बुद्धि ; प्रतिष्ठिता = स्थिर है।

अनु॰ — इसलिए, हे शक्तिशालिनी भुजाओंवाले (अर्जुन) ! जिस (साधक) की इन्द्रियाँ उनके विषयोंसे सब-प्रकारसे (पूर्णरूपसे) वापस खींच ली गई हैं, अर्थात्, वशमें की हुई हैं, उसीकी बुद्धि स्थिर है।

या निशा सर्वभूतानां तस्यां जागर्ति संयमी। ।
यस्यां जाग्रति भूतानि सा निशा पश्यतो मुनेः ॥६९॥

पद॰ — या = जो ; निशा = रात्रि ; सर्वभूतानाम् = सारे प्राणियोंकी ; तस्याम् = उस (रात्रि) में ; जागर्ति = जागता है ; संयमी = मन-तथा-इन्द्रियोंको वशमें रखनेवाला (योगी) पुरुष ; यस्याम् = जब (जिस समय) ; जाग्रति = जागते हैं ; भूतानि = प्राणी ; सा = वह ; निशा = रात्रि ; पश्यतः = देखनेवाले (तत्त्वको जाननेवाले) की ; मुनेः = योगी पुरुषकी।

अनु॰ — सारे (अन्य) प्राणियोंके लिए जो रात है, योगी पुरुष उसमें जागता है (वह उसका दिन है) ; (और) जिस समय (जब) सारे (अन्य) प्राणी जागते हैं (दिन में), तत्त्वको जाननेवाले योगी पुरुषकी तब रात होती है।

टि॰ — ऊपरके श्लोकोंमें, मन-और-इन्द्रियोंका संयमन न करनेसे हानि

और संयमन करनेसे लाभ दिखलाकर स्थितप्रज्ञ-अवस्था प्राप्त करनेके लिए राग-द्वेषके त्यागपूर्वक मनसहित इन्द्रियोंके नियन्त्रणकी विशेष आवश्यकताका प्रतिपादन किया गया। साथमें, स्थितप्रज्ञ पुरुषकी अवस्थाका भी वर्णन किया गया। प्रस्तुत श्लोकमें, साधारण विषयासक्त मनुष्यों और मन-व-इन्द्रियोंका संयम करके स्थिरबुद्धि-बने महापुरुषमें क्या अन्तर है,इस बातको रात-दिनके दृष्टान्तद्वारा समझाते हुए,भगवान् उनकी स्वाभाविक स्थितिका वर्णन करते हैं।

उनका कथन है कि सामान्य प्राणियोंके लिए जो रात है,स्थितप्रज्ञके लिए वह दिन है और, इसी प्रकार, साधारण सांसारिकोंके लिए जो दिन है,एक स्थिरमति-साधकके लिए वही रात है। इसे समझनेके लिए, सर्वप्रथम यह अवगत करना आवश्यक है कि यहाँ "रात" और "दिन" का सूर्यकी आकाशमें अनुपस्थिति एवम् उपस्थितिसे कोई सम्बन्ध नहीं। प्रत्युत, इनके, क्रमशः, अभिव्यञ्जित अर्थों —"अकर्मण्यता" तथा "कर्मण्यता"— से ही यहाँ अभिप्राय है।

हम नित्यप्रति देखते हैं कि रात्रि होते ही चारों ओर अन्धकार छा जाता है, हाथको हाथ नहीं सूझता, वस्तु-पदार्थ और दिशातक का बोध न हो सकनेके कारण अज्ञानता का साम्राज्य स्थापित हो जाता है ; बरबस, सब काम-काज रोक देने पड़ते हैं, कोई भी कर्म न करनेकी स्थितिमें फँसजानेसे अकर्मण्यता आ जाती है ; दिन-भरके प्रगाढ़ शारीरिक एवं मानसिक परिश्रमके बाद क्लान्ति दूर करनेके लिए फिर निद्रादेवीकी शरण लेनी पड़ती है। अगले दिन प्रातः उठते ही चारों ओर प्राकश ही प्रकाश मिलता है ; वस्तुएँ,दिशाएँ तथा मार्ग, जो रातभर दृष्टिगोचर नहीं होते थे, उन सबका फिरसे बोध वा ज्ञान होने लगता है ; रात्रि-भरके विश्रामसे थकावट दूर होजानेके कारण शरीर तथा मनमें एक नवीन चेतना, स्फूर्ति व जागृतिका सञ्चार होता है ; फलस्वरूप, काम करनेका नया उत्साह एवं साहस प्रादुर्भूत होता है, जिससे कर्मण्यता पुनः परिस्फुटित हो जाती है।

इस प्रकार, जहाँ अज्ञानता, अकर्मण्यता, पराङ्मुखता एवं निद्रा रात्रिके प्रतीक हैं, वहाँ ज्ञान, कर्मण्यता, प्रवृत्ति तथा जागृति दिनके। दूसरे शब्दोंमें, किसी विशिष्ट कार्यक्षेत्रके विषयमें यदि व्यक्तिविशेष अथवा समुदायविशेषके ज्ञानका सर्वथा अभाव है, अथवा वह तत्सम्बन्धी ज्ञानको प्राप्त करनेकी चेष्टा ही नहीं करता है अथवा उस क्षेत्रमें कोई रुचि न रखनेके कारण वह उसकी नितान्त अवहेलना व उपेक्षा करता है,तो समझो कि अन्धकारमें होनेकी वजहसे वह कार्यक्षेत्र उस व्यक्ति वा समुदायके लिए "रात" है। इसके विपरीत, किसी कार्यक्षेत्रके विषयमें यदि किसी व्यक्ति अथवा समुदायविशेषका पर्याप्त ज्ञान है और

फिर भी उसके सम्बन्धमें अधिकाधिक ज्ञान बटोरनेकी अनवरत चेष्टा करता रहता है, अथवा उस क्षेत्रमें प्रचुर रुचि व प्रवृत्ति होनेके कारण वह उसमें नितान्त लीन एवं तत्पर रहता है, तो समझो कि प्रकाशमें होनेकी वजहसे वह कार्यक्षेत्र उस व्यक्ति वा समुदायविशेषके लिए "दिन" है।

आइये, तनिक इस निष्पत्तिको जनसाधारण तथा स्थिरप्रज्ञपर घटाकर देखें। यह निर्विवाद है कि मानव-मात्र, कुछ इक्के-दुक्के विरले अपवादोंको छोड़कर, भोग-ऐश्वर्यकी अथाह दलदलमें पनपनेवाला एक कीड़ा, विषय-विलासके अनुपशम्य अनलमें गिर-पड़नेको सतत उद्यत एक पतंगा, तृष्णा-वासनाकी अदम्य पिपासासे ग्रस्त शाश्वत भटकनेवाला एक बटोही, काम-पाशमें जन्मजन्मान्तरसे जकड़ा एक बन्धुआ दास है। प्रकृतिसे ही वह सांसारिक सुख-सम्पदाकी ओर आकृष्ट होता है, उसीमें आनन्दविभोर हुआ पल-पल उसीमें जीता है, उसीके लिए कार्यरत रहता है— इसलिये, यह भोगविलासमय जीवन ही सामान्य संसारीके लिए "दिन" है। इसके विपरीत, एक इन्द्रियसंयमी, स्थितप्रज्ञ योगीके लिए इस भौतिकसंसारमें कोई आकर्षण नहीं है, वह सदा इससे विमुख रहता है, मानो, उसके लिए इसका अस्तित्व ही नहीं है— इसलिये, यह भोगविलासमय जीवन एक स्थितप्रज्ञके लिए "रात" है।

इसी प्रकार, मन व इन्द्रियोंको सदा वशमें रखना,क्षणिक सांसारिक सुखोंसे सदा विमुख रहते हुए निष्काम कर्म करना और फिर मोक्षप्राप्तिके लिए निर्बाध साधना करते हुए ईशचिन्तनमें अनवरत मग्न रहना— ये सब बातें ऐसी हैं जो साधारण मनुष्यको एक आँख नहीं भातीं, वह इनसे दूर-ही-दूर बचता रहता है,इनकी नितान्त उपेक्षा कर इनकी ओरसे गहन अन्धकारमें रहता है। अतः, इस प्रकारका आध्यात्मिक जीवन एक सामान्य संसारीके लिये साक्षात् "रात" है। परन्तु यही जीवन एक साधनारत कर्मयोगीके लिए जीवनाधार है, गन्तव्य तक पहुँचनेके लिए उसका निर्धारित प्रशस्त पथ है, ब्रह्ममय हो जानेके लिए उसे यहीं से प्रकाश मिलता है। अतः,यही आध्यात्मिक जीवन एक स्थितप्रज्ञके लिए साक्षात् "दिन" है। इस प्रकार, हमने देखा कि साधारण मनुष्यकेलिए जो रात है, स्थितप्रज्ञके लिए वही दिन है ; और साधारण मनुष्यके लिए जो दिन है, स्थिरप्रज्ञके लिए वही रात है। इस सारे विस्तृत कथनको निष्कर्षरूप दो शब्दोंमें प्रस्तुत किया जा सकता है— "भौतिकवादी" और "अध्यात्मवादी"। साधारण मनुष्य भौतिकवादी है और स्थिरप्रज्ञ अध्यात्मवादी।

रात-दिनके रूपकद्वारा ज्ञानी (स्थिरप्रज्ञ) और अज्ञानी (जनसाधारण) की

स्थितियोंमें भेद दिखलाकर अब, अगले श्लोकमें,समुद्रकी उपमासे यह भाव दिखलाया जाता है कि ज्ञानी परमशान्तिको प्राप्त होता है और भोगोंकी कामनावाला अज्ञानी मनुष्य अशान्तिको—

आपूर्यमाणमचलप्रतिष्ठं समुद्रमापः प्रविशन्ति यद्वत् ।
तद्वत्कामा यं प्रविशन्ति सर्वे स शान्तिमाप्नोति न कामकामी ॥७०॥

पद०— आपूर्यमाणम् = सब-ओरसे परिपूर्ण (ऊपरतक भरे हुए) (को) ; अचलप्रतिष्ठम् = स्थिर-मर्यादावाले (को) ; समुद्रम् = समुद्रको ; आप : = जल ; प्रविशन्ति = प्रविष्ट होते हैं (समा जाते हैं) ; यद्वत् = जैसे ; तद्वत् = वैसे ही ; कामा : = इच्छायें (भोग) ; यम् = जिस (स्थितप्रज्ञ पुरुष) को ; प्रविशन्ति = समा (विलीन हो) जाते हैं ; सर्वे = सब ; स : = वह (ही) ; शान्तिम् = (परम) शान्तिको ; आप्नोति = प्राप्त होता है ; न = न कि ; कामकामी = भोगोंको चाहनेवाला।

अनु०— जैसे (नाना नदियों, वर्षा आदिके) जल सब ओरसे परिपूर्ण (ऊपरतक भरे-हुए), स्थिर मर्यादावाले समुद्रमें (उसको विचलित न करते हुए ही) समा (विलीन हो) जाते हैं, वैसे ही सब (सम्पूर्ण) इच्छाएँ (भोग) जिस (स्थितप्रज्ञ) मनुष्यमें (किसी प्रकारका विकार उत्पन्न किए बिना ही) समा (विलीन हो) जाते हैं, वही (मनुष्य वा साधक) परमशान्ति (ब्रह्मधाम) को प्राप्त होता है, न कि भोगोंको चाहनेवाला।

टि०— यहाँ स्थितप्रज्ञ ज्ञानीके साथ समुद्रकी उपमा कितनी सुन्दर और सार्थक है ! जिस प्रकार समुद्र "आपूर्यमाणम्", यानी, अथाह जलसे परिपूर्ण होता है, उसी प्रकार स्थितप्रज्ञ भी अनन्त आनन्दसे परिपूर्ण होता है। जैसे समुद्रको जलकी आवश्यकता नहीं होती है, वैसे ही स्थितप्रज्ञ मनुष्यको भी किसी सांसारिक सुख-भोगकी तनिकमात्र भी आवश्यकता नहीं होती है— वह सर्वथा आप्तकाम होता है। फिर, जिस प्रकार समुद्र "अचलप्रतिष्ठम्", यानी, अचलस्थितिवाला होता है, भारी-से-भारी आँधी-तूफ़ान वर्षा आदिके आनेपर या नाना प्रकारसे असंख्य नदियोंके जलप्रवाह उसमें धड़ा-धड़ प्रविष्ट होने (गिरने) पर भी वह अपनी स्थिति-से विचलित नहीं होता— सीमाओंका उल्लंघन नहीं करता, अपनी मर्यादाका त्याग नहीं करता — उसी प्रकार,परमात्माके स्वरूपमें स्थित योगीकी स्थिति भी सर्वथा अचल होती है— बड़े-से-बड़े सांसारिक सुख-दुःखोंका संयोग-वियोग होनेपर भी

उसकी स्थितिमें जरा भी अन्तर नहीं पड़ता, वह सच्चिदानन्दघन परमात्मामें नित्यनिरन्तर अटल और एकरस स्थित रहता है।

"स्थितप्रज्ञ कैसे चलता है ?"— अर्जुनके इस चौथे प्रश्नका उत्तर भगवान् कृष्ण ६४वें श्लोकसे देते आ रहे हैं और अब उसे अगले श्लोकपर समाप्त कर देते हैं, जिसमें एकबार फिर वे उसके (स्थितप्रज्ञके) आचरणका प्रकार बतलाते हैं—

विहाय कामान्यः सर्वान्पुमांश्चरति निःस्पृहः ।
निर्ममो निरहंकारः स शान्तिमधिगच्छति ॥७१॥

पद॰ — विहाय = त्यागकर ; कामान् = इच्छाओंको ; यः = जो ; सर्वान् = सारी (सम्पूर्ण) (को) ; पुमान् = पुरुष ; चरति = विचरता है ; निःस्पृहः = इच्छारहित हुआ ; निर्ममः = ममतारहित ; निरहंकारः = अहंकाररहित ; सः = वह (ही) ; शान्तिम् = शान्तिको ; अधिगच्छति = प्राप्त होता (करता) है।

अनु॰ — जो पुरुष सम्पूर्ण अभिलाषाओंको त्यागकर ममतारहित, अहंकाररहित (और) इच्छारहित हुआ विचरता (व्यवहार करता है), वही शान्तिको प्राप्त होता (करता) है।

टि॰ — इस प्रकार अर्जुनके चारों प्रश्नोंका उत्तर देनेके अनन्तर भगवान् अब, स्थितप्रज्ञ पुरुषकी स्थितिका महत्त्व बतलाते हुए, अगले श्लोकपर इस अध्यायका उपसंहार करते हैं—

एषा ब्राह्मी स्थितिः पार्थ नैनां प्राप्य विमुह्यति ।
स्थित्वाऽस्यामन्तकालेऽपि ब्रह्मनिर्वाणमृच्छति ॥७२॥

पद॰ — एषा = यह ; ब्राह्मी = ब्रह्मको प्राप्त-हुए पुरुषकी ; स्थितिः = अवस्था ; पार्थ = हे पृथाके पुत्र (अर्जुन) ; न = नहीं ; एनाम् = इसको ; प्राप्य = प्राप्त होकर ; विमुह्यति = मोह (माया) में फँसता है ; स्थित्वा = स्थित होकर ; अस्याम् = इसमें ; अन्तकाले = जीवनके अन्तकाल (मरणकाल) में ; अपि = भी ; ब्रह्मनिर्वाणम् = ब्रह्मानन्द (ब्रह्मपद) को ; ऋच्छति = प्राप्त हो जाता है।

अनु॰ — हे पृथाके पुत्र (अर्जुन)! यह ब्रह्मको प्राप्त-हुए पुरुषकी स्थिति (अवस्था) है। इसको प्राप्त होकर (योगी कभी) मोह (माया) में नहीं फँसता (और) मरणकालमें भी इस (ब्राह्मी स्थिति) में स्थित होकर ब्रह्मानन्द (ब्रह्मपद अथवा ब्रह्मत्व) को प्राप्त हो जाता है।

— ○ —

ॐ तत्सदिति श्रीमद्भगवद्गीतासूपनिषत्सु
ब्रह्मविद्यायां योगशास्त्रे श्रीकृष्णार्जुनसंवादे
सांख्ययोगो नाम द्वितीयोऽध्याय : ॥२॥

ॐ नित्यस्वरूप उस परमात्माको नमस्कार ! श्रीमद्भगवद्गीतारूपी उपनिषद् एवं ब्रह्मविद्या तथा योगशास्त्रविषयक श्रीकृष्ण-और-अजुनके संवादमें "सांख्ययोग" नामक दूसरा अध्याय यहाँ समाप्त होता है। इसमें हमने देखा कि ग्यारहवें श्लोकसे भगवान्ने अपने उपदेशका आरम्भ करके तीसवें श्लोकतक आत्मतत्त्वका वर्णन किया है। सांख्ययोगके साधनमें आत्मतत्त्वका श्रवण, मनन और निदिध्यासन ही मुख्य है। यद्यपि इस अध्यायमें तीसवें श्लोकके बाद स्वधर्म (क्षत्रियत्व) का वर्णन करके कर्मयोगका स्वरूप भी समझाया गया है, परन्तु उपदेशका आरम्भ सांख्ययोगसे ही हुआ है और आत्मतत्त्वका वर्णन अन्य अध्यायोंकी अपेक्षा इसमें अधिक विस्तारपूर्वक हुआ है, अतः, इस अध्यायका नाम "सांख्ययोग" ही रक्खा गया है ॥२॥

श्रीमद्भगवद्गीता — तीसरा अध्याय

इस अध्यायमें नाना प्रकारके हेतुओंसे विहितकर्मोंकी अवश्यकर्तव्यता सिद्ध की गई है तथा प्रत्येक मनुष्यको अपने-अपने वर्ण-आश्रमके लिए विहितकर्म किस प्रकार करने चाहियें, क्यों करने चाहियें, उनके न करनेमें क्या हानि है, करनेमें क्या लाभ है, कौन-से कर्म बन्धनकारक हैं और कौन-से मुक्तिमें सहायक हैं— इत्यादि बातें भलीभाँति समझाकर कर्मयोगका निरूपण किया गया है। इस प्रकार, इस अध्यायमें कर्मयोग ही का विषय अन्यान्य अध्यायोंकी अपेक्षा अधिक और विस्तारपूर्वक वर्णित है ; एवं दूसरे विषयोंका समावेश बहुत ही कम हुआ है, और जो कुछ हुआ है वह भी बहुत ही संक्षेपमें हुआ है। इसलिए, इस अध्यायका नाम "कर्मयोग" रक्खा गया है।

अर्जुन उवाच।

ज्यायसी चेत्कर्मणस्ते मता बुद्धिर्जनार्दन ।
तत्किं कर्मणि घोरे मां नियोजयसि केशव ॥१॥

पद० — अर्जुनः = अर्जुन ; उवाच = बोला। ज्यायसी = श्रेष्ठ ; चेत् = यदि ; कर्मण : = कर्मसे (की अपेक्षा) ; ते = आपके ; मता = मान्य है ; बुद्धिः = ज्ञान ; जनार्दन = सबलोग जिससे याचना करते हैं (कृष्ण) ; तत् = तो फिर ; किम् = क्यों ; कर्मणि = कर्ममें ; घोरे = (युद्धरूपी) भयंकर (में) ; माम् = मुझे ; नियोजयसि = लगाते (धकेलते) हो ; केशव = हे ब्रह्मा, विष्णु तथा शिवके समवेत स्वरूप (हे कृष्ण)।

अनु० — अर्जुनने कहा— हे कृष्ण! यदि आपको कर्मोंकी अपेक्षा ज्ञान श्रेष्ठ मान्य है, (अर्थात्, कर्मसे ज्ञानको अच्छा समझते हो), तो फिर, हे केशव! मुझे (युद्धरूपी) भयंकर कर्ममें क्यों जोतते (धकेलते, लगाते) हो ?

टि० — दूसरे अध्यायमें भगवान् कृष्णने ग्यारहवें श्लोकसे लेकर तीसवें श्लोकतक आत्मतत्त्वका निरूपण करते हुए सांख्ययोगका प्रतिपादन किया। फिर

३९वें श्लोकसे लेकर ५३वें श्लोकतक समत्वबुद्धिरूप कर्मयोगका वर्णन किया। इसके पश्चात् ५४वें श्लोकसे अध्यायकी समाप्तिपर्यन्त, अर्जुनके पूछनेपर, भगवान्‌ने समत्वबुद्धिरूप कर्मयोगके द्वारा स्थितप्रज्ञ सिद्धपुरुषके लक्षण, आचरण और महत्त्वका प्रतिपादन किया।वहाँ कर्मयोगकी महिमा कहते हुए, भगवान्‌ने ४७वें और ४८वें श्लोकोंमें कर्मयोगका स्वरूप बतलाकार अर्जुनको कर्म करनेके लिए कहा, फिर ४९वें में समत्वबुद्धिरूप कर्मयोगकी अपेक्षा कर्मका स्थान बहुत ही नीचा बतलाया, फिर ५०वें में समत्वबुद्धियुक्त पुरुषकी प्रशंसा करके अर्जुनको कर्मयोगमें लगनेके लिए कहा, फिर ५१वें में समत्वबुद्धियुक्त ज्ञानी-पुरुषको अनामय (निर्विकार) परमपदकी प्राप्ति बतलायी। इस सब प्रसंगको सुनकर अर्जुनके मस्तिष्कमें खलबली मच गई कि भगवान् कभी बुद्धि (ज्ञान) पर बल देते हैं और कभी कर्मपर, तो फिर इन दोनोंमें श्रेष्ठ साधन कौनसा है। वैसे, उसे लगा कि वे कर्मकी अपेक्षा ज्ञानकी प्रशंसा कर रहे हैं। किन्तु, कुल मिलाकर, वह कृष्णके वचनोंका यथार्थ अभिप्राय निश्चित नहीं कर पाया। उसे उनकी बातें मिली हुई-सी जान पड़ीं। अतः, उनका स्पष्टीकरण करने एवम् उसकेलिए एक श्रेयस्कर मार्ग निर्धारित (आदिष्ट) करनेके लिए उसने उनसे विनति की।

वास्तवमें, यह सब मुसीबत अर्जुनकी स्वयंकी खड़ी की हुई है। कृष्णने यह कहीं नहीं कहा कि कर्मकी अपेक्षा ज्ञान श्रेष्ठ है। अर्जुन अपनी ग़ल्तीसे "बुद्धि" का अर्थ "ज्ञान" लगा बैठा, जिसके कारण वह भगवान्‌के वचनोंका मर्म समझनेमें असमर्थ रहा। और अर्जुन ही नहीं, प्रत्येक वह व्यक्ति गीताके तत्त्वको जाननेमें नितान्त विफल रहेगा, जो यह हृदयंगम नहीं कर लेता कि इसमें "सांख्ययोग" का अर्थ है "ज्ञानयोग", "बुद्धि" का अर्थ है "समत्वबुद्धिरूप कर्मयोग", "योग" का अर्थ है "कर्मयोग" और "कर्म" का अर्थ है "निष्काम कर्म"।

अतः, "बुद्धि" का "ज्ञान" रूपी ग़लत अर्थ समझ बैठनेके कारण, अर्जुनने दूसरे अध्यायके ४९वें (२/४९) श्लोकमें "दूरेण ह्यवरं कर्म बुद्धियोगाद्धनञ्जय" का यह भ्रमात्मक अभिप्राय निकाल लिया कि भगवान् ज्ञानकी अपेक्षा कर्मोंको अत्यन्त तुच्छ बतला रहे हैं, और वहीं "बुद्धौ शरणमन्विच्छ" से, इसलिए, यह आदेश दे रहे हैं कि "तू ज्ञानयोगका आश्रय ग्रहण कर"। वस्तुतः, उनका मन्तव्य है कि "समत्वबुद्धिरूप कर्मयोगकी अपेक्षा सकाम कर्म अत्यन्त तुच्छ हैं, इसलिए, हे अर्जुन! तू समत्वबुद्धिसे होनेवाले कर्मयोगका आश्रय ले।"

अपनी मनोभ्रान्ति दूर कराने तथा अपनेलिए प्रशस्त कल्याणकारी कर्तव्यपथ निश्चित करवानेके उद्देश्यसे,अगले श्लोकके द्वारा,अर्जुन फिर कृष्णसे याचना करता है—

व्यामिश्रेणेव वाक्येन बुद्धिं मोहयसीव मे ।
तदेकं वद निश्चित्य येन श्रेयोऽहमाप्नुयाम् ॥२॥

पद॰ — व्यामिश्रेण = मिले-हुए (से) ; इव = सदृश (से) ; वाक्येन = वचनोंद्वारा ; बुद्धिम् = बुद्धिको ; मोहयसि = मोहित (भ्रमित) कर रहे हो ; इव = मानो ; मे = मेरी ; तत् = उस (को) ; एकम् = एक (बात) को ; वद = कहिये ; निश्चित्य = निश्चित करके ; येन = जिससे ; श्रेय: =कल्याणको ;अहम् = मैं ; आप्नुयाम् = प्राप्त हो जाऊँ।

अनु॰ — आप मिलेहुए-से वचनोंद्वारा, मानो, मेरी बुद्धिको मोहित (भ्रमित) कर रहे हो। (इसलिए) (आप) उस एक (बात) को निश्चित करके कहिये जिससे मैं कल्याणको प्राप्त हो जाऊँ।

श्रीभगवानुवाच ।
लोकेऽस्मिन्द्विविधा निष्ठा पुरा प्रोक्ता मयानघ ।
ज्ञानयोगेन सांख्यानां कर्मयोगेन योगिनाम् ॥३॥

पद॰ — श्रीभगवान् = श्रीकृष्ण भगवान् ; उवाच = बोले। लोके = संसारमें ; अस्मिन् = इस (में) ; द्विविधा = दो प्रकारकी ; निष्ठा = साधनकी परिपक्व अवस्था (प्रक्रियाकी अन्तिम स्थिति वा पराकाष्ठा) ; पुरा = पहले ; प्रोक्ता = कही गई ; मया = मुझसे (मेरेद्वारा) ; अनघ = हे पापरहित (निष्पाप) ; ज्ञानयोगेन = ज्ञानयोगसे ; सांख्यानाम् = ज्ञानियोंकी ; कर्मयोगेन = कर्मयोगसे ; योगिनाम् = कर्मयोगियोंकी।

अनु॰ — श्रीकृष्ण भगवान् बोले— हे निष्पाप (निष्कलंक अर्जुन)! इस संसारमें दो प्रकारकी निष्ठा मेरेद्वारा पहले (भी) कही गई है। (उनमेंसे) ज्ञानियोंकी (निष्ठा तो) ज्ञानयोगसे (होती है) (और) कर्मयोगियोंकी (निष्ठा) कर्मयोगसे (होती है)।

टि॰ — अर्जुनको उसका निश्चित कर्तव्य बतलानेसे पूर्व, भगवान् उसके प्रश्नका उत्तर देते हुए कहते हैं कि उनके वचन "मिलेहुए-से" नहीं हैं, बल्कि सर्वथा स्पष्ट और अलग-अलग हैं। अर्जुनको शिकायत थी कि भगवान्ने अपने उपदेशमें ज्ञान तथा कर्मको आपसमें ख़लत-मलत कर दिया है, जिससे यह पता लगाना कठिन हो गया है कि साधक ज्ञानमार्ग अपनाए अथवा कर्ममार्ग। इस शंकाका निराकरण करते हुए कृष्ण कहते हैं कि ये दोनों मार्ग एकही साधकद्वारा एकही समयमें अपनानेके लिए नहीं हैं, क्योंकि ज्ञानयोग और कर्मयोगके साधन

परस्पर भिन्न हैं। ज्ञानयोग (अथवा सांख्ययोग) के साधनमें, मनुष्य आत्मा तथा परमात्मामें अभेद मानकर अपनेको ब्रह्मसे अभिन्न समझता है और, इस कारण, परमात्माके निर्गुण-निराकार सच्चिदानन्दघन रूपका चिन्तन करता है। इसके विपरीत, कर्मयोगमें, वह फलासक्तिके त्यागपूर्वक कर्म करते हुए, भगवान्को सर्वव्यापी, सर्वशक्तिमान् और सर्वेश्वर समझकर उसके नाम, गुण, प्रभाव और स्वरूपका उपास्य-उपासक-भाव एवं पूर्णसमपित निष्ठासे आराधन करता है।

इस प्रकार, दोनों साधनोंका अनुष्ठान एक साथ, एक कालमें, एकही मनुष्यके द्वारा नहीं किया जा सकता। अपनी-अपनी रुचि, प्रकृति एवं क्षमताके अनुकूल साधक अपने-अपने मार्गका वरण कर लेते हैं— ज्ञानी ज्ञानयोगका और कर्मयोगी कर्मयोग का। सो, दोनों मार्ग सर्वथा पृथक्-पृथक् हैं ; उनमें किसी संघर्षका अवकाश नहीं। अतः, अर्जुनकी कृष्णके वचनोंके विषयमें "मिलेहुए–से" होनेकी भ्रान्ति नितान्त निर्मूल है।

"मेरेद्वारा पहले भी कही गई है" से कृष्णका अभिप्राय है कि ये दो प्रकारकी निष्ठाएँ उन्होंने अर्जुनको पहली-पहली बार नहीं बतलाई हैं। परमेश्वर होनेकी स्थितिमें, सृष्टिके आदिकालमें और उसके उपरान्त भिन्न-भिन्न अवतारोंमें, वे इन दोनों निष्ठाओंका स्वरूप सनकादि ऋषियोंको तथा सूर्यको और मनु आदि राजाओंको भी अलग-अलग बतला चुके हैं।

ये दोनों निष्ठाएँ अपनी-अपनी विशिष्ट पद्धतियोंका अनुसरण करनेसे ही उपलब्ध होती हैं, कर्तव्यकर्मोंका स्वरूपतः त्याग करदेने (अर्थात्, बाहरी तौरपर काम बन्द करदेने) से नहीं— इस भावको दरसाते हुए, भगवान् अगले श्लोकमें कहते हैं—

न कर्मणामनारम्भान्नैष्कर्म्यं पुरुषोऽश्नुते ।
न च संन्यसनादेव सिद्धिं समधिगच्छति ॥४॥

पद० — न = नहीं ; कर्मणाम् = कर्मोंके ; अनारम्भात् = आरम्भ किए बिना (न करनेसे) ; नैष्कर्म्यम् = निष्कर्मता (योगनिष्ठा) को ; पुरुषः = मनुष्य; अश्नुते = प्राप्त होता है ; न = न ; च = और ; संन्यसनात् = कर्मोंको त्यागनेमात्रसे ; एव = ही ; सिद्धिम् = भगवत्साक्षात्काररूपी सांख्यनिष्ठाको ; समधिगच्छति = प्राप्त होता है।

अनु० — मनुष्य न (तो) कर्मोंके आरम्भ किए बिना (न-करनेसे) निष्कर्मता (योगनिष्ठा) को प्राप्त होता है, और न ही कर्मोंको त्यागनेमात्रसे

भगवत्साक्षात्काररूपी सिद्धि (सांख्यनिष्ठा) को प्राप्त होता है।

टि० — भगवान् अर्जुनको कर्मोंमें फल और आसक्तिका त्याग करनेके लिए कहते हैं, ताकि वह कर्मबन्धनसे मुक्त हो सके। अब, अर्जुन यह सोच सकता है कि यदि वह कर्म ही करना बन्द कर दे, तो उनके फल कैसे उत्पन्न होंगे; और जब कर्मफल ही नहीं होंगे, तो उनसे बन्धन कैसे होगा ; अतः, कर्मबन्धनसे मुक्त होनेका अतिसरल उपाय यह है कि कर्म ही करना बन्द कर दो। उसके इस भ्रमकी निवृत्तिके लिए, श्रीकृष्ण कहते हैं कि कर्म करना तो अनिवार्य है ; इसकी आवश्यकता एक कर्मयोगीको भी है और एक ज्ञानयोगीको भी। कर्मयोगकी परिपक्व स्थिति योगनिष्ठा अथवा नैष्कर्म्य (निष्कर्मता) है। इसके प्राप्त होनेपर, साधक, समस्त कर्म करते हुए भी, उनके बन्धनसे सर्वथा मुक्त रहता है, क्योंकि तब वे कर्म अकर्म हो जाते हैं— उनमें फल उत्पन्न करनेकी शक्ति नहीं रहती। किन्तु यह स्थिति उसे निष्काम एवम् अनासक्त भावसे कर्म करनेसे ही मिलती है, बिना कर्म किए नहीं मिल सकती। अतः, कर्मबन्धनसे मुक्त होनेका उपाय कर्मोंका त्याग करदेना नहीं है, बल्कि उनको निरन्तर निष्काम तथा अनासक्तभावसे करते रहना ही है।

इसी प्रकार, ज्ञानयोगकी परिपक्व स्थिति ज्ञाननिष्ठा अथवा सिद्धि है। इसके प्राप्त होनेपर, साधक ब्रह्मभावको प्राप्त हो जाता है, उसकी दृष्टिमें आत्मा और परमात्मामें कोई भेद नहीं रहता, वह स्वयं ब्रह्मरूप हो जाता है। किन्तु यह स्थिति उसे निरन्तर किए-जानेवाले शास्त्रविहित कर्मोंमें कर्तापनका अभिमान त्यागकर तथा समस्त भोगोंमें ममता, आसक्ति एवं कामनासे रहित होकर अनवरत अभिन्नभावसे परमात्माके स्वरूपका चिन्तन करनेसे ही सिद्ध होती है। कर्मोंका स्वरूपसे (बाहरी) त्याग करदेनेमात्रसे वह उसे नहीं मिलती, क्योंकि अहंता, ममता और आसक्तिका नाश हुए बिना साधककी अभिन्नभावसे परमात्मामें स्थिर स्थिति नहीं हो सकती। अतः, उसके लिए कर्मोंका स्वरूपतः (बाहरी) त्याग करना मुख्य बात नहीं है, भीतरी त्याग ही प्रधान है।

इस प्रकार, कर्मयोगीके लिए कर्तव्य-कर्मोंके न करनेको योगनिष्ठाकी प्राप्तिमें बाधक और सांख्ययोगीके लिए सिद्धिकी प्राप्तिमें केवल स्वरूपसे (बाहरी स्तरपर) कर्मोंके त्यागको गौण बतलाकर, भगवान् अब अर्जुनको कर्तव्य-कर्मोंमें प्रवृत्त करनेके उद्देश्यसे भिन्न-भिन्न हेतुओंसे कर्म करनेकी आवश्यकता प्रतिपादित करते हैं। सर्वप्रथम, कर्मोंके सर्वथा त्यागको अशक्य बतलाते हुए, वे कहते हैं—

न हि कश्चित्क्षणमपि जातु तिष्ठत्यकर्मकृत् ।
कार्यते ह्यवशः कर्म सर्वः प्रकृतिजैर्गुणैः ॥५॥

पद० — न = नहीं ; हि = निस्सन्देह ; कश्चित् = कोई भी (मनुष्य) ; क्षणम् = क्षणभरके लिए ; अपि = भी ; जातु = किसी कालमें ; तिष्ठति = रहता है ; अकर्मकृत् = बिना काम किये ; कार्यते = कराया (बाध्य किया) जाता है ; हि = क्योंकि ; अवश : = परवश हुआ (ज़बरदस्ती) ; कर्म = काम (करनेके लिए) ; सर्वः = सारा (प्राणीसमुदाय) ; प्रकृतिजैः = प्रकृतिसे उत्पन्न हुओंसे ; गुणैः= गुणोंद्वारा।

अनु० — निस्सन्देह, कोई भी (मनुष्य) किसी भी कालमें क्षणभरके लिए भी बिना काम किए नहीं रहता, क्योंकि सारा प्राणीसमुदाय प्रकृतिसे उत्पन्न गुणोंद्वारा परवश हुआ (ज़बरदस्ती) काम करनेके लिए बाध्य किया जाता है— अर्थात्, सभी प्राणियोंको मजबूर होकर काम करना ही पड़ता है।

टि० — यह कितना अकाटच तथ्य है कि जबतक शरीर रहता है, तबतक मनुष्य—बल्कि, प्राणीमात्र ही — अपनी प्रकृतिके अनुसार कुछ-न-कुछ कर्म — जैसे, उठना, बैठना, खाना, पीना, सोना, जागना, सोचना, मनन करना, स्वप्न देखना, ध्यान करना, समाधिस्थ होना — करता ही रहता है! कोई भी मनुष्य परलभरके लिए भी स्वरूपसे (बाहरी तौरपर) कर्मोंका त्याग नहीं कर सकता। उनका सर्वथा (पूर्ण) त्याग तो उनमें कर्तापनका अथवा ममता, आसक्ति और फलेच्छाका त्याग करदेने से ही सम्भव है।

यहाँ "प्रकृति" शब्दसे वाच्य समस्त गुणों और विकारोंके समुदायरूप इस जड, दृश्य जगत्की कारणभूता भगवान्की अनादिसिद्ध मूल प्रकृति है, जिसे अव्यक्त, अव्याकृत और महद्ब्रह्म भी कहा जाता है।

"कोई भी मनुष्य क्षणमात्र भी कर्म किए बिना नहीं रह सकता"— इस कथनमें यह शंका होती है कि इन्द्रियोंकी क्रियाओंको हठपूर्वक रोककर भी तो मनुष्य कर्मोंका त्याग कर सकता है। यह ऊपरसे (हठपूर्वक) इन्द्रियोंकी क्रियाओंका त्याग कर देना कर्मोंका वास्तविक त्याग नहीं है, यह भाव दिखलानेके लिए कृष्णजी कहते हैं—

कर्मेन्द्रियाणि संयम्य य आस्ते मनसा स्मरन् ।
इन्द्रियार्थान्विमूढात्मा मिथ्याचारः स उच्यते ॥६॥

पद० — कर्मेन्द्रियाणि = सभी दसों इन्द्रियोंको ; संयम्य = रोककर ; यः

= जो ; आस्ते = रहता है ; मनसा = मनसे ; स्मरन् = चिन्तन करता ; इन्द्रियार्थान् = इन्द्रियोंके विषयोंको ; विमूढात्मा = मूढबुद्धि (मनुष्य) ; मिथ्याचारः = मिथ्याचारी (दम्भी, पाखण्डी) ; सः = वह ; उच्यते = कहा जाता है।

अनु० — जो मूढबुद्धि (मनुष्य) सभी इन्द्रियोंको (हठपूर्वक ऊपरसे) रोककर मनसे (उन) इन्द्रियोंके विषयोंका चिन्तन करता रहता है, वह मिथ्याचारी, अर्थात्, दम्भी (पाखण्डी), कहा जाता (कहलाता) है।

टि० — केवल ऊपरसे (ज़बरदस्ती) इन्द्रियोंको विषयोंसे हटा लेनेको "मिथ्याचार" बतलाकर, अब कृष्णजी, आसक्तिका त्याग करके इन्द्रियोंद्वारा निष्कामभावसे कर्तव्यकर्म करनेवाले योगीकी अगले श्लोकद्वारा प्रशंसा करते हुए, कहते हैं—

यस्त्विन्द्रियाणि मनसा नियम्यारभतेऽर्जुन ।
कर्मेन्द्रियैः कर्मयोगमसक्तः स विशिष्यते ॥७॥

पद० — यः = जो (मनुष्य) ; तु = किन्तु ; इन्द्रियाणि = इन्द्रियोंको ; मनसा = मनसे ; नियम्य = वशमें करके ; आरभते = आचरण करता है ; अर्जुन = हे अर्जुन ; कर्मेन्द्रियैः = सभी इन्द्रियोंद्वारा ; कर्मयोगम् = कर्मयोगको ; असक्तः = अनासक्त हुआ ; सः = वह ; विशिष्यते = श्रेष्ठ है।

अनु० — किन्तु, हे अर्जुन! जो (मनुष्य) मनसे इन्द्रियोंको वशमें करके अनासक्त हुआ सभी (दसों) इन्द्रियोंद्वारा कर्मयोगका आचरण करता है, वही श्रेष्ठ है।

नियतं कुरु कर्म त्वं कर्म ज्यायो ह्यकर्मणः ।
शरीरयात्रापि च ते न प्रसिध्येदकर्मणः ॥८॥

पद० — नियतम् = शास्त्रविधिसे नियत किएहुए (को) ; कुरु = कर ; कर्म = कर्तव्यकर्मको ; त्वम् = तू ; कर्म = कर्म करना ; ज्यायः = श्रेष्ठ है ; हि = क्योंकि ; अकर्मण : = कर्म न करनेसे ; शरीरयात्रा = शरीरनिर्वाह ; अपि = भी ; च = तथा ; ते = तेरा ; न = नहीं ; प्रसिध्येत् = सिद्ध होगा (हो सकेगा) ; अकर्मणः = कर्म न करनेसे।

अनु० — तू शास्त्रविहित कर्तव्यकर्म कर, क्योंकि कर्म न करनेकी अपेक्षा कर्म करना श्रेष्ठ है। तथा (इसके अतिरिक्त) कर्म न करनेसे (तो) तेरा शरीर-निर्वाह भी नहीं सिद्ध होगा (नहीं हो सकेगा)।

टि॰ — यहाँ यह जिज्ञासा होती है कि शास्त्रविहित यज्ञ, दान और तप आदि शुभ कर्म भी तो बन्धनके हेतु माने गए हैं ; फिर कर्म न करनेकी अपेक्षा कर्म करना श्रेष्ठ कैसे है ? इसपर कहते हैं—

यज्ञार्थात्कर्मणोऽन्यत्र लोकोऽयं कर्मबन्धनः ।
तदर्थं कर्म कौन्तेय मुक्तसंगः समाचर ॥९॥

पद॰ — यज्ञार्थात् = यज्ञके निमित्त किएजानेवाले (से) ; कर्मण: = कर्मसे ; अन्यत्र = दूसरे कर्मोंमें (लगा हुआ ही) ; लोक:= संसार (मनुष्यसमुदाय) ; अयम् = यह ; कर्मबन्धन: = कर्मोंद्वारा बँधता है ; तदर्थम् = उस (यज्ञ) के निमित्त ; कर्म = कर्तव्यकर्म ; कौन्तेय = हे कुन्तीके पुत्र (अर्जुन) ; मुक्तसंग: = आसक्तिसे रहित होकर ; समाचर = भलीभाँति (आचरण) कर।

अनु॰ — यज्ञके निमित्त किएजानेवाले कर्मोंसे (अतिरिक्त) दूसरे कर्मोंमें (लगाहुआ ही) यह मनुष्यसमुदाय कर्मोंद्वारा बँधता है। (इसलिए) हे अर्जुन! तू आसक्तिसे रहित होकर उस (यज्ञ) के निमित्त (ही) भलीभाँति कर्तव्यकर्म कर।

टि॰ — "यज्ञके निमित्त किएजानेवाले कर्मोंसे अतिरिक्त अन्य कर्म ही मनुष्यको अपने बन्धनमें बाँधते हैं, किन्तु यज्ञोन्मुख कर्म नहीं "— ऐसा क्यों ? यज्ञमें ऐसी क्या विशेषता है ? यह जाननेके लिए हमें यज्ञमें निहित अन्तर्भावनाको पहचानना होगा। यज्ञानुष्ठानमें, सामान्यत:, हम देखते हैं कि मनुष्योंका एक समुदाय यज्ञवेदी अथवा हवनकुण्डके चारोंओर बैठकर वैदिकमन्त्रोच्चारणसहित यज्ञाग्निमें घृत, समिधा, सामग्री प्रभृति पदार्थ छोड़ता है, जिससे होतृ-याजकहृदयके साथ-साथ विस्तृत वायुमण्डल भी विशुद्ध एवं सुवासित हो जाता है। अब, इस काण्डमें हम देखते हैं कि एक यज्ञभागी यथाशक्ति पुष्प, फल, तोय, घृत, समिधा आदि सामग्रीकी स्वेच्छासे, सामूहिक हितके लिए, आहुति देकर "यज्ञ" नामक प्रक्रिया सम्पन्न करता है। वह निजी स्वार्थ एवं वैयक्तिक फलकामनाका परित्याग कर समाजके लिए अपने-आपको समर्पित कर देता है। बस, यही "यज्ञ" की अन्तर्हित भावना है। दूसरे शब्दोंमें, अनासक्तभावयुक्त, वैयक्तिककामवियुक्त, समाजहितनियुक्त कर्म "यज्ञ" है। येही यज्ञकर्म बन्धनकारक नहीं होते। इसके विपरीत, लोकोपकारक कृत्योंके अतिरिक्त, स्वार्थबुद्धिप्रेरित सकाम कर्म, पुनर्जन्मके हेतु होनेसे, बाँधनेवाले होते हैं।

यजुर्वेद, ब्राह्मणग्रन्थों और श्रौतसूत्रोंमें यज्ञविधिका बहुत विस्तार हुआ है। यज्ञ वैदिक विधानोंमें प्रधान धार्मिक कार्य है। यह इस संसार तथा स्वर्ग दोनोंमें दृश्य तथा अदृश्यपर, चेतन तथा अचेतन वस्तुओंपर अधिकार पानेका साधन है।

जो इसका ठीक प्रयोग जानते हैं तथा इसका विधिवत् सम्पादन करते हैं, वास्तवमें, वे इस संसारके स्वामी हैं। यज्ञ सृष्टिके आदिसे ही चला आ रहा है। सृष्टिकी उत्पत्ति यज्ञका फल कही जाती है, जिसे ब्रह्माने किया था। होमात्मक यज्ञका विस्तार आहवनीय अग्निसे होता है, जिसमें छोड़ी गई यज्ञकी सभी सामग्री स्वर्ग भेज दी जाती है— मानो, यज्ञ एक निसेनी (सीढ़ी) है, जिससे यज्ञ करनेवाला देवोंतक यज्ञकी सामग्री पहुँचा सकता है तथा स्वयं भी उनके निवासोंतक पहुँच सकता है।

"यज्ञके निमित्त कर्म करनेवाला मनुष्य कर्मोंसे नहीं बँधता"— अपने इस कथनके समर्थनमें अब भगवान्, अगले तीन श्लोकोंद्वारा, ब्रह्माजीके वचनोंका प्रमाण देकर कहते हैं—

सहयज्ञाः प्रजाः सृष्ट्वा पुरोवाच प्रजापतिः ।
अनेन प्रसविष्यध्वमेष वोऽस्त्विष्टकामधुक् ॥१०॥

पद॰ — सहयज्ञाः = यज्ञसहित (को) ; प्रजाः = प्रजाओंको ; सृष्ट्वा = रचकर ; पुरा = (कल्पके) आदिमें ; उवाच = कहा ; प्रजापतिः = प्रजापति (ब्रह्मा) ने ; अनेन = इस (यज्ञ) के द्वारा ; प्रसविष्यध्वम् = वृद्धिको प्राप्त होओ ; एषः = यह (यज्ञ) ; वः = तुम लोगोंको ; अस्तु = हो ; इष्टकामधुक् = इच्छित-भोग प्रदान करनेवाला।

अनु॰ — प्रजापति (ब्रह्मा) ने (कल्पके) आदिमें यज्ञसहित प्रजाओंको रचकर (उनसे) कहा कि (तुम लोग) इस (यज्ञ) के द्वारा वृद्धिको प्राप्त होओ (और) यह (यज्ञ) तुम लोगोंको इच्छित-भोग प्रदान करनेवाला हो।

देवान्भावयतानेन ते देवा भावयन्तु वः ।
परस्परं भावयन्तः श्रेयः परमवाप्स्यथ ॥११॥

पद॰ — देवान् = देवाताओंको ; भावयत = उन्नत करो ; अनेन = इस (यज्ञ) के द्वारा ; ते = वे ; देवाः = देवता ; भावयन्तु = उन्नत करें ; वः = तुम लोगोंको ; परस्परम् = एक-दूसरेको ; भावयन्तः = उन्नत करतेहुए; श्रेयः = कल्याणको ; परम् = परम (को) ; अवाप्स्यथ = प्राप्त हो जाओगे।

अनु॰ — (तुम लोग) इस (यज्ञ) के द्वारा देवताओंको उन्नत करो (और) वे देवता तुम लोगोंको उन्नत करें। (इस प्रकार, निस्स्वार्थभावसे) एक-दूसरेको उन्नत करतेहुए (तुम लोग) परम कल्याणको प्राप्त हो जाओगे।

इष्टान्भोगान्हि वो देवा दास्यन्ते यज्ञभाविताः ।
तैर्दत्तानप्रदायैभ्यो यो भुङ्क्ते स्तेन एव सः ॥१२॥

पद० — इष्टान् = इच्छित (को) ; भोगान् = भोगोंको ; हि = निश्चय ही ; वः = तुम लोगोंको ; देवाः = देवता ; दास्यन्ते = देते रहेंगे ; यज्ञभाविताः = यज्ञके द्वारा पुष्ट (उन्नत) किएहुए ; तैः = उन (देवताओं) के द्वारा ; दत्तान् = दिए-हुए (भोगों) को ; अप्रदाय = बिना दिए ; एभ्यः = इनके लिए ; यः = जो पुरुष ; भुंक्ते = भोगता है ; स्तेनः = चोर ; एव = ही ; सः = वह।

अनु० — यज्ञके द्वारा पुष्ट (उन्नत) कियेहुए देवता तुम लोगोंको (बिना माँगे ही) इच्छित भोग, निश्चय ही, देते रहेंगे। (इस प्रकार) उन (देवताओं) के द्वारा दिएहुए (भोगों) को जो पुरुष उनको बिना दिए (स्वयं ही) भोगता है, वह साक्षात् चोर है।

टि० — इस प्रकार, ब्रह्माजीके वचनोंका प्रमाण देकर, भगवान्‌ने यज्ञादि कर्मोंकी कर्तव्यताका प्रतिपादन किया और, साथ ही,उनका पालन न करनेवालेको चोर बतलाकर उसकी निन्दा की। अब, उन कर्तव्यकर्मोंका आचरण करनेवाले पुरुषोंकी प्रशंसा तथा उनसे विपरीत, केवल अपने शरीरपोषणके लिए ही कर्म करनेवाले, पापियोंकी निन्दा करते हुए वे कहते हैं—

यज्ञशिष्टाशिनः सन्तो मुच्यन्ते सर्वकिल्बिषैः ।
भुञ्जते ते त्वघं पापा ये पचन्त्यात्मकारणात् ॥१३॥

पद० — यज्ञशिष्टाशिनः = यज्ञसे बचे-हुए अन्नको खानेवाले ; सन्तः = श्रेष्ठ पुरुष ; मुच्यन्ते = मुक्त हो जाते हैं ; सर्वकिल्बिषैः = सब पापोंसे ; भुञ्जते = खाते हैं ; ते = वे ; तु = तो ; अघम् = पापको (ही) ; पापाः = पापी लोग ; ये = जो ; पचन्ति = पकाते हैं ; आत्मकारणात् = अपने (शरीरपोषणके) लिए।

अनु० — यज्ञ (समाजकी सेवामें निष्कामभावसे दिए-हुए अन्न) से बचे-हुए अन्नको खानेवाले श्रेष्ठ पुरुष सब पापोंसे मुक्त हो जाते हैं। (और) जो पापी लोग अपने (शरीरपोषणके) लिए (ही अन्न) पकाते हैं, वे तो पापको (ही) खाते हैं।

टि० — यहाँ यह जिज्ञासा होती है कि यज्ञ— अर्थात्, समाजके प्राणियोंकी अनासक्तभाव एवं निस्स्वार्थरूपसे सेवा— न करके अपने शरीरपोषणके लिये ही कर्म करनेवाला पापी क्यों है। इसपर कहते हैं—

अन्नाद्भवन्ति भूतानि पर्जन्यादन्नसम्भवः ।
यज्ञाद्भवति पर्जन्यो यज्ञः कर्मसमुद्भवः ॥१४॥
कर्म ब्रह्मोद्भवं विद्धि ब्रह्माक्षरसमुद्भवम् ।
तस्मात्सर्वगतं ब्रह्म नित्यं यज्ञे प्रतिष्ठितम् ॥१५॥

पद० — अन्नात् = अन्नसे ; भवन्ति = उत्पन्न होते हैं ; भूतानि = (सम्पूर्ण) प्राणी ; पर्जन्यात् = वृष्टिसे ; अन्नसम्भवः = अन्नकी उत्पत्ति ; यज्ञात् = यज्ञसे ; भवति = होती है ; पर्जन्यः = वृष्टि ; यज्ञः = यज्ञ ; कर्मसमुद्भवः = (शास्त्रविहित) कर्मोंसे उत्पन्न होनेवाला ; कर्म = कर्मसमुदायको ; ब्रह्मोद्भवम् = वेदसे उत्पन्न हुआ ; विद्धि = जान ; ब्रह्म = वेदको ; अक्षरसमुद्भवम् = अविनाशी (परमात्मा) से उत्पन्न हुआ ; तस्मात् = इससे ; सर्वगतम् = सर्वव्यापी ; ब्रह्म = परम अक्षर (परमात्मा) ; नित्यम् = सदा ही ; यज्ञे = यज्ञमें ; प्रतिष्ठितम् = प्रतिष्ठित है।

अनु० — (सम्पूर्ण) प्राणी अन्न से उत्पन्न होते हैं ; अन्नकी उत्पत्ति वृष्टिसे होती है ; वृष्टि यज्ञसे होती है (और) यज्ञ (शास्त्रविहित) कर्मोंसे उत्पन्न होनेवाला है। कर्मसमुदायको (तू) वेदसे उत्पन्न हुआ (और) वेदको अविनाशी (परमात्मा) से उत्पन्न हुआ जान। इससे (सिद्ध होता है कि) सर्वव्यापी परम अक्षर (परमात्मा) सदा ही यज्ञमें प्रतिष्ठित है।

टि० — यहाँ "अन्न" शब्द व्यापक अर्थ में है। इसलिए इसका अर्थ केवल गेहूँ, चना आदि अनाजमात्र ही नहीं है ; किन्तु जिन भिन्न-भिन्न आहार करनेयोग्य स्थूल एवं सूक्ष्म पदार्थोंसे विविध प्राणियोंके शरीर आदिकी पुष्टि होती है, उन समस्त खाद्य पदार्थोंका वाचक यहाँ "अन्न" शब्द है। अतः, "सम्पूर्ण प्राणी अन्नसे उत्पन्न होते हैं"— इस वाक्यका यह भाव है कि खाद्य पदार्थोंसे ही समस्त प्राणियोंके शरीरमें रज और वीर्य आदि बनते हैं, उस रज-वीर्यके संयोगसे ही नाना प्राणियोंकी उत्पत्ति होती है ; तथा उत्पत्तिके बाद उनका पोषण भी खाद्य पदार्थोंसे ही होता है। इसलिए, सब प्रकारसे प्राणियोंकी उत्पत्ति, वृद्धि और पोषणका हेतु अन्न ही है।

इस अन्नकी उत्पत्तिका कारण वृष्टि है, क्योंकि संसारमें स्थूल एवं सूक्ष्म जितने भी अन्न (खाद्य पदार्थ) हैं, उन सबके पैदा होनेमें जल ही प्रधान कारण है— और जलका आधार वृष्टि ही है।

"यज्ञ" यहाँ अपने सामान्य, संकीर्ण अर्थ— यागहोमादि अनुष्ठान— ही का

द्योतक न होकर अपने विशिष्ट,विस्तृत अर्थ— समस्त जीवोंके हितके लिए निष्कामभावसे किए-जानेवाले सत्कर्म— का भी वाचक है। इसके अभिप्रेत अर्थोंमें हवन, दान, तप और जीविका आदि सभी कर्तव्यकर्मोंका समावेश है, किन्तु इनसबमें हवनकी प्रधानता होनेसे शास्त्रोंमें ऐसा कहा गया कि अग्निमें आहुति देनेपर वृष्टि होती है। वैसे, "यज्ञ" से यहाँ केवल हवन ही विवक्षित नहीं है, बल्कि लोककल्याणके लिए निस्स्वार्थपूर्वक किए-जानेवाले समूचे शुभ कर्म (नेक काम)।

पन्दरहवें श्लोककी पहली पङ्क्तिमें "ब्रह्म" का अर्थ "वेद" है और दूसरीमें "परमात्मा" । गीतामें "ब्रह्म" शब्दका प्रयोग प्रकरणानुसार "परमात्मा", "प्रकृति" (१४/३,४), "ब्रह्मा" (८/१७; ११/३७), "वेद" (४/३२ ; १७/२४) और "ब्राह्मण" (१८/४२) — इन सभी अर्थोंमें हुआ है।

"परमात्मा सदा ही यज्ञमें प्रतिष्ठित है" का भाव है कि "ईश्वर सदा अच्छे काममें रहता है।" कारण ? हर अच्छे काममें एक प्राणी अपनी पीड़ा-चिन्ताका ध्यान न कर दूसरे प्राणीको सुख-शान्ति पहुँचानेकी चेष्टा करता है। यह तभी हो सकता है जब वह दूसरे प्राणीको भी अपने ही जैसा समझे, उसे अपनेसे अभिन्न माने, उसकी आत्मा तथा अपनी आत्मामें एक ही नित्यस्वरूप परब्रह्म परमात्माकी अखण्ड, प्रचण्ड ज्योतिकी आभा देखे, अर्थात्,उसमें, अपनेमें,हर किसीमें, चारों ओर सर्वदा ईश्वर-ही-ईश्वरको विद्यमान पाए। और चूँकि परमात्माकी सर्वव्यापकता-विषयिणी यह दिव्यानुभूति उसे लोकसेवारूपी सत्कर्म सम्पादन करनेमें ही सदा होती है, तो हम निस्संकोच कह सकते हैं कि सत्कर्ममें वह सदा ईश्वरका साक्षात्कार करता है ; अर्थात्, उसे बोध हो जाता है कि "ईश्वर सदा अच्छे काममें रहता है", यानी, "परमात्मा सदा ही यज्ञमें प्रतिष्ठित है।"

इस प्रकार, सृष्टिचक्रकी स्थिति यज्ञपर निर्भर बतलाकर और परमात्माको यज्ञमें प्रतिष्ठित कहकर,अब उस सृष्टिचक्रके अनुकूल न चलनेवालेकी, यानी, अपना कर्तव्य पालन न करनेवालेकी, निन्दा करते हुए भगवान् कहते हैं—

एवं प्रवर्तितं चक्रं नानुवर्तयतीह यः ।
अघायुरिन्द्रियारामो मोघं पार्थ स जीवति ॥१६॥

पद॰ — एवम् = इस प्रकार ; प्रवर्तितम् = चलाए हुए (को) ; चक्रम् = सृष्टिचक्रको ; न = नहीं ; अनुवर्तयति = अनुकूल बरतता है ; इह = इस लोकमें ; यः = जो पुरुष ; अघायुः = पापायु ; इन्द्रियारामः = इन्द्रियोंके सुखको

भोगनेवाला ; मोघम् = व्यर्थ ही ; पार्थ = हे पृथा (कुन्ती) के पुत्र (अर्जुन) ; सः = वह ; जीवति = जीता है।

अनु॰ — हे अर्जुन!जो पुरुष इस लोकमें इस प्रकार (परम्परासे) चलाए-हुए सृष्टिचक्रके अनुकूल नहीं बरतता है (अर्थात्, अपने कर्तव्यका पालन नहीं करता है), वह इन्द्रियोंके द्वारा प्राप्त भोगोंमें रमण करनेवाला (अर्थात्,इन्द्रियोंके द्वारा प्राप्त सांसारिक सुखोंके आनन्दमें डूबा हुआ) पापायु (पापी पुरुष) व्यर्थ ही जीता है (अर्थात्, उसके जीनेसे न संसारको, और न स्वयम् उसको, कोई वास्तविक लाभ है)।

टि॰ — यहाँ यह प्रश्न उठता है कि उपर्युक्त प्रकारसे सृष्टिचक्रके अनुसार चलनेका दायित्व किस श्रेणीके मनुष्योंपर है। इसका उत्तर है कि परमात्माको-प्राप्त सिद्ध महापुरुषोंके अतिरिक्त इस सृष्टिसे सम्बन्ध रखनेवाले सभी मनुष्योंपर अपने-अपने कर्तव्यपालनका दायित्व है। इसी भावको दिखलानेके लिए,अगले दो श्लोकोंमें, ज्ञानी महापुरुषके लिये कर्तव्यका अभाव और उसका हेतु बतलाते हुए भगवान् कहते हैं—

यस्त्वात्मरतिरेव स्यादात्मतृप्तश्च मानवः।
आत्मन्येव च सन्तुष्टस्तस्य कार्यं न विद्यते ॥१७॥

पद॰ — यः = जो ; तु = परन्तु ; आत्मरतिः = आत्मामें रमण करनेवाला ; एव = ही ; स्यात् = हो ; आत्मतृप्तः = आत्मामें (ही) तृप्त ; च = तथा ; मानवः = मनुष्य ; आत्मनि = आत्मामें ; एव = ही ; च = और ; सन्तुष्टः = सन्तुष्ट ; तस्य = उसके लिए ; कार्यम् = (कोई) कर्तव्य ; न = नहीं ; विद्यते = (रह जाता) है।

अनु॰ — परन्तु जो मनुष्य आत्मामें ही रमण करनेवाला और आत्मामें (ही) तृप्त तथा आत्मामें ही सन्तुष्ट हो, उसके लिए (कोई) कर्तव्य नहीं (रह जाता) है।

टि॰ — यहाँ "आत्मा" से अभिप्राय "परमात्मा" से है। परमात्माको प्राप्त-हुए मनुष्यकी दृष्टिमें यह सम्पूर्ण जगत् स्वप्नसे जगे-हुए आदमीके लिए स्वप्नकी सृष्टिकी भाँति हो जाता है। उसकी किसी भी सांसारिक वस्तुमें तनिक भी प्रीति नहीं होती और वह किसी भी विषयमें रमण नहीं करता ; केवलमात्र एक परमात्मामें ही अभिन्नभावसे उसकी अटल स्थिति हो जाती है। इस कारण, उसके मन-बुद्धि भी संसारमें रमण न करके केवल परमात्माके स्वरूपका ही सदा मनन और चिन्तन करते रहते हैं— यही उसका "आत्मामें रमण करना" है।

साथ ही, परमात्माको-प्राप्त पुरुष पूर्णकाम हो जाता है, उसके लिए कोई भी वस्तु प्राप्त करनेयोग्य नहीं रह जाती। वह नित्य-निरन्तर ब्रह्ममें ही मस्त रहता है ; संसारका कोई बड़े-सा-बड़ा प्रलोभन भी उसे अपनी ओर आकर्षित नहीं कर सकता। विश्वके किसी भी पदार्थसे अब उसे कोई लेना-देना नहीं होता, क्योंकि उसने तो ऐसी विरल वस्तुको पा लिया है, जिसे पानेसे उसने सब-कुछ पा लिया है— तृप्ति भी, सन्तुष्टि भी। यही "आत्मामें तृप्त तथा सन्तुष्ट होने" का आशय है।

उपर्युक्त तीन विशेषणोंसे युक्त महापुरुष परमात्माको-प्राप्त हुआ होता है,अतः उसके समस्त कर्तव्य समाप्त हो चुके होते हैं— वह कृतकृत्य हो चुका होता है। मनुष्यके लिए शास्त्रोंमें जितना भी कर्तव्यका विधान किया गया है, उस सबका उद्देश्य केवलमात्र एक परमकल्याणस्वरूप परमात्माको प्राप्त करना ही है। अब, वह उद्देश्य जिसका पहले ही पूर्ण हो चुका है, उसके लिए तो कुछ भी करना शेष नहीं रह जाता— अर्थात्, उसके कर्तव्यकी समाप्ति हो जाती है।

यहाँ यह बात ध्यान देनेयोग्य है कि ऐसे ज्ञानी आप्तपुरुषका मन-इन्द्रियोंसहित शरीरसे तथा उनके कर्मोंसे कुछ भी सम्बन्ध नहीं रहता। इस कारण,वह, वास्तवमें, कुछ भी नहीं करता—उसके कर्म "कर्म" ही नहीं रहते। तथापि, उसके द्वारा, पूर्वके अभ्याससे और प्रारब्धके अनुसार, लोकदृष्टिसे शास्त्रानुकूल कर्म तो लोकहितार्थ होते ही रहते हैं। ऐसे पुरुषपर शास्त्रका कोई शासन नहीं होता। उसका कर्म करने या न करनेसे भी कोई प्रयोजन नहीं रहता। इसी भावको अगले श्लोकमें दरसाया गया है—

नैव तस्य कृतेनार्थो नाकृतेनेह कश्चन ।
न चास्य सर्वभूतेषु कश्चिदर्थव्यपाश्रयः ॥ १८ ॥

पद० — न = नहीं ; एव = ही ; तस्य = उस (महापुरुष) का ; कृतेन = कर्म करनेसे ; अर्थः = प्रयोजन ; न = नहीं ; अकृतेन = कर्म न करनेसे ; इह = इस संसारमें ; कश्चन = कोई ; न = नहीं ; च = और ; अस्य = इसका ; सर्वभूतेषु = सम्पूर्ण प्राणियोंमें ; कश्चित् = कुछ भी ; अर्थव्यपाश्रयः = स्वार्थका सम्बन्ध।

अनु० — उस (महापुरुष) का इस संसारमें न (तो) कर्म करनेसे (कोई) प्रयोजन (रहता है, और) न ही कर्म न करनेसे कोई (प्रयोजन) (रहता है)। (फिर भी उसके द्वारा केवल लोकहितार्थ कर्म तो होते ही रहते हैं)। तथा सम्पूर्ण प्राणियोंमें (भी) इसका किञ्चिन्मात्र (थोड़ा-सा) भी स्वार्थका सम्बन्ध नहीं (रहता)।

तस्मादसक्तः सततं कार्यं कर्म समाचर ।
असक्तो ह्याचरन्कर्म परमाप्नोति पूरुषः ॥१९॥

पद० — तस्मात् = इसलिए ; असक्तः = निर्लेप भावसे युक्त हुआ ; सततम् = निरन्तर (सदा) ; कार्यम् = कर्तव्यको (करने-योग्यको) ; कर्म = कर्म (काम) को ; समाचर = भलीभाँति करता रह ; असक्तः = आसक्ति (लगाव) से रहित होकर ; हि = क्योंकि ; आचरन् = करता हुआ ; कर्म = कामको ; परम् = परमात्माको ; आप्नोति = प्राप्त करता (होता) है ; पूरुषः = मनुष्य।

अनु० — इसलिए (तू) निर्लिप्त होकर सदा कर्तव्यकर्मको भलीभाँति करता रह, क्योंकि आसाक्ति (लगाव) से रहित होकर कर्म करता हुआ मनुष्य परमात्माको प्राप्त हो जाता है।

टि० — यहाँ "असक्त:" कितना सारगर्भित एवं महत्त्वपूर्ण है! इस अकेले शब्दमें कर्मयोग-सिद्धान्त तथा गीतामर्म कूट-कूटकर भरे हैं—असक्त → सक्त नहीं → लिप्त (लगा) नहीं → मेरा-तेरा, अपना-पराया, सफलता-असफलता सरीखे सभी विचारोंसे सर्वथा असम्बद्ध (अलग-थलग) → निर्लिप्त-निष्काम भावसे कामको केवल काम (कर्तव्य) समझकर करना → ऐसे कर्मको साक्षात् पूजा समझ ईश्वरको समर्पित कर देना → इच्छा-प्रेरित न होनेके कारण ऐसे कर्मोंका कोई फल उत्पन्न करनेमें असमर्थ होना → कर्मफल न होनेसे कर्मबन्धनका टूटना → इसके कारण जन्म-मरण-चक्रका समाप्त हो जाना → उससे मोक्ष प्राप्त होना, अर्थात्, परमात्मामें मिलकर परमात्मा ही बन जाना। यह है एक छोटे-से शब्द "असक्त:" का चमत्कार! वाह, कृष्ण, तेरी विचारचातुरी ; और, व्यास, तेरी वाङ्नागरी!

"असक्त (निर्लिप्त) होकर कर्म करनेवाला मनुष्य परमात्माको प्राप्त हो जाता है", इस तथ्यको पुष्ट करनेके लिए जनकादिका प्रमाण देकर, भगवान् अर्जुनके लिए कर्तव्य (कार्योचित, शास्त्रविहित) कर्म करनेकी आवश्यकतापर फिर बल देते-हुए कहते हैं—

कर्मणैव हि संसिद्धिमास्थिता जनकादयः ।
लोकसंग्रहमेवापि संपश्यन्कर्तुमर्हसि ॥२०॥

पद० — कर्मणा = कर्मद्वारा ; एव = ही ; हि = निश्चित रूपसे ; संसिद्धिम् = परमसिद्धिको ; आस्थिताः = प्राप्त हुए थे ; जनकादयः = जनक आदि (ज्ञानीजन भी) ; लोकसंग्रहम् = संसारके नेतृत्व (मार्गदर्शन) को ; एव =

ही ; अपि = भी ; संपश्यन् = देखते हुए ; कर्तुम् = कर्म करनेको ; अर्हसि = योग्य है।

अनु॰ — जनकादि (ज्ञानीजन भी), निस्सन्देह, (आसक्तिरहित) कर्मद्वारा ही परमसिद्धिको प्राप्त हुए थे। (इसलिए तथा) संसारके (कल्याणार्थ, उसके) मार्गदर्शनको देखते हुए (ध्यानमें रखते हुए) भी (तू) कर्म करनेको ही योग्य है (अर्थात्,तुझे कर्म करना ही उचित है)।

टि॰ — "लोकसंग्रह" का प्रधान अर्थ है "लोगोंको इकट्ठा करना"। किस लिए ? उनके कल्याणके लिए, उनके परमार्थके लिए, अर्थात्, उन्हें सन्मार्ग पर लानेके लिए, सही दिशा प्रदान करनेके लिए। अर्जुन कोई छोटा-मोटा सामान्य व्यक्ति नहीं है ; वह अपने युगका एक अनुपम धनुर्धारी, प्रलयकारी उद्भट योद्धा, योगिराज द्वारकाधीश कृष्णका बहनोई और अनन्य भक्त है ; साधारण जनसमुदायका एक प्रचुर अंग उसे अपने नेताके रूपमें देखता है। अब, यदि वह ही कर्म करना बन्द कर दे, तो, उसे आदर्श मानकर उसका अनुकरण करनेवाले, अन्य लोग भी कर्म करना बन्द करदेंगे, जिससे सृष्टिकी व्यवस्था ही बिगड़ जायेगी। अतः, सामान्यजनके हितको भी दृष्टिमें रखतेहुए अर्जुनको कर्मका त्याग कदापि नहीं करना चाहिये, अपितु निरन्तर शास्त्रविहित,स्वार्थरहित,कर्म करते रहना चाहिये।

उसके कर्म करनेसे लोककल्याण अवश्य होगा, अपने इस मतके समर्थनमें भगवान् अब एक तर्क प्रस्तुत करते हैं—

यद्यदाचरति श्रेष्ठस्तत्तदेवेतरो जनः ।
स यत्प्रमाणं कुरुते लोकस्तदनुवर्तते ॥२१॥

पद॰ — यत् = जो ; यत् = जो ; आचरति = आचरण करता है ; श्रेष्ठः = महापुरुष (महात्मा, ज्ञानी) ; तत् = वैसा ; तत् = वैसा ; एव = ही ; इतरः = अन्य ; जनः = पुरुष ; सः = वह ; यत् = जो (कुछ) ; प्रमाणम् = सिद्धान्तरूपसे प्रतिपादित ; कुरुते = कर देता है ; लोकः = लोग (समस्त मनुष्यसमुदाय) ; तत् = उसके ; अनुवर्तते = अनुसार बरतता है।

अनु॰ — महापुरुष (ज्ञानी वा धर्मात्मा) जो-जो (जैसा-जैसा) आचरण करता है, अन्य पुरुष (भी) वैसा-वैसा ही (आचरण करते हैं)। वह जो (कुछ) सिद्धान्तरूपसे प्रतिपादित करदेता है (उचित वा अनुचित ठैरा देता है), समस्त मनुष्यसमुदाय उसीके अनुसार बरतने लग जाता है।

टि॰ — समाज अपने गण्य-मान्य अग्रणी (नेता) के पीछे-पीछे चलता है। वह

जो भी मत निर्धारित कर देता है अथवा जैसा-जैसा व्यवहार करता है, जनता उसीको अपनालेती है। अब, अर्जुन अपने समयके विशिष्ट व्यक्तियोंका एक पुरोधा है; उसका एक विशाल अनुयायी-वर्ग है जो, निर्विवादतः, उसीका अनुसरण करेगा। यदि अर्जुन निष्कामकर्म निर्लिप्तभावसे निर्बाध करता रहेगा, तो उसके अनुगामी भी वैसा ही करते रहेंगे, जिससे, निस्सन्दिग्धतः, उनका कल्याण-ही-कल्याण होगा। अतः, सर्वजनहिताय-सर्वजनसुखाय भी, अर्जुनको किसी भी अवस्थामें कर्मत्याग नहं करना चाहिये।

इस प्रकार, श्रेष्ठपुरुषोंके आचरणोंको लोकसंग्रहमें हेतु बतलाकर अब भगवान् तीन श्लोकोंमें, अपना उदाहरण देकर, कर्तव्य-कर्मोंके करनेकी आवश्यकताका प्रतिपादन करते हैं—

न मे पार्थास्ति कर्तव्यं त्रिषु लोकेषु किञ्चन ।
नानावाप्तमवाप्तव्यं वर्त एव च कर्मणि ॥२२॥

पद॰ — न = नहीं; मे = मुझे; पार्थ = हे पृथा (कुन्ती) के पुत्र (अर्जुन); अस्ति = है; कर्तव्यम् = करनेयोग्य (करना शेष); त्रिषु = तीनों (में); लोकेषु = लोकोंमें; किञ्चन = कुछ भी; न = नहीं; अनावाप्तम् = अप्राप्त; अवाप्तव्यम् = प्राप्त करनेयोग्य; वर्ते = बरतता हूँ; एव = ही; च = और; कर्मणि = कर्ममें।

अनु॰ — हे अर्जुन! (यद्यपि) मुझे (इन) तीनों लोकोंमें न तो कुछ कर्तव्य (करना शेष) है और न (ही कोई भी) प्राप्त करनेयोग्य (वस्तु) मुझे अप्राप्त है (अर्थात्, सभी वस्तुएँ मुझे प्राप्त हैं— मेरे पास मौजूद हैं) (तो भी, मैं निरन्तर) कर्ममें ही बरतता हूँ (कर्म ही करता रहता हूँ)।

यदि ह्यहं न वर्तेयं जातु कर्मण्यतन्द्रितः ।
मम वर्त्मानुवर्तन्ते मनुष्याः पार्थ सर्वशः ॥२३॥

पद॰ — यदि = अगर; हि = क्योंकि; अहम् = मैं; न = नहीं; वर्तेयम् = बरतूँ; जातु = कभी; कर्मणिं = कर्ममें; अतन्द्रितः = सावधान होकर; मम = मेरे; वर्त्म = मार्गको; अनुवर्तन्ते = अनुसरण करते हैं; मनुष्याः = आदमी; पार्थ = हे अर्जुन; सर्वशः = सब प्रकारसे।

अनु॰ — क्योंकि, हे अर्जुन! यदि कभी मैं सावधान होकर कर्मोंमें न बरतूँ (काम न करूँ, तो बड़ी हानि हो जाये, क्योंकि) मनुष्यमात्र सब प्रकारसे मेरे (ही) मार्गका अनुसरण करते हैं।

उत्सीदेयुरिमे लोका न कुर्यां कर्म चेदहम् ।
संकरस्य च कर्ता स्यामुपहन्यामिमाः प्रजाः ॥२४॥

पद॰ — उत्सीदेयुः = नष्ट (भ्रष्ट) हो जाएँ ; इमे = ये ; लोकाः = लोक (मनुष्य) ; न = नहीं ; कुर्याम् = करूँ ; कर्म = काम ; चेत् = यदि ; अहम् = मैं ; संकरस्य = सम्मिश्रणका ; च = और ; कर्ता = करनेवाला ; स्याम् = होऊँ ; उपहन्याम् = मार देऊँ ; इमाः = इन (समस्त) (को) ; प्रजाः = प्रजाओंको (मनुष्योंको)।

अनु॰ — (इसलिए) यदि मैं कर्म न करूँ (तो) ये (सब) लोक (मनुष्य) नष्ट (भ्रष्ट) हो जायेंगे और, (इस प्रकार, मैं वर्णजात्यादि सभी प्रकारके) सम्मिश्रणका करनेवाला होऊँगा (तथा) इन (समस्त) प्रजाओं (मनुष्यों) का नाश करनेवाला बनूँगा।

टि॰ — यहाँ "उत्सीदेयुरिमे लोकाः" पादके, "कृष्ण" के शाब्दिक एवं व्यावहारिक अर्थोंके अनुकूल, दो अभिप्राय हो सकते हैं। प्रथम, हम शाब्दिक पक्षको लेते हैं। "कृष्ण" की व्युत्पत्ति "कृष्" धातुके साथ "नक्" प्रत्यय लगानेसे होती है। "कृष्" का अर्थ होता है "खींचना", अतः "कृष्ण" का अर्थ हुआ "खींचनेवाला"। किसको खींचनेवाला ? ब्रह्माण्डके सभी लोकोंको अपनी ओर खींचनेवाला। हम जानते हैं कि पृथ्वी, जल, अग्नि तथा वायु द्रव्य परमाणुके ही विभिन्न रूप हैं। प्रत्येक परमाणु परिवर्तनहीन, शाश्वत, अतिसूक्ष्म तथा अदर्शनीय, किन्तु आकर्षणशक्तियुक्त, होता है। इन परमाणुओंके विभिन्न रूप तथा मात्रामें एकत्र समवेत होनेसे ही नाना पदार्थ बनते हैं।

एक ही पदार्थमें स्थित ये परमाणु आपसमें एक-दूसरेको तो, उस शक्तिके आधारपर, खींचते ही हैं, साथमें, उनके कारण, विविध पदार्थ भी परस्पर आकृष्ट होते रहते हैं। और केवल पदार्थ ही नहीं, इस असीम, अनन्त ब्रह्माण्डमें भ्रमणशील असंख्य विशालकाय ग्रह, उपग्रह तथा नक्षत्र भी निजी पारमाणविक शक्तिके अनुरूप, लघुबृहन्मात्रामें, एक-दूसरेको निरन्तर खींचते रहते हैं। इस विस्मयकारी, बुद्धिभ्रामक सन्तुलनचमत्कारके पीछे हाथ है उस मूलपरमाणुभूत अनादिचुम्बकीय शक्ति — ब्रह्म — का, जो निश्शेष सृष्टिका, स्वेच्छामयी दिव्य आकृष्टिद्वारा, सन्धारण किए हुए है। जिस भी क्षण वह (ब्रह्म) अपना खेल समाप्त करना चाहेगा, वह ब्रह्माण्डाधारभूत अपनी समाकर्षणशक्तिको समेट लेगा, जिसके फलस्वरूप समस्त लोक, निरालम्ब अवस्थामें होनेके कारण, एक-दूसरेसे

टकराकर प्रलयविनाशको प्राप्त हो जाएँगे। इस प्रकार, यदि सच्चिदानन्द ब्रह्मकी समाकर्षण शक्ति — कृष्ण — कर्म न करे, तो ये सब लोक नष्ट हो जायेंगे।

अब हम "कृष्ण" के व्यावहारिक पक्षपर दृष्टि डालेंगे। यह सर्वविदित ही है कि कृष्ण राजनीतिके परम ज्ञाता तथा दर्शनके प्रकाण्ड पण्डित थे। धार्मिक जगत्में भी वे नेता एवं प्रवर्तक थे। इसीलिए, उनको "योगीश्वर" तथा "जगद्गुरु" — कृष्णं वन्दे जगद्गुरुम् — जैसी उपाधियाँ मिली थीं। अपनी सर्वतोमुखी प्रतिभाओं व क्षमताओंके कारण, वास्तवमें, वे युगपुरुष थे, जो आगे चलकर अवतारके रूपमें स्वीकार किए गए। अतः, तत्कालीन जनसमाज उन्हें अपना आराध्य देव तथा आदर्श मार्गदर्शक मान सभी जीवनक्षेत्रोंमें उनका अनुसरण करनेमें अपनेको धन्य समझता था।

भगवान्से भी यह बात छिपी न थी, इसलिये वे अर्जुनसे यहाँ कहते हैं कि यदि वे कर्तव्यकर्मोंका त्याग करदें, तो उन शास्त्रविहित कर्मोंको व्यर्थ समझकर दूसरे लोग भी उनकी देखा-देखी उनका परित्याग करदेंगे। फलस्वरूप, राग-द्वेषके वश होकर एवं प्रकृतिके प्रवाहमें पड़कर वे मनमाने नीच कर्म करने लगेंगे और स्वार्थपरायण, भ्रष्टाचारी तथा उच्छृंखल हो जायेंगे। ऐसा होनेसे वे शास्त्रविरुद्ध, लोकनाशक पापकर्म करने लगेंगे, जिससे उनका मनुष्यजन्म भ्रष्ट हो जायेगा (वे मनुष्यत्वसे गिर जायेंगे) और मरनेके बाद उनको नीच योनियोंमें अथवा नरकोंमें गिरना पड़ेगा। सो, इस पक्षमें भी हमने देखा कि यदि कृष्ण कर्म न करे, तो ये सब लोग (मनुष्य) भ्रष्ट हो जायेंगे। इस प्रकार, "उत्सीदेयुरिमे लोकाः" पादके, उपर्युक्त रीतिसे, दो अभिप्राय हो गए।

दूसरी पंक्तिमें "संकरस्य" शब्दसे सभी प्रकारकी संकरता विवक्षित है। वर्ण, आश्रम, जाति, समाज, स्वभाव, देश, काल, राष्ट्र और परिस्थितिकी अपेक्षासे सब मनुष्योंके अपने-अपने पृथक्-पृथक् पालनीय धर्म होते हैं। शास्त्रविधिका त्याग करके, नियमपूर्वक अपने-अपने धर्मका पालन न करनेसे सारी व्यवस्था बिगड़ जाती है और सबके धर्मोंमें संकरता आ जाती है, अर्थात्, उनका मिश्रण हो जाता है। इस कारण, सब अपने-अपने कर्तव्यसे भ्रष्ट होकर ऐसी शोचनीय स्थितिमें पहुँच जाते हैं कि उनके धर्म, कर्म और जातिका नाश होकर, प्रायः, मनुष्यत्व ही नष्ट हो जाता है। अतः, यहाँ भगवान् यह भाव दिखलाते हैं कि यदि वे शास्त्रविहित कर्तव्यकर्मोंका त्याग करदें, तो, फलतः, अपने आदर्शके द्वारा इन लोगोंसे शास्त्रीय कर्मोंका त्याग करवाकर, इनमें धर्मनाशक संकरता उत्पन्न करनेमें उन्हींको कारण बनना पड़ेगा।

अन्तमें, अपने कर्तव्यकर्म न करनेसे उत्पन्न होनेवाले एक अन्य घोर अनर्थका निर्देश करते हुए, भगवान् कहते हैं कि ऐसा करनेसे वे समस्त मानवजातिके विनाशका भी कारण बनेंगे। वे अभी बतला चुके हैं कि उनके कर्म न करनेसे लोगोंमें सब प्रकारकी उच्छृंखलता व संकरता फैल जाएगी। ऐसा होनेपर, मनुष्य भोगपरायण एवं स्वार्थान्ध होकर भिन्न-भिन्न साधनोंसे एक-दूसरेका नाश करने लग जायेंगे। तब, अत्याचार तथा अनाचारके चारों ओर बढ़ जानेपर, उसके साथ-साथ नई-नई दैवी विपत्तियाँ भी आने लगेंगी, जिनके कारण मानवमात्र ही नष्ट हो जायेगा। इस सब घिनौने एवं दारुण काण्डके लिए भगवान्, अपने कर्तव्यकर्म न करने ही को कारण बतलाते हुए, अपने-आपको दोषी ठैराते हैं।

इस प्रकार तीन श्लोकोंमें, अपने उदाहरणद्वारा, शास्त्रविहित कर्तव्यकर्मोंकी महत्ता तथा उपादेयता बतलाकर, अब श्रीकृष्ण, पूर्वोक्त लोकसंग्रहकी दृष्टिसे, ज्ञानीको कर्म करनेके लिए आदेश देते हैं —

सक्ताः कर्मण्यविद्वांसो यथा कुर्वन्ति भारत ।
कुर्याद्विद्वांस्तथाऽसक्तश्चिकीर्षुर्लोकसंग्रहम् ॥२५॥

पद० — सक्ताः = लिप्त हुए ; कर्मणि = काममें ; अविद्वांसः = अज्ञानीजन ; यथा = जिस प्रकार ; कुर्वन्ति = काम करते हैं ; भारत = हे भरतवंशज (अर्जुन) ; कुर्यात् = करे ; विद्वान् = ज्ञानीपुरुष (बुद्धिमान्) ; तथा = उसी प्रकार ; असक्तः = निर्लिप्त हुआ ; चिकीर्षुः = करनेकी इच्छावाला ; लोकसंग्रहम् = लोककल्याण (लोकशिक्षा) को।

अनु० — हे भरतवंशज (अर्जुन) ! (स्वार्थप्रेरित निजी) काममें लिप्तहुए अज्ञानीजन जैसे (जिस लगन, निष्ठा एवं तन्मयतासे) कर्म करते हैं, वैसे ही (उसी लगन, निष्ठा एवं तन्मयतासे) निर्लिप्तभावपूर्वक मानवकल्याण (मानवमार्गदर्शन) करनेकी इच्छावाला ज्ञानीपुरुष (साधक) (निष्कामकर्म) करे।

न बुद्धिभेदं जनयेदज्ञानां कर्मसंगिनाम् ।
जोषयेत्सर्वकर्माणि विद्वान्युक्तः समाचरन् ॥२६॥

पद० — न = नहीं ; बुद्धिभेदम् = बुद्धिमें भ्रमको ; जनयेत् = उत्पन्न करे ; अज्ञानाम् = अज्ञानियोंकी ; कर्मसंगिनाम् = कर्मोंमें आसक्तिवालों (की) ; जोषयेत् = प्रेमपूर्वक करावे ; सर्वकर्माणि = सब कर्मोंको ; विद्वान् = ज्ञानीपुरुष ; युक्तः = स्थिरबुद्धि हुआ ; समाचरन् = भलीभाँति करता हुआ।

अनु० — (एक) ज्ञानीपुरुष (अपने गूढ़, जटिल विचारोंसे) (इच्छाप्रेरित)

कर्मोंमें लिप्त-हुए अज्ञानियोंकी बुद्धिमें भ्रम (कर्मोंमें अश्रद्धा) न उत्पन्न करे। (बल्कि, स्वयं) स्थिरबुद्धि हुआ (तथा) सब कर्मोंको भलीभाँति (निष्काम, निर्लिप्त भावसे) करता हुआ (उनसे भी, अपने उदाहरण द्वारा, वैसे ही निष्काम कर्म) प्रेमपूर्वक करवाये।

प्रकृतेः क्रियमाणानि गुणैः कर्माणि सर्वशः ।
अहंकारविमूढात्मा कर्ताहमिति मन्यते ॥२७॥

पद० — प्रकृतेः = प्रकृतिके ; क्रियमाणानि = किए जाते हैं ; गुणैः = गुणोंद्वारा ; कर्माणि = कर्म ; सर्वशः = सम्पूर्ण ; अहंकारविमूढात्मा = अहंकारसे मोहित-हुए अन्तःकरणवाला ; कर्ता = करनेवाला ; अहम् = मैं ; इति = ऐसा ; मन्यते = मानता है।

अनु० — सम्पूर्ण कर्म, (वास्तवमें), प्रकृतिके गुणोंद्वारा (ही) किए जाते हैं, (फिर भी), अहंकारसे मोहित-हुए अन्तःकरणवाला (अज्ञानीपुरुष) "मैं करनेवाला हूँ" ऐसा मानता (समझ लेता) है।

तत्त्ववित्तु महाबाहो गुणकर्मविभागयोः ।
गुणा गुणेषु वर्तन्त इति मत्वा न सज्जते ॥२८॥

पद० — तत्त्ववित् = वास्तविकताको जाननेवाला ; तु = परन्तु ; महाबाहो = हे विशाल (शक्तिशालिनी) भुजाओंवाले (अर्जुन) ; गुणकर्मविभागयोः = गुणविभाग और कर्मविभागकी ; गुणाः = गुण ; गुणेषु = गुणोंमें ; वर्तन्ते = बरतते हैं ; इति = ऐसा ; मत्वा = मानकर ; न = नहीं ; सज्जते = आसक्त (लिप्त) होता है।

अनु० — परन्तु, हे विशाल (शक्तिशालिनी) भुजाओंवाले (अर्जुन)! गुणविभाग और कर्मविभागकी वास्तविकताको (भलीभाँति) जाननेवाला ज्ञानी-पुरुष) "(इन्द्रियरूपी सम्पूर्ण) गुण (विषयरूपी) गुणोंमें (ही) बरतते (व्यवहार करते अथवा क्रियाशील रहते) हैं", ऐसा मानकर (समझकर) (उनमें) आसक्त (लिप्त) नहीं होता।

टि० — त्रिगुणात्मक मायाके कार्यरूप पाँच महाभूत और मन, बुद्धि, अहंकार तथा पाँच ज्ञानेद्रियाँ, पाँच कर्मेन्द्रियाँ और शब्दादि पाँच विषय — इन सबके समुदायका नाम "गुणविभाग" है और इनकी परस्परकी चेष्टाओंका नाम "कर्मविभाग" है। इन दोनों विभागोंसे आत्माको पृथक्, अर्थात् निर्लिप्त, जानना ही इनके तत्त्व — इनकी वास्तविकता — को जानना है।

प्रकृतेर्गुणसम्मूढाः सज्जन्ते गुणकर्मसु ।
तानकृत्स्नविदो मन्दान् कृत्स्नविन्न विचालयेत् ॥२९॥

पद० — प्रकृतेः = प्रकृतिके ; गुणसम्मूढाः = गुणोंसे मोहित हुए ; सज्जन्ते = आसक्त (लिप्त) हो जाते हैं ; गुणकर्मसु = गुणोंके कर्मों (व्यवहारों) में ; तान् = उनको ; अकृत्स्नविदः = पूर्णतया न समझनेवालों (को) ; मन्दान् = मन्दबुद्धियोंको ; कृत्स्नवित् = पूर्णतया जाननेवाला ; न = नहीं ; विचालयेत् = विचलित करे।

अनु० — प्रकृतिके गुणोंसे (अत्यन्त) मोहित-हुए (मनुष्य) गुणोंके कर्मों (व्यवहारों) में आसक्त (लिप्त) हो जाते हैं। उन पूर्णतया-न-समझनेवाले, मन्दबुद्धि (अज्ञानियों) को पूर्णतया-जाननेवाला (ज्ञानीपुरुष) विचलित न करे (भ्रममें न डाले)।

मयि सर्वाणि कर्माणि संन्यस्याध्यात्मचेतसा ।
निराशीर्निर्ममो भूत्वा युध्यस्व विगतज्वरः ॥३०॥

पद० — मयि = मुझमें ; सर्वाणि = सब (को) ; कर्माणि = कर्मोंको ; संन्यस्य = समर्पण करके ; अध्यात्मचेतसा = परमात्मामें लगे-हुए चित्तसे ; निराशीः = आशाहीन ; निर्ममः = ममतारहित ; भूत्वा = होकर ; युध्यस्व = युद्ध कर ; विगतज्वरः = सन्तापशून्य।

अनु० — (मुझ अन्तर्यामी) परमात्मामें लगे (स्थित) हुए चित्तसे सम्पूर्ण कर्मोंको मुझमें (ही) समर्पित करके, (हे अर्जुन !) तू आशाहीन, ममतारहित (तथा) सन्तापशून्य होकर (अब) युद्ध कर।

टि० — इसी अध्यायके दूसरे श्लोकमें अर्जुनने भगवान्से निवेदन किया था कि ज्ञानयोग एवं कर्मयोग दोनोंकी बातें सुन-सुनकर वह अपने कर्तव्यके विषयमें उलझनमें पड़ गया था, अतः वे सोच-विचारकर उसके लिए कोई एक श्रेयस्कर मार्ग निर्धारित करें। अब, इस श्लोकके द्वारा भगवान्ने अर्जुनकी उस जिज्ञासाको शान्त करते हुए कहा है कि उसकेलिए एकमात्र कल्याणकारी मार्ग युद्धका ही है ; इसलिये, वह सब सन्देह-शंकायें छोड़कर पूर्ण उत्साह, तन्मयता व साहसके साथ युद्ध करनेके लिए खड़ा हो जाये।

साथ ही, चौथे श्लोकसे लेकर २९वें श्लोकतक, श्रीकृष्णने शास्त्रविहित कर्मोंके आचरणकी आवश्यकताका विविध प्रकारसे प्रतिपादन किया है। अब अगले पाँच श्लोकोंमें, उस सिद्धान्तके अनुसार कर्म करनेवालोंकी प्रशंसा और न

करनेवालोंकी निन्दा करके, वे राग-द्वेषके वशमें न होने तथा स्वधर्मपालनपर विशेष बल देते हैं —

ये मे मतमिदं नित्यमनुतिष्ठन्ति मानवाः ।
श्रद्धावन्तोऽनसूयन्तो मुच्यन्ते तेऽपि कर्मभिः ॥३१॥

पद॰ — ये = जो (कोई) ; मे = मेरे ; मतम् = मतको ; इदम् = इस (को) ; नित्यम् = सदा ; अनुतिष्ठन्ति = अनुसरण करते हैं ; मानवाः = मनुष्य ; श्रद्धावन्तः = श्रद्धायुक्त ; अनसूयन्तः = दोषबुद्धिसे रहित ; मुच्यन्ते = छूट जाते हैं ; ते = वे ; अपि = भी ; कर्मभिः = कर्मोंसे।

अनु॰ — जो (कोई भी) मनुष्य दोषबुद्धिसे रहित (और) श्रद्धायुक्त (होकर) मेरे इस मतका सदा (ही) अनुसरण करते हैं, वे (सम्पूर्ण) कर्मोंसे छूट जाते हैं।

ये त्वेतदभ्यसूयन्तो नानुतिष्ठन्ति मे मतम् ।
सर्वज्ञानविमूढांस्तान्विद्धि नष्टानचेतसः ॥३२॥

पद॰ — ये = जो ; तु = परन्तु ; एतत् = इस (को) ; अभ्यसूयन्तः = दोषबुद्धिसे युक्त ; न = नहीं ; अनुतिष्ठन्ति = अनुसरण करते हैं ; मे = मेरे ; मतम् = मतको ; सर्वज्ञानविमूढान् = सम्पूर्ण ज्ञानोंमें मोहितों (को) ; तान् = उनको ; विद्धि = जान ; नष्टान् = नष्ट हुओं (को) ; अचेतसः = मूर्खोंको।

अनु॰ — परन्तु जो (मनुष्य) दोषबुद्धिसे युक्त हुए (अर्थात्, मुझमें दोषारोपण करते हुए) मेरे इस मतका अनुसरण नहीं करते, उन मूर्खोंको (तू) सम्पूर्ण ज्ञानोंमें मोहित (और) नष्ट हुए (कल्याणसे भ्रष्ट हुए) (ही) जान (समझ)।

सदृशं चेष्टते स्वस्याः प्रकृतेर्ज्ञानवानपि ।
प्रकृतिं यान्ति भूतानि निग्रहः किं करिष्यति ॥३३॥

पद॰ — सदृशम् = अनुसार ; चेष्टते = काम करता है ; स्वस्याः = अपनी (के) ; प्रकृतेः = प्रकृतिके ; ज्ञानवान् = ज्ञानी (बुद्धिमान्) ; अपि = भी ; प्रकृतिम् = प्रकृतिको ; यान्ति = प्राप्त होते हैं ; भूतानि = प्राणी ; निग्रहः = नियन्त्रण ; किम् = क्या ; करिष्यति = करेगा।

अनु॰ — (सभी) प्राणी प्रकृतिको प्राप्त होते हैं (अर्थात्, अपने स्वभावके अधीन ही कर्म करते हैं)। (एक) ज्ञानी (बुद्धिमान्) भी अपनी प्रकृतिके अनुसार (ही) काम करता है। (फिर इसमें किसीका) नियन्त्रण क्या करेगा (अर्थात्, वह सर्वथा व्यर्थ है)।

इन्द्रियस्येन्द्रियस्यार्थे रागद्वेषौ व्यवस्थितौ ।
तयोर्न वशमागच्छेत्तौ ह्यस्य परिपन्थिनौ ॥३४॥

पद० — इन्द्रियस्य = इन्द्रियकी ; इन्द्रियस्य = इन्द्रियकी ; अर्थे = विषयमें ; रागद्वेषौ = अच्छा-लगना और बुरा-लगना (प्रवृत्ति और निवृत्ति) ; व्यवस्थितौ = स्वभावसे स्थित (स्वाभाविक) ; तयोः = उन दोनोंके ; न = नहीं ; वशम् = वशमें ; आगच्छेत् = आए ; तौ = वे दोनों ; हि = क्योंकि ; अस्य = इसके ; परिपन्थिनौ = शत्रु।

अनु० — इन्द्रिय-इन्द्रियकी अर्थमें (अर्थात्, इन्द्रियोंकी अपने-अपने विषयोंमें) प्रवृत्ति और निवृत्ति (अच्छा-लगना और बुरा-लगना) स्वाभाविक ही (स्वभावसे ही विद्यमान) होती हैं। (मनुष्यको) उन दोनोंके वशमें नहीं आना चाहिये (अर्थात्, उनके जालमें नहीं फँसना चाहिये), क्योंकि वे दोनों (ही) इसके (कल्याणमार्गमें विघ्न करनेवाले) महान् शत्रु हैं।

श्रेयान्स्वधर्मो विगुणः परधर्मात्स्वनुष्ठितात् ।
स्वधर्मे निधनं श्रेयः परधर्मो भयावहः ॥३५॥

पद० — श्रेयान् = अधिक बढ़िया (वाञ्छनीय) ; स्वधर्मः = अपना धर्म ; विगुणः = गुणरहित ; परधर्मात् = दूसरेके धर्मसे ; स्वनुष्ठितात् = सुन्दर-रीतिसे सम्पन्न (हुए से) ; स्वधर्मे = अपने धर्ममें ; निधनम् = मरना ; श्रेयः = अधिक कल्याणकारी ; परधर्मः = दूसरेका धर्म ; भयावहः = भयानक (अनिष्टकारक)।

अनु० — गुणरहित (भी) अपना धर्म सुन्दर-रीतिसे-सम्पन्न (बढ़िया-दीखनेवाले) पराये धर्मसे अधिक अच्छा (वाञ्छनीय) है। अपने धर्ममें (तो) मरजाना (भी) अधिक कल्याणकारी है, (क्योंकि) दूसरेका धर्म (नितान्त) भयानक (अनिष्टकारक) है।

टि० — पिछले श्लोकमें भगवान् कृष्णने राग तथा द्वेषको साधकके प्रबल वैरी बतलाया है। इसपर अर्जुनके मनमें यह शंका हो सकती है कि यदि राग-द्वेषसे बचना ही अभीष्ट है, तो जब वह, बड़ी सरलता एवं सुगमतासे, एक ब्राह्मण अथवा वैश्यकी शान्तिमय तथा अहिंसात्मक जीवनवृत्ति धारण करनेसे ही सम्पन्न हो सकता है, फिर उसके लिए भीषण रक्तपात और समाजसंस्कृतिनाशक कुलक्षय करनेकी क्या आवश्यकता ?

इसके निवारणके लिये भगवान् यहाँ कहते हैं कि मनुष्यके वास्ते उसका अपना धर्म (अर्थात्, निजी स्वभाव, संस्कार, रुचि एवं वासनाओंके अनुकूल

कर्मक्षेत्र) आकर्षणहीन होनेपर भी मनोग्राही परकीयधर्म (अर्थात्, आत्मीय प्रकृतिके प्रतिकूल कर्मक्षेत्र) की तुलनामें सदा वरेण्य है। कारण ? उसके व्यक्तित्वका जो चहुमुखी विकास सहायक परिस्थितियोंमें सम्भव है, वह अन्यथा नहीं। अब, अर्जुन क्षात्रधर्मका एक जीवन्त प्रतीक एवं क्षत्रियत्वका ज्वलन्त आदर्श है। जन्मसे ही अस्त्रशस्त्र उसके चहेते खिलौने, युद्धक्षेत्र मनभावन क्रीड़ास्थल, रक्तपात मात्र हास्यविनोद और रिपुक्रन्दन कर्णप्रिय गीतस्वर रहे हैं। वह एक योद्धा-क्षत्रियकी जो सफल भूमिका निभा सकता है, एक वेदपाठी ब्राह्मण, व्यवसायी वैश्य अथवा भ्रमणशील भिक्षुककी नहीं। अपनी प्रकृतिको वह स्वयं तो भूले हुए है, परन्तु कृष्ण नहीं भूले। अतः, वे उसे क्षात्रधर्म ही के पालन करनेका आदेश देते हुए पुनः उद्घोष करते हैं कि युद्ध ही उसके लिए एकमात्र श्रेयस्कर मार्ग है।

अब, अर्जुनके मनमें एक नई जिज्ञासा उठी कि यह भलीभाँति जानते हुए भी कि स्वधर्मपालन ही उसके लिए कल्याणकारी है, फिर भी मनुष्य, न चाहते हुए भी, क्यों पाप कर बैठता है। अतः, वह कृष्णसे पूछता है —

अर्जुन उवाच।

अथ केन प्रयुक्तोऽयं पापं चरति पूरुषः।
अनिच्छन्नपि वार्ष्णेय बलादिव नियोजितः ॥३६॥

पद॰ — अर्जुनः = अर्जुनने ; उवाच = कहा।

अथ = तो फिर ; केन = किससे ; प्रयुक्तः = प्रेरित हुआ ; अयम् = यह ; पापम् = पापको ; चरति = करता है ; पूरुषः = मनुष्य ; अनिच्छन् = न चाहता हुआ ; अपि = भी ; वार्ष्णेय = हे वृष्णिवंशमें उत्पन्न (कृष्ण) ; बलात् = बलपूर्वक (ज़बरदस्ती) ; इव = की भाँति ; नियोजितः = लगाया हुआ।

अनु॰ — अर्जुनने कहा (पूछा), "हे वृष्णिवंशमें उत्पन्न (श्रीकृष्ण) ! तो फिर, यह मनुष्य, (स्वयं) न चाहता हुआ भी, बलपूर्वक (ज़बरदस्ती) लगाये-हुएकी भाँति, किस (शक्ति) से प्रेरित होकर पाप कर बैठता है ?"

श्रीभगवानुवाच।

काम एष क्रोध एष रजोगुणसमुद्भवः।
महाशनो महापाप्मा विद्ध्येनमिह वैरिणम ॥३७॥

पद॰ — श्रीभगवान् = श्रीकृष्ण ; उवाच = बोले।

कामः = इच्छा ; एषः = यह ; क्रोधः = क्रोध ; एषः = यह ; रजोगुणसमुद्भवः = रजोगुणसे उत्पन्न ; महाशनः = बहुत खानेवाला ; महापाप्मा

= बड़ा पापी ; विद्धि = जान ; एनम् = इसको ; इह = इस संसारमें ; वैरिणम् = शत्रु।

अनु॰ — श्रीकृष्ण भगवान् बोले (उत्तरमें कहने लगे) — यह (शक्ति) काम (इच्छा) है ; यह (ही) क्रोध है। यह (इच्छा) रजोगुणसे उत्पन्न, बहुत खानेवाली (अर्थात्, अग्निके सदृश भोगोंसे कभी तृप्त न होनेवाली) और बड़ी पापिनी है। (हे अर्जुन !) इसको (तू) इस संसारमें (अपना घोर) शत्रु जान (समझ)।

टि॰ — पिछले श्लोकमें अर्जुनने पूछा था कि किस शक्तिसे प्रेरित होकर मनुष्य पाप कर बैठता है। इसके उत्तरमें, भगवान् कहते हैं कि यह शक्ति "काम" है, अर्थात्, "इच्छा"। इस इच्छाका ही विकृत रूप क्रोध है — जब हमारी इच्छा पूरी नहीं होती, वासना अतृप्त रहती है अथवा आशा अधूरी रह जाती है, तो हमें क्रोध आजाता है और नाना प्रकारके अनर्थ वा पाप करने लगते हैं। सो, संसारके सारे पापोंका मूल यह काम (इच्छा) ही है। किस प्रकार मनुष्यका यह शाश्वत शत्रु — काम — उसकी इन्द्रिय-मन-बुद्धिको अपने वशमें कर उसके ज्ञानका नाश करदेता है और कैसे इस कामपर विजय पाई जासकती है, अब इस विषयपर भगवान्, इस अध्यायके अन्त तक, चर्चा करते हैं —

धूमेनाव्रियते वन्हिर्यथाऽऽदर्शो मलेन च ।
यथोल्बेनावृतो गर्भस्तथा तेनेदमावृतम् ॥३८॥

पद॰ — धूमेन = धूएँसे ; आव्रियते = ढक जाता है ; वन्हिः = अग्नि ; यथा = जिस प्रकार ; आदर्शः = दर्पण ; मलेन = मैलसे ; च = और ; यथा = जैसे ; उल्बेन = जेरसे ; आवृतः = ढका होता है ; गर्भः = गर्भ ; तथा = वैसे ; तेन = उस (काम) के द्वारा ; इदम् = यह (ज्ञान) ; आवृतम् = ढका रहता है।

अनु॰ — जिस प्रकार धूएँसे अग्नि और मैलसे दर्पण ढक जाता है (तथा) जैसे जेरसे गर्भ ढका होता है, वैसे (ही) उस (काम) के द्वारा यह (ज्ञान) ढका रहता है।

आवृतं ज्ञानमेतेन ज्ञानिनो नित्यवैरिणा ।
कामरूपेण कौन्तेय दुष्पूरेणानलेन च ॥३९॥

पद॰ — आवृतम् = ढका हुआ है ; ज्ञानम् = ज्ञान ; एतेन = इस (से) ; ज्ञानिनः = ज्ञानीके ; नित्यवैरिणा = शाश्वतशत्रु (से) ; कामरूपेण = कामरूप (से) ; कौन्तेय = हे कुन्तीनन्दन (अर्जुन) ; दुष्पूरेण = कभी-न-शान्त-होनेवाले (से) ; अनलेन = अग्निसे ; च = और।

अनु॰ — हे कुन्तीनन्दन (अर्जुन)! (मनुष्यका) ज्ञान ज्ञानीके शाश्वतशत्रु, कभी-न-शान्त-होनेवाले इस कामरूपी अग्नि (कामाग्नि) से ढका हुआ है।

इन्द्रियाणि मनो बुद्धिरस्याधिष्ठानमुच्यते ।
एतैर्विमोहयत्येष ज्ञानमावृत्य देहिनम् ॥४०॥

पद॰ — इन्द्रियाणि = इन्द्रियाँ ; मनः = मन ; बुद्धिः = बुद्धि ; अस्य = इसके ; अधिष्ठानम् = वासस्थान ; उच्यते = कहा जाता है ; एतैः = इनकेद्वारा ; विमोहयति = मोहित करता है ; एषः = यह ; ज्ञानम् = ज्ञानको ; आवृत्य = आच्छादित (ढक) करके ; देहिनम् = जीवात्माको।

अनु॰ — इन्द्रियाँ, मन और बुद्धि — (ये सब) इस (काम) के वासस्थान कहे जाते हैं। यह (काम) इन (इन्द्रियों, मन तथा बुद्धि) के द्वारा (ही) ज्ञानको आच्छादित (ढक) करके जीवात्माको मोहित करता है।

तस्मात्त्वमिन्द्रियाण्यादौ नियम्य भरतर्षभ ।
पाप्मानं प्रजहि ह्येनं ज्ञानविज्ञाननाशनम् ॥४१॥

पद॰ — तस्मात् = इसलिए ; त्वम् = तू ; इन्द्रियाणि = इन्द्रियोंको ; आदौ = पहले ; नियम्य = वशमें करके ; भरतर्षभ = हे भरतजाति (अथवा कुल) में श्रेष्ठ (अर्जुन) ; पाप्मानम् = पापीको ; प्रजहि = मार डाल ; हि = निस्संकोच (अवश्य) ही ; एनम् = इस (को) ; ज्ञानविज्ञाननाशनम् = ज्ञान-और-विज्ञानके नाश-करनेवाले (को)।

अनु॰ — इसलिए, हे भरतजातिमें अग्रणी (अर्जुन)! तू, पहले इन्द्रियोंको वशमें करके, ज्ञान-और-विज्ञानका नाश-करनेवाले इस महान् पापी (काम) को अवश्य ही (निस्संकोचपूर्वक) मार डाल।

इन्द्रियाणि पराण्याहुरिन्द्रियेभ्यः परं मनः ।
मनसस्तु परा बुद्धिर्यो बुद्धेः परतस्तु सः ॥४२॥

पद॰ — इन्द्रियाणि = इन्द्रियोंको ; पराणि = श्रेष्ठ (बलवान् वा सूक्ष्म) ; आहुः = कहा (बताया) है ; इन्द्रियेभ्यः = इन्द्रियोंसे ; परम् = श्रेष्ठ ; मनः = मन ; मनसः = मनसे ; तु = और ; परा = श्रेष्ठ ; बुद्धिः = बुद्धि ; यः = जो ; बुद्धेः = बुद्धिसे ; परतः = अत्यन्त श्रेष्ठ ; तु = भी ; सः = वह (आत्मा)।

अनु॰ — (तत्त्वदर्शियोंने)इन्द्रियोंको (स्थूल शरीरसे) श्रेष्ठ(बलवान् वा सूक्ष्म) बताया है इन्द्रियोंसे श्रेष्ठ मन है, मनसे श्रेष्ठ बुद्धि है और जो बुद्धिसे भी अत्यन्त श्रेष्ठ है (वह) वह (आत्मा) है।

एवं बुद्धेः परं बुद्ध्वा संस्तभ्यात्मानमात्मना ।
जहि शत्रुं महाबाहो कामरूपं दुरासदम् ॥४३॥

पद० — एवम् = इस प्रकार ; बुद्धेः = बुद्धिसे ; परम् = श्रेष्ठ (बलवान् वा सूक्ष्म) ; बुद्ध्वा = जानकर ; संस्तभ्य = वशमें करके ; आत्मानम् = अपने-आपको (मनको) ; आत्मना = अपने-आपसे (बुद्धिसे) ; जहि = मार डाल ; शत्रुम् = शत्रुको ; महाबाहो = हे बड़ी (शक्तिशालिनी) भुजाओंवाले (अर्जुन) ; कामरूपम् = कामरूपी (को) ; दुरासदम् = दुर्जय (को)।

अनु० — इस प्रकार (आत्माको) बुद्धिसे श्रेष्ठ (बलवान् वा सूक्ष्म) जानकर (और) अपने-आप (बुद्धि) के द्वारा अपने-आप (मन) को वशमें करके, हे शक्तिशालिनी भुजाओंवाले (अर्जुन) ! (तू इस) कामरूपी दुर्जय-शत्रुको मार डाल।

— ○ —

ॐ तत्सदिति श्रीमद्भगवद्गीतासूपनिषत्सु
ब्रह्मविद्यायां योगशास्त्रे श्रीकृष्णार्जुनसंवादे
कर्मयोगो नाम तृतीयोऽध्यायः ॥३॥

ॐ नित्यस्वरूप उस परमात्माको नमस्कार ! श्रीमद्भगवद्गीतारूपी उपनिषद् एवं ब्रह्मविद्या तथा योगशास्त्रविषयक श्रीकृष्ण-और-अर्जुनके संवादमें "कर्मयोग" नामक तीसरा अध्याय यहाँ समाप्त होता है ॥३॥

श्रीमद्भगवद्गीता — चौथा अध्याय

इस अध्यायमें भगवान्ने अपने अवतरित होनेके रहस्य और तत्त्वके सहित कर्मयोग तथा संन्यासयोगका और इन सबके फलस्वरूप जो परमात्माके तत्त्वका यथार्थ ज्ञान है, उसका वर्णन किया है। इसलिए, इस अध्यायका नाम "ज्ञानकर्मसंन्यासयोग" रक्खा गया है। यहाँ "ज्ञान" शब्द परमार्थज्ञान, अर्थात् तत्त्वज्ञान, का ; "कर्म" शब्द कर्मयोग, अर्थात् कर्ममार्ग, का और "संन्यास" शब्द सांख्ययोग, अर्थात् ज्ञानमार्ग, का वाचक है। विवेकज्ञान और शास्त्रज्ञान भी "ज्ञान" शब्दके अन्तर्गत हैं।

पिछले अध्यायके समापनश्लोकोंमें भगवान्ने कामको सारे अनर्थोंका हेतु बतलाकर बुद्धिके द्वारा इन्द्रियों और मनको वशमें करके उसे मारनेके लिए अर्जुनको आदेश दिया था। परन्तु कर्मयोगका तत्त्व बड़ा ही गहन है, इसलिए अब वे पुनः उसके सम्बन्धमें बहुत-सी बातें बतलानेके उद्देश्यसे उसीका प्रकरण आरम्भ करते हुए, पहले तीन श्लोकोंमें उस कर्मयोगकी परम्परा बतलाकर उसकी अनादिता सिद्ध करते हुए, कहते हैं —

श्रीभगवानुवाच।

इमं विवस्वते योगं प्रोक्तवानहमव्ययम् ।
विवस्वान्मनवे प्राह मनुरिक्ष्वाकवेऽब्रवीत् ॥ १ ॥

पद० — श्रीभगवान् = श्रीकृष्णभगवान् ; उवाच = बोले।

इमम् = इस (को) ; विवस्वते = सूर्यके लिए ; योगम् = योगको ; प्रोक्तवान् = कहा था ; अहम् = मैंने ; अव्ययम् = अविनाशी (को) ; विवस्वान् = सूर्यने ; मनवे = मनुके लिए ; प्राह = कहा ; मनुः = मनुने ; इक्ष्वाकवे = इक्ष्वाकुके लिए ; अब्रवीत् = कहा।

अनु० — श्रीकृष्ण भगवान्ने कहा — मैंने इस अविनाशी योगको (कल्पके

आदिमें) सूर्यसे कहा था, सूर्यने (अपने पुत्र, वैवस्वत) मनुसे कहा (और) मनुने (अपने पुत्र, सूर्यवंशप्रवर्तक, अयोध्यानरेश) इक्ष्वाकुसे कहा।

एवं परम्पराप्राप्तमिमं राजर्षयो विदुः।
स कालेनेह महता योगो नष्टः परन्तप ॥२॥

पद० — एवम् = इस प्रकार ; परम्पराप्राप्तम् = परम्परासे प्राप्त-हुए (को) ; इमम् = इसको ; राजर्षयः = राजर्षियोंने ; विदुः = जाना ; सः = वह ; कालेन = कालसे ; इह = इस लोकमें ; महता = बहुत (से) ; योगः = योग ; नष्टः = लुप्तप्राय हो गया ; परन्तप = हे शत्रुओंको सन्तप्त करनेवाले (अर्जुन)।

अनु० — हे शत्रुओंको सन्तप्त करनेवाले (अर्जुन)! इस प्रकार परम्परासे प्राप्त इस (योग) को राजर्षियोंने जाना। (किन्तु उसके उपरान्त) वह योग बहुत कालसे इस (पृथ्वी) लोकमें लुप्तप्राय हो गया था।

स एवायं मया तेऽद्य योगः प्रोक्तः पुरातनः।
भक्तोऽसि मे सखा चेति रहस्यं ह्येतदुत्तमम् ॥३॥

पद० — सः = वह ; एव = ही ; अयम् = यह ; मया = मेरेद्वारा ; ते = तेरेलिए ; अद्य = आज ; योगः = योग ; प्रोक्तः = कहा गया है ; पुरातनः = प्राचीन ; भक्तः = भक्त ; असि = (तू) है ; मे = मेरा ; सखा = प्रिय साथी ; च = और ; इति = इसलिये ; रहस्यम् = अतिमर्मपूर्ण ; हि = क्योंकि ; एतत् = यह ; उत्तमम् = बहुत श्रेष्ठ।

अनु० — (तू) मेरा भक्त तथा प्रिय साथी है, इसलिए वही यह प्राचीन (सनातन) योग आज मैंने तुझसे कहा है ; क्योंकि यह (योग) अतिमर्मपूर्ण (और) बहुत श्रेष्ठ (श्रेयस्कर) है।

टि० — उपर्युक्त वर्णनसे यह शंका उठनी स्वाभाविक है कि श्रीकृष्ण तो अभी द्वापरयुगमें प्रकट हुए हैं और सूर्यदेव, मनु एवं राजा इक्ष्वाकु बहुत पहले हो चुके हैं ; तब इन्होंने इस योगका उपदेश सूर्यको कल्पके आदिमें कैसे दे दिया ? इसीके समाधानके लिए अर्जुन भगवान्से पूछता है —

अर्जुन उवाच।

अपरं भवतो जन्म परं जन्म विवस्वतः।
कथमेतद्विजानीयां त्वमादौ प्रोक्तवानिति ॥४॥

पद० — अर्जुनः = अर्जुनने ; उवाच = कहा।

अपरम् = अर्वाचीन (अभी हालका) ; भवतः = आपका ; जन्म = जन्म ; परम् = प्राचीन (बहुत परहलेका) ; जन्म = जन्म ; विवस्वतः = सूर्यका ; कथम् = कैसे ; एतत् = इसको ; विजानीयाम् = समझूँ ; त्वम् = आपने ; आदौ = आदिमें ; प्रोक्तवान् = कहा था ; इति = ऐसा।

अनु० — अर्जुनने (भगवान्से) पूछा — आपका जन्म (तो) अर्वाचीन (अभी हालका — द्वापरयुगका) है (और) सूर्यका जन्म प्राचीन (बहुत पहलेका — कल्पके आदिका) है, (तब) मैं इस (बात) को कैसे समझूँ (ठीक मानूँ) कि आप (ही) ने (कल्पके) आदिमें (सूर्यसे) ऐसा (यह योग) कहा था ?

टि० — अर्जुनके ऐसा पूछनेपर, अपने अवतारतत्त्वका रहस्य समझानेके लिए अपनी सर्वज्ञता प्रकट करते हुए भगवान् कहते हैं —

श्रीभगवानुवाच।

बहूनि मे व्यतीतानि जन्मानि तव चार्जुन।
तान्यहं वेद सर्वाणि न त्वं वेत्थ परन्तप ॥५॥

पद० — श्रीभगवान् = श्रीकृष्ण जी ; उवाच = बोले।

बहूनि = बहुत-से ; मे = मेरे ; व्यतीतानि = बीत चुके हैं ; जन्मानि = जन्म ; तव = तेरे ; च = और ; अर्जुन = हे अर्जुन ; तानि = उन (को) ; अहम् = मैं ; वेद = जानता हूँ ; सर्वाणि = सबको ; न = नहीं ; त्वम् = तू ; वेत्थ = जानता है ; परन्तप = हे शत्रुओंको सन्तप्त करनेवाले (अर्जुन)।

अनु० — श्रीकृष्ण जी बोले — हे अर्जुन ! मेरे और तेरे बहुत-से जन्म बीत (हो) चुके हैं, (परन्तु) हे शत्रुसन्तापकारी ! उन सबको मैं (तो) जानता हूँ (किन्तु) तू नहीं जानता।

टि० — भगवान्के श्रीमुखसे यह बात सुनकर कि अबतक उनके बहुत-से जन्म हो चुके हैं, यह जाननेकी इच्छा होती है कि उनका जन्म किस प्रकार होता है और उनके तथा अन्य लोगोंके जन्मोंमें क्या अन्तर है। अतः, इस बातको समझानेके लिए भगवान् अपने जन्मका तत्त्व बतलाते हैं —

अजोऽपि सन्नव्ययात्मा भूतानामीश्वरोऽपि सन्।
प्रकृतिं स्वामधिष्ठाय सम्भवाम्यात्ममायया ॥६॥

पद० — अजः = कभी न जन्मनेवाला (अजन्मा) ; अपि = भी ; सन् = होते हुए ; अव्ययात्मा = कभी-न-नष्ट-होनेवाले स्वरूपवाला (अविनाशीस्वरूप) ; भूतानाम् = प्राणियोंका ; ईश्वरः = स्वामी ; अपि = भी ; सन् = होते हुए ;

प्रकृतिम् = प्रकृतिको ; स्वाम् = अपनी (को) ; अधिष्ठाय = अधीन करके ; सम्भवामि = प्रकट होता हूँ ; आत्ममायया = अपनी योगमायासे।

अनु॰ — अजन्मा (और) अविनाशीस्वरूप होते हुए भी (तथा) (समस्त) प्राणियोंका स्वामी होते हुए भी (मैं) अपनी प्रकृतिको अधीन (वशमें) करके अपनी योगमायासे प्रकट होता हूँ।

टि॰ — अपने जन्मका तत्त्व बतलाते हुए, भगवान् कहते हैं कि साधारण जीवोंसे उनका जन्म विलक्षण है। जीव तो प्रकृतिके वशमें होकर अपने-अपने कर्मानुसार अच्छी-बुरी योनियोंमें जन्म धारण करते हैं और सुख-दुःख भोगते हैं, किन्तु ईश्वर, अपनी प्रकृतिका अधिष्ठाता (मालिक) होनेके कारण, स्वयं ही अपनी योगमायाके द्वारा समय-समयपर दिव्यलीला करनेके लिए यथावश्यक रूप धारण किया करते हैं। उनका जन्म स्वतन्त्र और दिव्य होता है, जीवोंका कर्मवश और प्रकृतिबद्ध। जीव प्रकृतिका अनुसरण करते हैं, प्रकृति ईश्वरका करती है।

अब भगवान् बताते हैं कि वे किस-किस समय और किन-किन उद्देश्योंसे इस प्रकार अवतार धारण करते हैं —

यदा यदा हि धर्मस्य ग्लानिर्भवति भारत ।
अभ्युत्थानमधर्मस्य तदात्मानं सृजाम्यहम् ॥७॥

पद॰ — यदा = जब ; यदा = जब ; हि = ही ; धर्मस्य = धर्मकी ; ग्लानिः = हानि ; भवति = होती है ; भारत = हे भरतवंशज (अर्जुन) ; अभ्युत्थानम् = वृद्धि ; अधर्मस्य = अधर्मकी ; तदा = तब ; आत्मानम् = अपने-आपको ; सृजामि = रचता हूँ ; अहम् = मैं।

अनु॰ — हे भरतवंशज (अर्जुन)! जब-जब धर्मकी हानि (और) अधर्मकी वृद्धि होती है, तब (तब) ही मैं अपने आप (रूप) को रचता हूँ (अर्थात्, साकाररूपसे लोगोंके सम्मुख प्रकट होता हूँ)।

परित्राणाय साधूनां विनाशाय च दुष्कृताम् ।
धर्मसंस्थापनार्थाय संभवामि युगे युगे ॥८॥

पद॰ — परित्राणय = रक्षा करनेके लिए ; साधूनाम् = साधुपुरुषोंकी ; विनाशाय = विनाश करनेके लिए ; च = और ; दुष्कृताम् = दूषितकर्म करनेवालोंका ; धर्मसंस्थापनार्थाय = धर्मकी अच्छीतरहसे स्थापना करनेके लिए ; संभवामि = प्रकट हुआ करता हूँ ; युगे = युगमें ; युगे = युगमें।

अनु० — साधुपुरुषोंकी (सज्जन-महात्माओंकी) रक्षा करनेके लिए, दूषित (पाप) कर्म करनेवालोंका विनाश करनेके लिए और धर्मकी अच्छीतरहसे स्थापना करनेके लिए (मैं) युग-युग (प्रत्येक युग) में प्रकट हुआ करता हूँ।

जन्म कर्म च मे दिव्यमेवं यो वेत्ति तत्त्वतः ।
त्यक्त्वा देहं पुनर्जन्म नैति मामेति सोऽर्जुन ॥९॥

पद० — जन्म = जन्म ; कर्म = कर्म ; च = और ; मे = मेरे ; दिव्यम् = अलौकिक ; एवम् = इस प्रकार ; यः = जो ; वेत्ति = जानता है ; तत्त्वतः = तत्त्वसे ; त्यक्त्वा = छोड़कर ; देहम् = शरीरको ; पुनः = फिर ; जन्म = जन्मको ; न = नहीं ; एति = प्राप्त होता है ; माम् = मुझे ; एति = प्राप्त होता है ; सः = वह ; अर्जुन = हे अर्जुन।

अनु० — हे अर्जुन! मेरे जन्म और कर्म दिव्य, अर्थात् निर्मल और अलौकिक, हैं— इस प्रकार जो (मनुष्य) (उनको) तत्त्वसे जान लेता है, वह शरीरको छोड़कर फिर जन्म ग्रहण नहीं करता (बल्कि) मुझे ही प्राप्त हो जाता है (अर्थात्, मोक्ष प्राप्त करलेता है)।

टि० — भगवान्‌के दिव्यजन्म और दिव्यकर्मको तत्त्वसे जान लेनेका अभिप्राय यह ज्ञान प्राप्त करलेना ही है कि सर्वशक्तिमान् परमात्मा अजन्मा, अविनाशी और समस्त प्राणियोंका चरमधाम एवं परम आश्रय है ; वह केवल धर्मकी भलीभाँति स्थापना करने और संसारका उद्धार करनेके लिए ही अपनी योगमायासे सगुणरूप होकर प्रकट होता है ; अतः, उसके समान सुहृद्, प्रेमी और पतितपावन अन्य कोई नहीं है। इसलिए, मनुष्यको परमेश्वरका अनन्य प्रेमसे निरन्तर चिन्तन करते हुए आसक्ति-रहित होकर संसारमें रहना चाहिए।

वीतरागभयक्रोधा मन्मया मामुपाश्रिताः ।
बहवो ज्ञानतपसा पूता मद्भावमागताः ॥१०॥

पद० — वीतरागभयक्रोधाः = राग, भय और क्रोधसे रहित ; मन्मयाः = (अनन्यभावसे) मुझमें स्थित-रहनेवाले ; माम् = मुझको ; उपाश्रिताः = शरणमें आए हुए ; बहवः = बहुत-से ; ज्ञानतपसा = ज्ञानरूपी तप (अग्नि) से ; पूताः = पवित्र हुए ; मद्भावम् = मेरे स्वरूपको ; आगताः = प्राप्त हो चुके हैं।

अनु० — (अनादि कालसे, पहले भी) जिनके राग, भय और क्रोध (सर्वथा) नष्ट हो गए थे (और) जो मुझमें अनन्यप्रेमपूर्वक स्थित रहते थे, (ऐसे) मेरे

आश्रित रहनेवाले बहुत-से (भक्त) (उपर्युक्त) ज्ञानरूपी तप (अग्नि) से पवित्र होकर मेरे स्वरूपको प्राप्त हो चुके हैं।

ये यथा मां प्रपद्यन्ते तांस्तथैव भजाम्यहम् ।
मम वर्त्मानुवर्तन्ते मनुष्याः पार्थ सर्वशः ॥ ११ ॥

पद॰ — ये = जो ; यथा = जैसे ; माम् = मुझे ; प्रपद्यन्ते = भजते हैं ; तान् = उनको ; तथा = वैसे ; एव = ही ; भजामि = भजता हूँ ; अहम् = मैं ; मम = मेरे ; वर्त्म = मार्गको ; अनुवर्तन्ते = अनुसरण करते हैं ; मनुष्याः = मनुष्य ; पार्थ = हे पृथाके पुत्र (अर्जुन) ; सर्वशः = सब प्रकारसे।

अनु॰ — हे पृथापुत्र (अर्जुन)! जो (मनुष्य) मुझे जिस प्रकार भजते हैं, मैं (भी) उनको उसी प्रकार भजता हूँ (अर्थात् वैसे ही उनकी इच्छाएँ पूरी करता हूँ) ; (क्योंकि) मनुष्य सब प्रकारसे मेरे (ही) मार्गका अनुसरण करते हैं।

टि॰ — "जो मुझे जिस प्रकार भजते हैं, मैं भी उनको उसी प्रकार भजता हूँ" से अभिप्राय है कि अपनी-अपनी भावना एवं रुचिके अनुसार मनुष्य एक ही भगवान्के पृथक्-पृथक् रूप मानते हैं और अपनी-अपनी मान्यताके अनुसार उनका भजन-स्मरण करते हैं। अतः, भगवान् भी उनको उनकी भावना एवं रुचिके अनुसार उन-उन रूपोंमें ही दर्शन देते हैं और उनके साथ वैसा ही बर्ताव करते हैं। सो, विष्णुरूपकी उपासना करनेवालोंको विष्णुरूपमें, शिवरूपकी उपासना करनेवालोंको शिवरूपमें, देवीरूपकी उपासना करनेवालोंको देवीरूपमें और निराकार सर्वव्यापीरूपकी उपासना करनेवालोंको निराकार सर्वव्यापीरूपमें भगवान् मिलते हैं।

इसके अतिरिक्त, मनुष्य जिस-जिस भावसे भगवान्की उपासना करते हैं, वे उनके उस-उस भावका ही अनुसरण करते हैं। इस प्रकार, जो ग्वाल-बालोंकी भाँति भगवान्को अपना सखा मानकर उनका भजन करते हैं, उनके साथ वे मित्र-जैसा बर्ताव करते हैं। नन्द-यशोदाकी भाँति पुत्र मानकर उनका भजन करने-वालोंके साथ पुत्र-जैसा, हनुमान्की भाँति स्वामी समझकर भजनेवालोंके साथ स्वामी-जैसा और गोपियोंकी भाँति माधुर्यभावसे भजनेवालोंके साथ प्रियतम-जैसा बर्ताव करके भगवान् उनका कल्याण करते हैं। सो, यह तो मनुष्य-मनुष्यकी अपनी निजी रुचि और भावनाकी बात है कि वह भगवान्को किस रूपमें पाना चाहता है तथा उसके साथ कैसे सम्बन्ध स्थापित करना चाहता है ; वह जो चाहेगा वही पायेगा।

"मनुष्य सब प्रकारसे मेरे (ही) मार्गका अनुसरण करते हैं" का तात्पर्य है कि मनुष्यके अन्त:करणस्थित आत्माका उसकी बुद्धि-मन-इन्द्रियोंपर एकाधिकार व पूर्णशासन होनेके कारण वह उनका अधिशास्ता एवं नियन्ता है। अत:,बाध्य होकर, जीवको आत्माके आदेशका पालन करते हुए उसके ही मार्गका अनुसरण करना पड़ता है।

काङ्क्षन्तः कर्मणां सिद्धिं यजन्त इह देवताः ।
क्षिप्रं हि मानुषे लोके सिद्धिर्भवति कर्मजा ॥१२॥

पद० — काङ्क्षन्तः = चाहते हुए ; कर्मणाम् = कर्मोंके ; सिद्धिम् = फलको ; यजन्ते = पूजते हैं ; इह = इस संसारमें ; देवताः = देवताओंको; क्षिप्रम् = शीघ्र ; हि = क्योंकि ; मानुषे = मनुष्यमें ; लोके = लोकमें ; सिद्धिः = सिद्धि (सफलता) ; भवति = होती है ; कर्मजा = कर्मोंसे उत्पन्न हुई।

अनु० — इस संसारमें, कर्मोंके फलको (अर्थात्, कर्मोंकी सफलताको) चाहनेवाले (व्यक्ति) देवताओंका पूजन (किया) करते हैं, क्योंकि (इस) मनुष्यलोकमें (उन्हें) कर्मोंसे उत्पन्न होनेवाली सिद्धि (सफलता) शीघ्र (ही) मिल जाती है।

टि० — संसारीलोग भगवान्को न भजकर अन्य देवताओंकी उपासना क्यों करते हैं— इस जिज्ञासाकी शान्तिका प्रयास प्रस्तुत श्लोकद्वारा किया गया है। मनुष्य प्रकृतिसे अशान्त, अधीर और सुखप्रिय होता है। वह बिना हाथ-पैर हिलाये ही, अथवा कम-से-कम परिश्रमसे, थोड़े-से-थोड़े समयमें, ज्यादा-से-ज्यादा लाभ बटोरना चाहता है। इस धुनमें उसे ध्यान नहीं आता कि इस प्रकार प्राप्त होनेवाला लाभ, वस्तुत:, हानिप्रद एवं क्षणिक है। अब,इन्द्रवरुणादि देवोंका आराधन तथा हवनयागानुष्ठानादि कर्म तुरन्त फल देनेवाले होते हैं और, विपरीतत:, ईश्वरप्राप्ति, इन्द्रियसंयम, मनोनियन्त्रण, एकध्याननिष्ठा, भक्ति-वैराग्यादिपर आश्रित होनेके कारण, जन्मजन्मान्तरमें भी दुस्साध्य है— और, फिर भी, कोई गारण्टी नहीं है कि ईश्वर उसे मिले ही मिले। तो इस सबके वास्ते एक सामान्य संसारीमें धैर्य कहाँ ? वह भोगैश्र्यके साधन शीघ्रातिशीघ्र हथियानेकी हाय-हायमें इन्द्रादि देवोंका पूजन आरम्भ करदेता है, चाहे उससे मिलनेवाले फल अस्थायी और दु:खदायी ही क्यों न हों। ऐसा करनेमें, ईश्वरकी तो वह सर्वथा उपेक्षा ही कर देता है, क्योंकि उसकी प्राप्तिके लिए उसमें अपेक्षित असीम धैर्य कहाँ, यद्यपि उससे प्राप्य फल—मोक्ष—शाश्वतनित्यानन्ददायी है।

चातुर्वर्ण्यं मया सृष्टं गुणकर्मविभागशः ।
तस्य कर्तारमपि मां विद्ध्यकर्तारमव्ययम् ॥१३॥

पद० — चातुर्वर्ण्यम् = चार वर्णोंका समवाय ; मया = मेरेद्वारा ; सृष्टम् = रचा गया है ; गुणकर्मविभागशः = गुणों और कर्मोंके विभागपूर्वक ; तस्य = उसका ; कर्तारम् = करनेवाले (को) ; अपि = भी ; माम् = मुझको ; विद्धि = जान ; अकर्तारम् = न करनेवाले (को) ; अव्ययम् = अविनाशी (को)।

अनु० — (ब्राह्मण-क्षत्रिय-वैश्य-शूद्ररूपी) चार वर्णोंका समवाय, गुणों और कर्मोंके विभागपूर्वक, मेरेद्वारा रचा गया है। उस (सृष्टि-रचनादि कर्म) का कर्ता (करनेवाला) होनेपर भी मुझ अविनाशी (परमेश्वर) को (तू वास्तवमें) अकर्ता (नहीं करनेवाला) (ही) जान (समझ)।

टि० — प्रस्तुत श्लोककी प्रथम पंक्ति, सामाजिक, धार्मिक एवम् ऐतिहासिक दृष्टियोंसे, इसे, केवल गीता ही में नहीं, अपितु समग्र हिन्दु-शास्त्रमें, एक अनन्यतम पद प्रदान करती है। भगवान् श्रीकृष्णके मुखारविन्दसे इन शब्दोंको उच्चरित कराकर, महर्षि व्यासने इस देशमें प्रचलित वर्णव्यवस्थाको अनादिकालावतरित तथा गुणकर्माधारित उद्घोषित किया है। इसकी अनादिकालता (अत्यन्तप्राचीनता) का पता "मया सृष्टम्" पदोंसे चलता है, जिनका अर्थ है "मुझसे — स्वयं परमेश्वरसे— रचा हुआ", यानी, यह व्यवस्था सृष्टिके आरम्भकालसे ही चली आ रही है।

इस सामाजिक संस्थाके गुणकर्मोंपर आधारित होनेका सर्वप्रथम उल्लेख हमें ऋग्वेदके पुरुषसूक्तमें उपलब्ध होता है। इसके अनुसार, विराट्पुरुष (विश्वपुरुष) के शरीरके चार अंगोंसे चारों वर्ण उत्पन्न हुए हैं— मुखसे ब्राह्मण, बाहुओंसे राजन्य (क्षत्रिय), जंघाओंसे वैश्य और चरणोंसे शूद्र। वस्तुतः, यह मानवसमाजीय श्रम (अथवा कर्म) विभाजनका रूपकात्मक वर्णन है। द्रष्टव्य विषय यहाँ यह है कि किसी भी एक वर्णके विशिष्ट कर्मोंको सुचारु रूपसे सम्पन्न करनेका गुण जिस विशिष्ट अंगमें है, उस वर्णकी उत्पत्ति उसी अंगसे हुई है। इस प्रकार, ब्राह्मणके मुख्य कर्तव्य— पठन, पाठन, यजन, याजन और प्रतिग्रह— मुखके द्वारा ही समीचीन रीतिसे पूर्ण हो सकते हैं, अतः उसका उद्गमस्थान मुख है। क्षत्रियके प्रधान कार्य—प्रजारक्षण, प्रजापालन और प्रजारंजन—बाहुओं (भुजाओं) के बिना सम्भव नहीं हैं, इसलिए उसका प्रादुर्भाव बाहुओंसे हुआ है। वैश्यके विशिष्ट कर्म—कृषि, गोरक्षा तथा वाणिज्य—गमनागमन, आयातनिर्यातसे ही किए जा सकते हैं और ये गुण जंघाओंके ही हैं, इसलिए वह जंघाओंसे निस्सृत हुआ है।

शूद्रका असामान्य काम अन्य तीन वर्णोंकी सेवा-शुश्रूषा करना है, जिसमें चलने-फिरने व भागने-दौड़नेके लिए चरणों (पैरों) की अनिवार्य रूपसे आवश्यकता पड़ती है, अतः उसका उद्भव चरणोंसे हुआ है।

"जैसा गुण, वैसा कर्म" रूपी शाश्वत सिद्धान्तकी आधारशिलापर निर्मित होनेके कारण, वर्णव्यवस्थाका यह प्राचीन भवन नितान्त सुन्दर, सुदृढ़ तथा सुव्यवस्थित था। कारण ? प्रत्येक व्यक्ति अपनी प्रकृतिके अनुरूप —गुण, कर्म और स्वभावके अनुसार—ही अपनी वृत्ति (व्यवसाय) का चुनाव करके समाजके लिए अधिकाधिक अपना योगदान कर सकता था, जिससे वह सहज ही समृद्ध, सम्पन्न एवं संगठित बन जाता था।

हिन्दुसमाजका ब्राह्मणादि चार श्रेणियोंमें यह विभाजन एकदम प्राकृतिक एवं व्यावहारिक है। हम जानते हैं कि संसारमें जितने भी भेद हैं, वे, सांख्यादर्शनके अनुसार, तीनों गुणों— सत्त्व, रज तथा तम— के न्यूनाधिक्यके कारण ही बने हैं। इस प्रकार, जिसमें सत्त्वगुण (ज्ञान अथवा प्रकाश) की प्रधानता है,वह है ब्राह्मणवर्ण (बौद्धिक कार्य करनेवाला) ; जिसमें रजोगुण (क्रिया अथवा शक्ति) की बहुलता है, वह है क्षत्रियवर्ण (सैनिक तथा प्रशासकीय कार्य करनेवाला) ; जिसमें रजस्तमः (अन्धकार-लोभ-मोह) के मिश्रणकी प्रचुरता है, वह है वैश्यवर्ण (उत्पादन-व्यवसाय-व्यापार करनेवाला) ; तथा जिसमें तमोगुण (अन्धकार अथवा जड़ता) की अधिकता है, वह है शूद्रवर्ण (श्रम एवं सेवा करनेवाला)।

यह सामाजिक वर्गीकरण व्यावहारिक भी है, क्योंकि समस्त मानवसमूहकी आवश्यकताओंको देखकर ही उपर्युक्त चार विभाजन किए गए हैं। सबसे पहली आवश्यकता शिक्षाकी थी ; इसके लिए ब्राह्मणवर्ण बना। राष्ट्रकी रक्षा तथा प्रजाका पालन-पोषण दूसरी आवश्यकता थी, जिसके लिए साहसी, निर्भीक, बलिष्ठ, रणबाँकुरे सैनिक चाहियें। इसके लिए क्षत्रियवर्ण बना। शिक्षा और रक्षासे भी अधिक आवश्यक वस्तु थी जीविका। अन्नके बिना प्राणी जी नहीं सकता था, पशुओंके बिना खेती हो नहीं सकती थी, वस्तुओंकी अदलाबदलीके बिना सबको सब चीजें मिल नहीं सकती थीं। चारों वर्णोंको अन्न, दूध, घी, कपड़े-लत्ते आदि सभी वस्तुएँ चाहिए थीं। इनके उपजाने, तैय्यार करने, फिर आवश्यकतानुसार उन्हें तत्तद्व्यक्तिके पास पहुँचाने आदिका महत्त्वपूर्ण कार्यभार उठानेके लिए एक व्यापारकुशल, वाणिज्यनिपुण, विवेकशील, व्यवहारदक्ष वर्ग वाञ्छनीय था। अतः, वैश्यवर्णका निर्माण हुआ। अन्तमें, शिक्षकको, रक्षकको, कृषकको,सभीको छोटे-मोटे कामोंमें सहायक एवं सेवककी ज़रूरत थी। हरवाहे व चरवाहे की, लकड़हारे

व घसियारेकी, कहार व पनिहारकी, पलदार व बेलदारकी उपयोगिताका अनुभव सारे समाजको पग-पगपर होता था। अतः, समस्त व्यवस्थाके स्तम्भभूत एक नव वर्गने, शूद्रवर्णके रूपमें, जन्म लिया।

इस प्रकारके गुणजन्य कर्मविभागसे चारों वर्ण, अन्योन्याश्रित होनेके कारण, एक दूसरेके पूरक रहते थे। किसी एकके दुर्बल पड़ जानेसे, शेष तीनों स्वत एव क्षीण होने लगते थे। फलस्वरूप, चारों वर्ण समन्वित एवं सामूहिक विकासमें ही निजी कल्याण समझते थे। परिणामतः, सम्पूर्ण समाज ही सुतरां स्वस्थ, सुखी, सम्पन्न, सुदृढ़ तथा सुव्यवस्थित रहता था। और, केवल सामूहिक स्तरपर ही नहीं, अपितु निजी स्तरपर भी समाजका प्रत्येक व्यक्ति, पृथक्-पृथक् रूपसे अपने ही गुण (अर्थात्, स्वभाव) के अनुकूल कर्म करनेके कारण उसमें विशेष आकर्षण,आह्लाद, सन्तोष एवं साफल्यका अनुभव करता था, क्योंकि वह उसका अपना भाव (स्व-भाव, यानी स्वधर्म) था। इसके विपरीत, परधर्म (अर्थात्, किसी अन्य व्यक्तिकी इच्छाके अनुरूप और अपनी प्रकृतिके विरुद्ध, ज़बरदस्ती, कर्मसम्पादन) में केवल उदासीनता, चिड़चिड़ाहट, अतृप्ति तथा वैफल्यका ही मुँह देखना पड़ता था। इसीलिए, तीसरे अध्यायके ३५वें श्लोकमें भगवान्ने कहा है "स्वधर्मे निधनं श्रेयः परधर्मो भयावहः"।

गुणानुकूल कर्म करनेकी यह सामाजिक पद्धति प्राग्वैदिककाल, वैदिककाल तथा वैदिकोत्तरकालके एक विशिष्ट खण्डतक ही पनप पाई। तदुपरान्त, वर्णव्यवस्थाका स्थान जातिव्यवस्था ने ले लिया। "जाति" शब्द "जन्" (जन्म लेना, पैदा होना) धातुसे बना है। अतः, "जाति" का अर्थ हुआ "जन्मके आधारपर बनी समाजकी एक विशिष्ट श्रेणी।" इस नई व्यवस्थाके अनुसार, काम अब जन्मही के आधारपर मिलने लगे। कोई व्यक्ति कितना ही लण्ठराज और गूठाटेक क्यों न हो, यदि वह ब्राह्मणके घरमें जन्मा है, तो भी वह "पण्डित" ही कहलाएगा और पठन-पाठनका काम उसीको मिलेगा। क्षत्रियकुलोत्पन्न एक भीरुराज, सींकिया पहलवानको भी सेनामें तुरन्त भर्ती कर लिया जाएगा।

गुणोंकी अपेक्षा अब जन्म तथा जातिको प्राथमिकता मिलने लगी। श्रमविभाजन, जो पहले व्यक्तिगत था, बादमें पैतृक हो गया। इसका एक कारण तो वंशानुगत व्यवसायका स्थायित्व था और दूसरा, मुख्यतः, प्रजातीय भेद था। इस जातिवादसे अयोग्यता एवं भ्रष्टाचारको नग्न प्रोत्साहन मिला। जो कमी थी वह प्रशासनकी आरक्षणनीतिने पूरी कर दी। आरक्षण होना चाहिये, अवश्य होना चाहिये, किन्तु जन्म, सम्प्रदाय अथवा जातिके आधारपर नहीं, बल्कि आर्थिक,

शैक्षिक, व्यावसायिक एवं सामाजिक पिछड़ेपनके आधारपर। इस तथ्यको नहीं भुठलाया जा सकता कि अपने समाजका एक विशाल अंग सभीभाँति निर्बल और निस्सहाय पड़ा है। शताब्दियों-शताब्दियोंके सुवर्णजातियोंद्वारा निर्दयदलन, निर्ममदमन और नृशंसशोषणका अन्य परिणाम हो भी क्या सकता है? किन्तु उनके उद्धारका उपाय उन्हें हृदयसे लगानेका है, न कि कुछ वृत्तियाँ, बस्तियाँ तथा सीटें देकर अस्थायी रूपसे उनका मुँह बन्द करने और अपनेसे अलग रखने-का। सहस्रों वर्षोंसे हमने उन्हें छूआ तक नहीं है, यद्यपि, स्वार्थवशीभूत हो, हम अपनी सभी सेवाएँ उनसे निरन्तर कराते रहे हैं। उनकी ओर तनिक बढ़ो तो सही; वे अपने ही अंश हैं; अपना ही रक्त है उनमें। शारीरिक, मानसिक, बौद्धिक तादात्म्य उनके साथ स्थापित कर, अपनेसे उन्हें सर्वथा अभिन्न समभते हुए, उन चिरोपेक्षितोंकी सर्वविध, सर्वस्तरीय, सर्वाधिक सहायता करो,ताकि शीघ्रातिशीघ्र वे हमारे समकक्ष हो हम-सबके साथ एकरूप बन जाएँ।

इस श्लाघ्य एवं स्तुत्य महाप्रयासमें एक सावधानी नितान्त स्मर्तव्य है—हम कहीं कोई ऐसा कृत्य न कर बैठें कि किसी एक वर्गकी दशा सँवारते-सँवारते हम बृहत्समाज तथा राष्ट्रको कोई आघात पहुँचादें। उदाहरणार्थ, जन्म वा जातिके आधारपर किसी विशिष्ट जनसमुदायको आरक्षरण देना। ऐसा करनेसे, गम्भीर तथा महत्त्वपूर्ण पद अयोग्य और अनाड़ी हाथोंमें चले जायेंगे, जिससे प्रशासकीय एवं तदितर कार्यप्रणालीको धक्का लगेगा; आरक्षण सुविधाओंके लोभके कारण वे अकर्मण्यतामें पड़ जायेंगे और अपनेको उन्नत करनेकी कभी चेष्टा नहीं करेंगे। अन्यवर्गीय कर्मचारी भी, उस लोभके वशीभूत हो, भूठ-सच बोलकर या कोई प्रपञ्च रचकर, अनुसूचित जाति अथवा अनुसूचित जनजातिकी श्रेणीमें अपने-आपको सम्मिलित करानेका कुकर्म करेंगे; जन्ममात्रकी बिनापर अक्षम निम्नवर्गीयोंको उन्नतपदासीन तथा अनधिकारीजनोंको अधिकारी बना देख, सुवर्णजातीय कुशल एवं कार्यदक्ष कर्मियोंके हृदयमें डाह व प्रतिशोधकी ज्वाला भड़केगी, जो कभी भी अन्तर्जातीय रक्तपातानलका भयंकर रूप धारण कर सकती है। इस प्रकार, जातिजन्य आरक्षणमें अन्तर्वर्गीय खाई निरन्तर बढ़ती जाती है। इसमें न समाजका हितहै ,न राष्ट्रका कल्याण; यदि लाभ है तो केवल राजनैतिक दलोंका, जिन्हें अपने इस “वोट-बैंक ” से चुनावमें वोट मिलते हैं।

इस जटिल, सामाजिक अभिशापका स्थायी और शान्तिमय उपचार वही है, जो गीतागायक कृष्णने विचाराधीन श्लोककी प्रथमपङ्क्तिमें “गुणकर्मविभागशः” द्वारा बतलाया है। “गुणके अनुसार कर्म,” अर्थात्, “योग्यताके आधारपर काम, न कि जन्मके आधारपर,” यह था इस देशकी सनातन वर्णव्यवस्थाका महामन्त्र, जो

समाजको सुख, शान्ति, शक्ति, समृद्धि, एकता और सुव्यवस्था प्रदान करता था। इस वर्णव्यवस्थाकी यह विशिष्टता थी कि इसमें सहस्रों जातियों और उपजातियोंको चार मिथ:पूरक तथा परस्पर-सहकारी वर्गोंमें बाँटा गया था। जैसा हमने ऊपर देखा, यह जातिप्रथासे सर्वथा भिन्न संस्था थी। वर्णव्यवस्था एक सैद्धान्तिक अथवा वैचारिक संस्था थी, जबकि जातिप्रथाका आधार जन्म अथवा प्रजाति था। वर्णमें संयोजन (समाजको जोड़ना) था ; जातिमें विभाजन (समाजको तोड़ना) था।

अब हम श्लोककी दूसरी पङ्क्तिपर आते हैं, जिसमें भगवान् अपनेको इस सृष्टिका "कर्ता" (करनेवाला) और "अकर्ता" (नहीं करनेवाला) दोनों बतलाते हैं। इस विरोधाभासका समाधान यह है कि भगवान् स्वयं सृष्टिकी रचना नहीं करते, अपितु अपनी प्रकृति (माया) के द्वारा ही वे ऐसा करते हैं। प्रकृति जड़ है ; उसमें भगवान्की सहायताके बिना गुणकर्मोंका विभाग करने तथा सृष्टिके रचनेका सामर्थ्य नहीं है। अत:, गीतामें जहाँ भी कहीं प्रकृतिको विश्वके रचनेवाली बतलाया गया है,वहाँ यह समझ लेना चाहिये कि भगवान्के सकाशसे—उनकी अध्यक्षतामें— ही प्रकृति रचनेका काम करती है। इसी प्रकार, जहाँ भी कहीं भगवान्को सृष्टिका रचयिता कहा गया है,उसका अभिप्राय है कि भगवान् स्वयं नहीं रचते, बल्कि उनकी प्रकृति (मायाशक्ति) ही ऐसा करती है। तत्त्वत:, ईश्वरका किसी भी कर्ममें राग-द्वेष या कर्तापन नहीं होता। वे सदा ही उन कर्मोंसे सर्वथा अतीत हैं ; उनकी रेख-देख (अध्यक्षता) में उनकी प्रकृति (योगमाया) ही समस्त कर्म करती है। इस कारण, लोकव्यवहारमें भगवान् ही उन कर्मोंके कर्ता माने जाते हैं ; वास्तवमें, वे सर्वथा उदासीन हैं— कर्मोंसे उनका कुछ भी सम्बन्ध नहीं है।

यही तो भगवान्की भगवत्ता (दिव्यता, अलौकिकता) है कि सकल ब्रह्माण्डके छोटे-बड़े सभी कर्मोंके कर्ता (करनेवाले) होनेपर भी वे अकर्ता (न करनेवाले) ही बने रहते हैं, क्योंकि उनका किसी भी कर्मसे कोई सम्बन्ध नहीं स्थापित हो पाता, अर्थात्, वे किसी कर्मबन्धनमें नहीं फँस पाते।कारण ? वे सभी कर्म निष्कामभावसे (बिना इच्छा वा स्वार्थके) करते हैं। यही भाव वे अगले श्लोकमें प्रकट करते हैं और, उससे आगेके श्लोकोंद्वारा, अर्जुनको भी वैसा ही करनेके लिये प्रेरित करते हैं—

न मां कर्माणि लिम्पन्ति न मे कर्मफले स्पृहा ।
इति मां योऽभिजानाति कर्मभिर्न स बध्यते ॥१४॥

पद० — न = नहीं ; माम् = मुझको ; कर्माणि = कर्म ; लिम्पन्ति =

लिप्त करते हैं ; न = नहीं ; मे = मेरी ; कर्मफले = कर्मोंके फलमें ; स्पृहा = इच्छा ; इति = इस प्रकार ; माम् = मुझे ; यः = जो ; अभिजानाति = तत्त्वसे जानता है ; कर्मभिः = कर्मोंसे ; न = नहीं = सः = वह ; बध्यते = बँधता है।

अनु० — कर्मोंके फलमें मेरी इच्छा नहीं (होती) है, (इसलिए) मुझे कर्म लिप्त नहीं करते (अर्थात्, मैं कर्मबन्धनमें नहीं फँस पाता)। इस प्रकार जो मुझे तत्त्वसे जान लेता है, वह (भी) कर्मोंसे नहीं बँधता।

एवं ज्ञात्वा कृतं कर्म पूर्वैरपि मुमुक्षिभिः ।
कुरु कर्मैव तस्मात्त्वं पूर्वैः पूर्वतरं कृतम् ॥१५॥

पद० — एवम् = इस प्रकार ; ज्ञात्वा = जानकर ; कृतम् = किया गया है ; कर्म = स्वधर्मरूप कर्तव्यकर्म ; पूर्वैः = पहले होनेवालोंसे ; अपि = भी ; मुमुक्षिभिः = मोक्षकी इच्छा करनेवाले पुरुषोंद्वारा ; कुरु = कर ; कर्म = कर्मको ; एव = ही ; तस्मात् = इसलिए ; त्वम् = तू ; पूर्वैः = पूर्वजोंद्वारा ; पूर्वतरम् = पहलेसे (सदासे) ; कृतम् = किए-हुएको।

अनु० — पहले होनेवाले (पूर्वकालके) मोक्षकी इच्छा करनेवाले पुरुषोंसे भी, इस प्रकार (यही) जानकर, (ही) कर्तव्यकर्म किये गये हैं। इसलिए, तू (भी) पूर्वजोंद्वारा सदासे किए-जानेवाले कर्मोंको ही कर।

टि० — यहाँ "कर्म" से तात्पर्य है शास्त्रविहित, स्वधर्मरूप कर्तव्यकर्म ; अर्थात्, ममता, आसक्ति, फलेच्छा और अहंकारसे रहित, निष्कामभावसे अपने-अपने वर्णाश्रमके अनुसार किएजानेवाले कर्म। अब कर्म-अकर्मका तत्त्व समझाते हुए, भगवान् कहते हैं—

किं कर्म किमकर्मेति कवयोऽप्यत्र मोहिताः ।
तत्ते कर्म प्रवक्ष्यामि यज्ज्ञात्वा मोक्ष्यसेऽशुभात् ॥१६॥

पद० — किम् = क्या ; कर्म = कर्म ; किम् = क्या ; अकर्म = अकर्म ; इति = ऐसे (इस प्रकार) ; कवयः = (शास्त्रोंके जाननेवाले) बुद्धिमान् पुरुष ; अपि = भी ; अत्र = इस विषयमें ; मोहिताः = मोहित (भ्रमित) हैं ; तत् = उसको ; ते = तेरेलिये ; कर्म = कर्मतत्त्वको ; प्रवक्ष्यामि = भलीभाँति (समझाकर) कहूँगा ; यत् = जिसको ; ज्ञात्वा = जानकर ; मोक्ष्यसे = छूट जायेगा ; अशुभात् = अशुभ (संसारबन्धन) से।

अनु० — कर्म क्या है ? (और) अकर्म क्या है ?— इस प्रकार इसका

निर्णय करनेमें (शास्त्रोंके जाननेवाले) बुद्धिमान् पुरुष भी मोहित (भ्रमित) हो जाते हैं (अर्थात्, चक्करमें पड़ जाते हैं)। (इसलिए) उस कर्मतत्त्वको (मैं) तुझे भलीभाँति (समझाकर) कहूँगा, जिसे जानकर (तू) अशुभ (अर्थात्, कर्मबन्धन वा संसारबन्धन) से छूट जायेगा।

कर्मणो ह्यपि बोद्धव्यं बोद्धव्यञ्च विकर्मणः ।
अकर्मणश्च बोद्धव्यं गहना कर्मणो गतिः ॥१७॥

पद० — कर्मणः = कर्मका (स्वरूप) ; हि = क्योंकि ; अपि = भी ; बोद्धव्यम् = जानना चाहिये ; बोद्धव्यम् = जानना चाहिये ; च = और ; विकर्मणः = निषिद्धकर्मका (स्वरूप) ; अकर्मणः = अकर्मका (स्वरूप) ; च = तथा ; बोद्धव्यम् = जानना चाहिये ; गहना = गम्भीर ; कर्मणः = कर्मका ; गतिः = विषय।

अनु० — कर्मका (स्वरूप) जानना चाहिये और विकर्म (निषिद्धकर्म) का (स्वरूप) भी जानना चाहिये ; तथा अकर्मका (रूपरूप भी) जानना चाहिये ; क्योंकि कर्मका विषय (अति) गम्भीर है।

टि० — पिछले श्लोकमें बतलाया गया था कि कर्म और अकर्मका निर्णय करनेमें बड़े-बड़े शास्त्रज्ञाता (विद्वान्) भी चक्कर में पड़ जाते हैं। इसपर अर्जुनने कहा कि इसमें ऐसी क्या कठिन वा जटिल समस्या है, क्योंकि हरकोई जानता है कि हाथ-पाँव हिलाना कर्म है और कुछ न करना — शान्त बैठे रहना — अकर्म है। इसके उत्तरमें भगवान् कहते हैं कि प्रत्येक काम कर्म नहीं होता, अपितु केवल शास्त्रविहित, अहंकाररहित, निष्काम कर्म ही "कर्म" होता है ; शास्त्रद्वारा निषिद्ध कर्म "विकर्म" होता है ; तथा कर्मका सर्वथा अभाव (अर्थात्,कुछ न करना) "अकर्म" होता है। इन सबको अच्छी प्रकार जान और समझ लेना परमावश्यक है, क्योंकि "कर्म" का विषय नितान्त गहन व गूढ़ है।

कर्मण्यकर्म यः पश्येदकर्मणि च कर्म यः ।
स बुद्धिमान्मनुष्येषु स युक्तः कृत्स्नकर्मकृत् ॥१८॥

पद० — कर्मणि = कर्ममें ; अकर्म = अकर्मको ; यः = जो ; पश्येत् = देखे ; अकर्मणि = अकर्ममें ; च = और ; कर्म = कर्मको ; यः = जो ; सः = वह ; बुद्धिमान् = समझदार ; मनुष्येषु = आदमियोंमें ; सः = वह ; युक्तः = योगी ; कृत्स्नकर्मकृत् = समस्त कर्मोंको करनेवाला।

अनु॰ — जो (मनुष्य) कर्ममें अकर्म देखता है और जो अकर्म में कर्म (देखता है),वह (ही) आदमियोंमें समझदार है (और) वह (ही) योगी (तथा) समस्त कर्म करनेवाला है।

टि॰ — कर्म,चाहे वह शास्त्रानुकूल है अथवा शास्त्रविरुद्ध, सदा हाथ-पैर हिलाकर ही— अर्थात्, इन्द्रिय, मन, बुद्धि और शरीरके व्यापारमात्रसे ही— किया जाता है। ऐसा होनेमें,वस्तुतः, कर्म तो इन्द्रियादिद्वारा ही किया जाता है, किन्तु जीवात्मा, अज्ञानताके कारण, स्वयंको उसका कर्ता मान बैठता है। बुद्धिमान् मनुष्य इस धोखेमें नहीं आते और वे इन्द्रियादिको— जिन्हें कर्म नहीं करनेवाला माना जाता है— कर्म करनेवाला समझते हैं, यानी, वे अकर्ममें कर्म देखते हैं। इसी प्रकार, वे आत्माको— जिसे कर्म करनेवाला माना जाता है— कर्म नहीं करनेवाला समझते हैं, यानी, वे कर्ममें अकर्म देखते हैं। यह ठीक उसी तरह है जैसे चलती नावमें बैठा कोई व्यक्ति तटपर खड़े वृक्षोंको चलता हुआ देखता है और अपनी चलती हुई नावको खड़ी हुई देखता है। यात्रा समाप्त करलेनेपर उसे यथार्थज्ञान होता है कि चलते-दिखाई-पड़नेवाले वृक्ष, वस्तुतः, वहीं-के-वहीं खड़े हुए थे (अर्थात्, वह अब कर्ममें अकर्म देखने लगता है) और एक-जगह खड़ी-दिखाई-देने-वाली नाव, वास्तमें, अबतक चलती ही रही थी (अर्थात्, वह अब अकर्ममें कर्म देखने लगता है)।

इसी सन्दर्भमें दूसरा उदाहरण दूरसे चले-आते आदमीका है, जो पहले तो, भ्रान्तिवश, एक ही जगह खड़ा मालूम पड़ता है, किन्तु जब वह निकट आ जाता है तब सत्यका आभास होता है कि ओहो! वह तो अबतक निरन्तर गतिमान् ही रहा है। दूसरे शब्दोंमें,अज्ञान दूर होनेपर वह अकर्ममें कर्म देखने लगता है।

इन सभी दृष्टान्तोंसे यह निष्कर्ष निकालना कठिन नहीं कि झूठे कर्ममें वास्तविक अकर्मका तथा झूठे अकर्ममें वास्तविक कर्मका बोध मनुष्यको तभी होता है, जब उसकी बुद्धिसे अज्ञान अथवा मोहका पर्दा हट जाता है। एक ऐसा ही अन्य भ्रामक तत्त्व अहंकार अथवा अहम्भाव है, जो जीवको जीवलोकमें ही उलझाए रखता है और अमरत्वकी ओर नहीं बढ़ने देता। हमें यह ठोस वास्तविकता स्पष्ट रूपसे समझ लेनी चाहिये कि केवल कर्म नहीं, बल्कि अहंकारयुक्त कर्म, बन्धनका कारण होता है। कर्मोंका सर्वथा त्याग करदेने — हाथ-पर-हाथ रखकर बैठ जाने तथा बिल्कुल शान्त हो जाने — से भी ये बन्धन नहीं टूटने वाले। इनको तोड़ना है तो अहंकारको जड़से उखाड़ फैंकना होगा, क्योंकि बन्धनोंका कारण तो अहंकार है। चाहे कैसा भी कर्म हो— शास्त्रविहित कर्तव्य-कर्म, शास्त्रनिषिद्ध

पापकर्म अर्थात् विकर्म या सर्वकर्माभाव अर्थात् अकर्म— यदि वह अहंकारयुक्त है, तो उससे बन्धन अवश्य होगा।

इसके विपरीत, इन तीनों भेदोंमें से कोईसा भी कर्म हो, यदि वह अहंकाररहित है, तो बन्धन होनेका कोई प्रश्न ही नहीं उठेगा। इसी बातको श्रीकृष्णने चार श्लोक पहले (अर्थात्, चौदहवें श्लोकमें) अपना ही उदाहरण देकर अर्जुनको कहा था कि यद्यपि वे कभी भी कर्म किए बिना नहीं रहते, परन्तु यतः वे सभी कर्म बिना किसी फलकी इच्छाके— अर्थात्, बिना किसी आसक्ति, ममता वा अहंकारके — करते हैं, अतः कर्मबन्धन उन्हें छू तक भी नहीं पाते। सो, जो मनुष्य यज्ञ, दान, तप, सेवादि शास्त्रसम्मत कर्मोंको अहंकारशून्य होकर करते हैं, वे अपने कर्मको,उसके बन्धनरूपी फलसे वर्जित हो जानेके कारण, मानो, कर्महीन अर्थात् अकर्म बना देते हैं ; यानी, जो कर्ममें अकर्म देखते हैं, वे, वास्तवमें,बुद्धिमान् हैं।

इसी प्रकार, जो मनुष्य मन,वाणी और शरीरके व्यापारका त्यागरूपी अकर्म अहंकारशून्य होकर करते हैं, उनका अकर्म कर्मबन्धनरहित तथा मोक्षप्रद होता है। किन्तु जहाँ- कहीं, जिस-किसीके मस्तिष्कमें यह अहंकार क्षणभरके लिए भी अंकुरित हुआ कि "ओहो! अब तो मैंने भी मन,वाणी और शरीरके सभी व्यापारोंका त्याग कर दिया है ; अब तो मैं भी कुछ नहीं करनेकी स्थितितक पहुँच गया हूँ ; मैं भी अकर्मका बड़ा साधक बन गया हूँ! " आदि, वहींसे, समझो, उसका पतन आरम्भ हो गया है और उसके कर्मबन्धन बनने एवं दृढ़तर होने लगे हैं। जीवके सब कष्टोंका मूलकारण यह अहंकार ही तो है ; यह ही उसे ईश्वरतक नहीं पहुँचने देता। अहंकार—अर्थात्, मैं, मुझको, मुझसे, मेरापन आदिका भाव ; अहम्भाव अथवा ख़ुदी — के बीचमें से हटा-दिए जानेपर यह जीव ईश्वरमें मिलकर ईश्वर ही हो जाता है। इसी विचारको एक उर्दू-कविने कितने सुन्दर ढंगसे प्रस्तुत किया है —

"ख़ुदसे ख़ुदीको, गर जुदा कर दिया;
ख़ुदाकी क़सम, ख़ुद ख़ुदा हो गया। "

एक बुद्धिमान् ही अहंकारकी इस वास्तविकताको समझता है। वह ही जानता है कि जो अकर्म, अहंकारशून्य-अवस्थामें,बन्धनभञ्जक होता है,वही अकर्म, अहंकारयुक्त होनेपर, कर्म (बन्धनकारक) बन जाता है ; अर्थात्, वह ही अकर्ममें कर्म देखनेके योग्य है। प्रस्तुत श्लोकका भाव अब,कदाचित्, हम

सुगमतासे समझ सकेंगे कि जो कर्ममें अकर्म तथा अकर्ममें कर्म देखता है,वह मनुष्योंमें बुद्धिमान् है। उसका परमपुरुष परमेश्वरसे संयोग हो जाता है,इसलिए वह योगी है ;और उसके लिए कोई भी कर्तव्य शेष नहीं रहता— वह कृतकृत्य हो जाता है— इसलिए वह समस्त कर्म करनेवाला है।

इस प्रकार कर्ममें अकर्म और अकर्ममें कर्मदर्शनका महत्त्व बतलाकर तथा यह समझाकर कि एक तत्त्वदर्शीको यह अहंकार नहीं होता कि "मैं किसी कर्मका कर्ता हूँ" और न उसपर किसी कर्मका लेप (प्रभाव) ही होता है,अगले पाँच श्लोकोंमें, भिन्न-भिन्न शैलीसे,ऐसे असाधारण (बुद्धिमान्) मनुष्यकी व्याख्या की गई है—

यस्य सर्वे समारम्भाः कामसंकल्पवर्जिताः ।
ज्ञानाग्निदग्धकर्माणं तमाहुः पण्डितं बुधाः ॥१९॥

पद० — यस्य = जिसके ; सर्वे = सम्पूर्ण ; समारम्भाः = कार्य ; कामसंकल्पवर्जिताः = कामना और संकल्पसे रहित ; ज्ञानाग्निदग्धकर्माणम् = ज्ञानरूप अग्निद्वारा भस्महुए कर्मोंवाले पुरुषको ; तम् = उसको ; आहुः = कहते हैं ; पण्डितम् = पण्डित ; बुधाः = ज्ञानीजन।

अनु० — जिसके सम्पूर्ण (शास्त्रसम्मत) कर्म बिना इच्छा (कामना) और योजना (निश्चय) के होते हैं (तथा) जिसके (समस्त) कर्म ज्ञानरूप अग्निके द्वारा भस्म हो गये हैं, उस (महापुरुष) को ज्ञानीजन (भी) "पण्डित" कहते हैं।

त्यक्त्वा कर्मफलासंगं नित्यतृप्तो निराश्रयः ।
कर्मण्यभिप्रवृत्तोऽपि नैव किञ्चित्करोति सः ॥२०॥

पद० — त्यक्त्वा = छोड़कर ; कर्मफलासंगम् = कर्मोंमें तथा उनके फलोंमें आसक्तिको ; नित्यतृप्तः = सदा (परमानन्द परमात्मामें) सन्तुष्ट ; निराश्रयः = (सांसारिक) आश्रयसे रहित ; कर्मणि = कर्ममें ; अभिप्रवृत्तः = भलीभाँति व्यस्त रहता (लगा) हुआ ; अपि = भी ; न = नहीं ; एव = भी ; किञ्चित् = कुछ ; करोति = करता है ; सः = वह।

अनु० — (जो पुरुष समस्त) कर्मोंमें तथा उनके फलोंमें आसक्तिको (सर्वथा) छोड़कर सदा (आत्मामें, अर्थात्, परमानन्द परामात्मामें ही) सन्तुष्ट (मस्त) है (और) (सांसारिक) आश्रयोंसे (पूर्णतया) रहित (मुक्त) हो गया है, वह कर्मोंमें भलीभाँति (पूरीतरह) व्यस्त रहता (लगा) हुआ भी (वास्तवमें) कुछ भी नहीं करता है।

निराशीर्यतचित्तात्मा त्यक्तसर्वपरिग्रहः ।
शारीरं केवलं कर्म कुर्वन्नाप्नोति किल्बिषम् ॥२१॥

पद० — निराशीः = आशारहित ; यतचित्तात्मा = वशमें कर लिए हैं अन्तःकरण और शरीर जिसने ; त्यक्तसर्वपरिग्रहः = 'त्याग दी है सम्पूर्ण भोगोंकी सामग्री जिसने ; शारीरम् = शरीरसम्बन्धी (को) ; केवलम् = केवल ; कर्म = कर्मको ; कुर्वन् = करता हुआ ; न = नहीं ; आप्नोति = प्राप्त होता है ; किल्बिषम् = पापको।

अनु० — अन्तःकरण और शरीरको वशमें करनेवाला (तथा) सम्पूर्ण भोगोंकी सामग्रीका परित्याग करनेवाला आशारहित (पुरुष) केवल शरीरसम्बन्धी कर्म करता हुआ (भी) पापको नहीं प्राप्त होता है (अर्थात्, पापका भागी नहीं बनता है)।

यदृच्छालाभसन्तुष्टो द्वन्द्वातीतो विमत्सरः ।
समः सिद्धावसिद्धौ च कृत्वापि न निबध्यते ॥२२॥

पद० — यदृच्छालाभसन्तुष्टः = (बिना इच्छा-किए) अपने-आप प्राप्त-हुए पदार्थमें सन्तुष्ट रहनेवाला ; द्वन्द्वातीतः = (हर्षशोकादि) द्वन्द्वोंसे ऊपर उठा हुआ ; विमत्सरः = ईर्ष्या (डाह) से रहित ; समः = समान रहनेवाला ; सिद्धौ = सफलतामें ; असिद्धौ = असफलतामें ; च = और ; कृत्वा = (कर्मोंको) करके ; अपि = भी ; न = नहीं ; निबध्यते = बँधता है।

अनु० — (बिना इच्छा-किए) अपने-आप ही प्राप्तहुए पदार्थमें सन्तुष्ट रहनेवाला, (हर्षशोकादि) द्वन्द्वोंसे ऊपर उठा हुआ, ईर्ष्या (डाह) से (सर्वथा) शून्य (और) सफलता तथा असफलतामें समान (एकजैसा ही) रहनेंवाला (कर्मयोगी) (कर्मोंको) करके भी (उनसे) नहीं बँधता।

गतसंगस्य मुक्तस्य ज्ञानावस्थितचेतसः ।
यज्ञायाचरतः कर्म समग्रं प्रविलीयते ॥२३॥

पद० — गतसंगस्य = आसक्तिरहितका ; मुक्तस्य = मुक्त (पुरुष) का ; ज्ञानावस्थितचेतसः = ज्ञानमें स्थितहुए चित्तवाले (पुरुष) का ; यज्ञाय = यज्ञके लिए ; आचरतः = कर्म करनेवाले (मनुष्य) का ; कर्म = कर्म ; समग्रम् = सम्पूर्ण ; प्रविलीयते = पूरीतरह नष्ट हो जाता है।

अनु० — आसक्तिरहित, (देहाभिमान व ममतासे शून्य होनेके कारण सर्वथा) स्वच्छन्द, (परमात्मा ही के) ज्ञानमें (निरन्तर) स्थित-हुए चित्तवाले (तथा)

(केवल) यज्ञसम्पादनके लिए ही कर्म करनेवाले, अर्थात्, अपने सब कर्मोंको ईश्वरके अर्पण करदेनेवाले (मनुष्यके) सम्पूर्ण कर्म पूरीतरह विलीन (नष्ट) हो जाते हैं।

टि॰ — यहाँ "यज्ञ" शब्दसे उसका सामान्य, लौकिक वा व्यावहारिक अर्थ— कतिपय व्यक्तियोंका वेदी अथवा हवनकुण्डके चारों ओर बैठकर एकसाथ मन्त्रोच्चारण-सहित घृत, सामग्री आदि हविको अग्निमें छोड़कर देवस्तवन करना— अभीष्ट नहीं है, अपितु उसकी अन्तर्निहित भावना, जिसकी चर्चा पहले भी की जा चुकी है। वह भावना है— व्यक्ति वा वर्गका स्वेच्छा एवं निस्स्वार्थ भावसे समाजहित अथवा लोककल्याणके निमित्त कैसा-भी, कितना-भी योगदान करना। अतः, परमात्माकी प्राप्तिके लिए वर्ण, आश्रम और परिस्थितिके अनुसार जिस मनुष्यका जो कर्तव्य है, वही उसके लिए यज्ञ है और उसका सम्पादन वा पालन करनेके लिए आवश्यक क्रियाओंका निष्काम वृत्तिसे करना, यानी, अपने सब कर्मोंको ईश्वरके अर्पण कर देना, ही उस यज्ञके लिए कर्म करना है। इसी भावको भलीभाँति स्पष्ट करनेके लिए अब भगवान् अगले सात श्लोकोंमें भिन्न-भिन्न मनुष्योंद्वारा किये जानेवाले परमात्माकी प्राप्तिके साधनरूप कर्तव्य-कर्मोंका विभिन्न यज्ञोंके नामसे वर्णन करते हैं—

ब्रह्मार्पणं ब्रह्म हविर्ब्रह्माग्नौ ब्रह्मणा हुतम् ।
ब्रह्मैव तेन गन्तव्यं ब्रह्मकर्मसमाधिना ॥२४॥

पद॰ — ब्रह्म = ब्रह्म ; अर्पणम् = उपकरण (पात्र) जिसके द्वारा कोई वस्तु अर्पित की जाए ; ब्रह्म = ब्रह्म ; हविः = हवन किएजाने-योग्य द्रव्य ; ब्रह्माग्नौ = ब्रह्मरूप अग्निमें ; ब्रह्मणा = ब्रह्मरूप कर्ताके द्वारा ; हुतम् = हवन किया गया है ; ब्रह्म = ब्रह्म ; एव = ही ; तेन = उसद्वारा ; गन्तव्यम् = पहुँचने (प्राप्त किया जाने) योग्य ; ब्रह्मकर्मसमाधिना = ब्रह्मरूप कर्ममें स्थित-रहनेवाले (पुरुष) से।

अनु॰ — (जिस यज्ञमें) अपर्ण (अर्थात्, स्रुवा प्रभृति पात्र, जिसके द्वारा घृत आदि द्रव्य अग्निमें छोड़े जाते हैं) (भी) ब्रह्म है, हवन किएजाने योग्य द्रव्य (सामग्री आदि) (भी) ब्रह्म है (तथा) ब्रह्मरूप कर्ताके द्वारा ब्रह्मरूप अग्निमें आहुति देनारूप क्रिया (यानी, हवन करनेकी क्रिया) (भी) ब्रह्म है, उस ब्रह्मरूप कर्ममें स्थित-रहनेवाले (पुरुष) द्वारा प्राप्त किया जाने योग्य (फल भी) ब्रह्म ही है (अर्थात्, ऐसे ब्रह्मलीन पुरुषको ब्रह्मकी ही प्राप्ति होती है)।

टि० — इस श्लोकमें "सर्वं खल्विदं ब्रह्म" के अनुसार सर्वत्र ब्रह्मदर्शनरूप साधनको यज्ञका रूप दिया गया है। कर्ता, कर्म, करण आदि कारकोंके भेदानुरूप भिन्न-भिन्न रूपमें प्रतीत होनेवाले समस्त पदार्थोंको ब्रह्मरूपसे ही देखनेकी चर्चा की गई है। इसके निरन्तर अभ्याससे साधक सर्वत्र ब्रह्मबुद्धि बनाए रखता है, अर्थात्, किसीको भी ब्रह्मसे भिन्न नहीं समझता। ऐसे ब्रह्मकर्ममें स्थित (ब्रह्मलीन) मनुष्यकी साधनाका एकमात्र ही फल (परिणाम) होता है— परब्रह्म-परमात्माकी प्राप्ति— जिससे, कोई अन्य फल न होनेके कारण, उसके निश्शेष कर्म पूर्णतया विलीन (नष्ट) हो जाते हैं।

इस प्रकार ब्रह्मकर्मरूप यज्ञक वर्णन करके, अब भगवान् अगले श्लोकमें देवपूजनरूप यज्ञका और आत्मा-परमात्माके अभेददर्शनरूप यज्ञका वर्णन करते हैं—

दैवमेवापरे यज्ञं योगिनः पर्युपासते ।
ब्रह्माग्नावपरे यज्ञं यज्ञेनैवोपजुह्वति ॥२५॥

पद० — दैवम् = देवताओंके पूजनरूप ; एव = ही ; अपरे = अन्य ; यज्ञम् = यज्ञको ; योगिनः = योगीजन ; पर्युपासते = भलीभाँति अनुष्ठान किया करते हैं ; ब्रह्माग्नौ = परमात्मारूप अग्निमें ; अपरे = दूसरे ; यज्ञम् = यज्ञको ; यज्ञेन = यज्ञके द्वारा ; एव = ही ; उपजुह्वति = हवन किया करते हैं।

अनु० — अन्य योगीजन देवताओंके पूजनरूप यज्ञका ही भलीभाँति अनुष्ठान किया करते हैं (और) दूसरे (योगीजन) परब्रह्म-परमात्मारूप अग्निमें (अभेददर्शनरूप) यज्ञके द्वारा ही (आत्मारूप) यज्ञका हवन किया करते हैं।

टि० — "अन्य योगीजन" से अभिप्राय पूर्वश्लोकमें वर्णित ब्रह्मकर्म करनेवाले योगीजनों (साधकों) से भिन्न शास्त्रविहित यज्ञादि कर्म करनेवाले साधकोंसे है। "योगी" शब्दसे, जैसा हम पहले भी निवेदन कर चुके हैं, उद्दिष्ट वे साधक हैं जो ममता, आसक्ति और फलेच्छाका त्याग करके परमात्माप्राप्तिमें निरन्तर साधनारत रहते हैं।

"दैवम्" पदका अर्थ यहाँ "देवतासम्बन्धी" है। अतः, "दैवं यज्ञम्" से आशय है "ब्रह्मा, शिव, शक्ति, गणेश, सूर्य, चन्द्रमा, इन्द्र, वरुणादि शास्त्रसम्मत देवोंके लिए हवन करना, उनकी पूजा करना, उनके मन्त्रका जाप करना, उनके निमित्तसे दान देना और भोजन करवाना आदि समस्त कर्मोंका विधिवत् सम्पादन।" अपना कर्तव्य समझकर निष्काम भावसे मोक्षप्राप्तिहेतु इन सब कर्मोंका श्रद्धाभक्तिपूर्वक

शास्त्रविधिके अनुसार पूर्णतया अनुष्ठान करना ही दैवयज्ञका "पर्युपासन" करना है।

अब हम दूसरी पङ्क्तिपर आते हैं। अज्ञानके कारण शरीरकी उपाधिसे आत्मा और परमात्माका भेद अनादिकालसे प्रतीत हो रहा है। इस अज्ञानजनित भेद-प्रतीतिको ज्ञानाभ्यासद्वारा मिटा देना, अर्थात्, गुणातीत परब्रह्म-परमात्मामें अभेदभावसे आत्माको एक कर देना— विलीन कर देना— ही "ब्रह्मरूप अग्निमें यज्ञके द्वारा यज्ञको हवन करना" है।

इस प्रकार दैवयज्ञ और अभेददर्शनरूप यज्ञका वर्णन करनेके अनन्तर, अब इन्द्रियसंयमरूप यज्ञका तथा विषयहवनरूप यज्ञका वर्णन करते हैं—

श्रोत्रादीनीन्द्रियाण्यन्ये संयमाग्निषु जुह्वति ।
शब्दादीन्विषयानन्य इन्द्रियाग्निषु जुह्वति ॥२६॥

पद॰ — श्रोत्रादीनि = कान आदिको ; इन्द्रियाणि = इन्द्रियोंको ; अन्ये = अन्य (योगीजन) ; संयमाग्निषु = संयमरूप अग्नियोंमें ; जुह्वति = हवन किया करते हैं ; शब्दादीन् = शब्दादिको ; विषयान् = विषयोंको ; अन्ये = और दूसरे (योगीलोग) ; इन्द्रियाग्निषु = इन्द्रियरूप अग्नियोंमें ; जुह्वति = हवन किया करते हैं।

अनु॰ — अन्य (योगीजन) कान आदि (समस्त) इन्द्रियोंको संयमरूप अग्नियोंमें हवन किया करते हैं (और) दूसरे (योगीलोग) शब्द आदि (समूचे) विषयोंको इन्द्रियरूप अग्नियोंमें हवन किया करते हैं।

टि॰ — दूसरे अध्यायमें कहा गया है कि इन्द्रियाँ बड़ी बलवती होती हैं ; वे ज़बरदस्ती साधकके मनको डिगा देती हैं। इसलिये, सारी इन्द्रियोंको अपने वशमें कर लेना, उनकी स्वतन्त्रताको मिटा देना, उनमें मनको विचलित करनेकी शक्ति न रहने देना तथा उन्हें सांसारिक भोगोंमें प्रवृत्त न होने देना ही इन्द्रियोंको संयम (नियन्त्रण) रूप अग्नियोंमें हवन करना है।

इसी प्रकार, वशमें की हुई और राग-द्वेषसे रहित इन्द्रियोंके द्वारा दैवप्राप्त नाना विषयोंका ग्रहण करके उनको इन्द्रियोंमें विलीन कर देना, अर्थात्, उनका सेवन करते समय या दूसरे समय अन्तःकरणमें अथवा इन्द्रियोंमें किसी प्रकारका विकार—किसी तरहकी हलचल— उत्पन्न करनेकी शक्ति न रहने देना ही शब्दादि विषयोंको इन्द्रियरूप अग्नियोंमें हवन करना है। विषयोंमे आसक्ति, सुख और

रमणीय बुद्धि न रहनेके कारण, वे विषयभोग साधकपर अपना प्रभाव नहीं डाल सकते— वे स्वयं ही अग्निमें घासकी भाँति भस्म हो जाते हैं।

अब आत्मसंयमयोगरूप यज्ञका वर्णन करते हैं—

सर्वाणीन्द्रियकर्माणि प्राणकर्माणि चापरे।
आत्मसंयमयोगाग्नौ जुह्वति ज्ञानदीपिते ॥२७॥

पद० — सर्वाणि = सारी (को) ; इन्द्रियकर्माणि = इन्द्रियोंकी चेष्टाओंको ; प्राणकर्माणि = प्राणोंकी क्रियाओंको ; च = और ; अपरे = दूसरे (योगीजन) ; आत्मसंयमयोगाग्नौ = परमात्मामें-स्थितिरूप योगाग्निमें ; जुह्वति = हवन किया करते हैं ; ज्ञानदीपिते = ज्ञानसे प्रकाशित-हुई (में)।

अनु० — दूसरे (योगीजन) इन्द्रियोंकी सम्पूर्ण चेष्टाओं और प्राणोंकी (समस्त) क्रियाओंको ज्ञानसे प्रकाशित-हुई परमात्मामें-स्थितिरूप योगाग्निमें हवन किया करते हैं।

टि० — परब्रह्म-परमात्माके अतिरिक्त अन्य किसीका भी चिन्तन न करना ही इन्द्रियों एवं प्राणोंकी समग्र क्रियाओंका हवन करना है।

द्रव्ययज्ञास्तपोयज्ञा योगयज्ञास्तथापरे ।
स्वाध्यायज्ञानयज्ञाश्च यतयः संशितव्रताः ॥२८॥

पद० — द्रव्ययज्ञाः = द्रव्यसम्बन्धी यज्ञ करनेवाले ; तपोयज्ञाः = तपस्यारूप यज्ञ करनेवाले ; योगयज्ञाः = योगरूप यज्ञ करनेवाले ; तथा = और ; अपरे = दूसरे ; स्वाध्यायज्ञानयज्ञाः = स्वाध्यायरूप ज्ञानयज्ञ करनेवाले ; च = तथा ; यतयः = संयमी (पुरुष) ; संशितव्रताः = (अहिंसादि) तीक्ष्णव्रतोंसे युक्त।

अनु० — (कई पुरुष) द्रव्यसम्बन्धी यज्ञ करनेवाले होते हैं ; (कितने ही) तपस्यारूप यज्ञ करनेवाले होते हैं ; और दूसरे (कितने ही) योगरूप यज्ञ करनेवाले होते हैं तथा (कितने ही) (अहिंसादि) तीक्ष्ण (कठोर) व्रतोंसे युक्त, संयमी (पुरुष) स्वाध्यायरूप ज्ञानयज्ञ करनेवाले होते हैं।

टि० — ***द्रव्ययज्ञ*** = न्यायसे प्राप्त द्रव्यको अहंकार, आसक्ति और स्वार्थका त्याग करके यथायोग्य लोकसेवामें लगाना, अर्थात् बावली, कुएँ, तालाब, मन्दिर, धर्मशाला आदि बनावाना ; भूखे, प्यासे, अनाथ, रोगी, दुःखी, असमर्थ, भिक्षु आदि

मनुष्योंकी यथावश्यक अन्न, वस्त्र, जल, औषध, पुस्तक आदि वस्तुओंद्वारा सेवा करना ; विद्वान्, तपस्वी, वेदपाठी, सदाचारी महात्माओंकी गौ,भूमि, ग्रन्थ,वस्त्र आदि पदार्थोंद्वारा यथाशक्ति सहायता करना— इसी तरह अन्य सब प्राणियोंको, बिना किसी फलकी इच्छा किए, सुख पहुँचानेके उद्देश्यसे सामर्थ्यानुसार द्रव्यका व्यय करना ही "द्रव्ययज्ञ" है।

तपोयज्ञ = परमात्माकी प्राप्तिके उद्देश्यसे अन्तःकरण और इन्द्रियोंको पवित्र करनेके लिये निष्काम एवं निर्लिप्त भावसे व्रत-उपवासादि करना, स्वधर्मपालनके लिए कष्ट सहन करना, मौन धारण करना, एक-या-दो वस्त्रोंसे ही जीवन व्यतीत करना, अन्नका त्याग कर केवल फल वा दूधसे ही शरीर-निर्वाह करना, वनवास करना आदि जो शास्त्रानुसार तितिक्षासम्बन्धी क्रियाएँ हैं — उन सबका वाचक यहाँ "तपोयज्ञ" है।

योगयज्ञ = इस पदका अभिप्राय चित्तवृत्तिनिरोधरूप अष्टांगयोगके अनुष्ठानसे है। इस अष्टांगयोगके आठ अंग इस प्रकार हैं— यम, नियम, आसन, प्राणायाम, प्रत्याहार, धारणा, ध्यान और समाधि।

स्वाध्यायज्ञानयज्ञ = जिन शास्त्रोंमें भगवान्के तत्त्वका तथा उनके साकार-निराकार, सगुण-निर्गुण स्वरूपका वर्णन है— ऐसे शास्त्रोंका अध्ययन करना, भगवान्की स्तुतिका पाठ करना, उनके नामका जाप और गुणोंका कीर्तन करना तथा वेद एवं वेदांगोंका नियमपूर्वक अध्ययन करना स्वाध्याय है। ऐसा स्वाध्याय अर्थ-ज्ञानके सहित होनेसे तथा ममता, आसक्ति और फलेच्छाके अभावपूर्वक किये जानेसे "स्वाध्यायज्ञानयज्ञ" कहलाता है।

द्रव्ययज्ञ, तपोयज्ञ, योगयज्ञ तथा स्वाध्यायज्ञानयज्ञ—इन चार प्रकारके यज्ञोंका संक्षेपमें वर्णन करके अब भगवान्, तीन श्लोकोंमें, प्राणायामरूप यज्ञोंकी चर्चा करते हुए सब प्रकारके यज्ञ करनेवाले साधकोंकी प्रशंसा करते हैं—

अपाने जुह्वति प्राणं प्राणेऽपानं तथापरे ।
प्राणापानगती रुद्ध्वा प्राणायामपरायणाः ।
अपरे नियताहाराः प्राणान्प्राणेषु जुह्वति ॥२९॥

पद० — अपाने = अपानवायुमें ; जुह्वति = हवन करते हैं ; प्राणम् = प्राणवायुको ; प्राणे = प्राणवायुमें ; अपानम् = अपानवायुको ; तथा = और ; अपरे = अन्य (योगीजन) ; प्राणापानगती = प्राण और अपानकी गतियोंको ; रुद्ध्वा = रोककर ; प्राणायामपरायणाः = प्राणोंको नियमित करनेका निरन्तर अभ्यास

करनेवाले ; अपरे = दूसरे ; नियताहाराः = नियमित आहार करनेवाले ; प्राणान् = प्राणोंको ; प्राणेषु = प्राणोंमें ; जुह्वति = हवन किया करते हैं।

अनु॰ — अन्य (योगीजन) अपानवायुमें (अर्थात, भीतरसे बाहर निकलनेवाले वायु—प्रश्वास—में) प्राणवायुको (अर्थात्, बाहरसे भीतर आनेवाले वायु—श्वास— को) हवन करते हैं तथा (कई और) प्राणवायु (श्वास) में अपानवायु (प्रश्वास) को (हवन किया करते हैं)। (अन्य कितने ही) प्राण और अपानकी गतियोंको रोककर जीवनमूलशक्ति—प्राण—को नियन्त्रित करनेका निरन्तर अभ्यास करते हैं। और दूसरे नियमित आहार करनेवाले (योगीजन) प्राणवायुकी क्रियाओंको प्राणोंमें (ही) विलीन किया करते हैं।

सर्वेऽप्येते यज्ञविदो यज्ञक्षपितकल्मषाः ॥३०॥
यज्ञशिष्टामृतभुजो यान्ति ब्रह्म सनातनम्। ।
नायं लोकोऽस्त्ययज्ञस्य कुतोऽन्यः कुरुसत्तम ॥३१॥

पद॰ — सर्वे = सब ; अपि = ही ; एते = ये ; यज्ञविदः = यज्ञोंको जाननेवाले ; यज्ञक्षपितकल्मषाः = यज्ञोंद्वारा जिनके पाप नष्ट हो गए हैं ; यज्ञशिष्टामृतभुजः = यज्ञसे बचे-हुए प्रसादरूप अमृतको खानेवाले ; यान्ति = प्राप्त होते हैं ; ब्रह्म = परब्रह्म-परमात्माको ; सनातनम् = शाश्वतको ; न = नहीं ; अयम् = यह ; लोकः = संसार ; अस्ति = है ; अयज्ञस्य = यज्ञ न करनेवाले पुरुषका ; कुतः = कैसे ; अन्यः = कोई और (लोक) ; कुरुसत्तम = हे कुरुश्रेष्ठ (अर्जुन)।

अनु॰ — यज्ञोंद्वारा नष्ट होगए हैं पाप जिनके (ऐसे) ये सभी ही (साधक) यज्ञोंको जाननेवाले हैं। हे कुरुश्रेष्ठ (अर्जुन)! यज्ञसे बचेहुए प्रसादरूप अमृतको रखनेवाले (अथवा, यज्ञोंके परिणामरूप ज्ञानामृतको भोगनेवाले) (योगीजन) शाश्वत परब्रह्मपरमात्माको प्राप्त होते हैं (और) यज्ञ न करनेवाले पुरुषका (तो) यह मनुष्यलोक (तक भी) नहीं है,(फिर) कोई और (लोक) कैसे (हो सकता है ?) (अर्थात्, यज्ञ न करनेवाला पुरुष तो इस मनुष्यलोक जैसे निकृष्ट लोकतक के लिए भी योग्य नहीं है, फिर भला वह किसी श्रेष्ठतर लोकको प्राप्त करनेकी कैसे आशा कर सकता है ? यानी, अनन्तकालतक वह इस मनुष्यलोकके जीवन-मरणजालमें ही फँसा रहेगा)।

एवं बहुविधा यज्ञा वितता ब्रह्मणो मुखे ।
कर्मजान्विद्धि तान्सर्वानेवं ज्ञात्वा विमोक्ष्यसे ॥३२॥

पद० — एवम् = इसी प्रकार ; बहुविधाः = बहुत तरहके ; यज्ञाः = यज्ञ ; विततः = विस्तारसे कहे गये हैं ; ब्रह्मणः = वेदकी ; मुखे = वाणीमें ; कर्मजान् = मन, इन्द्रिय और शरीरकी क्रियाद्वारा (ही) सम्पन्न होनेवालोंको ; विद्धि = जान ; तान् = उनको ; सर्वान् = सबको ; एवम् = इस प्रकार ; ज्ञात्वा = जानकर ; विमोक्ष्यसे = सर्वथा मुक्त हो जायेगा।

अनु० — इसी प्रकार (और भी) बहुत तरहके यज्ञ वेदकी वाणीमें विस्तारसे कहे गये हैं। उन सबको (तू) मन, इन्द्रिय और शरीरकी क्रियाद्वारा (ही) सम्पन्न-होनेवाले जान। इस प्रकार (तत्त्वसे) जानकर (उनके अनुष्ठानद्वारा तू कर्मबन्धनसे) सर्वथा मुक्त हो जायेगा।

श्रेयान्द्रव्यमयाद्यज्ञाज्ज्ञानयज्ञः परन्तप ।
सर्वं कर्माखिलं पार्थ ज्ञाने परिसमाप्यते ॥३३॥

पद० — श्रेयान् = श्रेष्ठ है ; द्रव्यमयात् = द्रव्योंसे (सांसारिक वस्तुओंसे) सिद्ध होनेवालेसे ; यज्ञात् = यज्ञसे ; ज्ञानयज्ञः = ज्ञानरूप यज्ञ ; परन्तप = हे शत्रुओंको सन्तप्त करनेवाले ; सर्वम् = सम्पूर्ण ; कर्म = कर्म ; अखिलम् = यावन्मात्र (सारे-का-सारा, निश्शेष) ; पार्थ = हे पृथापुत्र (अर्जुन) ; ज्ञाने = ज्ञानमें, परिसमाप्यते = समाप्त हो जाता है।

अनु० — हे शत्रुओंके सन्तापकारी (अर्जुन) ! द्रव्यों (सांसारिक वस्तुओं) से सिद्ध-होनेवाले यज्ञकी अपेक्षा ज्ञानरूप यज्ञ (अत्यन्त) श्रेष्ठ है, (क्योंकि) हे पृथापुत्र (अर्जुन)! सम्पूर्ण यावन्मात्र (निश्शेष) कर्म ज्ञानमें समाप्त हो जाते हैं (अर्थात्, ज्ञान ही उनकी पराकाष्ठा है)।

तद्विद्धि प्रणिपातेन परिप्रश्नेन सेवया ।
उपदेक्ष्यन्ति ते ज्ञानं ज्ञानिनस्तत्त्वदर्शिनः ॥३४॥

पद० — तत् = उसको ; विद्धि = जान ; प्रणिपातेन = दण्डवत् प्रणाम करनेसे ; परिप्रश्नेन = सरलतापूर्वक प्रश्न करनेसे ; सेवया = सेवाके द्वारा ; उपदेक्ष्यन्ति = उपदेश करेंगे ; ते = वे ; ज्ञानम् = ज्ञानको ; ज्ञानिनः = ज्ञानीजन ; तत्त्वदर्शिनः = मर्मको जाननेवाले।

अनु० — (इसलिए, तू ब्रह्मनिष्ठ आचार्योंके पास जा और श्रद्धा-भक्तिपूर्वक विधिवत्) दण्डवत् प्रणाम (वन्दन) करनेके द्वारा, (सरल एवं निश्छलभावसे)

प्रश्नोंके करनेद्वारा (तथा) (निरभिमान व निरहंकार वृत्तिसे) सेवा-शुश्रूषा करनेके द्वारा (उन्हें प्रसन्न करके, उनसे) उस (ज्ञान) को जान (भलीभाँति समझ) (क्योंकि तेरे आचरणसे सन्तुष्ट होकर) परमात्मतत्त्वका साक्षात्कार करनेवाले (वे) ज्ञानी (महात्मा) तुझे (उस) तत्त्वज्ञानका (निस्सन्देह, विस्तारपूर्वक) उपदेश करेंगे।

टि० — प्रस्तुत श्लोकमें हमें प्राचीन भारतके गौरवमययुगीन गुरु-तथा-शिष्यकी सुपात्रता एवं तद्विषयिणी मधुरताकी एक सुन्दर झलक उपलब्ध होती है। तब गुरु केवल "ज्ञानी"— विद्याधुरन्धर, वेदपारंगत और शास्त्रपारावारीण — ही नहीं होते थे, अपितु "तत्त्वदर्शी" भी ; अर्थात्,शास्त्रीय सिद्धान्तों,धर्ममर्मों एवं दर्शनतत्त्वोंका ग्रन्थीयबोध मात्र ही नहीं,बल्कि उनके चिन्तन, मननके साथ-साथ उनके व्यवहारान्तरण, कार्यान्वयन तथा साक्षात्करणमें भी सिद्धहस्त होते थे। ज्ञान और विज्ञान — इन दोनोंके ही उनकी मुट्ठियोंमें होनेके परिणामस्वरूप उनका मत अधिकृत, तर्क अकाट्य और निर्णय प्रामाणिक होता था।

ऐसे अथाह विद्यावारिधिके शीतल तोयमें कौन विद्यार्थी अवगाहन करना नहीं चाहेगा ? अतः, उनके शिष्यगण भी अहंकार-अभिमान, धूर्तता-धृष्टता, वितण्डा-उद्दण्डता, छल-कपट,तर्कवृत्ति-परीक्षाबुद्धि प्रभृति सभी अवाञ्छनीय चेष्टाओंका सर्वथा परिहार कर,श्रद्धा-भक्ति, सरलता- विनम्रताकी मूर्ति बन, दण्डवत् प्रणाम, शंकानिवारणार्थ बार-बार प्रश्न करने तथा प्रगाढ़ सेवा-शुश्रूषाके द्वारा उनका स्नेहभाजन बननेको सदा लालायित रहते थे। कहना न होगा कि ऐसे पूर्णसमर्पित, अधिकारी शिष्योंको उपदेश करनेके लिए उन ब्रह्मलीन आचार्योंके अन्तःकरणमें ज्ञानका समुद्र स्वत एव वैसे ही उमड़ पड़ता था जैसे बछड़ेको देखकर वात्सल्यभावसे गौके थनोंमें अथवा बालकके लिए माँके स्तनोंमें दूधका स्रोत स्वयं बहने लग जाता है। यदि इस आह्लादमयी छविकी तुलना अद्यतनीन लज्जास्पद स्थितिसे करते हैं, तो, बरबस, यह सोचना पड़ जाता है कि हम भारतमें ही रह रहे हैं या किसी अन्य देशमें !

यज्ज्ञात्वा न पुनर्मोहमेवं यास्यसि पाण्डव ।
येन भूतान्यशेषेण द्रक्ष्यस्यात्मन्यथो मयि ॥३५॥

पद० — यत् = जिसको ; ज्ञात्वा = जानकर ; न = नहीं ; पुनः = फिर ; मोहम् = मोहको ; एवम् = इस प्रकार ; यास्यसि = प्राप्त होगा ; पाण्डव = हे पाण्डुपुत्र (अर्जुन) ; येन = जिसके द्वारा ; भूतानि = पदार्थोंको ; अशेषेण = सम्पूर्ण ; द्रक्ष्यसि = देखेगा ; आत्मनि = अपनेमें ; अथो = उसके उपरान्त ; मयि = मुझमें।

अनु॰ — जिस (गुरुसे प्राप्य तत्त्वज्ञान) को जानकर (भलीभाँति समझकर) (तू) फिर इस प्रकार (यानी, अबकी तरह) मोहको नहीं प्राप्त होगा (और) हे अर्जुन! जिस (ज्ञान) के द्वारा (तू, सर्वव्यापी-अनन्त-चेतनरूप हुआ) सम्पूर्ण पदार्थोंको (अर्थात्, समूची सृष्टिको) अपने अन्तर्गत देखेगा (तथा) उसके उपरान्त मुझमें (अर्थात्, सच्चिदानन्दस्वरूपमें एकीभाव-हुआ सच्चिदानन्दमय ही) देखेगा — (ऐसे दिव्यज्ञानको तू ब्रह्मनिष्ठ आचार्योंसे अच्छीतरह समझ और उससे पूर्णतया लाभ उठा)।

अपि चेदसि पापेभ्यः सर्वेभ्यः पापकृत्तमः ।
सर्वं ज्ञानप्लवेनैव वृजिनं सन्तरिष्यसि ॥३६॥

पद॰ — अपि = भी ; चेत् = यदि ; असि = है ; पापेभ्यः = पापियोंसे ; सर्वेभ्यः = सब (से) ; पापकृत्तमः = सबसे बड़ा पापी ; सर्वम् = सम्पूर्णको ; ज्ञानप्लवेन = ज्ञानरूप नौकाद्वारा ; एव = ही ; वृजिनम् = पापको ; सन्तरिष्यसि = भलीभाँति लाँघ (तर) जायेगा।

अनु॰ — यदि (तू विश्वभरके) सारे पापियोंमें सबसे बड़ा पापी भी है (अर्थात्, समस्त पापियोंका सिरमौर भी है) (तो भी, लोकोत्तर गुरुजनोंसे प्राप्त) तत्त्वज्ञानरूप नौकाद्वारा (तू), निस्सन्देह, सम्पूर्ण पापोंको भलीभाँति लाँघ (तर) जायेगा।

यथैधांसि समिद्धोऽग्निर्भस्मसात्कुरुतेऽर्जुन ।
ज्ञानाग्निः सर्वकर्माणि भस्मसात्कुरुते तथा ॥३७॥

पद॰ — यथा = जैसे ; एधांसि = ईंधनको ; समिद्धः = प्रज्वलित ; अग्निः = अग्नि ; भस्मसात् = भस्ममय (राख) ; कुरुते = कर देता है ; अर्जुन = हे अर्जुन ; ज्ञानाग्निः = ज्ञानरूप अग्नि ; सर्वकर्माणि = सम्पूर्ण कर्मोंको ; भस्मसात् = भस्ममय (नष्ट) ; कुरुते = कर देता है ; तथा = वैसे ही।

अनु॰ — हे अर्जुन! जैसे प्रज्वलित अग्नि ईंधनको भस्ममय कर (राख बना) देता है, वैसे ही तत्त्वज्ञानरूप अग्नि (भी) सम्पूर्ण कर्मोंको भस्ममय (विनष्ट) कर देता है।

टि॰ — तत्त्वज्ञानकी महिमाका वर्णन चालू रखते हुए, भगवान् इस श्लोकमें अग्निकी उपमा देकर ज्ञानरूप अग्निके द्वारा सम्पूर्ण कर्मोंका भस्ममय किया जाना बतलाते हैं। आशय यह है कि जिस प्रकार प्रज्वलित अग्नि समस्त काष्ठादि

ईंधनके समुदायको भस्मरूप (राख) बनाकर उसे नष्ट कर देता है, उसी प्रकार तत्त्वज्ञानरूप अग्नि भी निश्शेष शुभाशुभ कर्मोंको — उनके फलरूप सुख-दु:खभोगोंके तथा उनके कारणरूप अविद्या और अहंता-ममता, राग-द्वेष आदि समस्त विकारोंके सहित — भस्मसात् (विनष्ट) कर देता है।

पिछले चार श्लोकोंमें कृष्णभगवान्ने अर्जुनको तत्त्वज्ञानी महापुरुषोंकी सेवा करके तत्त्वज्ञानको प्राप्त करनेके लिए कहकर उसके फलका वर्णन करते हुए उसका माहात्म्य बतलाया है। यहाँ यह जिज्ञासा होती है कि यह तत्त्वज्ञान ब्रह्मनिष्ठ महात्माओंसे श्रवण करके विधिपूर्वक मनन और निदिध्यासनादि ज्ञानयोगके साधनोंद्वारा ही प्राप्त किया जा सकता है या किसी अन्य उपायद्वारा भी। इसपर भगवान्, अगले श्लोकमें, इसका — तत्त्वज्ञानका — कर्मयोगद्वारा भी साध्य होना प्रतिपादित करते हैं —

न हि ज्ञानेन सदृशं पवित्रमिह विद्यते।
तत्स्वयं योगसंसिद्धः कालेनात्मनि विन्दति ॥३८॥

पद० — न = नहीं ; हि = निस्सन्देह ; ज्ञानेन = ज्ञानके ; सदृशम् = समान ; पवित्रम् = पवित्र करनेवाला ; इह = इस संसारमें ; विद्यते = विद्यमान है ; तत् = उसको ; स्वयम् = अपने-आप ही ; योगसंसिद्धः = कर्मयोगमें भलीभाँति सिद्ध हुआ (अत एव, उसके कारण शुद्धान्तःकरण हुआ) ; कालेन = उपयुक्त समयके उपरान्त (अनुकूल स्थितिको प्राप्त करलेने पर) ; आत्मनि = अपने भीतर ; विन्दति = पा लेता है (अनुभव करलेता है)।

अनु० — इस संसारमें ज्ञानके समान पवित्र करनेवाला, निस्सन्देह, (कुछ भी) नहीं है। उपयुक्त समयके उपरान्त (अनुकूल स्थितिको प्राप्त करलेने पर) कर्मयोगमें पूर्णसिद्ध पुरुष (शुद्धातंःकरण हुआ) उस (ज्ञान) को अपने-आप ही अपने भीतर (हृदयमें) पा लेता है (अनुभव कर लेता है) — अर्थात्, कर्मयोगमें भलीभाँति सिद्ध-हुए किसी पुरुषका पुरुषार्थ जब अपनी सीमातक पहुँच जाता है, तब, परमेश्वरके अनुग्रहसे, उसके परमशुद्ध अन्तःकरणमें अपने-आप ही उस तत्त्वज्ञानका प्रकाश हो जाता है।

टि० — इस प्रकार तत्त्वज्ञानकी प्राप्तिके दो उपाय — सांख्ययोग और कर्मयोग — बतलाकर, अब भगवान्, उस ज्ञानकी उपलब्धिके पात्रका निरूपण करते हुए, उस ज्ञानका फल "परमशान्तिकी प्राप्ति" बतलाते हैं —

श्रद्धावाँल्लभते ज्ञानं तत्परः संयतेन्द्रियः ।
ज्ञानं लब्ध्वा परां शान्तिमचिरेणाधिगच्छति ॥३९॥

पद॰ — श्रद्धावान् = श्रद्धायुक्त ; लभते = प्राप्त करता है ; ज्ञानम् = तत्त्वज्ञानको ; तत्परः = साधनालीन (साधनपरायण) ; संयतेन्द्रियः = (मनसहित) इन्द्रियोंको वशमें करनेवाला (जितेन्द्रिय) ; ज्ञानम् = तत्त्वज्ञानको ; लब्ध्वा = प्राप्त करके ; पराम् = परम (को) ; शान्तिम् = शान्तिको ; अचिरेण = तत्काल ; अधिगच्छति = प्राप्त हो जाता है।

अनु॰ — श्रद्धायुक्त, साधनपरायण (और) जितेन्द्रिय (मनुष्य) (इस) तत्त्वज्ञानको प्राप्त करता है। तत्त्वज्ञानको प्राप्त करके (वह) बिना विलम्बके (तत्काल ही) (भगवत्प्राप्तिरूप) परमशान्तिको प्राप्त हो जाता है।

टि॰ — जैसे सूर्योदय होनेके साथ ही उसी क्षण अन्धकारका नाश होकर सब पदार्थ प्रत्यक्ष हो जाते हैं, वैसे ही परमात्माके तत्त्वका ज्ञान होनेपर उसी क्षण अज्ञानका नाश होकर परमात्माके स्वरूपकी प्राप्ति हो जाती है। अभिप्राय यह है कि अज्ञान और उसके कार्यरूप वासनाओंके सहित राग-द्वेष, हर्ष-शोक आदि विकारोंका तथा शुभाशुभ कर्मोंका नितान्त अभाव, परमात्माके तत्त्वका ज्ञान एवं परमात्माके स्वरूपकी प्राप्ति — ये सब एक ही कालमें होते हैं। परमात्माकी साक्षात् प्राप्तिको ही यहाँ "परमशान्ति" के नामसे कहा गया है।

श्रद्धावान् और साधनपरायण मनुष्यको ज्ञानकी प्राप्ति और उसद्वारा परमशान्ति — परमात्मा — की उपलब्धि बतलाकर,अब गीतागायक कृष्ण श्रद्धारहित, अज्ञानी एवं संशयात्माकी निन्दा करते हैं —

अज्ञश्चाश्रद्दधानश्च संशयात्मा विनश्यति ।
नायं लोकोऽस्ति न परो न सुखं संशयात्मनः ॥४०॥

पद॰ — अज्ञः = भगवद्विषयको न जाननेवाला (विवेकहीन) ; च = और ; अश्रद्दधानः = श्रद्धाशून्य ; च = तथा ; संशयात्मा = संशययुक्त पुरुष ; विनश्यति = विनाशको प्राप्त हो जाता है ; न = नहीं ; अयम् = यह ; लोकः = संसार ; अस्ति = है ; न = नहीं ; परः = परलोक ; न = नहीं ; सुखम् = सुख ; संशयात्मनः = संशययुक्त पुरुषका।

अनु॰ — ईश्वरसम्बन्धी विषयोंको न जाननेवाला (अथवा विवेकहीन) और श्रद्धाशून्य तथा संशययुक्त पुरुष विनाशको प्राप्त हो जाता है (अर्थात्,परमार्थसे भ्रष्ट हो जाता है)। (उनमें भी) संशययुक्त पुरुषके लिए (तो) न यह लोक है, न

परलोक (अर्थात्, दोनों ही लोक उसके लिए भ्रष्ट हैं, क्योंकि वह दोनों ही का सदुपयोग नहीं कर सकता) (और उसके लिये) न (ही कोई) सुख है।

योगसंन्यस्तकर्माणं ज्ञानसंछिन्नसंशयम् ।
आत्मवन्तं न कर्माणि निबध्नन्ति धनञ्जय ॥४१॥

पद० — योगसंन्यस्तकर्माणम् = कर्मयोगद्वारा (समस्त) कर्मोंका (परमात्मामें) अर्पण कर देनेवाले को ; ज्ञानसंछिन्नसंशयम् = ज्ञान (विवेक) द्वारा (अपने समस्त) संशयोंका नाश कर देनेवाले को ; आत्मवन्तम् = आत्मस्थित (परमात्मपरायण) को ; न = नहीं ; कर्माणि = कर्म ; निबध्नन्ति = बाँधते हैं ; धनञ्जय = हे (शत्रुओंकी) धन-सम्पत्ति जीतनेवाले (अर्जुन)।

अनु० — हे अर्जुन! कर्मयोगद्वारा (समस्त) कर्मोंका (परमात्मामें) अर्पण कर देनेवाले, ज्ञान (विवेक) द्वारा (अपने सकल) संशयोंका नाश कर देनेवाले (तथा) आत्मस्थित (परमात्मपरायण) (पुरुषको) कर्म नहीं बाँधते।

टि० — उपर्युक्त विशेषणोंसे युक्त पुरुषको कर्मोंके नहीं बाँधनेका कारण यह है कि ऐसे पुरुषके कर्म ममता, आसक्ति और कामनासे सर्वथा रहित होते हैं, अतः उनमें बन्धन करने की शक्ति नहीं रहती।

इस प्रकार कर्मयोगीकी प्रशंसा करके, भगवान् अब अर्जुनसे कर्मयोगमें स्थित होजाने और, निम्नलिखित श्लोकद्वारा एक बार फिर, युद्ध करनेका आग्रह करते हैं—

तस्मादज्ञानसंभूतं हृत्स्थं ज्ञानासिनात्मनः ।
छित्त्वैनं संशयं योगमातिष्ठोत्तिष्ठ भारत ॥४२॥

पद० — तस्मात् = इसलिए ; अज्ञानसंभूतम् = अज्ञानसे उत्पन्न-हुए (को) ; हृत्स्थम् = हृदयमें स्थित (को) ; ज्ञानासिना = ज्ञानरूप तलवारसे ; आत्मनः = अपना ; छित्त्वा = छेदन करके (काट करके) ; एनम् = इस (को) ; संशयम् = संशयको ; योगम् = समत्वरूप कर्मयोगमें ; आतिष्ठ = स्थित हो जा ; उत्तिष्ठ = खड़ा हो जा ; भारत = हे भरतवंशी (अर्जुन)।

अनु० — इसलिए, हे भरतवंशी (अर्जुन)! (तू) अज्ञानसे उत्पन्न, हृदयमें स्थित अपने इस संशयको विवेकज्ञानरूप तलवारसे काट करके (अर्थात्, दूर करके) समत्वरूप कर्मयोगकी शरणमें आजा (अर्थात्,उसमें स्थित होजा) (और फिर युद्धके लिए) खड़ा होजा।

— o —

ॐ तत्सदिति श्रीमद्भगवद्गीतासूपनिषत्सु ब्रह्मविद्यायां योगशास्त्रे श्रीकृष्णार्जुनसंवादे ज्ञानकर्मसंन्यासयोगो नाम चतुर्थोऽध्याय: ॥४॥

ॐ नित्यस्वरूप उस परमात्माको नमस्कार ! श्रीमद्भगवद्गीतारूपी उपनिषद एवं ब्रह्मविद्या तथा योगशास्त्रविषयक श्रीकृष्ण-और-अर्जुनके संवादमें "ज्ञानकर्म-संन्यासयोग" नामक चौथा अध्याय यहाँ समाप्त होता है ॥४॥

श्रीमद्भगवद्गीता — पाँचवाँ अध्याय

इस अध्यायमें कर्मयोग-निष्ठा और सांख्ययोग-निष्ठाका वर्णन है। सांख्ययोगका ही पर्यायवाची शब्द "संन्यास" है। अतः, इस अध्यायका नाम "कर्मसंन्यासयोग" रक्खा गया है।

तीसरे और चौथे अध्यायोंमें अर्जुनने भगवान्‌के श्रीमुखसे अनेक प्रकारसे कर्मयोगकी प्रशंसा सुनी और उसके सम्पादनकी प्रेरणा भी प्राप्त की। साथ ही यह भी सुना कि "कर्मयोगके द्वारा भगवत्स्वरूपका तत्त्वज्ञान अपने-आप ही हो जाता है" (४/३८)। चौथे अध्यायके अन्तमें भी भगवान्‌के द्वारा कर्मयोगके सम्पादनके लिए ही उससे कहा गया। परन्तु बीच-बीचमें उसने भगवान्‌से "कुछ ज्ञानीजन परब्रह्म परमात्मामें ज्ञानद्वारा एकीभावसे स्थित होकर ब्रह्मरूप अग्निमें यज्ञके द्वारा यज्ञको हवन करते हैं" (४/२५) तथा "तत्त्वको जाननेवाले ज्ञानीपुरुषोंसे, भलीभाँति दण्डवत् प्रणाम, निष्कपट भावसे पूछेहुए प्रश्नोंद्वारा और सेवा-शुश्रूषासे,तू उस ज्ञानको जान। मर्मको जाननेवाले वे ज्ञानीजन तुझे उस ज्ञानका उपदेश करेंगे" (४/३४) आदि वचनोंद्वारा ज्ञानयोग, अर्थात् कर्मसंन्यास, की भी प्रशंसा सुनी। इससे अर्जुन यह निर्णय नहीं कर पाया कि इन दोनोंमेंसे उसके लिए कौन-सा साधन श्रेष्ठ है। अतः, अपनी जिज्ञासाकी शान्तिके लिये, वह भगवान्‌से प्रश्न करता है —

अर्जुन उवाच।

संन्यासं कर्मणां कृष्ण पुनर्योगं च शंससि।
यच्छ्रेय एतयोरेकं तन्मे ब्रूहि सुनिश्चितम् ॥१॥

पद० — अर्जुनः = अर्जुनने ; उवाच = कहा।

संन्यासम् = पूर्ण त्यागको ; कर्मणाम् = कर्मोंके ; कृष्ण = हे कृष्ण ; पुनः = फिर ; योगम् = कर्मयोगको ; च = और ; शंससि = प्रशंसा करते हो ; यत् = जो ; श्रेयः = कल्याणकारक ; एतयोः = इनदोनोंमें ; एकम् = एकको ; तत् = उस (को) ; मे = मेरेलिए ; ब्रूहि = बताइए ; सुनिश्चितम् = अच्छीप्रकार निश्चित किये-हुएको।

अनु॰ — अर्जुनने कहा, "हे कृष्ण! (आप पहले) कर्मोंके पूर्ण त्यागकी (अर्थात्, ज्ञानयोगकी) और फिर कर्मयोगकी प्रशंसा करते रहे हो। (इसलिए) इन दोनोंमें (से) उस एकको, जो अच्छीप्रकार निश्चित किया-हुआ (अधिक) कल्याणकारी (साधन हो), (कृपया) मेरेलिए बताइये।"

टि॰ — "संन्यास" शब्दमें "सम्" उपसर्गका अर्थ है "सम्यक् प्रकारसे" और "न्यास" का अर्थ है "त्याग"। अतः "संन्यास" का अर्थ हुआ "पूर्ण त्याग"। और "संन्यासं कर्मणाम्" से अभिप्रेत है "कर्मोंका सन्यास", यानी "कर्मसंन्यास", अर्थात् "मन, वाणी और शरीरद्वारा होनेवाले सम्पूर्ण कर्मोंमें कर्तापनके अभिमानका और शरीर तथा समस्त संसारमें अहंता-ममताका पूर्णतया त्याग"।

गीतामें "संन्यास" शब्दका प्रयोग, प्रकरणके अनुसार, भिन्न-भिन्न अर्थोंमें हुआ है। यहाँ इसका आशय "सांख्ययोग" अथवा "ज्ञानयोग" से है। प्रस्तुत प्रसंगमें, सांख्ययोग तथा कर्मयोगका तुलनात्मक विवेचन चल रहा है और भगवान्ने चौथे और पाँचवें श्लोकोंमें "संन्यास" को ही "सांख्य" कहकर और छठे श्लोकमें इसीको फिरसे "संन्यास" बताकर यह स्पष्ट कर दिया है कि यहाँ "संन्यास" का अर्थ "सांख्ययोग" या "ज्ञानयोग" है, क्योंकि इस प्रकरणमें "संन्यास" और "सांख्य" ("ज्ञान") पर्यायवाची शब्द हैं।

अर्जुनके प्रश्नका उत्तर देते हुए, अब भगवान् कहते हैं —

श्रीभगवानुवाच ।

संन्यासः कर्मयोगश्च निःश्रेयसकरावुभौ ।
तयोस्तु कर्मसंन्यासात्कर्मयोगो विशिष्यते ॥२॥

पद॰ — श्रीभगवान् = श्रीकृष्णने ; उवाच = कहा।

संन्यासः = कर्मसंन्यास ; कर्मयोगः = कर्मयोग ; च = और ; निःश्रेयसकरौ = परमकल्याणके करनेवाले ; उभौ = दोनों ; तयोः = उन दोनोंमें ; तु = परन्तु ; कर्मसंन्यासात् = कर्मसंन्याससे ; कर्मयोगः = कर्मयोग ; विशिष्यते = श्रेष्ठ है।

अनु॰ — श्रीकृष्णने कहा — (हे अर्जुन!) कर्मसंन्यास और कर्मयोग, (ये) दोनों (ही) परमकल्याणके करनेवाले हैं, परन्तु उन दोनोंमें (भी) कर्मसंन्याससे कर्मयोग श्रेष्ठ (बढ़कर) है।

टि॰ — कर्मसंन्यास (ज्ञानयोग) से कर्मयोगके श्रेष्ठ (बढ़िया) होनेका कारण

अवगत करनेके लिए उन दोनोंकी परिभाषाओंको ध्यानमें लाना नितान्त आवश्यक होगा। मायासे उत्पन्न हुए सम्पूर्ण गुण ही गुणों में बरतते हैं (अथवा इन्द्रियाँ ही इन्द्रियोंके अर्थों में बरतती हैं), ऐसा समझकर तथा मन, इन्द्रिय और शरीरद्वारा होनेवाली समग्र क्रियाओंमें कर्तापनके अभिमानसे रहित होकर सर्वव्यापी परमात्मामें एकीभावसे स्थित रहनेका नाम "ज्ञानयोग" है। इसीको "संन्यास," "कर्मसंन्यास," "सांख्ययोग" आदि नामोंसे कहा जाता है। इसके विपरीत, कर्मको , कर्मफलको, परमात्माको और अपनेको भिन्न-भिन्न मानकर कर्मफल तथा आसक्तिका त्याग करके ईश्वरार्पणबुद्धिसे समस्त कर्म करना "कर्मयोग" है। इसीको "योग," "समत्वयोग," "बुद्धियोग," "निष्कामकर्मयोग", "तदर्थकर्म." "मदर्थकर्म," "मत्कर्म" आदि संज्ञाओंसे अभिहित किया जाता है।

अब, ज्ञानयोगमें परब्रह्मकी प्राप्ति ब्रह्मनिष्ठ आचार्योंके सान्निध्यमें तत्त्वज्ञानके श्रवण, मनन,निदिध्यासनादि साधनोंके सुदीर्घकालपर्यन्त अनवरत, कठोर अभ्यासके पश्चात् ही सम्भव हो सकती है। इसके अतिरिक्त, कर्मयोगका साधन किए बिना ज्ञानयोगका सम्पादन नितान्त कठिन भी है। अतः, कुल मिलाकर, ज्ञानयोगका साधन दुर्गम, दुष्कर व क्लेशयुक्त है। दूसरी ओर, किसी भी कार्यक्षेत्रमें जीवनयापन करता हुआ एक साधारण गृहस्थी भी केवल कर्मफल तथा आसक्तिका परित्याग कर ईश्वरार्पणबुद्धिसे अपने समस्त नित्यप्रतिके कर्म करता हुआ कर्मयोगका साधन कर सकता है। इस प्रकार, ज्ञानयोगकी अपेक्षा, कर्मयोगका साधन कहीं अधिक सुकर, सुगम, सुसाध्य एवं शीघ्रफलदायी हुआ। इसीलिए, यहाँ ज्ञानयोगकी अपेक्षा कर्मयोगको श्रेष्ठ बतलाया गया है। इसी बातको सिद्ध करनेके लिए,अब अगले श्लोकमें कर्मयोगकी प्रशंसा करते हुए भगवान् कहते हैं —

ज्ञेयः स नित्यसंन्यासी यो न द्वेष्टि न काङ्क्षति ।
निर्द्वन्द्वो हि महाबाहो सुखं बन्धात्प्रमुच्यते ॥३॥

पद० — ज्ञेयः = समझा जानेयोग्य ; सः = वह ; नित्यसंन्यासी = सदा-संन्यासी ; यः = जो ; न = नहीं ; द्वेष्टि = द्वेष करता है ; न = नहीं ; काङ्क्षति = चाहता है ; निर्द्वन्द्वः = (विरोधी) युग्मोंसे रहित ; हि = क्योंकि ; महाबाहो = दीर्घ (सशक्त) भुजाओंवाले (अर्जुन) ; सुखम् = सुखपूर्वक ; बन्धात् = बन्धनसे ; प्रमुच्यते = मुक्त हो जाता है।

अनु० — हे अर्जुन! जो (पुरुष) न (किसीसे) द्वेष करता है (और) न (किसीको) चाहता (प्यार ही करता) है, वह (कर्मयोगी) सदा-संन्यासी (ही) समझा

जानेयोग्य है (अर्थात्, समझा जाना चाहिये), क्योंकि (रागद्वेषादि विरोधी) युग्मोंसे रहित (पुरुष) सुखपूर्वक (अनायास ही) संसारबन्धनसे मुक्त हो जाता है।

टि० — यहाँ "कर्मयोगी" को "नित्यसंन्यासी" कहा गया है, क्योंकि वह किसीसे न द्वेष करता है, न प्यार ; वह सुख-दुःख, गर्मी-सर्दी सभी अवस्थाओंमें एक-समान रहता है ; वह जहाँ-कहीं भी हो, जैसा-भी-कैसा हो, अपनी नित्यप्रति-की दिनचर्या करता हुआ भी राग-द्वेषादि विरोधी युग्मोंसे सदा निष्प्रभावित रहता है। एक सच्चे संन्यासीके भी यही लक्षण होते हैं, इसलिए एक कर्मयोगीको यहाँ "नित्यसंन्यासी" कहा गया है। साथ ही, वह "सुखपूर्वक (अनायास ही) संसारबन्धनसे मुक्त हो जाता है।" कारण ? एक कर्मयोगी अपने सभी कर्म निष्काम-निर्लिप्त भावसे,कर्तापनके अभिमानसे रहित होकर तथा ईश्वर-समर्पणबुद्धिसे करता है, जिसके परिणामस्वरूप उसके कर्म फल उत्पन्न करनेकी शक्तिसे वञ्चित हो जाते हैं। धीरे-धीरे उसके सभी सञ्चित कर्मफल भी समाप्त हो जाते हैं और, इस प्रकार, कोई कर्मफल शेष न रहनेके कारण वह जीवन-मरणरूप संसारबन्धनसे सर्वथा मुक्त हो मोक्षधामको प्राप्त हो जाता है।

पिछले श्लोकमें दोनों निष्ठाओं — ज्ञानयोग एवं कर्मयोग — का एक ही फल — निःश्रेयस, यानी, परमकल्याण — बतलया जा चुका है। अब,अगले दो श्लोकोंद्वारा, उनकी एकता (अभिन्नता) प्रतिपादित की जाती है —

सांख्ययोगौ पृथग्बालाः प्रवदन्ति न पण्डिताः ।
एकमप्यास्थितः सम्यगुभयोर्विन्दते फलम् ॥४॥

पद० — सांख्ययोगौ = ज्ञानयोग एवं कर्मयोगको ; पृथक् = भिन्न-भिन्न (फल देनेवाले) ; बालाः = बालमति (मूर्ख, अज्ञानी) पुरुष ; प्रवदन्ति = कहते हैं ; न = न कि ; पण्डिताः = बुद्धिमान् ; एकम् = एकको ; अपि = भी ; आस्थितः = स्थित हुआ ; सम्यक् = भलीभाँति ; उभयोः = दोनोंके ; विन्दते = प्राप्त करता है ; फलम् = फलको।

अनु० — (उपर्युक्त) ज्ञानयोग तथा कर्मयोगको बालमतिपुरुष (अज्ञानी लोग) (ही) भिन्न-भिन्न (फल देनेवाले) कहते हैं न कि बुद्धिमान्‌जन, (क्योंकि दोनोंमेंसे) एकमें भी भलीभाँति स्थित हुआ (साधक) दोनोंके (ही) फलरूप (परमात्मा) को प्राप्त करलेता (होता) है।

यत्सांख्यैः प्राप्यते स्थानं तद्योगैरपि गम्यते ।
एकं सांख्यं च योगं च यः पश्यति स पश्यति ॥५॥

पद॰ — यत् = जो ; सांख्यैः = ज्ञानयोगियोंद्वारा ; प्राप्यते = प्राप्त किया जाता है ; स्थानम् = पद (धाम) ; तत् = वह (ही) ; योगैः = कर्मयोगियोंद्वारा ; अपि = भी ; गम्यते = प्राप्त किया जाता है ; एकम् = एक ; सांख्यम् = ज्ञानयोगको ; च = और ; योगम् = कर्मयोगको ; च = ही ; यः = जो ; पश्यति = देखता है ; सः = वह ; पश्यति = देखता है।

अनु॰ — ज्ञानयोगियोंद्वारा जो (परम) धाम प्राप्त किया जाता है, कर्मयोगियोंद्वारा भी वही प्राप्त किया जाता है।(इसलिये) जो (पुरुष) ज्ञानयोग तथा कर्मयोगको (फलरूपमें) एक (ही) देखता है, वही ही (यथार्थ) देखता है (अर्थात्, वह ही इनके तत्त्वको ठीक-ठीक समझता है)।

टि॰ — संन्यास (सांख्ययोग अथवा ज्ञानयोग) तथा कर्मयोगका फल एक ही है, इस कथनके उपरान्त अगले श्लोकमें कर्मयोगकी साधनाविषयक यह विलक्षणता बतलाई जाती है कि वह सांख्ययोगकी अपेक्षा केवल अतिसरल और सुगम ही नहीं है, अपितु उसके बिना तो सांख्ययोगका प्राप्त होना नितान्त कठिन एवं दुष्कर भी है —

संन्यासस्तु महाबाहो दुःखमाप्तुमयोगतः ।
योगयुक्तो मुनिर्ब्रह्म नचिरेणाधिगच्छति ॥६॥

पद॰ — संन्यासः = सांख्यसाधन (अर्थात्, मन, इन्द्रियों और शरीरद्वारा होनेवाले सम्पूर्ण कर्मोंमें कर्तापनका त्याग) ; तु = परन्तु ; महाबाहो = हे दीर्घ (वा सशक्त) भुजाओंवाले (अर्जुन) ; दुःखम् = कठिन (दुष्कर) ; आप्तुम् = प्राप्त होना ; अयोगतः = कर्मयोगके बिना ; योगयुक्तः = कर्मयोगी ; मुनिः = मननशील ; ब्रह्म = परब्रह्म-परमात्माको ; नचिरेण = शीघ्र ही ; अधिगच्छति = प्राप्त हो जाता है।

अनु॰ — हे अर्जुन! कर्मयोगके बिना सांख्यसाधन (अर्थात्, मन, इन्द्रियों और शरीरद्वारा होनेवाले सम्पूर्ण कर्मोंमें कर्तापनका त्याग) प्राप्त होना (नितान्त) कठिन है, परन्तु (एक) मननशील कर्मयोगी परब्रह्म-परमात्माको शीघ्र ही प्राप्त हो जाता है।

योगयुक्तो विशुद्धात्मा विजितात्मा जितेन्द्रियः ।
सर्वभूतात्मभूतात्मा कुर्वन्नपि न लिप्यते ॥७॥

पद॰ — योगयुक्तः = कर्मयोगी ; विशुद्धात्मा = नितान्त-शुद्ध अन्तःकरणवाला ; विजितात्मा = मनको वशमें करनेवाला ; जितेन्द्रियः = इन्द्रियोंपर नियन्त्रण रखनेवाला ; सर्वभूतात्मभूतात्मा = सम्पूर्ण प्राणियोंका आत्मरूप (अर्थात्, परमात्मरूप) आत्मावाला ; कुर्वन् = करता हुआ ;अपि = भी ; न = नहीं ; लिप्यते = लिप्त होता है।

अनु॰ — नितान्त-शुद्ध अन्तःकरणवाला, मनको वशमें करनेवाला, इन्द्रियोंपर नियन्त्रण रखनेवाला (अर्थात्, इन्द्रियोंको जीतनेवाला) (तथा) सम्पूर्ण प्राणियोंका आत्मरूप — परमात्मरूप — आत्मावाला कर्मयोगी (इस संसारमें) (कर्म) करता हुआ भी (उनसे) लिप्त नहीं होता (अर्थात्, कर्मबन्धनसे नहीं जकड़ा जाता)।

टि॰ — एक कर्मयोगीके विशुद्धात्मा प्रभृति लक्षणोंका वर्णन करनेवाले इस श्लोकमें "अपि" (भी) शब्द बड़ा सार्थक है — "कर्म करता हुआ एक कर्मयोगी भी कर्मोंसे लिप्त नहीं होता।" एक सांख्ययोगी तो अपनेको किसी भी कर्मका कर्ता मानता ही नहीं है। उसके मन, बुद्धि और इन्द्रियोंद्वारा सब क्रियाओंके होते रहनेपर भी वह यही समझता है कि "मैं कुछ भी नहीं करता, गुण ही गुणोंमें बरत रहे हैं (अथवा इन्द्रियाँ ही अपने-अपने अर्थोंमें बरत रही हैं), मेरा इनसे कुछ भी सम्बन्ध नहीं है।" इसलिए, उसके कर्मोंसे लिप्त न होनेमें कोई अनोखी बात नहीं। विलक्षणता तो एक कर्मयोगीके विषयमें है, जो अपनेको कर्मोंका कर्ता समझता है और फिर भी कर्मोंसे लिप्त नहीं होता। जैसा पहले भी निवेदन किया जा चुका है, इसका कारण है एक कर्मयोगीका अपने कर्मोंको फलेच्छा तथा आसक्तिके बिना किन्तु भगवदर्पणबुद्धिपूर्वक करना।इस विधिसे किये गये कर्मोंमें फल उत्पन्न करनेकी शक्ति नहीं होती, जिससे उनके कर्ता कर्मबन्धनमें नहीं फँस पाते।

"सर्वभूतात्मभूतात्मा" से तात्पर्य है सृष्टिके समस्त प्राणियोंका आत्मरूप परमेश्वर ही जिस (कर्मयोगी) का (स्वयंका अपना भी) अन्तरात्मा है। मोटे शब्दों-में — अपने आत्मा तथा अन्य सभी जीवोंके आत्माओंमें कोई भेद नहीं है ; वे सब, समान रूपसे,एक परमात्माके ही अंश हैं।

ऊपरके श्लोकोंसे यह निष्कर्ष निकालना कठिन नहीं है कि सांख्ययोग तथा कर्मयोग साधनोंका फल एक होनेपर भी, वास्तवमें,वे दोनों परस्पर भिन्न हैं।

अतः, अब भगवान् ,पहले, अगले दो श्लोकोंमें एक सांख्ययोगीके व्यवहारकालके साधनका स्वरूप बतलाते हैं और, फिर, उनसे अगले दो श्लोकों — दसवें एवं ग्यारहवें — द्वारा एक कर्मयोगीके साधनका स्वरूप बतलाते हैं —

नैव किञ्चित्करोमीति युक्तो मन्येत तत्त्ववित् ।
पश्यञ्शृण्वन्स्पृशञ्जिघ्रन्नश्नन्गच्छन्स्वपञ्श्वसन् ॥८॥
प्रलपन्विसृजन्गृह्णन्नुन्मिषन्निमिषन्नपि ।
इन्द्रियाणीन्द्रियार्थेषु वर्तन्त इति धारयन् ॥९॥

पद० — न = नहीं ; एव = निस्सन्देह ; किञ्चित् = कुछ भी ; करोमि = करता हूँ ; इति = ऐसा ; युक्तः = सांख्ययोगी ; मन्येत = माने ; तत्त्ववित् = तत्त्वको जाननेवाला ; पश्यन् = देखता हुआ ; शृण्वन् = सुनता हुआ ; स्पृशन् = छूता हुआ ; जिघ्रन् = सूँघता हुआ ; अश्नन् = खाता हुआ ; गच्छन् = जाता हुआ ; स्वपन् = सोता हुआ ; श्वसन् = साँस लेता हुआ ; प्रलपन् = बोलता हुआ ; विसृजन् = त्यागता हुआ ; गृह्णन् = ग्रहण करता हुआ ; उन्मिषन् = आँखोंको खोलता हुआ ; निमिषन् = आँखोंको मूँदता हुआ ; अपि = भी ; इन्द्रियाणि = इन्द्रियाँ ; इन्द्रियार्थेषु = अपने-अपने अर्थोंमें, वर्तन्ते = बरत रही हैं ; इति = इस प्रकार ; धारयन् = समझता हुआ।

अनु० — तत्त्वको जाननेवाला सांख्ययोगी (तो) देखता हुआ, सुनता हुआ, छूता हुआ, सूँघता हुआ, खाता हुआ, जाता हुआ, सोता हुआ, साँस लेता हुआ, बोलता हुआ, त्यागता हुआ, ग्रहण करता हुआ (तथा) आँखोंको खोलता (और) मूँदता हुआ भी, (सब) इन्द्रियाँ अपने-अपने अर्थोंमें बरत रही हैं — इस प्रकार समझकर, निस्सन्देह,ऐसा माने (कि मैं) कुछ भी नहीं करता हूँ।

ब्रह्मण्याधाय कर्माणि संगं त्यक्त्वा करोति यः ।
लिप्यते न स पापेन पद्मपत्रमिवाम्भसा ॥१०॥

पद० — ब्रह्मणि = परमात्मामें ; आधाय = अर्पण करके ; कर्माणि = कर्मोंको ; संगम् = आसक्तिको ; त्यक्त्वा = छोड़कर ; करोति = करता है ; यः = जो ; लिप्यते = लिप्त होता है ; न = नहीं ; सः = वह ; पापेन = पापसे ; पद्मपत्रम् = कमलके पत्तेकी ; इव = भाँति ; अम्भसा = जलसे।

अनु० — जो (पुरुष) (सब) कर्मोंको परमात्मामें अर्पण करके (और) आसक्तिको छोड़कर (कर्म) करता है, वह जलसे कमलके पत्तेकी भाँति पापसे लिप्त नहीं होता।

कायेन मनसा बुद्ध्या केवलैरिन्द्रियैरपि ।
योगिनः कर्म कुर्वन्ति संगं त्यक्त्वात्मशुद्धये ॥११॥

पद॰ — कायेन = शरीरद्वारा ; मनसा = मनसे ; बुद्ध्या = बुद्धिसे ; केवलैः = केवल (से) ; इन्द्रियैः = इन्द्रियोंसे ; अपि = भी ; योगिनः = कर्मयोगी ; कर्म = कर्मको ; कुर्वन्ति = करते हैं ; संगम् = आसक्तिको ; त्यक्त्वा = छोड़कर ; आत्मशुद्धये = अन्तःकरणकी शुद्धिके लिये।

अनु॰ — (ममत्वबुद्धिरहित) कर्मयोगी केवल इन्द्रिय, मन, बुद्धि (और) शरीरद्वारा भी, आसक्तिको छोड़कर, अन्तःकरणकी शुद्धिके लिये कर्म करते हैं।

युक्तः कर्मफलं त्यक्त्वा शान्तिमाप्नोति नैष्ठिकीम् ।
अयुक्तः कामकारेण फले सक्तो निबध्यते ॥१२॥

पद॰ — युक्तः = कर्मयोगी ; कर्मफलम् = कर्मोंके फलको ; त्यक्त्वा = छोड़कर (अर्थात्, परमेश्वरके अर्पण करके) ; शान्तिम् = शान्तिको ; आप्नोति = प्राप्त होता है ; नैष्ठिकीम् = निष्ठासे उत्पन्न होनेवालीको (अर्थात्, कर्मयोगनिष्ठासे सिद्ध-होनेवाली भगवत्प्राप्तिको) ; अयुक्तः = सकाम पुरुष ; कामकारेण = कामनाकी प्रेरणासे ; फले = फलमें ; सक्तः = आसक्त हुआ ; निबध्यते = बँधता है।

अनु॰ — कर्मयोगी कर्मोंके फलको त्यागकर (अर्थात्, परमेश्वरके अर्पण करके) भगवत्प्राप्तिरूप शान्तिको प्राप्त होता है (और) सकाम पुरुष, कामनाकी प्रेरणासे (कर्मोंके) फलमें आसक्त होकर, बँधता है (अर्थात्, कर्मबन्धनमें फँसता है, जिससे विविध योनियोंमें भटकना पड़ता है)।

टि॰ — यहाँ यह बताया गया कि एक कर्मयोगी, कर्मफलसे न बँधकर, परमात्माकी प्राप्तिरूप शान्तिको प्राप्त होता है और एक सकाम पुरुष, कर्मफलमें आसक्त होकर, जन्म-मरणके बन्धनमें फँसता है। अब एक सांख्ययोगीकी स्थिति-के विषयमें बतलाया जाता है —

सर्वकर्माणि मनसा संन्यस्यास्ते सुखं वशी ।
नवद्वारे पुरे देही नैव कुर्वन्न कारयन् ॥१३॥

पद॰ — सर्वकर्माणि = सब कर्मोंको ; मनसा = मनसे ; संन्यस्य = त्यागकर ; आस्ते = स्थित रहता है ; सुखम् = आनन्दपूर्वक ; वशी = अन्तःकरणको वशमें रखनेवाला ; नवद्वारे = नौ द्वारोंवाले (घर) में ; पुरे =

घरमें ; देही = पुरुष ; न = नहीं ; एव = ही ; कुर्वन् = करता हुआ ; न = नहीं ; कारयन् = करवाता हुआ।

अनु॰ — अन्तःकरणको वशमें रखनेवाला (सांख्ययोगका आचारण करनेवाला) पुरुष (तो) न (कर्म) करता हुआ (और) न (कर्म) करवाता हुआ ही नौ द्वारोंवाले (शरीररूप) घरमें सब कर्मोंको मनसे त्यागकर (अर्थात्,इन्द्रियाँ अपने-अपने अर्थोंमें बरतती हैं, ऐसा मानकर) आनन्दपूर्वक (परब्रह्म-परमात्माके स्वरूमें संर्वदा) स्थित रहता है।

टि॰ — "नौ द्वारोंवाले घर" से अभिप्राय "शरीर" से है,क्योंकि इसके नौ "द्वार" होते हैं — सात ऊपरके (दो आँख, दो कान, दो नासिकके नथने तथा एक मुख) और दो नीचेके (उपस्थ तथा गुदा)।

"सब कर्मोंको मनसे छोड़ना" का तात्पर्य यह है कि स्वरूपसे कर्मोंका त्याग करना तो, जैसा पहले भी बतलाया जा चुका है, नितान्त असम्भव है, क्योंकि ऐसा करदेनेसे तो मनुष्यकी शरीरयात्रा भी नहीं चल सकती। इसलिये, मनसे — विवेकबुद्धिके द्वारा — कर्म करने-करवानेके भावका त्याग करदेना ही एक सांख्ययोगीका विलक्षण त्याग है।

जब आत्मा, वास्तवमें, कर्म करनेवाला भी नहीं है और इन्द्रियादिसे करवानेवाला भी नहीं है,तो फिर यह सब करने-करवानेवाला कौन है और यह समस्त सृष्टिव्यापार कैसे चलता है? इसपर कहते हैं —

न कर्तृत्वं न कर्माणि लोकस्य सृजति प्रभुः ।
न कर्मफलसंयोगं स्वभावस्तु प्रवर्तते ॥१४॥

पद॰ — न = नहीं ; कर्तृत्वम् = कर्तापनको ; न = नहीं ; कर्माणि = कर्मोंको ; लोकस्य = प्राणियोंके ; सृजति = रचता है ; प्रभुः = परमेश्वर ; न = नहीं ; कर्मफलसंयोगम् = कर्मोंके फलके संयोगको ; स्वभावः = प्रकृति ; तु = किन्तु ; प्रवर्तते = प्रवृत्त होती है (बरतती है)।

अनु॰ — परमेश्वर प्राणियोंके न (तो) कर्तापनको,न कर्मोंको (और) न कर्मोंके फलके संयोगको (ही) रचता है ; (उनमें) तो प्रकृति (ही) (परमात्माके सकाशसे) प्रवृत्त होती है (अर्थात्, प्रकृति ही,परमात्माके अधिष्ठातृत्वमें, सृष्टिरचनादि समस्त कर्म करती है)।

टि॰ — प्रस्तुत श्लोकके कथनके विपरीत, विविध शास्त्रोंमें यह वर्णन

स्थान-स्थानपर पाया जाता है तथा दिन-प्रतिदिनकी चर्चाओंमें भी पग-पगपर यह सुननेमें आता है कि समस्त प्राणियोंके कर्तापन, कर्म और कर्मफलके संयोगकी व्यवस्था सृष्टिकर्ता परमेश्वर ही करता है; वह ही जीवोंको, कर्मानुसार, अच्छी-बुरी योनियोंमें उत्पन्न करके फिरसे नवीनकर्म करनेकी शक्ति प्रदान करता है और पूर्वकृत कर्मोंके फल सुख-दु:खादिका भोग कराता है। ऐसे सब स्थलोंपर "ईश्वर" से अभिप्रेत "सगुण ईश्वर" है, "निर्गुण ईश्वर" नहीं, जिसका सृष्टिनिर्माण,जीवकर्मादि विषयोंसे दूरका भी सम्बन्ध नहीं।

सगुण ईश्वरको भी जहाँ-जहाँ सृष्टि आदिका कर्ता बतलाया गया है, वह प्रकृतिके द्वारा ही बतलाया गया है,अर्थात्,रचना आदि सभी कार्य प्रकृतिद्वारा ही किए जाते हैं,ईश्वर तो सर्वथा उदासीन तथा साक्षीमात्र है। फिर भी, ईश्वरके बिना तो प्रकृति कुछ भी नहीं कर सकती; उसका अस्तित्व ही समाप्त हो जाता है। केवल उसके अधिष्ठातृत्वमें, उसकी प्रेरणासे ही, प्रकृति क्रियाशील एवं शक्तिमयी बनती है। अत:, जहाँ-जहाँ प्रकृतिको "कर्ता" कहा गया है, वह केवल ईश्वरके सकाशसे, उसके सान्निध्यसे, ही कहा गया है। इसीलिये, प्रकृतिके अधिष्ठाता सगुण ईश्वरको भी सृष्टिरचनादि कर्मोंका कर्ता बताना लीलासे ही है। वस्तुत:, जैसा यहाँ कहा गया है, ईश्वरका सृष्टिरचना, जीवकर्म, कर्मफलसंयोगादिसे कोई सबन्ध नहीं; ये सभी कर्म, उसके सकाशसे, उसकी मायाशक्ति — त्रिगुणमयी प्रकृति — द्वारा ही किए जाते हैं, क्योंकि गुण ही गुणोंमें बरतते हैं।

शुभाशुभ कर्मोंका फल जैसे करनेवालेको मिलता है, वैसे ही करवानेवालेको भी। अब, भगवान्‌की त्रिगुणमयी प्रकृति, उसके अधिष्ठातृत्वमें — उसीके सकाशसे — सृष्टिरचनादि समस्त कर्म करती है। अत:, प्रकृतिका प्रेरक होनेके कारण, परमात्मा भी पुण्य-पापका भागी तो होता ही होगा — ऐसी शंकाको दूर करनेके लिए कहते हैं —

नादत्ते कस्यचित्पापं न चैव सुकृतं विभुः ।
अज्ञानेनावृतं ज्ञानं तेन मुह्यन्ति जन्तवः ॥१५॥

पद॰ — न = नहीं; आदत्ते = ग्रहण करता है; कस्यचित् = किसीके; पापम् = पापकर्मको; न = नहीं; च = और; एव = ही; सुकृतम् = शुभकर्मको; विभु: = सर्वव्यापी (परमात्मा); अज्ञानेन = अज्ञान (माया) के द्वारा; आवृतम् = ढका हुआ है; ज्ञानम् = ज्ञान; तेन = उसीसे; मुह्यन्ति = मोहित हो रहे हैं; जन्तव: = जीव।

अनु॰ — सर्वव्यापी (परमात्मा) न किसीके पापकर्मको और न (किसीके)

शुभकर्मको ही ग्रहण करता है।अज्ञान (माया) के द्वारा ज्ञान ढका हुआ है, उसीसे (सब) जीव मोहित हो रहे हैं।

टि॰ — परमात्मा, यद्यपि सर्वव्यापी है, तथापि किसी प्राणीके पुण्य-पापको ग्रहण नहीं करता, अर्थात्,उनके लिए दायित्ववान् नहीं होता। कारण ? वह यह सब-कुछ करता ही नहीं ; प्रकृति ही निश्शेष कर्मोंके करनेवाली है, ईश्वर तो सर्वथा उदासीन रहता है। दृष्टान्तके रूपमें — सूर्य समस्त जगत्को प्रकाश देता है, परन्तु उसके प्रकाशकी सहायता लेकर किये जानेवाले पुण्य-पापरूप कर्मोंके फलसे उसका कोई सम्बन्ध नहीं होता। उसी प्रकार, सर्वव्यापी परमात्माकी चेंतन-सत्ता सर्वत्र समभावसे व्याप्त है, उसीका आश्रय लेकर प्रकृति सब कर्म करती है, परमेश्वर तो इस सब-कुछसे नितान्त असम्बद्ध रहता है।

यद्यपि भगवान्, प्रकृतिके सम्बन्धसे, जगत्की उत्पत्ति, पालन और संहार आदि करते हुए तथा प्रकृति एवं प्रकृतिके वशीभूत जीवोंद्वारा सकल चेष्टा करवाते हुए-से प्रतीत होते हैं, तथापि, वास्तवमें, न तो वे स्वयं कुछ करते हैं और न प्रकृतिसे या जीवोंसे ही कुछ करवाते हैं। अतः, किसी भी जीवके शुभाशुभ कर्म भगवान्पर लागू नहीं होते।

परमात्मा, प्रकृति, जीव, जीवकर्म, कर्मफल, इन सबके पारस्परिक सम्बन्ध तथा इनकी यथार्थताके बारेमें मूढ़मति मानवका चिरन्तन अज्ञान — इस महत्त्वपूर्ण विषयपर ये दो श्लोक (चौदहवाँ तथा पन्द्रहवाँ) एक अनूठा प्रकाश डालते हैं। न ही केवल गीता, अपितु समग्र हिन्दुदर्शनके, इस सन्दर्भमें विरचित, विशाल वाग्जालका सुन्दर सार इनमें गर्भित है। अतः, भारतीय धर्मशास्त्रमें इन श्लोकोंका "कूज़ेमें दरिया" की दृष्टिसे अपना एक अनन्य स्थान है।

"अज्ञानके द्वारा ज्ञान ढका हुआ है" से अभिप्राय मनुष्यके उस अनादि-सिद्ध मतिमोहसे है, जिसके कारण वह, यह जानता हुआ भी कि जीवोंका कर्तापन, उनके शुभाशुभ कर्म तथा कर्मफलप्राप्ति ईश्वररचित नहीं हैं बल्कि प्रकृतिकृत हैं, सारा जीवन यही समझता रहता है कि "अमुक काम मैंने किया है," "यह मेरा कर्म है, मुझे इसका फल मिलेगा" आदि। इसी हेतुसे वह,अज्ञानवश, अपनेमें और परमेश्वरमें कर्ता, कर्म और कर्मफलके सम्बन्धकी कल्पना करके मोहित हुआ रहता है। यहाँ यह शंका उठ सकती है कि क्या सभी जीव अज्ञानसे मोहित हुए रहते हैं और कोई भी परमात्माके यथार्थ स्वरूपको नहीं जान सकता ? इसपर कहते हैं —

ज्ञानेन तु तदज्ञानं येषां नाशितमात्मनः।
तेषामादित्यवज्ज्ञानं प्रकाशयति तत्परम् ॥१६॥

पद० — ज्ञानेन = ज्ञानद्वारा ; तु = परन्तु ; तत् = वह ; अज्ञानम् = अज्ञान ; येषाम् = जिनका ; नाशितम् = नष्ट कर दिया गया है ; आत्मनः = परमात्माके ; तेषाम् = उनका ; आदित्यवत् = सूर्यके सदृश ; ज्ञानम् = ज्ञान ; प्रकाशयति = प्रकाशित कर देता है ; तत्परम् = उस परमात्माको।

अनु० — परन्तु जिनका वह अज्ञान परमात्माके ज्ञानद्वारा नष्ट कर दिया गया है, उनका (वह) ज्ञान, सूर्यके समान, उस परब्रह्म-परमात्माको प्रकाशित कर देता है (अर्थात्, परमात्माके स्वरूपको साक्षात् करा देता है)।

टि० — पिछले श्लोकमें जिस अज्ञानका वर्णन किया गया है — जिस अज्ञानके द्वारा अनादिकालसे सब जीवोंका ज्ञान ढका हुआ है, जिसके कारण मोहित हुए जब जीव आत्मा और परमात्माके यथार्थस्वरूपको नहीं जानते — उसी अज्ञानकी बात यहाँ कही गई है। अभिप्राय यह है कि जिन पुरुषोंका वह अनादि-सिद्ध अज्ञान सांख्ययोगके साधनसे प्राप्त परमात्माके यथार्थज्ञानद्वारा नष्ट कर दिया गया है, वे मोहित नहीं होते।

यहाँ सूर्यका दृष्टान्त देनेका तात्पर्य यह है कि जिस प्रकार सूर्य अन्धकारका सर्वथा नाश करके दृश्यमात्रको प्रकाशित कर देता है, वैसे ही यथार्थज्ञान भी अज्ञानका सर्वथा नाश करके परमात्माके स्वरूपको भलीभाँति प्रकाशित कर देता है। जिनको यथार्थज्ञानकी प्राप्ति हो जाती है, वे कभी, किसी भी अवस्थामें, मोहित नहीं होते।

अब, छब्बीसवें श्लोकतक, ज्ञानयोगद्वारा परमात्माको प्राप्त होनेके साधन तथा परमात्माको-प्राप्त सिद्धपुरुषोंके लक्षण, आचरण, महत्त्व तथा स्थितिका वर्णन किया जाता है। इस उद्देश्यसे, अगले श्लोकमें, ज्ञानयोगके एकान्त साधनद्वारा परमात्माकी प्राप्ति बतलाते हैं —

तद्बुद्धयस्तदात्मानस्तन्निष्ठास्तत्परायणाः।
गच्छन्त्यपुनरावृत्तिं ज्ञाननिर्धूतकल्मषाः ॥१७॥

पद० — तद्बुद्धयः = उसका (ईश्वरका) ध्यान करनेवाले ; तदात्मानः = उसका मनन करनेवाले ; तन्निष्ठाः = उसमें (निरन्तर एकीभावसे) स्थितिवाले ; तत्परायणाः = उसमें एकता प्राप्त करलेनेवाले ; गच्छन्ति = चले जाते हैं ;

अपुनरावृत्तिम् = जहाँसे फिर लौटना नहीं होता (ऐसे पदको) ; ज्ञाननिर्धूतकल्मषाः = ज्ञानसे नष्ट-हुए पापोंवाले।

अनु॰ — उसका (ईश्वरका) (सदा) ध्यान करनेवाले, उसका (सतत) मनन करनेवाले, उसमें (निरन्तर) (अपनी) स्थिति (बनाए रखने) वाले (तथा) उसीमें (अनवरत) रत रहनेवाले (पुरुष, उसके साथ एकीभाव अथवा अभिन्नता प्राप्त हो जानेके कारण,) ज्ञानके द्वारा विनष्टपाप होकर, ऐसे पदको चले जाते हैं जहाँसे फिर लौटना नहीं होता (अर्थात्, मोक्षधाम पहुँच जाते हैं)।

विद्याविनयसंपन्ने ब्राह्मणे गवि हस्तिनि ।
शुनि चैव श्वपाके च पण्डिताः समदर्शिनः ॥१८॥

पद॰ — विद्याविनयसंपन्ने = विद्या और विनम्रतासे युक्त (में) ; ब्राह्मणे = ब्राह्मणमें ; गवि = गौमें ; हस्तिनि = हाथीमें ; शुनि = कुत्तेमें ; च = तथा ; एव = भी ; श्वपाके = कुत्तेको पकानेवाले अथवा खानेवालेमें (अर्थात्, चाण्डालमें) ; च = और ; पण्डिताः = तत्त्वज्ञानी (पुरुष) ; समदर्शिनः = समभावसे देखनेवाले।

अनु॰ — तत्त्वज्ञानी पुरुष (सभी प्राणियोंमें एक ही परमात्माकी दिव्य ज्योति देखनेके कारण) विद्या और विनम्रतासे युक्त ब्राह्मणमें तथा गौ, हाथी, कुत्ते और चाण्डालमें भी समभावसे (ही) देखनेवाले होते हैं (अर्थात्, समस्त जीवजन्तुओंको एक-जैसा ही समझनेवाले होते हैं, किसीको छोटा-बड़ा अथवा ऊँचा-नीचा नहीं)।

इहैव तैर्जितः सर्गो येषां साम्ये स्थितं मनः ।
निर्दोषं हि समं ब्रह्म तस्माद्ब्रह्मणि ते स्थिताः ॥१९॥

पद॰ — इह = इस जीवित अवस्थामें ; एव = ही ; तैः = उनके द्वारा ; जितः = जीत लिया गया है ; सर्गः = सम्पूर्ण संसार ; येषाम् = जिनका ; साम्ये = समत्वभावमें ; स्थितम् = ठैरा (टिका) हुआ ; मनः = मन ; निर्दोषम् = दोषरहित ; हि = क्योंकि ; समम् = समानतासे परिपूर्ण ; बह्म = परमात्मा ; तस्मात् = इससे ; ब्रह्मणि = ब्रह्ममें ; ते = वे ; स्थिताः = स्थित हैं।

अनु॰ — जिनका मन समत्वभावमें ठैरा (टिका) हुआ है, उनके द्वारा इस जीवित अवस्थामें ही सम्पूर्ण संसार जीत लिया गया है (अर्थात्, वे जीवित ही संसारसे मुक्त हैं)। क्योंकि ब्रह्म (सच्चिदानन्दघन परमात्मा) दोषरहित (तथा) समानतासे परिपूर्ण है, इससे वे — समदर्शी तत्त्वज्ञानी पुरुष — ब्रह्म

(सच्चिदानन्दघन परमात्मा) में (ही) स्थित हैं (चाहे, लोगोंको वे इस त्रिगुणमय संसार एवं शरीरमें ही स्थित क्यों न दीखते हों)।

न प्रहृष्येत्प्रियं प्राप्य नोद्विजेत्प्राप्य चाप्रियम् ।
स्थिरबुद्धिरसंमूढो ब्रह्मविद्ब्रह्मणि स्थितः ॥२०॥

पद० — न = नहीं ; प्रहृष्येत् = प्रसन्न हो ; प्रियम् = प्रियको ; प्राप्य = प्राप्त करके ; न = नहीं ; उद्विजेत् = दुःखी हो ; प्राप्य = प्राप्त करके ; च = और ; अप्रियम् = अप्रियको ; स्थिरबुद्धिः = निश्चलमति ; असंमूढः = संशयरहित ; ब्रह्मवित् = ब्रह्मको जाननेवाला (ब्रह्मज्ञानी) ; ब्रह्मणि = ब्रह्ममें ; स्थितः = स्थित है।

अनु० — (जो) प्रियको प्राप्त करके प्रसन्न नहीं हो और अप्रियको प्राप्त करके दुःखी न हो, (वह) निश्चलमति, संशयविहीन, ब्रह्मज्ञानी (पुरुष) परब्रह्म-परमात्मामें (एकीभावसे नित्य) स्थित है।

बाह्यस्पर्शेष्वसक्तात्मा विन्दत्यात्मनि यत्सुखम् ।
स ब्रह्मयोगयुक्तात्मा सुखमक्षयमश्नुते ॥२१॥

पद० — बाह्यस्पर्शेषु = बाहरके विषयोंमें, अर्थात्, सांसारिक भोगोंमें ; असक्तात्मा = निर्लिप्त अन्तःकरणवाला ; विन्दति = प्राप्त करता है ; आत्मनि = अन्तःकरणमें ; यत् = जो ; सुखम् = आनन्दको ; सः = वह ; ब्रह्मयोगयुक्तात्मा = परमात्माके ध्यानरूप योगमें अभिन्नभावसे स्थित-हुआ ; सुखम् = आनन्दको ; अक्षयम् = नित्य (शाश्वत) को ; अश्नुते = प्राप्त (अर्थात्, अनुभव) करता है।

अनु० — बाहरके विषयोंमें (अर्थात्, सांसारिक भोगोंमें) निर्लिप्त अन्तःकारणवाला (साधक) अन्तःकरणमें जो (भगवत्-ध्यान-जनित सात्त्विक) आनन्द है (उसको) प्राप्त करता है ; (तदनन्तर) परब्रह्म-परमात्माके ध्यानरूप योगमें अभिन्नभावसे स्थित-हुआ वह (पुरुष) शाश्वत आनन्द (अर्थात्, परमानन्द, स्वरूप अविनाशी परमात्मा) को प्राप्त करता है (यानी, उसका अनुभव करता है)।

ये हि संस्पर्शजा भोगा दुःखयोनय एव ते ।
आद्यन्तवन्तः कौन्तेय न तेषु रमते बुधः ॥२२॥

पद० — ये = जो ; हि = निस्सन्देह ; संस्पर्शजाः = (इन्द्रियों तथा विषयोंके) संयोगसे उत्पन्न होनेवाले ; भोगाः = आनन्द ; दुःखयोनयः = दुःखके हेतु ; एव = ही ; ते = वे ; आद्यन्तवन्तः = आदि तथा अन्तवाले ; कौन्तेय = हे

कुन्तीपुत्र (अर्जुन) ; न = नहीं ; तेषु = उनमें ; रमते = रमता है ; बुधः = बुद्धिमान्।

अनु० — (ये) जो (इन्द्रियों तथा विषयोंके) संयोगसे उत्पन्न होनेवाले (सब) आनन्द हैं, वे (यद्यपि विषयीपुरुषोंको सुखरूप भासते हैं, तो भी), निस्सन्देह, दुःखके ही हेतु हैं (और) आदि तथा अन्तवाले (अर्थात्, अनित्य) हैं। (इसलिए) हे अर्जुन! बुद्धिमान् (विवेकीपुरुष) उनमें नहीं रमता (यानी, उनका भोग नहीं करता)।

शक्नोतीहैव यः सोढुं प्राक्शरीरविमोक्षणात् ।
कामक्रोधोद्भवं वेगं स युक्तः स सुखी नरः ॥२३॥

पद० — शक्नोति = समर्थ हो जाता है ; इह = इस मनुष्योनिमें ; एव = ही ; यः = जो ; सोढुम् = सहन करनेमें ; प्राक् = पहले ; शरीरविमोक्षणात् = शरीर- छूटनेसे ; कामक्रोधोद्भवम् = काम-और-क्रोधसे उत्पन्न होनेवालेको ; वेगम् = जोश (उफान) को ; सः = वह ; युक्तः = योगी ; सः = वह ; सुखी = सुखी ; नरः = मनुष्य।

अनु० — जो (साधक) इस मनुष्ययोनिमें ही, शरीर-छूटनेसे पहले-पहले, काम-और-क्रोधसे उत्पन्न होनेवाले जोश (उफान) को सहन करनेमें समर्थ हो जाता है (अर्थात्, काम और क्रोधको जीत लेता है), वही पुरुष योगी है (और) वही सुखी है।

योऽन्तःसुखोऽन्तरारामस्तथाऽन्तर्ज्योतिरेव यः ।
स योगी ब्रह्मनिर्वाणं ब्रह्मभूतोऽधिगच्छति ॥२४॥

पद० — यः = जो ; अन्तःसुखः = अन्तरात्मामें सुख पानेवाला ; अन्तरारामः = अन्तरात्मामें रमण करनेवाला ; तथा = और ; अन्तर्ज्योतिः = अन्तरात्मामें ज्ञान प्राप्त करनेवाला ; एव = ही ; यः = जो ; सः = वह ; योगी = सांख्ययोगी ; ब्रह्मनिर्वाणम् = ब्रह्ममयी शान्ति (अर्थात्, परमशान्ति अथवा शान्तब्रह्म) को ; ब्रह्मभूतः = परमात्माके साथ एकीभाव हुआ ; अधिगच्छति = प्राप्त होता है।

अनु० — जो (पुरुष) अन्तरात्मामें ही सुख पानेवाला है, अन्तरात्मामें (ही) रमण करनेवाला है तथा जो अन्तरात्मामें (ही) ज्ञान प्राप्त करनेवाला है, (ऐसा) वह परब्रह्म-परमात्माके साथ एकीभावको प्राप्त सांख्ययोगी (ही) ब्रह्ममयी शान्ति (अर्थात्, परमशान्ति अथवा शान्तब्रह्म) को प्राप्त होता है।

टि॰ — यहाँ "अन्तः" शब्द सम्पूर्ण जगत्के तथा स्वयम् साधकके अपने अन्तःस्थित परमात्माका वाचक है। इसलिये, "अन्तःसुखः" का अभिप्राय है वह पुरुष जो बाह्य विषयभोगरूप सांसारिक सुखोंको स्वप्नकी भाँति अनित्य समझ लेनेके कारण उनको सुख ही नहीं मानता और इन सबके तथा स्वयम् अपने अन्तःस्थित परमानन्दस्वरूप परमात्मामें ही सुख मानता है, अर्थात्, "अन्तरात्मामें ही सुख पाता है।"

इसी प्रकार, "अन्तरारामः" का अर्थ है वह साधक जो बाह्य विषयभोगोंमें सत्ता और सुखबुद्धि न रहनेके कारण उनमें रमण नहीं करता (यानी, उनका भोग नहीं करता) और, इन सबमें आसक्तिरहित होकर, केवल "अन्तरात्मामें ही रमण करता है," अर्थात्, परमानन्दस्वरूप परमात्मामें ही निरन्तर अभिन्नभावसे स्थित रहता है।

हम जानते हैं कि परमात्मा समस्त ज्योतियोंकी भी परमज्योति है; सम्पूर्ण जगत उसीके प्रकाशसे प्रकाशित है। अब, जो मनुष्य निरन्तर अभिन्नभावसे ऐसे परमज्योतिर्मय (अर्थात्, ज्ञानस्वरूप) परमात्माका अनुभव करता हुआ उसीमें स्थित रहता है, उसकी दृष्टिमें एक परमात्माके अतिरिक्त अन्य किसी भी बाह्य दृश्यवस्तुकी भिन्न सत्ता ही नहीं रह जाती, क्योंकि उसके लिए तो ज्ञानलभ्य एकमात्र वस्तु परमात्मा ही है। दूसरे शब्दोंमें, वह अनवरत "अन्तरात्मामें ही ज्ञान प्राप्त करता है," यानी, वह "अन्तर्ज्योतिः" है।

उपरिलिखितका सार यह है कि एक सांख्ययोगीका बाह्य दृश्यप्रपञ्चसे कोई सम्बन्ध नहीं होता, क्योंकि वह परमात्मामें ही सुख, रति और ज्ञानका अनुभव करता है।

प्रस्तुत श्लोकमें "ब्रह्मभूतः" पद सांख्ययोगीका विशेषण है। सांख्ययोगका साधन करनेवाला योगी अहंकार, ममता और काम-क्रोधादि समस्त अवगुणोंका त्याग करके निरन्तर अभिन्नभावसे परमात्माका चिन्तन करते-करते जब ब्रह्मरूप हो जाता है—जब उसका ब्रह्मके साथ किञ्चिन्मात्र भी भेद नहीं रह जाता—तब इस प्रकारकी अन्तिम स्थितिको-प्राप्त सांख्ययोगी "ब्रह्मभूत" कहलाता है।

लभन्ते ब्रह्मनिर्वाणमृषयः क्षीणकल्मषाः ।
छिन्नद्वैधा यतात्मानः सर्वभूतहिते रताः ॥२५॥

पद॰ — लभन्ते = प्राप्त करते हैं; ब्रह्मनिर्वाणम् = ब्रह्ममयी शान्ति (परममोक्ष) को; ऋषयः = ब्रह्मवेत्ता पुरुष; क्षीणकल्मषाः = नष्ट-पापवाले:

छिन्नद्वैधाः = निवृत्त-संशय-वाले ; यतात्मानः = एकाग्रचित्तवाले ; सर्वभूतहिते = सब प्राणियोंके कल्याणमें ; रताः = तत्पर।

अनु॰ — (वे) ब्रह्मवेत्ता पुरुष, जिनके (सब) पाप नष्ट हो गए हैं, जिनके (सब) संशय (ज्ञानके द्वारा) निवृत्त हो गए हैं, जिनका चित्त (भगवान्‌के ध्यानमें) एकाग्र हुआ है (और) जो समस्त प्राणियोंके कल्याणमें तत्पर हैं, परममोक्षको प्राप्त करते हैं।

कामक्रोधवियुक्तानां यतीनां यतचेतसाम् ।
अभितो ब्रह्मनिर्वाणं वर्तते विदितात्मनाम् ॥२६॥

पद॰ — कामक्रोधवियुक्तानाम् = काम-क्रोधसे रहित (पुरुषोंका) ; यतीनाम् = ज्ञानीपुरुषोंका ; यतचेतसाम् = जीते-हुए-चित्तवालोंका ; अभितः = सब ओर ; ब्रह्मनिर्वाणम् = शान्त-परब्रह्म-परमात्मा ; वर्तते = विद्यमान है ; विदितात्मनाम् = परमात्माका साक्षात्कार किए-हुए (पुरुषोंका)।

अनु॰ — काम-क्रोधसे रहित, जीते-हुए चित्तवाले (तथा) ईश्वरका साक्षात्कार किए-हुए ज्ञानीपुरुषोंके लिए शान्त-परब्रह्म-परमात्मा (ही) सब ओर (सर्वत्र) विद्यमान है (क्योंकि उनके लिए परमात्माके अतिरिक्त किसी अन्य पदार्थकी सत्ता ही नहीं है — वे अपने चारों ओर सर्वत्र ईश्वर ही ईश्वर देखते हैं)।

टि॰ — यहाँतक अर्जुनको कर्मयोग एवं सांख्ययोगद्वारा परमात्माकी प्राप्ति तथा परमात्माको-प्राप्त महापुरुषोंके लक्षण बताए गए।इन दोनों ही प्रकारके साधकोंके लिये,यतः वैराग्यपूर्वक मन और इन्द्रियोंको वशमें करके ध्यानयोगका साधन करना उपयोगी होता है, अतः भगवान् अब, सङ्क्षेपमें, फलसहित ध्यानयोगका वर्णन करते हैं —

स्पर्शान्कृत्वा बहिर्बाह्यांश्चक्षुश्चैवान्तरे भ्रुवोः ।
प्राणापानौ समौ कृत्वा नासाभ्यन्तरचारिणौ ॥२७॥
यतेन्द्रियमनोबुद्धिर्मुनिर्मोक्षपरायणः ।
विगतेच्छाभयक्रोधो यः सदा मुक्त एव सः ॥२८॥

पद॰ — स्पर्शान् = विषयभोगोंको ; कृत्वा = करके ; बहिः = बाहर ; बाह्यान् = बाहरके ; चक्षुः = नेत्रों (की दृष्टि) को ; च = और ; एव = ही ; अन्तरे = मध्यमें ; भ्रुवोः = भृकुटियों (भौंहों) के ; प्राणापानौ = प्राण और अपान (वायु) को ; समौ = समान ; कृत्वा = करके ; नासाभ्यन्तरचारिणौ = नासिकामें

विचरनेवालोंको ; यतेन्द्रियमनोबुद्धिः = इन्द्रियों, मन एवं बुद्धिको जीतनेवाला ; मुनिः = परमेश्वरका निरन्तर मनन करनेवाला ; मोक्षपरायणः = मोक्षरूपी परम-लक्ष्यवाला ; विगतेच्छाभयक्रोधः = इच्छा, भय और क्रोधसे रहित ; यः = जो ; सदा = सर्वदा ; मुक्तः = स्वच्छन्द (निर्बन्ध) ; एव = ही ; सः = वह।

अनु॰ — बाहरके विषयभोगोंका (चिन्तन न करता हुआ, उन्हें) बाहर ही निकालकर (छोड़कर), नेत्रों (की दृष्टि) को भौंहोंके बीचमें(स्थित करके) (तथा) नासिकामें विचरनेवाले प्राण और अपान (वायु) को समान करके, इन्द्रियों, मन तथा बुद्धिको जीतनेवाला (और) मोक्षरूपी परमलक्ष्यवाला मुनि (परमेश्वरके स्वरूपका निरन्तर मनन करनेवाला), जो इच्छा, भय और क्रोधसे रहित हो गया है, वह (तो) सर्वदा बन्धनरहित (स्वतन्त्र) ही है।

टि॰ — भगवान्‌ने अर्जुनको यहाँतक कर्मयोग और सांख्ययोग तथा, अतिसंक्षेपमें, ध्यानयोगके विषयमें बतलाया। अब जो मनुष्य, इन तीनों निष्ठाओंमें से किसीका भी साधन करनेमें, अपनेको असमर्थ पा रहा हो, उसके लिए सुगमतासे परमपदकी प्राप्ति करानेवाले भक्तियोगका अगले श्लोकमें वर्णन किया जाता है—

भोक्तारं यज्ञतपसां सर्वलोकमहेश्वरम् ।
सुहृदं सर्वभूतानां ज्ञात्वा मां शान्तिमृच्छति ॥२९॥

पद॰ — भोक्तारम् = भोगनेवाला ; यज्ञतपसाम् = यज्ञ और तपोंका ; सर्वलोकमहेश्वरम् = सम्पूर्ण लोकोंके ईश्वरोंका (भी) ईश्वर ; सुहृदम् = स्वार्थरहित दयालु और प्रेमी; सर्वभूतानाम् = समस्त प्राणियोंका ; ज्ञात्वा = (तत्त्वसे) जानकर ; माम् = मुझको ; शान्तिम् = शान्तिको ; ऋच्छति = प्राप्त होता है।

अनु॰ — (मेरा भक्त) मुझको (सब) यज्ञ और तपोंका भोगनेवाला, सम्पूर्ण लोकोंके ईश्वरोंका (भी) ईश्वर (तथा) समस्त प्राणियोंका स्वार्थरहित दयालु और प्रेमी, (ऐसा) तत्त्वसे जानकर शान्तिको प्राप्त होता है।

— O —

ॐ तत्सदिति श्रीमद्भगवद्गीतासूपनिषत्सु
ब्रह्मविद्यायां योगशास्त्रे श्रीकृष्णार्जुनसंवादे
कर्मसंन्यासयोगो नाम पञ्चमोऽध्याय : ॥५॥

ॐ नित्यस्वरूप उस परमात्माको नमस्कार ! श्रीमद्भगवद्गीतारूपी उपनिषद् एवं ब्रह्मविद्या तथा योगशास्त्रविषयक श्रीकृष्ण-और-अर्जुनके संवादमें "कर्मसंन्यासयोग" नामक पाँचवाँ अध्याय यहाँ समाप्त होता है ॥५॥

श्रीमद्भगवद्गीता — छठा अध्याय

कर्मयोग और सांख्ययोग — इन दोनों ही साधनोंमें ध्यानयोगके उपयोगी होनेके कारण, इस (छठे) अध्यायमें उसका भलीभाँति वर्णन किया गया है। ध्यानयोगमें शरीर, इन्द्रिय, मन और बुद्धिका संयम करना परम आवश्यक है। अब, शरीर, इन्द्रिय, मन तथा बुद्धि — इन सबको संयुक्त रूपसे "आत्मा" के नामसे कहा जाता है और इस अध्यायमें इन्हींके संयमका विशेष वर्णन है, अतः, इस अध्यायका नाम "आत्मसंयमयोग" रक्खा गया है।

स्मरण रहे जिस आत्मसंयमयोग (अथवा ध्यानयोग) का पिछले अध्यायके अन्तिम तीन श्लोकोंमें सूत्ररूप (संकेतमात्र) में उल्लेख हुआ था, उसीका यहाँ — छठे अध्यायमें — अंगप्रत्यंगोंसहित विस्तृत वर्णन किया गया है। इस आक्षेपको दूर करनेके लिए कि ध्यानयोग कर्मोंके त्याग बिना सम्भव नहीं और कर्मत्यागसे कर्मोंका महत्त्व घट जायेगा — उन्हें क्षुद्र समझा जायेगा — प्रारम्भिक दो श्लोकोंद्वारा कर्मकी महत्ता दरसाई जाती है। दूसरे शब्दोंमें, अर्जुनको भक्तियुक्त कर्मयोगमें प्रवृत्त करनेके लिये कर्मयोगकी प्रशंसा की जाती है —

श्रीभगवानुवाच।

अनाश्रितः कर्मफलं कार्यं कर्म करोति यः।
स संन्यासी च योगी च न निरग्निर्न चाक्रियः ॥१॥

पद० — श्रीभगवान् = श्रीकृष्णने ; उवाच = कहा। अनाश्रितः = आश्रय न लेकर ; कर्मफलम् = कर्मके फलको ; कार्यम् = करनेयोग्य ; कर्म = कर्मको ; करोति = करता है ; यः = जो ; सः = वह ; संन्यासी = संन्यासी ; च = और ; योगी = योगी ; च = तथा ; न = नहीं ; निरग्निः = बिना-अग्निवाला ; न = नहीं ; च = और ; अक्रियः = बिना-क्रियावाला।

अनु० — श्रीकृष्ण भगवान्‌ने कहा — जो (पुरुष) कर्मफलका आश्रय न लेकर करनेयोग्य (शास्त्रविहित) कर्म (ही) करता है, वह संन्यासी तथा योगी है ; और बिना-अग्निवाला — केवल अग्निहोत्रादि अनुष्ठानोंका त्याग करनेवाला — संन्यासी नहीं है तथा बिना-क्रियावाला — केवल क्रियाओंका त्याग करनेवाला — (भी) योगी नहीं है।

टि॰ — अभिप्राय यह है कि जो भी मनुष्य केवल शास्त्रानुकूल कर्तव्यकर्म करता है और वह भी बिना किसी फलकी इच्छाके, वही "संन्यासी" एवं "योगी" कहलानेका अधिकारी है।इसके विपरीत, अग्निके त्याग मात्रसे (अर्थात्, यज्ञ, हवन, होमादि अग्निहोत्र,जिनके अनुष्ठानमें अग्निका अनिवार्यरूपसे प्रयोग होता है, के केवल छोड़ देनेसे) कोई संन्यासी नहीं बन सकता, क्योंकि उसने केवल अग्निका ही त्याग किया है, समस्त संकल्पोंका संन्यास –– सम्यक् प्रकारसे त्याग — नहीं किया है। इसी प्रकार, केवल बाहरी क्रियाओंके त्यागसे ही कोई योगी नहीं बन सकता, क्योंकि उसके संकल्पोंका सर्वथा उन्मूलन तो हुआ ही नहीं है। सो, कर्म महान् अवश्य है, किन्तु केवल निष्काम, निर्लिप्त एवं शास्त्रविहित!

कर्मफलका आश्रय न लेकर कर्म करनेवालेको यहाँ संन्यासी और योगी बतलाया गया है। इसपर यह शंका हो सकती है कि यदि "संन्यास" और "योग" दो भिन्न-भिन्न स्थितियाँ हैं, तो एक ही साधक एक ही साथ दोनोंसे सम्पन्न कैसे हो सकता है। इसके निराकरणके लिए, अगले श्लोकमें इन दोनोंकी एकता प्रतिपादित की जाती है —

यं संन्यासमिति प्राहुर्योगं तं विद्धि पाण्डव ।
न ह्यसंन्यस्तसंकल्पो योगी भवति कश्चन ॥२॥

पद॰ — यम् = जिसको ; संन्यासम् = संन्यास ; इति = ऐसा ; प्राहुः = कहते हैं ; योगम् = योग ; तम् = उसको ; विद्धि = जान ; पाण्डव = हे पाण्डुपुत्र (अर्जुन) ; न = नहीं ; हि = क्योंकि ; असंन्यस्तसंकल्पः = संकल्पोंका त्याग न करनेवाला ; योगी = योगी ; भवति = होता है ; कश्चन = कोई भी।

अनु॰ — हे अर्जुन! जिसको "संन्यास" ऐसा कहते हैं, उसीको (तू) "योग" जान ; क्योंकि संकल्पोंका त्याग न करनेवाला कोई भी (पुरुष) योगी नहीं होता।

टि॰ — अन्तःकरणकी वह वृत्ति, जो परमात्मासे पृथक् विषयोंकी सत्ता, ममता और राग-द्वेषसे संयुक्त सांसारिक पदार्थोंका चिन्तन करती है, "संकल्प" कहलाती है। उसका सर्वथा अभाव हो जाना ही उसका "संन्यास" है।

"संन्यास" और "योग" में केवल नामभेद है, कामभेद नहीं। "संन्यास" का अर्थ है — शरीर, इन्द्रिय और मनद्वारा होनेवाली सम्पूर्ण क्रियाओंमें कर्तापनका भाव मिटाकर केवल परमात्मामें ही अभिन्नभावसे स्थित हो जाना। यही सांख्ययोगकी पराकाष्ठा है। तथा "योग" शब्दका अर्थ है — ममता, आसक्ति और कामनाके त्यागद्वारा होनेवाली नैष्कर्म्य-सिद्धि। यही कर्मयोगकी पराकाष्ठा है। अब, दोनोंमें ही संकल्पोंका सर्वथा अभाव हो जाता है और दोनोंका गन्तव्य भी एक ही है — परब्रह्म-परमात्मा। इस प्रकार, दोनोंकी एकता प्रतिपादित हो जाती है।

कर्मयोगकी प्रशंसा करनेके उपरान्त, अब उसका साधन और फल बतलाते हैं—

आरुरुक्षोर्मुनेर्योगं कर्म कारणमुच्यते ।
योगारूढस्य तस्यैव शमः कारणमुच्यते ॥३॥

पद० — आरुरुक्षोः = चढ़ने (प्राप्त करने) की इच्छावालेके ; मुनेः = मननशील पुरुषका ; योगम् = समत्वबुद्धिरूप कर्मयोगको ; कर्म = निष्काम कर्म ; कारणम् = हेतु ; उच्यते = कहा जाता है ; योगारूढस्य = कर्मयोग प्राप्त करलेनेवालेका ; तस्य = उसका ; एव = ही ; शमः = शान्ति (सर्वसंकल्पोंका अभाव) ; कारणम् = हेतु ; उच्यते = कहा जाता है।

अनु० — (समत्वबुद्धिरूप) कर्मयोगको प्राप्त करनेकी इच्छावाले मननशील (साधक) के लिए निष्काम कर्म (ही) हेतु कहा जाता है (क्योंकि निष्काम कर्मके बिना कर्मयोग प्राप्त करना सम्भव नहीं) (और) योगारूढ हो जानेपर (अर्थात्, कर्मयोग प्राप्त करलेनेपर) उस (साधक) के लिए (परब्रह्मकी प्राप्तिमें) सर्वसंकल्पोंका अभाव ही हेतु कहा जाता है (क्योंकि निश्शेष संकल्पोंके उन्मूलन बिना परमात्मा अथवा मोक्षधाम प्राप्त करना सम्भव नहीं)।

टि० — यहाँ यह जिज्ञासा हो सकती है कि यह कैसे जाना जाये कि अमुक साधक "योगारूढ" है अथवा नहीं। अतः, इसकी शान्तिके लिये निम्नलिखित श्लोकद्वारा "योगारूढ" के लक्षण बतलाए जाते हैं —

यदा हि नेन्द्रियार्थेषु न कर्मस्वनुषज्जते ।
सर्वसंकल्पसंन्यासी योगारूढस्तदोच्यते ॥४॥

पद० — यदा = जब ; हि = निस्सन्देह ; न = नहीं ; इन्द्रियार्थेषु = इन्द्रियोंके विषयोंमें ; न = नहीं ; कर्मसु = कर्मोंमें ; अनुषज्जते = आसक्त होता है ; सर्वसंकल्पसंन्यासी = समस्त संकल्पोंका सम्पूर्णतया त्याग कर देनेवाला ; योगारूढः = योगारूढ ; तदा = तब ; उच्यते = कहा जाता है।

अनु० — जब (कोई साधक) न (तो) इन्द्रियोंके विषयोंमें (और) न (ही) कर्मोंमें आसक्त होता है, तब, निस्सन्देह, समस्त संकल्पोंका सम्पूर्णतया त्याग कर देनेवाला (वह साधक) "योगारूढ" (कर्मयोगप्राप्त) कहलाता है।

उद्धरेदात्मनाऽऽत्मानं नात्मानमवसादयेत् ।
आत्मैव ह्यात्मनो बन्धुरात्मैव रिपुरात्मनः ॥५॥

पद० — उद्धरेत् = ऊपर उठाए (उद्धार करे) ; आत्मना = अपनेद्वारा ;

आत्मानम् = अपने-आपको ; न = नहीं ; आत्मानम् = अपनेको ; अवसादयेत् = अधोगतिमें डाले ; आत्मा = आप ; एव = ही ; हि = क्योंकि ; आत्मनः = अपना ; बन्धुः = मित्र ; आत्मा = आप ; एव = ही ; रिपुः = शत्रु ; आत्मनः = अपना।

अनु० — (मनुष्य) अपनेद्वारा (ही) अपने-आपको ऊपर उठाए (अर्थात्, अपने-आप ही संसार-सागरसे अपना उद्धार करे) (और) अपने (आत्मा) को अधोगतिमें न डाले, क्योंकि (यह जीवात्मा) आप ही (तो) अपना मित्र है (तथा) आप ही अपना शत्रु है (अर्थात्,कोई अन्य इसका मित्र या शत्रु नहीं है)।

टि० — मानव-देह अत्यन्त ही दुर्लभ है ; यह देवोंके लिए भी दुष्प्राप्य है। जीव तो, अज्ञानके वशीभूत हो, अनादिकालसे ही नाना प्रकारकी भली-बुरी योनियोंमें भटकता हुआ भाँति-भाँतिके भयानक कष्ट सहता रहता है। उसपर तरस खाकर,परमदयालु भगवान् उसे मनुष्ययोनि देकर एक अनन्य अवसर प्रदान करता है कि, यदि वह चाहे तो, साधनाके द्वारा एक ही जन्ममें संसार-सागरसे निकलकर सहज ही मोक्षपदको प्राप्त कर ले। अतः, मनुष्यका यह अग्रिम कर्तव्य है कि वह इस विरल संयोगका भरपूर लाभ उठाए और कर्मयोग, सांख्ययोग तथा भक्तियोग आदि किसी भी निज प्रकृत्यनुरूप साधनमें तन्मय होकर अपने जन्मको सफल बना ले। यही "अपनेद्वारा अपना उद्धार करना" है। इसके विपरीत, राग-द्वेष, काम-क्रोध और लोभमोहादि दोषोंमें फँसकर विविध पैशाचिक कृत्य करना तथा, उनके फलस्वरूप, पुनः शूकर-कूकर आदि योनियोंमें जानेका कारण बनना "अपनेको अधोगतिमें डालना" है।

यहाँ यह द्रष्टव्य है कि "अपनेद्वारा ही अपना उद्धार करो" के उपदेशद्वारा भगवान्ने जीवको यह आश्वासन दिया है कि "तू यह मत समझ कि प्रारब्ध बुरा है, इसलिए तेरी उन्नति होगी ही नहीं। तेरा उत्थान-पतन प्रारब्धके अधीन नहीं, तेरे ही हाथमें है। साधना कर और अपनेको अवनतिके गड्ढेसे निकालकर उन्नतिके शिखरपर ले जा।" मनुष्य अपने स्वभाव तथा कर्मोंमें जितना अधिक सुधार कर लेता है, वह उतना ही उन्नत हो जाता है। दूसरे शब्दोंमें, स्वभाव एवं कर्मोंका सुधार ही उन्नति अथवा उत्थान है और, विपरीततः, उनमें बिगाड़ — दोषोंकी वृद्धि — ही अवनति अथवा पतन है।

परमात्मरूप चरमलक्ष्यकी सिद्धिके निमित्त, एक साधकको अन्य सूत्रोंसे केवल दिशाबोध वा मार्गदर्शन ही प्राप्त हो सकता है, अपनी कण्टकाकीर्ण एवं भयावह साधनयात्रा तो उसे अपने ही अदम्य उत्साह, अशम्य श्रम तथा अजय्य धैर्यके बलबूतेपर पूरी करनी होगी। सो, अपने साध्यकी उपलब्धिके लिए (अर्थात्,

अपने उद्धारके लिए) यदि वह चेष्टा करता है, तो वह अपने स्वयंका मित्र है, क्योंकि वह अपने इष्ट एवं कल्याण ही के लिए तो यत्नशील है। दूसरी ओर, यदि वह ऐसा नहीं करता है, तो वह अपने स्वयंका शत्रु है, क्योंकि, ऐसी स्थितिमें, वह स्वयं ही अपने-आपको अधोगतिके घोर गर्तमें धकेल रहा है। इसलिए, "जीवात्मा (अथवा मनुष्य) आप ही अपना मित्र है और आप ही अपना शत्रु है" (यानी, हमसे भिन्न दूसरा कोई भी हमारा मित्र या शत्रु नहीं है ; अपने मित्र या शत्रु हम स्वयम् आप ही हैं)।

"मनुष्य आप ही अपना मित्र है और आप ही अपना शत्रु है" — इस सद्वचनके स्पष्टीकरणके रूपमें अब यह बतलाया जाता है कि कैसा व्यक्ति तो आप अपना मित्र होता है और कैसा अपना ही शत्रु —

बन्धुरात्माऽऽत्मनस्तस्य येनात्मैवात्मना जितः ।
अनात्मनस्तु शत्रुत्वे वर्तेतात्मैव शत्रुवत् ॥६॥

पद० — बन्धुः = मित्र ; आत्मा = आप ; आत्मनः = जीवात्माका ; तस्य = उसका ; येन = जिससे ; आत्मा = मन-तथा-इन्द्रियोंसहित शरीर ; एव = ही ; आत्मना = जीवात्माद्वारा ; जितः = जीता हुआ ; अनात्मनः = जिसके द्वारा मन-तथा-इन्द्रियोंसहित शरीर नहीं जीता गया है, उसका ; तु = किन्तु ; शत्रुत्वे = शत्रुतामे : वर्तेत = आचरण करता है ; आत्मा = आप ; एव = ही ; शत्रुवत् = शत्रुकी भाँति।

अनु० — जिस जीवात्माद्वारा मन-तथा-इन्द्रियोंसहित शरीर जीता हुआ है, उस जीवात्माका (तो वह) आप ही मित्र है ; किन्तु जिसके द्वारा मन-तथा-इन्द्रियोंसहित शरीर नहीं जीता गया है, उसके लिए (तो वह) आप ही शत्रुकी भाँति शत्रुताका आचरण करता है।

टि० — अभी कहा गया है कि जिस मनुष्यने शरीर, इन्द्रिय तथा मनरूप आत्माको जीत लिया है, वह आप ही अपना मित्र है। परन्तु ऐसा क्यों है, इस बातको स्पष्ट करनेके लिये अब आत्माको वशमें करनेका फल बतलाते हैं —

जितात्मनः प्रशान्तस्य परमात्मा समाहितः ।
शीतोष्णसुखदुःखेषु तथा मानापमानयोः ॥७॥

पद० — जितात्मनः = आत्माको वशमें करनेवाले (पुरुष) के ; प्रशान्तस्य = पूर्णरूपसे शान्त-अन्तःकरणकी वृत्तियोंवाले (पुरुष) के ; परमात्मा = परब्रह्म-परमेश्वर ; समाहितः = सम्यक् प्रकारसे स्थित ; शीतोष्णसुखदुःखेषु = सर्दी-गर्मी और सुख-दुःखादिमें ;तथा = और ; मानापमानयोः = मान तथा अपमानमें।

अनु॰ — सर्दी-गर्मी और सुख-दुःखादिमें तथा मान और अपमानमें पूर्णरूपसे शान्त (निर्विकार) अन्तःकरणकी वृत्तियोंवाले आत्मवशी (अर्थात्, स्वाधीन आत्मावाले) (पुरुषके ज्ञानमें) परब्रह्म-परमेश्वर सम्यक् प्रकारसे स्थित होता है (यानी, आत्माको वशमें करनेवाले पुरुषके लिए परमात्मा सदा-सर्वदा और सर्वत्र प्रत्यक्ष स्थित होता है; उसे हमेशा, हर स्थितिमें, कण-कणमें, चारों ओर परमात्मा ही परमात्मा साक्षात् दिखाई देता है)।

टि॰ — इस प्रकार, मन-तथा-इन्द्रियोंके सहित शरीरको — अर्थात्, आत्माको — वशमें करनेका फल परमात्माकी-प्राप्ति बतलाया गया। अब, दो श्लोकोंद्वारा, परमात्माको प्राप्त-हुए पुरुषके लक्षणोंका वर्णन किया जाता है —

ज्ञानविज्ञानतृप्तात्मा कूटस्थो विजितेन्द्रियः ।
युक्त इत्युच्यते योगी समलोष्टाश्मकाञ्चनः ॥८॥

पद॰ — ज्ञानविज्ञानतृप्तात्मा = ज्ञान तथा विज्ञानसे पूर्णतया सन्तुष्ट अन्तःकरणवाला; कूस्टथः = विकाररहित स्थितिवाला; विजितेन्द्रियः = इन्द्रियोंको भलीभाँति जीतनेवाला; युक्तः = भगवत्प्राप्त; इति = ऐसा; उच्यते = कहा जाता है; योगी = साधक; समलोष्टाश्मकाञ्चनः = जिसके लिए मिट्टी, पत्थर और सोना समान हैं।

अनु॰ — ज्ञान तथा विज्ञानसे जिसका अन्तःकरण पूर्णतया सन्तुष्ट (तृप्त) है, जिसकी स्थिति विकाररहित है, जिसने इन्द्रियोंको भलीभाँति जीत रक्खा है (और) जिसके लिए मिट्टी, पत्थर तथा सोना (सब) समान हैं, ऐसा साधक "युक्त" (अर्थात्, भगवत्प्राप्त) कहा जाता है।

टि॰ — "ज्ञान" तथा "विज्ञान" शब्दोंकी व्याख्या विद्वानोंने दो प्रकारसे की है। कुछके अनुसार, "ज्ञान" का अभिप्राय परोक्ष ज्ञानसे है, अर्थात्, जो प्रत्यक्ष न हो, केवल आचार्योपदिष्ट व शास्त्रादिष्ट हो; और "विज्ञान" का तात्पर्य अपरोक्ष ज्ञानसे है, अर्थात्, जो अपने दैनन्दिनीय व्यावहारिक जीवनमें अनुभव एवं क्रियान्वयनद्वारा प्रत्यक्ष रूपसे बिना सन्देह और भ्रमके प्राप्त हो। अन्य मनीषियोंके अनुसार, परमात्माके निर्गुण-निराकार तत्त्वके प्रभाव तथा माहात्म्य आदिके रहस्यसहित यथार्थ बोधको "ज्ञान" और उसके सगुण-साकार तत्त्वके महत्त्व तथा गुण आदिके रहस्यसहित यथार्थ बोधको "विज्ञान" कहते हैं। वस्तुतः, ये दोनों व्याख्याएँ एक ही परिभाषाकी विविधरूपा हैं; क्योंकि निर्गुण ब्रह्म तथा अदृश्य जगत्का ज्ञान परोक्ष ही तो है और अवताररूप सगुण ब्रह्म एवं दृश्यमान प्रकृतिलीलाका ज्ञान प्रत्यक्ष। अतः, जिस पुरुषको परमात्माके साकार-निराकार दोनों तत्त्वोंका भलीभाँति ज्ञान हो गया है और उसका अन्तःकरण उनके प्रत्यक्ष-

परोक्षरूप यथार्थ ज्ञानसे सुष्ठु-प्रकार तृप्त हो गया है, जिसके कारण अब उसे कुछ भी जाननेकी इच्छा शेष नहीं रह गई है, वही "ज्ञानविज्ञानतृप्तात्मा" है।

भगवत्प्राप्त-योगीके लक्षणोंमें "कूटस्थ:" का समावेश बड़ा ही सार्थक है। सुनारों या लोहारोंके यहाँ प्रयुक्त होनेवाले लोहेके "अहरन" या "निहाई" को "कूट" कहते हैं। उसपर सोना, चाँदी, लोहा आदि रखकर हथौड़ेसे कूटा जाता है। कूटते समय उसपर बार-बार करारी चोट पड़ती है, फिर भी वह हिलता-डुलता नहीं और बराबर एकरूप व अचल बना रहता है। इसी प्रकार, जो पुरुष नाना प्रकारके हर्ष-सुख तथा दारुण दु:ख एवं भीषण कष्टोंके आ पड़नेपर भी अपने अन्त:करणमें तनिक भी विकार उत्पन्न नहीं होने देता और सदा-सर्वदा अचलभावसे परमात्माके ही स्वरूपमें स्थित रहता है, वही "कूटस्थ:" है।

संसारके समस्त पदार्थोंको मायामय एवं क्षणिक समझ लेनेके कारण, एक योगीकी उनमें परमात्मबुद्धि हो जाती है। अत:, वह न तो किसी वस्तुमें आसक्त होता है और न ही किसीसे द्वेष करता है ; उसके लिए सारे ही भोग्य पदार्थ एक-जैसे बन जाते हैं, चाहे वह मिट्टी हो, चाहे पत्थर और चाहे सोना। इसीलिए, वह "समलोष्टाश्मकाञ्चन:" है।

सुहृन्मित्रार्युदासीनमध्यस्थद्वेष्यबन्धुषु ।
साधुष्वपि च पापेषु समबुद्धिर्विशिष्यते ॥९।

पद० — सुहृन्मित्रार्युदासीनमध्यस्थद्वेष्यबन्धुषु = सुहृद्, मित्र, वैरी, उदासीन, मध्यस्थ, द्वेष्य (द्वेषपात्र) (और) बन्धुगणोंमें ; साधुषु = धर्मात्माओंमें ; अपि = भी ; च = और ; पापेषु = पापियोंमें ; समबुद्धि: = समान भाववाला ; विशिष्यते = अत्यन्त श्रेष्ठ है।

अनु० — सुहृद्, मित्र, वैरी, उदासीन, मध्यस्थ, द्वेष्य (द्वेषपात्र) (और) बन्धुगणोंमें, धर्मात्माओंमें तथा पापियोंमें भी समानभाव रखनेवाला (साधक) अत्यन्त श्रेष्ठ है।

टि० — यहाँ तीन शब्दयुगलोंमें संगृहीत पद, वस्तुत:, भिन्नार्थक हैं, यद्यपि वे परस्पर-पर्यायवाची प्रतीत होते हैं। आइये, इस ओर भी तनिक ध्यान दें —

"सुहृद्" और "मित्र" = सम्बन्ध और उपकार आदिकी अपेक्षा न करके, बिना कारण ही, प्रकृतिवश, प्रेम एवं हित करनेवाले "सुहृद्" होते हैं ; किन्तु, आपसी सम्बन्धोंके कारण, परस्पर प्रेम तथा एक-दूसरेका हित करनेवाले "मित्र" कहलाते हैं।

"अरि" और "द्वेष्य" = अपना अपकार करनेवाले व्यक्तिसे बदला लेनेके

लिए उसका अनिष्ट करनेकी इच्छा अथवा चेष्टा करनेवाला "अरि" (वैरी) होता है; किन्तु प्रतिकूल-आचरण करनेके कारण जो द्वेषका पात्र हो, वह "द्वेष्य" कहलाता है।

"मध्यस्थ" और "उदासीन" = परस्पर झगड़ा करनेवालोंमें मेल करानेकी चेष्टा करनेवाले को तथा पक्षपात छोड़कर उनकी भलाईके लिए न्याय करनेवालेको "मध्यस्थ" कहते है; किन्तु उनसे किसी भी प्रकारका सम्बन्ध न रखनेवाला "उदासीन" होता है।

प्रस्तुत श्लोकद्वारा वर्णित भगवत्प्राप्त-सम्बन्धी लक्षण पूर्वश्लोकचर्चित लक्षणोंकी तुलनामें अधिक दुर्लभ एवं दुस्साध्य हैं। इनका क्रियान्वयन तथा परिपालन किसी अनन्य और विरल साधकद्वारा ही सम्भव है। अतः, इस श्रेणीके साधकको पिछले श्लोकमें परिभाषित "युक्त योगी" की अपेक्षा "विशिष्यते" — बढ़ा हुआ, अधिक श्रेष्ठ अथवा सर्वाधिक श्रेष्ठ — बतलाया गया है। इसकी विशिष्टताका अतिकठिन मापदण्ड तो यही है कि इसे सुहृद्, मित्र, उदासीन, मध्यस्थ, बन्धुगण तथा धर्मात्माओंमें—जिन सबमें मानवमात्रका प्रेम व आकर्षण होना स्वाभाविक है — तथा अरि, द्वेष्य और पापियोंमें — जिन सबके प्रति मानवमात्रमें घृणा एवं द्वेषका होना नैसर्गिक है — समानरूपसे राग-द्वेष-रहित होना पड़ता है। ऐसे घोर विरुद्धस्वभाववाले व्यक्तियोंके प्रति राग-द्वेष और भेदबुद्धिका न होना बड़ी टेढ़ी खीर है; अच्छे-अच्छे विवेकी तथा साधु-सदाचारी भी यहाँ मुँहकी खा जाते हैं।

ऊपर कहा गया है कि जितात्मा पुरुषको परमात्माकी प्राप्ति होती है। प्रश्न उठता है कि इसके लिए उसे क्या करना होता है — किस साधनसे वह परमात्माको शीघ्र प्राप्त कर सकता है? इसके उत्तरस्वरूप, अगले श्लोकसे ध्यानयोगका प्रकरण आरम्भ किया जाता है, जो बत्तीसवें श्लोकपर्यन्त चलता है —

योगी युञ्जीत सततमात्मानं रहसि स्थितः।
एकाकी यतचित्तात्मा निराशीरपरिग्रहः ॥१०॥

पद॰— योगी = ध्यानयोग-साधक; युञ्जीत = (परमेश्वरके ध्यानमें) लगावे; सततम् = निरन्तर; आत्मानम् = (मन-बुद्धिरूप) अन्तःकरणको; रहसि = एकान्त स्थानमें; स्थितः = स्थित होकर; एकाकी = अकेला; यतचित्तात्मा = मन-इन्द्रियोंसहित शरीरको वशमें रखनेवाला; निराशीः = इच्छा (अपेक्षा) रहित; अपरिग्रहः = संग्रहरहित।

अनु॰— मन-इन्द्रियोंसहित शरीरको वशमें रखनेवाला, इच्छा (अपेक्षा) वियुक्त (और) (भोगसामग्री) संग्रहरहित ध्यानयोग-साधक अकेला (ही) एकान्त

स्थानमें स्थित होकर(मन-बुद्धिरूप) अन्तःकरणको निरन्तर (परमेश्वरके ध्यानमें) लगावे।

टि॰ — अब अगले दो श्लोकोंमें बतलाया जाता है कि जितात्मा पुरुष कैसे स्थानमें, कैसे आसनपर और किस प्रकार परमेश्वरका ध्यान करे —

शुचौ देशे प्रतिष्ठाप्य स्थिरमासनमात्मनः ।
नात्युच्छ्रितं नातिनीचं चैलाजिनकुशोत्तरम् ॥११॥
तत्रैकाग्रं मनः कृत्वा यतचित्तेन्द्रियक्रियः ।
उपविश्यासने युञ्ज्याद्योगमात्मविशुद्धये ॥१२॥

पद॰ — शुचौ = शुद्ध (में) ; देशे = भूमिमें ; प्रतिष्ठाप्य = स्थापन करके (जमाके) ; स्थिरम् = टिके हुएको (न हिलनेवालेको) ; आसनम् = आसनको ; आत्मनः = अपने ; न = नहीं ; अत्युच्छ्रितम् = बहुत ऊँचेको ; न = नहीं ; अतिनीचम् = बहुत नीचेको ; चैलाजिनकुशोत्तरम् = जिसके ऊपर क्रमशः कुशा, मृगछाला और वस्त्र बिछे हैं ; तत्र = उसपर ; एकाग्रम् = एकाग्र (एक बिन्दुपर केन्द्रित) ; मनः = मनको ; कृत्वा = करके ; यतचित्तेन्द्रियक्रियः = चित्त तथा इन्द्रियोंकी क्रियाओंको वशमें किए हुए ; उपविश्य = बैठकर ; आसने =आसन-पर ; युञ्ज्यात् = जोड़े (अभ्यास करे) ; योगम् = योगको ; आत्मविशुद्धये = अन्तःकरणकी शुद्धिके लिए।

अनु॰ — शुद्ध (पवित्र) भूमिपर अपने ऐसे आसनको, जिसके ऊपर क्रमशः कुशा, मृगछाला और वस्त्र बिछे हैं (तथा) जो न बहुत ऊँचा है (और) न बहुत नीचा, स्थिर स्थापन करके (अर्थात्, अच्छीतरह जमाके) (और फिर) उस आसनपर बैठकर, चित्त तथा इन्द्रियोंकी क्रियाओंको वशमें करके (और)मनको(भी) एकाग्र करके, अन्तःकरणकी शुद्धिके लिए (ध्यान) योगका अभ्यास करे (यानी, ईश्वरमें ध्यान लगावे)।

टि॰ — ध्यानयोगका प्रस्तुत प्रकरण प्राचीन ऋषि-मुनियोंकी चिन्तनप्रणाली एवं मननप्रक्रियाका एक सजीव चित्रण है। साथ ही, यह एक लिपिबद्ध साक्ष्य है इस अकाटच तथ्यका कि हमारे भा-रत भारतीय पूर्वजोंका जीवनके विभिन्न पक्षोंपर दृष्टिकोण कितना बुद्धिसंगत, तर्कयुक्त, व्यवहारजन्य, प्रयोगात्मक, विज्ञानपरक एवं दर्शनाभिमुख होता था। ध्यानयोगाभ्यासको ही लीजिये — कोई सूक्ष्मातिसूक्ष्म बात भी उनकी पारीण दृष्टिसे बच नहीं पाई है! कहाँ करें ईश्वरका ध्यान ? "शुचौ देशे" — ऐसा स्थान जो स्वभावसे हीं शुद्ध हों और झाड़-बुहारकर, लीप-पोतकर अथवा धो-पोंछकर स्वच्छ एवं निर्मल बना लिया गया हो, ताकि वहाँ गन्दगी और दुर्गन्धका नाम तक न रहे।

ध्यान किसपर बैठकर करें ? "आसनम्" — आसनपर, यानी, काठ या पत्थरका बना हुआ वह पटड़ा वा चौकी, जिसपर मनुष्य स्थिर भावसे बैठ सकता हो। अब, वह आसन यदि बहुत ऊँचा है, तो ध्यानके समय आलस्य या निद्रा आजानेपर उससे गिरकर चोट लगनेका डर रहता है ; और यदि बहुत नीचा है तो धरतीकी सर्दी-गर्मीसे एवं चींटी-कीटादि क्षुद्र जीवोंसे विघ्न होनेका भय रहता है। इसलिए, "नात्युच्छ्रितम्" और "नातिनीचम्" विशेषण देकर यह बात कही गई है कि वह आसन न तो बहुत ऊँचा हो और न ही बहुत नीचा।

एक बात और — काठ या पत्थरका आसन कड़ा (सख़्त) होता है। उसपर बैठनेसे पैरोंके अकड़ने, सो जाने अथवा दुःखने-लगजानेकी आशंका रहती है ; अतः, एक अन्य विशेषण जोड़ दिया—"चैलाजिनकुशोत्तरम्"। इससे यह बात समझाई गई है कि आसनपर पहले कुशा, फिर मृगछाला और उसपर कपड़ा बिछाकर उसे कोमल बना लेना चाहिये। मृगचर्मके नीचे कुशा रहनेसे यह लाभ है कि वह शीघ्र ख़राब नहीं होगा और उसके ऊपर कपड़ा रहनेसे उसके रोम शरीरमें नहीं चुभेंगे। इसीलिए तीनोंके उपर्युक्त क्रमसे बिछानेका विधान किया गया है। यहाँ यह ध्यान रखनेयोग्य है कि मृगचर्म अपनी मौतसे मरे हुए मृगका होना चाहिये, जान-बूझकर मारे हुए मृगका नहीं, क्योंकि हिंसाद्वारा प्राप्त चर्म साधनामें सहायक नहीं होता।

अभी और — उपर्युक्त आसन "आत्मनः" (अपना) ही होना चाहिये, यत : ध्यानयोगका साधन करनेमें किसी दूसरेका आसन ईप्सितफलदायी अथवा प्रभावशाली नहीं होता। अन्तमें, उस आसनको पृथ्वीपर "प्रतिष्ठाप्य स्थिरम्"— भली-भाँति जमाकर — टिका देना चाहिये, ताकि वह हिलने-डुलने न पावे, क्योंकि आसनके ऐसा होनेसे अथवा खिसकनेसे साधनामें विघ्न पड़ जानेका भय है।

ध्यानयोगकी साधनाके सम्बन्धमें उपरिचर्चित ये सब बातें तो केवल एक ही श्लोक (ग्यारहवें) में समोई हुई सामग्रीके रूपमें विद्यमान हैं। किन्तु इस विषयका यहाँ इतना विशद विवेचन हुआ है कि इसका कोई भी अंगप्रत्यंग अछूता नहीं बच सका। इसी क्रमको चालू रखते हुए, आगामी श्लोकोंद्वारा "आसनपर कैसे बैठना चाहिये, साधकका भाव कैसा होना चाहिये, उसे किन-किन नियमोंका पालन करना चाहिये, किस प्रकार किसका ध्यान करना चाहिये" आदि जिज्ञासाओंका अब स्पष्टीकरण किया जाता है—

समं कायशिरोग्रीवं धारयन्नचलं स्थिरः ।
संप्रेक्ष्य नासिकाग्रं स्वं दिशश्चानवलोकयन् ॥१३॥
प्रशान्तात्मा विगतभीर्ब्रह्मचारिव्रते स्थितः ।
मनः संयम्य मच्चित्तो युक्त आसीत मत्परः ॥१४॥

पद० — समम् = सीधा ; कायशिरोग्रीवम् = बदन, गर्दन और सिरको ; धारयन् = रखता हुआ ; अचलम् = निश्चल ; स्थिरः = दृढ़तापूर्वक ठैरे हुए ; संप्रेक्ष्य = दृष्टि जमाकर ; नासिकाग्रम् = नाककी नोकको ; स्वम् = अपनीको ; दिशः = दिशाओंको ; च = और ; अनवलोकयन् = नहीं देखता हुआ ; प्रशान्तात्मा = सम्यक् प्रकारसे शान्त-अन्तःकरणवाला ; विगतभीः = भयरहित ; ब्रह्मचारिव्रते = ब्रह्मचर्यके व्रतमें ; स्थितः = टिका (ठैरा) हुआ ; मनः = मनको ; संयम्य = वशमें करके ; मच्चित्तः = मेरा ध्यान करता हुआ ; युक्तः = लगा हुआ (चिन्तनद्वारा जुड़ा हुआ) ; आसीत = बैठे ; मत्परः = मुझे लक्ष्य (साध्य) बनाए हुए।

अनु० — (पूर्वोक्त आसनपर, जिस स्थितिमें अधिक कालतक आरामसे स्थिर बैठा जा सके, उस स्थितिमें बैठकर, साधक अपनी) काया (कमर और गर्दनके बीचका शरीरभाग), गर्दन तथा सिरको (अर्थात्, गुदासे ऊपर सिरतकके शरीरको) सीधा (एवं) बे-हिला-डुला रखते हुए, (स्वयम् अपनी जगह) दृढ़तापूर्वक ठैरे रहकर तथा अपनी नाककी नोकपर दृष्टि जमाकर (अन्य) दिशाओंको, (अर्थात्, किसी अन्य ओर, इधर-उधर) न देखते हुए, अतिशान्त अन्तःकरणवाला (और) निर्भीक, ब्रह्मचर्यव्रत धारण किए हुए, मनको वशमें करके मेरा ध्यान करता हुआ (और) मुझे साध्य बनाकर (सदा मेरे ही चिन्तनसे) संलग्न हुआ बैठे (स्थित होवे)।

युञ्जन्नेवं सदाऽऽत्मानं योगी नियतमानसः।
शान्तिं निर्वाणपरमां मत्संस्थामधिगच्छति ॥१५॥

पद० — युञ्जन् = जोड़ता (लगाता) हुआ ; एवम् = इस प्रकार ; सदा = निरन्तर ; आत्मानम् = आत्माको ; योगी = ध्यानयोगका साधक ; नियतमानसः = भलीभाँतिवशमें- किए-हुए -अन्तःकारणवाला ; शान्तिम् = शान्तिको ; निर्वाणपरमाम् = परमानन्दकी पराकाष्ठावाली (को) ; मत्संस्थाम् = मुझमें रहनेवाली (को) ; अधिगच्छति = प्राप्त करता (होता) है।

अनु० — भलीभाँति-वशमें-किए-हुए-अन्तःकरणवाला ध्यानयोगका साधक,

इस प्रकार (अपने) आत्माको निरन्तर (मुझ परमेश्वरके स्वरूपमें) लगाता हुआ, मुझमें रहनेवाली परमानन्दकी पराकाष्ठारूप शान्तिको प्राप्त करता (होता) है।

टि० — ध्यानयोगका प्रकार और फल बतलानेके उपरान्त, भगवान् अब ध्यानयोगके लिए उपयोगी आहार, विहार एवं शयनादिके नियमोंके विषयमें कहते हैं—

नात्यश्नतस्तु योगोऽस्ति न चैकान्तमनश्नतः ।
न चातिस्वप्नशीलस्य जाग्रतो नैव चार्जुन ॥१६॥

पद० — न = नहीं ; अत्यश्नतः = बहुत खानेवालेका ; तु = तो ; योगः = ध्यानयोग ; अस्ति = है ; न = नहीं ; च = और ; एकान्तम् = बिल्कुल ; अनश्नतः = न खानेवालेका ; न = नहीं ; च = और ; अतिस्वप्नशीलस्य = बहुत-सोनेके स्वभाववालेका ; जाग्रतः = जागनेवालेका ; न = नहीं ; एव = ही ; च = और ; अर्जुन = हे अर्जुन।

अनु० — हे अर्जुन ! (यह) ध्यानयोग न तो बहुत-खानेवालेका और न(ही) बिल्कुल न खानेवालेका तथा न बहुत-सोनेवालेका और न ही (बहुत) जागनेवालेका (सिद्ध) होता है (अर्थात्, इन सबके द्वारा यह योग सम्पन्न होना सम्भव नहीं)।

टि० — केवल ध्यानयोगमें ही नहीं,बल्कि जीवनके सभी क्षेत्रोंमें आतिशय्य और अनियमितता दुःख एवं कष्टके हेतु होते हैं। साफल्यसाक्षात्कारके लिए सन्तुलन एवं निग्रह नितान्त वाञ्छनीय हैं। ध्यानयोगको ही लीजिए — इसके साधनमें खाने-पीने तथा सोने-जगनेमें अतिरेक एक दुस्तर बाधा है। ठूँस-ठूँसकर खाने और गलेतक कोई खाद्य या पेय भरलेनेसे नींद और आलस्य बढ़ जाते हैं। साथ ही, पचानेकी शक्तिसे अधिक पेटमें पहुँचा हुआ अन्न वा पेय भाँति-भाँतिके रोग उत्पन्न कर देता है। दोनों ही स्थितियोंमें ईश्वरपर ध्यान लगाना सम्भव नहीं। इसी प्रकार, जो अन्नका अथवा पेयका सर्वथा त्याग करके कोरे उपवास करने लगता है, उसके इन्द्रिय, प्राण तथा मनकी शक्तिका बुरीतरह ह्रास हो जाता है। ऐसा होनेपर, न तो आसनपर ही स्थिरतापूर्वक बैठा जा सकता है और न ही परमेश्वरके स्वरूपमें मन लगाया जा सकता है— "भूखे भजन न हुइ गुपाला।" अतः, साधकको न तो आवश्यकतासे अधिक खाना ही चाहिये और न कोरा उपवास ही करना चाहिये। इस सन्दर्भमें योगशास्त्रका आदेश है— "पेटका आधा भाग अन्नके लिए, एक-चौथाई जलके लिए और (शेष) एक-चौथाई साँस आने-जानेके लिए रक्खे। इससे कम वा अधिक खानेसे योग नहीं होता।"

इसी प्रकार,आवश्यकतासे अधिक सोने अथवा जागनेवालेसे भी ध्यानयोग नहीं होता। कारण ? उचित मात्रामें यदि नींद ली जाये,तो उससे थकावट दूर होकर शरीरमें स्फूर्ति तथा ताज़गी आती है। परन्तु वही नींद यदि आवश्यकतासे अधिक ली जाये, तो उससे तमोगुण बढ़ जाता है,जिससे अनवरत आलस्य घेरे रहता है और आसनपर स्थिर होकर बैठनेमें भी कष्ट मालूम होता है। इसके विपरीत, आवश्यकतासे अधिक जागनेसे थकावट बनी रहती है और ताज़गी पास-तक नहीं फटकती। शरीर, इन्द्रिय और प्राण शिथिल हो जाते हैं तथा शरीरमें कई प्रकारके रोग भी हो जाते हैं। सब समय नींद और आलस्य ही साधकको घेरे रहते हैं, जिनका ईशचिन्तनके साथ दूरका भी वास्ता नहीं। अतः, आवश्यकतासे अधिक सोना और जागना दोनों ही ध्यानयोगके साधनमें दुर्दम विघ्न हैं।

यह बतानेके उपरान्त कि कैसा व्यक्ति ध्यानयोगके योग्य नहीं होता, अब ऐसे साधककी चर्चा करते हैं जो कि उसके योग्य होता है—

युक्ताहारविहारस्य युक्तचेष्टस्य कर्मसु ।
युक्तस्वप्नावबोधस्य योगो भवति दुःखहा ॥१७॥

पद० — युक्ताहारविहारस्य = यथायोग्य (संयमित) आहार और विहार करनेवालेका ; युक्तचेष्टस्य = यथायोग्य (उपयुक्त) प्रयत्न करनेवालेका ; कर्मसु = कार्योंमें ; युक्तस्वप्नावबोधस्य = यथायोग्य (नियन्त्रित) सोने तथा जागनेवालेका ; योगः = ध्यानयोग ; भवति = होता है; दुःखहा = दुःखोंका नाश करनेवाला।

अनु० — दुःखोंका नाश करनेवाला (यह) ध्यानयोग (तो) यथायोग्य (संयमित) भोजन और भ्रमण करनेवालेका,कार्योंमें यथायोग्य (उपयुक्त) प्रयत्न करनेवालेका (तथा) यथायोग्य (नियन्त्रित) सोने तथा जागनेवालेका (सिद्ध) होता है (अर्थात्, इन सबके द्वारा यह योग सम्पन्न होना सम्भव है)।

टि० — ध्यानयोगकी अन्तिम स्थितिको प्राप्त-हुए पुरुषके अब लक्षण बतलाए जाते हैं—

यदा विनियतं चित्तमात्मन्येवावतिष्ठते ।
निःस्पृहः सर्वकामेभ्यो युक्त इत्युच्यते तदा ॥१८॥*

पद० — यदा = जब ; विनियतम् = पूर्ण-रूपसे वशमें किया-हुआ ; चित्तम् = चित्त ; आत्मनि = परमात्मामें ; एव = ही ; अवतिष्ठते = भलीभाँति स्थित हो जाता है ; निःस्पृहः = तृष्णारहित ; सर्वकामेभ्यः = सब भोगोंसे ; युक्तः = ध्यानयोगयुक्त ; इति = ऐसा ; उच्यते = कहा जाता है ; तदा = तब।

अनु० — जब (साधकका) पूर्ण-रूपसे वशमें किए-हुए चित्त परमात्मामें ही भलीभाँति स्थित हो जाता है (और वह) सब भोगोंसे तृष्णारहित (हो जाता है), तब "(यह साधक तो) ध्यानयोगयुक्त है" ऐसा कहा जाता है।

यथा दीपो निवातस्थो नेंगते सोपमा स्मृता ।
योगिनो यतचित्तस्य युञ्जतो योगमात्मन: ॥१९॥

पद० — यथा = जैसे ; दीप: = दीपक (दीया) ; निवातस्थ: = वायुरहित स्थानमें रक्खा हुआ ; न = नहीं ; इंगते = चलायमान होता है ; सा = वैसी (ही) ; उपमा = उपमा ; स्मृता = याद की (दी) गई है ; योगिन: = योगीके ; यतचित्तस्य = वशमें किए-हुए चित्तकी ; युञ्जत: = जुड़े (लगे) हुए (के) ; योगम् = ध्यानयोगको ; आत्मन: = परमात्माके।

अनु० — जैसे वायुरहित स्थानमें रक्खा हुआ दीपक चलायमान नहीं होता (अर्थात्, प्रकाशवती दीपशिखा — जलते दीयेकी लौ — कम्पायमान नहीं होती), वैसी (ही) उपमा परमात्माके-ध्यानमें लगे-हुए योगीके वशमें किए-हुए चित्तकी दी (कही) गई है (यानी, दीयेकी लौकी तरह एक योगीका वशमें किया-हुआ चित्त भी समानभावसे प्रकाशवान् एवं स्थिर रहता है)।

टि० — ध्यानयोगकी अन्तिम-स्थितिको प्राप्त-हुए पुरुषके और उसके वशमें किए-हुए चित्तके लक्षण बतलानेके पश्चात्, अब चार श्लोकोंमें ध्यानयोगद्वारा परमात्माको - प्राप्त साधककी स्थितिका भगवान् वर्णन करते हैं और उसका (यानी, स्थितिका) नाम बतलाते हुए उसे उपलब्ध करनेके लिए अर्जुनको प्रेरित करते हैं —

यत्रोपरमते चित्तं निरुद्धं योगसेवया ।
यत्र चैवात्मनाऽऽत्मानं पश्यन्नात्मनि तुष्यति ॥२०॥
सुखमात्यन्तिकं यत्तद्बुद्धिग्राह्यमतीन्द्रियम् ।
वेत्ति यत्र न चैवायं स्थितश्चलति तत्त्वत: ॥२१॥
यं लब्ध्वा चापरं लाभं मन्यते नाधिकं तत: ।
यस्मिन्स्थितो न दु:खेन गुरुणापि विचाल्यते ॥२२॥
तं विद्याद्दु:खसंयोगवियोगं योगसंज्ञितम् ।
स निश्चयेन योक्तव्यो योगोऽनिर्विण्णचेतसा ॥२३॥

पद० — यत्र = जिस अवस्थामें ; उपरमते = विरक्त हो जाता है ; चित्तम् = चित्त ; निरुद्धम् = नियन्त्रित वा एक-ही स्थानमें स्थित ; योगसेवया =

ध्यानयोगके अभ्याससे ; यत्र = जिस अवस्थामें ; च = और ; एव = ही ; आत्मना = शुद्ध (हुई) सूक्ष्म बुद्धिद्वारा ; आत्मानम् = परमात्माको ; पश्यन् = साक्षात् करता-हुआ ; आत्मनि = परमात्मामें; तुष्यति = सन्तुष्ट रहता है ; सुखम् = आनन्द ; आत्यन्तिकम् = अनन्त ; यत् = जो ; तत् = उसको ; बुद्धिग्राह्यम् = (केवल) शुद्ध (हुई) सूक्ष्म बुद्धिद्वारा ग्रहण करने-योग्य ; अतीन्द्रियम् = इन्द्रियोंसे अतीत ; वेत्ति = जानता (अनुभव करता) है ; यत्र = जिस अवस्थामें ; न = नहीं ; च = और ; एव = ही ; अयम् = यह (योगी) ; स्थितः = ठैरा (टिका) हुआ ; चलति = विचलित होता है ; तत्त्वतः = परमात्मस्वरूपी तत्त्वसे ; यम् = जिसको ; लब्ध्वा = प्राप्त करके ; च = और ; अपरम् = दूसरेको ; लाभम् = लाभको ; मन्यते = मानता है ; न = नहीं ; अधिकम् = ज़्यादा (बड़ा) ; ततः = उससे ; यस्मिन् = जिस अवस्थामें ; स्थितः = ठैरा (टिका) हुआ ; न = नहीं ; दुःखेन = कष्टसे ; गुरुणा = बड़े-भारी (से) ; अपि = भी ; विचाल्यते = चलायमान होता है ; तम् = उसको ; विद्यात् = जानना चाहिये ; दुःखसंयोगवियोगम् = दुःखरूपसंसारके संयोगसे रहित (को) ; योगसंज्ञितम् = "योग" नाम वालेको ; सः = वह ; निश्चयेन = निश्चयपूर्वक ; योक्तव्यः = अभ्यास करना चाहिये ; योगः = योग ; अनिर्विण्णचेतसा = बे-दीन-हीन-क्षीण मनसे।

अनु० — ध्यानयोगके (निरन्तर) अभ्याससे नियन्त्रित (अर्थात्, एकमात्र-परमात्मामें ही दृढ़तापूर्वक स्थित) (साधकका) चित्त जिस अवस्थामें (संसारसे सर्वथा) विरक्त हो जाता है और जिस अवस्थामें (परमात्माके ध्यानसे शुद्ध-हुई) सूक्ष्म बुद्धिद्वारा परमात्माको साक्षात् करता हुआ परमात्मामें ही सन्तुष्ट रहता है ; इन्द्रियोंसे अतीत, (केवल) शुद्ध (हुई) सूक्ष्म बुद्धिद्वारा ग्रहण करने-योग्य जो अनन्त आनन्द है उसको जिस अवस्थामें (वह) अनुभव करता है और (जिस अवस्थामें) स्थित हुआ यह (योगी) (परमात्मस्वरूपरूपी) तत्त्वसे विचलित होता ही नहीं है; (परमात्माकी-प्राप्तिरूप) जिस लाभको प्राप्त करके उससे अधिक (बड़ा) दूसरा (कुछ भी) लाभ नहीं मानता और (परमात्मप्राप्तिरूप) जिस अवस्थामें स्थित-हुआ (योगी) बड़े भारी कष्टसे भी चलायमान नहीं होता (यानी, घोर-विपत्तिमें भी सन्तुलन नहीं खोता) (और जो अवस्था, अथवा स्थिति) दुःखरूपसंसारके संयोगसे रहित है (तथा) जिसका नाम "योग" है, (हे अर्जुन !) उसको जानना चाहिये। वह योग बे-दीन-हीन-क्षीण मनसे निश्चयपूर्वक करना चाहिये (अर्थात्, पूर्ण तन्मयता, उत्साह एवं निष्ठासे उस योगका अभ्यास करना चाहिये)।

टि॰ — परमात्माको - प्राप्त पुरुषकी स्थितिका नाम "योग" है, यह बतानेके उपरान्त अब दो श्लोकोंमें, उसकी प्राप्तिके लिये, परमात्मामें अभेदरूपसे ध्यान लगानेकी रीति बतलाते हैं —

संकल्पप्रभवान् कामांस्त्यक्त्वा सर्वानशेषतः ।
मनसैवेन्द्रियग्रामं विनियम्य समन्ततः ॥२४॥
शनैःशनैरुपरमेद्बुद्धया धृतिगृहीतया ।
आत्मसंस्थं मनः कृत्वा न किञ्चिदपि चिन्तयेत् ॥२५॥

पद॰ — संकल्पप्रभवान् = सोद्देश्य अथवा फलपरक चिन्तनसे उत्पन्न (को) ; कामान् = इच्छाओंको ; त्यक्त्वा = छोड़कर ; सर्वान् = सबको ; अशेषतः = निःशेषरूपसे ; मनसा = मनके द्वारा ; एव = ही ; इन्द्रियग्रामम् = इन्द्रियोंके समुदायको ; विनियम्य = भलीभाँति वशमें करके ; समन्ततः = सब ओरसे ; शनैःशनैः = धीरे-धीरे (क्रम-क्रमसे) ; उपरमेत् = (संसारसे) विरक्त होवे ; बुद्धया = बुद्धिके द्वारा ; धृतिगृहीतया = धैर्ययुक्त (से) ; आत्मसंस्थम् = परमात्मामें स्थित (को) ; मनः = मनको ; कृत्वा = करके ; न = नहीं ; किञ्चित् = कुछ ; अपि = भी ; चिन्तयेत् = चिन्तन करे।

अनु॰ — सोद्देश्य अथवा फलपरक चिन्तनसे (यानी, संकल्पसे) उत्पन्न होनेवाली सभी इच्छाओंको निःशेषरूपसे — अर्थात्, वासना - तथा -आसक्तिसहित — छोड़कर (और) मनके द्वारा इन्द्रियोंके समुदायको सभी-ओरसे भलीभाँति वशमें करके, धीरे-धीरे (यानी, क्रम-क्रमसे) (अभ्यास करता हुआ) (संसारसे) विरक्त होवे (तथा) धैर्ययुक्त बुद्धिके द्वारा मनको परमात्मामें स्थित करके (परमात्माके सिवाय और) कुछ भी चिन्तन न करे।

टि॰ — मनको परमात्मामें स्थित करके, उसके अतिरिक्त अन्य कुछ भी चिन्तन न करनेकी बात कही गई है। परन्तु यदि किसी साधकका चित्त पूर्वाभ्यासवश बलात्कारपूर्वक विषयोंकी ओर चला जाए, तो उसे क्या करना चाहिये ? इस जिज्ञासापर कहते हैं —

यतो यतो निश्चरति मनश्चञ्चलमस्थिरम् ।
ततस्ततो नियम्यैतदात्मन्येव वशं नयेत् ॥२६॥

पद॰ — यतः = जिससे ; यतः = जिससे ; निश्चरति = (संसारमें) विचरता है ; मनः = मन ; चञ्चलम् = चञ्चल ; अस्थिरम् = एक स्थानपर न टिकनेवाला ; ततः = उससे ; ततः= उससे; नियम्य = रोककर ; एतत् =

इसको ; आत्मनि = परमात्मामें ; एव = हीं ; वशम् = निरोध ; नयेत् = करे (लाए)।

अनु॰ — (यह) स्थिर-न-रहनेवाला (और) चञ्चल मन जिस-जिस (शब्दादि विषयके निमित्तसे संसारमें) विचरता है, उस-उस (विषय) से रोककर, यानी, हटाकर, इसे (बार-बार) परमात्मामें ही निरुद्ध करे (अर्थात्, परमात्मामें ही लगावे)।

टि॰ — चित्तको सब-ओरसे हटाकर एक परमात्मामें ही लगा देनेसे क्या लाभ होगा ? इसके उत्तरमें कहते हैं —

प्रशान्तमनसं ह्येनं योगिनं सुखमुत्तमम् ।
उपैति शान्तरजसं ब्रह्मभूतमकल्मषम् ॥२७॥

पद॰ — प्रशान्तमनसम् = अच्छी-तरह शान्त-मनवालेको ; हि = क्योंकि ; एनम् = इसको ; योगिनम् = योगीको ; सुखम् = आनन्द ; उत्तमम्=अतिश्रेष्ठ ; उपैति = प्राप्त होता है ; शान्तरजसम् = शान्त-रजोगुणवालेको ; ब्रह्मभूतम् = ब्रह्मके साथ एकीभाव हुएको ; अकल्मषम् = पापरहितको।

अनु॰ — क्योंकि जिसका मन अच्छीतरह शान्त है, जो पापसे रहित है और जिसका रजोगुण शान्त हो गया है (अर्थात्, जिसने वासना, कामना, तृष्णा, मद, मोह, लोभ घृणा, आसक्ति आदि रजोगुणी अवगुणोंका समूलोच्छेदन कर दिया है),(ऐसे) इस ब्रह्मके-साथ एकीभाव-हुए योगीको अतिश्रेष्ठ (अलौकिक) आनन्द प्राप्त होता है।

टि॰ — परमात्माका अभेदरूपसे ध्यान करनेवाले ब्रह्मभूत योगीकी स्थिति बतलाकर, अब उसका फल बतलाते हैं —

युञ्जन्नेवं सदात्मानं योगी विगतकल्मष : ।
सुखेन ब्रह्मसंस्पर्शमत्यन्तं सुखमश्नुते ॥२८॥

पद॰ — युञ्जन् = जोड़ता हुआ (लगाता हुआ) ; एवम् = इस प्रकार ; सदा = निरन्तर ; आत्मानम् = आत्माको ; योगी = ध्यानयोगी ; विगतकल्मषः = मलशून्य (पापरहित) ; सुखेन = सुखपूर्वक ; ब्रह्मसंस्पर्शम् = परब्रह्म-परमात्माकी प्राप्तिरूप ; अत्यन्तम् = अनन्त ; सुखम् = आनन्दको ; अश्नुते = अनुभव करता है।

अनु॰ — (वह) पापरहित ध्यानयोगी इस प्रकार निरन्तर आत्माको (परमात्मामें) लगाता हुआ सुखपूर्वक परब्रह्म- परमात्माकी-प्राप्तिरूप अनन्त आनन्दको अनुभव करता है।

सर्वभूतस्थमात्मानं सर्वभूतानि चात्मनि ।
ईक्षते योगयुक्तात्मा सर्वत्र समदर्शन: ॥२९॥

पद० — सर्वभूतस्थम् = सम्पूर्ण-भूतोंमें स्थित (व्यापक) को ; आत्मानम् = आत्माको ; सर्वभूतानि = सम्पूर्ण-भूतोंको ; च = और ; आत्मनि = आत्मामें ; ईक्षते = देखता है ; योगयुक्तात्मा = योगसे-युक्त आत्मावाला ; सर्वत्र = सबमें ; समदर्शन: = समभावसे देखनेवाला।

अनु० — (सर्वव्यापी-अनन्त-चेतनमें एकीभावसे-स्थितिरूप) योगसे युक्त आत्मावाला (तथा) सबमें समभावसे देखनेवाला (योगी) आत्माको सम्पूर्णभूतोंमें (बर्फमें जलके सदृश व्यापक) और सम्पूर्ण-भूतोंको आत्मामें देखता है।

टि० — भक्तियोगका साधन करनेवाले योगीकी अन्तिम स्थितिका और उसके सर्वत्र भगवद्दर्शनका वर्णन करते हुए, भगवान् कृष्ण अब कहते हैं —

यो मां पश्यति सर्वत्र सर्वं च मयि पश्यति ।
तस्याहं न प्रणश्यामि स च मे न प्रणश्यति ॥३०॥

पद० — य: = जो ; माम् = मुझको ; पश्यति = देखता है ; सर्वत्र = सब जगह (सब-भूतोंमें) ; सर्वम् = सबको (सम्पूर्ण-भूतोंको) ; च = और ; मयि = मुझमें ; पश्यति = देखता है ; तस्य = उसका ; अहम् = मैं ; न = नहीं ; प्रणश्यामि = नाश करता हूँ ; स: = वह ; च = तथा ; मे = मेरा ; न = नहीं ; प्रणश्यति = नाश करता है।

अनु० — जो (पुरुष) सम्पूर्ण-भूतोंमें (सबके आत्मरूप) मुझ (ब्रह्म) को (ही व्यापक) देखता है ओर सम्पूर्ण-भूतोंको मुझ (ब्रह्म) के अन्तर्गत देखता है, उसका मैं नाश नहीं करता हूँ (अर्थात्, वह कभी मेरेलिये अदृश्य नहीं होता) तथा न (ही) वह मेरा नाश करता है (यानी, न ही कभी मैं उसके लिए अदृश्य होता हूँ) — (क्योंकि, दोनों ही अवस्थाओंमें, वह मुझमें एकीभावसे स्थित है)।

सर्वभूतस्थितं यो मां भजत्येकत्वमास्थित: ।
सर्वथा वर्तमानोऽपि स योगी मयि वर्तते ॥३१॥

पद० — सर्वभूतस्थितम् = सम्पूर्ण-भूतोंमें (वस्तुओंमें) स्थित-हुएको ; य: = जो ; माम् = मुझको ; भजति = भजता है ; एकत्वम् = एकीभावमें ; आस्थित: = स्थित हुआ ; सर्वथा = सब-प्रकारसे ; वर्तमान: = बरतता हुआ ; अपि = भी ; स: = वह ; योगी = योगी ; मयि = मुझमें ; वर्तति = बरतता है।

अनु॰ — जो (पुरुष) एकीभावमें-स्थित होकर सम्पूर्ण-भूतोंमें (पदार्थोंमें) (आत्मरूपसे) स्थित मुझ (ब्रह्म) को (ही) भजता है (निरन्तर ध्याता है), वह ध्यानयोगी सब-प्रकारसे बरतता हुआ भी (अर्थात्, जीवनके विभिन्न क्षेत्रोंमें विविध रूपसे आचरण करता हुआ भी, वास्तवमें) मुझमें (ही) बरतता है (यानी, मुझमें ही विचरण करता है, क्योंकि उसके अनुभवमें मेरे सिवाय अन्य कुछ है ही नहीं)।

आत्मौपम्येन सर्वत्र समं पश्यति योऽर्जुन ।
सुखं वा यदि वा दुःखं स योगी परमो मतः ॥३२॥

पद॰ — आत्मौपम्येन = अपनी उपमाके द्वारा ; सर्वत्र = समग्र-भूतोंमें ; समम् = समान ; पश्यति = देखता है ; यः = जो ; अर्जुन = हे अर्जुन ; सुखम् = सुख ; वा = अथवा ; यदि वा = चाहे ; दुःखम् = दुःख ; सः = वह ; योगी = साधक ; परमः = सर्वश्रेष्ठ ; मतः = माना गया है।

अनु॰ — हे अर्जुन ! जो (साधक), चाहे सुख हो अथवा दुःख, (उसे) अपने (ही) दृष्टान्तके द्वारा (अर्थात्, अपने ही मापदण्डके अनुकूल) (अन्य) समग्र-प्राणियोंमें (भी) समान (भावसे) देखता है (यानी,जिसे वह अपनेलिए सुख वा अच्छा समझता है, अन्य सभीके लिए भी वह उसे सुख वा अच्छा ही समझे और, परिणामतः, उसका आचरण करे ; किन्तु जिसे वह अपनेलिए दुःख वा बुरा समझता है, औरोंके लिए भी वह उसे दुःख वा बुरा ही समझे और, फलतः, उसका आचरण न करे), ऐसा (अर्थात्, दूसरोंको अपने ही जैसा समझनेवाला) योगी सर्वश्रेष्ठ (योगी) माना जाता है।

टि॰ — ध्यानयोगसम्बन्धी अपने विशद विवेचनमें श्रीकृष्णने समता — अर्थात्,समत्वयोग — पर विशेष बल दिया। इसके अनुसार, साधकके लिए सुख-दुःख, हर्ष-शोक, अपना-पराया, ऊँच-नीचादि सभी अवस्थाओंमें समबुद्धि बनाये रखना नितान्त आवश्यक है। किन्तु यह मनके एकाग्र एवं स्थिर हुए बिना सम्भव नहीं। अब, अर्जुनके मनमें यह जिज्ञासा उपजी कि जब मन स्वभावसे ही इतना चञ्चल तथा उच्छृंखल है कि यह किसी भी ध्यानबिन्दुपर अधिक समयतक निश्चल भावसे टिका नहीं रह सकता, तो समत्वयोगका अभ्यास कैसे सम्भव है। अतः, अपनी शंकाके निवारणके लिए, वह भगवान्से निवेदन करता है —

अर्जुन उवाच ।
योऽयं योगस्त्वया प्रोक्तः साम्येन मधुसूदन ।
एतस्याहं न पश्यामि चञ्चलत्वात्स्थितिं स्थिराम् ॥३३॥

पद॰ — अर्जुनः = अर्जुनने ; उवाच = कहा।

यः = जो ; अयम् = यह ; योगः = योग ; त्वया = तुम्हारेद्वारा ; प्रोक्तः = कहा गया है ; साम्येन = समत्वभावसे ; मधुसूदन = हे मधु-नामक राक्षसका संहार करनेवाले (कृष्ण) ; एतस्य = इसकी ; अहम् = मैं ; न = नहीं ; पश्यामि = देखता हूँ ; चञ्चलत्वात् = चञ्चल होनेसे ; स्थितिम् = स्थितिको ; स्थिराम् = नित्य (को)।

अनु॰ — अर्जुनने कहा— हे कृष्ण! यह जो योग आपने समत्वभावसे कहा है (अर्थात्, यह समतारूपी योग, अथवा समत्वयोग, जिसका उपदेश आपने दिया है), (मनके) चञ्चल होनेके कारण, मैं इसकी नित्य वा दीर्घकालीन स्थितिको नहीं देखता हूँ (यानी, मैं नहीं समझता कि यह नित्य रूपसे तो क्या, बहुत कालतक भी स्थित रह सकता है)।

चञ्चलं हि मनः कृष्ण प्रमाथि बलवद्दृढम् ।
तस्याहं निग्रहं मन्ये वायोरिव सुदुष्करम् ॥३४॥

पद॰ — चञ्चलम् = चुलबुला (चलायमान) ; हि = निश्चय ही ; मनः = मन ; कृष्ण = हे वासुदेव ; प्रमाथि = बिलो-डालनेवाला (क्षुब्ध कर देनेवाला) ; बलवत् = पराक्रमी ; दृढम् = मज़बूतीसे पकड़ लेनेवाला ; तस्य = उसका ; अहम् = मैं ; निग्रहम् = वशमें करना ; मन्ये = मानता हूँ ; वायोः = हवाकी ; इव = तरह ; सुदुष्करम् = अत्यन्त कठिन।

अनु॰ — हे वासुदेव ! (यह) मन, निश्चय ही, (बड़ा) चुलबुला, क्षुब्ध कर देनेवाला, पराक्रमी (तथा) मजबूतीसे पकड़ लेनेवाला है। (इसलिए) मैं (तो) उसको वशमें करना हवाको (बाँधनेकी) तरह अत्यन्त कठिन मानता (समझता) हूँ।

टि॰ — पिछले श्लोकमें अर्जुनने मनकी चञ्चलताको समत्वयोगमें एक भारी बाधा बतलाया था। अपने इसी मतको अधिक दृढ़तया प्रतिपादित करते हुए वह, प्रस्तुत श्लोकमें, मनको चार विशेषणोंद्वारा वर्णित करता है। वह कहता है कि मन "चञ्चल" है, अर्थात्, यह दीवेकी लौकी तरह बड़ा चलायमान और चुलबुला है — अभी यहाँ, अगले ही क्षण वहाँ, फिर तुरन्त कहीं और ; किसी भी जगह टिककर ठैरनेवाला नहीं है। फिर, यह "प्रमाथी" है, यानी, जैसे मथनी दूध-दहीको मथ (बिलो) डालती है, वैसे ही मन भी शरीर और इन्द्रियोंको बुरी तरह क्षुब्ध (बेचैन) कर डालता है।

साथ ही, यह मन एक मदोन्मत्त हाथीकी भाँति बड़ा "बलवान्" है। जिस

प्रकार एक शक्तिशाली हाथीपर बार-बार अंकुश-प्रहार होनेपर भी कोई असर नहीं होता, वह मनमानी करता ही रहता है, उसी प्रकार विवेकरूपी अंकुशके द्वारा बार-बार प्रहार किए जानेपर भी यह पराक्रमी मन विषयोंके बीहड़ जंगलसे निकलना नहीं चाहता। इतना ही नहीं, यह "मन" नामक अनन्य वस्तु "दृढ़" भी है, यानी, यह इतना ढीठ और चिपटू है कि तन्तुनाग (गोह) के समान, जिस भी किसी विषयमें रमता है, उसको इतनी मज़बूतीसे पकड़ लेता है कि उसके साथ घुलता-मिलता हुआ तदाकार ही हो जाता है।

मनकी उपर्युक्त विशेषताओंसे अर्जुन इतना अभिभूत है कि उसने कृष्णको स्पष्ट बता दिया है कि, इसकी प्रबल चञ्चलताके कारण, समत्वयोगका अभ्यास नित्य रूपसे तो क्या एक बड़े या छोटे-से कालतकके लिए भी होजाना चमत्कारसे कम नहीं होगा। ऐसे चपल एवं दुर्धर्ष मनको नियन्त्रित करनेमें अर्जुनकी कठिनाईको स्वीकारते हुए, भगवान् अब उसे वशमें करनेके उपाय बतलाते हैं —

श्रीभगवानुवाच।

असंशयं महाबाहो मनो दुर्निग्रहं चलम्।
अभ्यासेन तु कौन्तेय वैराग्येण च गृह्यते ॥३५॥

पद० — श्रीभगवान् = श्रीकृष्णने ; उवाच = कहा।

असंशयम् = निस्सन्देह ; महाबाहो = हे शक्तिशालिनी भुजाओंवाले (परमशूरवीर) ; मनः = मन ; दुर्निग्रहम् = कठिनतासे वशमें-होनेवाला ; चलम् = चञ्चल ; अभ्यासेन = बारम्बार यत्न करनेसे ; तु = परन्तु ; कौन्तेय = हे कुन्तीपुत्र (अर्जुन) ; वैराग्येण = अनासक्त-निष्कामभावसे ; च = और ; गृह्यते = ग्रहण (वशमें) किया जाता है।

अनु० — श्रीकृष्णने कहा — हे परमशूरवीर ! निस्सन्देह, मन चञ्चल (तथा) कठिनतासे वशमें होनेवाला है, परन्तु, हे कुन्तीपुत्र (अर्जुन !) (परमात्माको लक्ष्य बनाकर चित्तवृत्तियोंके प्रवाहको) बार-बार (उन्हींकी ओर लगानेका) प्रयत्न करनेसे और अनासक्त-निष्कामभावसे (वह) वशमें किया जा सकता है (अतः, हताश होनेवाली कोई बात नहीं, तुम, इन दोनों उपायोंके द्वारा, मनको वशमें कर सकते हो)।

असंयतात्मना योगो दुष्प्राप इति मे मतिः।
वश्यात्मना तु यतता शक्योऽवाप्तुमुपायतः॥३६॥

पद॰ — असंयतात्मना = मनको वशमें न करनेवाले (पुरुष) द्वारा ; योगः = समत्वयोग ; दुष्प्रापः = कठिनतासे प्राप्त होनेवाला ; इति = ऐसा ; मे = मेरा ; मतिः = मत ; वश्यात्मना = जीते-हुए मनवाले (पुरुष) द्वारा ; तु = किन्तु ; यतता = प्रयत्नशील (पुरुष) द्वारा ; शक्यः = सम्भव (सहज) है ; अवाप्तुम् = प्राप्त करना (होना) ; उपायतः = साधन (उपाय) करनेसे।

अनु॰ — मनको वशमें न करनेवाले (पुरुष) द्वारा समत्वयोग प्राप्त होना कठिन है, किन्तु जीते-हुए मनवाले, प्रयत्नशील (पुरुष) द्वारा (उपयुक्त) साधन (उपाय) करनेसे (उसका) प्राप्त होना सहज है — ऐसा मेरा मत है।

टि॰ — योगसिद्धि अथवा समत्वयोगप्राप्तिके लिये मनको वशमें करना परम आवश्यक बतलाया गया। इसपर अर्जुनको यह जिज्ञासा होती है कि जिसका मन तो वशमें नहीं है, किन्तु योगमें श्रद्धा होनेके कारण वह भगवत्प्राप्तिके लिए पर्याप्त तथा उपयुक्त साधन (उपाय) करता है, उसकी क्या गति होती है ? अतः, वह भगवान्से प्रश्न करता है —

अर्जुन उवाच।

अयतिः श्रद्धयोपेतो योगाच्चलितमानसः।
अप्राप्य योगसंसिद्धिं कां गतिं कृष्ण गच्छति॥३७॥

पद॰ — अर्जुनः = अर्जुनने ; उवाच = कहा।

अयतिः = जो संयमी नहीं है ; श्रद्धया = श्रद्धासे ; उपेतः = युक्त ; योगात् = योगसे ; चलितमानसः = डगमगाते (चलायमान) मनवाला ; अप्राप्य = न प्राप्त करके ; योगसंसिद्धिम् = योगकी सिद्धिको ; काम् = किस (को) ; गतिम् = गतिको ; कृष्ण = हे कृष्ण ; गच्छति = जाता है (प्राप्त होता है)।

अनु॰ — अर्जुनने पूछा— हे श्रीकृष्ण ! (जो योगमें तो) श्रद्धा रखनेवाला है (किन्तु) संयमी नहीं है, (इस कारण जिसका) मन (अन्तकालमें) योगसे विचलित हो गया है (अर्थात्, शरीरसे प्राणोंका वियोग होते समय जिसके मनसे योग — साधन — का लक्ष्य छूट गया है), (ऐसा साधक,) योगकी सिद्धिको (अर्थात्, भगवत्साक्षात्कारको) न प्राप्त होकर किस गतिको प्राप्त होता है ?

कच्चिन्नोभयविभ्रष्टश्छिन्नाभ्रमिव नश्यति।
अप्रतिष्ठो महाबाहो विमूढो ब्रह्मणः पथि॥३८॥

पद॰ — कच्चित् = क्या कहीं ; न = नहीं ; उभय-विभ्रष्टः = दोनों-ओरसे भ्रष्ट-हुआ ; छिन्नाभ्रम् = छितरे-बिखरे बादल (की) ; इव = तरह ; नश्यति = नष्ट हो जाता है ;अप्रतिष्ठ := आश्रयरहित ; महाबाहो = हे बलिष्ठ बाहुवाले (श्रीकृष्ण) ; विमूढः= मोहित हुआ ; ब्रह्मण := भगवत्प्राप्तिके ; पथि = मार्गमें।

अनु॰ — हे बलिष्ठ बाहुवाले (श्रीकृष्ण) ! क्या कहीं (वह) भगवत्प्राप्तिके मार्गमें मोहित (और) आश्रयरहित (पुरुष) छितरे-बिखरे बादलकी तरह दोनों-ओरसे भ्रष्ट-होकर (अर्थात्, स्वर्गादि भोग एवं परमात्मा—दोनों ही की प्राप्तिसे वञ्चित होकर) नष्ट तो नहीं हो जाता ? (यानी, उसकी कहीं अधोगति तो नहीं हो जाती ?))।

एतन्मे संशयं कृष्णच्छेत्तुमर्हस्यशेषतः।
त्वदन्यः संशयस्यास्यच्छेत्ता न ह्युपपद्यते॥३९॥

पद॰ — एतत् = इसको ; मे = मेरे ; संशयम् = संशयको ; कृष्ण = हे कृष्ण ; छेत्तुम् = छेदन करनेके लिए ; अर्हसि = योग्य हो ; अशेषतः= सम्पूर्णरूपसे ; त्वत् = तुम्हारे ; अन्य := अतिरिक्त ; संशयस्य = संशयका ; अस्य = इस (का) ; छेत्ता = छेदन करनेवाला ; न = नहीं ; हि = क्योंकि ; उपपद्यते = उपयुक्त है।

अनु॰— हे कृष्ण ! मेरे इस संशयका सम्पूर्णरूपसे छेदन करनेके लिए (अर्थात्, इसके समूल निराकरणके लिए) (आप ही) योग्य (सक्षम) हैं, क्योंकि आपके अतिरिक्त (कोई अन्य) इस शंकाका उपयुक्त (अधिकृत) निवारक नहीं है — (आप ही तो साक्षात् सर्वान्तर्यामी, सर्वज्ञ,सर्वशक्तिमान् परमेश्वर हैं। आपसे योग्यतर किसी अज्ञाननाशक गुरु अथवा धर्माचार्यके अस्तित्वकी बात सोचना भी मात्र पागलपन और पापाचरण है)।

टि॰ — अर्जुनने पूछा था कि योगसे विचलित हुआ साधक उभयभ्रष्ट होकर कहीं नष्ट तो नहीं हो जाता ? अब भगवान् उसका उत्तर देते हैं —

श्रीभगवानुवाच।

पार्थ नैवेह नामुत्र विनाशस्तस्य विद्यते।
न हि कल्याणकृत्कश्चिद्दुर्गतिं तात गच्छति॥४०॥

पद॰ — श्रीभगवान् = श्रीकृष्ण जी ; उवाच = बोले।

पार्थ = हे पृथापुत्र (अर्जुन) ; न = नहीं ; एव = ही ; इह = इसलोकमें ; न = नहीं ; अमुत्र = परलोकमें ; विनाशः = नाश ; तस्य = उसका ; विद्यते = होता है ; न = नहीं ; हि = क्योंकि ; कल्याणकृत् = शुभकर्म करनेवाला ; कश्चित् = कोई भी ; दुर्गतिम् = दुर्दशाको ; तात = हे प्रिय ; गच्छति = प्राप्त होता है।

अनु॰ — श्रीकृष्णजी बोले — हे पृथापुत्र (अर्जुन) ! उस (योगभ्रष्ट पुरुष) का न (तो) इस लोकमें नाश होता है (और) न ही परलोकमें। क्योंकि, हे प्रिय ! शुभकर्म करनेवाला (अर्थात्, आत्मोद्धार अथवा भगवत्प्राप्तिके लिए कर्म करनेवाला) कोई भी (मनुष्य) दुर्दशा (अधोगति) को प्राप्त नहीं होता।

प्राप्य पुण्यकृताँल्लोकानुषित्वा शाश्वतीः समाः ।
शुचीनां श्रीमतां गेहे योगभ्रष्टोऽभिजायते ॥४१॥

पद॰ — प्राप्य = प्राप्त होकर ; पुण्यकृताम् = पुण्यवानोंके ; लोकान् = लोकोंको ; उषित्वा = रहकर ; शाश्वतीः = बहुत ; समाः = वर्षोंतक ; शुचीनाम् = शुद्ध-आचरणवालोंके ; श्रीमताम् = धनियोंके ; गेहे = घरमें ; योगभ्रष्टः = (अन्तकालमें) योगलक्ष्यसे विचलित हो जानेवाला (पुरुष) ; अभिजायते = जन्म लेता है।

अनु॰ — योगभ्रष्ट (पुरुष) पुण्यवानोंके लोकोंको (अर्थात्, स्वर्गादि उत्तम लोकोंको) प्राप्त होकर, (उनमें) बहुत वर्षोंतक रहकर (निवास करके) (फिर) शुद्ध-आचरणवाले धनाढ्य मनुष्योंके घरमें जन्म लेता है।

अथवा योगिनामेव कुले भवति धीमताम् ।
एतद्धि दुर्लभतरं लोके जन्म यदीदृशम् ॥४२॥

पद॰ — अथवा = या फिर ; योगिनाम् = योगियोंके ; एव = ही ; कुले = कुलमें ; भवति = (उत्पन्न) होता है ; धीमताम् = ज्ञानवानोंके ; एतत् = यह ; हि = निस्सन्देह ; दुर्लभतरम् = अत्यन्त दुर्लभ ; लोके = संसारमें ; जन्म = जन्म ; यत् = जो ; ईदृशम् = इस प्रकारका।

अनु॰ — या फिर, (वैराग्यवान् योगभ्रष्ट पुरुष, पूर्ववर्णित स्वर्गादि लोकोंमें तथा सदाचारी धनियोंके घरोंमें पैदा न होकर, सीधा) ज्ञानवान् योगियोंके ही कुलमें जन्म लेता है। (परन्तु) इस प्रकारका जो यह जन्म है (सो) संसारमें, निःसन्देह, अत्यन्त दुर्लभ है।

तत्र तं बुद्धिसंयोगं लभते पौर्वदेहिकम्।
यतते च ततो भूयः संसिद्धौ कुरुनन्दन ॥४३॥

पद॰ — तत्र = वहाँ (योगिकुलमें) ; तम् = उसको ; बुद्धिसंयोगम् = समत्वबुद्धियोगके संस्कारोंको ; लभते = प्राप्त हो जाता है ; पौर्वदेहिकम् = पिछले-शरीरमें संग्रह किए-हुए (को) ; यतते = प्रयत्न करता है;च = और ; ततः = उसके प्रभावसे ; भूयः = फिर ; संसिद्धौ = (परमात्माकी) सिद्धिके लिए ; कुरुनन्दन = हे कुरुवंशज (अर्जुन)।

अनु॰ — (वह विरक्त योगभ्रष्ट पुरुष) वहाँ (योगिकुलमें) पिछले शरीरमें (जन्ममें) संग्रह किए-हुए अपने बुद्धि-संयोगको, अर्थात्, समत्वबुद्धियोगके संस्कारसमूहको (अनायास ही) प्राप्त हो जाता है और, हे अर्जुन ! उसके प्रभावसे (वह) फिर (परमात्माकी-प्राप्तिरूप) सिद्धिके लिए (पहलेसे भी बढ़-चढ़कर) प्रयत्न करता है।

टि॰ — कर्मयोग, भक्तियोग, ध्यानयोग और ज्ञानयोग आदि साधनोंमेंसे किसी भी साधनद्वारा जितना "समभाव" पूर्वजन्ममें प्राप्त हो चुका है, उसका वर्तमान जन्ममें अनायास ही जागृत हो जाना "बुद्धिसंयोगको प्राप्त होना" है। इसीलिए, एक वैराग्यवान् योगभ्रष्ट पुरुष, योगिकुलमें जन्म होने तथा वहाँ पूर्वसंस्कारोंसे सम्बन्ध हो जानेके कारण, पुनः स्वत एव प्रबलतर वेगसे योगसाधनमें लग जाता हैं।

योगिकुलमें जन्म लेनेवाले योगभ्रष्ट पुरुषकी परिस्थिति बतलानेके उपरान्त, अब शुद्धान्तःकरण,सदाचारी सुसम्पन्न, धनाढयोंके घरमें उत्पन्न होनेवाले योगभ्रष्टकी गतिका तथा योगके जिज्ञासुकी महिमाका वर्णन करते हुए, भगवान् कहते हैं —

पूर्वाभ्यासेन तेनैव ह्रियते ह्यवशोऽपि सः।
जिज्ञासुरपि योगस्य शब्दब्रह्मातिवर्तते ॥४४॥

पद॰ — पूर्वाभ्यासेन = पूर्व (जन्मके) अभ्याससे ; तेन = उससे ; एव = ही ; ह्रियते = आकर्षित किया जाता है ; हि = निस्सन्देह ; अवशः= विवश (विषयोंके वशमें हुआ) ; अपि = भी ; सः = वह ; जिज्ञासुः = जानने (प्राप्त करने) का इच्छुक ;अपि = भी ; योगस्य = योगका ; शब्दब्रह्म = वेद (में कहे-हुए सकामकर्मोंके फल) को ; अतिवर्तते = उल्लंघन (पार) कर जाता है।

अनु॰ — वह (धनवानोंके घरमें जन्म लेनेवाला योगभ्रष्ट पुरुष) विषयोंके वशमें हुआ भी उस पूर्वजन्मके अभ्याससे ही, निस्सन्देह, (भगवान्‌की ओर) आकर्षित किया जाता है (तथा) (समत्वबुद्धिरूप) योगको प्राप्त करनेका इच्छुक भी वेदमें कहे हुए सकाम कर्मोंके फलका उल्लंघन कर जाता है (अर्थात्, उस फलमें वह कोई आकर्षण नहीं देखता और, इसलिये, उसकी कामना वा परवाह तक नहीं करता)।

टि॰ — प्रस्तुत श्लोकमें धर्मात्मा-धनवानोंके कुलमें जन्मे योगभ्रष्ट व्यक्तिकी तथा योगके जिज्ञासुकी प्रशंसा की गई है। एक योगभ्रष्टका पूर्वजन्मोंमें किया गया साधन अथवा योगाभ्यास कभी व्यर्थ नहीं जाता, क्योंकि अपने शुभकर्मोंके आधारपर वह किसी पुण्यात्मा श्रीसम्पन्नके हाँ जन्म लेता है और इस नवीन योनिमें यदि विषयवासना एवं सांसारिक भोग उसे पथच्युत करना चाहते हैं तो उसके पूर्वजन्मोंके अभ्यासके संस्कार उसके आड़े आते हैं और उसे विषयजालसे छुड़ाकर परमात्माकी ओर अनायास (अपने-आप) ही खींच ले जाते हैं। परिणामतः, वह भगवत्प्राप्तिके अपने लक्ष्यकी ओर प्रवृद्ध वेग एवं निष्ठासे अग्रसर हो जाता है।

इसी प्रकार, जो योगका जिज्ञासु है, योगमें श्रद्धा रखता है और उसे प्राप्त करनेकी चेष्टा करता है, वह मनुष्य भी वेदोक्त सकामकर्मके फलस्वरूप इसलोक और परलोकके भोगजनित सुखोंको पार कर जाता है, यानी, उन्हें नगण्य एवम् अवाञ्छनीय जानकर उनकी इच्छा तक नहीं करता और अक्षुण्ण भावसे परमात्मरत हो निरन्तर ध्यानयोगका ही अभ्यास करता रहता है। जब यह स्थिति एक योगजिज्ञासुकी है, तो फिर जन्म-जन्मान्तरसे योगका अभ्यास करनेवाले एक योगभ्रष्ट पुरुषके विषयमें तो कहना ही क्या ?

योगियोंके कुलमें जन्म लेनेवाले योगभ्रष्ट पुरुषकी गतिका एक-बार फिर निरूपण करते हुए, श्रीभगवान् कहते हैं —

प्रयत्नाद्यतमानस्तु योगी संशुद्धकिल्बिषः।
अनेकजन्मसंसिद्धस्ततो याति परां गतिम्॥४५॥

पद॰ — प्रयत्नात् = प्रयत्नपूर्वक; यतमान := अभ्यास करनेवाला ; तु = परन्तु ; योगी = योगभ्रष्ट साधक; संशुद्धकिल्बिष := धुले-हुए सब-मैलवाला (अर्थात्, सम्पूर्ण-पापोंसे रहित) ; अनेकजन्मसंसिद्धः= अनेक जन्मों (के संस्कारबल) से (इस जन्ममें) योगसिद्धि प्राप्त करनेवाला ; ततः= तत्पश्चात् (तत्काल ही) ; याति = प्राप्त हो जाता है ; पराम् = परम (को) ; गतिम् = गतिको।

अनु॰ — परन्तु प्रयत्नपूर्वक अभ्यास करनेवाला (योगिकुलोत्पन्न योगभ्रष्ट) साधक (तो) अनेक जन्मों (के संस्कारबल) से (इस जन्ममें) योगसिद्धि (अर्थात्, साधनकी पराकाष्ठा) को प्राप्त कर (तथा) सम्पूर्ण-पापोंसे रहित (मुक्त) हो तत्काल ही परमगति (यानी, परब्रह्म-परमात्मा) को प्राप्त हो जाता है।

टि॰ — योगभ्रष्ट साधककी गतिका विषय समाप्त करके, अब श्रीकृष्ण, योगीकी महिमा बताते हुए, अर्जुनको योगी बननेके लिये कहते हैं —

तपस्विभ्योऽधिको योगी ज्ञानिभ्योऽपि मतोऽधिकः।
कर्मिभ्यश्चाधिको योगी तस्माद्योगी भवार्जुन ॥४६॥

पद॰ — तपस्विभ्यः= तपस्वियोंसे ; अधिक := श्रेष्ठ ; योगी = योगी ; ज्ञानिभ्य := शास्त्रके ज्ञानवालोंसे ; अपि = भी ; मतः= माना गया है ; अधिक := बड़ा ; कर्मिभ्य := सकामकर्म करनेवालेंसे ; च = और ; अधिक := बढ़कर ; योगी = योगी ; तस्मात् = इसलिये ; योगी = योगी ; भव = हो ; अर्जुन = हे अर्जुन।

अनु॰ — योगी तपस्वियोंसे श्रेष्ठ है, (वह) शास्त्रज्ञाताओंसे भी बड़ा माना गया है और सकामकर्म करनेवालोंसे (भी) योगी बढ़कर है ; इसलिये, हे अर्जुन ! (तू) योगी हो (बन)।

टि॰ — योगीकी महत्ता बख़ानते हुए, श्रीकृष्णने उसे यहाँ तपस्वी, ज्ञानी एवं कर्मी सभीसे श्रेष्ठ बताया है। "योगी" से अभिप्राय ऐसे पुरुषसे है, जो ज्ञानयोग, भक्तियोग ध्यानयोग, कर्मयोग आदि किसी भी विधिसे साधनकी पराकाष्ठारूप "समत्वयोग" को प्राप्त हुआ हो। सकामभावसे धर्मपालनके लिये विशेष क्रियाओंका अथवा विषयभोगोंका त्याग करके मन, इन्द्रिय और शरीरसम्बन्धी सभी कष्टोंको सहन करनेवाला "तपस्वी" है।

प्रस्तुत प्रकरणमें "ज्ञानी" शब्द न तो भगवत्प्राप्त तत्त्वज्ञानी पुरुषका वाचक है और नही परमात्माकी प्राप्तिके लिए ज्ञानयोगका साधन करनेवाले ज्ञानयोगीका, अपितु शास्त्र तथा आचार्यके उपदेशानुसार विवेकबुद्धिद्वारा समस्त पदार्थोंको समझनेवाले शास्त्रज्ञका। अन्तमें, यहाँ "कर्मी" से वाच्य सकमभावसे यज्ञ-दानादि शास्त्रविहित कर्म करनेवाला मनुष्य है, अर्थात्, यज्ञ, दान, पूजा, सेवा आदि शास्त्रविहित शुभकर्मोंको स्त्री, पुत्र, धन, स्वर्गादिकी प्राप्तिके लिये सकामभावसे करनेवाला। यहाँ यह बात ध्यान देनेयोग्य है कि "कर्मी" में "तपस्वी" तथा "ज्ञानी" का अन्तर्भाव नहीं है, क्योंकि इन तीनोंकी अपनी-अपनी विलक्षणता है — कर्मीमें क्रियाकी प्रधानता है, तपस्वीमें मन और इन्द्रियके संयमकी तथा ज्ञानीमें शास्त्रीय बौद्धिक आलोचनाकी।

इस प्रकार योगीको सर्वश्रेष्ठ बतलाकर, भगवान्‌ने अर्जुनको योगी बननेके लिये कहा। अब वे निर्देश करते हैं कि योगियोंमें भी सर्वोत्तम वे किसको मानते हैं —

योगिनामपि सर्वेषां मद्‌गतेनान्तरात्मना।
श्रद्धावान्भजते यो मां स मे युक्ततमो मतः॥४७॥

पद०—योगिनाम् = योगियोंका ; अपि = भी ; सर्वेषाम् = सबका ; मद्‌गतेन = मुझमें लगे-हुए (से) ; अन्तरात्मना = अन्तरात्मासे ; श्रद्धावान् = श्रद्धायुक्त ; भजते = भजता है ; यः = जो ; माम् = मुझे ; सः = वह ; मे = मेरा ; युक्ततमः = सर्वोत्तम ; मतः = मान्य है।

अनु०—सारे योगियोंमें भी जो श्रद्धायुक्त (योगी) मुझमें लगे-हुए अन्तरात्मासे मुझे (निरन्तर) भजता है, वह (योगी) मुझे सर्वोत्तम मान्य है (अर्थात्, योगियोंमें उसे ही मैं सर्वश्रेष्ठ समझता हूँ)।

— ○ —

ॐ तत्सदिति श्रीमद्‌भगवद्‌गीतासूपनिषत्सु
ब्रह्मविद्यायां योगशास्त्रे श्रीकृष्णार्जुनसंवादे
आत्मसंयमयोगो नाम षष्ठोऽध्यायः ॥६॥

ॐ नित्यस्वरूप उस परमात्माको नमस्कार ! श्रीमद्‌भगवद्‌गीतारूपी उपनिषद् एवं ब्रह्मविद्या तथा योगशास्त्रविषयक श्रीकृष्ण-और-अर्जुनके संवादमें "आत्मसंयमयोग" नामक छठा अध्याय यहाँ समाप्त होता है ॥६॥

श्रीमद्‌भगवद्‌गीताके अठारह अध्यायोंमें यद्यपि कर्मयोग, भक्तियोग और ज्ञानयोगके क्रमसे छह-छह अध्यायोंके तीन षट्‌क माने जाते हैं, परन्तु इसका अभिप्राय यह नहीं है कि इन षट्‌कोंमें केवल एक ही योगका वर्णन हो और किसी-दूसरेकी चर्चा ही न आई हो। जिस षट्‌कमें जिस योगका प्रधानतासे वर्णन हुआ है, उसीके अनुसार उसका नाम रख लिया गया है।

पहले षट्कका प्रथम अध्याय तो प्रस्तवनारूपमें है ; उसमें तो इनमेंसे किसी भी योगका विषय नहीं है। दूसरेमें ग्यारहवेंसे तीसवें श्लोकतक सांख्ययोग (ज्ञानयोग) का विषय है। इसके उपरान्त उन्तालीसवें श्लोकसे लेकर तीसरे अध्यायके अन्ततक कर्मयोगका विस्तृत वर्णन है। चौथे तथा पाँचवें अध्यायोंमें कर्मयोग और ज्ञानयोगका मिला हुआ वर्णन है ; तथा छठे अध्यायमें प्रधानरूपसे ध्यानयोगका वर्णन है। साथ ही, प्रसंगक्रमसे उसमें कर्मयोग आदिका भी वर्णन किया गया है। इस प्रकार, यद्यपि इस षट्कमें सभी विषयोंका मिश्रण है, तथापि अन्य दोनों षट्कोंकी अपेक्षा इसमें कर्मयोगका वर्णन अधिक है। इसी दृष्टिसे, इसको कर्मयोगप्रधान षट्क माना गया है।

सातवें अध्यायसे लेकर बारहवें अध्यायतकके, बीचके, षट्कमें प्रसंगवश कहीं-कहीं दूसरे विषयोंकी चर्चा होनेपर भी मुख्यतया भक्तियोगका ही विशद वर्णन है। इसलिये, इस षट्कको भक्तियोगप्रधान मानना उचित है।

अन्तिम षट्कमें, तेरहवें तथा चौदहवें अध्यायोंमें, स्पष्टतया, ज्ञानयोगका प्रकरण है। पन्द्रहवेंमें भक्तियोगका वर्णन है ; सोलहवेंमें दैवी और आसुरी प्रकृतियोंकी व्याख्या है ; सतरहवेंमें श्रद्धा, आहार और यज्ञ, दान, तप आदिका निरूपण है और अठारहवें अध्यायमें गीताका उपसंहार होनेसे उसमें कर्म, भक्ति और ज्ञान तीनों ही योगोंकी चर्चा है तथा, अन्तमें, शरणागतिप्रधान-भक्तियोगमें उपदेशका पर्यवसान किया गया है। यह सबकुछ होनेपर भी, इससे इनकार नहीं किया जा सकता कि ज्ञानयोगका जितना अधिक वर्णन इस अन्तिम षट्कमें किया गया है, उतना पहले और दूसरेमें नहीं है। इसीलिये, इसको ज्ञानयोगप्रधान षट्क बतलाया गया है।

श्रीमद्भगवद्गीता — सातवाँ अध्याय

पिछले अध्यायके आठवें श्लोकमें "ज्ञान" तथा "विज्ञान" की चर्चा करते समय, हमने निवेदन किया था कि परमात्माके निर्गुण-निराकार तत्त्व तथा अदृश्य जगत्के विषयमें शास्त्रोक्त, परोक्षभूत यथार्थज्ञानको "ज्ञान" तथा उसके सगुण-साकार तत्त्व व दृश्यमान जगत्के सम्बन्धमें व्यावहारिक, अनुभवजन्य, प्रत्यक्षभूत यथार्थज्ञानको "विज्ञान" कहते हैं। इन दोनों — ज्ञान और विज्ञान— के सहित भगवान्के स्वरूपको जानना ही समग्र भगवान्को जानना है। इस अध्यायमें इसी समग्र भगवान्के स्वरूपका, उसके जाननेवाले अधिकारियोंका और साधनोंका वर्णन है। इसलिये, इस अध्यायका नाम "ज्ञानविज्ञानयोग" रक्खा गया है।

पिछले अध्यायके अन्तिम श्लोकमें भगवान्ने कहा था कि "अन्तरात्माको मुझमें लगाकर जो श्रद्धा और प्रेमके साथ मुझको भजता है, वह सर्वोत्तम योगी है।" परन्तु मनुष्यद्वारा अन्तरात्मासे निरन्तर भजन होना तबतक बहुत कठिन है, जबतक कि वह भगवान्के स्वरूप, गुण और प्रभावको भलीभाँति जान न पाए। साथ ही, भजनका प्रकार भी जानना आवश्यक है। इसलिए, अब भगवान् अपने गुण, प्रभावके सहित समग्र स्वरूपका तथा विविध प्रकारोंसे युक्त भक्तियोगका वर्णन करनेके लिए सातवें अध्यायका शुभारम्भ करते हैं —

श्रीभगवानुवाच।

मय्यासक्तमनाः पार्थ योगं युञ्जन्मदाश्रयः।
असंशयं समग्रं मां यथा ज्ञास्यसि तच्छृणु॥१॥

पद०—श्रीभगवान् = श्रीकृष्ण भगवान्; उवाच = बोले। मयि = मुझमें; आसक्तमना := लगे-हुए मनवाला; पार्थ = हे पृथापुत्र (अर्जुन); योगम् = ध्यानयोगको; युञ्जन् = जोड़ता (लगाता) हुआ; मदाश्रयः= मेरे आश्रय (परायण) होकर; असंशयम् = संशयरहित; समग्रम् = सम्पूर्णको; माम् = मुझको; यथा = जिस प्रकार; ज्ञास्यसि = जानेगा; तत् = उसको; शृणु = सुन।

अनु० — श्रीकृष्णजी बोले — हे अर्जुन ! (अनन्यप्रेमसे) मुझमें लगेहुए मनवाला होकर (अर्थात्, मुझमें मन लगाकर) (तथा अनन्यभावसे) मेरे परायण होकर (यानी, मुझे लक्ष्य बनाकर) ध्यानयोगमें लगाहुआ (तू) जिस प्रकारसे सम्पूर्ण (विभूति, बल, ऐश्वर्यादि गुणोंसे युक्त, सबके आत्मरूप) मुझको संशयरहित (स्पष्टतया) जान पाएगा, उसको सुन।

ज्ञानं तेऽहं सविज्ञानमिदं वक्ष्याम्यशेषतः।
यज्ज्ञात्वा नेह भूयोऽन्यज्ज्ञातव्यमवशिष्यते ॥ २ ॥

पद० — ज्ञानम् = तत्त्वज्ञानको ; ते = तेरेलिए ; अहम् = मैं ; सविज्ञानम् = विज्ञानसहित (को) ; इदम् = इसको ; वक्ष्यामि = कहूँगा ; अशेषतः = पूरीतरहसे ; यत् = जिसको ; ज्ञात्वा = जानकर ; न = नहीं ; इह = इस संसारमें ; भूय := फिर ; अन्यत् = और कुछ ; ज्ञातव्यम् = जाननेयोग्य ; अवशिष्यते = शेष रह जाता है।

अनु० — मैं तेरेलिए इस तत्त्वज्ञानको विज्ञानसहित सम्पूर्णतया (यानी, पूरीतरहसे) कहूँगा, जिसको जानकर संसारमें फिर और कुछ (भी) जाननेयोग्य शेष नहीं रह जाता।

टि० — अपने समग्र रूपके ज्ञान-विज्ञानकी चर्चा करनेके उपरान्त, भगवान् अब अपने उस स्वरूपके तत्त्वज्ञानकी दुर्लभताका प्रतिपादन करते हैं —

मनुष्याणां सहस्रेषु कश्चिद्यतति सिद्धये।
यततामपि सिद्धानां कश्चिन्मां वेत्ति तत्त्वतः ॥ ३ ॥

पद० — मनुष्याणाम् = मनुष्योंके ; सहस्रेषु = हजारोंमें ; कश्चित् = कोई ; यतति = कोशिश करता है ; सिद्धये = भगवान्‌की प्राप्तिके लिये ; यतताम् = कोशिश करनेवालोंके ; अपि = भी ; सिद्धानाम् = योगियोंके ; कश्चित् = कोई ; माम् = मुझको ; वेत्ति = जानता है ; तत्त्वत := तत्त्वसे।

अनु० — हज़ारों आदमियोंमें कोई (एक-आध) मेरी प्राप्तिके लिए कोशिश करता है (और उन) कोशिश करनेवाले योगियोंमें भी कोई (विरला ही) मुझको तत्त्वसे (अर्थात्, यथार्थरूपसे) जान पाता है।

टि० — अपने समग्र स्वरूपका निरूपण आरम्भ करते हुए, भगवान् पहले अपनी "अपरा" और "परा" प्रकृतियोंके विषयमें बतलाते हैं —

भूमिरापोऽनलो वायुः खं मनो बुद्धिरेव च।
अहंकार इतीयं मे भिन्ना प्रकृतिरष्टधा॥४॥
अपरेयमितस्त्वन्यां प्रकृतिं विद्धि मे पराम्।
जीवभूतां महाबाहो ययेदं धार्यते जगत्॥५॥

पद० — भूमिः = पृथ्वी ; आपः = जल ; अनलः = अग्नि ; वायुः = वायु ; खम् = आकाश ; मन : = मन ; बुद्धि : = बुद्धि ; एव = भी ; च = और ; अहंकारः = अहंकार ; इति = इस प्रकार ; इयम् = यह ; मे = मेरी ; भिन्ना = विभाजित ; प्रकृतिः = प्रकृति ; अष्टधा = आठ प्रकारसे ; अपरा = अपरा ; इयम् = यह ; इतः = इससे ; तु = तो ; अन्याम् = दूसरीको ; प्रकृतिम् = प्रकृतिको ; विद्धि = जान ; मे = मेरी ; पराम् = परा (को) ; जीवभूताम् = जीवरूपा (को) ; महाबाहो = हे शक्तिशालिनी भुजाओंवाले (अर्जुन) ; यया = जिससे ; इदम् = यह ; धार्यते = धारण किया जाता है ; जगत् = संसार।

अनु० — पृथ्वी, जल, अग्नि, वायु, आकाश, मन, बुद्धि और अहंकार भी — इस भाँति यह आठ प्रकारसे विभाजित मेरी प्रकृति है। यह (आठ प्रकारके भेदोंवाली) तो अपरा (अर्थात्, मेरी जड़ प्रकृति) है (और) हे अर्जुन ! इससे भिन्न (दूसरी) को, जिससे कि यह (सम्पूर्ण) संसार धारण किया जाता है, मेरी जीवरूपा परा (अर्थात्, चेतन) प्रकृति जान।

टि० — परा तथा अपरा प्रकृतियोंका स्वरूप बतलाकर, अब भगवान् कहते हैं कि ये दोनों प्रकृतियाँ ही चराचर सम्पूर्ण भूतोंका कारण हैं और वे स्वयम् इन दोनों प्रकृतियोंसहित समस्त जगत्का महाकारण हैं —

एतद्योनीनि भूतानि सर्वाणीत्युपधारय।
अहं कृत्स्नस्य जगतः प्रभवः प्रलयस्तथा॥६॥

पद० — एतद्योनीनि = इनसे उत्पन्न होनेवाले ; भूतानि = पदार्थ ; सर्वाणि = सब ; इति = ऐसा ; उपधारय = समझ ; अहम् = मैं ; कृत्स्नस्य = सम्पूर्ण (का) ; जगतः = संसारका ; प्रभवः = उद्गम ; प्रलयः = विलय ; तथा = और।

अनु० — (हे अर्जुन ! तू) ऐसा समझ (कि) सारे (चर तथा अचर) पदार्थ इन (दोनों प्रकृतियों — परा और अपरा) से (ही) उत्पन्न होनेवाले हैं (और) मैं सम्पूर्ण संसारका उद्गम (उत्पत्तिस्थान) तथा विलयकर्ता (समाप्तिस्थान) हूँ (अर्थात्, दोनों प्रकृतियोंसहित समस्त ब्रह्माण्डका मूलकारण एवं परमाधार हूँ)।

टि॰ — इस प्रकार, यतः परमात्मा ही सकल विश्वका मूलकारण तथा परमाधार है (अर्थात्, समूचे ब्रह्माण्डकी उत्पत्ति, स्थिति एवं प्रलय परमात्मासे ही और परमात्मामें ही होते हैं) अतः, स्वभावतः, यह समग्र जगत् भगवान्‌का ही स्वरूप है और उन्हींसे व्याप्त है। इसी बातका स्पष्टीकरण करते हुए, वे कहते हैं—

मत्तः परतरं नान्यत्किञ्चिदस्ति धनञ्जय।
मयि सर्वमिदं प्रोतं सूत्रे मणिगणा इव॥७॥

पद॰ — मत्त := मेरेसे ; परतरम् = अतिरिक्त ; न = नहीं ; अन्यत् = और (दूसरी वस्तु) ; किञ्चित् = कोई ; अस्ति = है ; धनञ्जय = हे शत्रुओंकी सम्पदा जीतनेवाले (अर्जुन) ; मयि = मुझमें ; सर्वम् = सम्पूर्ण ; इदम् = यह ; प्रोतम् = परोया (गुँथा) हुआ ; सूत्रे = सूत (की डोर) में ; मणिगणाः= मनिये ; इव = समान।

अनु॰ — हे अर्जुन ! मेरे अतिरिक्त और दूसरी कोई (भी) वस्तु नहीं है। यह सम्पूर्ण (जगत्) सूतकी डोरमें (सूतके) मनियोंके समान मुझमें (ही) परोया (गुँथा) हुआ है।

टि॰ — जैसे सूतकी डोरमें उसी सूतकी गाँठें लगाकर उन्हें मनिये मानकर माला बना लेते हैं और उस डोरमें तथा गाँठोंके मनियोंमें सर्वत्र केवल सूत ही सूत व्याप्त रहता है, वैसे ही यह समस्त संसार भगवान्‌में परोया (गुँथा) हुआ है। आशय यह कि भगवान् ही सबमें ओतप्रोत हैं।

इस प्रकार, सूत और सूतके मनियोंके दृष्टान्तसे भगवान्‌ने अपनी सर्वरूपता तथा सर्वव्यापकता सिद्ध की। इसी बातको भलीभाँति स्पष्ट करनेके लिये,अब भगवान्, अगले चार श्लोकोंद्वारा, उन प्रधान-प्रधान सभी वस्तुओंके नाम लेते हैं जिनसे इस विश्वकी स्थिति है ; और साररूपसे उन सभीको अपनेसे ही ओतप्रोत बतलाते हैं (यानी, अपनेको ही उनका सार बताते हैं)।

“सार” से अभिप्रेत किसी वस्तुका वह तत्त्व है जो उसका आधार है, उसमें व्याप्त है तथा उसका जीवन व स्वरूप है। दूसरे शब्दोंमें, वह उस वस्तुकी सत्ताके लिए अपरिहार्य और अनिवार्य है — यदि वह है तो वस्तु भी है,यदि वह नहीं है तो वस्तु भी नहीं है। उदाहरणार्थ, रसके बिना जल नहीं, प्रकाशके बिना सूर्य नहीं, गन्धके बिना पृथ्वी नहीं, तेजके बिना अग्नि नहीं। अतः, ये सब तत्त्व अपनी-अपनी वस्तुओंके सार हैं। श्रीभगवान् कहते हैं —

रसोऽहमप्सु कौन्तेय प्रभाऽस्मि शशिसूर्ययोः ।
प्रणवः सर्ववेदेषु शब्दः खे पौरुषं नृषु ॥८॥

पद० — रसः= रस ; अहम् = मैं ; अप्सु = जलमें ; कौन्तेय = हे कुन्तीपुत्र (अर्जुन) ; प्रभा = प्रकाश ; अस्मि = हूँ ; शशिसूर्ययोः= चन्द्रमा और सूर्यमें ; प्रणवः= ओंकार ; सर्ववेदेषु = सब वेदोमें ; शब्दः= शब्द ; खे = आकाशमें ; पौरुषम् = पुरुषत्व ; नृषु = पुरुषोंमें।

अनु० — हे अर्जुन ! मैं जलमें रस हूँ, चन्द्रमा और सूर्यमें प्रकाश हूँ, सब वेदोमें ओंकार हूँ, आकाशमें शब्द हूँ (तथा) पुरुषोंमें पुरुषत्व हूँ।

पुण्यो गन्धः पृथिव्यां च तेजश्चास्मि विभावसौ।
जीवनं सर्वभूतेषु तपश्चास्मि तपस्विषु ॥९॥

पद० — पुण्यः= पवित्र ; गन्धः= गन्ध ; पृथिव्याम् = पृथ्वीमें ; च = और ; तेजः= तेज ; च = तथा ; अस्मि = हूँ ; विभावसौ = अग्निमें ; जीवनम् = प्राणशक्ति ; सर्वभूतेषु = समस्त प्राणियोंमें ; तपः= तप ; च = तथा ; अस्मि = हूँ ; तपस्विषु = तपस्वियोंमें।

अनु० — (मैं) पृथ्वीमें पवित्र (मधुर) गन्ध तथा अग्निमें तेज हूँ ; समस्त प्राणियोंमें (उनकी) प्राणशक्ति हूँ और तपस्वियोंमें तप हूँ।

बीजं मां सर्वभूतानां विद्धि पार्थ सनातनम्।
बुद्धिर्बुद्धिमतामस्मि तेजस्तेजस्विनामहम् ॥१०॥

पद०—बीजम् = बीज ; माम् = मुझको ; सर्वभूतानाम् = समस्त पदार्थोंका ; विद्धि = जान ; पार्थ = हे पृथापुत्र (अर्जुन) ; सनातनम् = शाश्वत ; बुद्धि := बुद्धि ; बुद्धिमताम् = बुद्धिमानोंकी ; अस्मि = हूँ ; तेज := तेज ; तेजस्विनाम् = तेजस्वियोंका ; अहम् = मैं।

अनु० — हे अर्जुन ! (तू) समस्त पदार्थोंका शाश्वत बीज (नित्य कारण) मुझको (ही) जान। मैं बुद्धिमानोंकी बुद्धि (तथा) तेजस्वियोंका तेज हूँ।

बलं बलवतां चाहं कामरागविवर्जितम्।
धर्माविरुद्धो भूतेषु कामोऽस्मि भरतर्षभ ॥११॥

पद०— बलम् = बल ; बलवताम् = बलवानोंका ; च = और ; अहम् = मैं ; कामरागविवर्जितम् = कामनाओं-तथा-आसक्तिसे रहित ; धर्माविरुद्ध :=

धर्मके अनुकूल ; भूतेषु = प्राणियोंमें ; काम := इच्छा ; अस्मि = हूँ ; भरतर्षभ = हे भरतवंशमें श्रेष्ठ (अर्जुन)।

अनु॰ — हे भरतवंशश्रेष्ठ ! मैं बलवानोंका (समर्थ व्यक्तियोंका) कामनाओं-तथा-आसक्तिसे-रहित बल (सामर्थ्य) हूँ और (सब) प्राणियोंमें धर्मके अनुकूल (अर्थात्, शास्त्रविहित) इच्छा हूँ।

टि॰ — इस प्रकार, मुख्य-मुख्य पदार्थोंमें साररूपसे अपनी व्यापकता बतलाते हुए भगवान्ने प्रकारान्तरसे निखिल ब्रह्माण्डमें अपनी सर्वव्यापकता एवं सर्वस्वरूपता सिद्ध की। अब, अगले श्लोकद्वारा, वे अपनेको ही त्रिगुणमय जगत्का मूल कारण बताते हैं —

ये चैव सात्त्विका भावा राजसास्तामसाश्च ये ।
मत्त एवेति तान्विद्धि न त्वहं तेषु ते मयि ॥१२॥

पद॰ — ये = जो ; च = और ; एव = भी ; सात्त्विकाः = सत्त्वगुणसे उत्पन्न होनेवाले ; भावा := भाव ; राजसा := रजोगुणसे होनेवाले ; तामसा := तमोगुणसे होनेवाले ; च = तथा ; ये = जो ; मत्तः= मुझसे ; एव = ही ; इति = ऐसा ; तान् = उनको ; विद्धि = जान ; न = नहीं ; तु = परन्तु ; अहम् = मैं ; तेषु = उनमें ; ते = वे ; मयि = मुझमें।

अनु॰ — और जो भी सत्त्वगुणसे उत्पन्न होनेवाले भाव हैं तथा जो रजोगुणसे (एवं) तमोगुणसे (भी) होनेवाले (भाव) हैं, उन (सब) को (तू) "मुझसे ही ये होते हैं" ऐसा जान। (वास्तवमें) मैं तो उनमें नहीं हूँ, किन्तु वे मुझमें हैं।

टि॰ — "न त्वहं तेषु ते मयि" पद्यांशका भाव यह है कि समस्त त्रिगुणमय भाव तो परमात्मामें स्थित हैं, किन्तु परमात्मा उनमें स्थित नहीं है। दूसरे शब्दोंमें,त्रिगुणात्मिका प्रकृतिका तो भगवान्में आपरोप है, किन्तु भगवान्का प्रकृतिमें नहीं। या यों कहिये, कि भगवान्, जो साक्षात् एकमात्र सत्ता एवं वास्तविकता है, उसे तो मनुष्य अपने अनादि मोह तथा अज्ञानके कारण समझ (देख वा पहचान) नहीं पा रहा है, और उसके स्थानपर, उसीकी मायाशक्तिद्वारा विरचित प्रकृतिको ही — जो एक नितान्त प्रपञ्च, भ्रम, धोखा और फरेब है — वास्तविक और सत्तामय मानकर उसका पुजारी बन बैठा है।

यह मतिभ्रम ठीक उस व्यक्तिका-सा है, जो अँधेरेमें एक पेड़के ठूँठको भूत समझ रहा हो। प्रकाश हो जानेपर अथवा किसीद्वारा बोध करादेनेपर जब उसका मिथ्याज्ञान दूर हो जाता है, तो वह ठूँठरूपी सत्यको देख लेता है। जीव भी,

कोटिशः जन्मोंसे, असंख्य योनियोंद्वारा अपरिमित भोग भोगनेपर भी इसी अज्ञान एवं मोहको गलेसे लगाए हुए है कि इस असीम, अगम प्रकृतिका उपभोग ही उसका चरम लक्ष्य है और कि प्रकृतिसे परे कुछ है ही नहीं, वह ही सर्वोपरि है। किन्तु, ईशकृपावश, जब कभी उसका अज्ञानमोहमय आवरण हट जाता है, तो उसे इस तथ्यका साक्षात्कार होता है कि इस प्रकृतिनटीकी लीलाका तो सूत्रधार ही कोई और है, जिसके संकेतमात्रसे यह प्रादुर्भूत होती है, अपनी भूमिका निभाती है और फिर अपने उसी निर्माता-निर्देशक-संयोजकमें लुप्त हो जाती है। एकाएक, उसे अपनी मरीचिकाग्रस्तताका आभास होता है कि अपनी जड़ता व मूढ़ताके कारण सच्चिदानन्द परमात्माको ही वह प्रकृति समझे हुए था। यानी, परमात्मामें त्रिगुणात्मिका प्रकृतिको आरोपित किये हुए था, जैसे कि ठूँठ-भूत दृष्टान्तमें ठूँठमें भूतको आरोपित किया गया था।

यहाँ यह द्रष्टव्य है कि सदा ठूँठमें ही भूतका आरोपण होता है, भूतमें ठूँठका कभी नहीं। कारण? सत्तावान् वा अस्तित्वमयमें तो किसी वस्तुका धोखा हो सकता है, किन्तु जो वस्तु स्वयं ही नहीं है, उसमें तो धोखेका प्रश्न ही नहीं उठता। परमात्मा व ठूँठ — दोनोंकी सत्ता है, किन्तु प्रकृति व भूत तो मात्र भ्रम व धोखा हैं — अस्तित्वहीन। इसीलिए , सदा केवल परमात्मामें ही प्रकृतिका आरोपण होता है, कभी परमात्माका प्रकृतिमें नहीं। दूसरे शब्दोंमें, परमात्मामें तो प्रकृति है, किन्तु प्रकृतिमें परमात्मा नहीं। इसीलिए, श्लोकमें कहा गया है कि "मैं तो उनमें नहीं हूँ,किन्तु वे मुझमें हैं।"

श्रीकृष्णके यह बतलानेपर कि समस्त जगत् उनका ही स्वरूप है और उनसे ही व्याप्त है, अर्जुनको जिज्ञासा होती है कि इस प्रकार सर्वत्र परिपूर्ण तथा अत्यन्त समीप होनेपर भी लोग भगवान्‌को क्यों नहीं पहचान पाते। इसपर भगवान् कहते हैं —

त्रिभिर्गुणमयैर्भावैरेभिः सर्वमिदं जगत्।
मोहितं नाभिजानाति मामेभ्यः परमव्ययम्॥१३॥

पद० — त्रिभि := तीनों प्रकारके (से) ; गुणमयै := गुणोंके कार्यरूप (से) ; भावै := भावोंसे ; एभि := इन (से) ; सर्वम् = सब ; इदम् = यह ; जगत् = संसार ; मोहितम् = मोहित हो रहा है ; न = नहीं ; अभिजानाति = तत्त्वसे जानता है ; माम् = मुझको ; एभ्य := इनसे ; परम् = परे ; अव्ययम् = अविनाशीको।

अनु॰ — गुणोंके कार्यरूप — सात्त्विक, राजस और तामस — इन तीनों प्रकारके भावोंसे यह सब संसार — प्राणिसमुदाय — मोहित हो रहा है, (इसलिये) इन (तीनों गुणों) से परे मुझ अविनाशीको नहीं पहचानता (तत्त्वसे नहीं जानता)।

टि॰ — श्रीकृष्णसे यह सुनकर कि समस्त संसार त्रिगुणमय भावोंसे मोहित रहता है, अर्जुनको जिज्ञासा हुई कि क्या इससे छूटनेका कोई उपाय भी है। इसके उत्तरमें, भगवान् अपनी मायाको दुस्तर बतलाते हैं, किन्तु, साथही, उसे तरनेका उपाय भी सूचित करते हैं —

दैवी ह्येषा गुणमयी मम माया दुरत्यया।
मामेव ये प्रपद्यन्ते मायामेतां तरन्ति ते॥१४॥

पद॰ — दैवी = अलौकिक ; हि = निस्सन्देह ; एषा = यह ; गुणमयी = (तीन) गुणोंवाली ; मम = मेरी ; माया = माया ; दुरत्यया = कठिनतासे पार होनेयोग्य ; माम् = मुझको ; एव = ही ; ये = जो ; प्रपद्यन्ते = शरणमें आजाते हैं ; मायाम् = मायाको ; एताम् = इसको ; तरन्ति = पार कर जाते हैं ; ते = वे।

अनु॰ — निस्सन्देह, यह अलौकिक (अर्थात्, अत्यद्भुत) तीन गुणोंवाली (त्रिगुणात्मिका) मेरी माया बड़ी दुस्तर (यानी, कठिनतासे पार होनेवाली) है ; (परन्तु) जो मेरी ही शरणमें आ जाते हैं (अर्थात्, केवल मुझको ही निरन्तर भजते हैं), वे इस मायाको लाँघ जाते हैं (यानी, संसारसे तर जाते हैं)।

टि॰ — यह जानलेनेपर कि माया बड़ी दुस्तर है और उसको तरनेका एकमात्र उपाय भगवद्भजन ही है, अर्जुन श्रीकृष्णसे प्रश्न करता है कि भगवन्! जब ऐसा है तो सब लोग निरन्तर आपका भजन ही क्यों नहीं करते। इसका उत्तर देते हुए, वे कहते हैं —

न मां दुष्कृतिनो मूढाः प्रपद्यन्ते नराधमाः।
माययाऽपहृतज्ञाना आसुरं भावमाश्रिताः॥१५॥

पद॰ — न = नहीं ; माम् = मुझको ; दुष्कृतिनः = दूषितकर्म करनेवाले ; मूढाः = मोहित हुए ; प्रपद्यन्ते = शरणमें आते हैं ; नराधमाः = मनुष्योंमें नीच ; मायया = मायाके द्वारा ; अपहृतज्ञानाः = हरे-हुए ज्ञानवाले ; आसुरम् = राक्षसी (को) ; भावम् = स्वभावको ; आश्रिताः = धारण किए हुए।

अनु॰ — मायाके द्वारा हरे-हुए ज्ञानवाले, राक्षसी स्वभावको धारण किये हुए,

मनुष्योंमें नीच (तथा) दूषितकर्म करनेवाले मोहग्रस्त (लोग) मेरी शरणमें नहीं आते (अर्थात्, मुझे नहीं भजते)।

टि० — यहाँ यह बताया गया कि कौन-कौन भगवान्‌का भजन नहीं करते। अब, अगले श्लोकद्वारा, यह बतलाया जाता है कि किस-किस श्रेणीके मनुष्य उनका भजन करते हैं —

चतुर्विधा भजन्ते मां जनाः सुकृतिनोऽर्जुन।
आर्तो जिज्ञासुरर्थार्थी ज्ञानी च भरतर्षभ॥१६॥

पद० — चतुर्विधाः = चार प्रकारके ; भजन्ते = भजते हैं ; माम् = मुझको ; जनाः = मनुष्य ; सुकृतिनः = पुण्यकर्म करनेवाले ; अर्जुन = हे अर्जुन ; आर्तः = दुःखी ; जिज्ञासुः = ब्रह्मज्ञान प्राप्त करनेकी इच्छावाला ; अर्थार्थी = भोग्य-पदार्थोंकी कामनावाला ; ज्ञानी = भगवान्‌के यथार्थ तत्त्वको जाननेवाला निष्कामी ; च = और ; भरतर्षभ = हे भरतवंशियोंमें श्रेष्ठ।

अनु० — हे भरतवंशश्रेष्ठ अर्जुन ! पुण्यकर्म करनेवाले (ये) चार प्रकारके लोग मुझे भजते हैं — दुःखपीड़ित, ब्रह्मज्ञानका इच्छुक, भोग्य-पदार्थोंकी कामनावाला तथा मेरे (भगवान्‌के) यथार्थतत्त्वको जाननेवाला निष्कामी।

टि० — चार प्रकारके भक्तोंकी बात कहकर, भगवान् अब उनमें ज्ञानीभक्तके प्रेमकी प्रशंसा तथा अन्यान्य भक्तोंकी अपेक्षा उसकी श्रेष्ठताका निरूपण करते हैं—

तेषां ज्ञानी नित्ययुक्त एकभक्तिर्विशिष्यते।
प्रियो हि ज्ञानिनोऽत्यर्थमहं स च मम प्रियः॥१७॥

पद० — तेषाम् = उनमें ; ज्ञानी = (निष्काम) ज्ञानी भक्त ; नित्ययुक्तः = निरन्तर (मुझमें ही) एकीभावसे स्थित हुआ ; एकभक्तिः = अनन्य प्रेमभक्तिवाला ; विशिष्यते = सर्वश्रेष्ठ है ; प्रियः = प्यारा ; हि = निस्सन्देह ; ज्ञानिनः = ज्ञानीका ; अत्यर्थम् = अत्यन्त ; अहम् = मैं ; सः = वह ; च = और ; मम = मेरा ; प्रियः = प्यारा।

अनु० — उनमें, निरन्तर (मुझमें ही) एकीभावसे स्थित, अनन्य प्रेमभक्तिवाला (निष्काम) ज्ञानी भक्त सर्वश्रेष्ठ (सबसे बढ़कर) है। निस्सन्देह, (मुझे तत्त्वसे जाननेवाले) ज्ञानीको मैं अत्यन्त (सर्वाधिक) प्यारा हूँ और (इसीलिए) वह (भी) मुझे (सर्वाधिक) प्यारा है।

टि० — "चार प्रकारके भक्तोंमें ज्ञानी सर्वश्रेष्ठ है तथा वह मुझे सबसे

अधिक प्यारा है"— भगवान्के इस कथनसे उनपर असमभाव अथवा पक्षपातका आरोप लगाना अपनी ही जड़ता तथा अपरिपक्वताका प्रदर्शन करना है। अन्य तीन वर्गोंके भक्तों — आर्त, जिज्ञासु तथा अर्थार्थी — की अपेक्षा यदि ज्ञानीको वे श्रेष्ठतर समझते हैं, तो उसका विशिष्ट कारण है। और वह कारण यह है कि इन तीनों श्रेणियोंके भक्त सकाम होते हैं और ज्ञानी नितान्त निष्काम होता है। उपर्युक्त तीनों कोटियोंके भक्त भगवान्का भजन करते हैं अवश्य, किन्तु केवल अपनी कामनापूर्ति एवं स्वार्थसिद्धिके लिये। जहाँ उनका लक्ष्य पूरा हुआ, भगवान्को भी बड़े सहज ही भुला दिया। आत्महित और निजी लाभ उनका प्रथम व प्रधान ध्येय है, ईशचिन्तन मात्र गौण व प्रासंगिक। ऐसी स्थितिमें, उनके भजनमें वह लगन और तड़प नहीं होती, जो एक ज्ञानीके में होती है। अतः, वह उनसे श्रेष्ठतर हुआ।

एक ज्ञानी तो होता ही है, स्वभावतः, निष्काम। जब किसी साधकको भगवान्के यथार्थतत्त्व तथा रहस्यकी सम्यक् उपलब्धि हो चुकी होती है, उसको सर्वत्र,सर्वदा और सब-कुछ भगवत्स्वरूप ही दीखता है तथा भगवान्को ही एकमात्र परम श्रेष्ठ और परम प्रियतम जान लेनेके कारण उसके मन-बुद्धि सम्पूर्ण आसक्ति, आकांक्षाओं, कामनाओं व तृष्णाओंसे सर्वथा रहित होकर केवल भगवान्में ही लीन हो रहे होते हैं, तभी वह "ज्ञानी" कहलानेका अधिकारी बनता है। ऐसा हो जाने-पर, वह "नित्ययुक्त" भी कहलाता है — क्योंकि संसार, शरीर और अपने-आपको पूरीतरह भूलकर वह अनन्यभावसे नित्य-निरन्तर केवल परमात्मामें ही स्थित रहता है — और "एकभक्ति" भी — क्योंकि वह भगवान्में ही हेतुरहित तथा अविरल प्रेम करता है। स्पष्टतः, परमात्मध्यानके विषयमें, एक निष्काम ज्ञानी — जो पल-प्रतिपल ईश्वरकी ही यादमें खोया रहता है — तथा अन्य तीनों प्रकारके सकाम भक्तोंकी —जे अपना मतलब निकालनेके लिए ही कभीकभार ईश्वरको याद कर लेते हैं — आपसमें कोई तुलना नहीं। फिर क्या आश्चर्य, यदि परमात्माको सर्वाधिक चाहनेवाले भक्तको परमात्मा भी सर्वाधिक चाहने लगें ?

इस प्रकार, श्रीकृष्ण भगवानने ज्ञानी भक्तको सबसे श्रेष्ठ और प्रिय बतलाया। इसपर यह शंका हो सकती है कि, फिर, क्या दूसरे भक्त श्रेष्ठ और प्रिय नहीं हैं, अर्थात्, क्या अन्य तीन प्रकारके भक्त भगवान्को प्यारे नहीं लगते ? इसका उत्तर देते हुए, श्रीकृष्ण कहते हैं —

उदारा: सर्व एवैते ज्ञानी त्वात्मैव मे मतम्।
आस्थित: स हि युक्तात्मा मामेवानुत्तमां गतिम्॥१८॥

पद० — उदारा := श्रेष्ठ ; सर्वे = सब ; एव = ही ; एते = ये ; ज्ञानी =

ज्ञानी ; तु = परन्तु ; आत्मा = स्वरूप ; एव = ही ; मे = मेरा ; मतम् = मत ; आस्थित := अच्छीप्रकारसे स्थित ; स := वह ; हि = क्योंकि ; युक्तात्मा = (मुझमें) लगाई-हुई मन-बुद्धिवाला ; माम् = मुझको ; एव = ही ; अनुत्तमाम् = सर्वोत्तम (को) ; गतिम् = परमगति (को)।

अनु०— ये सभी ही (अर्थात्, चारों ही प्रकारके भक्त) श्रेष्ठ (और प्रिय) हैं, परन्तु (इनमें) ज्ञानी (तो मेरा) आत्मा (साक्षात् स्वरूप,सर्वथा अभिन्नरूप) ही है — ऐसा मेरा मत है (यानी, ऐसा मैं समझता हूँ), क्योंकि (मुझमें) लगाई-हुई मन-बुद्धिवाला वह (ज्ञानी भक्त) (नित्य-निरन्तर) सर्वोत्तमगतिस्वरूप मुझमें ही दृढ़तासे स्थित रहता है।

बहूनां जन्मनामन्ते ज्ञानवान्मां प्रपद्यते।
वासुदेवः सर्वमिति स महात्मा सुदुर्लभः॥१९॥

पद०— बहूनाम् = बहुतोंके ; जन्मनाम् = जन्मोंके ; अन्ते = अन्तमें ; ज्ञानवान् = तत्त्वज्ञानी ; माम् = मुझको ; प्रपद्यते = शरणमें आता है ; वासुदेवः= ब्रह्म ; सर्वम् = सब कुछ ; इति = इस प्रकार ; स := वह ; महात्मा = पुण्यात्मा ; सुदुर्लभ := अत्यन्त विरल।

अनु०— अनेकानेक योनियोंके उपरान्त, (एक) तत्त्वज्ञानी "सब कुछ ब्रह्म-ही-ब्रह्म (अर्थात्, ब्रह्ममय) है"— ऐसा (साक्षात्कार करके ही) मेरी शरणमें आ पाता है (यानी, मुझतक पहुँच पाता है)। वह पुण्यात्मा अत्यन्त विरल होता है (अर्थात्, बड़े सौभाग्यसे ही ऐसे दिव्यपुरुषके कभी-कभार दर्शन होते हैं)।

टि०— पन्द्रहवें श्लोकमें आसुरी प्रकृतिके दुष्कृती लोगोंद्वारा भगवान्को न भजनेकी बात कही गई थी और फिर अगले चार श्लोकोंमें सुकृती पुरुषोंके द्वारा उनको भजनेकी चर्चा की गई। अब उन विषयासक्त मनुष्योंकी बात कही जाती है जो सुकृती होनेपर भी, कामनाके वश तथा अपनी-अपनी प्रकृतिके अनुरूप, भगवान्की बजाय अन्यान्य देवताओंकी उपासना करते हैं—

कामैस्तैस्तैर्हृतज्ञानाः प्रपद्यन्तेऽन्यदेवताः।
तं तं नियममास्थाय प्रकृत्या नियताः स्वया॥२०॥

पद०— कामै := कामनाओंद्वारा ; तै := उनसे ; तै := उनसे ; हृतज्ञानाः = छीने-हुए ज्ञानवाले ; प्रपद्यन्ते = शरणमें जाते हैं ; अन्यदेवताः = और देवताओंको ; तम् = उसको ; तम् = उसको ; नियमम् = उपासनाकर्मको ; आस्थाय = धारण करके ; प्रकृत्या = स्वभावसे ; नियताः = प्रेरित हुए ; स्वया = अपनीसे।

अनु०— अपने स्वभावसे प्रेरित हुए तथा भिन्न-भिन्न (भोगोंकी) कामनाओंद्वारा हरे (छीने) हुए विवेकवाले (वे विषयासक्त लोग) उस-उस उपासना-कर्म (अथवा धार्मिक संस्कार) को सम्पन्न करके (भगवान्‌की बजाय) और-और देवताओंकी शरणमें जाते हैं (अर्थात्, उनकी पूजा करते हैं)।

टि०— इस देवोपासनाका तथा इन देवोपासकोंको कैसे और क्या फल मिलता है, इसका वर्णन अगले दो श्लोकोंद्वारा किया जाता है —

यो यो यां यां तनुं भक्त : श्रद्धयाऽर्चितुमिच्छति।
तस्य तस्याचलां श्रद्धां तामेव विदधाम्यहम्॥२१॥
स तया श्रद्धया युक्तस्तस्या राधनमीहते।
लभते च ततः कामान्मयैव विहितान्हि तान्॥२२॥

पद०— य := जो ; य := जो ; याम् = जिसको ; याम् = जिसको ; तनुम् = मूर्ति (स्वरूप) को ; भक्त := साधक ; श्रद्धया = श्रद्धासे ; अर्चितुम् = पूजनेको ; इच्छति = चाहता है ; तस्य = उसकी ; तस्य = उसकी ; अचलाम् = स्थिर (को) ; श्रद्धाम् = श्रद्धाको ; ताम् = उसको ; एव = ही ; विदधामि = करता हूँ ; अहम् = मैं। स:= वह ; तया = उससे ; श्रद्धया = श्रद्धासे ; युक्तः= युक्त होकर ; तस्याः= उस देवताके ; राधनम् = रिझानेको (पूजनेको) ; ईहते = चेष्टा करता है ; लभते = प्राप्त करता है ; च = और ; ततः= उससे ; कामान् = इच्छित-भोगोंको ; मया = मुझसे ; एव = ही ; विहितान् = विधान किए-हुओंको ; हि = निस्सन्देह ; तान् = उनको।

अनु०— जो-जो (सकाम) भक्त जिस-जिस (देवताकी) मूर्तिको (अर्थात्, उसके स्वरूपको) श्रद्धासे पूजना चाहता है, उस-उस (भक्त) की उसी (इष्ट-देवता) के प्रति श्रद्धाको मैं स्थिर कर देता हूँ (यानी, दृढ़ बना देता हूँ)। (फिर) उस श्रद्धासे युक्त होकर वह (पुरुष) उस (देवता) को रिझाने (प्रसन्न करने) की चेष्टा करता है (अर्थात्, उस देवताका पूजन करता है) और उस (देवता) से उन इच्छित-भोगोंको, निस्सन्देह, प्राप्त करता है, जो मेरेद्वारा ही विधान किये हुए हैं।

टि०— "जो मेरेद्वारा ही विधान किये हुए हैं"— इस उपवाक्यसे यह अभिप्राय है कि एक व्यक्तिको, उसकी उपासनाके फलस्वरूप, उसकी इष्ट-देवतासे वही वाञ्छित भोग मिलते हैं, जिन्हें भगवान्‌ने पहलेसे ही निर्धारित कर रक्खा है। उसके विधानसे अधिक वा कम भोग प्रदान करनेका सामर्थ्य देवताओंमें नहीं है। मोटे शब्दोंमें, इस प्रकरणमें देवताओंकी स्थिति कुछ ऐसी ही है जैसी कि

किसी राज्यमें क़ानूनके अनुसार कर्तव्य निभानेवाले प्रशासन-अधिकारियोंकी। किसी कर्मचारीको, उसके कार्यके बदलेमें, यदि वे कुछ देना चाहें तो उतना ही दे सकते हैं जितना कि, क़ानूनके अनुसार, उस कार्यके लिए मिलनेका विधान है और जितना देनेका उन्हें अधिकार है। अब, भगवान् ही तो अनादि, अनन्त, सर्वज्ञ, सर्वान्तर्यामी, सर्वशक्तिमान, त्रिभुवननियन्ता तथा देवाधिदेव हैं। देवपरिवारके वे स्रष्टा और संहर्ता हैं। देवताओंकी उनके समक्ष सत्ता ही क्या है ? उनके विधान व नियमोंका परिपालन करनेके अतिरिक्त देवोंके पास विकल्प ही क्या है ? अतः, उपासनाफल उपास्यदेवकी इच्छापर नहीं, अपितु देवदेव-परमेश्वरकी स्वीकृतिपर, निर्भर है।

अब, अगले श्लोकद्वारा, देवोपासनाकी क्षुद्रता तथा भगवदुपासनाकी महत्ता प्रतिपादित की जाती है —

अन्तवत्तु फलं तेषां तद्भवत्यल्पमेधसाम्।
देवान्देवयजो यान्ति मद्भक्ता यान्ति मामपि॥२३॥

पद० — अन्तवत् = नाशवान् ; तु = परन्तु ; फलम् = फल ; तेषाम् = उनका ; तत् = वह ; भवति = होता है ; अल्पमेधसाम् = कमसमझवालोंका ; देवान् = देवताओंको ; देवयजः = देवताओंको पूजनेवाले ; यान्ति = प्राप्त होते हैं ; मद्भक्ता := मेरे भक्त ; यान्ति = प्राप्त होते हैं ; माम् = मुझको ; अपि = ही।

अनु०— परन्तु उन कमसमझवालों (देवपूजकों) का वह उपासनाफल नाशवान् है (तथा वे) देवताओंको पूजनेवाले देवताओंको प्राप्त होते हैं (और) मेरे भक्त (चाहे वे कैसे ही भजें) (अन्तमें) मुझको ही प्राप्त होते हैं।

टि० — देवताओंकी उपासना तथा भगवान्‌की आराधनाके परिणामोंका यहाँ तुलनात्मक वर्णन किया गया है। हम जानते हैं कि जैसा कारण होता है, उसका कार्य भी वैसा ही होता है — अनित्यसे अनित्य ही की उत्पत्ति हो सकती है और नित्यसे नित्यकी। अब, इन्द्र, वरुण, यम, अग्नि, सूर्य, चन्द्र आदि सभी देवता नश्वर एवं परिवर्तनशील हैं। अतः, उनद्वारा दिये गये सभी वर, पुरस्कार व आशीर्वचन भी अस्थायी तथा अनित्य ही हो सकते हैं। स्थायी तथा नित्य कोई वस्तु उपलब्ध करनी है,तो किसी शाश्वत, सनातन, अच्युत और अक्षर दिव्यशक्तिकी ही शरण लेनी होगी। और, ऐसी एकमात्र अनन्य विभूति ब्रह्म, अर्थात्, सच्चिदानन्द परमात्मा, ही है। इसलिये, पूजापाठ, व्रत-अनुष्ठान, यज्ञहवन आदि कर्मकाण्डीय प्रक्रियाओंसे देवी-देवताओंको प्रसन्न कर उनसे सुखैश्वर्य आदिके वरदान तो प्राप्त किए जा सकते हैं तथा उनके विशिष्ट लोक— देवलोक — में निवास भी किया

जा सकता है, किन्तु यह सब कुछ सीमित कालके ही लिए। इन शुभ कर्मोंके फलोंको पूर्णतया भोग लेनेकें पश्चात्, अवशिष्ट कर्मफल भोगनेके लिये, फिर मर्त्यलोकमें आकर जन्म-मरणका चक्र दुबारा चालू करना पड़ता है। सो, "देवोपासनाफल नाशवान् है।"

इसके विपरीत, कर्मयोग, ध्यानयोग, भक्तियोग, ज्ञानयोग आदि किसी भी साधनसे यदि ब्रह्मको एक बार प्रसन्न कर मुक्तिका वरदान पा लिया, तो बेड़ा ही पार होगया। उनका लोक — ब्रह्मलोक — तो ऐसा स्थान है कि वहाँके लिये केवल जाने-जानेका टिकट मिलता है, वापसीका नहीं। एक बार वहाँ पहुँच गए, तो सदा-सर्वदाके लिए वहींके हो गए। सो, "भगवदुपासनाफल नाशरहित है।" इस प्रकार, देवोपासना एवं भगवदुपासनाके परिणामोंमें आकाशपातालका अन्तर है। फिर भी यदि कोई मनुष्य मोक्षरूपी शाश्वतसुखशान्तिके प्रदाता, नित्यानन्दमहासागर श्रीभगवान्को छोड़कर क्षणभंगुर ऐहिक तथा पारलौकिक भोगैश्वर्यों ही के दे सकनेवाले देवोंके पूजनके लिए लालायित रहते हों, तो वे "अल्पमेधस्" (कमसमझ) नहीं हैं, तो फिर क्या हैं ?

एक बात और — जिसकी जैसी भावना होती है, उसको वैसा ही फल मिलता है। अतः, अपनी-अपनी प्रकृतिके वशीभूत हो, देवोपासना ही को आनन्ददायिनी समझनेवाले भक्तलोग तो देवोंको प्रसन्न कर देवलोक पहुँच जाते हैं तथा भगवदुपासनाको श्रेयस्करी माननेवाले भक्तजन भगवान्को रिझाकर ब्रह्मलोक।

यहाँ एक जिज्ञासा होती है कि जब भगवान् इतने दयालु और भक्तवत्सल हैं कि वे अपने किसी भी भक्तको मँझधार नहीं छोड़ते और कभी न कभी उसे अपने स्वरूपकी प्राप्ति करा ही देते हैं, अर्थात्, मोक्ष प्रदान कर ही देते हैं, तो भी लोग, सामान्यतया, उनकी उपेक्षा क्यों करते हैं, यानी, उन्हें क्यों नहीं भजते। इसे शान्त करते हुए, श्रीकृष्ण कहते हैं —

अव्यक्तं व्यक्तिमापन्नं मन्यन्ते मामबुद्धय:।
परं भावमजानन्तो ममाव्ययमनुत्तमम्॥२४॥

पद० — अव्यक्तम् = मन-इन्द्रियोंसे परे (को) ; व्यक्तिम् = व्यक्तिभावको ; आपन्नम् = प्राप्त-हुए को ; मन्यन्ते = मानते हैं ; माम् = मुझको ; अबुद्धय := बुद्धिहीन ; परम् = परम ; भावम् = भावको ; अजानन्त := न जानते हुए ; मम = मेरे ; अव्ययम् = अविनाशी (को) ; अनुत्तमम् = सर्वोत्तम (को)।

अनु० — बुद्धिहीन (पुरुष), मेरे अविनाशी (एवम्) सर्वोत्तम परम भावको न

जानते हुए, मन-इन्द्रियोंसेपरे मुझ (परमात्मा) को (मनुष्यकी भाँति जन्म लेकर) व्यक्तिभावको प्राप्त-हुआ मानते हैं।

टि॰ — भगवान् मन तथा इन्द्रियोंसे सर्वथा अग्राह्य हैं, अत : उनके दोनों ही स्वरूप — सगुण तथा निर्गुण — वस्तुत:, अव्यक्त और अतीन्द्रिय हैं। वे तो अजन्मा, अविनाशी, सर्वज्ञ, सर्वशक्तिमान्, अव्यक्त परमेश्वर हैं और अपनी योगमायाकी आड़में छिपकर ही मनुष्यादिके रूपोंमें लोगोंके सामने प्रकट होते रहते हैं। इससे उनका यथार्थ स्वरूप तो अव्यक्त ही रह जाता है। इसलिये, उनके तत्त्व एवं मर्मको न जाननेवाले बुद्धिहीन (अज्ञानी) मनुष्य उनको अव्यक्त — इन्द्रियातीत, अनादि, अनन्त परमेश्वर — न मानकर एक व्यक्त — स्थूल, गोचर, जन्मने-और-मरनेवाला — साधारण मनुष्य ही मान बैठते हैं। परिणामत:, उनकी वास्तविकतासे पूर्णतया अनभिज्ञ वे हतभाग्य मूढ उनके साथ भी अन्य सामान्य संसारियों जैसा बर्ताव करते हैं — न उनका समुचित आदरसत्कार करते हैं और न उनका भजन ही करते हैं। इतना ही नहीं, उन्हें छोड़कर वे और-और देवी-देवताओंकी पूजा करते हैं।

मनुष्यके रूपमें इस प्रकार प्रकट हुए सर्वशक्तिमान् परमेश्वरको लोग साधारण मनुष्य क्यों समझ बैठते हैं ? इसपर कहते हैं —

नाहं प्रकाश : सर्वस्य योगमायासमावृत :।
मूढोऽयं नाभिजानाति लोको मामजमव्ययम्॥२५॥

पद॰ — न = नहीं ; अहम् = मैं ; प्रकाश:= प्रत्यक्ष ; सर्वस्य = सबके ; योगमायासमावृत := योगमायासे छिपा हुआ ; मूढ := मोहित हुआ ; अयम् = यह ; न = नहीं ; अभिजानाति = पहचानता है ; लोक:= संसार ; माम् = मुझको ; अजम् = जन्मरहितको ; अव्ययम् = अविनाशीको।

अनु॰ — (अपनी) योगमायासे छिपा हुआ मैं सबके प्रत्यक्ष नहीं होता हूँ, (इसलिए) यह मोहमें फँसा हुआ (अज्ञानी) संसार (जनसमुदाय) मुझ जन्मरहित (अनादि) अविनाशी (नित्य) (परमात्मा) को नहीं पहचान पाता (अर्थात्, मुझे भी जन्मने-मरनेवाला एक साधारण मनुष्य ही समझता रहता है)।

टि॰ — जिस योगशक्तिसे भगवान् सम्पूर्ण ब्रह्माण्डका सृजन, सम्भरण व संहरण करते हैं, उसी मायाशक्तिका नाम "योगमाया" है। वे जब कभी मनुष्यादिरूपोंमें अवतीर्ण होते हैं, तब अपनी उस योगमायाको चारों ओर फैलाकर स्वयम् उसीमें छिपे रहते हैं। फलत:, अधिकांश लोग उनको भी अपने-जैसा ही साधारण मनुष्य समझते हैं। इसी कारण, भगवान् सबके प्रत्यक्ष नहीं होते। केवल

वही जो उनके अनन्य प्रेमी-भक्त हैं तथा उनके गुण, प्रभाव, स्वरूप, लीला तथा रहस्यमें पूर्ण श्रद्धा और अटूट विश्वास रखते हैं, उनका साक्षात्कार कर सकते हैं। अन्य साधारण, अज्ञानी मनुष्य तो इसी - जैसे भ्रममें पड़े रहते हैं कि यह कृष्ण भी हमारी ही तरह एक सामान्य मानव है तथा हमारी ही भाँति जन्म-मरणशील एवं दोषपरिपूर्ण है। वे इस बातकी तो कल्पना भी नहीं कर सकते कि यह सर्वसाधारण-सा दिखाई पड़नेवाला, जंगल-जंगल फिरनेवाला, बंसी-बजैय्या गवाला, वास्तवमें, अगोचर, सनातन, नित्य, सत्य, विज्ञानानन्दघन साक्षात् परमेश्वर ही है।

यहाँ यह द्रष्टव्य है कि भगवान्‌की यह योगमाया समस्त ब्रह्माण्डको तो सम्मोहित एवं सम्भ्रमित किए रखती है और जीवोंको वास्तविकता तथा यथार्थताका बोध नहीं होने देती, परन्तु स्वयम् ईश्वरपर उसका कोई प्रभाव नहीं पड़ता। कारण ? यह शक्ति ईश्वर ही की जो है ; वह तो सर्वथा उनके — अपने स्वामीके — ही अधीन है। जैसे एक ऐन्द्रजालिक (जादूगर) का जादू दर्शकोंको तो चक्कर (धोखे) में डाल देता है, परन्तु अपने मालिक — जादूगर — को छू भी नहीं पाता, वैसे ही यह जग-ठगनी माया मानवमात्रको तो अज्ञानसागरमें डुबोकर परमेश्वरको नहीं पहचानने देती, किन्तु स्वयं परमेश्वरके सामने उसकी कोई पेश नहीं चलती — उस अनादिशक्तिके समक्ष यह शक्ति सर्वथा निश्शक्त है। परिणामस्वरूप,उनका दिव्य ज्ञान अज्ञानमोहसे कभी आवृत नहीं हो पाता ; उनका ज्ञानस्वरूप सदा-सर्वदा अखण्ड ही बना रहता है ; भूत, वर्तमान तथा भविष्यमें कालका विभाजन उनके लिये कोई मायने नहीं रखता ; उनके लिए सभी-कुछ सदा वर्तमान ही वर्तमान है ; काल बेचारा उनका क्या कर सकता है ? वे स्वयं महाकाल हैं। अतः, उनसे कुछ भी छिपा नहीं रह सकता। इसी भावको परिपुष्ट करते हुए, भगवान् कहते हैं —

वेदाहं समतीतानि वर्तमानानि चार्जुन।
भविष्याणि च भूतानि मां तु वेद न कश्चन॥२६॥

पद० — वेद = जानता हूँ ; अहम् = मैं ; समतीतानि = पहले होचुके हुओंको ; वर्तमानानि = वर्तमानमें स्थित हुओंको ; च = और ; अर्जुन = हे अर्जुन ; भवष्यािणि = आगे होनेवालोंको ; च = तथा ; भूतानि = प्राणियोंको ; माम् = मुझको ; तु = परन्तु ; वेद = जानता है ; न = नहीं ; कश्चन = कोई भी।

अनु० — हे अर्जुन ! पहले होचुके-हुए और वर्तमानमें स्थित तथा आगे-

होनेवाले (सभी) प्राणियोंको मैं जानता हूँ, परन्तु मुझको कोई भी (श्रद्धाभक्तिरहित और रागद्वेषसहित पुरुष) नहीं जानता।

टि० — यहाँ "भूतानि" पदसे देवता, मनुष्य, पशु और कीट-पतंगादि सभी चराचर प्राणी अभिप्रेत हैं। भगवान् कहते हैं कि वे सब प्राणी अबसे पहले अनन्त कल्प-कल्पान्तरोंमें कब किन-किन योनियोंमें किस प्रकार उत्पन्न होकर कैसे रहे थे और उन्होंने क्या-क्या किया था; तथा वर्तमान कल्पमें कौन, कहाँ, किस योनिमें किस प्रकार उत्पन्न होकर क्या कर रहे हैं; और आगामी कल्पोंमें कौन कहाँ किस योनिमें किस प्रकार उत्पन्न होकर क्या-क्या करेंगे — इन सब बातोंको वे भलीभाँति जानते हैं। दूसरे शब्दोंमें, वे त्रिकालदर्शी सर्वज्ञ हैं, जिनके लिये तीनों कालखण्डोंका समस्त ब्यौरा हथेलीपर रक्खे बेरकी तरह सुस्पष्टतया दृश्यमान है। किन्तु उन्हें केवल श्रद्धाभक्तियुक्त और रागद्वेषशून्य मनुष्य ही जान सकते हैं। रागद्वेषपूर्ण व्यक्तियोंके उन्हें न जान सकनेके कारणको बतलाते हुए भगवान् कहते हैं —

इच्छाद्वेषसमुत्थेन द्वन्द्वमोहेन भारत।
सर्वभूतानि संमोहं सर्गे यान्ति परन्तप॥२७॥

पद०— इच्छाद्वेषसमुत्थेन = इच्छा-और-द्वेषके कारण उत्पन्न-हुए (से); द्वन्द्वमोहेन = विरोधीयुगलरूप मोहसे; भारत = हे भरतवंशी; सर्वभूतानि = समग्र प्राणी; संमोहम् = संभ्रान्तिको; सर्गे = संसारमें; यान्ति = प्राप्त हो जाते हैं; परन्तप = हे शत्रुओंको सन्तप्त करनेवाले (अर्जुन)।

अनु०— हे भरतवंशी अर्जुन! संसारमें इच्छा-और-द्वेषके कारण उत्पन्न (सुखदुःखादि) विरोधी-युगलरूप मोहसे समग्र प्राणी सम्भ्रान्तिको (परम अज्ञानताको) प्राप्त हो जाते हैं (और, इसीलिये, वे मुझे नहीं जान पाते)।

येषां त्वन्तगतं पापं जनानां पुण्यकर्मणाम्।
ते द्वन्द्वमोहनिर्मुक्ता भजन्ते मां दृढव्रताः॥२८॥

पद० — येषाम् = जिनका; तु = परन्तु; अन्तगतम् = नष्ट हो गया है; पापम् = पाप; जनानाम् = मनुष्योंका; पुण्यकर्मणाम् = श्रेष्ठकर्मोंका आचरण करनेवालोंका; ते = वे; द्वन्द्वमोहनिर्मुक्ताः = विरोधी-युगलरूप मोहसे मुक्त हुए; भजन्ते = भजते हैं; माम् = मुझको; दृढव्रताः = दृढ़निश्चयी।

अनु०— परन्तु (निष्कामभावसे) श्रेष्ठ कर्मोंका आचरण करनेवाले जिन

मनुष्योंके पाप नष्ट हो गये हैं, (ऐसे) वे (इच्छाद्वेषजनित) विरोधीयुगलरूप मोहसे मुक्त (तथा) दृढनिश्चयी (भक्त) मुझको (सब प्रकारसे) भजते हैं (अर्थात्, समूची विधियोंसे पूर्णरूपेण ध्याते हैं)।

टि॰ — ऐसे निष्पाप, पुण्यात्मा और वज्रसंकल्पी भक्तजन क्या चाहते हैं तथा उन्हें क्या फल मिलता है ? इस जिज्ञासापर दो श्लोकोंद्वारा भगवान् बतलाते हैं कि ऐसे भक्तलोग, अन्तमें, मुझे भली-भाँति जान लेते हैं, अर्थात्, मुझको प्राप्त हो जाते हैं —

जरामरणमोक्षाय मामाश्रित्य यतन्ति ये।
ते ब्रह्म तद्विदुः कृत्स्नमध्यात्मं कर्म चाखिलम्॥२९॥
साधिभूताधिदैवं मां साधियज्ञं च ये विदुः।
प्रयाणकालेऽपि च मां ते विदुर्युक्तचेतसः॥३०॥

पद॰— जरामरणमोक्षाय = बुढ़ापे-तथा-मृत्युसे छूटनेके लिये ; माम् = मुझको ; आश्रित्य = शरण होकर ; यतन्ति = यत्न करते हैं ; ये = जो ; ते = वे ; ब्रह्म = ब्रह्मको ; तत् = उसको ; विदुः= जानते हैं ; कृत्स्नम् = सम्पूर्णको ; अध्यात्मम् = अध्यात्मको ; कर्म = कर्मको ; च = तथा ; अखिलम् = सकल (को) ; साधिभूताधिदैवम् = अधिभूत-और-अधिदैवके सहित (को) ; माम् = मुझे ; साधियज्ञम् = अधियज्ञसमेत (को) ; च = और ; ये = जो ; विदुः= जानते हैं ; प्रयाणकाले = अन्तसमयमें ; अपि = भी ; च = तथा ; माम् = मुझको ; ते = वे ; विदुः= जानते हैं ; युक्तचेतसः= युक्त (भगवान्से लगेहुए) चित्तवाले।

अनु॰ — जो मेरे शरण होकर बुढ़ापे-तथा-मृत्युसे छूटनेके लिए (अर्थात्, मोक्ष वा भगवत्प्राप्तिके लिए) यत्न करते हैं, वे (मनुष्य) उस ब्रह्मको, सम्पूर्ण अध्यात्मको, सकल कर्मको और अधिभूत (एवम्) अधिदैवके सहित तथा अधियज्ञसमेत मुझ (समग्र) को जान लेते हैं। और जो युक्त (मुझमें आसक्त) चित्तवाले (इस प्रकार मुझ समग्रको) अन्तसमयमें भी जानलेते हैं, वे (भी) मुझको (ही) जानते हैं (यानी, मुझको ही प्राप्त होते हैं)।

टि॰ — इस अध्यायके पहले ही श्लोकमें भगवान्ने अपना "समग्र रूप" बतलानेके लिए कहा था। प्रस्तुत दो श्लोकोंद्वारा,जो इस अध्यायके अन्तिम हैं, उन्होंने इसी विषयकी चर्चा की है। उनका कहना है कि यह रूप उनके छः स्वरूपोंपर आधारित है — निर्गुण-निराकाररूप "ब्रह्म", जीवसमुदायरूप "अध्यात्म", भगवदादिसंकल्परूप "कर्म", जडवर्गरूप "अधिभूत", हिरण्यगर्भरूप

"अधिदैव" और अन्तर्यामीरूप "अधियज्ञ।" ये सब एक भगवान्‌के ही स्वरूप हैं, जिस प्रकार परमाणु, भाप, बादल, धूम, जल और बर्फ, सभी जलके स्वरूप हैं। ये छहों-के-छहों तत्त्व ब्रह्म ही हैं — इस प्रकार यथार्थरूपसे अनुभव कर लेना ही समग्र ब्रह्मको या भगवान्‌को जानलेना (यानी, प्राप्त होजाना) है। (इन छहों तत्त्वोंका विस्तृत विवेचन दो श्लोकोंके उपरान्त — आठवें अध्यायके तीसरे तथा चौथे श्लोकोंकी टिप्पणियोंमें — किया गया है।)

— O —

ॐ तत्सदिति श्रीमद्भगवद्गीतासूपनिषत्सु ब्रह्मविद्यायां योगशास्त्रे श्रीकृष्णार्जुनसंवादे ज्ञानविज्ञानयोगो नाम सप्तमोऽध्यायः ॥७॥

ॐ नित्यस्वरूप उस परमात्माको नमस्कार! श्रीमद्भगवद्गीतारूपी उपनिषद् एवं ब्रह्मविद्या तथा योगशास्त्रविषयक श्रीकृष्ण-और-अर्जुनके संवादमें "ज्ञानविज्ञानयोग" नामक सातवाँ अध्याय यहाँ समाप्त होता है॥७॥

श्रीमद्भगवद्गीता — आठवाँ अध्याय

"अक्षर" और "ब्रह्म" दोनों शब्द भगवान्‌के सगुण तथा निर्गुण दोनों ही स्वरूपोंके वाचक हैं। साथ ही, "ओ३म्" जो भगवान्‌का नाम है, उसे भी "अक्षर" और "ब्रह्म" कहते हैं। इस अध्यायमें भगवान्‌के सगुण-निर्गुणस्वरूपका तथा ओंकारका ही मुख्यतया वर्णन है, अतः, इसका नाम "अक्षरब्रह्मयोग" रक्खा गया है।

पिछले अध्यायका उपसंहार करते हुए, भगवान्‌ने अपने छः स्वरूपों — ब्रह्म, अध्यात्म, कर्म, अधिभूत,अधिदैव तथा अधियज्ञ — और उनद्वारा समन्वित अपने समग्ररूपको जाननेवाले भक्तकी महिमाका वर्णन किया था। उन स्वरूपोंका तथा प्रयाणकालमें भी भगवान्‌को समग्ररूपसे ज़ान लेनेपर उनको प्राप्त हो जानेकी बातका रहस्य भलीभाँति न समझ सकनेके कारण, अर्जुन,इन सातों विषयोंको समझनेके लिए, प्रस्तुत अध्यायके प्रारम्भिक दो श्लोकोंमें भगवान्‌से सात प्रश्न करता है —

अर्जुन उवाच।

किं तद्ब्रह्म किमध्यात्मं किं कर्म पुरुषोत्तम।
अधिभूतं च किं प्रोक्तमधिदैवं किमुच्यते॥१॥

पद० — अर्जुनः= अर्जुन ; उवाच = बोला।

किम् = क्या ; तत् = वह ; ब्रह्म = ब्रह्म ; किम् = क्या ;अध्यात्मम् = अध्यात्म ; किम् = क्या ; कर्म = कर्म ; पुरुषोत्तम = हे मनुष्योंमें श्रेष्ठ (कृष्ण) ; अधिभूतम् = अधिभूत ; च = और ; किम् = क्या ; प्रोक्तम् = कहा गया है ; अधिदैवम् = अधिदैव ; किम् = क्या ; उच्यते = कहा जाता है।

अनु० — अर्जुन बोला — हे नरश्रेष्ठ (कृष्ण) ! (जिसका आपने अभी वर्णन किया) वह ब्रह्म क्या है ? अध्यात्म क्या है ? कर्म क्या है ? अधिभूत (नामसे) क्या कहा गया है और अधिदैव किसको कहते हैं ?

अधियज्ञः कथं कोऽत्र देहेऽस्मिन्मधुसूदन।
प्रयाणकाले च कथं ज्ञेयोऽसि नियतात्मभि:॥२॥

पद॰ — अधियज्ञ := अधियज्ञ ; कथम् = कैसे ; क := कौन ; अत्र = यहाँ ; देहे = शरीरमें ; अस्मिन् = इसमें ; मधुसूदन = हे मधुनामक-राक्षसका वध करनेवाले (कृष्ण) ; प्रयाणकाले = अन्तसमयमें ; च = तथा ; कथम् = किस प्रकार ; ज्ञेय:= जाने-जानेयोग्य (जाननेमें आनेयोग्य) ; असि = हो ; नियतात्मभि := युक्त-चित्तवाले पुरुषोंद्वारा।

अनु॰ — हे कृष्ण ! यहाँ अधियज्ञ कौन है ? (वह) इस शरीरमें कैसे (रहता) है ? तथा युक्त-चित्तवाले पुरुषोंद्वारा अन्तसमयमें (आप) किस प्रकार जाननेमें आते हो ?

श्रीभगवानुवाच।

अक्षरं ब्रह्म परमं स्वभावोऽध्यात्ममुच्यते।
भूतभावोद्भवकरो विसर्गः कर्मसंज्ञित:॥३॥

पद॰ — श्रीभगवान् = श्रीकृष्ण भगवान्‌ने ; उवाच = कहा।

अक्षरम् = कभी नाश न होनेवाला ; ब्रह्म = ब्रह्म ; परमम् = परम ; स्वभाव:= स्वरूप ; अध्यात्मम् = अध्यात्म ; उच्यते = कहा जाता है ; भूतभावोद्भवकर:= समस्त-प्राणियोंके भावको उत्पन्न करनेवाला ; विसर्ग:= त्याग ; कर्मसंज्ञित := "कर्म" नामसे कहा गया है।

अनु॰ — श्रीकृष्ण भगवान्‌ने कहा — (वह) "ब्रह्म" (तो) परम अक्षर है, (उसका) स्वरूप (अर्थात्, जीवात्मा) "अध्यात्म" कहा जाता है (तथा) समस्त प्राणियोंके भाव (अस्तित्व) को उत्पन्न करनेवाला त्याग "कर्म" नामसे कहा गया है।

टि॰ — अर्जुनके प्रश्नोंके उत्तर देना आरम्भ करते हुए, श्रीकृष्ण पहले यह स्पष्ट करते हैं कि भगवान्‌के समग्ररूपमें समाविष्ट "ब्रह्म" आदि छहों तत्त्व, वास्तवमें, एक भगवान्‌के ही स्वरूप हैं और उनसे सर्वथा अभिन्न हैं। सर्वप्रथम, "ब्रह्म" की चर्चा करते हुए वे कहते हैं कि यह परम (सबसे श्रेष्ठ तथा सूक्ष्म) अक्षर (अनश्वर) है। "ब्रह्म" अथवा "अक्षर" के नामसे जिन तत्त्वोंका निर्देश किया जाता है, उनमें सबकी अपेक्षा श्रेष्ठ तथा सूक्ष्म एकमात्र परब्रह्म-परमात्मा ही है। अत:, "परम अक्षर" से यहाँ उसी परब्रह्म-परमात्माका लक्ष्य है। और यह

तो सर्वविदित ही है कि परब्रह्म-परमात्मा तथा भगवान्,वस्तुतः, एक ही तत्त्व हैं, यानी, एकदूसरेसे अभिन्न हैं।

अगला तत्त्व "अध्यात्म" है,जिसका वाचक है "भगवत्स्वभाव"। स्वभाव क्या ? "स्वो भावः स्वभावः" इस व्युत्पत्तिके अनुसार अपने ही भावका नाम स्वभाव है। और भगवान्का अपना भाव क्या है ? उनकी जीवरूपा चेतना-पराप्रकृति।जब यह निर्विकार, परा-प्रकृतिरूप भगवान्का भाव आत्म — अर्थात्, शरीर, इन्द्रिय, मन, बुद्ध्यादिरूप अपराप्रकृति —का अधिष्ठाता होकर उन सबमें व्याप्त हो जाता है, तब उसे "अध्यात्म" कहते हैं। मोटे शब्दोंमें, "अध्यात्म" का अर्थ हुआ "चेतन-जीवसमुदाय"। अब,चेतन-पराप्रकृति तो, भगवान्की अंशरूपा होनेके कारण, उनसे अभिन्न है। अतः, वह "अध्यात्म" नामक सम्पूर्ण जीवसमुदाय भी, यथार्थमें, भगवान्का ही स्वरूप होनेके कारण, उनसे अभिन्न हुआ।

तीसरा तत्त्व "कर्म" है, जिसका अभिप्राय है "भूतोंके भावको उत्पन्न करनेवाला विसर्ग (त्याग)।" यहाँ "भूत" शब्द चराचर प्राणियोंका वाचक है। इन भूतोंके भावका उद्भव और अभ्युदय जिस त्यागसे होता है, जो सृष्टि-स्थितिका आधार है, उस "विसर्ग" या "त्याग" ही का नाम "कर्म" है।

महाप्रलयमें विश्वके समस्त प्राणी अपने-अपने कर्म-संस्कारोंके साथ भगवान्में विलीन हो जाते हैं ; उनके विभिन्न भाव भी प्रकृतिमें विलीन-से हो जाते हैं। फिर सृष्टिके आदिमें,भगवान् जब यह संकल्प करते हैं कि "एकोऽहं बहु स्यां प्रजायेय" (मैं एक बहुत हो जाऊँ, प्रजाकी उत्पत्ति करूँ), तब पुनः उनकी उत्पत्ति होती है। भगवान्का यह "आदिसंकल्प" ही अचेतन-प्रकृतिरूपी योनिमें चेतनरूपबीजकी स्थापना करना है। यही जड़-चेतनका संयोग है। यही महान् विसर्जन है और इसी विसर्जन या त्यागका नाम "विसर्ग" है। इसीसे भूतोंके विभिन्न भावोंका उद्भव होता है। सीधी-सी बात यह कि भगवान्के जिस आदिसंकल्पसे समस्त भूतोंका उद्भव और अभ्युदय होता है, उसका नाम "विसर्ग" है। और भगवान्के इस विसर्गरूप महान् कर्मसे ही जड़, अक्रिय प्रकृति स्पन्दित होकर क्रियाशील होती है तथा उससे महाप्रलयतक विश्वमें अनन्त कर्मोंकी अखण्ड धारा बह चलती है। इसीलिये, इस "विसर्ग" का नाम "कर्म" है।

देखा जाए तो भगवान्का यह भूतोंके भावका उद्भव करनेवाला महान् "विसर्जन" ही एक बृहत् समष्टि-यज्ञ है। इसी बृहद् यज्ञसे विविध लौकिक यज्ञोंकी उद्भावना हुई है और उन यज्ञोंमें जो हवि आदिका उत्सर्ग किया जाता

है,उसका भी नाम "विसर्ग" ही रक्खा गया है। उन यज्ञोंसे भी सत्प्रजाकी उत्पत्ति होती है।

यह "कर्म" नामक विसर्ग, वस्तुतः, भगवान् ही का आदिसंकल्प है, इसलिए यह भी भगवान्से अभिन्न ही है।

अर्जुनके सात प्रश्नोंमेंसे प्रारम्भिक तीनका उत्तर देनेके पश्चात्, भगवान् अब अगले तीनकी चर्चा आगामी श्लोकद्वारा करते हैं —

अधिभूतं क्षरो भावः पुरुषश्चाधिदैवतम्।
अधियज्ञोऽहमेवात्र देहे देहभृतां वर ॥४॥

पद० — अधिभूतम् = अधिभूत ; क्षरः = नश्वर ; भावः = धर्म ; पुरुषः = हिरण्यमय पुरुष ; च = और ; अधिदैवतम् = अधिदैव ; अधियज्ञः = अधियज्ञ ; अहम् = मैं ; एव = ही ; अत्र = इसमें ; देहे = शरीरमें ; देहभृताम् = शरीरधारियोंके ; वर = हे श्रेष्ठ।

अनु० — उत्पत्ति-विनाशधर्मवाले (सब पदार्थ) अधिभूत हैं ; हिरण्यमय पुरुष अधिदेव है और हे देहधारियोंमें श्रेष्ठ (अर्जुन) ! इस शरीरमें मैं (वासुदेव वा परमात्मा) ही (अन्तर्यामीरूपसे) अधियज्ञ हूँ।

टि० — चौथे तत्त्व — "अधिभूत"— की व्याख्या करते हुए, श्रीकृष्ण कहते हैं कि यह "क्षरभाव" है। अपराप्रकृति तथा उसके परिणामसे उत्पन्न जो विनाशशील तत्त्व है, जिसका प्रतिक्षण क्षय होता रहता है, उसे "क्षरभाव" कहते हैं। यह "क्षरभाव" शरीर, इन्द्रिय, मन, बुद्धि,अहंकार तथा विषयोंके रूपमें प्रत्यक्ष होता रहता है और जीवोंके आश्रित है, अर्थात्, जीवरूपा चेतन-पराप्रकृतिने इसे धारण कर रक्खा है ; इसका नाम "अधिभूत" है। पिछले अध्यायमें, भगवान् परा तथा अपरा दोनों प्रकृतियोंको ही अपनी प्रकृति बतला चुके हैं। अतः, यह "क्षरभाव" भी भगवान्का ही है। इसीलिए, यह (अधिभूत) भी उनसे अभिन्न है।

अगले तत्त्व — अधिदैवत अथवा अधिदैव — को "पुरुष" कहा गया है। "पुरुष" शब्द यहाँ "प्रथमपुरुष" अथवा "आदिपुरुष" का वाचक है। इसीको "सूत्रात्मा", "हिरण्यगर्भ", "प्रजापति" या "ब्रह्मा" कहते हैं। जडचेतनात्मक सम्पूर्ण विश्वका यही प्राणपुरुष है ; समस्त देवता इसीके अंग हैं ; यही सबका अधिष्ठाता, अधिपति तथा उत्पादक है। इसीसे इसका नाम "अधिदैव" है। स्वयं भगवान् ही अधिदैवके रूपमें प्रकट होते हैं। अतः, यह (अधिदैव) भी उनसे अभिन्न ही है।

अपने छठे प्रश्नके रूपमें, अर्जुनने भगवान्‌से दो बातें पूछी हैं — यह छठा तत्त्व ("अधियज्ञ") कौन है तथा वह इस शरीरमें कैसे (रहता) है। इन दोनों प्रश्नोंका भगवान्‌ने एक ही साथ उत्तर देडाला है — इस शरीरमें मैं ही (अन्तर्यामीरूपसे)"अधियज्ञ" हूँ। भगवान् ही सब यज्ञोंके भोक्ता और प्रभु हैं तथा समस्त फलोंका विधान करनेवाले भी वे ही हैं। इसलिये, वे कहते हैं कि "अधियज्ञ स्वयं मैं ही हूँ।" भगवान्‌ने यह तो स्पष्ट कह दिया कि "अधियज्ञ मैं ही हूँ", परन्तु यह "अधियज्ञ" शरीरमें कैसे रहता हैं,इसके उत्तरमें उन्होंने "अत्र देहे" (इस शरीरमें) केवल इतना ही संकेत किया है। अन्तर्यामी व्यापक स्वरूप ही देहमें रहता है, इसीलिए श्लोकके अनुवादमें "अन्तर्यामीरूपसे" शब्द जोड़कर स्पष्टीकरण कर दिया गया है। भगवान् तो सर्वव्यापक हैं, अत : अन्तर्यामीरूपसे वे सभीके भीतर विराजमान हैं। भगवान्‌ने अपने इसी अन्तर्यामी (अर्थात्, अव्यक्त, सूक्ष्म एवं व्यापक) स्वरूपको ही "अधियज्ञ" कहा है और उसके साथ अपनी अभिन्नता प्रकट करनेके लिए,"अधियज्ञ (स्वयम्) मैं ही हूँ," यह स्पष्ट घोषणा भी कर दी है।

इस प्रकार अर्जुनके छः प्रश्नोंके उत्तर देकर और यह सिद्ध करके कि "ब्रह्म" आदि छहों तत्त्व, वस्तुतः, उनके ही अभिन्न स्वरूप हैं, भगवान् अब अन्तकाल-सम्बन्धी उसके सातवें तथा अन्तिम प्रश्नका उत्तर आरम्भ करते हैं —

अन्तकाले च मामेव स्मरन्मुक्त्वा कलेवरम्।
यःप्रयाति स मद्भावं याति नास्त्यत्र संशय :॥५॥

पद॰ — अन्तकाले = मृत्युके समयमें ; च = भी ; माम् = मुझको ; एव = ही ; स्मरन् = स्मरण करता हुआ ; मुक्त्वा = त्यागकर ; कलेवरम् = शरीरको ; यः= जो ; प्रयाति = जाता है ; सः= वह ; मद्भावम् = मेरे स्वरूपको ; याति = प्राप्त होता है ; न = नहीं ; अस्ति = है ; अत्र = इसमें ; संशय := सन्देह।

अनु॰ — जो (मनुष्य) मृत्युके समयमें भी मुझको ही स्मरण करता हुआ शरीरको त्यागकर (परलोक) जाता है, वह मेरे (साक्षात्) स्वरूपको प्राप्त होता है — इसमें (कुछ भी) सन्देह नहीं है।

टि॰ — यहाँ "च" का अर्थ "अपि" (भी) है। भाव यह है कि जो मनुष्य भगवान्‌का सदा-सर्वदा जीवनभर अनन्य चिन्तन करते हैं, उनका तो कहना ही क्या, यदि कोई मरते समय भी, संयोगवश, भगवान्‌का स्मरण करतें हुए प्राण छोड़-

दे, तो उसको भी, निस्सन्देह, उनकी (यानी, भगवान्‌की, अथवा मोक्षकी) प्राप्ति होजाती है।

अभी यह कहा गया है कि भगवान्‌का स्मरण करते हुए मरनेवाला उनको ही प्राप्त होता है। इसपर यह जिज्ञासा होती है कि केवल भगवान्‌के स्मरणके सम्बन्धमें ही यह विशेष नियम है, या सभीके सम्बन्धमें है ? इसपर कहते हैं—

यं यं वाऽपि स्मरन्भावं त्यजत्यन्ते कलेवरम्।
तं तमेवैति कौन्तेय सदा तद्भावभावितः॥६॥

पद॰ — यम् = जिसको ; यम् = जिसको ; वा = या ; अपि = भी ; स्मरन् = स्मरण करता हुआ ; भावम् = विचार (अथवा वस्तु) को ; त्यजति = छोड़ता है ; अन्ते = मृत्युसमयमें ; कलेवरम् = शरीरको ; तम् = उसको ; तम् = उसको ; एव = ही ; एति = प्राप्त होता है ; कौन्तेय = हे कुन्तीपुत्र (अर्जुन) ; सदा = सदा ; तद्भावभावित:= उस वस्तुके विचारसे अभिभूत (जकड़ा हुआ)।

अनु॰ — हे अर्जुन ! (मनुष्य) मृत्युसमयमें जिस-जिस भी वस्तुका विचार (स्मरण) करता हुआ शरीरको छोड़ता है, (मरणोपरान्त, वह) उस-उसको ही प्राप्त होता है, (क्योंकि वह जीवनभर) सदा उसी वस्तुके विचारसे अभिभूत (ग्रस्त) रहा है।

टि॰ — यह सनातन नियम है कि मनुष्य अपने जीवनमें सदा जिस भी किसी वस्तु (पदार्थ) का सर्वाधिक चिन्तन करता है, अन्तसमयमें उसे प्राय: उसीका स्मरण होता है और अन्तसमयके स्मरणके अनुसार ही उसकी गति (परलोकप्राप्ति) होती है। अत:, भगवत्प्राप्ति चाहनेवालेके लिये अन्तसमयमें भगवान्‌का स्मरण रखना अनिवार्य हो जाता है। किन्तु इसमें एक बाधा है — और वह यह है कि मनुष्य-शरीर तो क्षणभंगुर है, कालका कोई भरोसा नहीं कि वह सहसा ही कहाँ, कब और कैसे आ धमके। अब यदि विषयभोगोंका स्मरण करते-करते ही शरीरका वियोग हो जायगा, तो भगवत्प्राप्तिका द्वाररूप यह मनुष्यजीवन तो व्यर्थ ही चला जायगा। इसलिये, इस बाधाको पार करनेका एकमात्र उपाय जीवनमें भगवान्‌का निरन्तर स्मरण ही है। यही ध्यानमें रखते हुए, भगवान् अर्जुनको अनवरत रूपसे भजन करते हुए ही जीवनके अन्यान्य कार्य करनेके लिये आदेश देते हैं —

तस्मात्सर्वेषु कालेषु मामनुस्मर युध्य च।
मय्यर्पितमनोबुद्धिर्मामेवैष्यस्यसंशयम्॥७॥

पद० — तस्मात् = इसलिए ; सर्वेषु = सबमें ; कालेषु = समयमें ; माम् = मुझको ; अनुस्मर = स्मरण कर ; युध्य = युद्ध कर ; च = और ; मयि = मुझमें ; अर्पितमनोबुद्धिः = अर्पण किए-हुए मनबुद्धिसे युक्त हुआ ; माम् = मुझको ; एव = ही ; एष्यसि = प्राप्त होगा ; असंशयम् = निस्सन्देह।

अनु० — इसलिये, (हे अर्जुन ! तू) सब समयमें (निरन्तर) मेरा स्मरण कर और (क्षत्रियोचित स्वधर्मका पालन करते हुए) युद्ध (भी) कर। (इस प्रकार) मुझमें अर्पण किए-हुए मन-बुद्धिसे युक्त होकर (तू), निस्सन्देह, मुझको ही प्राप्त होगा।

अभ्यासयोगयुक्तेन चेतसा नान्यगामिना।
परमं पुरुषं दिव्यं याति पार्थानुचिन्तयन्॥८॥

पद० — अभ्यासयोगयुक्तेन = अभ्यासरूप योगसे युक्त (से) ; चेतसा = चित्तसे ; न = नहीं ; अन्यगामिना = अन्य ओर जानेवाले (से) ; परमम् = परम (को) ;पुरुषम् = पुरुषको ;दिव्यम् = दिव्य (को) ;याति = प्राप्त होता है ;पार्थ = हे पृथापुत्र (अर्जुन) ;अनुचिन्तयन् = निरन्तर चिन्तन करता हुआ।

अनु० — हे अर्जुन ! (यह नियम है कि) (परमेश्वरके ध्यानके) अभ्यासरूप योगसे युक्त, (किसी) अन्य ओर न जानेवाले चित्तसे निरन्तर चिन्तन करता हुआ (मनुष्य) परम (प्रकाशस्वरूप) दिव्य पुरुषको (अर्थात्, परमेश्वरको) (ही) प्राप्त होता है।

टि० — परमदिव्यपुरुषकी प्राप्ति बतलाकर, अब उसके स्वरूप तथा साधनकी विधिके विषयमें बतलाते हैं —

कविं पुराणमनुशासितारमणोरणीयांसमनुस्मरेद्य:।
सर्वस्य धातारमचिन्त्यरूपमादित्यवर्णं तमसः परस्तात्॥९॥
प्रयाणकाले मनसाऽचलेन भक्त्या युक्तो योगबलेन चैव।
भ्रुवोर्मध्ये प्राणमावेश्य सम्यक्स तं परं पुरुषमुपैति दिव्यम्॥१०॥

पद० — कविम् = स्थूल-सूक्ष्म,प्रत्यक्ष-अप्रत्यक्ष सभी बातोंको जाननेवाले (सर्वज्ञ) को ; पुराणम् = स्वयं निष्कारण परन्तु सर्वभूतमहाकारण, सनातन

(अनादि) को ; अनुशासितारम् = सर्वान्तर्यामीरूपसे सभी प्राणियोंके शुभाशुभ–कर्मानुसार शासन करनेवाले (सर्वनियन्ता) को ; अणोः = सूक्ष्मसे ; अणीयांसम् = अधिक सूक्ष्मको ; अनुस्मरेत् = निरन्तर स्मरण करे ; यः = जो ; सर्वस्य = सबके ; धातारम् = धारण-पोषण करनेवालेको ; अचिन्त्यरूपम् = अतीन्द्रिय होनेके कारण मन-बुद्धिद्वारा चिन्तन न किया जासकनेयोग्य स्वरूपवाले (अचिन्त्यस्वरूप) को ; आदित्यवर्णम् = सूर्यके समान स्वयंप्रकाशस्वरूप तथा अपनी अखण्ड ज्ञानमयी दिव्यज्योतिद्वारा सदा-सर्वदा सबको प्रकाशित करनेवाले (अर्थात्, सूर्यसदृश नित्य-चेतन-प्रकाशरूप) को ; तमसः = अविद्या (अज्ञान) रूप अन्धकारसे ; परस्तात् = अति परे (यानी, अपनी ज्ञानमयी उज्ज्वल प्रकाशकिरणोंसे अज्ञानान्धकारको समूल नष्ट करनेवालेको) ; प्रयाणकाले = मृत्युसमयमें ; मनसा = मनसे ; अचलेन = निश्चल (स्थिर) से ; भक्त्या = भक्तिसे ; युक्तः = युक्त ; योगबलेन = योगबलसे ; च = फिर ; एव = ही ; भ्रुवो := भृकुटियों (भौंहों) के ; मध्ये = बीचमें ; प्राणम् = प्राणको ; आवेश्य = स्थापित करके ; सम्यक् = अच्छीप्रकार ; सः = वह ; तम् = उसको ; परम् = परम (को) ; पुरुषम् = पुरुषको ; उपैति = प्राप्त होता है ; दिव्यम् = दिव्यस्वरूप (को)।

अनु॰ — जो (मनुष्य) सर्वज्ञ, अनादि, सर्वनियन्ता, सूक्ष्मसे (भी) अधिक सूक्ष्म (अर्थात्, सूक्ष्मतम), सबके धारण-पोषण करनेवाले, अचिन्त्यस्वरूप, सूर्यसदृश नित्य-चेतन-प्रकाशरूप (तथा) अविद्यासे अति परे (यानी, अज्ञानान्धकार-नाशकारी) (परब्रह्म-परमेश्वरका) निरन्तर स्मरण करता है, वह भक्तियुक्त (मनुष्य) मृत्युसमयमें (भी) योगबलसे भौंहोंके बीचमें — आज्ञाचक्रमें — प्राणको अच्छीतरह स्थापित (निरुद्ध) करके, फिर निश्चल मनसे (स्मरण करता हुआ) उस दिव्यस्वरूप परमपुरुष (परमात्मा) को ही प्राप्त होता है।

यदक्षरं वेदविदो वदन्ति विशन्ति यद्यतयो वीतरागाः ।
यदिच्छन्तो ब्रह्मचर्यं चरन्ति तत्ते पदं संग्रहेण प्रवक्ष्ये ॥ ११ ॥

पद॰ — यत् = जिसको ; अक्षरम् = अविनाशी (को) ; वेदविदः = वेदके जाननेवाले ; वदन्ति = कहते हैं ; विशन्ति = प्रवेश करते हैं ; यत् = जिसको ; यतयः = यत्नशील संन्यासी ; वीतरागाः = आसक्तिरहित ; यत् = जिसको ; इच्छन्तः = चाहते हुए ; ब्रह्मचर्यम् = ब्रह्मचर्यव्रतको ; चरन्ति = आचरण करते हैं ; तत् = उसको ; ते = तेरेलिये ; पदम् = परमपदको ; संग्रहेण = संक्षेपसे ; प्रवक्ष्ये = कहूँगा।

अनु॰ — वेदके जाननेवाले (विद्वान्) जिस (सच्चिदानन्दघनरूप परमपद) को अविनाशी कहते हैं. आसक्तिरहित यत्नशील संन्यासी (महात्माजन) जिसमें (ध्यानद्वारा) प्रवेश करते हैं (तथा) जिस (परमपद) को चाहनेवाले (साधकलोग) ब्रह्मचर्यव्रतका आचरण करते हैं, उस परमपदको (हे अर्जुन ! मैं) तेरेलिए संक्षेपमें कहूँगा।

सर्वद्वाराणि संयम्य मनो हृदि निरुध्य च।
मूर्ध्न्याधायात्मनः प्राणमास्थितो योगधारणाम्॥१२॥
ओमित्येकाक्षरं ब्रह्म व्याहरन्मामनुस्मरन्।
यः प्रयाति त्यजन्देहं स याति परमां गतिम्॥१३॥

पद॰– सर्वद्वाराणि = सब द्वारोंको ; संयम्य = रोककर ; मनः= मनको ; हृदि = हृदयमें ; निरुध्य = रोक (स्थिर) करके ; च = तथा ; मूर्ध्नि = मस्तकमें ; आधाय = स्थापित करके ; आत्मन := परमात्म-संबंधी ; प्राणम् = प्राणको ; आस्थितः= स्थित हुआ ; योगधारणाम् = योगधारणाको ; ओम् = ॐ ; इति = इस ; एकाक्षरम् = एक-अक्षररूप (को) ; ब्रह्म = ब्रह्मको ; व्याहरन् = उच्चारण करता हुआ ; माम् = मुझको ; अनुस्मरन् = चिन्तन करता हुआ ; यः= जो ; प्रयाति = जाता है ; त्यजन् = छोड़ता हुआ; देहम् = शरीरको ; सः= वह ; याति = प्राप्त होता है ; परमाम् = परम (को) ; गतिम् = गतिको।

अनु॰— सब (इन्द्रियरूप) द्वारोंको रोककर (अर्थात्, इन्द्रियोंको विषयोंसे हटाकर) तथा मनको हृदयमें स्थिर करके, (फिर उस जीते-हुए मनके द्वारा) प्राणको मस्तकमें स्थापित करके, परमात्म-सम्बन्धी योगधारणामें स्थित होकर जो (मनुष्य) "ॐ" इस एक-अक्षररूप ब्रह्मको (मनके द्वारा ही) उच्चारण करता हुआ (और उसके अर्थस्वरूप) मुझ (निर्गुण ब्रह्म) का चिन्तन करता हुआ शरीरको त्यागकर (परलोकको) जाता है, वह (मनुष्य) परमगतिको प्राप्त होता है (अर्थात्, मुक्ति प्राप्त कर आवागमनसे सदा- सदाके लिये छूट जाता है)।

अनन्यचेताः सततं यो मां स्मरति नित्यशः।
तस्याहं सुलभः पार्थ नित्ययुक्तस्य योगिनः॥१४॥

पद॰ — अनन्यचेताः = किसी अन्य वस्तुमें न-लगे-हुए चित्तवाला ; सततम् = सदा (अर्थात्, निरन्तर वा एक क्षणके भी व्यवधान बिना) ; यः = जो ; माम् = मुझको ; स्मरति = स्मरण करता है ; नित्यशः = नित्यप्रति (यानी, एक

दिनकी भी नागा बिना) ; तस्य = उसका ; अहम् = मैं ; सुलभः = सहज प्राप्तहोने योग्य ; पार्थ = हे पृथापुत्र (अर्जुन) ; निन्ययुक्तस्य = अनवरत रूपसे (मुझमें) आसक्त (मनवाले) का ; योगिनः = साधकका।

अनु॰ — हे अर्जुन ! जो (मनुष्य) (मेरे अतिरिक्त) किसी अन्य वस्तुमें लगे-हुए चित्तवाला न होकर नित्यप्रति निरन्तर मेरा (ही) स्मरण करता है, उस अनवरत रूपसे (मुझमें) आसक्त (मनवाले) साधकको मैं सहज ही प्राप्त हो जाता हूँ।

मामुपेत्य पुनर्जन्म दुःखालयमशाश्वतम्।
नाप्नुवन्ति महात्मानः संसिद्धिं परमां गताः॥१५॥

पद॰ — माम् = मुझको ; उपेत्य = प्राप्त होकर ; पुनर्जन्म = पुनर्जन्मको ; दुःखालयम् = दुःखोंके घरको ; अशाश्वतम् = क्षणभंगुर (को) ; न = नहीं ; आप्नुवन्ति = प्राप्त होते हैं ; महात्मानः= महात्मालोग ; संसिद्धिम् = सिद्धिको ; परमाम् = परम (को) ; गता := प्राप्त हुए (पहुँचे हुए)।

अनु॰ — परमसिद्धिको प्राप्त (अर्थात्, साधनकी पराकाष्ठाकी स्थितिको पहुँचे हुए) महात्मालोग (भक्तजन) मुझको प्राप्त होकर (यानी, परब्रह्मके साथ एकीभाव होकर) दुःखोंके घर एवं क्षणभंगुर पुनर्जन्मको नहीं प्राप्त होते (अर्थात्, फिरसे संसारमें जन्म नहीं लेते)।

टि०– "भगवत्प्राप्त महात्माजनोंका पुनर्जन्म नहीं होता", इस कथनसे यह प्रकट होता है कि दूसरे लोकोंमें गए हुए जीवोंका पुनर्जन्म होता है। अतः, यहाँ यह जिज्ञासा होती है कि तो फिर किस लोकतक पहुँचे हुए जीवोंको वापस लौटना पड़ता है। इसपर भगवान् कहते हैं —

आब्रह्मभुवनाल्लोकाः पुनरावर्तिनोऽर्जुन।
मामुपेत्य तु कौन्तेय पुनर्जन्म न विद्यते॥१६॥

पद॰ — आब्रह्मभुवनात् = ब्रह्मलोकपर्यन्त ; लोका := लोक ; पुनरावर्तिनः= जहाँसे फिर लौटना पड़े ; अर्जुन = हे अर्जुन ; माम् = मुझको ; उपेत्य = प्राप्त होकर ; तु = परन्तु ; कौन्तेय = हे कुन्तीपुत्र ; पुनर्जन्म = पुनर्जन्म ; न = नहीं ; विद्यते = होता है।

अनु॰ — हे अर्जुन ! ब्रह्मलोकपर्यन्त (अर्थात्, ब्रह्माके लोकतक) (सब) लोक ऐसे हैं जहाँसे (जीवोंको संसारके लिए) लौटना पड़ता है, परन्तु हे कुन्तीपुत्र !

मुझे प्राप्त-होकर (यानी, मेरे लोकमें आकर) (जीवको) फिर जन्म नहीं लेना पड़ता।

टि०– यहाँ "ब्रह्मलोक" से तात्पर्य निर्गुण, निराकार परब्रह्मके लोकसे नहीं, अपितु सृष्टिकर्ता, चतुर्मुख ब्रह्माके लोकसे है। अतः, ब्रह्मा — जिन्हें "प्रजापति," "हिरण्यगर्भ," "सूत्रात्मा" आदि नामोंसे भी जाना जाता है — जिस ऊर्ध्वलोकमें निवास करते हैं, उसी लोकविशेषका नाम यहाँ "ब्रह्मलोक" है।और "लोकाः" पदसे भिन्न-भिन्न लोकपालोंके स्थानविशेष "भूः," "भुवः," "स्वः" आदि समस्त लोकोंका लक्ष्य है। इस प्रकार, "आब्रह्मभुवनाल्लोकाः" में उपर्युक्त ब्रह्माके लोकके सहित उससे नीचेके जितने भी विभिन्न लोक हैं, उन सभीका समावेश है। श्रीभगवान्‌का कथन है कि क्योंकि वे ही एकमात्र कालातीत (नित्य) हैं, अतः उनका लोक भी एकमात्र नित्यलोक है। परिणामतः, जिस भी किसी जीवका वहाँ एक बार प्रवेश हो जाता है, तो उसका निवास भी वहाँ नित्य ही हो जाता है ; वह लौटकर मृत्युलोक अथवा किसी अन्य लोकको नहीं आता।

इसके विपरीत, स्वयं ब्रह्माका जीवन कालकी अवधिवाला होनेसे सीमित तथा अनित्य है और, इसीलिए, उनका लोक भी अनित्य है। अब, जब ब्रह्मा ही का लोक अनित्य है, तब उसके नीचेके लोक और उनमें रहनेवाले प्राणियोंके शरीर भी अनित्य हों, तो उसमें क्या आश्चर्य ? निष्कर्ष यह कि केवल सच्चिदानन्दघन नित्यस्वरूप परब्रह्म ही के धाममें पहुँचे हुए जीवका पुनर्जन्म नहीं होता, शेष सभी लोकोंके निवासियोंको — चाहे वे ब्रह्माजीके लोकके हों और चाहे अन्य छोटे-मोटे लोकोंके — अपने कर्मफलभोगके लिए इस मृत्युलोकमें पुनर्जन्मके निमित्त आना ही पड़ता है।

पूर्णब्रह्म-परमात्माके निर्वाणलोकके अतिरिक्त अन्य सभी लोकोंकी अनित्यता सिद्ध करनेके लिए,अब भगवान् ब्रह्माके दिन-रातकी अवधिका वर्णन करते हैं —

सहस्रयुगपर्यन्तमहर्यद्ब्रह्मणो विदुः।
रात्रिं युगसहस्रान्तां तेऽहोरात्रविदो जनाः॥१७॥

पद० — सहस्रयुगपर्यन्तम् = एक हजार चतुर्युगतक (की अवधिवाला) ; अहः = एक दिन ; यत् = जो ; ब्रह्मणः = ब्रह्माका ; विदुः = जानते हैं ; रात्रिम् = रात्रिको ; युगसहस्रान्ताम् = एक हजार चतुर्युगतक (की अवधिवाली) ; ते = वे ; अहोरात्रविदः = दिन और रातको जाननेवाले ; जनाः = योगीजन।

अनु० — ब्रह्माका जो एक दिन है, (उसको) एक हजार चतर्युगतक (की

अवधिवाला) (और) रातको (भी) एक हजार चतुर्युगतक (की अवधिवाली) (जो पुरुष) (तत्त्वसे) जानते हैं, वे योगीजन दिन-और-रातरूपी काल (के तत्त्व) को जाननेवाले हैं।

टि॰ — यहाँ "युग" शब्द "चतुर्युग" अथवा "दिव्य युग " का वाचक है, जो सत्ययुग, त्रेता, द्वापर और कलियुग चारों युगोंके समयको मिलानेपर होता है। यह देवताओंका युग है, इसलिये इसको "दिव्य युग" कहते हैं। देवताओंके समयका यह परिमाण हमारे समयके परिमाणसे तीन सौ साठ (३६०) गुना अधिक माना जाता है — अर्थात्, हमारा एक वर्ष देवताओंका चौबीस (२४) घण्टोंका एक दिनरात, हमारे तीस (३०) वर्ष देवताओंका एक महीना और हमारे तीन सौ साठ (३६०) वर्ष उनका एक दिव्य वर्ष होता है। ऐसे बारह हजार (१२,०००) दिव्य वर्षोंका एक "दिव्य युग" होता है। इसे "महायुग" अथवा "चतुर्युग" भी कहते हैं। हिसाब लगानेपर, यह संख्या हमारे तेतालीस लाख, बीस हज़ार (४३,२०,०००) वर्षोंके बराबर होती है।

दिव्य वर्षोंके हिसाबसे, बारह सौ (१,२००) दिव्य वर्षोंका हमारा कलियुग, इससे दुगुने — चौबीस सौ (२,४००) — दिव्य वर्षोंका द्वापर, कलियुगसे तिगुने — छत्तीस सौ (३,६००) — दिव्य वर्षोंका त्रेता और कलियुगसे चौगुने — अड़तालीस सौ (४,८००) — दिव्य वर्षोंका सत्ययुग होता है। कुल मिलाकर, बारह हज़ार (१२,०००) दिव्य वर्ष होते हैं, जिनसे एक दिव्य युग बनता है। ऐसे एक हजार (१,०००) दिव्य युगोंका ब्रह्माका एक दिन होता है और उतने ही दिव्य युगोंकी उनकी एक रात्रि होती है।

उपर्युक्तको, आसानीके लिए,यों भी समझा जा सकता है। हमारे चारों युगोंके समयका परिमाण इस प्रकार है — कलियुग = चार लाख, बत्तीस हज़ार (४,३२,०००) वर्ष; द्वापर = आठ लाख, चौंसठ हज़ार (८,६४,०००) वर्ष (अर्थात्, कलियुगसे दुगुने); त्रेता = बारह लाख, छियानवे हज़ार (१२,९६,०००) वर्ष (कलियुगसे तिगुने); सत्ययुग = सतरह लाख, अठाईस हज़ार (१७,२८,०००) वर्ष (कलियुगसे चौगुने); कुल जोड़ = तेतालीस लाख, बीस हज़ार (४३,२०,०००) वर्ष। यह एक दिव्य युग हुआ। ऐसे एक हज़ार दिव्य युगों का — अर्थात्, हमारे चार अरब, बत्तीस करोड़(४,३२,००,००,०००) वर्षोंका-ब्रह्माका एक दिन होता है और इतनी ही बड़ी उनकी एक रात्रि होती है।

मनुस्मृतिके प्रथम अध्यायमें ६४-से-७३ श्लोकतक इस विषयका विशद वर्णन है। ब्रह्माके दिनको "कल्प" और रात्रिको "प्रलय" कहते हैं। ऐसे तीस

दिन-रातका ब्रह्माका एक महीना, ऐसे बारह महीनोंका उनका एक वर्ष तथा ऐसे सौ वर्षोंकी ब्रह्माकी पूर्णायु होती है।

प्रस्तुत श्लोकमें ब्रह्माके रात-दिनका परिमाण बतलाकर, भगवान्ने यह भाव दिखलाया है कि इस प्रकार ब्रह्माका जीवन, कालकी अवधिवाला होनेसे, सीमित तथा अनित्य है। और जब उनका जीवन ही अनित्य है, तो उनका लोक तो अनित्य है ही है। अब, जब ब्रह्मा ही के लोक तथा उसके निवासियोंकी यह स्थिति है कि वे अनित्य हैं, तो फिर उससे नीचेके अपेक्षतया-क्षुद्र लोक एवम् उनके निवासी सभी प्राणी भी अनित्य ही हैं, यह निर्विवाद है।

ब्रह्माके रात-दिनकी अवधि जानलेनेपर मनुष्यको ब्रह्माके लोक तथा उसके अधोवर्ती सभी लोकोंकी अनित्यताका भलीभाँति ज्ञान हो जाता है। तब वह इस बातको अच्छीतरह समझ लेता है कि जब लोक ही अनित्य हैं, तब वहाँके भोग तो अनित्य एवं विनाशी होंगे ही। और जो वस्तु अनित्य तथा विनाशी है, वह कभी स्थायी सुख तथा शान्ति नहीं दे सकती। इसलिए, इस लोक एवं परलोकके भोगोंमें आसक्त होकर उनके पीछे दौड़ना तथा उनसे शाश्वत आनन्द प्राप्त करनेकी मरीचिकामें दुर्लभ मानवदेहको अकारथ ही खो देना परले दर्जेकी मूर्खता है। फिर, मनुष्यजीवन नितान्त सीमित तथा अनिश्चित है। अतः, बुद्धिमत्ता इसीमें है कि अनन्यचित्तसे भगवान्का निरन्तर चिन्तन करके उन्हें शीघ्रातिशीघ्र प्राप्त कर लिया जाये। जो व्यक्ति इस प्रकार सोचते हैं, श्रीकृष्णके मतानुसार, वे ही दिन-रात्रिरूप कालके तत्त्वको जानते हैं और अपने अनर्घ्य समयका भरपूर लाभ उठाते हुए अपने जीवनको सार्थक बना सकते हैं।

ब्रह्माके दिन और रातका परिमाण बतलाकर, भगवान् अब उन दोनोंके आरम्भमें, क्रमशः, बार-बार होनेवाली समस्त भूतोंकी उत्पत्ति तथा निष्पत्तिका वर्णन करते हुए उन सबकी अनित्यता प्रतिपादित करते हैं—

अव्यक्ताद्व्यक्तयः सर्वाः प्रभवन्त्यहरागमे।
रात्र्यागमे प्रलीयन्ते तत्रैवाव्यक्तसंज्ञके॥१८॥

पद० — अव्यक्तात् = अव्यक्तसे ; व्यक्तय := व्यक्तरूपमें स्थित (देहधारी प्राणी) ; सर्वाः = समस्त ; प्रभवन्ति = उत्पन्न होते हैं ; अहरागमे = दिनके आनेपर (प्रवेशकालमें) ; रात्र्यागमे = रात्रिके आनेपर (प्रवेशकालमें) ; प्रलीयन्ते = लीन हो जाते हैं ; तत्र = उसमें ; एव = ही ; अव्यक्तसंज्ञके = अव्यक्तनामकमें।

अनु० — व्यक्तरूपमें स्थित समस्त देहधारी प्राणी (अर्थात्, समग्र चराचर

भूतगण) (ब्रह्माके) दिनके प्रवेशकालमें अव्यक्तसे (यानी, ब्रह्माके सूक्ष्म शरीरसे) उत्पन्न होते हैं (और फिर) (ब्रह्माकी) रात्रिके प्रवेशकालमें उस अव्यक्तनामक (ब्रह्माके सूक्ष्म शरीर) में ही लीन हो जाते हैं।

टि॰—जो वस्तु मन तथा इन्द्रियोंके द्वारा जानी जा सके, उसका नाम "व्यक्ति" है। इस प्रकार तो सभी भूतप्राणी जाने जा सकते हैं, अतः देव, मनुष्य, पितर, पशु, पक्षी आदि योनियोंमें जितने भी व्यक्तरूपमें स्थित देहधारी प्राणी हैं, उन सभीका वाचक यहाँ "व्यक्तयः" पद है।

प्रकृतिका जो सूक्ष्म परिणाम है, जिसको "ब्रह्माका सूक्ष्म शरीर" भी कहते हैं, स्थूल पञ्चमहाभूतोंकी, उत्पन्न होनेसे पूर्वकी, जो स्थिति है, उस सूक्ष्म अपरा प्रकृतिका नाम यहाँ "अव्यक्त" है।

ब्रह्माके दिनके आगममें, अर्थात्, जब ब्रह्मा अपनी सुषुप्ति-अवस्थाका त्याग करके जाग्रत्-अवस्थाको स्वीकार करते हैं, तब उस सूक्ष्म प्रकृतिमें विकार उत्पन्न होता है और वह स्थूल रूपमें परिणत हो जाती है। उस स्थूल रूपमें परिणत प्रकृतिके साथ, सब प्राणी भी अपने-अपने कर्मानुसार विभिन्न रूपोंमें सम्बद्ध हो जाते हैं। यही अव्यक्तसे व्यक्तियोंका उत्पन्न होना है।

एक हज़ार दिव्य युगोंके बीत जानेपर जिस क्षणमें ब्रह्मा जाग्रत्-अवस्थाका त्याग करके सुषुप्ति-अवस्थाको स्वीकार करते हैं, उस प्रथम क्षणका नाम ब्रह्माकी रात्रिका आगम है। उस समय स्थूल रूपमें परिणत प्रकृति सूक्ष्म अवस्थाको प्राप्त हो जाती है और समस्त देहधारी प्राणी भिन्न-भिन्न स्थूल शरीरोंसे रहित होकर प्रकृतिकी सूक्ष्म अवस्थामें स्थित हो जाते हैं। यही उस अव्यक्तमें समस्त व्यक्तियोंका लय होना है।

आत्मा तो अजन्मा तथा अविनाशी है, इसलिये, वास्तवमें, उसकी उत्पत्ति और लय नहीं होते। अतः, यहाँ यही समझना चाहिये कि प्रकृतिमें स्थित प्राणियोंसे सम्बन्ध रखनेवाले प्रकृतिके सूक्ष्म अंशका स्थूल रूपमें परिणत हो जाना ही उनकी उत्पत्ति है और उस स्थूलका पुनः सूक्ष्म रूपमें परिणत हो जाना ही उन प्राणियोंका लय होना है।

यद्यपि ब्रह्माकी रात्रिके आरम्भमें समस्त प्राणी अव्यक्तमें लीन हो जाते हैं, तथापि जबतक वे परमपुरुष-परमेश्वरको प्राप्त नहीं होते, तबतक उनका पुनर्जन्मसे पिण्ड नहीं छूटता ; वे आवागमनके चक्करमें घूमते ही रहते हैं। इसी भावको दिखलानेके लिये श्रीकृष्ण कहते हैं—

भूतग्रामः स एवायं भूत्वा भूत्वा प्रलीयते।
रात्र्यागमेऽवशः पार्थ प्रभवत्यहरागमे॥१९॥

पद० — भूतग्रामः = चराचर प्राणिमात्रका समुदाय ; सः = वह ; एव = ही ; अयम् = यह ; भूत्वा = होकर ; भूत्वा = होकर ; प्रलीयते = लीन हो जाता है ; रात्र्यागमे = रात्रिके आनेपर (प्रवेशकालमें) ; अवशः = परवश हुआ (अर्थात्, प्रकृतिके वशमें हुआ) ; पार्थ = हे पृथापुत्र (अर्जुन) ; प्रभवति = उत्पन्न होता है ; अहरागमे = दिनके आनेपर (प्रवेशकालमें)।

अनु० — हे अर्जुन ! वही यह चराचर प्राणिमात्रका समुदाय (उत्पन्न) हो-होकर (यानी, बार-बार उत्पन्न होकर), प्रकृतिके वशमें हुआ, (ब्रह्माकी) रात्रिके प्रवेशकालमें लीन हो जाता है (और) (ब्रह्माके) दिनके प्रवेशकालमें (फिर) उत्पन्न हो जाता है।

टि० — "भूतग्रामः" शब्द यहाँ चराचर प्राणिमात्रके समुदायका वाचक है। उसके साथ "सः", "एव" तथा "अयम्" पदोंका प्रयोग करके यह भाव दिखलाया गया है कि जो भूत-प्राणी ब्रह्माकी रात्रिके आरम्भमें अव्यक्तमें लीन होते हैं, वे ही ब्रह्माके दिनके आरम्भमें फिरसे उत्पन्न हो जाते हैं। अव्यक्तमें लीन हो जानेसे न तो वे मुक्त होते हैं और न उनकी भिन्न सत्ता ही मिटती है। इसीलिए, ब्रह्माकी रात्रिका समय समाप्त होते ही वे सब पुनः अपने-अपने गुण तथा कर्मोंके अनुसार यथायोग्य शरीरोंको प्राप्त करके प्रकट हो जाते हैं। भगवान् कहते हैं कि कल्प-कल्पान्तरसे जो इस प्रकार बार-बार अव्यक्तमें लीन और पुनः उसीसे प्रकट होता रहता है, तुम्हें प्रत्यक्ष दीखनेवाला यह स्थावर-जंगम भूतसमुदाय वही है ; कोई नया उत्पन्न नहीं हुआ है।

"भूत्वा" पदका दो बार प्रयोग करके, भगवान्‌ने यह भाव दिखलाया है कि इस प्रकार यह भूतसमुदाय अनादिकालसे उत्पन्न हो-होकर लीन होता चला आ रहा है। ब्रह्माकी आयुके सौ वर्ष पूर्ण होनेपर, जब ब्रह्माका शरीर भी मूलप्रकृतिमें लीन हो जाता है और उसके साथ-साथ सारा भूतसमुदाय भी उसीमें लीन हो जाता है — अर्थात्, महाप्रलय हो जाती है — तब भी प्राणियोंके इस चक्करका अन्त नहीं हो पाता ; ये उसके बाद भी उसीतरह पुनःपुनः उत्पन्न होते रहते हैं। कारण ? जबतक प्राणीको परमात्माकी प्राप्ति नहीं हो जाती, तबतक वह बार-बार इसी प्रकार उत्पन्न हो-होकर प्रकृतिमें लीन होता रहेगा।

प्रस्तुत श्लोकमें "अवशः" शब्द "भूतग्रामः" का विशेषण है। जो किसी-

दूसरेके अधीन हो, स्वतन्त्र न हो, उसे "अवश" या "परवश" कहते हैं। ये अव्यक्तसे उत्पन्न और पुनः अव्यक्तमें ही लीन हो जानेवाले समस्त प्राणी अपने-अपने स्वभावके वश हैं, अर्थात्, अनादिसिद्ध भिन्न-भिन्न गुण तथा कर्मोंके अनुसार जो इन सबकी भिन्न-भिन्न प्रकृति है, उस प्रकृति या स्वभावके वशमें होनेके कारण ही इनका बार-बार जन्म और मरण होता है।

यहाँ एक जिज्ञासा होती है कि ब्रह्माकी रात्रिके आरम्भमें जिस अव्यक्तमें समस्त भूतप्राणी लीन होते हैं तथा उसके दिनका आरम्भ होते ही जिससे वे उत्पन्न होते हैं, क्या वह अव्यक्त ही सर्वश्रेष्ठ है, या उससे भी बढ़कर कोई और है ? इसे शान्त करते हुए, श्रीकृष्ण कहते हैं—

परस्तस्मात्तु भावोऽन्योऽव्यक्तोऽव्यक्तात्सनातनः।
यः स सर्वेषु भूतेषु नश्यत्सु न विनश्यति॥२०॥

पद॰– परः= परे ; तस्मात् = उससे ; तु = परन्तु (भी) ; भाव := भाव ; अन्यः= दूसरा ; अव्यक्त := अव्यक्त ; अव्यक्तात् = अव्यक्तसे ; सनातनः= अनादि व अनन्त ; यः= जो ; सः= वह ; सर्वेषु = सब (में) ; भूतेषु = प्राणियोंमें ; नश्यत्सु = नष्ट होनेपर भी ; न = नहीं ; विनश्यति = नष्ट होता है।

अनु॰ — उस अव्यक्तसे भी (बहुत) परे (अर्थात्, सूक्ष्म वा श्रेष्ठ) दूसरा (यानी, एक और) जो शाश्वत (अनादि-अनन्त) अव्यक्तभाव है, वह (परमदिव्य पुरुष) सब भूतों (प्राणी-पदार्थों) के नष्ट हो जानेपर भी (स्वयं) नष्ट नहीं होता (अर्थात्, वही सर्वश्रेष्ठ है)।

टि॰ — यहाँ "अव्यक्तात्" तथा "अव्यक्तः", पदोंमें प्रयुक्त "अव्यक्त" शब्द भिन्नार्थक है। पूर्वोक्त "अव्यक्त", इसी अध्यायके अठारहवें श्लोकमें जिस "अव्यक्त" में समस्त व्यक्तियों (भूत-प्राणियों) का लय होना बतलाया गया है, उसी वस्तुका वाचक है। दूसरा "अव्यक्त" वह तत्त्व है, जिसका इस अध्यायके चौथे श्लोकमें "अधियज्ञ" नामसे, नवें श्लोकमें "कवि," "पुराण" आदि नामोंसे, आठवें और दसवें श्लोकोंमें "परमदिव्य पुरुष" के नामसे तथा बाईसवें श्लोकमें "परम-पुरुष" के नामसे वर्णन किया गया है। पूर्वोक्त "अव्यक्त" से इस "अव्यक्त" को यहाँ "पर" एवम् "अन्य" बतलाकर उससे इसकी अत्यन्त श्रेष्ठता, सूक्ष्मता तथा विलक्षणता सूचित की गई है। तात्पर्य यह कि दोनों वस्तुओंका स्वरूप "अव्यक्त" होनेपर भी, दोनो एक ही जातिकी वस्तुएँ नहीं हैं। पहला "अव्यक्त" जड, नाशवान्, दृश्य और ज्ञेय है, परन्तु दूसरा "अव्यक्त" चेतन, अविनाशी, द्रष्टा और

ज्ञाता हैं। साथ ही, यह उसका स्वामी, सञ्चालक तथा अधिष्ठाता भी है, अतः यह उससे अत्यन्त परे, श्रेष्ठ एवं विलक्षण है। अनादि और अनन्त होनेके कारण, इसे "सनातन" कहा गया है।

यह द्रष्टव्य है कि महाप्रलयके समय अपने-अपने स्थूल तथा सूक्ष्म शरीरोंसे वञ्चित होकर निश्शेष भूत-प्राणियोंका मायानामक मूलप्रकृतिमें लीन हो जाना ही उनका नाश होना है। किन्तु उस समय भी उस प्रकृतिके अधिष्ठाता, सनातन, अव्यक्त, परमदिव्यपुरुष, परमेश्वरका प्रकृतिसहित उन समस्त जीवोंको अपनेमें लीन करके अपनी ही महिमामें स्थित हुए रहना, यही उनका, समस्त प्राणी-पदार्थोंके नष्ट हो जानेपर भी, स्वयं नष्ट न होना है।

अव्यक्तोऽक्षर इत्युक्तस्तमाहुः परमां गतिम्।
यं प्राप्य न निवर्तन्ते तद्धाम परमं मम॥२१॥

पद॰ — अव्यक्तः= अव्यक्त ; अक्षरः= अविनाशी; इति = ऐसे (इस नामसे) ; उक्तः= कहा गया है ; तम् = उसको ; आहुः= कहते हैं ; परमाम् = परम (को) ; गतिम् = गति (को) ; यम् = जिसको ; प्राप्य = प्राप्त होकर ; न = नहीं ; निवर्तन्ते = वापस आते हैं ; तत् = वह ; धाम = स्थान ; परमम् = परम ; मम = मेरा।

अनु॰ — (जो) अव्यक्त "अक्षर" इस नामसे कहा गया है, उसी (अक्षरनामक अव्यक्तभाव) को "परमगति" कहते हैं। (तथा) जिस (सनातन अव्यक्तभाव) को प्राप्त होकर (जीव) वापस नहीं आते, वह (ही) मेरा परमधाम है।

टि॰ — भगवान्‌का जो नित्यधाम है, वह भी सच्चिदानन्दमय, दिव्य, चेतन तथा भगवान् ही का स्वरूप होनेके कारण, वास्तवमें, भगवान्‌से अभिन्न ही है। अतः, यहाँ "परमधाम" शब्द भगवान्‌के नित्यधाम, उनके स्वरूप तथा उनके भाव — इन सभीका वाचक है। अभिप्राय यह है कि भगवान्‌के नित्यधामकी, भगवद्भावकी एवं भगवत्स्वरूपकी प्राप्तिमें कोई वास्तविक भेद नहीं है। इसी प्रकार, अव्यक्त अक्षरकी प्राप्तिमें, परमगतिकी प्राप्तिमें एवं भगवान्‌की प्राप्तिमें भी, वस्तुतः, कोई भेद नहीं है। इसी बातको समझानेके लिये यह कहा गया है कि जिसको प्राप्त करके जीव, मृत्युलोक अथवा किसी अन्य लोकको, नहीं लौटता, वही "मेरा परमधाम" है। उसीको "अव्यक्त", "अक्षर" तथा "परमगति" भी कहते हैं। बात यह है कि साधनाके भेदसे साधकोंकी दृष्टिमें फलका भेद हो जाता है, इसीलिये उसका यहाँ भिन्न-भिन्न नामोंसे वर्णन किया गया हैं। यथार्थमें, वस्तुगत कुछ भी भेद न होनेके कारण, प्रस्तुत श्लोकमें उन सबकी एकता ही दिखाई गई है।

इस प्रकार, सनातन-अव्यक्त-परमपुरुषकी परमगति तथा परमधामके साथ अभिन्नता दिखलाकर अब उसकी प्राप्तिका उपाय बतलाते हैं—

पुरुषः स परः पार्थ भक्त्या लभ्यस्त्वनन्यया।
यस्यान्तःस्थानि भूतानि येन सर्वमिदं ततम्॥२२॥

पद० — पुरुषः= पुरुष ; सः= वह ; परः= परम ; पार्थ = हे पृथापुत्र (अर्जुन) : भक्त्या = भक्तिसे ; लभ्य := प्राप्त होनेयोग्य ; तु = तो ; अनन्यया = एकनिष्ठ (से) ; यस्य = जिसके ; अन्तःस्थानि = भीतर स्थित हुए (अर्थात्, अन्तर्गत) ; भूतानि = (समस्त) चराचर प्राणी ; येन = जिससे ; सर्वम् = सब ; इदम् = यह ; ततम् = परिपूर्ण (व्याप्त) है।

अनु० — हे अर्जुन ! (समस्त) चराचर प्राणी जिस (परब्रह्म-परमेश्वर) के अन्तर्गत हैं (अर्थात्, जिसके भीतर उत्पन्न होते हैं, स्थित रहते हैं तथा वहीं फिर विलीन हो जाते हैं) (और) जिस (परब्रह्म-परमेश्वर) से यह समग्र (ब्रह्माण्ड) परिपूर्ण (व्याप्त) है (यानी, कोई भी स्थान उससे शून्य नहीं है) (ऐसा) वह (सनातन, अव्यक्त) परमपुरुष तो (केवल) एकनिष्ठ भक्तिसे (ही) प्राप्त होनेयोग्य है (अर्थात्, पूर्णसमर्पित आराधनासे ही प्राप्त किया जा सकता है)।

टि० — इस अध्यायके प्रारम्भमें, अर्जुनके सातवें प्रश्नका उत्तर देते हुए भगवान्‌ने, अन्तकालमें किस प्रकार मनुष्य परमधामको प्राप्त होता है, इस बातको भलीभाँति समझाया था। प्रसंगवश, यह बात भी कही थी कि भगवत्प्राप्ति न होनेपर ब्रह्माके लोकतक पहुँचकर भी जीव आवागमनके चक्करसे नहीं छूट पाता। परन्तु वहाँ यह बात नहीं कही गई कि जो वापस-न-लौटनेवाले स्थानको प्राप्त होते हैं, वे किस मार्गसे और कैसे जाते हैं तथा, इसी प्रकार, जो वापस-लौटनेवाले स्थानोंको प्राप्त होते हैं, वे किस मार्गसे और कैसे जाते हैं। अतः, उन दोनों मार्गोंका वर्णन करनेके लिये, भगवान् प्रस्तावना करते हैं—

यत्र काले त्वनावृत्तिमावृत्तिं चैव योगिनः।
प्रयाता यान्ति तं कालं वक्ष्यामि भरतर्षभ॥२३॥

पद० — यत्र = जिस (में) ; काले = मार्गमें ; तु = और ; अनावृत्तिम् = न लौटनेवाली (गति) को ; आवृत्तिम् = लौटनेवाली (गति) को ; च = तथा ; एव = ही ; योगिन := साधक (भक्तजन) ; प्रयाताः= गए हुए ; यान्ति = जाते हैं (प्राप्त होते हैं) ; तम् = उसको ; कालम् = मार्गको ; वक्ष्यामि = कहूँगा ; भरतर्षभ = हे भरतवंशमें श्रेष्ठ (अर्जुन)।

अनु॰ — और हे भरतवंशशिरोमणि (अर्जुन) ! (शरीर त्यागकर) जिस मार्गसे गए-हुए साधक (भक्तजन) न लौटनेवाली (गति) को तथा (जिस मार्गसे गए-हुए वे) लौटनेवाली (गति) को ही प्राप्त होते हैं, उस कालको (अर्थात्, दोनों मार्गोंको) (मैं अब तुमसे) कहूँगा।

अग्निर्ज्योतिरहः शुक्लः षण्मासा उत्तरायणम्।
तत्र प्रयाता गच्छन्ति ब्रह्म ब्रह्मविदो जनाः॥२४॥
धूमो रात्रिस्तथा कृष्णः षण्मासा दक्षिणायनम्।
तत्र चान्द्रमसं ज्योतिर्योगी प्राप्य निवर्तते॥२५॥

पद॰ — अग्निः= अग्नि ; ज्योतिः= ज्योति ; अहः= दिन ; शुक्लः= शुक्लपक्ष; षण्मासाः = छः महीने ; उत्तरायणम् = सूर्यका उत्तरदिशामें गमन (अर्थात्, सूर्यकी उत्तरगति) ; तत्र = वहाँ ; प्रयाताः= (मरकर) गए हुए ; गच्छन्ति = जाते हैं (प्राप्त होते हैं) ; ब्रह्म = ब्रह्मको; ब्रह्मविद := ब्रह्मको जाननेवाले ; जनाः= योगीजन। धूमः= धूआँ ; रात्रिः= रात ; तथा = और ; कृष्ण := कृष्णपक्ष ; षण्मासाः = छः महीने ; दक्षिणायनम् = सूर्यका दक्षिणदिशामें गमन (यानी, सूर्यकी दक्षिणगति) ; तत्र = वहाँ ; चान्द्रमसम् = चन्द्रमाकी ; ज्योतिः= ज्योतिको ; योगी = साधक ; प्राप्य = प्राप्त करके (होकर) ; निवर्तते = लौट आता है।

अनु॰ — अग्नि, ज्योति, दिन, शुक्लपक्ष (तथा) (सूर्यकी) उत्तरगतिके छः महीने — इस मार्गका (मरणोपरान्त) अनुसरण करनेवाले ब्रह्मवेत्ता (ब्रह्मको जाननेवाले) योगीजन ब्रह्मको प्राप्त होते हैं (अर्थात्, वे लौटकर संसारको नहीं आते)। (किन्तु) धूआँ, रात, कृष्णपक्ष और (सूर्यकी) दक्षिणगतिके छः महीने — इस मार्गका (मरणोपरान्त) अनुसरण करता हुआ (सकामकर्म करनेवाला) साधक, चन्द्रमाकी ज्योतिको प्राप्त करके (अर्थात्, चन्द्रलोकको प्राप्त होकर) (वहाँ अपने शुभकर्मोंका फल भोगनेके पश्चात् संसारको फिर) लौट आता है।

टि॰ — हिन्दुधर्मग्रन्थोंमें, देहत्यागोपरान्त, जीवात्माकी भावी यात्राके निमित्त तीन मार्ग निर्धारित हैं—देवयान, पितृयान तथा संसार। जिन उत्कृष्टकोटिके मनुष्योंने, अपने वर्तमान (तत्कालीन) जन्ममें ही, आत्मसाक्षात्कार कर लिया है, अर्थात्, ज्ञानयोग, कर्मयोग, भक्तियोग अथवा किसी भी अन्य साधनद्वारा ब्रह्मको परोक्षभावसे पूर्णरूपेण जान लिया है, वे तो, मृत्युके पश्चात्, देवयान (यानी, देवताओंके मार्ग) का अनुसरण करते हुए ब्रह्म ही को प्राप्त हो जाते हैं, अर्थात्,

उसीमें विलीन हो जाते हैं — उनके लिए संसार अथवा किसी अन्य लोकमें लौटकर आनेका प्रश्न ही नहीं उठता। और, जिन मध्यश्रेणीके मानवोंने, आत्मसाक्षात्कारके अभावमें, दान, तप, यज्ञ, हवन, भजन, कीर्तन, धर्मप्रचार, लोकसेवा प्रभृति अनेकानेक शुभ एवं श्रेष्ठ, परन्तु सकाम, कृत्योंद्वारा अपने समग्र जीवनको ओत-प्रोत कर रक्खा है, वे, मरणोपरान्त, पितृयान (अर्थात्, पितरोंके मार्ग) का अनुसरण करते हुए, पितृलोक — चन्द्रलोक — में पहुँचते हैं और, अपने पुण्यकर्मोंके फलके क्षीण हो चुकनेके बाद, फिर इस संसारमें लौटते हैं और मनुष्ययोनिमें ही जन्म लेकर अपनी जीवनलीला फिर नये सिरेसे आरम्भ करते हैं। इसके विपरीत, जिन निकृष्ट-प्रकृतिके मनुजोंने भूलकर भी कभी कोई सुकृत नहीं किया है और समूचा जीवन, मद, मोह, लोभ, काम, मात्सर्य आदि दुर्वृत्तियोंके वशीभूत हो, जघन्य पापों, घिनौने दुष्कर्मों एवं दुरिष्ठ दुराचारोंपर बलि चढ़ा दिया है, उनके लिए इस मर्त्यलोक — संसार — को छोड़ कोई और ठौर नहीं है और, इसीलिये, वे कीट-पतंग, शूकर-कूकर, मीन-मकर, तृण-तरु, पशु-पक्षी आदि निम्नवर्गीय प्राणियोंके रूपमें बार-बार यहीं जन्मते और मरते रहते हैं।

उपरिनिर्दिष्ट तीन मार्गोंमें से श्रीकृष्ण भगवान्‌ने यहाँ, प्रकरणवश, आद्य दो मार्गों — देवयान तथा पितृयान — ही की चर्चा की है। पुनर्जन्मवादके इस सिद्धान्तके अंकुर, यद्यपि ऋग्वेद तथा अन्य संहिताओंमें दृश्यमान होते हैं, तथापि उनका विकास परवर्ती ब्राह्मणोंमें और पूर्ण विस्तार उपनिषदोंमें, विशेषतया छान्दोग्य एवं बृहदारण्यकमें, ही हो सका है। इनमें देवयान तथा पितृयानका सम्बन्ध अग्निसे जोड़ा गया है, जो दैवी पुरोहित है तथा देवताओं, पितरों व अन्यलोकवासियोंके साथ मनुष्योंके मिलनका माध्यम है। देवों वा पितरोंके पथ या जिस भी किसी अन्य पथसे यज्ञपदार्थ आकाशको पहूँचता है, आगे चलकर वही यज्ञकर्ताका मार्ग बन जाता है, जिसपर मरणोपरान्त चलकर वह समुचित लोकमें पहुँचता है। यह विचार शवके दाहकर्मसे लिया गया जान पड़ता है। उपनिषत्कारोंने तो इन मार्गोंके आरम्भस्थल तथा विरामस्थानतक भी निर्णीत कर दिये हैं, जिनपर क्रमशः अग्रसर होता हुआ मृतकका जीवात्मा अपने गन्तव्यतक पहुँचता है। विचाराधीन दो श्लोकोंमें प्रथममें देवयानके ऐसे स्थानोंकी गणना की गई है— अग्नि, ज्योति, दिन, शुक्लपक्ष तथा उत्तरायण — और द्वितीयमें पितृयानके स्थलोंकी — धूआँ, रात, कृष्णपक्ष तथा दक्षिणायन।

यह कहना कठिन है कि इन विविध स्थानोंको उपर्युक्त विशिष्ट संज्ञाएँ देनेमें क्या तुक है। कुछ विद्वानोंके अनुसार, दोनों शृंखलाओं में प्रत्येक सीढ़ी

(विरामस्थल) से कोई-न-कोई लोकविशेष अभिप्रेत है ; कुछ अन्य मनीषी उसे चेतनाकी कोई विशिष्ट स्थिति मानते हैं ; तथा अन्य शास्त्रज्ञोंकी मान्यता है कि देवयानमें विभिन्न सीढ़ियाँ (विश्रामस्थल) उत्तरोत्तर संवर्धित होते हुए ज्ञान एवं संन्यासकी अनेक अवस्थाएँ हैं और पितृयानमें आनेवाले भिन्न-भिन्न पड़ाव (विरामस्थान) निरन्तर बढ़ते हुए अज्ञान व आसक्तिभावकी। इन सबसे सम्मान्य, उत्कृष्ट व समीचीन मत, हिन्दुधर्मप्राण, आर्यसंस्कृत्यालोकस्तम्भ, लोकमान्य बाल गंगाधर तिलकजीका है कि भौतिक प्रकाश पुण्य, सुकृत, सदाचार एवं निष्कामकर्मका प्रतीक है तथा भौतिक अन्धकार पाप, दुष्कृत, दुराचार एवं सकामकर्मका। जब ऐसा है, तो, स्वत एव, पुण्यवान्, साधु, धर्मात्मा, निष्कामकर्मी योगी, मरणोपरान्त, प्रकाशालोकित पथ — देवयान — ही का अनुसरण करेंगे और, विपर्यासतः, पापी, दुष्ट, पापात्मा, सकामकर्मी व्यक्ति, देहावसानके अनन्तर, अन्धकाराच्छादित मार्ग — पितृयान — का। इस प्रकार, तिलकजीके मतानुसार, देवयान उत्तरायणसे तथा पितृयान दक्षिणायनसे सम्बन्धित हैं।

यहाँ यह द्रष्टव्य है कि देवयानमें विभिन्न सीढ़ियों (विरामस्थलों) पर प्रकाशकी कालावधि उत्तरोत्तर बढ़ती ही जाती है — पहले, "अग्नि" पर थोड़ीसी देरके लिये ; "ज्योति" पर उससे अधिक ; "अहर्" पर पूरा एक दिन ; फिर "शुक्लपक्ष" पर पन्द्रह दिन और, अन्तमें, "उत्तरायण" पर लगातार छः महीनोंतक दिन-ही-दिन (सूर्यका प्रकाश)।इसी प्रकार, पितृयानमें विभिन्न पड़ावोंपर अन्धकारकी भी कालावधि उत्तरोत्तर बढ़ती जाती है— पहले, "धूएँ" पर सबसे कम; "रात्रि" पर पूरी एक रात; फिर "कृष्णपक्ष" पर पन्द्रह रातें और, अन्तमें, "दक्षिणायन" पर निरन्तर छः महीनोंतक रात ही रात (अन्धकार ही अन्धकार)।

"छः महीने लम्बा दिन" और "छः महीने लम्बी रात"— यह पढ़कर कोई चौंकनेवाली बात नहीं, क्योंकि, लोकमान्यजीके अनुसार, वैदिक आर्योंका निवास-स्थान "आर्कटिक रीजियन" (उत्तरी हिममहासागरका क्षेत्र) था, जहाँ उत्तरायण (उत्तरगति) होनेपर सूर्य छः महीनोंतक अस्त होनेका नाम नहीं लेता और दक्षिणायन (दक्षिणगति) होनेपर वह उदित होना ही भूल जाता है। अतः, प्राग्वैदिक एवं वैदिक आर्योंके एक वर्षमें, सूर्यके उत्तरायण होनेपर, छः महीनोंतक लगातार सूर्यका प्रकाश रहनेके कारण, इतनी लम्बी अवधिका मात्र एक दिन होता था तथा, उसके दक्षिणायन होनेपर, छः महीनोंतक निरन्तर सूर्याभाव रहनेके कारण, इतनी लम्बी अवधिकी केवल एक रात होती थी। किन्तु वैदिकोत्तरकालमें उनके

भारतागमनपर, नितान्त-नवीन प्राकृतिक परिवेशने उनके "उत्तरायण" एवं "दक्षिणायन" के स्वरूपको भी, स्वभावतः, बुरीतरह झँझोड़कर रख दिया। होते अब भी वे छः-छः महीनोंके ही हैं, परन्तु, केवल दिन-ही-दिन अथवा रात-ही-रात न होकर, अब वे दिन और रात दोनों ही को अपनेमें समोये हुए हैं। वसन्त, ग्रीष्म एवं वर्षाकी ऋतुएँ (लगभग फरवरीसे जुलाईतक) उत्तरायण (देवयान) से सम्बन्धित हैं और शरद्, हेमन्त एवं शिशिरकी ऋतुएँ (प्रायः अगस्तसे जनवरीतक) दक्षिणायन (पितृयान) से।

यहाँ यह जिज्ञासा हो सकती है कि, प्रस्तुत श्लोकोंमें, पहलेमें तो जीवात्माकी देवयानयात्रामें प्रारम्भस्थल (अग्नि) से गन्तव्य (ब्रह्मलोक) तक चार पड़ाव आते हैं, किन्तु दूसरे श्लोकमें उसकी पितृयानयात्रामें प्रारम्भस्थल (धूएँ) से गन्तव्य (चन्द्रलोक) तक तीन ही पड़ाव आते हैं— यह विषमता क्यों ? इसका समाधान यह है कि पितृयानमें "धूएँ" से पहले "अग्नि" को अनावश्यक समझ जान-बूझकर छोड़ दिया गया है, यतः अग्निके बिना धूआँ हो ही नहीं सकता — कारणके बिना कार्य कैसे हो सकता है ? सो, जब "धूएँ" का उल्लेख हो गया, तो उसमें "अग्नि" का समावेश तो अपने-आप ही हो गया। किन्तु इस तर्कको स्वीकारा नहीं जा सकता, क्योंकि यदि ऐसी मान्यता है, तो फिर पहले श्लोकमें भी "ज्योतिः" से पहले "अग्निः" को निकालना पड़ेगा, यतः ज्योति (ज्वाला) का भी तो कारण, धूएँकी भाँति, अग्नि ही है — अग्निके अभावमें ज्योति (ज्वाला) कहाँसे आएगी ?

अतः, दोनों यानोंमें समता स्थापित करनेके लिये दो ही उपाय हैं। या तो, दूसरे श्लोकके आदिमें "अग्नि" का शब्द जोड़कर पितृयानकी सीढ़ियोंमें एककी वृद्धि कर दी जाए, ताकि उनकी संख्या यहाँ भी, देवयानकी भाँति, चार हो जाये ; और या, पहले श्लोकके आदिमें "अग्निः" तथा "ज्योतिः" को दो भिन्नार्थक शब्द न मानकर "अग्निर्ज्योतिः" के रूपमें एकार्थद्विपदक शब्द माना जाये। अब, इसका विग्रह "अग्निरेव ज्योतिः" करनेसे, शब्दका अर्थ हुआ "अग्नि ही ज्योति," अर्थात्, "अग्नि, जो ज्योति है", यानी, "ज्योतिर्मय अग्नि"। इस प्रकार, दोके स्थानपर एक शब्द हो जानेसे, देवयानमें भी, पितृयानके सदृश, विश्रामस्थलोंकी संख्या तीन हो गई। साथ ही, यह भी ध्यान देनेयोग्य है कि अब देवयानका प्रारम्भस्थान "ज्योति" बन गया है, जो कि देवपुरोहित अग्निका प्रकाशपक्ष है, अर्थात्, ज्ञान-वैराग्य-निष्कामकर्ममय जीवनका प्रतीक। (पितृयानका तो प्रारम्भस्थान पहले ही से "धूएँ" के रूपमें निर्धारित है, जो कि अग्निका अन्धकारपक्ष है, यानी, अज्ञान-आसक्ति-सकामकर्ममय जीवनका प्रतीक।)

एक सम्भावित सामान्य भ्रमका यहाँ निवारण करदेना असंगत न होगा कि दिनके समय, शुक्लपक्षमें तथा उत्तरायणकालमें प्राण त्यागनेवाला प्रत्येक जीव देवयानका अधिकारी होता है और रात्रिके समय, कृष्णपक्षमें तथा दक्षिणायनकालमें मरनेवाला प्रत्येक प्राणी पितृयानका। कारण ? मरणोपरान्त, जीवका मार्ग उसके मरनेके समयपर निर्भर नहीं होता, अपितु उसके कर्मोंपर। हाँ, इतना अवश्य है कि अपने कर्मनिर्धारित मार्गके किसी भी नियोजित कालखण्डमें मृत्युको प्राप्त न होनेपर, जीवको अपने उपयुक्त समयके आजानेकी प्रतीक्षा करनी पड़ती है। अन्ततः, वह जायेगा उसी मार्गसे, जिसका वह अधिकारी है। उदाहरणार्थ, देवयानका अधिकारी यदि रात्रिमें मरता है, तो उसे अपनी यात्रा आरम्भ करनेके लिए दिनके होजानेका इन्तज़ार करना पड़ेगा; यदि कृष्णपक्षमें मरता है, तो शुक्लपक्षके शुरू होजानेतक रुकना पड़ेगा और यदि दक्षिणायनमें मरता है, तो उत्तरायणकालके आजानेकी प्रतीक्षा करनी पड़ेगी, जैसे इच्छामृत्यु भीष्मपितामह, दक्षिणायनमें अर्जुनबाणोंद्वारा घातकरूपसे बिँध जानेपर भी, शरशय्यापर पड़े-पड़े मरनेके लिये सूर्यके उत्तरायणमें आजानेकी प्रतीक्षा करते रहे थे।

इस प्रकार, उत्तरायण तथा दक्षिणायन दोनों मार्गोंका वर्णन करके, भगवान् अब उन दोनोंको ही सनातन मार्ग बतलाते हुए कहते हैं—

शुक्लकृष्णे गती ह्येते जगतः शाश्वते मते।
एकया यात्यनावृत्तिमन्ययाऽऽवर्तते पुनः॥२६॥

पद०— शुक्लकृष्णे = शुक्ल तथा कृष्ण; गती = मार्ग; हि = निस्सन्देह; एते = ये दो; जगतः= संसारके; शाश्वते = सनातन; मते = मानी गयी हैं; एकया = एकसे; याति = जाता है; अनावृत्तिम् = वापस-न-आनेवाली (परमगति) को; अन्यया = दूसरीसे; आवर्तते = वापस आता है; पुनः= फिर।

अनु०— निस्सन्देह, संसारके ये दो (प्रकारके) मार्ग — शुक्ल (देवयान) तथा कृष्ण (पितृयान) — सनातन माने गये हैं। (इनमें) एकके द्वारा (यानी, देवयानसे) (गया-हुआ निष्कामकर्मयोगी) वापस-न-आनेवाली (परमगति, अर्थात्, ब्रह्म) को जाता है (प्राप्त होता है) (और) दूसरेके द्वारा (यानी, पितृयानसे) (गया-हुआ सकामकर्मयोगी) फिर वापस आता है (अर्थात्,जन्म-मृत्युको प्राप्त होता है)।

नैते सृती पार्थ जानन्योगी मुह्यति कश्चन।
तस्मात्सर्वेषु कालेषु योगयुक्तो भवार्जुन॥२७॥

पद०— न = नहीं; एते = इन दोनोंको; सृती = मार्गोंको; पार्थ = हे

पृथापुत्र ; जानन् = जानता हुआ ; योगी = साधक ; मुह्यति = मोहित होता है ; कश्चन = कोई भी ; तस्मात् = इसलिये ; सर्वेषु = सब (में) ; कालेषु = समयोंमें ; योगयुक्तः = योगसे युक्त ; भव = हो ; अर्जुन = हे अर्जुन।

अनु० — हे पृथापुत्र ! (उपर्युक्त प्रकारसे वर्णित) इन दोनों मार्गोंको (तत्त्वसे वा पूर्णरूपसे) जानता (अथवा समझता) हुआ कोई भी साधक (मायामय संसारके) मोहमें नहीं फँसता। इसलिये, हे अर्जुन ! (तू) सब समय (सदा-सर्वदा) (समत्वबुद्धिरूप) योगसे युक्त हो (अर्थात्, निरन्तर मेरी-प्राप्तिके लिए ही साधन करनेवाला बन)।

टि० — देवयान एवं पितृयानरूपी दोनों मार्गोंके मर्म व वास्तविकताको पूरी-तरह समझनेवाला साधक समस्त लोकोंके भोगोंको नाशवान् तथा तुच्छ मानता है। अतः, वह किसी भी प्रकारके भोगोंमें आसक्त नहीं होता और निरन्तर परमेश्वरकी ही प्राप्तिके साधनमें लगा रहता है। यही यहाँ "न मुह्यति" का अभिप्राय है।

भगवान्ने अर्जुनको सब कालमें योगयुक्त होनेके लिए कहा है, अर्थात्, केवल उनकी-ही-प्राप्तिके लिये निरन्तर भक्तिप्रधान कर्मयोगमें श्रद्धापूर्वक तत्पर रहनेके लिये आदेश दिया है। इसका यह भाव है कि मनुष्यजीवन बहुत थोड़े ही दिनोंका है ; मृत्युका कोई भरोसा नहीं कि कब आजाए। इसलिये, "करले सो काम, भजले सो राम।" यदि अपने जीवनके प्रत्येक क्षणको साधनामें लगाए रखनेका प्रयत्न नहीं किया जायेगा, तो वह बीच-बीचमें छूटती रहेगी। और यदि कहीं साधनाहीन अवस्थामें ही मृत्यु हो गई, तो फिर जन्म ग्रहण करना पड़ेगा। अतः, श्रीकृष्णजी अर्जुनको भगवत्प्राप्तिकी साधनामें नित्य-निरन्तर ही लगे रहनेका सत्परामर्श देते हैं। साथ ही, एक योगयुक्त पुरुषकी महिमाका वर्णन करते हुए, वे कहते हैं —

वेदेषु यज्ञेषु तपःसु चैव दानेषु यत्पुण्यफलं प्रदिष्टम्।
अत्येति तत्सर्वमिदं विदित्वा योगी परं स्थानमुपैति चाद्यम् ॥२८॥

पद० — वेदेषु = वेदोंमें ; यज्ञेषु = यज्ञोंमें ; तपःसु = तपोंमें ; च = और ; एव = ही (निस्सन्देह) ; दानेषु = दानोंमें ; यत् = जो ; पुण्यफलम् = पुण्योंका फल ; प्रदिष्टम् = बतलाया गया है ; अत्येति = उल्लंघन कर जाता है ; तत् = उस (को) ; सर्वम् = सबको ; इदम् = इसको ; विदित्वा = जानकर ; योगी = साधक ; परम् = परम (को) ; स्थानम् = पदको ; उपैति = प्राप्त होता है ; च = और ; आद्यम् = सनातन (को)।

अनु॰ — (एक) साधक, (प्रस्तुत अध्यायमें उपरिवर्णित) इस (समस्त उपदेश) को (तत्त्वसे, भलीभाँति) जान (वा समझ) लेनेपर, वेदशास्त्रों (के स्वाध्याय) तथा यज्ञ, तप और दान (आदि शुभ कर्मोंके अनुष्ठान) का (धर्मग्रन्थोंद्वारा) जो पुण्यफल बतलाया गया है, उस सबको, निस्सन्देह, उल्लंघन कर जाता है (अर्थात्, बहुत पीछे छोड़ जाता है) और सनातन, परमपदको (यानी, परब्रह्म-परमेश्वरको) प्राप्त हो जाता है।

टि॰ — "सब पुण्यफलको उल्लंघन कर जाता है" का तात्पर्य है कि वेदस्वाध्याय तथा यज्ञ, दान, तपादि शुभ कर्मोंके पुण्यफलोंसे उपलब्ध भिन्न-भिन्न देवलोकों तथा उनके भोगोंको एक तत्त्वदर्शी योगी क्षणभंगुर, अनित्य, नगण्य एवं तुच्छ समझकर उनमें आसक्त नहीं होता है और उनसे सर्वथा उपरत तथा निष्प्रभावित रहकर, उनका ध्यानतक भी न करते हुए, उनसे कहीं दूर आगे निकलकर अपने गन्तव्य — परब्रह्म — को प्राप्त हो जाता है।

— o —

ॐ तत्सदिति श्रीमद्भगवद्गीतासूपनिषत्सु
ब्रह्मविद्यायां योगशास्त्रे श्रीकृष्णार्जुनसंवादे
अक्षरब्रह्मयोगो नामाष्टमोऽध्यायः ॥८॥

ॐ नित्यस्वरूप उस परमात्माको नमस्कार ! श्रीमद्भगवद्गीतारूपी उपनिषद् एवं ब्रह्मविद्या तथा योगशास्त्रविषयक श्रीकृष्ण-और-अर्जुनके संवादमें "अक्षरब्रह्मयोग" नामक आठवाँ अध्याय यहाँ समाप्त होता है॥८॥

श्रीमद्भगवद्गीता — नवाँ अध्याय

इस अध्यायमें भगवान्ने जो उपदेश दिया है, उसको उन्होंने, दूसरे श्लोकमें, सब विद्याओंका तथा समस्त गुप्त रखने-योग्य भावोंका राजा बतलाया है। अतः, इस अध्यायका नाम "राजविद्याराजगुह्ययोग" है।

श्रीभगवानुवाच।

इदं तु ते गुह्यतमं प्रवक्ष्याम्यनसूयवे।
ज्ञानं विज्ञानसहितं यज्ज्ञात्वा मोक्ष्यसेऽशुभात्॥ १॥

पद० — श्रीभगवान् = श्रीकृष्ण भगवान्; उवाच = बोले।

इदम् = इस (को); तु = निश्चय ही; ते = तेरेलिए; गुह्यतमम् = परम गोपनीय (को); प्रवक्ष्यामि = कहूँगा; अनसूयवे = दोषदृष्टिरहित (भक्त) के लिए; ज्ञानम् = ज्ञानको; विज्ञानसहितम् = विज्ञान (रहस्य) समेत (को); यत् = जिसको; ज्ञात्वा = जानकर; मोक्ष्यसे = मुक्त हो जायेगा; अशुभात् = दुःखरूप संसारसे।

अनु० — श्रीकृष्ण भगवान् बोले — तुझ दोषदृष्टिशून्य (भक्त) के लिए, निश्चय ही, (मैं) इस परम गोपनीय ज्ञानको विज्ञानसमेत (अर्थात्, परोक्ष और प्रत्यक्ष, सिद्धान्त और व्यवहार; बाह्य और गुह्य, प्रतिपादन और क्रियान्वयन — सभी सम्भव पक्षोंसे, अशेषरूपेण) कहूँगा, जिसको जानकर (तू) दुःखरूप संसारसे मुक्त हो जायेगा (यानी, ब्रह्मरूप परमधामको प्राप्त हो जायेगा)।

राजविद्या राजगुह्यं पवित्रमिदमुत्तमम्।
प्रत्यक्षावगमं धर्म्यं सुसुखं कर्तुमव्ययम्॥ २॥

पद० — राजविद्या = विद्याओंका राजा (अर्थात्, सर्वश्रेष्ठ विद्या); राजगुह्यम् = रहस्योंका राजा (यानी, गूढतम रहस्य); पवित्रम् = पावन वा निष्पाप (अथवा, पावन वा निष्पाप करनेवाला); इदम् = यह; उत्तमम् = उत्कृष्ट; प्रत्यक्षावगमम् = प्रत्यक्ष फल देनेवाला (अथवा, प्रत्यक्ष अनुभवद्वारा जाना जानेवाला); धर्म्यम् =

(प्रशस्त) पुण्योंसे युक्त वा गुणकारी ; सुसुखम् = बड़ी आसानीसे ; कर्तुम् = करना ; अव्ययम = कभी नाश न होनेवाला (अविनाशी)।

अनु० — यह (विज्ञानसहित ज्ञान) (सब) विद्याओंमें श्रेष्ठ, (सब) रहस्योंमें गूढ़तम, उत्कृष्ट पावन वा निष्पाप (अथवा, साधकको उत्कृष्टरूपसे पावन वा निष्पाप करनेवाला), प्रत्यक्ष (ही) फल देनेवाला (अथवा, प्रत्यक्ष अनुभवद्वारा जाना जानेवाला),(प्रशस्त)गुणकारी वा पुण्योंसे युक्त, बड़ी आसानीसे किया जा सकनेवाला (अर्थात्, साधन करनेमें बड़ा सुगम) (तथा) अविनाशी (नित्य) है।

टि० — विज्ञानसहित ज्ञानरूप उपदेशको इस श्लोकमें "उत्तमं पवित्रम्" — साधकको उत्कृष्टरूपसे पावन वा निष्पाप करनेवाला — बताया गया है, क्योंकि जो भी कोई साधक इस उपदेशके अनुसार श्रद्धापूर्वक आचरण करता है, तो यह उसके समस्त पापों और अवगुणोंका समूल नाश करके उसे — साधकको — सदाके लिए परम विशुद्ध एवं निष्पाप बना देता है। साथ ही, यह "प्रत्यक्षावगमम्" — प्रत्यक्ष ही फल देनेवाला — है, क्योंकि यज्ञ, हवन, श्राद्ध, व्रतादि कर्मोंकी भाँति, इस उपदेशका फल अदृष्ट नहीं है, अपितु प्रत्यक्ष एवं गोचर है, यतः साधक ज्यों-जों इसकी ओर आगे बढ़ता है, त्यों-त्यों उसके दुर्गुणों, दुराचारों तथा दुःखोंका नाश होकर, उसे परम शान्ति एवम् अलौकिक आनन्दका प्रत्यक्ष अनुभव होने लगता है। इतना सब-कुछ होनेपर भी, यह उपदेश — यानी, विज्ञानसहित ज्ञान — कठिनतासे प्राप्त होनेवाला नहीं है, क्योंकि यह "सुसुखं कर्तुम्"— बहुत ही सुगमतासे किया जा सकनेवाला — है। कारण ? इसके क्रियान्वयनमें न तो किसी प्रकारके कर्मकाण्डीय बाहरी आयोजनकी और न ही किसी विशेष प्रयासकी आवश्यकता पड़ती है। सिद्ध होनेके बादकी बात तो दूर रही, साधनके आरम्भसे ही साधकको इसमें अद्वितीय सुख एवं शान्तिका अनुभव होने लगता है।

यहाँ यह जिज्ञासा होनी स्वाभाविक है कि जब इस विज्ञानसहित ज्ञानकी महिमा इतनी विचित्र है, तो फिर सभी मनुष्य इसे धारण क्यों नहीं करते ? इसका मुख्य कारण भगवान् अश्रद्धाको बताते हैं और, इसलिये, इस ज्ञानपर श्रद्धा न रखनेवाले मनुष्योंकी निन्दा करते हुए, वे कहते हैं—

अश्रद्दधानाः पुरुषा धर्मस्यास्य परंतप।
अप्राप्य मां निवर्तन्ते मृत्युसंसारवर्त्मनि ॥ ३ ॥

पद० — अश्रद्दधाना := श्रद्धा न रखनेवाले (श्रद्धारहित) ; पुरुषाः= मनुष्य ; धर्मस्य = धर्मका ; अस्य = इसका ; परन्तप = हे शत्रुओंको सन्तप्त करनेवाले

(अर्जुन) ; अप्राप्य = न प्राप्त करके ; माम् = मुझको ; निवर्तन्ते = वापस आजाते हैं ; मृत्युसंसारवर्त्मनि = मृत्युमयपुनर्जन्मके मार्गमें (अर्थात्, मृत्युरूप संसारचक्रमें)।

अनु० — हे शत्रुओंको सन्तप्त करनेवाले (अर्जुन) ! इस (विज्ञानसहित ज्ञानरूप) धर्ममें श्रद्धा न रखनेवाले व्यक्ति मुझको न प्राप्त होकर मृत्युमयपुनर्जन्मके मार्गमें वापस आजाते हैं (यानी, मृत्युरूप संसारचक्रमें लौट आते हैं और यहीं भटकते रहते हैं)।

टि० — कहनेका आशय यह कि चौरासी लाख योनियोंमें भटकते-भटकते कभी-कभार भगवान्‌की दयासे जीवको इस संसारचक्रसे छूटकर परमेश्वरको प्राप्त करनेके लिए मनुष्यका शरीर मिलता है। ऐसे दुर्लभ मानवदेहको पाकर भी जो लोग भगवान्‌के वचनोंमें श्रद्धा न रखनेके कारण भजन-ध्यान आदि साधन नहीं करते, वे भगवान्‌को न पाकर फिर उसी जन्म-मृत्युरूप संसारचक्रमें पड़ते हुए पूर्वकी भाँति भटकने लगते हैं।

अब भगवान्, विज्ञानसहित ज्ञानका उपदेश आरम्भ करते हुए, सबसे पहले, अपने अव्यक्तस्वरूपका वर्णन करते हैं—

मया ततमिदं सर्वं जगदव्यक्तमूर्तिना।
मत्स्थानि सर्वभूतानि न चाहं तेष्ववस्थितः॥४॥

पद० — मया = मुझसे ; ततम् = व्याप्त है ; इदम् = यह ; सर्वम् = सब ; जगत् = संसार ; अव्यक्तमूर्तिना = निराकाररूप (परमात्मा) से ; मत्स्थानि = मुझमें स्थित हैं ; सर्वभूतानि = समस्त प्राणी ; न = नहीं ; च = परन्तु ; अहम् = मैं ; तेषु = उनमें ; अवस्थितः = स्थित (रहता हुआ)।

अनु० — मुझ निराकाररूप (परमात्मा) से यह समस्त संसार व्याप्त है। (ब्रह्माण्डके) सकल प्राणी (तो) मेरे भीतर स्थित हैं, (परन्तु) मैं उनमें स्थित नहीं हूँ।

टि० — परमात्मा अपने निराकाररूपमें ही संसारको व्याप्त कर सकता है, साकाररूपमें नहीं। साकारस्थितिमें तो वह एक समयमें एक ही स्थानपर स्थित रह सकता है, सब जगह नहीं। इसके विपरीत, अपनी निराकार-अवस्थामें वह निस्सीम एवं निर्मर्याद होता है। समस्त ब्रह्माण्डको आच्छादित करनेके लिए उस अनन्त विभूतिका एक लवांश ही पर्याप्त है ; और ऐसा करनेपर भी वह "अव्यक्तमूर्ति," सदाकी भाँति, अपनी नित्य-महिमामें अटल ही स्थित रहता है।

"भूतानि" शब्द यहाँ समस्त चराचर प्राणियों एवं भौतिक पदार्थोंका वाचक है। इन सबकी उत्पत्ति — बल्कि, सारे ब्रह्माण्डकी ही — भगवान् "एकोऽहं बहुस्यां प्रजायेय" रूपी अपने संकल्पवश करते हैं। इसके अनन्तर, वे ही उसकी स्थिति एवं समाप्ति करते हैं। एकमात्र वे ही सबके कर्ता, धर्ता, हर्ता, आश्रय, निवास और निधान हैं। दूसरे शब्दोंमें, सबकी स्थिति भगवान्के अधीन है। इसीलिये, सब भूतोंको भगवान्में स्थित बतलाया गया है।

साथ ही, समस्त ब्रह्माण्डके अणु-अणुमें व्याप्त होनेपर भी भगवान् उससे सर्वथा अतीत एवं सम्बन्धरहित हैं। ब्रह्माण्डका महाप्रलयमें नाश हो जानेपर भी, भगवान् ज्यों-के-त्यों ही रहते हैं — उनका नाश नहीं होता। कारण ? इस समस्त ब्रह्माण्डको भगवान्ने अपने एक अंशमें ही धारण कर रक्खा है। अतः, उसके भीतर सर्वत्र व्याप्त होनेपर भी, भगवान् उसीमें सीमित नहीं हैं — अपरिमितरूपसे उसके बाहर भी हैं ; जिस जगह ब्रह्माण्डकी गन्ध तक भी नहीं है, वहाँ भी भगवान् विद्यमान हैं। इस प्रकार, यद्यपि ब्रह्माण्ड (भूतों) को अपने अस्तित्वके लिये ब्रह्म (या भगवान्) की आवश्यकता है, ब्रह्मको अपने अस्तित्वके लिये किसी वस्तुकी आवश्यकता नहीं — वह स्वयंभू है, स्वयंस्थित है, आत्मनिर्भर है, अक्षर है, अव्यय है। इसीलिए, यहाँ कहा गया है कि "समस्त भूत (चराचर प्राणी) तो मुझमें स्थित हैं" (क्योंकि मैं हूँ, तो वे हैं ; मैं नहीं, तो वे भी नहीं), "किन्तु मैं उनमें स्थित नहीं हूँ" (क्योंकि वे नहीं होंगे तब भी मैं हूँगा — यतः, मैं अपने-आपमें ही नित्य-स्थित हूँ)।

न च मत्स्थानि भूतानि पश्य मे योगमैश्वरम्।
भूतभृन्न च भूतस्थो ममात्मा भूतभावनः ॥५॥

पद० — न = नहीं ; च = और ; मत्स्थानि = मुझमें स्थित ; भूतानि = (चराचर) पदार्थ ; पश्य = देख ; मे = मेरी ; योगम् = योगशक्तिको ; ऐश्वरम् = ईश्वरीय (को) ; भूतभृत् = चराचरोंका धारण-पोषण करनेवाला ; न = नहीं ; च = और ; भूतस्थः = चराचरोंमें स्थित ; मम = मेरा ; आत्मा = आत्मा ; भूतभावनः = चराचरोंका उत्पन्न करनेवाला।

अनु० — और (वे सब) चराचर पदार्थ मुझमें स्थित नहीं हैं ; (किन्तु) मेरी ईश्वरीय योगशक्तिको देख (कि) समस्त प्राणियोंका उत्पन्न करनेवाला तथा (सभी चराचर) प्राणियोंका धारण-पोषण करनेवाला (भी) मेरा आत्मा (वास्तवमें) चराचर पदार्थोंमें स्थित नहीं है।

टि० — पूर्वश्लोकमें भगवान्‌ने कहा था कि समस्त चराचर पदार्थ (भूत) उनमें स्थित हैं और यहाँ वे कहते हैं कि वे (भूत) उनमें स्थित नहीं हैं — तो, उनकी उक्तियोंमें यह विरोध क्यों ? वस्तुतः, यहाँ विरोध नहीं, विरोधाभास है। यह सारा ब्राह्मण्ड भगवान् ही की योगशक्तिसे उत्पन्न है और वे ही इसके आधार हैं, इसलिये तो सब भूत उनमें स्थित हैं। साथ ही, ऐसा होते हुए भी, वे ब्रह्माण्डसे सर्वथा अतीत एवं निष्प्रभावित हैं, इसलिये, वे (भूत) उनमें स्थित नहीं हैं। अतः, यह साधककी दृष्टिपर निर्भर करता है कि वह इस तथ्यको कैसे निहारता है। जबतक उसकी दृष्टिमें जगत् (ब्रह्माण्ड) है, तबतक तो सब-कुछ (भूतग्राम)भगवान्‌में ही स्थित है, क्योंकि उनके अतिरिक्त इस विश्वका कोई अन्य आधार है ही नहीं। किन्तु जिस क्षण उसे भगवान्‌का साक्षात् हो जाता है, तब तो साधककी दृष्टिमें उनसे भिन्न कोई वस्तु रह ही नहीं जाती, सब-कुछ ब्रह्ममय ही हो जाता है, जगत्, ब्रह्माण्ड अथवा भूतग्राम नामके पदार्थका उसके लिये कोई अस्तित्व ही नहीं रह जाता। अतः, उस समयसे साधककी दृष्टिमें यह सब जगत् (भूतग्राम) भगवान्‌में स्थित नहीं होता। सो, देखने-देखनेके अनुसार, दोनों ही मत समीचीन और संगत हैं — समस्त भूत भगवान्‌में स्थित भी हैं और नहीं भी।

"ऐश्वरयोग" का अर्थ है "ईश्वरीय योगशक्ति," यानी, भगवान्‌की अलौकिक, चमत्कारपूर्ण योगमाया। वह चमत्कार क्या है, इसका निरूपण दूसरी पंक्तिमें किया गया है। वे कहते हैं कि यद्यपि वे "भूतभावन" (भूतोंके उत्पादक) तथा "भूतभृत्" (भूतोंका धारण-पोषण करनेवाले) हैं, तथापि वे "भूतस्थो न" (भूतोंमें स्थित नहीं) हैं, क्योंकि वे भूतोंसे सर्वथा अतीत तथा निर्लिप्त रहते हैं। यह अद्वितीय, विस्मयकारी कौतुक ईश्वरके अतिरिक्त कहीं अन्यत्र उपलब्ध हो ही नहीं सकता। इसी विलक्षण भावको यहाँ "योगमैश्वरम्" पदोंसे वर्णित किया गया है और इसे ही देखने (ध्यानपूर्वक विचारने) के लिए भगवान्‌ने अर्जुनसे कहा है।

पिछले दो श्लोकोंमें श्रीकृष्णने समग्र भूतोंको अपने अव्यक्तरूपसे व्याप्त और उन्हें उसीमें स्थित बतलाया है। इसी विषयका अब वे, एक दृष्टान्तद्वारा, स्पष्टीकरण करते हैं —

यथाकाशस्थितो नित्यं वायुः सर्वत्रगो महान्।
तथा सर्वाणि भूतानि मत्स्थानीत्युपधारय॥६॥

पद० — यथा = जैसे ; आकाशस्थितः = आकाशमें स्थित ; नित्यम् = सदा ; वायुः = वायु ; सर्वत्रगः = सब जगह विचरनेवाला ; महान् = अतिविस्तृत ; तथा

= वैसे ही ; सर्वाणि = समस्त ; भूतानि = चराचर पदार्थ ; मत्स्थानि = मुझमें स्थित ; इति = ऐसा ; उपधारय = जान।

अनु॰ — जैसे (आकाशसे उत्पन्न) सब-जगह विचरनेवाला, अतिविस्तृत वायु सदा आकाशमें (ही) स्थित रहता है, वैसे ही (मेरे संकल्पसे उत्पन्न) समस्त चराचर पदार्थ मुझमें (ही) स्थित रहते हैं, ऐसा जान।

टि॰ — प्रस्तुत दृष्टान्तमें, भूतप्राणिंयोंके साथ वायुका तथा भगवान्के साथ आकाशका सादृश्य दिखलाया गया है। जिस प्रकार वायु "सर्वत्रग" (सब-जगह विचरनेवाला) है, उसी प्रकार अशेष प्राणी भी नाना योनियोंमें भ्रमण करनेवाले हैं। फिर, जिस प्रकार वायु "महान्" (अत्यन्त विस्तृत) है, उसी प्रकार भूतसमुदाय भी विशाल विस्तारवाला है।

इसके अतिरिक्त, यह सर्वविदित है कि वायुकी उत्पत्ति, स्थिति एवं प्रलय आकाशमें ही होनेके कारण, वह कभी, किसी भी अवस्थामें आकाशसे अलग नहीं रह सकता, सदा ("नित्यम्") ही आकाशमें स्थित ("आकाशस्थितः ") रहता है ; और, इतना होनेपर भी, आकाशका वायुसे तथा उसके चलने वा रुकने आदि विकारोंसे कुछ भी सम्बन्ध नहीं होता है और वह सदा ही उससे अतीत एवं निर्लिप्त रहता है। उसी प्रकार, समस्त प्राणियोंकी उत्पत्ति, स्थिति एवं प्रलयका आधार भगवान्के संकल्पके ही होनेके कारण, समग्र भूत सदा ("नित्यम्") भगवान्में ही स्थित ("मत्स्थानि") रहते हैं ; और, इतना होनेपर भी , भगवान्का सभी भूतोंसे तथा उनके कर्म करने वा फल मिलने आदि विकारोंसे कुछ भी सम्बन्ध नहीं होता है और वे सदा ही उनसे अतीत एवं निर्लिप्त रहते हैं।

पिछले श्लोकमें भगवान्ने अपने-आपको "भूतभावन" एवं "भूतभृत्" बतलाया है। अपने इस स्वरूपका स्पष्टीकरण करते हुए, वे अब, सृष्टिरचनादि कर्मोंका तत्त्व समझानेके लिए, अगले दो श्लोकोंद्वारा कल्पोंके अन्तमें समस्त भूतोंका प्रलय तथा कल्पोंके आदिमें उनकी उत्पत्तिका प्रकार बतलाते हैं —

सर्वभूतानि कौन्तेय प्रकृतिं यान्ति मामिकाम्।
कल्पक्षये पुनस्तानि कल्पादौ विसृजाम्यहम्॥७॥

पद॰ — सर्वभूतानि = समस्त चराचर प्राणी ; कौन्तेय = हे कुन्तीपुत्र (अर्जुन) ; प्रकृतिम् = प्रकृतिको ; यान्ति = जाते (प्राप्त होते) हैं ; मामिकाम् = मेरी (को) ; कल्पक्षये = कल्पोंके अन्तमें ; पुनः = फिर ; तानि = उनको ;

कल्पादौ = कल्पोंके आदिमें ; विसृजामि = छोड़ देता हूँ (अर्थात्, रचना करता हूँ) ; अहम् = मैं।

अनु० — हे कुन्तीपुत्र (अर्जुन)! कल्पोंके अन्तमें सब भूत (चराचर पदार्थ) मेरी प्रकृतिको प्राप्त हो जाते हैं (अर्थात्, मेरी प्रकृतिमें लीन हो जाते हैं) (और) कल्पोंके आदिमें मैं उनको फिर छोड़ देता हूँ (यानी, उनको फिर रच देता हूँ)।

टि० — ब्रह्माके एक दिनको "कल्प" कहते हैं और उतनी ही बड़ी उनकी रात्रि होती है। इस अहोरात्रके हिसाबसे जब ब्रह्माके सौ वर्ष पूरे होकर उसकी आयु समाप्त हो जाती है, उस कालको "कल्पक्षय" कहते हैं। यही "कल्पोंका अन्त" है। इसीको "महाप्रलय" भी कहते हैं।

कल्पोंका अन्त होनेके बाद, ब्रह्माके सौ वर्षके बराबर समय पूरा होनेपर, जब पुनः जीवोंके कर्मोंका फल भुगतानेके लिए जगत्का विस्तार करनेकी भगवान्‌की इच्छा — "एकोऽहं बहु स्यां प्रजायेय" — होती है, उस कालको "कल्पादि" कहते हैं। इसे "महासर्गका आदि" भी कहते हैं। उस समय जो भगवान्‌का सब भूतोंकी उत्पत्तिके लिए अपने (उपर्युक्त) संकल्पके द्वारा हिरण्यगर्भ ब्रह्माको उनके लोकसहित उत्पन्न कर देना है, वही उनका सब भूतोंको रचना है।

प्रकृतिं स्वामवष्टभ्य विसृजामि पुनः पुनः।
भूतग्राममिमं कृत्स्नमवशं प्रकृतेर्वशात्॥८॥

पद० — प्रकृतिम् = (त्रिगुणमयी) मायाको ; स्वाम् = अपनी (को) ; अवष्टभ्य = स्वीकार करके (क्रियाशील बनाके) ; विसृजामि = रचता हूँ ; पुन := फिर ; पुन := फिर ; भूतग्रामम् = चराचर प्राणिसमुदायको ; इमम् = इस (को) ; कृत्स्नम् = सम्पूर्ण (को) ; अवशम् = परतन्त्र हुए (को) : प्रकृतेः= स्वभावके ; वशात् = वशसे (बलसे)।

अनु० — अपनी (त्रिगुणमयी) मायाको स्वीकार करके (अर्थात्, क्रियाशील बनाके) स्वभावके बलसे परतन्त्र-हुए इस सम्पूर्ण चराचर प्राणिसमुदायको (कर्मोंके अनुसार) बार-बार रचता हूँ।

टि० — पिछले श्लोकमें जिस मूल-प्रकृतिमें सब भूतोंका लीन हो जाना बतलाया गया है, उसीका वाचक यहाँ "स्वाम्" विशेषणके सहित "प्रकृतिम्" पद है। भगवान्‌द्वारा, सृष्टिरचनादि कार्योंके लिए, शक्तिरूपसे अपने अन्दर स्थित प्रकृति (माया) को स्मरण करना ही उसे स्वीकार करना (अथवा क्रियाशील बनाना) है।

भिन्न-भिन्न प्राणियोंका अपने-अपने गुण एवं कर्मोंके अनुसार बना हुआ स्वभाव ही उनकी "प्रकृति" है। भगवान्की प्रकृति समष्टि-प्रकृति है, और जीवोंकी प्रकृति उसीकी एक अंशभूता व्यष्टि-प्रकृति है। उस व्यष्टि-प्रकृतिके बन्धनमें जकड़े रहना ही "प्रकृति (स्वभाव) के बलसे परतन्त्र होना" है। भगवान्का कथन है कि जबतक जीव अपनी उस प्रकृतिके वशमें पड़े रहते हैं, तबतक मैं उनको इसी प्रकार प्रत्येक कल्पके आदिमें, उनके भिन्न-भिन्न गुण-कर्मोंके अनुसार, नाना योनियोंमें "बार-बार उत्पन्न करता रहता हूँ" — "विसृजामि पुनः पुनः।"

यहाँ यह शंका उठ सकती है कि जब भगवान् सृष्टिरचनादि समस्त कर्म करते हैं, तब वे भी कर्मबन्धनमें क्यों नहीं बँधते। इसके समाधानमें वे कहते हैं—

न च मां तानि कर्माणि निबध्नन्ति धनञ्जय।
उदासीनवदासीनमसक्तं तेषु कर्मसु॥९॥

पद० — न = नहीं ; च = और ; माम् = मुझको ; तानि = वे ; कर्माणि = कर्म ; निबन्धन्ति = बाँधते हैं ; धनञ्जय = हे शत्रुओंकी धन-सम्पत्ति जीतनेवाले (अर्जुन) ; उदासीनवत् = उदासीनकी तरह ; आसीनम् = स्थित हुए (को) ; असक्तम् = आसक्तिरहित (को) ; तेषु = उन (में) ; कर्मसु = कर्मोंमें।

अनु० — हे अर्जुन! उन कर्मोंमें उदासीनके सदृश स्थित-हुए तथा आसक्तिरहित मुझ (परमात्मा) को वे कर्म नहीं बाँधते।

टि० — "तानि कर्माणि" (वे कर्म) से अभिप्राय उन सभी चेष्टाओंसे है, जो भगवान्द्वारा ब्रह्माण्डकी उत्पत्ति, स्थिति एवं संहृति आदिके निमित्त होती हैं। उन कर्मोंमें अथवा उनके फलोंमें किसी भी प्रकारसे भगवान्का आसक्त वा लिप्त न होना ही उनका "असक्त" भाव है। इसके अतिरिक्त, उनका कर्तृत्वाभिमानसे तथा पक्षपातसे रहित होकर केवल अध्यक्षतामात्रसे प्राणियोंके गुणकर्मानुसार उनकी उत्पत्ति आदिके लिए चेष्टा करना भगवान्का "उदासीनवदासीन" (उदासीनके सदृश स्थित) होना है। इस सबसे भगवान्ने यह भाव दिखलाया है कि कर्म तथा उनके फलोंमें आसक्त न होने और उनमें कर्तृत्वाभिमान एवं पक्षपातसे मुक्त रहनेके कारण ही उनके कर्म उनके लिए बन्धन नहीं बन पाते। अतः, अर्जुनके साथ अपने प्रस्तुत संवादके माध्यमद्वारा आनन्दकन्द श्रीकृष्ण भगवान्का मानवमात्रके लिए मोक्षमूलमन्त्र यही है कि मनुष्य सदा फलासक्ति एवं कर्तृत्वाभिमानसे सर्वथा रहित होकर कर्म करे, ताकि वह अनायास ही कर्मबन्धनसे मुक्त होकर परमगतिको प्राप्त हो सके।

भगवान्‌ने यहाँ अपनेमें जो कर्तापनका अभाव दिखलाया है, उसीको स्पष्ट करते हुए वे कहते हैं—

मयाऽध्यक्षेण प्रकृतिः सूयते सचराचरम्।
हेतुनाऽनेन कौन्तेय जगद्विपरिवर्तते॥१०॥

पद० — मया = मुझ (से); अध्यक्षेण = अध्यक्षसे; प्रकृतिः= माया; सूयते = उत्पन्न करती है; सचराचरम् = स्थावरजंगमसहित (सम्पूर्ण जगत्) को; हेतुना = कारणसे; अनेन = इस (से); कौन्तेय = हे कुन्तीपुत्र (अर्जुन); जगत् = संसार; विपरिवर्तते = चक्रमें घूमता है।

अनु० — हे अर्जुन! मेरी अध्यक्षता (देख-रेख) में (ही) प्रकृति (यानी, मेरी मायारूपी शक्ति) स्थावरजंगमसहित (सम्पूर्ण जगत्) को उत्पन्न करती है (अर्थात्, रचती है) (और) इस कारणसे (ही) (यह) संसार (आवागमनरूप) चक्रमें घूमता है।

टि० — यद्यपि इस विषयपर हम पहले भी चर्चा कर चुके हैं, तथापि, प्रसंगवश, एक बार फिर हम यहाँ यह निरूपण करना आवश्यक समझते हैं कि ब्रह्माण्डकी रचनामें ईश्वर तथा प्रकृतिकी क्या भूमिकाएँ हैं। ब्रह्माण्डकी रचना ईश्वरके "एकोऽहं बहु स्यां प्रजायेय" रूप संकल्पमात्रसे होती है, जहाँ वह अधिष्ठाता होता है और प्रकृति कर्त्री। ईश्वर, सर्वशक्तिसम्पन्न होते हुए भी, स्वयं कुछ नहीं करता; और, दूसरी ओर, प्रकृति, ईश्वरके संश्रय एवं संकेतके बिना, स्वयं साक्षात् शक्ति होते हुए भी पूर्णतया निश्शक्त है — परमपुरुष ईश्वरकी इच्छाके बिना वह टस-से-मस नहीं हो सकती। अतः, वह (ईश्वर) अपनी ही शक्ति — प्रकृति अथवा माया — का आवाहन करके उसे सत्ता-स्फूर्ति प्रदान करता है, जिससे युक्त होकर वह ब्रह्माण्ड-रचनादि समस्त कर्म सम्पन्न करती है। अद्यतनीन भाषामें हम कह सकते हैं कि ब्रह्माण्ड-संस्थानमें ईश्वर एक उदासीन अध्यक्ष है और प्रकृति एक कार्यकारी अभियन्ता। चराचरसहित जगत्की उत्पत्ति, स्थिति, संहृति प्रभृति समस्त क्रियाएँ मात्र मायाप्रपञ्च हैं — केवल प्रकृतिलीलाएँ— जिनमें कर्तृत्व प्रकृतिका है और अध्यक्षता ईश्वरकी। कहनेको, सामान्यतया यही कहा जाता है कि "ईश्वर ही सब-कुछ करता है," किन्तु, वस्तुतः, ईश्वर कुछ भी नहीं करता, क्योंकि वह कर्ता ही नहीं है। ईश्वरमें कर्तापनके इसी अभावको पिछले श्लोकमें भी "उदासीनवदासीनम्" पदसे दरसाया गया था।

ईश्वर-प्रकृति-संसारात्मक त्रिकोणीय इस विलक्षण सम्बन्धको, एक बड़ी हद तक, इस दृष्टान्तसे समझा जा सकता है। जैसे किसान अपनी अध्यक्षतामें पृथ्वीके साथ स्वयं बीजोंका सम्बन्ध कर देता है और फिर पृथ्वी, उन बीजोंके अनुसार, भिन्न-भिन्न पौधोंको उत्पन्न करती है, वैसे ही ईश्वररूपी किसान अपनी अध्यक्षतामें चेतनसमूहरूप बीजका प्रकृतिरूपी पृथ्वीके साथ सम्बन्ध कर देता है। इस प्रकार जड़-चेतनका संयोग कर दिए जानेपर यह प्रकृति समस्त चराचर-जगत्को कर्मानुसार भिन्न-भिन्न योनियोंमें उत्पन्न कर देती है।

सृष्टिरचनादि समस्त प्रकृतिकृत कृत्योंमें अपनी असंगता एवं निर्विकारता दिखलाकर, भगवान् अब अपने सगुण-साकार रूपका महत्त्व, उसकी भक्तिका प्रकार तथा उसके गुण और प्रभावका तत्त्व बतलाते हैं। पहले वे दो श्लोकोंद्वारा उसके प्रभावको न जाननेवाले असुरप्रकृतिके मनुष्योंकी निन्दा करते हैं—

अवजानन्ति मां मूढा मानुषीं तनुमाश्रितम्।
परं भावमजानन्तो मम भूतमहेश्वरम्॥ ११॥

पद० — अवजानन्ति = अवज्ञा करते हैं (तुच्छ समझते हैं); माम् = मुझको; मूढाः= मुग्ध (भ्रमित) हुए (अज्ञानीलोग); मानुषीम् = मनुष्यसे सम्बन्ध रखनेवाली (को); तनुम् = शरीरको; आश्रितम् = धारण करनेवाले (को); परम् = परम (को); भावम् = भावको; अजानन्तः= नहीं जाननेवाले; मम = मेरे; भूतमहेश्वरम् = सकल भूतोंके महान् ईश्वरको।

अनु० — मेरे परम तत्त्व (उत्कृष्ट स्वरूप) को न जाननेवाले भ्रमित-हुए (अज्ञानी) लोग मनुष्यका शरीर धारण करनेवाले मुझ सकल भूतोंके महान् ईश्वरको तुच्छ समझते हैं (अर्थात्, अपनी ही योगमायासे संसारके उद्धारके लिए मनुष्यरूपमें विचरते हुए मुझ परमेश्वरको एक साधारण मनुष्य मात्र मानते हैं)।

मोघाशा मोघकर्माणो मोघज्ञाना विचेतसः।
राक्षसीमासुरीं चैव प्रकृतिं मोहिनीं श्रिताः॥ १२॥

पद० — मोघाशाः= व्यर्थ (निरर्थक) आशाओंवाले; मोघकर्माणः =अर्थहीन कर्मवाले; मोघज्ञाना := निष्फल ज्ञानवाले; विचेतस := विक्षिप्त चित्तवाले (अज्ञानीजन); राक्षसीम् = राक्षसी (को); आसुरीम् = असुरोंकी (जैसी) को; च = और; एव = ही; प्रकृतिम् = स्वभावको; मोहिनीम् = मोहित करनेवाली (को); श्रिताः= धारणा किए हुए हैं।

अनु० — निरर्थक आशाओं, अर्थहीन कर्म (तथा) निष्फल ज्ञानवाले

विक्षिप्तचित्त (वे अज्ञानीजन) मोहित करनेवाले और राक्षसोंके (तथा) असुरोंके (जैसे) स्वभावको ही धारण किए हुए हैं।

टि० — जिनकी आशाएँ (कामनाएँ) व्यर्थ हों, उन्हें "मोघाशाः" कहते हैं। भगवान्‌के तत्त्वको न जाननेवाले अज्ञानी मनुष्य ऐसी निरर्थक आशाएँ करते रहते हैं, जो कभी पूर्ण नहीं होतीं। इसीलिए, उनको "मोघाशाः" कहते हैं।

जिनके यज्ञ, दान और तपादि समस्त कर्म व्यर्थ हों — शास्त्रोक्त फल देनेवाले न हों — उन्हें "मोघकर्माणः" कहते हैं। भगवान् एवं शास्त्रोंपर विश्वास न रखनेवाले विषयीलोग शास्त्रविधिका त्याग करके अश्रद्धापूर्वक जो मनमाने यज्ञादि कर्म करते हैं, उन कर्मोंका उन्हें इस लोक अथवा परलोकमें कुछ भी फल नहीं मिलता। इसीलिये, उनको "मोघकर्माणः" कहा गया है।

जिनका ज्ञान व्यर्थ हो, तात्त्विक अर्थसे शून्य हो और युक्तियुक्त न हो, उनको "मोघज्ञानाः" कहते हैं। भगवान्‌के प्रभावको न जाननेवाले मनुष्य सांसारिक भोगोंको ही सत्य एवं सुखप्रद समझकर उन्हींके परायण रहते हैं और, इस कारण, सच्चे सुखसे वञ्चित रह जाते हैं। ऐसे लोग अपनी ज्ञानशक्तिका दुरुपयोग करके उसे व्यर्थ ही नष्ट करते हैं। इसीलिये, उन्हें "मोघज्ञानाः" बताया गया है।

जिनका चित्त विक्षिप्त हो और संसारकी भिन्न-भिन्न वस्तुओंमें आसक्त होनेके कारण स्थिर न रहता हो, उन्हें "विचेतसः" कहते हैं।

राक्षसोंकी भाँति, बिना कारण ही द्वेष करके, दूसरोंका अनिष्ट करने तथा उन्हें कष्ट पहुँचानेके निकृष्ट स्वभावको "राक्षसी प्रकृति" कहते हैं। काम एवं लोभके वश होकर अपना स्वार्थ सिद्ध करनेके लिये दूसरोंको क्लेश पहुँचाने तथा उनका स्वत्व हरण करनेके दुस्स्वभावको "आसुरी प्रकृति" कहते हैं। प्रमाद या मोहके कारण किसी भी प्राणीको दुःख देनेके नीच स्वभावको "मोहिनी प्रकृति" कहते हैं। ऐसे दुष्ट स्वभावका त्याग करनेके लिए चेष्टा न करना और उसीको उत्तम समझते रहना ही उसे "धारण करना" है।

अब, भगवान्‌के प्रभावको जाननेवाले, दैवी प्रकृतिके आश्रित, उच्चकोटिके अनन्य भक्तसाधकोंके लक्षण बतलाते हैं—

महात्मानस्तु मां पार्थ दैवीं प्रकृतिमाश्रिताः।
भजन्त्यनन्यमनसो ज्ञात्वा भूतादिमव्ययम्॥ १३॥

पद० — महात्मानः = महात्मालोग ; तु = किन्तु ; माम् = मुझको ; पार्थ

= हे पृथा (कुन्ती) पुत्र (अर्जुन) ; दैवीम् = सात्त्विकी (को) ; प्रकृतिम् = वृत्तिको ; आश्रिता := प्राप्त हुए ; भजन्ति = भजते हैं ; अनन्यमनसः= (भगवान्के अतिरिक्त किसी) अन्यका मनन न करनेवाले ; ज्ञात्वा = जानकर ; भूतादिम् = (सब) भूतोंके आदि (सनातन) कारणको ; अव्ययम् = अविनाशीको।

अनु॰ — किन्तु, हे कुन्तीपुत्र (अर्जुन) ! सात्त्विकी वृत्तिका आश्रय लिए हुए (अर्थात्, सात्त्विकवृत्तिसे परिपूर्ण) महात्मालोग (तो) मुझे (सब) भूतोंका (यानी, समस्त चराचर प्राणियोंका) आदि (सनातन) कारण (तथा) नाशरहित (अक्षरस्वरूप) जानकर अनन्यमनसे युक्त हुए (मुझको निरन्तर) भजते हैं।

सततं कीर्तयन्तो मां यतन्तश्च दृढव्रताः।
नमस्यन्तश्च मां भक्त्या नित्ययुक्ता उपासते॥ १४ ॥

पद॰ — सततम् = निरन्तर ; कीर्तयन्त := कीर्तन करते हुए ; माम् = मुझको ; यतन्तः= यत्न करते हुए ; च = और ; दृढव्रताः= दृढ निश्चयवाले ; नमस्यन्तः= प्रणाम करते हुए ; च = तथा ; माम् = मुझे ; भक्त्या = भक्तिसे ; नित्ययुक्ताः= सदा (मेरे ध्यानमें) लगे (युक्त) हुए ; उपासते = उपासना करते हैं।

अनु॰ — दृढ निश्चयवाले (वे भक्तजन) निरन्तर मेरे (नाम और गुणोंका) कीर्तन करते हुए तथा (मेरी प्राप्तिके लिए) यत्न करते हुए और मुझको (बार-बार) प्रणाम करते हुए सदा (मेरे ध्यानमें) युक्त होकर (अनन्य) भक्तिसे (मेरी) उपासना करते हैं।

टि॰ — भगवान्के गुण, प्रभाव आदिको जाननेवाले अनन्य प्रेमी-भक्तोंके भजनका प्रकार बतलाकर, श्रीकृष्णजी उनसे-भिन्न-श्रेणीके भक्तोंकी उपासनाका प्रकार बतलाते हैं—

ज्ञानयज्ञेन चाप्यन्ये यजन्तो मामुपासते।
एकत्वेन पृथक्त्वेन बहुधा विश्वतोमुखम्॥ १५ ॥

पद॰ — ज्ञानयज्ञेन = ज्ञानयज्ञके द्वारा ; च = और ; अपि = तो ; अन्ये = और-दूसरे ; यजन्तः= यज्ञ (पूजन) करते हुए ; माम् = मुझको ; उपासते = उपासना करते हैं ; एकत्वेन = एकरूपसे (अभिन्नभावसे) ; पृथक्त्वेन = भिन्न-भिन्न भावसे ; बहुधा = नाना प्रकारसे ; विश्वतोमुखम् = विराट्स्वरूप परमेश्वरको।

अनु॰ — और-दूसरे (अर्थात्, पूर्वोक्त भक्तोंसे भिन्न कुछ उपासक —

ज्ञानयोगी) (मुझ निर्गुण-निराकार ब्रह्मका) ज्ञानयज्ञके द्वारा अभिन्नभावसे पूजन करते हुए मेरी उपासना करते हैं ; तथा (इनसे भी अन्य उपासक) तो पृथग्रूपसे (यानी, भिन्न-भिन्न भावसे — विविध देवताओंके रूपमें स्थित मुझको भिन्न-भिन्न समझकर) नाना प्रकारसे (मुझ) विराट्स्वरूप परमेश्वरकी (उपासना करते हैं)।

टि० — "ज्ञानयज्ञ" से अभिप्राय है साधकका एकमात्र परब्रह्म-परमात्माको ही नित्य एवं सर्वव्यापी समझना, सम्पूर्ण दृश्यवर्गको ब्रह्ममय मानते हुए कण-कणमें उसीके दर्शन करना, एक ब्रह्मके अतिरिक्त अन्य किसीकी भी सत्ता न स्वीकारते हुए निरन्तर उसीका मनन व चिन्तन करना तथा सर्वत्र, सर्वदा व सर्वथा उसीमें अभिन्नभावसे स्थित रहनेका अभ्यास करते-करते अन्ततो ब्रह्मको ही प्राप्त हो जाना। यही "ज्ञानयज्ञके द्वारा एकत्व (अभिन्नभाव) से पूजन करते हुए ब्रह्मकी उपासना करना" है।

हम जानते हैं कि भगवान् ही विश्वरूपमें स्थित है। इसलिए, विश्वरूप भगवान्के अंगभूत चन्द्र, सूर्य, अग्नि, इन्द्र, वरुण आदि शास्त्रोक्त विभिन्न देवता, वास्तवमें, भगवान्के ही स्वरूप हैं। इनको पृथक्-पृथक् समझकर इनके विभिन्न नियमों तथा पूजापद्धतियोंके अनुसार इनकी उपासना करना ही "भगवान्के विराट्स्वरूपकी पृथग्भावसे बहुधा उपासना करना" है।

निर्गुण ब्रह्मकी उपासना तथा भिन्न-भिन्न देवताओंकी उपासना भी भगवान्की ही उपासना कैसे समझी जाती है — यह स्पष्ट करनेके लिये, चार श्लोकोंद्वारा, भगवान् इस बातका प्रतिपादन करते हैं कि समस्त जगत् और उससे भी परे जो कुछ भी है, सब उनका ही स्वरूप है —

अहं क्रतुरहं यज्ञः स्वधाहमहमौषधम्।
मन्त्रोऽहमहमेवाज्यमहमग्निरहं हुतम्॥१६॥

पद० — अहम् = मैं (भगवान्) ; क्रतुः = श्रौत कर्म ; अहम् = मैं ; यज्ञः = पञ्चमहायज्ञादि स्मार्त कर्म ; स्वधा = पितरोंके निमित्त प्रदान किया जानेवाला अन्न ; अहम् = मैं ; अहम् = मैं ; औषधम् = वनस्पति ; मन्त्रः = मन्त्र ; अहम् = मैं ; अहम् = मैं ; एव = ही ; आज्यम् = घी ; अहम् = मैं ; अग्निः = अग्नि ; अहम् = मैं ; हुतम् = हवनक्रिया।

अनु० — श्रौत कर्म (क्रतु) मैं (अर्थात्, भगवान्) हूँ ; पञ्चमहायज्ञ आदि स्मार्त कर्म (यज्ञ) मैं हूँ, पितरोंके निमित्त प्रदान किया जानेवाला अन्न (स्वधा) मैं

हूँ, (समग्र) वनस्पतिवर्ग (औषध) (भी) मैं हूँ, मन्त्र मैं हूँ, घी मैं हूँ, अग्नि मैं हूँ (और) हवनक्रिया (भी) मैं ही हूँ।

टि॰ — यहाँ भगवान्ने यह भाव दिखलाया है कि देवताओं तथा पितरोंके उद्देश्यसे किए जानेवाले सभी श्रौत-स्मार्त कर्म तथा उनके साधन स्वयं वे (भगवान्) ही हैं। इतना ही नहीं, यज्ञ, श्राद्ध आदि शास्त्रीय शुभकर्मोंमें प्रयोजनीय सभी वस्तुएँ, तत्सम्बन्धी मन्त्र, जिसमें यज्ञादि किए जाते हैं वे अधिष्ठान तथा मन, वाणी, शरीरसे होनेवाली तद्विषयक समस्त चेष्टाएँ — ये सब भगवान्के ही स्वरूप हैं। इसी बातको सिद्ध करनेके लिए प्रत्येके साथ "अहम्" पदका प्रयोग किया गया है। साथ ही, "एव" अव्ययका प्रयोग करके इसी तथ्यकी पुष्टि की गई है कि भगवान्के अतिरिक्त अन्य कुछ भी नहीं है।

पिताऽहमस्य जगतो माता धाता पितामहः ।
वेद्यं पवित्रमोंकार ऋक्साम यजुरेव च ॥१७॥

पद॰ — पिता = पिता ; अहम् = मैं ; अस्य = इस (का) ; जगतः = संसारका ; माता = माँ ; धाता = धारण-पोषण करनेवाला ; पितामहः = दादा ; वेद्यम् = जानने-योग्य ; पवित्रम् = विशुद्ध ; ओंकारः = प्रणव ; ऋक् = ऋग्वेद ; साम = सामवेद ; यजुः = यजुर्वेद ; एव = ही ; च = और।

अनु॰ — इस (सम्पूर्ण) संसारका पिता, माता, दादा, धारण-पोषण करनेवाला, जानने-योग्य, विशुद्ध, प्रणव तथा ऋग्वेद, सामवेद (और) यजुर्वेद (भी) मैं ही हूँ।

टि॰ — यहाँ "जगतः" पद चराचर प्राणियोंके सहित समस्त विश्वका वाचक है। यह सम्पूर्ण जगत् भगवान्से ही उत्पन्न हुआ है ; वे ही इसके आदिकारण हैं। इसीलिए, भगवान्ने अपनेको इसका माता-पिता कहा है। इतना ही नहीं, ब्रह्मा प्रभृति जिन प्रजापतियोंसे सृष्टिकी रचना होती है, उन सबको भी उत्पन्न करनेवाले भगवान् ही हैं। अतः, उन्होंने अपनेको इस जगत्का पितामह (दादा) बतलाया है। फिर, भगवान् अपने केवल एक अंशमें ही इस समस्त जगत्को धारण किये हुए हैं और वे ही इसके समूचे प्राणियोंका लालन-पोषण करते हैं तथा वे ही उनके कर्मफलोंका यथायोग्य विधान करते हैं। इसलिये, उन्होंने अपनेको इसका "धाता" कहा है।

जानने-योग्य वस्तुको "वेद्य" कहते हैं। चारों वेदोंके द्वारा जानने-योग्य परमतत्त्व एकमात्र भगवान् ही हैं। अतः, उन्होंने अपनेको "वेद्य" बताया है।

"पवित्र" उसे कहते हैं, जो स्वयं विशुद्ध हो और, सहज ही, दूसरोंके पापोंका नाश करके उन्हें भी विशुद्ध बना दे। भगवान् स्वयं विशुद्ध हैं, यह तो निर्विवाद है ही, किन्तु उनका अनवरत स्मरण, चिन्तन और मनन साधकको भी विशुद्ध बना देता है। इसलिए, वे "पवित्र" हैं।

"ओंकार" अथवा "ॐ" भगवान्का नाम है ; इसीको "प्रणव" भी कहते हैं। यह निर्गुण एवं सगुण ब्रह्मका वाचक है तथा ब्रह्मा, विष्णु और शिवकी शक्तियोंका समवेत रूप भी है। (इसका विस्तृत विवेचन "गीताध्यानम्" के प्रारम्भिक श्लोकके प्रथम शब्द — "ॐ" — की व्याख्याके प्रसंगमें किया गया है।)

"ऋक्," "साम" और "यजुः" — ये तीनों पद, क्रमशः, ऋग्वेद, सामवेद एवं यजुर्वेद के वाचक हैं। वेदोंका प्राकट्य भगवान्से हुआ है तथा सभी वेदोंसे भगवान्का ही ज्ञान होता है। इसलिये, सब वेदोंको भगवान्ने अपना ही स्वरूप बतलाया है।

गतिर्भर्ता प्रभुः साक्षी निवासः शरणं सुहृत् ।
प्रभवः प्रलयः स्थानं निधानं बीजमव्ययम् ॥१८॥

पद० — गतिः = प्राप्त होने-योग्य ; भर्ता = भरण-पोषण करनेवाला ; प्रभुः = स्वामी ; साक्षी = देखनेवाला ; निवासः = वासस्थान ; शरणम् = शरण लेने-योग्य ; सुहृत् = प्रत्युपकार न चाहकर हित करनेवाला ; प्रभवः = उत्पत्ति (का कारण) ; प्रलयः = विलय (का कारण) ; स्थानम् = स्थिति (का कारण) ; निधानम् = रखनेका स्थान ; बीजम् = कारण ; अव्ययम् = अविनाशी।

अनु० — प्राप्त होने-योग्य (परमधाम), भरण-पोषण करनेवाला, (सबका) स्वामी, (शुभाशुभको) देखनेवाला, (सबका) वासस्थान, शरण लेने-योग्य, प्रत्युपकार न चाहकर हित करनेवाला, (सबकी) उत्पत्ति-स्थिति-प्रलयका कारण, (प्रलयकालमें समस्त भूतोंके सूक्ष्मरूपसे) लय होनेका स्थान (तथा सम्पूर्ण ब्रह्माण्डका) अविनाशी कारण (भी मैं ही हूँ)।

तपाम्यहमहं वर्षं निगृह्णाम्युत्सृजामि च ।
अमृतं चैव मृत्युश्च सदसच्चाहमर्जुन ॥१९॥

पद० — तपामि = तपता हूँ ; अहम् = मैं ; अहम् = मैं ; वर्षम् = वर्षाको ; निगृह्णामि = रोक लेता हूँ ; उत्सृजामि = छोड़ देता हूँ ; च = और ;

अमृतम् = अमृत ; च = तथा ; एव = ही ; मृत्युः = मृत्यु ; च = और ; सत् = सत् ; असत् = असत् ; च = तथा ; अहम् = मैं ;अर्जुन =हे अर्जुन।

अनु० — हे अर्जुन ! मैं (ही सूर्यरूपसे) तपता हूँ (उष्णता देता हूँ), मैं (ही) वर्षाको रोक लेता हूँ और (फिर उसे) छोड़ देता हूँ, (मैं) ही अमृत तथा मृत्यु हूँ और सत् तथा असत् (भी) (सब कुछ) मैं (ही) हूँ।

टि० — प्रथम पंक्तिद्वारा भगवान्ने यह आशय प्रकट किया है कि अपनी किरणोंद्वारा समस्त संसारको उष्णता एवं प्रकाश प्रदान करनेवाला सूर्य उन्हींका स्वरूप है। इस सूर्यद्वारा समुद्र तथा अन्य जलाशयोंसे जलको भापके रूपमें उठाने और उसके वर्षाकारी मेघोंमें परिणत हो जानेके उपरान्त उनद्वारा यथासमय-यथायोग्य जल वितरण करानेका काम — अर्थात्, कब और कहाँ वर्षाजलको रोके रखना (वर्षा नहीं करनी) है तथा कब और कहाँ उसे छोड़ देना (वर्षा कर देनी) है — भी भगवान् ही सम्पन्न करते हैं।

जिसके पान कर लेनेपर (अथवा, जिसे प्राप्त कर लेनेपर) जीव मृत्युके वशमें न होकर अमर हो जाता है, उसे "अमृत" कहते हैं। अब, ऐसा तो एकमात्र साध्य ब्रह्म ही है, जिसकी उपलब्धि हो जानेपर जीव यमपाशसे सदा-सदाके लिये मुक्ति पा जाता है। इसलिये, भगवान्ने अपनेको यहाँ "अमृत" बताया है। साथ ही, उन्होंने मृत्युको भी अपना स्वरूप बतलाया है। "मृत्यु" वाचक है "सर्वविनाशकारी काल" का। भगवान् ही यथासमय लोकोंका संहार करनेके लिये महाकालका उग्ररूप धारण किया करते हैं, क्योंकि सृष्टि-लीलाके सुचारुरूपसे चलते-रहनेके लिये सर्ग और संहार दोनोंकी ही परम आवश्यकता होती है — और ये दोनों ही कार्य लीलामय भगवान् करते हैं। इस प्रकार, भगवान् "अमृत" तथा "मृत्यु" दोनों ही हैं।

जिसका अस्तित्व कभी नहीं मिटता, जिसकी सत्ता सदा बनी रहती है, उस अविनाशी आत्माको "सत्" कहते हैं। इसके विपरीत, नाशवान्, अनित्य वस्तुमात्रका नाम "असत्" है। ये दोनों ही भगवान्की "परा" ओर "अपरा" प्रकृतियाँ हैं, जो उनसे सर्वथा अभिन्न हैं। इसलिये, भगवान्ने "सत् " तथा "असत्" दोनोंको ही अपना स्वरूप बतलाया है।

यहाँ "च" अव्ययका प्रयोग बड़ा अर्थपूर्ण है। इससे भगवान्का यह भाव है कि सत्-असत्से परे तथा "सत्" और "असत्" शब्दोंके द्वारा जिसका वर्णन नहीं किया जा सकता, वह निर्गुण ब्रह्म भी मैं ही हूँ।

फलासक्तिपूर्वक पृथक्पृथग्भावसे उपासना करनेवालोंको भगवत्प्राप्ति न होकर स्वर्गादिक विनाशी फल ही मिलते हैं। इसी बातको दिखलानेके लिये, दो श्लोकोंमें, भगवान् ऐसी उपासनाका फलसहित वर्णन करते हैं—

त्रैविद्या मां सोमपाः पूतपापा यज्ञैरिष्ट्वा स्वर्गतिं प्रार्थयन्ते ।
ते पुण्यमासाद्य सुरेन्द्रलोकमश्नन्ति दिव्यान्दिवि देवभोगान् ॥२०॥

पद० — त्रैविद्याः = तीनों वेदोंमें विधान किएहुए सकामकर्मोंको करनेवाले ; माम् = मुझको ; सोमपाः = सोमरसको पीनेवाले ; पूतपापाः = पापोंके नाशसे पवित्र हुए ; यज्ञैः = यज्ञोंके द्वारा ; इष्ट्वा = पूजकर ; स्वर्गतिम् = स्वर्गकी प्राप्तिको ; प्रार्थयन्ते = प्रार्थना करते हैं (चाहते हैं) ; ते = वे ; पुण्यम् = पुण्योंके फलरूप (को) ; आसाद्य = प्राप्त होकर ; सुरेन्द्रलोकम् = इन्द्रलोकको ; अश्नन्ति = भोगते हैं ; दिव्यान् = अलौकिक (को) ; दिवि = स्वर्गमें ; देवभोगान् = देवताओंके भोगोंको।

अनु० — तीनों वेदोंमें विधान किए-हुए सकामकर्मोंको करनेवाले, सोमरसको पीनेवाले (एवं) पापोंके नाशसे पवित्र-हुए (पुरुष) मुझको यज्ञोंके द्वारा पूजकर स्वर्गकी प्राप्ति चाहते हैं। वे (पुरुष) (अपने) पुण्योंके फलरूप इन्द्रलोकको प्राप्त होकर स्वर्गमें देवताओंके दिव्य (अलौकिक) भोगोंको भोगते हैं।

टि० — ऋग्वेद, सामवेद तथा यजुर्वेद — इन तीनों वेदोंको "वेदत्रयी" अथवा "त्रिविद्या" कहते हैं। इन तीनों वेदोंमें वर्णित नाना प्रकारके यज्ञोंकी विधि तथा उनके फलमें श्रद्धा-प्रेम रखनेवाले एवम् उसके अनुसार कर्म करनेवाले मनुष्योंको "त्रैविद्याः" कहते हैं। यज्ञोंमें सोमलताके रसपानकी बतलाई-गई विधिके अनुसार सोमलताके रसपान करनेवालोंको "सोमपाः" कहते हैं। वेदोक्त कर्मोंका विधिवत् अनुष्ठान करनेसे जिनके स्वर्गप्राप्तिमें प्रतिबन्धकरूप पाप नष्ट हो गए हैं, उनको "पूतपापाः" कहते हैं। ये तीनों विशेषण ऐसी श्रेणीके मनुष्योंके लिए हैं, जो भगवान्की सर्वरूपतासे अनभिज्ञ हैं और वेदादिष्ट कर्मकाण्डपर प्रेम एवं श्रद्धा रखकर पापकर्मोंसे बचते हुए सकामभावसे यज्ञादि कर्मोंका विधिपूर्वक अनुष्ठान किया करते हैं।

यहाँ "माम्" पद भगवान्के अंगभूत इन्द्रादि देवताओंका वाचक है। शास्त्रविधिके अनुसार श्रद्धापूर्वक यज्ञ और पूजादिके द्वारा भिन्न-भिन्न देवताओंका पूजन करना ही "मुझको यज्ञोंद्वारा पूजना" है। यहाँ भगवान्के इस कथनका यह भाव है कि इन्द्रादि देव, मेरे ही अंगभूत होनेके कारण, उनका पूजन भी

प्रकारान्तरसे मेरा पूजन है। किन्तु सकाम मनुष्य, अज्ञानवश, इस तत्त्वको नहीं समझते और, इसीलिये, उनको मेरी प्राप्ति नहीं होती।

स्वर्गकी प्राप्ति हो "स्वर्गति" कहते हैं। वेदविहित कर्मोंद्वारा देवताओंका पूजन करके उनसे स्वर्गप्राप्तिकी याचना करना ही उसके लिए "प्रार्थना करना" (अथवा "उसको चाहना") है।

यज्ञादि पुण्यकर्मोंके फलरूपमें प्राप्त-होनेवाले इन्द्रलोकसे लेकर ब्रह्मलोकपर्यन्त जितने भी लोक हैं, उन सबको लक्ष्य करके यहाँ "पुण्यम्" विशेषणके सहित "सुरेन्द्रलोकम्" पदका प्रयोग किया गया है। अतः, "सुरेन्द्रलोकम्" पद इन्द्रलोकका वाचक होते हुए भी, उसे उपर्युक्त सभी लोकोंका सूचक समझना चाहिये। अपने-अपने पुण्यकर्मानुसार उन लोकोंमें जाकर मर्त्यलोकालभ्य तेजोमय एवं विलक्षण देवभोगोंका मन और इन्द्रियोंद्वारा भोग करना ही "देवताओंके दिव्य भोगोंको भोगना" है।

ते तं भुक्त्वा स्वर्गलोकं विशालं क्षीणे पुण्ये मर्त्यलोकं विशन्ति ।
एवं त्रयीधर्ममनुप्रपन्ना गतागतं कामकामा लभन्ते ॥२१॥

पद० — ते = वे ; तम् = उस (को) ; भुक्त्वा = भोगकर ; स्वर्गलोकम् = स्वर्गलोकको ; विशालम् = विस्तृत (को) ; क्षीणे = समाप्त हो जानेपर ; पुण्ये = पुण्यकर्मोंके (फलभोगके) ; मर्त्यलोकम् = मृत्युलोकको ; विशन्ति = प्राप्त होते हैं ; एवम् = इस प्रकार ; त्रयीधर्मम् = तीनों वेदोंमें कहे-हुए (सकामकर्मरूपी) धर्मको ; अनुप्रपन्नाः = शरणमें आए हुए (अथवा, आश्रय लेनेवाले) ; गतागतम् = जाने-आनेको (आवागमनको) ; कामकामाः = भोगोंकी कामनावाले ; लभन्ते = प्राप्त होते हैं।

अनु० — वे, उस विस्तृत (महान्) स्वर्गलोकको भोग चुकनेपर (तथा अपने) पुण्यकर्मोंके (फलभोगको) समाप्त कर लेनेपर, (फिर) मृत्युलोकको आते हैं (यानी, प्राप्त होते हैं)। इस प्रकार, (स्वर्गके साधनरूप) तीनों वेदोंमें कहे-हुए (सकामकर्मरूपी) धर्मका आश्रय लेनेवाले (और) भोगोंकी कामनावाले (पुरुष बार-बार) आवागमनको प्राप्त होते हैं (अर्थात्, पुण्योंके प्रभावसे स्वर्गमें जाते हैं तथा पुण्योंके क्षीण होनेपर मृत्युलोकमें आते हैं)।

टि० — "त्रयीधर्मम्" पदसे अभिप्रेत वे सभी धर्म हैं, जिनका प्रतिपादन वेदत्रयीमें स्वर्गप्राप्तिके लिए किया गया है। इन धर्मोंका विधिवत् पालन करना तथा स्वर्गसुख प्रभृति अनित्य भोगोंकी प्राप्तिको ही अपना जीवनसाध्य समझ

बैठना उस त्रयीधर्मको "अनुप्रपन्न" होना—शरणमें आना (अथवा, आश्रय लेना)—है। ऐसे मनुष्य "कामकामाः" — " काम" (सांसारिक भोग), उनके "कामा :" (कामना करनेवाले) — होते हैं। ये उपर्युक्त स्वर्गप्राप्तिके साधनभूत वेदविहित सकामकर्म एवं भोगपरक उपासनाका पालन करनेवाले होते हैं। इनको, पुण्यक्षय हो जानेके उपरान्त, अपने कर्मोंका फल भोगनेके लिए मृत्युलोकमें लौटकर आना पड़ता है। इस प्रकार, स्वर्गरूप ध्येयके अनित्य होनेके कारण, ऐसे मनुष्योंको "गतागतम्" (आवागमनको) प्राप्त होना पड़ता है — ऊपर और नीचेके लोकोंमें बारम्बार भटकते रहना होता है। कहना न होगा कि इस भटकनको समाप्त करनेका एकमात्र उपाय शाश्वत-नित्यस्वरूप ब्रह्मकी अनन्यचित्तसे शरण ग्रहण कर उसका सतत स्मरण करना ही है, ताकि साधक तन्मय एवं तद्भाव होकर समस्त बन्धनोंसे सर्वथा छूट सकें।

इसी अध्यायके तेरहवें तथा चौदहवें श्लोकोंमें ईश्वरकी अनन्यभावसे अनवरत-निष्काम भक्ति करनेवाले महात्माओंका उल्लेख किया गया था। ऐसे भक्तोंकी उपासनाका फल बतलाते हुए, भगवान् कहते हैं —

अनन्याश्चिन्तयन्तो मां ये जनाः पर्युपासते ।
तेषां नित्याभियुक्तानां योगक्षेमं वहाम्यम् ॥२२॥

पद॰ — अनन्याः = अनन्यभावसे (मुझमें) स्थित हुए ; चिन्तयन्तः = चिन्तन करते हुए ; माम् = मुझको ; ये = जो ; जनाः = भक्तजन ; पर्युपासते = भजते हैं ; तेषाम् = उन (के) ; नित्याभियुक्तानाम् = निरन्तर एकीभावसे (मुझमें) स्थित (मनुष्यों) के ; योगक्षेमम् = योग तथा क्षेमको ; वहामि = भार उठाता हूँ (अर्थात्, दायित्व निभाता हूँ) ; अहम् = मैं।

अनु॰ — जो अनन्यभावसे (मुझमें) स्थित-हुए भक्तजन मुझ (परमेश्वर) को, (निरन्तर) चिन्तन करते हुए, (निष्कामभावसे) भजते हैं, उन अनवरत एकीभावसे (मुझमें) स्थित (मनुष्यों) के योग तथा क्षेमका दायित्व (स्वयम्) मैं निभाता हूँ।

टि॰ — "अनन्याः जनाः" से यहाँ तात्पर्य उन अनन्यप्रेमी एकनिष्ठ भक्तोंसे है, जिनका भगवान्से भिन्न दूसरा कोई भी उपास्यदेव नहीं है, जिनका संसारके समस्त भोगोंसे प्रेम हटकर केवल एक भगवान्में ही अटलरूपसे स्थिर हो गया है तथा जो मात्र भगवान्को ही परम आश्रय एवं परम गति मानते हैं।

"योग" अप्राप्तकी प्राप्तिको तथा "क्षेम" प्राप्तकी रक्षाको कहते हैं। अतः,

भगवत्प्राप्तिके प्रस्तुत प्रकरणमें हम "योग" का अर्थ करेंगे "भगवत्स्वरूपकी प्राप्ति" तथा "क्षेम" का "भगवत्प्राप्तिके लिए किए-जानेवाले साधनोंकी रक्षा"।

अनन्यमनसे निष्कामभक्ति करनेवाले मनुष्योंके योगक्षेमको तो भगवान् स्वयं वहन करते हैं, किन्तु जो साधक, अपनेसे तथा भगवान्से पृथक् मानकर, इन्द्रादि देवताओंकी सकामभावसे उपासना करते हैं, उसे वे अविधिपूर्वक (अवैध अथवा अज्ञानप्रेरित) ठहराते हैं —

येऽप्यन्यदेवता भक्ता यजन्ते श्रद्धयाऽन्विताः ।
तेऽपि मामेव कौन्तेय यजन्त्यविधिपूर्वकम् ॥२३॥

पद॰ — ये = जो ; अपि = भी ; अन्यदेवताः = दूसरे देवताओंको ; भक्ताः = सकामभक्त ; यजन्ते = पूजते हैं ; श्रद्धया = श्रद्धासे ; अन्विताः = युक्त हुए ; ते = वे ; अपि = भी ; माम् = मुझको ; एव = ही ; कौन्तेय = हे कुन्तीपुत्र (अर्जुन) ; यजन्ति = पूजते हैं ; अविधिपूर्वकम् = अवैध (अथवा अज्ञानप्रेरित)।

अनु॰ — हे अर्जुन! जो भी (कोई) सकाम भक्त, श्रद्धासे युक्त होकर, (इन्द्रादि) दूसरे देवताओंको पूजते हैं, वे भी (वास्तवमें) मुझको ही पूजते हैं, (किन्तु, भावाभावके कारण, उनका वह पूजन) अवैध (अथवा अज्ञानप्रेरित) (ही समझा जाता) है ; (अतः, उसका फल भी स्वर्गप्राप्ति ही होता है, मोक्षप्राप्ति नहीं)।

अहं हि सर्वयज्ञानां भोक्ता च प्रभुरेव च ।
न तु मामभिजानन्ति तत्त्वेनातश्च्यवन्ति ते ॥२४॥

पद॰ — अहम् = मैं ; हि = क्योंकि ; सर्वयज्ञानाम् = समस्त यज्ञोंका ; भोक्ता = भोगनेवाला ; च = और ; प्रभुः = स्वामी ; एव = ही ; च = भी ; न = नहीं ; तु = परन्तु ; माम् = मुझको ; अभिजानन्ति = जानते हैं ; तत्त्वेन = तत्त्वसे ; अतः = इसीलिए ; च्यवन्ति = गिरते हैं ; ते = वे।

अनु॰ — क्योंकि समस्त यज्ञोंका भोगनेवाला और स्वामी भी मैं ही हूँ, परन्तु वे मुझ (अधियज्ञस्वरूप परमेश्वर) को तत्त्वसे (गहराईके साथ वा पूरी तरहसे) नहीं जानते, इसीलिए (वे) गिरते हैं (यानी, पुनर्जन्मको प्राप्त होते हैं)।

यान्ति देवव्रता देवान् पितॄन् यान्ति पितृव्रताः ।
भूतानि यान्ति भूतेज्या यान्ति मद्याजिनोऽपि माम् ॥२५॥

पद॰ — यान्ति = जाते हैं (प्राप्त होते हैं) ; देवव्रताः = देवताओंको

पूजनेवाले ; देवान् = देवताओंको ; पितॄन् = पितरोंको ; यान्ति = प्राप्त होते हैं ; पितृव्रताः = पितरोंको पूजनेवाले ; भूतानि = भूत-प्रेतोंको ; यान्ति = प्राप्त होते हैं ; भूतेज्याः = भूत-प्रेतोंको पूजनेवाले ; यान्ति = प्राप्त होते हैं ; मद्याजिनः = मुझे पूजनेवाले ; अपि = ही ; माम् = मुझको।

अनु॰ — देवताओंको पूजनेवाले देवताओंको प्राप्त होते हैं (देवलोक जाते हैं), पितरोंको पूजनेवाले पितरोंको प्राप्त होते हैं (पितृलोक जाते हैं); भूत-प्रेतोंको पूजनेवाले भूत-प्रेतोंको प्राप्त होते हैं (भूतलोक जाते हैं) (तथा) मुझे पूजनेवाले मुझको ही प्राप्त होते हैं (ब्रह्मलोक जाते हैं)।

टि॰ — यहाँ यह द्रष्टव्य है कि उपर्युक्त चार उपास्यवर्गोंमें आदिके तीनके उपास्यविषय वाससीमित एवं कालमर्यादित होनेके कारण अनित्य हैं। अतः, उन्हें उद्दिष्ट करके की-गई उपासनाका फल भी सीमित तथा समयबद्ध होता है। सो, इन श्रेणियोंके उपासकोंको, अपने-अपने उपास्योंके लोकोंमें पुण्यक्षयोंके निर्धारित कालोंतक ही रह चुकनेके उपरान्त, अपने शेषकर्मफलभोगके निमित्त मृत्युलोकमें फिर आना पड़ता है तथा आवागमनके चक्रको चालू रखना होता है। इसके विपरीत, अन्तिम श्रेणीमें तो उपास्य साक्षात् ब्रह्म ही है, जो सर्वव्यापी, कालातीत, अनन्त तथा नित्य है। इस कारण, उसके भक्तद्वारा की- गई उपासनाका फल भी शाश्वत एवं नित्य होता है। अतः, ऐसा साधक, जब एक बार अपने उपास्यके लोक — ब्रह्मलोक — में पहुँच जाता है, तो सदा-सदाके लिए वहींका होके रह जाता है ; उसके लिए पुनर्जन्मका प्रश्न ही नहीं उठता ; वह ब्रह्ममय हो जाता है।

पूर्वोक्तसे यह निष्कर्ष निकालना कदाचित् कठिन न होगा कि इन विविध आराधनोंमें भगवदाराधन ही सर्वोत्कृष्ट एवं नितान्त-वाञ्छनीय है। और फिर, "चुपड़ी और दो-दो" — भगवदाराधन केवल श्रेयस्कर ही नहीं, सुकर भी है। इतना सुकर कि यह साधन कर्मकाण्डीय सभी आडम्बरोंसे विमुक्त है और मात्र पत्र, पुष्प, फल वा जल ही के अर्पणसे सम्पन्न हो सकता है—

पत्रं पुष्पं फलं तोयं यो मे भक्त्या प्रयच्छति ।
तदहं भक्त्युपहृतमश्नामि प्रयतात्मनः ॥२६॥

पद॰ — पत्रम् = पत्तेको ; पुष्पम् = फूलको ; फलम् = फलको ; तोयम् = जलको ; यः = जो ; मे = मेरेलिए ; भक्त्या = भक्तिसे (प्रेमपूर्वक) ; प्रयच्छति = अर्पण करता है ; तत् = उसको ; अहम् = मैं ; भक्त्युपहृतम् = प्रेमपूर्वक अर्पित किए-हुए (को) ; अश्नामि = खाता हूँ ; प्रयतात्मनः = शुद्ध-अन्तःकरणवालेके।

अनु॰ — जो (कोई भक्त) मेरेलिए पत्ते, फूल, फल, जल (आदि किसी साधारण वस्तु) को (भी) प्रेमपूर्वक अर्पित करता है, शुद्ध-अन्तःकरणवाले (उस निष्कामभक्त) के प्रेमपूर्वक अर्पित किए-हुए उस (फूल-पत्ते आदि) को मैं (सगुणरूपसे प्रकट होकर प्रीतिसहित) खाता हूँ।

टि॰ — भगवान् भावके भूखे हैं, भौतिकताके नहीं। वे तो पूर्णकाम हैं ; उन्हें कुछ नहीं चाहिये। उनके पास क्या नहीं है ? कोई उन्हें क्या दे सकता है ? वे देखते हैं केवल निश्छल प्यारको, सहज प्रेमको, निस्स्वार्थ भावनाको, निष्काम भक्तिको। यदि भक्तकी टेरमें टीस है, पुकारमें कसक है, गुहारमें तड़प है और आहमें चुभन है, तो वह भगवान्‌को उसकी सहायताके लिये आतुर कर देनेको पर्याप्त है।

प्रस्तुत श्लोकमें उल्लिखित पत्र-पुष्पादि चार अतिसाधारण वस्तुओंके उपहारोंको भगवान्‌ने अपनी विभिन्न स्थितियोंमें भक्तोंसे सहर्ष स्वीकारा है और फिर उनकी रक्षा की है। दृष्टान्तके रूपमें — कृष्णावतारमें द्रौपदीकी देगची (बटलोई) में बचे हुए एक "पत्र" (पत्ते) को खाकर विश्वको तृप्त कर देना और, इस प्रकार, दुर्वासासे द्रौपदीकी लाज बचाना ; विष्णुके रूपमें गज-ग्राह संघर्षके समय गजद्वारा अर्पित एक "पुष्प" ही के उपहारसे प्रसन्न होकर गजकी जान बचाना ; रामावतारमें शबरीकी कुटियापर जाकर उसके दिए-हुए "फल" (बेर) बड़े चावसे खाना और उसका कल्याण करना ; रन्तिदेवके "तोय" (जल) को स्वीकार करके उसे कृतार्थ करना।

यत्करोषि यदश्नासि यज्जुहोषि ददासि यत् ।
यत्तपस्यसि कौन्तेय तत्कुरुष्व मदर्पणम् ॥२७॥

पद॰ — यत् = जो (कुछ) ; करोषि = कर्म करता है ; यत् = जो (कुछ) ; अश्नासि = खाता है ; यत् = जो (कुछ) ; जुहोषि = हवन करता है ; ददासि = दान करता है ; यत् = जो (कुछ) ; यत् = जो (कुछ) ; तपस्यसि = (स्वधर्माचरणरूप) तप करता है ; कौन्तेय = हे कुन्तीपुत्र (अर्जुन) ; तत् = वह (सब) ; कुरुष्व = करदे ; मदर्पणम् = मेरे अर्पण।

अनु॰ — हे अर्जुन! (तू) जो (कुछ) कर्म करता है, जो (कुछ) खाता है, जो (कुछ) हवन करता है, जो (कुछ) दान करता है (और) जो (कुछ) (स्वधर्माचरणरूप) तप करता है, वह (सब) मेरे अर्पण करदे।

टि॰ — "सब कर्म भगवान्‌के अर्पण करदेना" का तात्पर्य है सब कामोंमें

मैं-मेरापन, लगाव तथा फलकी कामनाका पूरीतरह त्याग करदेना और यह समझना कि यह समस्त संसार ईश्वरका है तथा मैं स्वयं भी ईश्वर ही का हूँ, इसलिये मेरेद्वारा जो भी कोई काम होते हैं, वे सब भगवान्‌के ही हैं; मैं तो निमित्तमात्र हूँ। फिर, यह सब ब्रह्माण्ड ब्रह्मलीला ही तो है। केवल मानवसमाज ही नहीं, सम्पूर्ण चराचर प्राणिजगत् ईश्वरसे अभिन्न है। अतः, प्राणिसेवा ईश्वरसेवा ही है। ऐसा सोचकर, एक मनुष्यका अपनी संकीर्ण वृत्ति (अहन्ता, मत्ता) से ऊपर उठकर समस्त प्राणियोंकी सेवा (लोकसेवा) तथा समग्र-उन्नतिके लिए सदा निष्काम काम करना ही उन्हें "भगवान्‌के अर्पण करदेना" है।

ऐसा करनेसे, जीव, अन्ततः, ब्रह्मको प्राप्त होता है, इस भावको दिखलाते हुए, भगवान् कहते हैं—

शुभाशुभफलैरेवं मोक्ष्यसे कर्मबन्धनैः ।
संन्यासयोगयुक्तात्मा विमुक्तो मामुपैष्यसि ॥२८॥

पद० — शुभाशुभफलैः = मंगल-अमंगल फलरूप (से); एवम् = इस प्रकार; मोक्ष्यसे = मुक्त हो जायेगा; कर्मबन्धनैः = कर्मबन्धनोंसे; संन्यासयोगयुक्तात्मा = संन्यासयोगसे-युक्त मनवाला; विमुक्तः = मुक्त हुआ; माम् = मुझको; उपैष्यसि = प्राप्त होगा।

अनु० — इस प्रकार, (कर्मोंको भगवदर्पण करनेरूप) संन्यासयोगसे-युक्त मनवाला (तू) मंगल-अमंगल फलरूप कर्मबन्धनोंसे मुक्त हो जायेगा (और उनसे) मुक्त होकर मुझको (ही) प्राप्त होगा।

समोऽहं सर्वभूतेषु न मे द्वेष्योऽस्ति न प्रियः ।
ये भजन्ति तु मां भक्त्या मयि ते तेषु चाप्यहम् ॥२९॥

पद० — समः = समभाव वा समदृष्टि (सबको एक-सा समझनेवाला) अथवा समानरूपसे व्याप्त; अहम् = मैं; सर्वभूतेषु = सब प्राणियोंमें; न = नहीं; मे = मेरा; द्वेष्यः = जिससे द्वेष हो (अप्रिय); अस्ति = है; न = नहीं; प्रियः = प्यारा; ये = जो; भजन्ति = भजते हैं; तु = परन्तु; माम् = मुझको; भक्त्या = (अनन्य) प्रेमसे; मयि = मुझमें; ते = वे; तेषु = उनमें; च = और; अपि = भी; अहम् = मैं।

अनु० — मैं सभी प्राणियोंको एक-सा समझनेवाला हूँ (अथवा, मैं सभी प्राणियोंमें समानरूपसे व्याप्त हूँ), न (कोई) मेरा अप्रिय है (और) न (ही कोई)

प्रिय ; परन्तु जो (भक्त) मुझको (अनन्य) प्रेमसे भजते हैं, वे (तो) मुझमें हैं तथा मैं भी उनमें (प्रत्यक्ष प्रकट) हूँ।

टि॰ — पहले कहा गया है कि भगवान्की भक्ति करनेवालेको ही भगवान् प्राप्त होते हैं, अन्यको नहीं। यहाँ यह शंका उठती है कि क्या यह भगवान्का पक्षपात नहीं है कि वे कुछ पर तो कृपा करते हैं और शेषपर नहीं ? अतः, उसका निवारण करते हुए, भगवान् कहते हैं कि वे तो सभीमें समान रूपसे व्याप्त हैं तथा सबको एक-जैसा ही समझते हैं—उनके लिए कोई छोटा-बड़ा, अच्छा-बुरा वा अपना-पराया नहीं है। जैसा कि इस अध्यायके चौथे तथा पाँचवें श्लोकोमें कहा गया है, भगवान् अपने निराकाररूपमें समस्त चराचर प्राणियोंमें समान रूपसे व्याप्त हैं और निश्शेष चराचर प्राणी उनमें सदा ही स्थित रहते हैं। फिर भी, भगवान्का अपने भक्तोंको अपने हृदयमें विशेषरूपसे धारण करना तथा उनके हृदयमें स्वयं प्रत्यक्षरूपसे निवास करना भक्तोंकी भक्तिके कारण ही होता है, न कि भगवान्के तथाकथित पक्षपातके। जैसे अग्नि, सूक्ष्मरूपसे सर्वत्र व्याप्त होनेपर भी, केवल साधनोंद्वारा प्रकट करनेसे ही प्रत्यक्ष होता है, वैसे ही, कण-कणमें स्थित होनेपर भी, परमेश्वर केवल एकनिष्ठ एवम् अनन्य भक्तिसे भजनेवाले ही के अन्तःकरणमें प्रत्यक्षरूपसे प्रकट होते हैं, दूसरोंके में नहीं।

या, दृष्टान्तान्तरसे इसे यों समझिये कि जिस प्रकार सर्वत्र समानरूपसे प्रकाश देनेवाला सूर्य स्वच्छ जल वा निर्मल दर्पण प्रभृति प्रतिफलक पदार्थोंमें ही प्रतिबिम्बित होता है, तृण-पर्ण, काष्ठ, धूलिधूसरित धातु आदि मलिन वस्तुओंमें नहीं और, फिर भी, सूर्यमें कोई विषमता वा पक्षपात नहीं ; उसी प्रकार, भगवान् भी, सर्वत्र समानरूपसे व्याप्त होनेपर भी, केवल भक्तों ही के अन्तःकरणमें प्रत्यक्षरूपसे प्रकट होते हैं, क्योंकि उन्होंने काम-वासना-भोगादि मलसे आच्छादित निज हृत्पटलको यम-नियम-संयम-भजन-कीर्तनरूप जूनेसे निरन्तर रगड़-रगड़कर स्वच्छ, सुविमल एवं सात्त्विक बनाया हुआ है, जहाँ भगवच्छबि सतत स्थित रहती है। सो, यह चमत्कार भक्तकी भक्तिका है, भगवान्के किसी कल्पित वैषम्य वा पक्षपातका नहीं।

भगवद्भक्तिकी विशेष महिमा एवं गरिमा दरसाते हुए, श्रीकृष्णजी, अगले दो श्लोकोंके माध्यमसे, अब अर्जुनको बतलाते हैं कि एकनिष्ठ होकर भजन करनेवाला एक निकृष्ट पापात्मा भी—सदाचारी भक्तोंके सदृश ही—शाश्वत शान्तिको प्राप्त करता है—

अपि चेत्सुदुराचारो भजते मामनन्यभाक् ।
साधुरेव स मन्तव्यः सम्यग्व्यवसितो हि सः ॥३०॥
क्षिप्रं भवति धर्मात्मा शश्वच्छान्तिं निगच्छति ।
कौन्तेय प्रतिजानीहि न मे भक्तः प्रणश्यति ॥३१॥

पद० — अपि = भी ; चेत् = यदि ; सुदुराचारः = अतिशय दुराचारी ; भजते = भजता है ; माम् = मुझको ; अनन्यभाक् = अनन्यभावसे (मेरा) भक्त होकर ; साधुः = सज्जन (सदाचारी) ; एव = ही ; सः = वह ; मन्तव्यः = माना (समझा) जाना चाहिये ; सम्यक् = यथार्थ (ठीक) प्रकारसे ; व्यवसितः = निश्चयवाला ; हि = क्योंकि ; सः = वह ; क्षिप्रम् = शीघ्र ; भवति = हो जाता है ; धर्मात्मा = पुण्यात्मा ; शश्वत् = नित्यस्थायी (सदा-रहनेवाली) को ; शान्तिम् = परमशान्तिको ; निगच्छति = प्राप्त होता है ; कौन्तेय = हे कुन्तीपुत्र (अर्जुन) ; प्रतिजानीहि = निश्चयपूर्वक सत्य जान ; न = नहीं ; मे = मेरा ; भक्तः = भक्त ; प्रणश्यति = नष्ट होता है।

अनु० — यदि (कोई) अतिशय दुराचारी भी अनन्यभावसे (मेरा) भक्त होकर मुझको (निरन्तर) भजता है, (तो) वह सज्जन (सदाचारी) ही समझा जाना चाहिये, क्योंकि वह यथार्थ निश्चयवाला है। (इसलिए वह) शीघ्र (ही) धर्मात्मा (पुण्यमना) हो जाता है (और) नित्यस्थायी (सदा-रहनेवाली) परमशान्तिको प्राप्त होता है। हे अर्जुन! (तू) निश्चयपूर्वक सत्य जान (कि) मेरा भक्त (कभी) नष्ट नहीं होता।

टि० — "सम्यग्व्यवसितः" में दो शब्द हैं— "सम्यक्" (यथार्थ, ठीक) तथा "व्यवसितः" (दृढ़निश्चयवाला)। अतः, इसका अर्थ हुआ "उत्तमकर्मके लिए वज्रसंकल्प करनेवाला"। आशय यह है कि कोई घोरदुष्ट वा भीषण दुराचारी भी यदि यह यथार्थ (उत्तम वा श्रेयस्कर) निश्चय दृढ़तापूर्वक करलेता है कि वह पापात्मक एवं पैशाचिक वृत्तिका सर्वथा परिहार कर, धार्मिक तथा सात्त्विक जीवन अपनाते हुए, अचल श्रद्धा और अनन्य भक्तिसे त्रिभुवनाधार भगवान् ही की एकमात्र शरणमें रहकर निरन्तर उनके ही भजन-कीर्तन-ध्यानमें शेष समय बिताएगा, क्योंकि एक सांसारिक जीवके लिए वही सर्वोत्कृष्ट एवं प्रशस्त पथ है, तो ऐसे साधकको हम "सम्यग्व्यवसितः" कहेंगे। भगवान्का कथन है कि सन्मार्गका यह नूतन यात्री, यदि आरम्भमें, अपने स्वभाव तथा चिराभ्यासके कारण, पूर्वदुष्कृत्योंको पूरीतरहसे छोड़ नहीं भी पाया हो, तो भी उसे पापी या दुष्ट न समझकर साधु ही समझना चाहिये। कारण ? उसने अब अपना जीवन-काँटा बदल दिया है ; अब वह भगवद्भक्तिमार्गका बटोही बन गया है ; आज नहीं

तो कल, उसे, महर्षि वाल्मीकिकी भाँति, पूर्ण-धर्मात्मा बन जाना है और, अन्तमें, शाश्वतशान्ति (मोक्षपद) को प्राप्त कर लेना है।

यहाँ दूसरे श्लोकको दूसरी पंक्तिमें दूसरा शब्द "प्रतिजानीहि" प्रयुक्त हुआ है। यह "प्रति" उपसर्गके सहित "ज्ञा" धातुसे बनता है, जिसका अर्थ होता है "प्रतिज्ञा करो" अथवा "दृढ़-निश्चय करो।" इसके द्वारा भगवान्‌ने यह भाव दिखलाया है कि "अर्जुन! मैंने अभी तुम्हें अपनी भक्तिका तथा अपने भक्तका जो महत्त्व बतलाया है, उसमें तुम्हें रञ्चमात्र भी संशय नहीं होना चाहिये और उसे सर्वथा सत्य समझकर दृढ़तापूर्वक धारण करलेना चाहिये।" वह क्या बात है, जिसे श्रीकृष्ण, इतने बल व आग्रहपूर्वक, अर्जुनसे सच माननेके लिए कह रहे हैं ? वह वहीं निर्दिष्ट है—"न मे भक्तः प्रणश्यति" (मेरा भक्त कभी नष्ट नहीं होता)।"प्रणश्यति" पद "प्र" उपसर्गके सहित "नश्यति" क्रियासे बनता है, जिसका अर्थ है "नष्ट होता है।" यहाँ, प्रकरणवश, इसका भावार्थ है "पतन होना।" अतः, श्रीकृष्ण जीका कथनाशय है कि "मेरे भक्तका कभी नाश (पतन) नहीं होता —उसका शनैः-शनैः उत्थान ही होता रहता है। अर्थात्, वह न तो अपनी स्थितिसे कभी गिरता है और न ही उसको नीच योनि अथवा नरकादिकी प्राप्तिरूप दुर्गतिसे दो-चार होना पड़ता है। जैसा पहले कहा गया है, वह क्रमशः दुर्गुण-दुराचारोंसे नितान्त शून्य होकर शीघ्र ही धर्मात्मा बन जाता है और फिर परमशान्तिको प्राप्त हो जाता है।"

पूर्वोक्तसे यह स्पष्ट हो गया होगा कि भगवान् अपनी समस्त सृष्टिके प्रति समभाव एवं निष्पक्ष हैं। जीवोंमें ऊँच-नीच, भला-बुरा, सुखी-दुःखीका भेद उनकी अपनी ही कर्म-पुरुषार्थविषमताके कारण है, न कि भगवान्‌की किसी भी भेदबुद्धि अथवा सपक्षताके। चाहे मनुष्य भजन करनेवाला है अथवा नहीं, चाहे भक्त सदाचारी था अथवा दुराचारी, वे सदा समदृष्टि ही हैं। अब, अगले दो श्लोकोंद्वारा, वे अर्जुनको बतलाते हैं कि जाति-वर्ण-लिंग-वर्गादि भेद भी उनकी समता व निष्पक्षताको नहीं छू पाते। वे स्वयं किसीके पास नहीं जाते, किन्तु भक्त उन्हें भक्तिके चुम्बकसे बरबस खींच लेते हैं। यह चुम्बक जिस भी किसीके पास होगा — मानव-दानव, देव-दैत्य, भूत-प्रेत, योगी-भोगी, पिशाच-चाण्डाल, स्त्री-पुरुष, ब्राह्मण-शूद्र, बाल-वृद्ध, अज्ञ-विज्ञ, पशु-पक्षी आदि-आदि—वे, उसीके प्रेमबन्धनमें स्वयं फँसकर भी, उसके कर्मबन्धनको काट देंगे। अतः, वे अर्जुनसे फिर अनन्यभाव और एकनिष्ठ होकर भगवद्भजन करनेको कहते हैं, क्योंकि "जो हरि को भजै, सो हरि कौ होइ" —

मां हि पार्थ व्यपाश्रित्य येऽपि स्युः पापयोनयः ।
स्त्रियो वैश्यास्तथा शूद्रास्तेऽपि यान्ति परां गतिम् ॥३२॥

पद० — माम् = मुझको ; हि = निश्चयसे ; पार्थ = हे पृथापुत्र (अर्जुन) ; व्यपाश्रित्य = आश्रय लेकर (शरण होकर) ; ये = जो (कोई) ; अपि = भी ; स्युः = हों ; पापयोनयः = पापियोंके कुलोंमें उत्पन्न ; स्त्रियः = स्त्रियाँ ; वैश्याः = वैश्यजन ; तथा = और ; शूद्राः = शूद्रलोग ; ते = वे ; अपि = भी ; यान्ति = जाते (प्राप्त होते) हैं ; पराम् = परम (उत्तम) को ; गतिम् = गतिको।

अनु० — हे अर्जुन ! (म्लेच्छचाण्डालादि) पापाचारियोंके कुलोंमें उत्पन्न जो (कोई) भी हों (तथा) स्त्रियाँ, वैश्य (एवं) शूद्र — वे भी, मेरे शरण होकर (मेरा आश्रय लेकर), निश्चितरूपसे, परमगतिको (अर्थात्, मुक्तिको) प्राप्त होते हैं।

टि० — भगवान्के नामका भजन-संकीर्तन करनेवाले तथा निश्शेष श्रद्धा एवं भक्तिके साथ उनकी शरणमें आनेवाले प्रत्येक साधकको, बिना किसी विषमता व पक्षपातके, वे अपना धाम (ब्रह्मलोक) प्राप्त करादेते हैं — इसी पूर्वचर्चित भावको भगवान्ने यहाँ प्रकारान्तरसे कहा है। उनका कथन है कि हर साधक — चाहे वह पापकर्मा म्लेच्छचाण्डाल हो ; चाहे वह वैश्य हो, जो अपने जातिस्वभावके कारण कृषि-वाणिज्य-व्यापारादि में ही दक्ष होता है, न कि नाम-जाप और मनन-चिन्तनमें ; और चाहे वह स्त्री या शूद्र ही हो, जिसके लिए वेदाध्ययन वर्जित है—उनके (भागवान्के) अनुग्रहका समान रूपसे अधिकारी है, यदि वह सच्चे दिलसे उनका भक्त और अनन्य प्रेमी है।

किं पुनर्ब्राह्मणाः पुण्या भक्ता राजर्षयस्तथा ।
अनित्यमसुखं लोकमिमं प्राप्य भजस्व माम् ॥३३॥

पद० — किम् = क्या ; पुनः = फिर ; ब्राह्मणाः = ब्राह्मणजन ; पुण्याः = पुण्यशील ; भक्ताः = भक्तलोग ; राजर्षयः = राजऋषि ; तथा = और ; अनित्यम् = नाशवान् (क्षणभंगुर) (को) ; असुखम् = सुखरहित (को) ; लोकम् = मनुष्यशरीरको ; इमम् = इस (को) ; प्राप्य = प्राप्त करके ; भजस्व = भज ; माम् = मुझे।

अनु० — फिर (यदि) पुण्यशील ब्राह्मण तथा राजऋषि भक्तजन (भी) (परमगतिको प्राप्त होजाते हैं) (तो इसमें कहना अथवा आश्चर्य ही) क्या ? (इसलिए, तू) सुखरहित (एवं) क्षणभंगुर इस मनुष्यशरीरको प्राप्त करके (निरन्तर) मेरा (ही) भजन कर।

टि० — अभी-अभी तीसवें तथा बत्तीसवें श्लोकोंमें बतलाया गया है कि अत्यन्त दुराचारी एवं शूद्र व चाण्डाल आदि नीच जाति तथा निम्न प्रकृतिके मनुष्य भी, भगवान्‌का भजन करके, परमगतिको प्राप्त हो जाते हैं। यहाँ भगवान्‌का यह अभिप्राय है कि जब ऐसा हो सकता है, तो फिर यदि पुण्यशील ब्राह्मण एवं राजर्षि भक्तजन भी, जिनके आचारव्यवहार और वर्ण अत्यन्त उत्तम हैं, उनकी शरण ग्रहण कर, परमगतिको प्राप्त हो जायें — तो इसमें कहने, यानी, आश्चर्य, की बात ही क्या है ?

पवित्र एवम् उत्कृष्ट स्वभाव व आचरणवालोंको "पुण्य" कहते हैं और जो राजा होकर भी ऋषियोंके-जैसे मधुर स्वभाव तथा शुद्ध आचरणवाले हों, वे "राजर्षि" होते हैं।

"तू सुखरहित एवं क्षणभंगुर इस मनुष्यशरीरको प्राप्त करके निरन्तर मेरा ही भजन कर" — इसका अभिप्राय है कि मनुष्यशरीर बड़ा दुर्लभ है ; यह बड़े पुण्यों तथा विशेष ईशानुकम्पासे उपलब्ध होता है। इसका एकमात्र उद्देश्य भगवत्प्राप्ति है। अतः, जो इस लक्ष्यके लिए सतत यत्नशील रहता है, उसीका जीवन सार्थक है। जो इसमें सुख खोजता है, वह वास्तविक लाभसे वञ्चित ही रह जाता है, क्योंकि इसमें कहीं सुखका लेश भी नहीं है। अतः, इसको सुखरूप न समझकर, यह जिस लक्ष्यकी सिद्धिके निमित्त मिला है, उसे शीघ्रातिशीघ्र प्राप्त करलेना चाहिये। कारण ? यह शरीर क्षणभंगुर है ; पता नहीं, किस क्षण इसका नाश हो जाये। इसलिये, न तो इसे सुखरूप समझकर विषयोंमें फँसना चाहिए और न ही इसे नित्य समझकर भजनमें देर ही करनी चाहिये। यह भलीभाँति हृदयंगम कर लेना चाहिये कि यदि कहीं, दुर्भाग्यवश, अपनी असावधानीसे यह व्यर्थ ही नष्ट हो गया, तो सिवाय पछतानेके कुछ और शेष नहीं रहेगा। इसीलिये, कहा भी है —

"राम नामकी लूट है, लूट सकै तो लूट।
अन्त समै पछतायगा, प्रान जइहैं छूट॥"

अतएव, श्रीकृष्णका अर्जुनको यही परामर्श है कि "इस सुखरहित एवं क्षणभंगुर शरीरको प्राप्त करके, तू नित्य-निरन्तर मेरा भजन ही कर—क्षणभर भी मुझे मत भुला।" उस भजनके करनेकी विधि क्या है ?—इसे वे अगले श्लोकमें बतलाते हैं —

मन्मना भव मद्भक्तो मद्याजी मां नमस्कुरु ।
मामेवैष्यसि युक्त्वैवमात्मानं मत्परायणः ॥३४॥

पद० — मन्मनाः = मुझमें मनवाला ; भव = हो ; मद्भक्तः = मेरा भक्त ; मद्याजी = मेरा पूजन करनेवाला ; माम् = मुझको ; नमः = प्रणाम (को) ; कुरु = कर ; माम् = मुझे ; एव = ही ; एष्यसि = प्राप्त होगा ; युक्त्वा = जोड़कर (लगाकर) ; एवम् = इस प्रकार ; आत्मानम् = अपने-आपको ; मत्परायणः = मुझे चरमलक्ष्य बनानेवाला।

अनु० — (केवल) मुझमें (ही अनन्यप्रेमसे नित्य, अचल) मनवाला हो, मुझको (ही निष्कामभावसे निरन्तर) भजनेवाला (बन), मेरा (ही मन-वचन-कर्म-द्वारा पूर्णसमर्पितभावसे) पूजन करनेवाला (हो) (तथा) मुझ (सर्वशक्तिमान्, अनादि जगदीश्वर) को (विनयभक्तिपूर्वक साष्टांग) प्रणाम कर। इस प्रकार, (मन-बुद्धि-इन्द्रियसहित) अपनेको (मुझमें) लगाकरके (एकीभाव करके) (और) मुझको (ही) अपना परमप्राप्य (चरमलक्ष्य) बनाकर (तू) मुझ (परमेश्वर) को ही प्राप्त होगा (इसमें लेशमात्र भी संशय नहीं)।

— ○ —

ॐ तत्सदिति श्रीमद्भगवद्गीतासूपनिषत्सु
ब्रह्मविद्यायां योगशास्त्रे श्रीकृष्णार्जुनसंवादे
राजविद्याराजगुह्ययोगो नाम नवमोऽध्याय : ॥९॥

ॐ नित्यस्वरूप उस परमात्माको नमस्कार ! श्रीमद्भगवद्गीतारूपी उपनिषद् एवं ब्रह्मविद्या तथा योगशास्त्रविषयक श्रीकृष्ण-और-अर्जुनके संवादमें "राजविद्याराजगुह्ययोग" नामक नवाँ अध्याय यहाँ समाप्त होता है ॥९॥

श्रीमद्भगवद्गीता — दसवाँ अध्याय

"भू" धातुको "क्तिन्" प्रत्यय लगानेसे "भूति" शब्द बनता है, जिसका अर्थ है "हुई-हुई" अथवा "अस्तित्वमें आई हुई," "सत्तावाली" (वस्तु आदि)। इसके साथ "वि" उपसर्ग जोड़ देनेसे — "विभूति" बना देनेसे — इसमें "विशिष्टता वा विलक्षणता" का भाव और आ जाता है, जिससे इसका अर्थ हो जाता है "विशिष्ट (विलक्षण) वस्तु"। यानी, "अपने वर्ग अथवा समुदायमें, धन, सम्पदा, ऐश्वर्य, तेज, पराक्रम, विद्या, तपस्या, तितिक्षा, ज्ञान, भक्ति प्रभृति गुणोंकी दृष्टिसे, असाधारण, अनन्य वा सर्वोत्कृष्ट वस्तु।" इस अध्यायमें, भगवान्ने मुख्यतया ऐसी ही नाना श्रेणियोंमें मूर्धस्थ वस्तुओंका—अर्थात्, विभूतियोंका—वर्णन किया है, जिनको उन्होंने अपना ही स्वरूप बतलाया है। अतः, इसे "विभूतियोग अध्याय" कहते हैं।

भगवान्को ऐसा लगा कि सातवेंसे नवें अध्यायतक जिस विषयकी—विज्ञानसहित ज्ञानकी—चर्चा उन्होंने अर्जुनसे की है, वह, गम्भीर एवं दुरूह हो जानेके कारण, कदाचित्, उसकी समझसे बाहर ही रही है। अतः, उसे भलीभाँति समझानेके उद्देश्यसे, वे अर्जुनको आश्वस्त करते हैं कि उसी विषयको, सरल तथा सुगम बनाकर, वे उसे दूसरी प्रकारसे बतलानेका प्रयास करेंगे—

श्रीभगवानुवाच।

भूय एव महाबाहो शृणु मे परमं वचः।
यत्तेऽहं प्रीयमाणाय वक्ष्यामि हितकाम्यया ॥१॥

पद० — श्रीभगवान् = श्रीकृष्णजी ; उवाच = बोले।

भूयः = फिर ; एव = ही ; महाबाहो = हे बड़ी (शक्तिशालिनी) भुजाओंवाले ; शृणु = सुन ; मे = मेरे ; परमम् = महत्त्वपूर्ण (को) ; वचः = वचनोंको ; यत् = जिन्हें ; ते = तेरेलिए ; अहम् = मैं ; प्रीयमाणाय = प्रेम रखनेवालेके लिए ; वक्ष्यामि = कहूँगा ; हितकाम्यया = कल्याणकी इच्छासे।

अनु० — श्रीकृष्ण जी बोले — हे शक्तिमती भुजाओंवाले (वीर अर्जुन)! निस्सन्देह (अथवा, ध्यानपूर्वक) मेरे अतिमहत्त्वपूर्ण (वा रहस्यपूर्ण) वचनोंको (एक बार) फिर सुन, जिन्हें मैं (मेरे प्रति) (अतिशय) प्रेम रखनेवाले तेरेलिये (तेरे) कल्याणकी इच्छासे कहूँगा।

टि० — सर्वप्रथम, भगवान्, अगले पाँच श्लोकोंद्वारा, अपनी विभूति (विलक्षण चमत्कारी क्षमता) एवं योगशक्ति (रहस्यात्मक ईश्वरीय शक्ति—ऐश्वर योग) का संक्षिप्त रूपसे वर्णन करते हैं—

न मे विदुः सुरगणाः प्रभवं न महर्षयः ।
अहमादिर्हि देवानां महर्षीणां च सर्वशः ॥२॥

पद० — न = नहीं ; मे = मेरी ; विदुः = जानते हैं ; सुरगणाः = देवतालोग ; प्रभवम् = उत्पत्तिको ; न = नहीं ; महर्षयः = महर्षिजन ; अहम् = मैं ; आदिः = मूलकारण ; हि = क्योंकि ; देवानाम् = देवताओंका ; महर्षीणाम् = महर्षियोंका ; च = तथा ; सर्वशः = सब प्रकारसे।

अनु० — मेरी उत्पत्तिको (अर्थात्, लीलासे प्रकट होनेको) न देवतालोग जानते हैं (और) न महर्षिजन (ही जानते हैं), क्योंकि मैं देवताओंका तथा महर्षियोंका (भी) सब प्रकारसे आदिकारण (महाकरण) हूँ।

यो मामजमनादिं च वेत्ति लोकमहेश्वरम् ।
असंमूढः स मर्त्येषु सर्वपापैः प्रमुच्यते ॥३॥

पद० — यः = जो ; माम् = मुझको ; अजम् = अजन्मा (कारणरहित) (को) ; अनादिम् = आरम्भरहित (कालातीत) (को) ; च = और ; वेत्ति = जानता है ; लोकमहेश्वरम् = लोकोंके महान् ईश्वरको ; असंमूढः = मोह-मायामें नहीं फँसा हुआ (अर्थात्, ज्ञानवान्) ; सः = वह ; मर्त्येषु = (मरणशील) मनुष्योंमें ; सर्वपापैः = सम्पूर्ण पापोंसे ; प्रमुच्यते = पूरीतरह मुक्त हो जाता है।

अनु० — जो मुझे अजन्मा (अर्थात्, जन्मरहित ; स्वयं कारणहीन, किन्तु अन्य सबका कारण), (काल-सीमाका अतिक्रमण करनेसे) बिना-आदि (आरम्भविहीन) तथा (समस्त) लोकोंका महान् ईश्वर (यानी, इन्द्र-वरुण-यमादि सकल लोकपालोंका भी अधिनायक) जानता (तत्त्वसे समझता) है, मनुष्योंमें मोह-माया-भ्रमशून्य वह (ज्ञानवान् पुरुष) सम्पूर्ण पापोंसे पूरीतरह (सदा-सर्वदाके लिये) मुक्त हो जाता (छूट जाता) है।

बुद्धिर्ज्ञानमसंमोहः क्षमा सत्यं दमः शमः ।
सुखं दुःखं भवोऽभावो भयं चाभयमेव च ॥४॥
अहिंसा समता तुष्टिस्तपो दानं यशोऽयशः ।
भवन्ति भावा भूतानां मत्त एव पृथग्विधाः ॥५॥

पद० — बुद्धिः = निश्चय करनेकी शक्ति ; ज्ञानम् = यथार्थ ज्ञान ; असंमोहः = मूढ़ताका अभाव ; क्षमा = क्षमा ; सत्यम् = सत्य ; दमः = इन्द्रियोंको वशमें करना ; शमः = मनका निग्रह ; सुखम् = सुख ; दुःखम् = दुःख ; भवः = उत्पत्ति ; अभावः = प्रलय ; भयम् = भय ; च = और ; अभयम् = अभय ; एव = भी ; च = तथा ; अहिंसा = अहिंसा ; समता = समभाव ; तुष्टिः = सन्तोष ; तपः = तपस्या ; दानम् = दान ; यशः = कीर्ति ; अयशः = अपकीर्ति (बदनामी) ; भवन्ति = होते हैं ; भावाः = भाव ; भूतानाम् = प्राणियोंके ; मत्तः = मुझसे ; एव = ही ; पृथग्विधाः = नाना प्रकारके।

अनु० — निश्चय करनेकी शक्ति, यथार्थ ज्ञान, मूढ़ताका अभाव, क्षमा, सत्य, इन्द्रियोंको वशमें करना, मनका निग्रह एवं सुख-दुःख, उत्पत्ति-प्रलय और भय-अभय भी (तथा) अहिंसा, समभाव, सन्तोष, तपस्या, दान, कीर्ति (और) अपकीर्ति—यानी, नेकनामी और बदनामी—(ऐसे ये) प्राणियोंके नाना प्रकारके भाव मुझसे ही (उत्पन्न) होते हैं।

टि० — इन श्लोकोंका अभिप्राय सुचारु रूपसे अवगत करनेके लिये, केवल शब्दोंके अर्थ ही जान लेना पर्याप्त न होगा, अपितु उनके अन्तर्हित भावकी जानकारी भी नितान्त आवश्यक है। आइए, उनको एक-एक करके लेते हैं—

बुद्धि = कर्तव्य-अकर्तव्य, ग्राह्य-अग्राह्य और भले-बुरे आदिका निर्णय करके निश्चय करनेवाली वृत्ति।

ज्ञान = किसी भी पदार्थको यथार्थ जान लेना। यहाँ यह शब्द साधारण ज्ञानसे लेकर भगवान्‌के स्वरूपज्ञानतक सभी प्रकारके ज्ञानका वाचक है।

असम्मोह = भोगासक्त मनुष्योंको नित्य एवं सुखप्रद प्रतीत होनेवाले समस्त सांसारिक भोगोंको अनित्य, क्षणिक तथा दुःखमूलक समझकर उनमें मोहित न होना।

क्षमा = बुरा चाहना, बुरा करना, धनादि चुरा लेना, अपमान करना, आघात पहुँचाना, गाली देना, निन्दा करना, आग लगाना, मार डालना और प्रत्यक्ष या

अप्रत्यक्षमें क्षति पहुँचाना आदि जितने भी अपराध हैं, इनमें से एक अथवा अधिक किसी भी प्रकारका अपराध करनेवाला कोई भी प्राणी क्यों न हो, अपनेमें बदला लेनेका पूरा सामर्थ्य रहनेपर भी उससे उस अपराधका किसी प्रकार भी बदला लेने की इच्छाका सर्वथा परित्याग कर देना और उस अपराधके कारण उसे इस लोक या परलोकमें कोई भी दण्ड न मिले — ऐसी इच्छा होना।

सत्य = इन्द्रिय और अन्त:करणद्वारा जो बात जिस रूपमें देखी, सुनी तथा अनुभव की गई हो, ठीक उसी रूपमें दूसरेको बतलाने अथवा समझानेके उद्देश्यसे यथासम्भव प्रिय शब्दोंमें प्रकट करना।

दम = विषयोंकी ओर दौड़नेवाली इन्द्रियोंको अपने अधीन बनाकर उन्हें मनमानी न करने देना तथा विषयोंके रससे हटा लेना।

शम = मनको भलीभाँति संयत करके उसे अपने अधीन बना लेना।

सुख = प्रिय (अनुकूल) वस्तुके संयोगसे तथा अप्रिय (प्रतिकूल) के वियोगसे होनेवाले सब प्रकारके सुखोंका वाचक यहाँ "सुख" शब्द है।

दु:ख = प्रियके वियोगसे तथा अप्रियके संयोगसे होनेवाले आधिभौतिक, आधिदैविक और आध्यात्मिक — सभी प्रकारके कष्ट यहाँ "दु:ख" शब्दसे अभिप्रेत हैं।

भव तथा अभाव = सर्गकालमें समस्त चराचर जगत्‌का उत्पन्न होना "भव" है ; प्रलयकालमें उसीका लीन हो जाना "अभाव" है।

भय तथा अभय = किसी प्रकारकी हानि अथवा मृत्युके कारणको देखकर अन्त:करणमें उत्पन्न होनेवाला भाव "भय" है ; सर्वत्र एक परमेश्वरको व्याप्त समझ लेनेसे अथवा अन्य किसी कारणसे भयका सर्वथा अभाव "अभय" है।

अहिंसा = किसी भी प्राणीको, किसी भी समय, किसी भी प्रकारसे मन, वाणी वा शरीरके द्वारा तनिक भी कष्ट न पहुँचाना।

समता = सुख-दु:ख, लाभ-हानि, जय-पराजय, निन्दा-स्तुति, मान-अपमान, मित्र-शत्रु आदि सभी विषमताके हेतुओंमें निरन्तर समबुद्धि रहना।

तुष्टि = जो कुछ भी प्राप्त हो जाए, उसे प्रारब्धका भोग या भगवान्‌का विधान समझकर सदा सन्तुष्ट रहना।

तप, दान, यश तथा अयश = स्वधर्म-पालनके लिए कष्ट सहन करना "तप" है ; अपने स्वत्वको दूसरोंके हितके लिए वितरण करना "दान" है ;

संसारमें कीर्ति (नेकनामी, सुनाम) होना "यश" है ; अपकीर्ति (बदनामी, दुर्नाम) होना "अयश" है।

"प्राणियोंके नाना प्रकारके भाव मुझसे ही (उत्पन्न) होते हैं"— इस कथनका आशय यह है कि विभिन्न प्राणियोंके, उनकी प्रकृतिके अनुसार, उपर्युक्त प्रकारके जितने भी विविध भाव होते हैं, वे सब भगवान्‌से ही उत्पन्न होते हैं, अर्थात्, वे सब भगवान् ही की सहायता, सत्ता एवं शक्तिसे होते हैं।

महर्षयः सप्त पूर्वे चत्वारो मनवस्तथा ।
मद्भावा मानसा जाता येषां लोक इमाः प्रजाः ॥६॥

पद॰ — महर्षयः = महर्षिजन ; सप्त = सात ; पूर्वे = पूर्वमें होनेवाले ; चत्वारः = चार ; मनवः = मनु ; तथा = और ; मद्भावाः = मुझमें भाववाले ; मानसाः = संकल्पसे ; जाताः = उत्पन्न हुए ; येषाम् = जिनके ; लोके = संसारमें ; इमाः = ये ; प्रजाः = प्राणी (अथवा उत्पत्ति)।

अनु॰ — सात महर्षिजन, (उनसे भी) पूर्व होनेवाले चार (सनकादि आचार्य) और (स्वायम्भुव आदि चौदह) मनु — मुझमें भाववाले (ये सब-के-सब मेरे) संकल्पसे उत्पन्न हुए हैं, जिनकी, संसारमें, ये (सब) प्राणी (उत्पत्ति) हैं।

टि॰ —इसी अध्यायके दूसरे श्लोकमें भगवान्‌ने अपने-आपको समस्त देवताओं तथा महर्षियोंका महाकारण बतलाया था। फिर, उससे अगलेमें, अपनेको अजन्मा—जन्मरहित ; कारणविहीन ; स्वयम्भू—तथा अनादि— आरम्भरहित ; जो समय-सीमा अथवा कालपरिधिका उल्लंघन कर चुका हो ; कालातीत—एवं लोकमहेश्वर— सबलोकोंकी रचना करनेवाले ईश्वरका भी ईश्वर—बताकर अपनी सर्वाधिक पुराणता (सनातनता) उद्घोषित की थी। इसी तथ्यकी पुष्टि करते हुए, प्रस्तुत श्लोकमें, वे केवल सप्त महर्षियों ही को नहीं, बल्कि उनसे पूर्व जन्मे सनकादि चार आचार्यों तथा उनसे भी पहले उत्पन्न हुए स्वायम्भुव प्रभृति चौदह मनुओंको भी, जो कि समग्र लोकोंके उत्पत्तिकारक हैं, अपने मनसे (यानी, संकल्पसे) पैदा किया बताते हैं। इस प्रकार, पुरातनतम अथवा आद्यतम वस्तुसे भी पहले वे विद्यमान थे, क्योंकि वे बिना-आदि (यानी, अनादि) हैं।

सप्तर्षि प्रत्येक मन्वन्तरमें भिन्न-भिन्न होते हैं। यहाँ जिन सप्तर्षियोंका वर्णन है, उनको भगवान्‌ने "महर्षि" कहा है और उन्हें अपने मनसे (संकल्पसे) उत्पन्न हुआ बतलाया है। अतः, यहाँ उन्हींका लक्ष्य है जो ऋषियोंसे भी उच्चस्तरके हैं। वर्तमान कल्पके सर्वप्रथम स्वायम्भुव मन्वन्तरके सप्तर्षि ये हैं—मरीचि, अंगिरा, अत्रि, पुलस्त्य, पुलह, क्रतु तथा वसिष्ठ।

सनकादि सबको आत्मतत्त्वका ज्ञान प्रदान करनेवाले, निवृत्तिधर्मके प्रवर्तक चार आचार्य हैं।

ब्रह्माके एक दिनमें चौदह मनु होते हैं। प्रत्येक मनुके अधिकारकालको "मन्वन्तर" कहते हैं। इकहत्तर चतुर्युगीसे कुछ अधिक कालका एक मन्वन्तर होता है। मानवी वर्षगणनाके हिसाबसे, एक मन्वन्तर ३०,६७,२०,००० (तीस करोड़ सतसठ लाख बीस हज़ार) वर्षोंसे और दिव्य-वर्षगणनाके अनुसार ८,५२,००० (आठ लाख बावन हज़ार) वर्षोंसे कुछ अधिक कालका होता है। प्रत्येक मन्वन्तरमें धर्मकी व्यवस्था और लोकरक्षणके लिए भिन्न-भिन्न सप्तर्षि होते हैं। एक मन्वन्तरके बीत जानेपर जब मनु बदल जाते हैं, तब उन्हींके साथ सप्तर्षि, देवता, इन्द्र तथा मनुपुत्र भी बदल जाते हैं। वर्तमान कल्पके मनुओंके नाम ये हैं—स्वायम्भुव, स्वारोचिष, उत्तम, तामस, रैवत, चाक्षुष, वैवस्वत, सावर्णि, दक्षसावर्णि, ब्रह्मसावर्णि, धर्मसावर्णि, रुद्रसावर्णि, देवसावर्णि और इन्द्रसावर्णि। चौदह मनुओंका एक कल्प बीत जानेपर सब मनु भी बदल जाते हैं।

इस प्रकार, भगवान्‌ने, पाँच श्लोकोंद्वारा, अपनी विभूति एवं योगशक्तिका संक्षिप्त वर्णन किया। अब, अगले श्लोकमें, उन्हें जाननेका फल बतलाया जाता है—

एतां विभूतिं योगञ्च मम यो वेत्ति तत्त्वतः।
सोऽविकम्पेन योगेन युज्यते नात्र संशयः॥७॥

पद० — एताम् = इस (को); विभूतिम् = परमैश्वर्यरूप विभूतिको; योगम् = योगशक्तिको; च = और; मम = मेरी; यः = जो; वेत्ति = जानता है; तत्त्वतः = तत्त्वसे; सः = वह; अविकम्पेन = निश्चल (से); योगेन = ध्यानयोगके द्वारा; युज्यते = युक्त हो जाता है; न = नहीं; अत्र = इसमें; संशयः = सन्देह।

अनु० — जो (पुरुष) मेरी इस परमैश्वर्यरूप विभूतिको और योगशक्तिको तत्त्वसे जानता है (अर्थात्, तथ्य वा वास्तविकताको ठीक-ठीक समझता है), वह निश्चल ध्यानयोग (भक्तियोग) के द्वारा (मुझमें ही) एकीभावसे स्थित हो जाता है (यानी, मुझको ही प्राप्त हो जाता है) — इसमें (तनिक भी) सन्देह नहीं है।

टि० — "मेरी विभूतिको और योगशक्तिको तत्त्वसे जानना"—इससे अभिप्राय इस प्रकारका ज्ञान हो जाना है कि समस्त ब्रह्माण्ड भगवान् ही की रचना है और यह सब उन्हींके एक अंशमें स्थित है, इसलिये जहाँ-भी-कहीं जो-भी-कोई वस्तु

असामान्य रूपसे विशिष्ट एवं विलक्षण प्रतीत हो, उसे—अथवा समस्त ब्रह्माण्ड ही को—भगवान्‌की विभूति (यानी, उन्हींका स्वरूप) समझना एवं भगवान् ही को सम्पूर्ण ब्रह्माण्डका कर्ता-धर्ता-हर्ता, सर्वशक्तिसम्पन्न, सर्वेश्वर, सर्वाधार, सर्वव्यापी व सर्वान्तर्यामी मानना।

निश्चल भक्तियोग (अथवा ध्यानयोग) के द्वारा भगवान्‌में एकीभावसे स्थित हो जाना (यानी, भगवान्‌को प्राप्त हो जाना) यहाँ बतलाया गया है। अब, दो श्लोकोंमें उस भक्तियोगके स्वरूपका वर्णन किया जाता है —

अहं सर्वस्य प्रभवो मत्तः सर्वं प्रवर्तते ।
इति मत्वा भजन्ते मां बुधा भावसमन्विताः ॥८॥

पद० — = अहम् = मैं ; सर्वस्य = सबका ; प्रभवः = कारण (स्रोत) ; मत्तः = मुझसे ; सर्वम् = सब-कुछ ; प्रवर्तते = चेष्टा करता है ; इति = इस प्रकार ; मत्वा = जानकर ; भजन्ते = भजते हैं ; माम् = मुझको ; बुधाः = बुद्धिमान् ; भावसमन्विताः = श्रद्धा और भक्तिसे युक्त।

अनु० — मैं (भगवान्) (ही) समस्त (ब्रह्माण्ड) की (उत्पत्तिका) कारण (स्रोत) हूँ (तथा) मुझसे (यानी, मेरे ही योगबलसे) सब (जगत्) चेष्टा करता है (अर्थात्, सारा सृष्टिचक्र चलता है)—इस प्रकार (तत्त्वसे) समझकर (अटल) श्रद्धा और (अनन्य) भक्तिसे युक्त बुद्धिमान् (भक्तजन) मुझ (परमेश्वर) को (ही निरन्तर) भजते हैं।

मच्चित्ता मद्गतप्राणा बोधयन्तः परस्परम् ।
कथयन्तश्च मां नित्यं तुष्यन्ति च रमन्ति च ॥९॥

पद० — मच्चित्ताः = मुझमें मन लगानेवाले ; मद्गतप्राणाः = मुझमें प्राणोंको अर्पण करनेवाले ; बोधयन्तः = जनाते हुए ; परस्परम् = आपसमें ; कथयन्तः = कथन करते हुए ; च = और ; माम् = मुझको ; नित्यम् = निरन्तर ; तुष्यन्ति = सन्तुष्ट होते हैं ; च = ही ; रमन्ति = रमण करते हैं ; च = और।

अनु० — (निरन्तर) मुझमें मन लगानेवाले (और) मुझमें (ही) प्राणोंको (जीवनको) अर्पण करनेवाले (भक्तजन) (मेरी भक्तिकी चर्चाके द्वारा) आपसमें (मेरी महिमाको) जनाते हुए (यानी, उसका ज्ञान कराते हुए) तथा (गुण और प्रभाव-सहित) मेरा कथन करते हुए ही निरन्तर सन्तुष्ट होते हैं और (मुझ परमेश्वरमें ही सदा) रमण करते हैं (अर्थात्, दर्शन-स्पर्श-वार्तालाप आदि क्रीड़ा करते हैं)।

टि॰ — उपर्युक्त प्रकारसे भजन करनेवाले भक्तोंके प्रति भगवान् क्या दृष्टिकोण अपनाते हैं, इसे वे अगले दो श्लोकोंमें बताते हैं—

तेषां सततयुक्तानां भजतां प्रीतिपूर्वकम् ।
ददामि बुद्धियोगं तं येन मामुपयान्ति ते ॥१०॥

पद॰ — तेषाम् = उन (का) ; सततयुक्तानाम् = निरन्तर मेरे ध्यानमें लगे-हुओं (का) ; भजताम् = भजनेवाले भक्तोंका ; प्रीतिपूर्वकम् = प्रेमपूर्वक ; ददामि = देता हूँ ; बुद्धियोगम् = तत्त्वज्ञानरूप योगको ; तम् = उस (को) ; येन = जिससे ; माम् = मुझको ; उपयान्ति = प्राप्त होते हैं ; ते = वे।

अनु॰ — उन निरन्तर मेरे ध्यानमें लगे-हुए (तथा) प्रेमपूर्वक भजनेवाले भक्तोंको (मैं) वह तत्त्वज्ञानरूप योग देता हूँ, जिससे वे मुझको (ही) प्राप्त होते हैं।

तेषामेवानुकम्पार्थमहमज्ञानजं तमः ।
नाशयाम्यात्मभावस्थो ज्ञानदीपेन भास्वता ॥११॥

पद॰ — तेषाम् = उनके ; एव = ही ; अनुकम्पार्थम् = अनुग्रह करनेके लिये ; अहम् = मैं ; अज्ञानजम् = अज्ञानसे उत्पन्न-हुए (को) ; तमः = अन्धकारको ; नाशयामि = नष्ट करदेता हूँ ; आत्मभावस्थः = अन्त :करणमें एकीभावसे स्थित हुआ ; ज्ञानदीपेन = तत्त्वज्ञानरूप दीपकके द्वारा ; भास्वता = प्रकाशमय (से)।

अनु॰ — उनके (ऊपर) अनुग्रह करनेके लिए, (उनके) अन्तःकरणमें एकीभावसे स्थित-हुआ मैं (स्वयं) ही अज्ञानसे उत्पन्न-हुए अन्धकारको प्रकाशमय तत्त्वज्ञानरूप दीपकके द्वारा नष्ट करदेता हूँ।

टि॰ — यह सब सुनकर अर्जुनने अनुभव किया कि भगवान्को प्राप्त होनेके लिये उनकी विभूति एवं योगशक्तिको तत्त्वसे जानना परम सहायक ही नहीं नितान्त आवश्यक भी है। इस विषयपर एक संक्षिप्त चर्चा वह दूसरेसे छठे श्लोक-तक पहले ही सुन चुका है। किन्तु इतने मात्रसे उसकी जिज्ञासा शान्त नहीं हुई, उल्टे, बढ़ी है। अतः, अगले सात श्लोकोंमें, वह, इस विषयका विस्तारसहित वर्णन करनेके लिये, भगवान्से प्रार्थना करता है, जिसका आरम्भ वह उनकी स्तुतिद्वारा करता है —

अर्जुन उवाच।

परं ब्रह्म परं धाम पवित्रं परमं भवान् ।
पुरुषं शाश्वतं दिव्यमादिदेवमजं विभुम् ॥१२॥
आहुस्त्वामृषयः सर्वे देवर्षिर्नारदस्तथा ।
असितो देवलो व्यासः स्वयं चैव ब्रवीषि मे ॥१३॥

पद० — अर्जुनः = अर्जुनने ; उवाच = कहा।

परम् = परम ; ब्रह्म = ब्रह्म ; परम् = परम ; धाम = धाम ; पवित्रम् = (स्वयं) शुद्ध-पावन-पुनीत (तथा औरोंको भी पवित्र बना देनेवाले) ; परमम् = परम ; भवान् = आप ; पुरुषम् = पुरुष ; शाश्वतम् = सनातन ; दिव्यम् = ईश्वरीय ; आदिदेवम् = आद्यतमदेव ; अजम् = अजन्मा ; विभुम् = सर्वव्यापी ; आहुः = कहते हैं ; त्वाम् = तुमको ; ऋषयः = ऋषिजन ; सर्वे = सब ; देवर्षिः = देवताओंके ऋषि ; नारदः = नारद ; तथा = वैसा ही ; असितः = असित ; देवलः = देवल ; व्यासः = व्यास ; स्वयम् = स्वयम् (तुम) ; च = और ; एव = भी ; ब्रवीषि = बोलते हो ; मे = मुझसे।

अनु० — अर्जुनने कहा — (भगवन् !) आप परम ब्रह्म, परम धाम (और) परम पवित्र हैं, (क्योंकि) आपको सब ऋषिगण सनातन, दिव्य (ईश्वरीय) पुरुष (एवम्) आद्यतमदेव, अजन्मा (और) सर्वव्यापी कहते हैं। देवताओंके-ऋषि नारद, (कश्यप मुनिके सुपुत्र) ऋषि असित (और उनके भी सुपुत्र) ऋषि देवल (तथा महाभारतप्रणेता) महर्षि व्यास और स्वयम् आप भी मुझसे वैसा ही कहते हैं।

सर्वमेतदृतं मन्ये यन्मां वदसि केशव ।
न हि ते भगवन् व्यक्तिं विदुर्देवा न दानवाः ॥१४॥

पद० — सर्वम् = सबको ; एतत् = इस (को) ; ऋतम् = सत्य ; मन्ये = मानता हूँ ; यत् = जो ; माम् = मुझसे ; वदसि = कहते हो ; केशव = क (ब्रह्मा), अ (विष्णु) तथा ईश (शिव) रूपी तीनों शक्तियोंसे सम्पन्न—ब्रह्म (अर्थात्, हे कृष्ण !) ; न = नहीं ; हि = निश्चय ही ; ते = तेरी ; भगवन् = हे सम्पूर्ण ऐश्वर्य, धर्म, यश, श्री, ज्ञान एवं वैराग्यसे परिपूर्ण ! (हे परमेश्वर !) ; व्यक्तिम् = व्यक्तित्वको (लीलामय स्वरूपको) ; विदुः = जानते हैं ; देवाः = देवतालोग ; न = नहीं ; दानवाः = राक्षसगण।

अनु० — हे कृष्णरूप ब्रह्म ! जो (कुछ भी) आप मुझसे कहते हैं, इस सबको (मैं) सत्य मानता हूँ। हे परमेश्वर ! आपके लीलामय स्वरूपको, निस्सन्देह, न (तो) देवता जानते हैं (और) न दानव (ही)।

स्वयमेवात्मनाऽऽत्मानं वेत्थ त्वं पुरुषोत्तम ।
भूतभावन भूतेश देवदेव जगत्पते ॥१५॥

पद० — स्वयम् = ख़ुद ; एव = ही ; आत्मना = अपनेसे ; आत्मानम् = अपनेको ; वेत्थ = जानते हो ; त्वम् = तुम ; पुरुषोत्तम = हे क्षर-तथा-अक्षर-से-श्रेष्ठ ; भूतभावन = हे प्राणियोंको उत्पन्न करनेवाले ; भूतेश = हे प्राणियोंके शासक ; देवदेव = हे देवोंके भी (पूज्य) देव ; जगत्पते = हे संसारके स्वामी।

अनु० — हे क्षर-तथा-अक्षर-से-श्रेष्ठ ! हे (समस्त) प्राणियोंको उत्पन्न करनेवाले ! हे (समग्र) प्राणियोंके शासक ! हे देवोंके भी (पूज्य) देव ! हे संसारके स्वामी ! आप ख़ुद ही अपनेसे अपनेको जानते हो।

टि० — "आप स्वयं ही अपनेसे अपनेको जानते हो"—इस कथनसे अर्जुनका यह आशय है कि आप ही समस्त ब्रह्माण्डके आदि (कारण) हैं ; आपके गुण, प्रभाव, लीला, माहात्म्य, रूपादि अतुलित तथा अपरिमित हैं, अतः, कोई भी अन्य व्यक्ति इन्हें पूर्णतया नहीं जान सकता। दूसरे शब्दोंमें, केवल आप ही अपने प्रभावादिको जाननेमें समर्थ हो सकते हैं। और फिर, आपका यह जानना भी सामान्य जाननेसे सर्वथा भिन्न है। कारण ? आप स्वयं ज्ञानस्वरूप जो हैं ; इसलिए, आप अपनेहीद्वारा अपनेको जानते हैं — यानी, आप स्वयं ज्ञाता भी हैं, ज्ञान भी और ज्ञेय भी।

वक्तुमर्हस्यशेषेण दिव्या ह्यात्मविभूतयः ।
याभिर्विभूतिभिर्लोकानिमांस्त्वं व्याप्य तिष्ठसि ॥१६॥

पद० — वक्तुम् = कहनेके लिए ; अर्हसि = योग्य हो ; अशेषेण = सम्पूर्णतासे ; दिव्याः = ईश्वरीयों (अलौकिकों) (को) ; हि = ही ; आत्मविभूतयः = अपनी विभूतियोंको ; याभिः = जिन (के द्वारा) ; विभूतिभिः = विभूतियोंके द्वारा ; लोकान् = लोकोंको ; इमान् = इन (को) ; त्वम् = तुम ; व्याप्य = व्याप्त करके ; तिष्ठसि = स्थित हो।

अनु० — (इसलिये, हे भगवन् !) आप ही (उन) अपनी ईश्वरीय

विभूतियोंको सम्पूर्णतासे कहनेमें योग्य (समर्थ) हैं, जिन विभूतियोंके द्वारा (आप) इन (सब) लोकोंको व्याप्त करके स्थित हैं।

कथं विद्यामहं योगिंस्त्वां सदा परिचिन्तयन्।
केषु केषु च भावेषु चिन्त्योऽसि भगवन्मया ॥१७॥

पद॰ — कथम् = किस प्रकार ; विद्याम् = जानूँ ; अहम् = मैं ; योगिन् = हे योगेश्वर ; त्वाम् = तुमको ; सदा = निरन्तर ; परिचिन्तयन् = चिन्तन करता हुआ ; केषु = किन (में) ; केषु = किन (में) ; च = तथा ; भावेषु = भावोंमें ; चिन्त्यः = चिन्तन (ध्यान) करनेयोग्य ; असि = हो ; भगवन् = हे भगवन् ; मया = मुझसे।

अनु॰ — हे योगेश्वर ! मैं किस प्रकार निरन्तर चिन्तन करता हुआ आपको जानूँ (अर्थात्, आपके तत्त्वको समझ सकूँ) तथा, हे भगवन् ! किन-किन भावोंमें (आप) मेरेद्वारा चिन्तन (ध्यान) करनेयोग्य हैं (यानी, जड-चेतन पदार्थोंमें मैं किन-किनको आपका स्वरूप समझकर उनमें चित्त लगाऊँ, ताकि आपके प्रभाव एवं रहस्यको सहज ही भलीभाँति समझ सकूँ)—(कृपया, इन दोनों जिज्ञासाओंको शान्त कीजिए)।

विस्तरेणात्मनो योगं विभूतिं च जनार्दन।
भूयः कथय तृप्तिर्हि शृण्वतो नास्ति मेऽमृतम् ॥१८॥

पद॰ — विस्तरेण = विस्तारपूर्वक ; आत्मनः = अपनी ; योगम् = योगशक्तिको ; विभूतिम् = विभूतिको ; च = और ; जनार्दन = हे कृष्ण (समस्त जन इच्छापूर्तिके लिये जिससे याचना करें, उसे "जनार्दन" कहते हैं) ; भूयः = फिर ; कथय = कहिये ; तृप्तिः = मन-भरना ; हि = क्योंकि ; शृण्वतः = सुनते हुए (का) ; न = नहीं ; अस्ति = है ; मे = मेरा ; अमृतम् = अमृतमय वचनोंको।

अनु॰ — हे कृष्ण ! अपनी योगशक्तिको तथा (परमैश्वर्यरूप) विभूतिको फिर (भी) विस्तारपूर्वक कहिये, क्योंकि (आपके) अमृतमय वचनोंको सुनते हुए मेरा मन नहीं भरता (अर्थात्, सुननेकी उत्कण्ठा बनी ही रहती है)।

श्रीभगवानुवाच।

हन्त ते कथयिष्यामि दिव्या ह्यात्मविभूतयः।
प्राधान्यतः कुरुश्रेष्ठ नास्त्यन्तो विस्तरस्य मे ॥१९॥

पद॰ — श्रीभगवान् = श्रीकृष्ण जी ; उवाच = बोले।

हन्त = अब ; ते = तेरेलिए ; कथयिष्यामि = कहूँगा ; दिव्याः = ईश्वरीयों (को) ; हि = क्योंकि ; आत्मविभूतयः = अपनी विभूतियोंको ; प्राधान्यतः = मुख्यरूपसे ; कुरुश्रेष्ठ = हे कुरुवंशमें सर्वोत्तम ; न = नहीं ; अस्ति = है ; अन्तः = समाप्ति ; विस्तरस्य = विस्तारका ; मे = मेरे।

अनु० — श्रीकृष्ण भगवान् बोले — हे कुरुवंशमें सर्वोत्तम (अर्जुन) ! अब (मैं) तेरेलिए अपनी दिव्य (ईश्वरीय) विभूतियोंको मुख्यरूपसे (ही) कहूँगा, क्योंकि मेरे विस्तारका (कोई) अन्त नहीं है।

टि० — "अपनी दिव्य विभूतियोंको मुख्यरूपसे ही कहूँगा" से भगवान्‌का अभिप्राय है कि जब सारा ब्रह्माण्ड ही उनका स्वरूप है, तब साधारणतया तो सभी वस्तुएँ उन्हींकी विभूतियाँ हैं ; परन्तु वे सभी दिव्य विभूतियाँ नहीं हैं। दिव्य विभूति केवल उन्हीं वस्तुओं अथवा प्राणियोंको समझना चाहिये, जिनमें भगवान्‌के तेज, बल, विद्या, ऐश्वर्य, कान्ति तथा शक्तिका विशेष विकास हो। भगवान् यहाँ ऐसी ही सामान्य विभूतियोंके लिए कहते हैं कि मेरी ऐसी विभूतियाँ तो अनन्त हैं, अतः सबका तो पूरा वर्णन हो ही नहीं सकता। इसलिये, उनमेंसे जो मुख्य-मुख्य हैं, यहाँ मैं उन्हींका तुमसे वर्णन करूँगा।

अहमात्मा गुडाकेश सर्वभूताशयस्थितः ।
अहमादिश्च मध्यं च भूतानामन्त एव च ॥२०॥

पद० — अहम् = मैं ; आत्मा = आत्मा ; गुडाकेश = हे निद्राके स्वामी (नींदपर विजय प्राप्त करनेवाले) ; सर्वभूताशयस्थितः = सब प्राणियोंके हृदयमें स्थित ; अहम् = मैं ; आदिः = आदि ; च = तथा ; मध्यम् = मध्य ; च = और ; भूतानाम् = प्राणियोंका ; अन्तः = अन्त ; एव = ही ; च = भी।

अनु० — हे निद्राजयी (अर्जुन) ! सब प्राणियोंके हृदयमें स्थित (चेतन अथवा पराप्रकृतिरूप) मैं (सबका) आत्मा हूँ ; तथा (समस्त) प्राणियोंका आदि, मध्य और अन्त भी मैं ही हूँ।

टि० — समस्त प्राणियोंका सृजन, पालन एवं संहार भगवान् ही करते हैं। दूसरे शब्दोंमें, सब प्राणी उन्हींसे उत्पन्न होते हैं, उन्हींमें स्थित हैं और प्रलयकालमें भी उन्हींमें लीन हो जाते हैं। इसीलिये, यहाँ भगवान्‌ने अपनेको सारे ही चराचर प्राणियोंका आदि, मध्य तथा अन्त बतलाया है।

आदित्यानामहं विष्णुर्ज्योतिषां रविरंशुमान् ।
मरीचिर्मरुतामस्मि नक्षत्राणामहं शशी ॥२१॥

पद॰ — आदित्यानाम् = अदितिके (बारह) पुत्रोंमें ; अहम् = मैं ; विष्णुः = विष्णु ; ज्योतिषाम् = ज्योतियोंमें ; रविः = सूर्य ; अंशुमान् = किरणोंवाला ; मरीचिः = मरीचि ; मरुताम् = वायुदेवताओंमें ; अस्मि = हूँ ; नक्षत्राणाम् = नक्षत्रोंमें ; अहम् = मैं ; शशी = चन्द्रमा ।

अनु॰ — अदितिके (बारह) पुत्रोंमें मैं विष्णु (और) ज्योतियोंमें किरणोंवाला सूर्य (हूँ) ; (उनंचास) वायुदेवताओंमें मैं मरीचि (तथा) नक्षत्रोंमें चन्द्रमा हूँ।

वेदानां सामवेदोऽस्मि देवानामस्मि वासवः ।
इन्द्रियाणां मनश्चास्मि भूतानामस्मि चेतना ॥२२॥

पद॰ — वेदानाम् = वेदोंमें ; सामवेदः = सामवेद ; अस्मि = हूँ ; देवानाम् = देवताओंमें ; अस्मि = हूँ ; वासवः = इन्द्र ; इन्द्रियाणाम् = इन्द्रियोंमें ; मनः = मन ; च = और ; अस्मि = हूँ ; भूतानाम् = प्राणियोंमें ; अस्मि = हूँ ; चेतना = जीवनी शक्ति (अथवा ज्ञानशक्ति)।

अनु॰ — (मैं) (ऋक्, यजुः, साम और अथर्व — इन चारों) वेदोंमें सामवेद हूँ, (सूर्य, चन्द्र, अग्नि, वायु यम, वरुण आदि) देवताओंमें इन्द्र हूँ, (चक्षु,श्रोत्र, त्वचा, रसना, घ्राण, वाक्, हाथ, पैर, उपस्थ, गुदा एवं मन — इन ग्यारह) इन्द्रियोंमें मन हूँ तथा प्राणियोंमें जीवनी शक्ति (अथवा ज्ञानशक्ति) हूँ।

रुद्राणां शंकरश्चास्मि वित्तेशो यक्षरक्षसाम् ।
वसूनां पावकश्चास्मि मेरुः शिखरिणामहम् ॥२३॥

पद॰ — रुद्राणाम् = रुद्रोंमें ; शंकरः = शम्भु ; च = और ; अस्मि = हूँ , वित्तेशः = धनका स्वामी (कुबेर) ; यक्षरक्षसाम् = यक्ष तथा राक्षसोंमें ; वसूनाम् = वसुओंमें ; पावकः = अग्नि ; च = तथा ; अस्मि = हूँ ; मेरुः = सुमेरु , शिखरिणाम् = शिखरवालों (यानी, पर्वतों) में ; अहम् = मैं।

अनु॰ — मैं (ग्यारह) रुद्रोंमें शंकर (शम्भु) तथा यक्ष एवं राक्षसोंमें धनका स्वामी (कुबेर) हूँ ; (आठ) वसुओंमें अग्नि और शिखरवालों (यानी, पर्वतों) में सुमेरु हूँ।

पुरोधसां च मुख्यं मां विद्धि पार्थ बृहस्पतिम् ।
सेनानीनामहं स्कन्दः सरसामस्मि सागरः ॥२४॥

पद० — पुरोधसाम् = पुरोहितोंमें ; च = और ; मुख्यम् = मुखिया (प्रधान) (को) ; माम् = मुझको ; विद्धि = जान ; पार्थ = हे पृथापुत्र (अर्जुन) ; बृहस्पतिम् = बृहस्पति (को) ; सेनानीनाम् = सेनापतियोंमें ; अहम् = मैं ; स्कन्दः = कार्तिकेय ; सरसाम् = जलाशयोंमें ; अस्मि = हूँ ; सागरः = समुद्र।

अनु० — हे पृथापुत्र (अर्जुन)! पुरोहितोंमें मुझे (उनका) मुखिया (देवकुलगुरु) बृहस्पति जान ; सेनापतियोंमें मैं कार्तिकेय तथा जलाशयोंमें समुद्र हूँ।

महर्षीणां भृगुरहं गिरामस्म्येकमक्षरम् ।
यज्ञानां जपयज्ञोऽस्मि स्थावराणां हिमालयः ॥२५॥

पद० — महर्षीणाम् = महर्षियोंमें ; भृगुः = भृगु ; अहम् = मैं ; गिराम् = शब्दोंमें ; अस्मि = हूँ ; एकम् = एक ; अक्षरम् = अक्षर ; यज्ञानाम् = यज्ञोंमें ; जपयज्ञः = जपयज्ञ ; अस्मि = हूँ ; स्थावराणाम् = स्थिर रहनेवालोंमें ; हिमालयः = हिमालय पर्वत।

अनु० — महर्षियोंमें मैं भृगु (तथा) शब्दोंमें एक-अक्षर (यानी, ओंकार वा प्रणव) हूँ ; (सब प्रकारके) यज्ञोंमें (हिंसाका सर्वथा अभाव होनेके कारण) जपयज्ञ (और) स्थिर रहनेवालोंमें (पर्वतराज) हिमालय हूँ।

अश्वत्थः सर्ववृक्षाणां देवर्षीणां च नारदः ।
गन्धर्वाणां चित्ररथः सिद्धानां कपिलो मुनिः ॥२६॥

पद० — अश्वत्थः = पीपल ; सर्ववृक्षाणाम् = सब वृक्षोंमें ; देवर्षीणाम् = देवर्षियोंमें ; च = तथा ; नारदः = नारद ; गन्धर्वाणाम् = गन्धर्वोंमें ; चित्ररथः = चित्ररथ ; सिद्धानाम् = सिद्धोंमें ; कपिलः = कपिल ; मुनिः = मुनि।

अनु० — (मैं) सब वृक्षोंमें पीपल, देवर्षियोंमें नारद, गन्धर्वोंमें चित्ररथ तथा सिद्धोंमें (सांख्यप्रवर्तक) कपिल मुनि (हूँ)।

उच्चैःश्रवसमश्वानां विद्धि माममृतोद्भवम् ।
ऐरावतं गजेन्द्राणां नराणां च नराधिपम् ॥२७॥

पद० — उच्चैःश्रवसम् = उच्चैःश्रवा (को) ; अश्वानाम् = घोड़ोंमें ; विद्धि

= जान ; माम् = मुझको ; अमृतोद्भवम् = अमृतके-साथ उत्पन्न-होनेवाले (को) ; ऐरावतम् = ऐरावत (को) ; गजेन्द्राणाम् = श्रेष्ठ हाथियोंमें ; नराणाम् = मनुष्योंमें ; च = तथा ; नराधिपम् = राजा (को)।

अनु॰ — घोड़ोंमें (अमृतमन्थनके समय क्षीरसागरसे निकले चौदह रत्नोंमेंसे एक,) अमृत (ही) के साथ उत्पन्न होनेवाला (इन्द्रवाहन) उच्चैःश्रवा (नामक घोड़ा), श्रेष्ठ हाथियोंमें (अमृतमन्थन ही के समय उच्चैःश्रवाके साथ उत्पन्न होनेवाला एक इन्द्रवाहन) ऐरावत (नामक गजराज) तथा मनुष्योंमें राजा मुझको (ही) जान।

आयुधानामहं वज्रं धेनूनामस्मि कामधुक् ।
प्रजनश्चास्मि कन्दर्पः सर्पाणामस्मि वासुकिः ॥२८॥

पद॰ — आयुधानाम् = शस्त्रोंमें ; अहम् = मैं ; वज्रम् = वज्र ; धेनूनाम् = गौओंमें ; अस्मि = हूँ ; कामधुक् = कामधेनु ; प्रजनः = सन्तानकी उत्पत्तिका हेतु ; च = और ; अस्मि = हूँ ; कन्दर्पः = कामदेव ; सर्पाणाम् = साँपोंमें ; अस्मि = हूँ ; वासुकिः = वासुकि।

अनु॰ — मैं शस्त्रोंमें (इन्द्रका अमोघ अस्त्र) वज्र (और) गौओंमें (सागरमन्थनसे उत्पन्न, सकलकामपूरक दिव्य गौ) कामधेनु हूँ। (मैं) (शास्त्रविधिके अनुसार) सन्तानकी उत्पत्तिका हेतु कामदेव हूँ तथा साँपोंमें (भगवद्भक्त सर्पराज) वासुकि हूँ।

अनन्तश्चास्मि नागानां वरुणो यादसामहम् ।
पितॄणामर्यमा चास्मि यमः संयमतामहम् ॥२९॥

पद॰ — अनन्तः = शेषनाग ; च = और ; अस्मि = हूँ ; नागानाम् = नागोंमें ; वरुणः = वरुण ; यादसाम् = जलचरोंमें ; अहम् = मैं ; पितॄणाम् = पितरोंमें ; अर्यमा = अर्यमा ; च = तथा ; अस्मि = हूँ ; यमः = यम ; संयमताम् = शासन करनेवालोंमें ; अहम् = मैं।

अनु॰ — मैं नागोंमें (सहस्रफणधारी, भगवदनन्यसेवक) शेषनाग और जलचरोंमें (उनका अधिपति, लोकपाल एवं भगवद्भक्त) वरुण देवता हूँ। मैं पितरोंमें (उनका प्रधान) अर्यमा तथा शासन करनेवालोंमें (न्याय्यदण्डप्रवर्तक, धर्मपरायण, लोकपाल) यमराज हूँ।

प्रह्लादश्चास्मि दैत्यानां कालः कलयतामहम् ।
मृगाणां च मृगेन्द्रोऽहं वैनतेयश्च पक्षिणाम् ॥३०॥

पद० — प्रह्लादः = प्रह्लाद ; च = और ; अस्मि = हूँ ; दैत्यानाम् = दैत्योंमें ; कालः = समय ; कलयताम् = गणना करनेवाले (ज्योतिषियों) का ; अहम् = मैं ; मृगाणाम् = पशुओंमें ; च = तथा ; मृगेन्द्रः = सिंह ; अहम् = मैं ; वैनतेयः = गरुड़ ; च = और ; पक्षिणाम् = पक्षियोंमें।

अनु० — मैं दैत्योंमें (उनका राजा, परम धर्मात्मा, निष्काम भक्त) प्रह्लाद और गणना करनेवाले (ज्योतिषियों) का (पल-घड़ी-दिन-पक्षादिगणनाका आधार) समय हूँ। मैं पशुओंमें (सर्वाधिक पराक्रमी, साहसी, तेजस्वी) सिंह तथा पक्षियोंमें (बलिष्ठ, मेरा अपना ही वाहन एवम् अनन्य भक्त) गरुड़ हूँ।

पवनः पवतामस्मि रामः शस्त्रभृतामहम् ।
झषाणां मकरश्चास्मि स्रोतसामस्मि जाह्नवी ॥३१॥

पद० — पवनः = वायु ; पवताम् = पवित्र करनेवालोंमें ; अस्मि = हूँ ; रामः = दशरथनन्दन (राम) ; शस्त्रभृताम् = शस्त्रधारियोंमें ; अहम् = मैं ; झषाणाम् = मछलियोंमें ; मकरः = मगरमच्छ ; च = और ; अस्मि = हूँ ; स्रोतसाम् = नदियोंमें ; अस्मि = हूँ ; जाह्नवी = गंगा।

अनु० — मैं पवित्र करनेवालोंमें (दुर्गन्ध दूर उड़ाकर, स्वच्छ-शुद्ध वातावरण बनानेवाला) वायु (हूँ), शस्त्रधारियोंमें (अतुलितबलधाम, समरकलाललाम, दसाननजीवनविराम, दसरथनयनाभिराम) राम हूँ, मछलियोंमें (सर्वाधिक विशालकाय, बलशाली व श्रेष्ठ) मगरमच्छ हूँ तथा नदियोंमें (त्रिपथगामिनी, त्रितापहारिणी, सर्वपापनाशिनी) गंगा हूँ।

सर्गाणामादिरन्तश्च मध्यं चैवाहमर्जुन ।
अध्यात्मविद्या विद्यानां वादः प्रवदतामहम् ॥३२॥

पद० — सर्गाणाम् = सृष्टियोंका ; आदिः = आदि ; अन्तः = अन्त ; च = और ; मध्यम् = मध्य ; च = भी ; एव = ही ; अहम् = मैं ; अर्जुन = हे अर्जुन ; अध्यात्मविद्या = ब्रह्मविद्या ; विद्यानाम् = विद्याओंमें ; वादः = वाद ; प्रवदताम् = वादविवाद करनेवालोंमें ; अहम् = मैं।

अनु० — हे अर्जुन ! सृष्टियोंका (कर्ता, धर्ता एवं संहर्ता होनेके कारण, उनका, क्रमशः,) आदि, मध्य तथा अन्त भी मैं ही हूँ। मैं विद्याओंमें

(आत्मतत्त्वका प्रकाश कर ब्रह्मको साक्षात् करानेवाली) ब्रह्मविद्या हूँ (एवं) वाद-विवाद करनेवालोंमें (तत्त्वनिर्णयके लिए किया जानेवाला) वाद हूँ।

टि॰ — शास्त्रार्थके तीन स्वरूप होते हैं — जल्प, वितण्डा और वाद। उचित-अनुचित्तका विचार छोड़कर अपने पक्षके मण्डन तथा दूसरेके पक्षका खण्डन करनेके लिए जो विवाद किया जाता है, उसे "जल्प" कहते हैं। केवल दूसरे पक्षका खण्डन करनेके लिए किये जानेवाले विवादको "वितण्डा" कहते हैं। तत्त्वनिर्णयके उद्देश्यसे, शुद्ध नीयतसे किए जानेवाले विवादको "वाद" कहते हैं। स्पष्ट है कि जल्प एवं वितण्डासे द्वेष, क्रोध, हिंसा और अभिमानादि दोषोंकी उत्पत्ति होती है, किन्तु वादसे सत्य-निर्णयमें तथा कल्याण-साधनमें साहयता प्राप्त होती है। अतः, जल्प एवं वितण्डा सर्वदा और सर्वथा त्याज्य हैं, परन्तु वाद, आवश्यकता होनेपर, ग्राह्य है। इसी विशेषताके कारण, भगवान्ने यहाँ "वाद" को अपनी विभूति बतलाया है।

अक्षराणामकारोऽस्मि द्वन्द्वः सामासिकस्य च ।
अहमेवाक्षयः कालो धाताऽहं विश्वतोमुखः ॥३३॥

पद॰ — अक्षराणाम् = अक्षरोंमें ; अकारः = अकार ; अस्मि = हूँ ; द्वन्द्वः = द्वन्द्व ; सामासिकस्य = समासोंमें ; च = और ; अहम् = मैं ; एव = ही ; अक्षयः = कभी समाप्त न होनेवाला ; कालः = काल ; धाता = धारण-पोषण करनेवाला ; अहम् = मैं ; विश्वतोमुखः = सब ओर मुखवाला।

अनु॰ — मैं अक्षरोंमें (आद्यतम एवं सर्वव्यापी) अकार हूँ और समासोंमें (दोनों ही पदोंके अर्थकी प्रधानता होनेके कारण, सर्वश्रेष्ठ) द्वन्द्व हूँ। अन्तहीन काल (अर्थात्, कालका भी महाकाल ; शाश्वत काल) (तथा) सब ओर मुखवाला — विराट्स्वरूप — (सबके कर्मफलोंका वितरक होनेके कारण) सबका धारण-पोषण करनेवाला (भी) मैं ही हूँ।

मृत्युः सर्वहरश्चाहमुद्भवश्च भविष्यताम् ।
कीर्तिः श्रीर्वाक् च नारीणां स्मृतिर्मेधा धृतिः क्षमा॥३४॥

पद॰ — मृत्युः = मृत्यु ; सर्वहरः = सबका नाश करनेवाला ; च = और ; अहम् = मैं ; उद्भवः = उत्पत्तिस्थान ; च = तथा ; भविष्यताम् = भविष्यमें होनेवालोंका ; कीर्तिः = यश ; श्रीः = लक्ष्मी (सम्पत्ति) ; वाक् = वाणी (विद्या) ; च = और ; नारीणाम् = स्त्रियोंमें ; स्मृतिः = स्मरणशक्ति ; मेधा = (स्मृतिकी) धारणाशक्ति, बुद्धि (समझ) ; धृतिः = धैर्य ; क्षमा = माफ़ी।

अनु० — मैं सबका नाश करनेवाला मृत्यु और भविष्यमें होनेवालोंका उत्पत्तिस्थान हूँ (अर्थात्, जैसे भगवान्, मृत्युरूप होकर, सब जीवोंका उनके शरीरोंसे वियोग कराके उन्हें मारते हैं, वैसे ही वे उनका पुनः दूसरे शरीरोंसे सम्बन्ध कराके उन्हें उत्पन्न भी करते हैं) ; तथा स्त्रियोंमें (मैं) कीर्ति, श्री, वाक्, स्मृति, मेधा, धृति और क्षमा हूँ (यानी, इन नामोंवाली श्रेष्ठ देवपत्नियाँ अथवा इन सातों नामोंसे निर्दिष्ट विभिन्न गुणोंकी अधिष्ठातृदेवता भी मैं ही हूँ)।

बृहत्साम तथा साम्नां गायत्री छन्दसामहम् ।
मासानां मार्गशीर्षोऽहमृतूनां कुसुमाकरः ॥३५॥

पद० — बृहत्साम = "बृहत्" नामक साम ; तथा = और ; साम्नाम् = गायन करनेयोग्य श्रुतियोंमें ; गायत्री = गायत्री ; छन्दसाम् = छन्दोंमें ; अहम् = मैं ; मासानाम् = महीनोंमें ; मार्गशीर्षः = अगहन (मगसिर) ; अहम् = मैं ; ऋतूनाम् = ऋतुओंमें ; कुसुमाकरः = वसन्त।

अनु० — (सामवेदके) सामों (यानी, गायन करनेयोग्य श्रुतियों) में मैं (गीतिश्रेष्ठ) "बृहत्" नामक साम हूँ तथा (वैदिक) छन्दोबद्ध ऋचाओं (अथवा छन्दोंमें) गायत्री हूँ। महीनोंमें मैं (महाभारतकालीन वर्षका प्रथम एवं पुनीततम मास) अगहन (मगसिर) हूँ (और) ऋतुओंमें (आनन्द व मस्तीसे पूर्ण) वसन्त हूँ।

द्यूतं छलयतामस्मि तेजस्तेजस्विनामहम् ।
जयोऽस्मि व्यवसायोऽस्मि सत्त्वं सत्त्ववतामहम् ॥३६॥

पद० — द्यूतम् = जूआ ; छलयताम् = छल करनेवालोंमें ; अस्मि = हूँ ; तेजः = प्रभाव ; तेजस्विनाम् = प्रभावशाली मनुष्योंका ; अहम् = मैं ; जयः = विजय ; अस्मि = हूँ ; व्यवसायः = निश्चय ; अस्मि = हूँ ; सत्त्वम् = सात्त्विक भाव ; सत्त्ववताम् = सात्त्विक पुरुषोंका ; अहम् = मैं।

अनु० — मैं छल करनेवालोंमें (छलप्रधान) जूआ (और) प्रभावशाली मनुष्योंका प्रभाव हूँ। मैं (जीतनेवालोंका) विजय हूँ,(निश्चय करनेवालोंका) निश्चय (तथा) सात्त्विक पुरुषोंका सात्त्विक भाव हूँ।

टि० — "मैं प्रभावी मनुष्योंका प्रभाव हूँ, निश्चयी व्यक्तियोंका निश्चय, विजेताओंका विजय" आदिद्वारा भगवान्ने यह भाव दिखलाया है कि उसकी सत्तास्फूर्तिके बिना ब्रह्माण्ड के समस्त जीव सर्वथा निश्शक्त एवम् अपंग हैं। कोई चमत्कारी कृत्य तो करना रहा दूर, उसकी इच्छाके बग़ैर एक प्राणी उंगली तक

नहीं हिला सकता, साँस तक नहीं ले सकता। अतः, उसे जीवनमें यदि कोई उपलब्धि होती है, तो उसे परमविनम्र भावसे यह समझना चाहिये कि वह सब उसे भगवदनुकम्पा तथा ईश्वरेच्छा ही से प्राप्त हुआ है, न कि उसके किसी निजी गुण, प्रभाव व सामर्थ्यसे। उसे निरन्तर ध्यान रखना चाहिये कि वह मात्र एक तमाशेका भालू वा बन्दर है, जिसे उसकी कर्मडोरसे बाँधकर और भाग्यडुगडुगी बजा-बजाकर ईश्वरमदारी भाँति-भाँतिके नाच नचाता रहता है। सो, अपनी हर चेष्टा व क्रियामें ईश्वरको मूलकारण तथा अपनेको एक निमित्त जानकर और अपनी काल्पनिक प्रभुता एवं क्षमताका मिथ्या अभिमान छोड़कर, प्राणी पूर्ण समपितभावसे ईश्वरकी शरण ग्रहण करे और सन्मार्गदर्शनके लिए सतत उसका प्रार्थी बना रहे — इसीमें उसका कल्याण है।

वृष्णीनां वासुदेवोऽस्मि पाण्डवानां धनञ्ज्यः ।
मुनीनामप्यहं व्यासः कवीनामुशना कविः ॥३७॥

पद॰ — वृष्णीनाम् = वृष्णिवंशियोंमें ; वासुदेवः = कृष्ण ; अस्मि = हूँ ; पाण्डवानाम् = पाण्डवोंमें ; धनञ्जयः = शत्रुओंका धन-वैभव जीतनेवाला (अर्जुन) ; मुनीनाम् = मुनियोंमें ; अपि = भी ; अहम् = मैं ; व्यासः = वेदव्यास ; कवीनाम् = कवियोंमें ; उशना = शुक्राचार्य ; कविः = कवि।

अनु॰ — (यादवान्तर्गत) वृष्णिवंशियोंमें मैं कृष्ण (अर्थात्, मैं स्वयं वसुदेवपुत्र, तेरा सखा एवं सारथी) हूँ, पाण्डवोंमें अर्जुन (यानी, स्वयं तू, गुडाकेश), मुनियोंमें वेदव्यास (तथा) कवियोंमें शुक्राचार्य कवि भी मैं (ही) हूँ।

टि॰ — "वृष्णिवंशियोमें मैं कृष्ण हूँ" — भगवान्‌के इस कथनको, यद्यपि उस वंशमें कृष्णके अतिरिक्त बलराम आदि अनेकानेक गुरुजन उपस्थित हैं, किसी भी प्रकारकी अनादृति अथवा अवहेलनाका सूचक नहीं समझ लेना चाहिये। इसका आशय मात्र यह है कि अस्थि-माँससे बने "कृष्ण" नामक इस व्यक्तिको, अन्य मनुष्योंकी भाँति, एक साधारण मनुष्य समझना बड़ी भूल होगी, क्योंकि वह तो, वास्तवमें, साक्षात् ब्रह्म है। अजन्मा, अनिवाशी, सर्वशक्तिमान् परमेश्वर ही, इस संसारमें, वसुदेवके पुत्रके रूपमें लीलासे प्रकट हुआ है। उक्त कथनसे तो भगवान्‌ने अवतार तथा अवतारीकी एकता ही दिखलाई है। अतः, कृष्णको ही अपना स्वरूप बतलाकर, भगवान्‌ने कोई असंगति नहीं की है।

इसी प्रकार, "पाण्डवोंमें मैं अर्जुन हूँ" से अग्रजों धर्मराज युधिष्ठिर तथा महाबली भीमका कोई अपमान करना अभीष्ट नहीं है। कारण ? नरनारायण-

अवतारमें अर्जुन नररूपसे भगवान् (नारायण) के साथ पहले रह चुका है। इसके अतिरिक्त, वह कृष्णका परमप्रिय सखा तथा अनन्यप्रेमी भक्त भी है। अतः, अर्जुन ही को सब पाण्डवोंमें श्रेष्ठ माना गया है और उसे ही भगवान्ने अपना स्वरूप बतलाया है।

"मुनि" वह होता है जो भगवान्के स्वरूपका एवं वेदादि शास्त्रोंका गम्भीरतापूर्वक मनन करे। महर्षि वेदव्यास, समस्त वेदोंका भलीभाँति चिन्तन करके, उनका वर्गीकरण करनेवाले, महाभारत, पुराणादि अनेक शास्त्रोंके रचयिता, भगवान्के अंशावतार और सर्वसद्गुणसम्पन्न हैं। इसीलिए, मुनिमण्डलमें उनकी प्रधानता होनेके कारण, भगवान्ने उन्हें अपना स्वरूप बतलाया है।

एक पण्डित और बुद्धिमान् व्यक्ति "कवि" कहलाता है। शुक्राचार्यजी भार्गवोंके अधिपति, सर्वविद्यानिष्णात, संजीवनीविद्याज्ञाता, योगाचार्य, दैत्यपुरोहित एवं कविकुलश्रेष्ठ हैं। इसलिये, भगवान्ने इनको अपना स्वरूप बतलाया है।

दण्डो दमयतामस्मि नीतिरस्मि जिगीषताम् ।
मौनं चैवास्मि गुह्यानां ज्ञानं ज्ञानवतामहम् ॥३८॥

पद० — दण्डः = डण्डा वा दमन करनेकी शक्ति ; दमयताम् = दमन करनेवालोंका ; अस्मि = हूँ ; नीतिः = कूटनीति (अथवा न्यायप्रियता) ; अस्मि = हूँ ; जिगीषताम् = जीतनेकी इच्छावालोंकी ; मौनम् = बोलना बन्द करदेना ; च = और ; एव = ही ; अस्मि = हूँ ; गुह्यानाम् = गुप्त रखनेयोग्य भावोंका ; ज्ञानम् = तत्त्वज्ञान ; ज्ञानवताम् = ज्ञानवानोंका ; अहम् = मैं।

अनु० — मैं दमन करनेवालोंका दण्ड (डण्डा वा दमन करनेकी शक्ति) हूँ, जीतनेकी इच्छावालोंकी कूटनीति (अथवा न्यायप्रियता) हूँ, गुप्त रखनेयोग्य भावोंका (रक्षक) मौन (यानी, बोलना बन्द करदेना) हूँ तथा यथार्थज्ञानियोंका तत्त्वज्ञान (मैं) ही (हूँ)।

यच्चापि सर्वभूतानां बीजं तदहमर्जुन ।
न तदस्ति विना यत्स्यान्मया भूतं चराचरम् ॥३९॥

पद० — यत् = जो ; च = और ; अपि = भी ; सर्वभूतानाम् = समस्त (चराचर) प्राणियोंकी ; बीजम् = उत्पत्तिका कारण ; तत् = वह ; अहम् = मैं ; अर्जुन = हे अर्जुन ; न = नहीं ; तत् = वह ; अस्ति = है ; विना = रहित ; यत् = जो ; स्यात् = हो ; मया = मुझसे ; भूतम् = प्राणी ; चराचरम् = स्थावर-जंगम।

अनु० — और हे अर्जुन ! जो समस्त (चराचर) प्राणियोंकी उत्पत्तिका (आदि) कारण है, वह भी मैं (ही) हूँ (क्योंकि मुझसे ही सबकी उत्पत्ति होती है)। ऐसा कोई भी प्राणी — स्थावर अथवा जंगम — नहीं है, जो मुझसे रहित हो।(अत :, सब-कुछ मेरा ही स्वरूप है।)

नान्तोऽस्ति मम दिव्यानां विभूतीनां परन्तप ।
एष तूद्देशतः प्रोक्तो विभूतेर्विस्तरो मया ॥४०॥

पद० — न = नहीं ; अन्तः = अन्त ; अस्ति = है ; मम = मेरी ; दिव्यानाम् = ईश्वरीयोंका ; विभूतीनाम् = महिमाओंका ; परन्तप = हे शत्रुओंको सन्तप्त करनेवाले (अर्जुन) ; एषः = यह ; तु = तो ; उद्देशतः = एकदेशसे (अर्थात्, संक्षेपसे) ; प्रोक्तः = कहा गया है ; विभूतेः = विभूतियोंका ; विस्तरः = विवरण ; मया = मुझसे।

अनु० — हे अर्जुन ! मेरी ईश्वरीय महिमाओंका (कोई) अन्त नहीं है। अपनी विभूतियों (अनन्यशक्तियों) का यह (उपरोक्त) विवरण तो मेरेद्वारा (तेरेलिए) संक्षेपसे (ही) कहा (वा दिया) गया है।

यद्यद्विभूतिमत्सत्त्वं श्रीमदूर्जितमेव वा ।
तत्तदेवावगच्छ त्वं मम तेजोऽंशसंभवम् ॥४१॥

पद० — यत् = जो ; यत् = जो ; विभूतिमत् = ऐश्वर्ययुक्त ; सत्त्वम् = प्राणी (वा वस्तु) ; श्रीमत् = कान्तियुक्त ; ऊर्जितम् = शक्तियुक्त ; एव = भी ; वा = या (अथवा) ; तत् = उसको ; तत् = उसको ; एव = ही ; अवगच्छ = जान ; त्वम् = तू ; मम = मेरे ; तेजोऽंशसंभवम् = तेजके अंशसे उत्पन्न (को)।

अनु० — जो-जो भी ऐश्वर्ययुक्त, कान्तियुक्त या शक्तियुक्त वस्तु (वा प्राणी) है, उस-उसको तू मेरे (ही) तेजके अंशसे उत्पन्न जान (अर्थात्, इस विश्वमें जिस भी किसी प्राणी या वस्तुमें कहीं कोई किसी भी प्रकारकी विशेषता वा विलक्षणता दिखलाई पड़े, तो उसे भगवान् ही के तेजके अंशसे उत्पन्न हुई समझो, यानी, उसमें भगवान् ही के तेजके अंशकी अभिव्यक्ति समझनी चाहिये)।

अथवा बहुनैतेन किं ज्ञातेन तवार्जुन ।
विष्टभ्याहमिदं कृत्स्नमेकांशेन स्थितो जगत् ॥४२॥

पद० — अथवा = या ; बहुना = बहुत (से) ; एतेन = इस (से) ; किम्

= क्या (प्रयोजन) ; ज्ञातेन = जानलेनेसे ; तव = तेरा ; अर्जुन = हे अर्जुन ; विष्टभ्य = धारण करके ; अहम् = मैं ; इदम् = इस (को) ; कृत्स्नम् = सम्पूर्ण (को) ; एकांशेन = एक अंशसे ; स्थितः = स्थित हूँ ; जगत् = जगत्‌को।

अनु० — अथवा, हे अर्जुन ! (तू यह सोच कि) इस (उपर्युक्त) बहुत-कुछ को जानलेनेसे तेरा क्या (प्रयोजन सिद्ध) होगा (यानी, तुझे क्या विशेष लाभ होगा। क्योंकि, जानने-योग्य, लाभकारी, सारकी बात तो यह है कि) मैं इस सम्पूर्ण जगत्‌को (अपनी योगशक्तिके) एक अंशमात्रसे (ही) धारण करके स्थित हूँ (अर्थात्, धारण किए हुए हूँ)। (इसलिये, प्राणियोंको मुझे ही तत्त्वसे जानना चाहिये)।

— o —

ॐ तत्सदिति श्रीमद्भगवद्गीतासूपनिषत्सु ब्रह्मविद्यायां योगशास्त्रे श्रीकृष्णार्जुनसंवादे विभूतियोगो नाम दशमोऽध्यायः ॥१०॥

ॐ नित्यस्वरूप उस परमात्माको नमस्कार ! श्रीमद्भगवद्गीतारूपी उपनिषद् एवं ब्रह्मविद्या तथा योगशास्त्रविषयक श्रीकृष्ण-और-अर्जुनके संवादमें "विभूतियोग" नामक दसवाँ अध्याय यहाँ समाप्त होता है ॥१०॥

श्रीमद्भगवद्गीता—ग्यारहवाँ अध्याय

इस अध्यायमें, अर्जुनके प्रार्थना करनेपर, भगवान्‌ने उसे अपने विश्वरूपके दर्शन कराये हैं — अर्थात्, अपने भीतर देवता, मनुष्य, पशु, पक्षी आदि समस्त चराचर प्राणियों तथा अनेक आश्चर्यप्रद दृश्योंसहित सम्पूर्ण ब्रह्माण्डको दरसाया है। अध्यायके अधिकांशमें केवल इसी विश्वरूपका तथा उसके स्तवनका ही प्रकरण है। अतः, इसका नाम "विश्वरूपदर्शनयोग" रक्खा गया है।

पिछले अध्यायमें, अर्जुनके आग्रहके फलस्वरूप, भगवान्‌ने उससे अपनी दिव्यविभूतियों एवं योगशक्तिका विस्तृत वर्णन किया था और, अन्तमें, योगशक्तिका प्रभाव जतलाते हुए, समस्त ब्रह्माण्डको अपने एक अंशमें ही धारण किया-हुआ बतलाया था। इस प्रसंगको सुनकर, अर्जुनके मनमें उस विराट्स्वरूपके (जिसके केवल एक अंशमें ही निखिल विश्व स्थित है) प्रत्यक्ष देखनेकी इच्छा उत्पन्न हो गयी। अतः, वह उनसे विश्वरूपके दर्शन करानेकी प्रार्थना करता हुआ कहता है—

अर्जुन उवाच।

मदनुग्रहाय परमं गुह्यमध्यात्मसंज्ञितम्।
यत्त्वयोक्तं वचस्तेन मोहोऽयं विगतो मम ॥१॥

पद० — अर्जुनः = अर्जुन ; उवाच = बोला।

मदनुग्रहाय = मुझपर अनुग्रह करनेके लिये ; परमम् = परम (अति) ; गुह्यम् = गोपनीय ; अध्यात्मसंज्ञितम् = ब्रह्मविषयक ; यत् = जो ; त्वया = तुमसे ; उक्तम् = कहा गया है ; वचः = वचन (उपदेश) ; तेन = उससे ; मोहः = अज्ञान ; अयम् = यह ; विगतः = नष्ट हो गया है ; मम = मेरा।

अनु० — अर्जुन बोला — (हे भगवन्!) मुझ (सर्वथा अयोग्य एवम् अनधिकारी) पर कृपा करनेके लिये आपने ब्रह्मविषयक (ऐश्वर्य-स्वरूप-तत्त्व-सम्बन्धी) अत्यन्त रहस्यात्मक जो उपदेश कहा (दिया) है, उससे मेरा यह

(पूर्वोक्त) अज्ञान (कि आप एक सर्वसाधारण मनुष्य ही हैं, पूर्णतया) नष्ट हो गया है।

भवाप्ययौ हि भूतानां श्रुतौ विस्तरशो मया ।
त्वत्तः कमलपत्राक्ष माहात्म्यमपि चाव्ययम् ॥२॥

पद० — भवाप्ययौ = उत्पत्ति और प्रलय ; हि = निश्चय ही ; भूतानाम् = (चराचर) प्राणियोंकी ; श्रुतौ = सुने गए हैं ; विस्तरशः = विस्तारपूर्वक ; मया = मुझसे ; त्वत्तः = तुमसे ; कमलपत्राक्ष = हे कमलके पत्ते जैसी आँखोंवाले (कृष्ण) ; माहात्म्यम् = महिमा ; अपि = भी ; च = तथा ; अव्ययम् = अविनाशी।

अनु० — हे कमलनेत्र (कृष्ण)! निश्चय ही, मैंने (समस्त चराचर) प्राणियोंकी उत्पत्ति एवं विनष्टिको आपसे विस्तारपूर्वक सुना है तथा (आपकी) अविनाशी महिमाको भी (सुना है)।

एवमेतद्यथाऽऽत्थ त्वमात्मानं परमेश्वर ।
द्रष्टुमिच्छामि ते रूपमैश्वरं पुरुषोत्तम ॥३॥

पद० — एवम् = ऐसा ; एतत् = यह ; यथा = जैसा ; आत्थ = कहा है ; त्वम् = तुमने ; आत्मानम् = अपनेको ; परमेश्वर = हे महाप्रभो ; द्रष्टुम् = देखना ; इच्छामि = चाहता हूँ ; ते = तेरा ; रूपम् = रूपको ; ऐश्वरम् = ईश्वर-सम्बन्धी (को) ; पुरुषोत्तम = हे मनुष्योंमें श्रेष्ठ।

अनु० — हे महाप्रभो! आपने अपने विषयमें जैसा (जो कुछ) कहा है, वह वैसा (ही) है (अर्थात्, वह पूर्णतया यथार्थ है, उसमें मुझे कोई शंका नहीं है)। (फिर भी) हे मानवश्रेष्ठ! (मैं) आपके (सर्वशक्तिमान्, सर्वव्यापी तथा असीम ज्ञान, बल, गुण एवं तेजोमय) ईश्वर-रूपको (उसके अदृष्टपूर्व होनेके कारण, कुतूहलवश एक बार प्रत्यक्ष) देखना चाहता हूँ।

मन्यसे यदि तच्छक्यं मया द्रष्टुमिति प्रभो ।
योगेश्वर ततो मे त्वं दर्शयात्मानमव्ययम् ॥४॥

पद० — मन्यसे = मानते हो ; यदि = अगर ; तत् = वह ; शक्यम् = सम्भव है ; मया = मेरेद्वारा ; द्रष्टुम् = देखा जाना ; इति = ऐसा ; प्रभो = हे सर्वसमर्थ ; योगेश्वर = हे योगाधिराज ; ततः = तो ; मे = मुझे ; त्वम् = तुम ;

दर्शय = दिखाओ ; आत्मानम् = अपने (स्वरूप) को ; अव्ययम् = अविनाशी (को)।

अनु० — हे (उत्पत्ति-स्थिति-संहृति तथा अन्तर्यामीरूपसे शासन करनेवाले) सर्वसमर्थ (कृष्ण) ! मेरेद्वारा (आपका) वह (ईश्वर-रूप) देखा जाना सम्भव है — ऐसा यदि आप मानते (समझते) हैं, तो हे योगाधिराज ! आप अपने (उस) अविनाशी स्वरूपका (कृपया) मुझे दर्शन कराएँ।

श्रीभगवानुवाच।

पश्य मे पार्थ रूपाणि शतशोऽथ सहस्रशः ।
नानाविधानि दिव्यानि नानावर्णाकृतीनि च ॥५॥

पद० — श्रीभगवान् = श्रीकृष्ण भगवान् ; उवाच = बोला।

पश्य = देख ; मे = मेरे ; पार्थ = हे पृथापुत्र (अर्जुन) ; रूपाणि = रूपोंको ; शतशः = सैंकड़ों (को) ; अथ = और ; सहस्रशः = हज़ारों (को) ; नानाविधानि = अनेक प्रकारके ; दिव्यानि = अलौकिक (को) ; नानावर्णाकृतीनि = भिन्न-भिन्न वर्ण तथा आकृतिवालों (को) ; च = तथा।

अनु० — (उपरोक्त प्रकारसे अर्जुनके प्रार्थना करनेपर) श्रीकृष्ण भगवान् बाले — हे पृथापुत्र (अर्जुन)! (अब तू) मेरे सैंकड़ों-हज़ारों, अनेक प्रकारके और भिन्न-भिन्न वर्ण तथा विविध आकृतियोंवाले अलौकिक रूपोंको देख।

पश्यादित्यान्वसून्रुद्रानश्विनौ मरुतस्तथा ।
बहून्यदृष्टपूर्वाणि पश्याश्चर्याणि भारत ॥६॥

पद० — पश्य = देख ; आदित्यान् = अदितिके पुत्रोंको ; वसून् = वसुओंको ; रुद्रान् = रुद्रोंको ; अश्विनौ = दोनों अश्विनीकुमारोंको ; मरुतः = मरुद्गणोंको ; तथा = और ; बहूनि = बहुत-से ; अदृष्टपूर्वाणि = पहले न-देखे-हुओंको ; पश्य = देख ; आश्चर्याणि = आश्चर्यमय (रूपों) को ; भारत = हे भरतवंशी (अर्जुन)।

अनु० — हे भरतवंशी (अर्जुन) ! (मुझमें) (बारह) आदित्यों (अर्थात्, अदितिके बारह पुत्रों) को, (आठ) वसुओंको, (ग्यारह) रुद्रोंको, दोनों अश्विनीकुमारोंको और (उनंचास) मरुद्गणोंको देख। (तथा और भी) बहुत-से पहले (कभी)-न-देखे-हुए आश्चर्यमय (रूपों) को देख।

इहैकस्थं जगत्कृत्स्नं पश्याद्य सचराचरम् ।
मम देहे गुडाकेश यच्चान्यद्द्रष्टुमिच्छसि ॥७॥

पद॰ — इह = इस (में) ; एकस्थम् = एक जगह स्थित-हुए (को) ; जगत् = संसारको ; कृत्स्नम् = सम्पूर्ण (को) ; पश्य = देख ; अद्य = अब ; सचराचरम् = स्थावर-जंगमसहित (को) ; मम = मेरे ; देहे = शरीरमें ; गुडाकेश = हे नींदको जीतनेवाले (अर्जुन) ; यत् = जो ; च = भी ; अन्यत् = और ; द्रष्टुम् = देखना ; इच्छसि = चाहता है।

अनु॰ — हे निद्राजयी (अर्जुन) ! अब (तू) मेरे इस शरीरमें एक (ही) जगह स्थित स्थावरजंगमसहित सम्पूर्ण जगत्को देख (तथा) और भी जो-कुछ (युद्धपरिणाम आदि) देखना चाहता हो (सो भी देख)।

न तु मां शक्यसे द्रष्टुमनेनैव स्वचक्षुषा ।
दिव्यं ददामि ते चक्षुः पश्य मे योगमैश्वरम् ॥८॥

पद॰ — न = नहीं ; तु = परन्तु ; माम् = मुझको ; शक्यसे = समर्थ है ; द्रष्टुम् = देखनेको ; अनेन ; इस (से) ; एव = ही ; स्वचक्षुषा = अपने (प्राकृत) नेत्रसे ; दिव्यम् = अलौकिक (को) ; ददामि = देता हूँ ; ते = तेरेलिए ; चक्षुः = नेत्रको ; पश्य = देख ; मे = मेरी ; योगम् = योगशक्तिको ; ऐश्वरम् = ईश्वरीय (को)।

अनु॰ — परन्तु (हे अर्जुन !) मुझे (मेरे विश्वरूपमें) (तू) अपने इन (प्राकृत) नेत्रों ही के द्वारा देखनेमें समर्थ नहीं है, (अतः, मैं) तुझे दिव्य (अर्थात्, अलौकिक) चक्षु (दृष्टि) देता हूँ ; (उससे तू) मेरी ईश्वरीय योगशक्तिको देख।

टि॰ — "मैं तुझे दिव्यचक्षु देता हूँ, उससे तू मेरे विश्वरूपको देख।"— क्यों, आख़िर क्या चीज़ थी वह दिव्यचक्षु ? क्या वह कोई तिलसमी चश्म या जादूई आँख थी, जिसकी सहायतासे अर्जुन प्रायः-छह फ़ुट लम्बे और ढाई फ़ुट चौड़े कृष्णके मानवीय शरीरके एक ही अंशमें स्थित समस्त ब्रह्माण्डको, उसमें उत्पन्न होने तथा मरनेवाले सकल भूत, वर्तमान एवं भविष्यत्कालीन चराचरोंको और त्रिकालीय सभी घटनाओंको प्रत्यक्ष देख सकता था ? अथवा, उससे अभिप्रेत, आधुनिक रेडियो, दूरदर्शन या अन्तरिक्षस्थ दूरसंचार-उपग्रह सरीखा संवेदनशील कोई विज्ञानयन्त्र तो नहीं था, जिसके कारण, अर्जुन, एक ही जगह खड़ा, समस्त विश्वको निर्बाध देख सकता था ?

नहीं, ऐसा तो हो ही नहीं सकता था, क्योंकि इन यन्त्रोंद्वारा एक कालमें एक स्थानपर किसी एक घटनास्थलके वे ही शब्द और दृश्य सुने और देखे जा सकते हैं, जो एकस्थानीय हों तथा उस समय वर्तमान हों — और यदि किसी अतीत समयके हों, तो उन्हें पहलेसे रिकॉर्ड कर रक्खा हो। इनमें किसी भी एक ही यन्त्रद्वारा एक ही कालमें एक ही जगह सब देश-विदेशोंकी घटनायें एक-साथ देखी वा सुनी नहीं जा सकतीं। न इनसे लोगोंके मनकी बातें प्रत्यक्ष देखी जा सकती हैं और न ही भविष्यमें होनेवाली घटनाओंके दृश्य देखे अथवा बातोंके शब्द सुने जा सकते हैं — और, अर्जुनने तो भगवान्‌के विराट्‌रूपमें भावी युद्धके स्वरूपको, कौरवोंकी पराजयको, उभयपक्षीय योद्धाओंके संहारादि कृत्योंको साक्षात् देखा तथा महर्षि, सिद्धादिके संघोंद्वारा भगवान्‌की स्तुतिमें गाये जानोवाले स्तोत्रोंको सुना है। फिर, प्रस्तुत प्रकरणसे कुछ भी ऐसा प्रतीत नहीं होता कि अर्जुनने विश्वरूपके साक्षात्कारके लिये किसी विज्ञानयन्त्र अथवा तकनीकी उपकरणका प्रयोग किया हो। अतः, "दिव्यचक्षु" का सम्बन्ध इन दोनोंमें से किसीके साथ जोड़ना सर्वथा युक्तिविरुद्ध होगा।

तो फिर, क्या वाच्य है इस "दिव्यचक्षु" अथवा "दिव्यदृष्टि" से ? कहीं यह वही अध्यात्मज्ञान तो नहीं, जिसकी विस्तृत चर्चा भगवानाने अर्जुनसे पिछले अध्यायों — विशेषतः, दसवें—में इतनी सुचारु रीतिसें की है ? इसके अनुसार, भगवान्‌के संकल्पमात्र ही से यह ब्रह्माण्ड (समस्त चराचरसहित) प्रादुर्भूत होता है और फिर उनके एक अंशमें ही स्थित रहता है ; वे इसके कर्ता, धर्ता ही नहीं हर्ता भी हैं ; वे ही सर्वेश्वर, सर्वशक्तिमान्, सर्वान्तर्यामी, सर्वगुणनिधान, सर्वैश्वर्यविभूतिधाम, सर्वाधार एवं सौहार्ददयागार हैं ; युग-युगमें विभिन्न कार्योंके लिए, इच्छानुसार, नाना रूप धारण करने तथा सब-कुछ करते रहनेपर भी समूचे कर्मोंसे सर्वथा निर्लिप्त रहते हैं ; सभी जीवोंका कर्मफल वितरण करनेपर भी स्वयं नितान्त उदासीन व निष्पक्ष रहते हैं ; सारी सृष्टिका महाकारण होते हुए भी अपने-आप बिना किसी कारणके हैं ; ज्ञानस्वरूप हैं, अज्ञात हैं, अज्ञेय हैं, अनादि हैं, अनन्त हैं, असीम हैं, समयातीत हैं, महाकाल हैं।

इन तथ्योंके आधारपर, किसी उपजाऊ मस्तिष्कके लिये यह सोच पाना अथवा कल्पना करलेना कोई दुष्कर नहीं कि एक ब्रह्म ही सर्वत्र व्याप्त है, सारे जगत्‌के प्राणियोंके जन्म-मरण तीनोंकालोंमें उसीमें होते आये हैं और होते रहेंगे, समस्त कर्म उसीकी पृष्ठभूमिमें सदा होते रहते हैं, पृथ्वीसे आकाश और

पातालतक केवल वह ही विस्तृत हो सकता है, क्योंकि उस एकके अतिरिक्त अन्य सभी सादि हैं, सान्त हैं, समल हैं, सीमित हैं, आदि-आदि। वैसे भी, "दृष्टि" शब्द "ज्ञान" के अर्थमें बहुलतासे प्रयुक्त होता है। संस्कृत ही में नहीं, हम हिन्दीमें भी ख़ूब कहते हैं—"मुझ किंकर्तव्यविमूढ़का, कृपया, मार्गदर्शन कीजिये," (अर्थात्, क्या करना चाहिये, क्या नहीं करना चाहिये, मुझे कुछ नहीं सूझ रहा है ; कृपा करके, मुझे मेरे कर्तव्यका ज्ञान—वा बोध—कराइये)। ग्रामीण भाई भी आपसमें कहते हैं—"ईब तो आप्पा पीट्टै सै, पहले तै ना दीक्खै थी तनै ?" (यानी, अब तो इतना अधिक शोक कर रहे हो, क्या पहले नहीं सोच सकते थे — ज्ञान प्राप्त कर सकते थे ?)। और, अंग्रेज़ीमें भी — "ओह! नाउ आई सी" (ओहो! अब मैं जान गया—अर्थात् मुझे ज्ञान हो गया)।

सो, जब "दृष्टि" से अभिप्रेत "ज्ञान" है, तो "दिव्यदृष्टि" का अर्थ, स्वत एव, हो गया "दिव्यज्ञान", यानी, "अध्यात्मज्ञान"। फिर, प्रस्तुत श्लोकमें भी यदि "दिव्यचक्षु" (वा "दिव्यदृष्टि") को इसी "अध्यात्मज्ञान" का वाचक मान लिया जाये, तो क्या आपत्ति है, क्योंकि इस ज्ञानके कारण ही अर्जुन इस सम्पूर्ण ब्रह्माण्डको भगवान्का स्वरूप मानने लगा था। इसके उत्तरमें हमें यही कहना है कि यह मत मान्य नहीं हो सकता, यतः ज्ञान (या बुद्धि) से सोचा तो जा सकता है तथा कल्पना भी की जा सकती है, परन्तु प्रत्यक्ष देखा नहीं जा सकता—जो काम कि अर्जुनने भगवान्के विश्वरूपका दर्शन करनेमें किया था। वैसे भी, यहाँके प्रसंगको पढ़कर यह नहीं माना जा सकता कि ज्ञानके द्वारा अर्जुनका इस दृश्य जगत्को भगवद्रूप समझ लेना ही "विश्वरूपदर्शन" था तथा वह ज्ञान ही "दिव्यदृष्टि" था। कारण ? समस्त विश्वको ज्ञानके द्वारा भगवान्के एक अंशमें देखनेकी बात तो अर्जुनने पिछले अध्यायके अन्तमें ही स्वीकार कर ली थी। फिर भी, वह जब भगवान्से उनके ईश्वरीय स्वरूपको प्रत्यक्ष देखनेका आग्रह करता है और भगवान् भी अपने कृष्णरूपके भीतर एक ही जगह सम्पूर्ण विश्वको दिखला रहे हैं, तब यह कैसे माना जा सकता है कि वह ज्ञानद्वारा समझा जानेवाला रूप था ?

इसके अतिरिक्त, विश्वरूपके वर्णनसे भी यह सिद्ध होता है कि अर्जुन भगवान्के जिस रूपमें समस्त ब्रह्माण्डके दृश्य और भविष्यमें होनेवाली युद्धसम्बन्धी घटनाओंको तथा उनके परिणामको देख रहा था, वह रूप साक्षात् उसके सम्मुख था। इससे यही मानना पड़ता है कि जिस विश्वमें अर्जुन अपनेको

खड़ा देख रहा था, वह विश्व भगवान्‌के शरीरमें दिखलाई देनेवाले विश्वसे भिन्न था। ऐसा न होता तो अर्जुनके लिये उस विराट्‌रूपके द्वारा दृश्य जगत्‌के स्वर्गलोकसे लेकर पृथ्वीतकके आकाशको और सब दिशाओंको व्याप्त देखना सम्भव ही न होता।

एक बात और! भगवान्‌के उस अलौकिक, विराट्‌रूपको देखकर अर्जुनको विस्मय, मोह, भय, सन्ताप, दिग्भ्रमादि भी तो हो रहे थे। इससे भी यही प्रमाणित होता है कि भगवान्‌ने मात्र उपदेश देकर ज्ञानके द्वारा इस दृश्य जगत्‌को अपना स्वरूप समझा दिया हो, ऐसी बात नहीं थी। यदि ऐसा होता, तो अर्जुनको विस्मय-मोहादि होनेका कोई कारण ही नहीं रह जाता।

पूर्वोक्तसे यह स्पष्ट हो गया होगा कि भगवान् कृष्णद्वारा अर्जुनको दी हुई दिव्यदृष्टि, निश्चित रूपसे, कोई विज्ञांनयन्त्र अथवा अध्यात्मज्ञान नहीं थी। तो फिर, वह दुरधिगम चमत्कृति क्या थी? वह थी एक प्रकारकी योगशक्ति, जिसे, अपने योगबलसे, भगवान्‌ने अर्जुनको विश्वरूपका दर्शन करनेके लिए दिया था। इसके प्रभावसे अर्जुनमें एक अलौकिक सामर्थ्यका प्रादुर्भाव हुआ और वह उस दिव्य विराट्‌रूपको देख सकनेके योग्य बन गया। यहाँ यह भी ध्यान रखना चाहिये कि यह भगवान्‌का कोई ऐसा मायामय मनोयोग नहीं था, जिसके प्रभावसे अर्जुन ऐसी घटनाओंको, उनके बिना हुए ही, मानो, स्वप्नके दृश्योंकी भाँति देख रहा हो। अर्जुन जिस स्वरूपको देख रहा था, वह प्रत्यक्ष सत्य था और उसके देखनेका एकमात्र साधन था—भगवत्कृपासे मिली-हुई योगशक्तिरूप दिव्यदृष्टि!

यह दिव्यदृष्टि कैसी होती है? इसके मिल जानेपर धारकको कैसा लगता है? उसकी क्या-क्या अनुभूतियाँ होती हैं? इस प्रकारके प्रश्नोंका उत्तर एक दिव्यद्रष्टा ही जान सकता है, कोई अन्य नहीं। और वह भी केवल जान ही जान सकता है, पूरीतरह उन अनुभूतियोंको व्यक्त नहीं कर सकता। नितान्त साधारण-सामान्य, नित्यप्रतिके खाने-पीनेके पदार्थों तक में हम देखते हैं कि खीर-चूर्मा, हलवा-पूरी, दूध-लस्सी, चाय-कॉफ़ी प्रभृति भोज्यों एवं पेयोंके स्वादका ठीक-ठीक ज्ञान केवल उनके भोक्ताको ही होता है, औरोंको नहीं। फिर, दिव्यदृष्टि जैसे सूक्ष्म व गम्भीर विषयमें तो यह नियम और भी दृढ़तासे लागू होता है — केवल वह विरल भाग्यशाली व्यक्ति ही, जिसे भगवान्‌ने, अनुग्रहवश, इस अनन्य उपलब्धिके लिये चुना है, इसके वास्तविक रसका आनन्द उठा सकता है; शेष सब इसके विषयमें अनुमान और अटकलें ही लगा सकते हैं।

ऐसे ही एक परम भाग्यशाली धर्मात्मा सञ्जय थे, जिन्हें यहं दिव्यदृष्टि महर्षि वेदव्यासद्वारा दी गई थी। वे ही अब यहाँ, अगले पाँच श्लोकोंमें, भगवान्के दिव्य, विराट्स्वरूपका धृतराष्ट्रसे वर्णन करते हैं—

सञ्जय उवाच।

एवमुक्त्वा ततो राजन्महायोगेश्वरो हरिः।
दर्शयामास पार्थाय परमं रूपमैश्वरम् ॥९॥
अनेकवक्त्रनयनमनेकाद्भुतदर्शनम्।
अनेकदिव्याभरणं दिव्यानेकोद्यतायुधम् ॥१०॥
दिव्यमाल्याम्बरधरं दिव्यगन्धानुलेपनम्।
सर्वाश्चर्यमयं देवमनन्तं विश्वतोमुखम् ॥११॥

पद० — सञ्जयः = सञ्जय ; उवाच = बोला।

एवम् = इस प्रकार ; उक्त्वा = कहकर ; ततः = फिर ; राजन् = हे राजा (धृतराष्ट्र) ; महायोगेश्वरः = परमयोगाधिराज ; हरिः = (सब पापों व दुःखोंको) दूर करनेवाले (कृष्ण) ने ; दर्शयामास = दिखलाया ; पार्थाय = पृथाके-पुत्र (अर्जुन) के लिये ; परमम् = अतिमहान् (को) ; रूपम् = (दिव्य) स्वरूपको ; ऐश्वरम् = ऐश्वर्ययुक्त (को) ; अनेकवक्त्रनयनम् = बहुत (असंख्य) मुख और नेत्रोंसे युक्त (को) ; अनेकाद्भुतदर्शनम् = असंख्य अलौकिक (विचित्र) दृश्यवाले (को) ; अनेकदिव्याभरणम् = बहुत-से तेजोमय (विलक्षण) आभूषणधारी (को) ; दिव्यानेकोद्यतायुधम् = असंख्य चमत्कारी शस्त्रोंको (हाथोंमें) उठाये – हुए (को) ; दिव्यमाल्याम्बरधरम् = तेजोमयी मालाएँ व वस्त्र पहने – हुए (को) ; दिव्यगन्धानुलेपनम् = अलौकिक गन्धका (शरीरपर) लेप किए – हुए (को) ; सर्वाश्चर्यमयम् = सब प्रकारके आश्चर्योंसे युक्त (को) ; देवम् = प्रकाशमय (को) ; अनन्तम् = निस्सीम (को) ; विश्वतोमुखम् = सब ओर मुख किये – हुए को)।

अनु० — सञ्जय बोला — हे राजा (धृतराष्ट्र)! परमयोगाधिराज (और) (सब पापों व दुःखोंको) दूर करनेवाले (भगवान्) ने इस प्रकार कहकर फिर अर्जुनको अत्यन्त ऐश्वर्यसे सम्पन्न, असंख्य मुख एवं नेत्रोंसे युक्त, अनेक विचित्र दृश्यवाले, बहुत-से विलक्षण आभूषणधारी, असंख्य चमत्कारी शस्त्रोंको (हाथोंमें) उठाये हुए, तेजोमयी मालाएँ व वस्त्र पहने हुए, अलौकिक गन्धका (शरीरपर) लेप किये हुए, सब प्रकारके आश्चर्योंसे युक्त, प्रकाशमय, निस्सीम (तथा) सब ओर मुख किये हुए (अपने दिव्य और विराट्) स्वरूपको दिखलाया।

दिवि सूर्यसहस्रस्य भवेद्युगपदुत्थिता ।
यदि भाः सदृशी सा स्याद्भासस्तस्य महात्मनः ॥१२॥

पद० — दिवि = आकाशमें ; सूर्यसहस्रस्य = हज़ार सूर्योंके ; भवेत् = हो ; युगपत् = एक साथ ; उत्थिता = उठी हुई (अर्थात्, उदय होनेसे उत्पन्न हुई) ; यदि = कदाचित् ही ; भा := कान्ति (प्रकाश) ; सदृशी = समान ; सा = वह ; स्यात् = हो ; भासः = प्रकाशके ; तस्य = उस (के) ; महात्मनः = महात्माके (यानी, विश्वरूप परमात्माके)।

अनु० — आकाशमें हजार सूर्योंके एक साथ उदय होनेसे उत्पन्न (जो) प्रकाश हो, वह (भी) उस विश्वरूप परमात्माके प्रकाशके समान कदाचित् ही हो (अर्थात्, नहीं होगा)।

टि० — अभिप्राय यह है कि विश्वरूप परमात्मा (वा विराट्स्वरूप भगवान्) का दिव्य प्रकाश निरुपम है। जिस प्रकार हजारों तारे भी आकाशमें एक साथ उदित होकर एक अकेले सूर्यकी समानता नहीं कर सकते, उसी प्रकार यदि हज़ारों सूर्य भी आकाशमें एक साथ उदित हो जायें, तो भी उनका प्रकाश उस विराट्स्वरूप भगवान्के प्रकाशकी तुलना नहीं कर सकता। कारण ? सूर्योंका प्रकाश अनित्य, भौतिक तथा सीमित है, किन्तु विराट्स्वरूप भदगवान्का प्रकाश नित्य, दिव्य तथा अपरिमित है।

तत्रैकस्थं जगत्कृत्स्नं प्रविभक्तमनेकधा ।
अपश्यद्देवदेवस्य शरीरे पाण्डवस्तदा ॥१३॥

पद० — तत्र = उस (में) ; एकस्थम् = एक जगह स्थित (को) ; जगत् = जगत्को ; कृत्स्नम् = सम्पूर्ण (को) ; प्रविभक्तम् = विभक्त (अर्थात्, पृथक्-पृथक्) हुए (को) ; अनेकधा = कई प्रकारसे ; अपश्यत् = देखा ; देवदेवस्य = देवोंके देव (श्रीकृष्ण भगवान्) के ; शरीरे = शरीरमें ; पाण्डवः = पाण्डुके पुत्र (अर्जुन) ने ; तदा = उस समय।

अनु० — पाण्डुपुत्र (अर्जुन) ने उस समय अनेक प्रकारसे विभक्त (अर्थात्, पृथक्-पृथक्) हुए सम्पूर्ण जगत्को देवोंके देव (श्रीकृष्णभगवान्) के उस (दिव्य-विराट्) शरीरमें एक जगह स्थित देखा।

ततः स विस्मयाविष्टो हृष्टरोमा धनञ्जयः ।
प्रणम्य शिरसा देवं कृताञ्जलिरभाषत ॥१४॥

पद॰ — ततः = फिर (उसके अनन्तर) ; सः = वह ; विस्मयाविष्टः = आश्चर्यसे चकित ; हृष्टरोमा = पुलकित शरीरवाला ; धनञ्जयः = (शत्रुओंके) धनको जीतनेवाला (अर्जुन) ; प्रणम्य = प्रणाम करके ; शिरसा = सिरसे ; देवम् = प्रकाशमयको ; कृताञ्जलिः = हाथ जोड़े हुए ; अभाषत = बोला।

अनु॰ — उसके अनन्तर, आश्चर्यसे चकित (और) पुलकितशरीर वह अर्जुन प्रकाशमय (विश्वरूप परमात्मा) को (श्रद्धा-भक्तिसहित) सिरसे प्रणाम करके (यानी, सिर झुकाकर) हाथ जोड़े हुए बोला।

अर्जुन उवाच ।
पश्यामि देवांस्तव देव देहे सर्वांस्तथा भूतविशेषसंघान् ।
ब्रह्माणमीशं कमलासनस्थमृषींश्च सर्वानुरगांश्च दिव्यान् ॥१५॥

पद॰ — अर्जुनः = अर्जुनने ; उवाच = कहा।

पश्यामि = देखता हूँ ; देवान् = देवताओंको ; तव = तेरे ; देव = हे तेजोमय व पूज्य ; देहे = शरीरमें ; सर्वान् = सारोंको ; तथा = और ; भूतविशेषसंघान् = अनेक प्राणियोंके समुदायोंको ; ब्रह्माणम् = ब्रह्माको ; ईशम् = महादेवको ; कमलासनस्थम् = कमलके आसनपर बैठे हुए (को) ; ऋषीन् = ऋषियोंको ; च = और ; सर्वान् = समस्त (को) ; उरगान् = सर्पोंको ; च = तथा ; दिव्यान् = दिव्यों (को)।

अनु॰ — अर्जुनने कहा — हे तेजोमय व पूज्य (विराट्मूर्ते) ! मैं आपके शरीरमें सारे देवताओंको और अनेक प्राणियोंके समुदायोंको (तथा) कमलके आसनपर विराजमान ब्रह्माको (एवं) महादेवको और समस्त ऋषियोंको तथा (वासुकि आदि) दिव्य सर्पोंको देखता हूँ।

टि॰ — इस प्रकार, स्वर्ग (देवता), मर्त्य (ऋषि) तथा पाताल (वासुकि प्रभृति दिव्य सर्प)—तीनों लोकोंके प्रधान-प्रधान प्राणियोंके समुदायोंकी गणना करके अर्जुनने यह आशय प्रकट किया है कि वह त्रिभुवनात्मक समस्त विश्वको ही अपने सम्मुख भगवान्‌के विराट्‌शरीरमें देख रहा है।

विश्वरूप-दर्शन

विराट्पुरुषके अनन्त-दिव्य-रौद्र देहमें भयभीत अर्जुनने ब्रह्माको, शिवको, समस्त देवोंको, भूतसमुदायोंको, ऋषियोंको, सिद्धोंको एवं गन्धर्व-यक्ष-राक्षस-सर्पोंको देखा तथा सकल चराचरोंको उनके विकराल मुखोंमें प्रवेश करते भी दृष्टिगत किया ।

अनेकबाहूदरवक्त्रनेत्रं पश्यामि त्वां सर्वतोऽनन्तरूपम् ।
नान्तं न मध्यं न पुनस्तवादिं पश्यामि विश्वेश्वर विश्वरूप ॥१६॥

पद० — अनेकबाहूदरवक्त्रनेत्रम् = असंख्य हाथ, पेट, मुँह (और) आँखोंसे युक्त (को) ; पश्यामि = देखता हूँ ; त्वाम् = तुमको ; सर्वतः = सब ओरसे ; अनन्तरूपम् = अगणित रूपोंवाले को ; न = नहीं ; अन्तम् = समाप्तिको ; न = नहीं ; मध्यम् = बीचको ; न = नहीं ; पुनः = तथा ; तव = तेरे ; आदिम् = आरम्भको ; पश्यामि = देखता हूँ ; विश्वेश्वर = हे जगत्के स्वामिन् ; विश्वरूप = हे जगत्स्वरूप।

अनु० — हे (अखिल) जगत्के स्वामिन् ! (मैं) आपको असंख्य हाथ, पेट, मुँह (और) आँखोंसे युक्त (तथा) सब ओरसे अगणित रूपोंवाला देखता हूँ। हे जगत्स्वरूप ! (मैं) आपके न आरम्भको (और) न समापनको (ही) देख पा रहा हूँ तथा (इसीलिये आपके) बीचको (भी) नहीं (देख सकता—अर्थात्, मुझे यह ही नहीं पता पड़ रहा कि आपका विस्तार कहाँसे कहाँतक है, क्योंकि मुझे तो आप आगे-पीछे, दायें-बायें, ऊपर-नीचे, सभी ओरसे सीमारहित ही दिखालाई पड़ रहे हैं)।

किरीटिनं गदिनं चक्रिणं च तेजोराशिं सर्वतो दीप्तिमन्तम् ।
पश्यामि त्वां दुर्निरीक्ष्यं समन्ताद्दीप्तानलार्कद्युतिमप्रमेयम् ॥१७॥

पद० — किरीटिनम् = मुकुटसे सुशोभित (को) ; गदिनम् = गदासे युक्त (को) ; चक्रिणम् = चक्रधारी (को) ; च = और ; तेजोराशिम् = कान्तिपुञ्ज (को) ; सर्वतः = सब ओरसे ; दीप्तिमन्तम् = प्रकाशवान् (को) ; पश्यामि = देखता हूँ ; त्वाम् = तुमको ; दुर्निरीक्ष्यम् = कठिनतासे देखे जानेयोग्य (को) ; समन्तात् = सभी ओरसे ; दीप्तानलार्कद्युतिम् = प्रज्वलित-अग्नि एवं सूर्यके सदृश ज्योतियुक्त (को) ; अप्रमेयम् = अनिर्धार्यस्वरूप (को)।

अनु० — (मैं) आपको (तेजोमय) मुकुटसे सुशोभित, (दुष्टदलदलनी) गदासे युक्त तथा (सुदर्शन) चक्रसे सुसज्जित, सब-ओरसे-प्रकाशवान् कान्तिके पुञ्ज, कठिनतासे देखे जानेयोग्य, प्रज्वलित-अग्नि एवं सूर्यके सदृश ज्योतिर्मय (और) सभी ओरसे अनिर्धार्यस्वरूप देखता हूँ।

त्वमक्षरं परमं वेदितव्यं त्वमस्य विश्वस्य परं निधानम् ।
त्वमव्ययः शाश्वतधर्मगोप्ता सनातनस्त्वं पुरुषो मतो मे ॥१८॥

पद० — त्वम् = तुम ; अक्षरम् = नाशहीन (अविनाशी) ; परमम् = प्रधान

(सर्वप्रमुख) ; वेदितव्यम् = जाननेयोग्य ; त्वम् = तुम ; अस्य = इस (का) ; विश्वस्य = संसारका ; परम् = महान् ; निधानम् = आधार (आश्रय) ; त्वम् = तुम ; अव्ययः = क्षयहीन (अमर) ; शाश्वतधर्मगोप्ता = अनादिधर्मके रक्षक ; सनातनः = पुराण (कारणहीन) ; त्वम् = तुम ; पुरुषः = परमेश्वर ; मतः = सुनिर्धारित विचार ; मे = मेरा।

अनु॰ — आप अनिवाशी हैं, सर्वप्रधान हैं, (एकमात्र) जाननेयोग्य (वस्तु) हैं, आप इस संसारके महान् आधार (आश्रय) हैं, आप अनादिधर्मके अमर रक्षक हैं (और) आप (ही) पुराणपुरुष (परमेश्वर) हैं — (ऐसी) मेरी मान्यता है (अर्थात्, ऐसा मैं समझता हूँ)।

अनादिमध्यान्तमनन्तवीर्यमनन्तबाहुं शशिसूर्यनेत्रम् ।
पश्यामि त्वां दीप्तहुताशवक्त्रं स्वतेजसा विश्वमिदं तपन्तम् ॥ १९ ॥

पद॰ — अनादिमध्यान्तम् = आरम्भ, बीच तथा समापनसे रहित (को) ; अनन्तवीर्यम् = निस्सीम सामर्थ्यसे युक्त (को) ; अनन्तबाहुम् = अगणित भुजाओंवाले (को) ; शशिसूर्यनेत्रम् = चाँद-सूरजरूप आँखोंवाले (को) ; पश्यामि = देखता हूँ ; त्वाम् = तुमको ; दीप्तहुताशवक्त्रम् = प्रज्वलित-अग्निरूपी मुखवाले (को) ; स्वतेजसा = अपनी कान्तिसे ; विश्वम् = संसारको ; इदम् = इस (को); तपन्तम् = सन्तप्त करते (तपाते वा जलाते) हुए (को)।

अनु॰ — (मैं) आपको आरम्भ, बीच तथा समापनसे रहित, निस्सीम सामर्थ्यसे युक्त, अगणित भुजाओंवाले, चाँद-सूरजरूप आँखोंवाले, प्रज्वलित-अग्निरूपी मुखवाले (तथा) अपनी कान्तिसे इस संसारको (जिसमें मैं खड़ा हूँ) तपाते (जलाते-से) हुए देखता हूँ।

द्यावापृथिव्योरिदमन्तरं हि व्याप्तं त्वयैकेन दिशश्च सर्वाः ।
दृष्ट्वाऽद्भुतं रूपमुग्रं तवेदं लोकत्रयं प्रव्यथितं महात्मन् ॥ २० ॥

पद॰ — द्यावापृथिव्योः = स्वर्ग और पृथ्वीके ; इदम् = यह ; अन्तरम् = बीचका आकाश ; हि = ही ; व्याप्तम् = परिपूर्ण है ; त्वया = तुमसे ; एकेन = एक (से) ; दिशः = दिशाएँ ; च = तथा ; सर्वाः = सब ; दृष्ट्वा = देखकर ; अद्भुतम् = अलौकिक (को) ; रूपम् = रूपको ; उग्रम् = भयंकर (को) ; तव =

तेरे ; इदम् = इस (को) ; लोकत्रयम् = तीनों लोक ; प्रव्यथितम् = अत्यन्त पीड़ित हो रहे हैं ; महात्मन् = हे उदात्तवृत्तिवाले।

अनु० — हे उदात्तवृत्तिवाले (विराट्पुरुष) ! स्वर्ग और पृथ्वीके बीचका यह (सम्पूर्ण) आकाश तथा सब दिशाएँ एक (अकेले) आपसे ही परिपूर्ण (हो रही) हैं। (साथ ही,) आपके इस अलौकिक (किन्तु) भयंकर रूपको देखकर (स्वर्ग, मर्त्य और अन्तरिक्ष—इन) तीनों लोकोंके जीव अत्यन्त पीड़ित हो रहे हैं (अर्थात्, भयके मारे काँप रहे हैं)।

अमी हि त्वां सुरसंघा विशन्ति केचिद्भीताः प्राञ्जलयो गृणन्ति ।
स्वस्तीत्युक्त्वा महर्षिसिद्धसंघाः स्तुवन्ति त्वां स्तुतिभिः पुष्कलाभिः ॥ २१ ॥

पद० — अमी = ये ; हि = सचमुच ; त्वाम् = तुमको ; सुरसंघाः = देवताओंके समूह ; विशन्ति = प्रवेश करते हैं ; केचित् = कोई (कुछ) ; भीताः = डरे हुए ; प्राञ्जलयः = हाथ जोड़े ; गृणन्ति = गुणगान करते हैं ; स्वस्ति = कल्याण हो ; इति = ऐसा ; उक्त्वा = कहकर ; महर्षिसिद्धसंघाः = महर्षियों और सिद्धोंके समुदाय , स्तुवन्ति = स्तुति करते हैं ; त्वाम् = तुमको ; स्तुतिभिः = स्तोत्रोंद्वारा ; पुष्कलाभिः = उत्तम-उत्तम (सुन्दर-भावमय) द्वारा।

अनु० — (ओहो) सचमुच ही, ये देवताओंके समूह आपमें प्रवेश करते हैं ; कुछ (शेष) डरे हुए, हाथ जोड़े (आपका) गुणगान करते हैं। (तथा) महर्षियों एवं सिद्धोंके समुदाय, "कल्याण हो", ऐसा कहकर उत्तम-उत्तम (अर्थात्, सुन्दर-भावभीने) स्तोत्रोंद्वारा आपकी स्तुति करते हैं।

टि० — भगवान्के विराट् रूपमें प्रवेश करनेवालोंकी यहाँ तीन श्रेणियाँ दिखलाई गई हैं। प्रथम, वे देवगण, जिनकी मृत्यु आचुकी है, मरनेके लिये उनके शरीरमें प्रवेश कर रहे हैं। द्वितीय, वे शेष बचे हुए देवता, जो अपने सम्मुख बहुत-से देवताओंको भगवान्के बीभत्सकारी रूपमें प्रवेश करते देखकर, अपनी भी जानकी अब बहुत समयके लिए ख़ैर न समझते हुए, डरके मारे हाथ जोड़कर उनके नाम और गुणोंका बखान करके उन्हें प्रसन्न करनेकी चेष्टा कर रहे हैं। तृतीय श्रेणी उन महर्षियों एवं सिद्धजनोंकी है, जो, भगवान्के तत्त्वका यथार्थ रहस्य जाननेके कारण, उनके रौद्र रूप अथवा मृत्युको भी अपने सामने खड़ा देखकर, तनिक भी भयभीत नहीं हो रहे हैं और, उल्टे, समस्त जगत्के कल्याणके लिये प्रार्थना करते हुए अनेक प्रकारके सुन्दर-भावमय स्तोत्रोंद्वारा श्रद्धा एवं भक्तिपूर्वक भगवान्का स्तवन तथा यशोगान करते-करते आनन्दविभोर हो रहे हैं।

रुद्रादित्या वसवो ये च साध्या विश्वेऽश्विनौ मरुतश्चोष्मपाश्च ।
गन्धर्वयक्षासुरसिद्धसंघा वीक्षन्ते त्वां विस्मिताश्चैव सर्वे ॥२२॥

पद॰ — रुद्रादित्याः = रुद्र और आदित्य ; वसवः = वसु ; ये = जो ; च = और ; साध्याः = साध्यदेवता ; विश्वे = विश्वेदेव ; अश्विनौ = अश्विनीकुमार ; मरुतः = मरुद्गण ; च = तथा ; ऊष्मपाः = पितरोंके समुदाय ; च = और ; गन्धर्वयक्षासुरसिद्धसंघाः = गन्धर्व, यक्ष, राक्षस तथा सिद्धोंके गण ; वीक्षन्ते = देखते हैं ; त्वाम् = तुमको ; विस्मिताः = आश्चर्यचकित हुए ; च = तथा ; एव = ही ; सर्वे = सब।

अनु॰ — जो (ग्यारह) रुद्र (और)(बारह) आदित्य तथा (आठ) वसु, (बारह) साध्यदेवता, (दस) विश्वेदेव, (दोनों) अश्विनीकुमार और (उनंचास) मरुत् तथा पितरोंके (सातों) समुदाय और गन्धर्व, यक्ष, राक्षस (एवं) सिद्धोंके गण (हैं—वे) सब ही आश्चर्यचकित हुए आपको देखते हैं (अर्थात्, आपके इस अद्भुत रूपको देख रहे हैं)।

रूपं महत्ते बहुवक्त्रनेत्रं महाबाहो बहुबाहूरुपादम् ।
बहूदरं बहुदंष्ट्राकरालं दृष्ट्वा लोकाः प्रव्यथितास्तथाहम् ॥२३॥

पद॰ — रूपम् = रूपको ; महत् = विराट् (को) ; ते = तेरे ; बहुवक्त्रनेत्रम् = बहुत मुँह और आँखोंवाले (को) ; महाबाहो = हे शक्तिशालिनी (बड़ी) भुजाओंवाले ; बहुबाहूरुपादम् = असंख्य हाथ, जंघा और पैरोंवाले (को) ; बहूदरम् = अनेक पेटोंवाले (को) ; बहुदंष्ट्राकरालम् = अगणित दाढ़ोंके कारण भयंकर (को) ; दृष्ट्वा = देखकर ; लोकाः = (तीनों) लोक ; प्रव्यथिताः = डरे हुए ; तथा = और ; अहम् = मैं।

अनु॰ — हे बड़ी-बड़ी (शक्तिशालिनी) भुजाओंवाले (परमेश्वर)! आपके बहुत मुँह और आँखोंवाले, असंख्य हाथ, जंघा तथा पैरोंवाले, अनेक पेटोंवाले (और) अगणित दाढ़ोंके कारण भयंकर लगनेवाले (इस) विराट् रूपको देखकर (तीनों) लोक डर रहे हैं और मैं (भी डर रहा हूँ)।

नभःस्पृशं दीप्तमनेकवर्णं व्यात्ताननं दीप्तविशालनेत्रम् ।
दृष्ट्वा हि त्वां प्रव्यथितान्तरात्मा धृतिं न विन्दामि शमं च विष्णो ॥२४॥

पद॰ — नभःस्पृशम् = आकाशको छूनेवाले (को) ; दीप्तम् = चमकते हुए (को) ; अनेकवर्णम् = विविध वर्णोंवाले (रंगोंवाले) (को) ; व्यात्ताननम् = फैलाये हुए मुखोंवाले (को) ; दीप्तविशालनेत्रम् = प्रकाशवान् बड़े नयनोंवाले (को) ; दृष्ट्वा =

देखकर ; हि = निश्चय ही ; त्वाम् = तुमको ; प्रव्यथितान्तरात्मा = भयभीत अन्तःकरणवाला ; धृतिम् = धीरजको ; न = नहीं ; विन्दामि = प्राप्त करता हूँ ; शमम् = शान्तिको ; च = तथा ; विष्णो = हे सर्वव्यापी (परमात्मन्)।

अनु० — हे सर्वव्यापी (परमात्मन्) ! आकाशको (भी) छूनेवाले परम कान्तिमान्, विविध वर्णोंवाले (तथा) फैलाए हुए मुखों (और) प्रकाशवान् (प्रज्वलित) बड़े-बड़े नयनोंसे युक्त आपको देखकर, निश्चय ही, भयभीत अन्तःकरणवाला (मैं) धीरज तथा शान्ति नहीं पा रहा हूँ (अर्थात्, आपके इस प्रचण्ड, विकराल रूपको देखकर मैं भीतरसे डर ही नहीं रहा हूँ, अपितु धीरज तथा शान्ति भी खो बैठा हूँ)।

दंष्ट्राकरालानि च ते मुखानि दृष्ट्वैव कालानलसन्निभानि ।
दिशो न जाने न लभे च शर्म प्रसीद देवेश जगन्निवास ॥२५॥

पद० — दंष्ट्राकरालानि = दाढ़ोंसे भीषण (को) ; च = और ; ते = तेरे ; मुखानि = मुखोंको ; दृष्ट्वा = देखकर ; एव = ही ; कालानलसन्निभानि = प्रलयकालकी अग्निके समान (प्रज्वलित) (को) ; दिशः = दिशाओंको ; न = नहीं ; जाने = जानता हूँ ; न = नहीं ; लभे = प्राप्त करता हूँ ; च = तथा ; शर्म = चैन (को) ; प्रसीद = प्रसन्न हो ; देवेश = हे देवताओंके स्वामी ; जगन्निवास = हे विश्वके आधार।

अनु० — (लम्बी-पैनी) दाढ़ोंके कारण भीषण तथा प्रलयकालकी अग्निके समान (जाज्वल्यमान) आपके मुखोंको देखकर ही (मैं) दिशाओंको नहीं जानता हूँ और चैन (भी) नहीं पाता हूँ। (इसलिये) हे देवाधिदेव ! हे विश्वके आधार ! आप प्रसन्न हों।

टि० — अर्जुनके कहनेका भाव यह है कि यद्यपि वह विश्वका एक अद्वितीय, उद्‌भट योद्धा माना जाता है, तथापि भगवान्‌के उस परम बीभत्सकारी विराट् रूपको तो देखते ही उसकी सिट्टी-पिट्टी गुम हो गई है ; वह धैर्य-शान्ति, सुख-चैन सब गँवा बैठा है—और-तो-और, वह दिशाओंका बोध तक भी खो चुका है। ऐसी शोचनीय दशामें वह भगवान्‌से बड़े आर्त नादसे विनति करता है कि वे कृपा करके उसपर प्रसन्न हों और अपने विराट् स्वरूपका शीघ्रातिशीघ्र संवरण कर अपनी पहलेवाली द्वारकाधीश-कृष्णरूपी सौम्य मूर्तिको पुनः धारण करें।

अमी च त्वां धृतराष्ट्रस्य पुत्राः सर्वे सहैवावनिपालसंघैः।
भीष्मो द्रोणः सूतपुत्रस्तथासौ सहास्मदीयैरपि योधमुख्यैः ॥२६॥
वक्त्राणि ते त्वरमाणा विशन्ति दंष्ट्राकरालानि भयानकानि ।
केचिद्विलग्ना दशनान्तरेषु संदृश्यन्ते चूर्णितैरुत्तमांगैः ॥२७॥

पद० — अमी = ये ; च = और ; त्वाम् = तुमको ; धृतराष्ट्रस्य = धृतराष्ट्रके ;

पुत्राः = बेटे ; सर्वे = सब ; सह = साथ ; एव = ही ; अवनिपालसंघैः = राजाओंके समुदायों (से) ; भीष्मः = भीष्म ; द्रोणः = द्रोण ; सूतपुत्रः = सारथीका बेटा ; तथा = और ; असौ = यह ; सह = सहित ; अस्मदीयैः = हमारे पक्षवालों (से) ; अपि = भी ; योधमुख्यैः = प्रमुख योद्धाओं (से) ; वक्त्राणि = मुखोंको ; ते = तेरे ; त्वरमाणाः = वेगसे दौड़ते हुए ; विशन्ति = घुसते हैं ; दंष्ट्राकरालानि = दाढ़ोंके कारण भीषण (को) ; भयानकानि = डारावनों (को) ; केचित् = कई-एक ; विलग्नाः = लगे हुए ; दशनान्तरेषु = दाँतोंके बीचमें ; संदृश्यन्ते = दिखाई देते हैं ; चूर्णितैः = पिसे हुओं (से) ; उत्तमांगैः= सिरोंसे।

अनु॰ — ये सब ही (यानी, सभी) (दुर्योधन आदि) धृतराष्ट्रके बेटे, राजाओंके समुदायोंके साथ, आपमें (प्रवेश कर रहे हैं) और भीष्मपितामह, द्रोणाचार्य तथा यह (अधिरथ) सारथीका बेटा (कर्ण) (और) हमारे पक्षके भी प्रमुख योद्धाओं समेत (सब-के-सब)(तीव्र) वेगसे दौड़ते हुए आपके (बड़ी-बड़ी) दाढ़ोंके कारण भीषण (एवं) डरावने मुखोंमें घुस रहे हैं (अर्थात्, दोनों पक्षोंके सभी वीरोंको बड़ी तेज़ीके साथ दौड़कर आपके भयंकर मुखोंमें घुसते हुओंको मैं प्रत्यक्ष देख रहा हूँ) (तथा उनमें से)कई-एक(तो) पिसे हुए सिरोंसे (आपके) दाँतोंके बीचमें लगे हुए दिखाई दे रहे हैं (यानी, हे भगवन्! उन सब योद्धाओंको मैं आपके असंख्य विकराल मुखोंमें केवल घुसते हुए ही नहीं देख रहा हूँ, बल्कि उनमें से कितनोंको तो ऐसी दारुण स्थितिमें भी देख रहा हूँ कि उनके मस्तक तो चूर-चूर हो गये हैं और वे बुरी तरहसे आपके दाँतोंमें फँसे हुए हैं)।

यथा नदीनां बहवोऽम्बुवेगाः समुद्रमेवाभिमुखा द्रवन्ति ।
तथा तवामी नरलोकवीरा विशन्ति वक्त्राण्यभिविज्वलन्ति ॥२८॥

पद॰ — यथा = जैसे ; नदीनाम् = नदियोंके ; बहवः = बहुत-से ; अम्बुवेगाः = जलके प्रवाह ; समुद्रम् = समुद्रको ; एव = ही ; अभिमुखाः = सम्मुख ; द्रवन्ति = बहते (दौड़ते) हैं ; तथा = वैसे ; तव = तेरे ; अमी = ये ; नरलोकवीराः = मनुष्यलोकके योद्धा ; विशन्ति = प्रवेश करते हैं ; वक्त्राणि = मुखोंको ; अभि-विज्वलन्ति = सब-ओरसे-अत्यन्त-प्रज्वलित हुओं (को)।

अनु॰ — जैसे नदियोंके अनेक जलके प्रवाह (स्वाभाविक रूपसे) समुद्रके ही सम्मुख दौड़ते हैं (अर्थात्, समुद्र ही की ओर बहते हैं और फिर उसमें प्रविष्ट होकर अपना अस्तित्व मिटाते हुए समुद्र ही बन जाते हैं), वैसे (ही) ये मनुष्यलोकके (सभी) योद्धा (भी) (स्वत एव)आपके सब-ओरसे-अत्यन्त-प्रज्वलित मुखों ही (की ओर दौड़ते हुए उन) में प्रविष्ट हो रहे हैं (और अपना-अपना नामरूप त्यागते हुए आपमें एकताको प्राप्त हो रहे हैं)।

यथा प्रदीप्तं ज्वलनं पतंगा विशन्ति नाशाय समृद्धवेगाः ।
तथैव नाशाय विशन्ति लोकास्तवापि वक्त्राणि समृद्धवेगाः ॥२९॥

पद० — यथा = जिस प्रकार ; प्रदीप्तम् = प्रज्वलित (को) ; ज्वलनम् = अग्निको ; पतंगाः = पतंगे ; विशन्ति = प्रवेश करते हैं ; नाशाय = नाशके लिए ; समृद्धवेगाः = बढ़े-हुए-वेगवाले ; तथा = उसी प्रकार ; एव = ही ; नाशाय = नाशके लिए ; विशन्ति = प्रवेश करते हैं ; लोकाः = लोग ; तव = तेरे ; अपि = भी ; वक्त्राणि = मुखोंको ; समृद्धवेगाः = बढ़े-हुए-वेगवाले।

अनु० — जिस प्रकार (मोहके वशीभूत हुए) पतंगे प्रज्वलित अग्निमें अधिकतर-गतिके साथ (उड़ते हुए) (अपने) नाशके लिये (ही) प्रवेश करते हैं (गिरते हैं), उसी ही प्रकार (ये सब) लोग भी (अज्ञानताके कारण) आपके मुखोंमें प्रबलतर-वेगके साथ (दौड़ते हुए) (केवल) नष्ट होनेके लिए (ही) प्रवेश कर रहे हैं (घुस रहे हैं)।

लेलिह्यसे ग्रसमानः समन्ताल्लोकान्समग्रान्वदनैर्ज्वलद्भिः ।
तेजोभिरापूर्य जगत्समग्रं भासस्तवोग्राः प्रतपन्ति विष्णो ॥३०॥

पद० — लेलिह्यसे = चाट रहे हो ; ग्रसमानः = निगलते हुए ; समन्तात् = सब ओरसे ; लोकान् = लोकोंको ; समग्रान् = सारोंको ; वदनैः = मुखोंके द्वारा ; ज्वलद्भिः = ज्वालाएँ निकालनेवालों से (प्रज्वलितोंसे) ; तेजोभिः = कान्ति (प्रकाश) से ; आपूर्य = भरके (परिपूर्ण करके) ; जगत् = संसारको ; समग्रम् = सम्पूर्णको ; भासः = किरणें ; तव = तेरी ; उग्राः = भयंकर ; प्रतपन्ति = तपा (जला) रही हैं ; विष्णो = हे सर्वव्यापी।

अनु० — (हे विराट्रूप परमेश्वर ! आप) सारे लोकोंको सब ओरसे (अपने) ज्वालाएँ-निकालनेवाले मुखोंसे निगलते हुए (अपने होठोंको) चाट रहे हैं। हे सर्वव्यापी (सूर्य) ! आपकी भयंकर किरणें, सम्पूर्ण संसारको (प्रचण्ड) कान्तिसे परिपूर्ण (व्याप्त) करती हुईं, (इसे) तपा रही हैं (अर्थात्, भस्म कर रही हैं)।

टि० — "विष्णु" शब्दका एक पर्याय "सूर्य" भी होता है, अतः, प्रकरणवश, यहाँ इसका उपयुक्त अर्थ "सूर्य" ही समझना चाहिये।

स्पष्टतः, भगवान्के परमरौद्र रूपको देखकर, अर्जुनके हाथोंके तोते उड़ गए हैं। अतः, भयभीत हुआ वह, उनके उग्र रूपका वर्णन करते हुए, उनसे कहता है कि आपके अगणित मुखोंसे लम्बी-लम्बी, प्रचण्ड अग्निकी ज्वालायें (लपटें) निकल रही हैं तथा आप सब ओरसे समस्त लोकोंको निगलनेपर लगे हुए हैं। इतना सब-कुछ होनेपर भी आप तृप्त हुए नहीं प्रतीत होते, क्योंकि आप अपनी जिह्वाओंको पर्याप्त लपलपा रहे हैं

और, भोजनका भरपूर आनन्द उठाते हुए तथा चटख़ारे-से भरते, आप उनसे अपने होठोंको बार-बार चाट रहे हैं। इतना ही नहीं, आपकी अतितीव्र किरणें, अपनी अपरिमित कान्तिसे अशेष विश्वको चकाचौंध करती हुईं, अपने अतुलित तापसे उसे जला भी रही हैं।

यह सब देखकर, स्वाभाविकतया, अर्जुनके मनमें जिज्ञासा उत्पन्न हुई कि ये श्रीकृष्ण, वस्तुतः, कौन हैं तथा उस बीभत्स स्वरूपके द्वारा अब वे क्या करना चाहते हैं। अतः, वह उनसे पूछता है—

आख्याहि मे को भवानुग्ररूपो नमोऽस्तु ते देववर प्रसीद ।
विज्ञातुमिच्छामि भवन्तमाद्यं न हि प्रजानामि तव प्रवृत्तिम् ॥३१॥

पद० — आख्याहि = कहिये (बतलाइये) ; मे = मुझे ; कः = कौन ; भवान् = आप ; उग्ररूपः = भीषणरूपवाले ; नमः = नमस्कार ; अस्तु = हो ; ते = तेरेलिये ; देववर = हे देवताओंमें श्रेष्ठ ; प्रसीद = प्रसन्न होइये ; विज्ञातुम् = विशेषरूपसे (तत्त्वसे) जानना ; इच्छामि = चाहता हूँ ; भवन्तम् = आपको ; आद्यम् = आदिपुरुष (को) ; न = नहीं ; हि = क्योंकि ; प्रजानामि = जानता हूँ ; तव = तेरे ; प्रवृत्तिम् = उद्देश्यको।

अनु० — (हे भगवन् ! कृपा करके) मुझे बतलाइये (कि) आप भीषणरूपवाले कौन हैं। हे देवताओंमें श्रेष्ठ ! आपको नमस्कार हो ; (आप) प्रसन्न होइये। आदिपुरुष-आपको (मैं) विशेषरूपसे (तत्त्वसे) जानना चाहता हूँ, क्योंकि (मैं) आपके उद्देश्यको नहीं जानता (अर्थात्, मैं नहीं जानता कि यह इतना भयंकर रूप आप मुझे किस लिये दिखला रहे हैं तथा अब निकट भविष्यमें आप क्या करना चाहते हैं—सो, कृपया, मुझे यह रहस्य खोलकर बतलाइये)।

श्रीभगवानुवाच ।

कालोऽस्मि लोकक्षयकृत्प्रवृद्धो लोकान्समाहर्तुमिह प्रवृत्तः ।
ऋतेऽपि त्वां न भविष्यन्ति सर्वे येऽवस्थिताः प्रत्यनीकेषु योधाः ॥३२॥

पद० — श्रीभगवान् = श्रीकृष्ण भगवान्ने ; उवाच = कहा।

कालः = महाकाल (सर्वान्तक) ; अस्मि = हूँ ; लोकक्षयकृत् = लोकोंका नाश करनेवाला ; प्रवृद्धः = सनातन (शक्तिशाली) ; लोकान् = लोकोंको ; समाहर्तुम् = नष्ट करनेके लिये ; इह = यहाँ वा इस समय ; प्रवृत्तः = कार्यरत हुआ (लगा हुआ) ; ऋते = बिना ; अपि = भी ; त्वाम् = तुमको ; न = नहीं ; भविष्यन्ति = होंगे (रहेंगे) ; सर्वे =

सब ; ये = जो ; अवस्थिताः = स्थित (सन्नद्ध) हुए ; प्रत्यनीकेषु = प्रतिपक्षी (कौरव) सेनापंक्तियोंमें ; योधाः = योद्धालोग।

अनु० — श्रीकृष्ण भगवान्ने (उत्तरमें) कहा — (हे अर्जुन !) (मैं) लोकोंका नाश करनेवाला सनातन (अथवा शक्तिशाली) महाकाल (सर्वान्तक) हूँ ; इस समय (यहाँ) (इन) लोकोंको नष्ट करनेमें प्रवृत्त हुआ हूँ (यानी, संलग्न हूँ)। (इसलिये) जो प्रतिपक्षी (कौरव) सेनापंक्तियोंमें स्थित (यानी, सन्नद्ध) योद्धालोग हैं, (वे) सब तेरे बिना भी नहीं रहेंगे (अर्थात्, तू युद्ध नहीं करेगा, तो भी ये कौरवयोद्धा जीवित नहीं बच सकेंगे, क्योंकि ये तो मेरेद्वारा पहले ही मारे जा चुके हैं, जैसा कि तूने अभी-अभी मेरे विराट् स्वरूपमें इनको मरे-हुए वा मरते-हुए भलीभाँति देखा है)।

तस्मात्त्वमुत्तिष्ठ यशो लभस्व जित्वा शत्रून्भुंक्ष्व राज्यं समृद्धम् ।
मयैवैते निहताः पूर्वमेव निमित्तमात्रं भव सव्यसाचिन् ॥३३॥

पद० — तस्मात् = इसलिये ; त्वम् = तू ; उत्तिष्ठ = उठ (खड़ा होजा) ; यशः = कीर्तिको ; लभस्व = प्राप्त कर ; जित्वा = जीतकर ; शत्रून् = शत्रुओंको ; भुंक्ष्व = भोग (आनन्द लूट) ; राज्यम् = राज्यको ; समृद्धम् = धनधान्यसे सम्पन्न (को) ; मया = मुझसे ; एव = ही ; एते = ये ; निहताः = मारे हुए ; पूर्वम् = पहले ; एव = ही ; निमित्तमात्रम् = केवल बहानेके रूपमें (केवल नामके लिये) ; भव = हो ; सव्यसाचिन् = हे बायें-हाथसे-भी-बाण-चला-सकनेवाले (अर्जुन)।

अनु० — इसलिये, तू उठ (खड़ा होजा) (और) (युद्ध करके) कीर्ति प्राप्त कर (तथा) शत्रुओंको जीतकर धनधान्यसे सम्पन्न (वैभवशाली) राज्यको भोग (अर्थात्, उसका आनन्द लूट)। ये (सब शूरवीर) पहलेहीसे मेरेद्वारा मारे जा चुके हैं, (अतः) हे अर्जुन! (तू तो) (इन्हें मारनेका) केवल एक बहाना बन जा।

टि० — यहाँ अन्तिम पादमें "निमित्तमात्रम्" शब्द बड़ा सारगर्भित है। भगवान्का अर्जुनसे कथन है कि कौरवयोद्धाओंके हननमें वह तो एक निमित्तमात्र होगा, अर्थात्, एक बहानामात्र होगा, केवल नाम-नामके लिए, लोकदिखावेके लिए एक छद्मकारण ; वास्तविक कारण तो वे स्वयम् आप ही हैं, जैसा कि अर्जुन अभी-अभी उनके विराट्रूपमें समस्त लोकोंका नाश होते हुए प्रत्यक्ष देख चुका है।

इससे तीन बातें निकलती हैं — (१) जब भीष्म, द्रोण, कर्णादि कौरववीर पहलेहीसे मरे-मराये पड़े हैं, और अर्जुन, यदि उनसे युद्ध करना आरम्भ करदे, तो, निर्विवादतः, जय उसीकी होगी और समस्त संसारमें उसका यश फैलेगा कि उसने ऐसे-ऐसे दुर्दम एवं दुरतिक्रम योद्धाओंको भी परास्त कर दिया ; (२) अपने शत्रुओंकी मृत्युको प्रत्यक्षरूपसे

देख-चुकनेके बाद तो अर्जुनके मनमें रञ्चमात्र भी सन्देह व भय नहीं रहने चाहियें कि पाण्डवों ही को विजयश्री उपलब्ध होनी है, अतः, अब तो उसे पूर्ण साहस, उत्साह एवं विश्वासके साथ युद्धमें जुट जाना चाहिये ; और (३) अर्जुनकी यह धारणा भी सर्वथा निराधार है कि अपने आचार्य, गुरुजनों तथा सम्बन्धियोंके मारनेसे उसे पाप चढ़ेगा, क्योंकि वह तो क्षात्रधर्मके-अनुसार कर्तव्यरूपसे-प्राप्त युद्धमें उन्हें मारनेमें केवल एक निमित्त ही बना है, वास्तविक कारण नहीं। इस प्रकार, पापकी बात तो रही दूर, वह तो, उलटा, क्षात्रधर्मका पालन करेगा।

सारांश यह कि भीष्मद्रोणादि समस्त विपक्षी वीर तो महाकालरूपी परमेश्वरद्वारा पहले ही मारे जा चुके हैं और अर्जुन, ऐसी अवस्थामें, यदि उनसे युद्ध करता है, तो केवल एक नाटकीय भूमिका निभानेके लिए, लोगोंके समक्ष मात्र दिखावेके वास्ते, कोरे नाम-नामके हेतु। अतः, सब प्रकारसे अपनी जीतको निश्चित एवं सुरक्षित जानते हुए, अर्जुनको तो अब पूर्णरूपेण निश्शंक, निरहंकार तथा निर्मम होकर एकनिष्ठभावसे युद्धमें ही प्रवृत्त हो जाना चाहिए—यही भगवान्‌का उसको परामर्श है।

द्रोणञ्च भीष्मञ्च जयद्रथञ्च कर्णं तथाऽन्यानपि योधवीरान् ।
मया हतांस्त्वञ्जहि मा व्यथिष्ठा युध्यस्व जेतासि रणे सपत्नान् ॥३४॥

पद० — द्रोणम् = द्रोणको ; च = और ; भीष्मम् = भीष्मको ; च = तथा ; जयद्रथम् = जयद्रथको ; च = और ; कर्णम् = कर्णको ; तथा = और ; अन्यान् = औरोंको ; अपि = भी ; योधवीरान् = शूरवीर योद्धाओंको ; मया = मुझसे ; हतान् = मारे-हुओंको ; त्वम् = तू ; जहि = मार ; मा = मत ; व्यथिष्ठाः = व्यथित हो (भय कर) ; युध्यस्व = युद्ध कर ; जेतासि = जीतेगा ; रणे = युद्धमें ; सपत्नान् = शत्रुओंको।

अनु० — द्रोणाचार्य और भीष्मपितामह तथा जयद्रथ एवं कर्ण तथा और भी (बहुत-से) मेरेद्वारा (पहलेही) मारे-हुए शूरवीर योद्धाओंको तू मार। (भयसे) व्यथित मत हो ; (निस्सन्देह, तू) युद्धमें शत्रुओंको जीतेगा, (इसलिये) युद्ध कर।

सञ्जय उवाच।

एतच्छ्रुत्वा वचनं केशवस्य कृताञ्जलिर्वेपमानः किरीटी ।
नमस्कृत्वा भूय एवाह कृष्णं सगद्गदं भीतभीतः प्रणम्य ॥३५॥

पद० — सञ्जयः = सञ्जय ; उवाच = बोला।

एतत् = इस (को) ; श्रुत्वा = सुनकर ; वचनम् = वचनको ; केशवस्य =

कृष्णके ; कृताञ्जलिः = हाथ जोड़े हुए ; वेपमानः = काँपता हुआ ; किरीटी = दिव्यमुकुटधारी (अर्जुन) ; नमः = नमस्कारको ; कृत्वा = करके ; भूयः = फिर ; एव = भी ; आह = बोला ; कृष्णम् = कृष्णको ; सगद्गदम् = गद्गदवाणीसे ; भीतभीतः = भयभीत हुआ ; प्रणम्य = प्रणाम करके।

अनु० — सञ्जय बोला, "(हे राजन् धृतराष्ट्र !) भगवान् कृष्णके इस (उपर्युक्त) वचनको सुनकर, दिव्यमुकुटधारी (अर्जुन) हाथ जोड़कर, काँपता हुआ, नमस्कार करके, फिर भी (अत्यन्त) भयभीत-हुआ प्रणाम करके, श्रीकृष्णको गद्गदवाणीसे कहने लगा।"

टि० — भगवान्के घोररौद्र एवं प्रलयंकारी रूपको देखकर भीतिमूर्ति अर्जुनका सञ्जयने यहाँ शब्दचित्र अंकित किया है। वह डरके मारे इतना निढाल हो चुका है कि श्रीकृष्णके बार-बार आश्वासन देने तथा ढारस बँधानेपर भी वह पूर्ववत् सन्त्रस्त है, शरीर काँपे जा रहा है, हृदय-धड़कन मन्द पड़ गई है, नेत्रोंमें जल भर आया है, कण्ठ रुक गया है और, इसी कारण, वाणी भी गद्गद हो गई है, जिससे उसका उच्चारण अस्पष्ट एवं करुणापूर्ण हो गया है। निरुपाय होकर, हाथ जोड़े-जोड़े वह भगवान्को भूयोभूयः प्रणाम करता है तथा उनसे विराट्रूपका संवरण करने और अपने प्राकृत मानवकृष्णदेहको पुनः धारण करनेके लिये अतिदीन स्वरसे प्रार्थना करता है—

अर्जुन उवाच।

स्थाने हृषीकेश तव प्रकीर्त्या जगत्प्रहृष्यत्यनुरज्यते च ।
रक्षांसि भीतानि दिशो द्रवन्ति सर्वे नमस्यन्ति च सिद्धसंघाः ॥३६॥

पद० — अर्जुनः = अर्जुनने ; उवाच = कहा।

स्थाने = ठीक (उचित) ; हृषीकेश = हे इन्द्रियस्वामिन् (परमेश्वर) ; तव = तुम्हारे ; प्रकीर्त्या = उच्चस्वरसे कीर्तनद्वारा ; जगत् = संसार ; प्रहृष्यति = अति प्रसन्न होता है ; अनुरज्यते = प्रेमविह्वल होता है ; च = ओर ; रक्षांसि = राक्षसगण ; भीतानि = भयभीत हुए ; दिशः = दिशाओंको ; द्रवन्ति = भागते हैं ; सर्वे = सब ; नमस्यन्ति = नमस्कार करते हैं ; च = तथा ; सिद्धसंघाः = सिद्धोंके समुदाय।

अनु० — अर्जुनने कहा — हे इन्द्रियनियन्ता (परमेश्वर) ! (आपके विराट्रूपमें) (यह जो) आपके (नाम, गुण, प्रभाव और माहात्म्यके) उच्चस्वरसे कीर्तनद्वारा (समस्त) संसार अत्यन्त प्रसन्न और प्रेमविभोर हो रहा है (तथा) भयभीत राक्षसगण (सभी) दिशाओंमें भाग रहे हैं और सिद्धोंके सारे समुदाय (आपको) नमस्कार कर रहे हैं—(यह सब-कुछ सर्वथा) उचित (ही) है (अर्थात्, ऐसा ही होना चाहिये, क्योंकि आप साक्षात् परमेश्वर जो हैं)।

कस्माच्च ते न नमेरन्महात्मन् गरीयसे ब्रह्मणोऽप्यादिकर्त्रे ।
अनन्त देवेश जगन्निवास त्वमक्षरं सदसत्तत्परं यत् ॥३७॥

पद॰ — कस्मात् = कैसे (वा क्यों) ; च = और ; ते = तेरेलिए ; न = नहीं ; नमेरन् = नमस्कार करें ; महात्मन् = हे महान्-आत्मावाले (उदात्तवृत्ते) ; गरीयसे = सर्वश्रेष्ठ (के लिए) ; ब्रह्मणः = ब्रह्माके ; अपि = भी ; आदिकर्त्रे = आदिरचयिता (के लिए) ; अनन्त = हे असीम ; देवेश = हे देवाधिदेव ; जगन्निवास = हे विश्वके आश्रय ; त्वम् = तुम ; अक्षरम् = अविनाशी (परमात्मा) ; सत् = अभावहीन (नित्य) ; असत् = नाशवान् (अनित्य) ; तत्परम् = उनसे परे ; यत् = जो।

अनु॰ — हे उदात्त-वृत्तिवाले (उत्कृष्ट-प्रकृतिवाले) ! (समस्त ब्रह्माण्डके रचयिता) ब्रह्मा (हिरण्यगर्भ) के भी आदिरचयिता और सर्वश्रेष्ठ आपके लिये (वे सिद्धगणादि) क्यों न नमस्कार करें (अर्थात्, उनका आपके लिए नमस्कार आदि करना सब प्रकारसे ठीक ही है), (क्योंकि) हे असीम! हे देवाधिदेव ! हे विश्वके (एकमात्र) आधार ! जो नित्य, अनित्य (तथा) उनसे परे अक्षर (यानी, अविनाशी सच्चिदानन्दघन ब्रह्म) है, (वह) आप (ही तो) हैं।

त्वमादिदेवः पुरुषः पुराणस्त्वमस्य विश्वस्य परं निधानम् ।
वेत्ताऽसि वेद्यञ्च परञ्च धाम त्वया ततं विश्वमनन्तरूप ॥३८॥

पद॰ — त्वम् = तुम ; आदिदेवः = आद्यतमदेव ; पुरुषः = व्यक्ति ; पुराणः = सनातन (नित्य) ; त्वम् = तुम ; अस्य = इस (का) ; विश्वस्य = संसारका ; परम् = श्रेष्ठ (महान्) ; निधानम् = आश्रय ; वेत्ता = सर्वज्ञ (सब-कुछ जाननेवाला) ; असि = हो ; वेद्यम् = जाननेयोग्य (अर्थात्, जिसे जानलेना मनुष्यजन्मका चरम लक्ष्य है) ; च = और ; परम् = श्रेष्ठ (महान्) ; च = तथा ; धाम = स्थान (पद) ; त्वया = तुमसे ; ततम् = व्याप्त (परिपूर्ण) ; विश्वम् = जगत् ; अनन्तरूप = हे असंख्य स्वरूपवाले।

अनु॰ — (हे भगवन् !) आप आद्यतमदेव (और) सनातन (नित्य) पुरुष (परमात्मा) हैं ; आप इस संसारके उत्कृष्ट (एकमात्र) आश्रय हैं, सर्वज्ञाता तथा (सब मनुष्योंद्वारा) जाननेयोग्य हैं और चरम गन्तव्यस्थान (यानी, परमगति) हैं। हे असंख्य स्वरूपवाले (दिव्य पुरुष) ! आपसे (यह सब) जगत् व्याप्त (अर्थात्, परिपूर्ण) है।

वायुर्यमोऽग्निर्वरुणः शशांकः प्रजापतिस्त्वं प्रपितामहश्च ।
नमो नमस्तेऽस्तु सहस्रकृत्वः पुनश्च भूयोऽपि नमो नमस्ते ॥३९॥

पद॰ — वायुः = वायु ; यमः = यमराज ; अग्निः = अग्नि ; वरुणः = वरुण ;

शशांक: = चन्द्रमा ; प्रजापति: = प्रजाके स्वामी (ब्रह्मा) ; त्वम् = तुम ; प्रपितामह: = ब्रह्मा (पितामह) के भी उत्पन्न करनेवाले (पिता), यानी, परदादा ; च = और ; नम: = नमस्कार ; नम: = नमस्कार ; ते = तुम्हारेलिये ; अस्तु = हो ; सहस्रकृत्व: = हज़ारों बार ; पुन: = फिर ; च = तथा ; भूय: = बारम्बार ; अपि = भी ; नम: = नमस्कार ; नम: = नमस्कार ; ते = तुम्हारेलिये।

अनु॰ — आप वायु, यमराज, अग्नि, वरुण, चन्द्रमा, प्रजाके स्वामी (ब्रह्मा) तथा पितामह (ब्रह्मा) के भी पिता (यानी, परदादा) हैं। (हे प्रभो !) आपके लिये हज़ारों बार नमस्कार ! नमस्कार हो !! (इतना ही नहीं) आपके लिये फिर भी बार-बार नमस्कार ! (और अधिक) नमस्कार!!

टि॰ — ब्रह्माको "पितामह" कहा जाता है, क्योंकि वे समस्त जगत्के पिता (उत्पन्न करनेवाले) कश्यप, दक्ष, सप्तर्षि आदिके पिता हैं। किन्तु इन पितामह (दादा) के भी पिता (उत्पन्न करनेवाले) परमेश्वर हैं, अत:, अर्जुनने उन्हें यहाँ "प्रपितामह" (परदादा) कहा है।

"सहस्रकृत्व:" पदके साथ बार-बार "नम:" शब्दका प्रयोग करके, यह भाव दिखलाया गया है कि अर्जुन भगवान्के प्रति सम्मान तथा अपने भयके कारण नमस्कार करते-करते अघाता ही नहीं है और उनको निरन्तर नमस्कार ही करते रहना चाहता है।

नम: पुरस्तादथ पृष्ठतस्ते नमोऽस्तु ते सर्वत एव सर्व ।
अनन्तवीर्यामितविक्रमस्त्वं सर्वं समाप्नोषि ततोऽसि सर्व: ॥४०॥

पद॰ — नम: = नमस्कार ; पुरस्तात् = आगेसे (सामनेसे) ; अथ = और ; पृष्ठत: = पीछेसे ; ते = तेरेलिए ; नम: = नमस्कार ; अस्तु = हो ; ते = तेरेलिए ; सर्वत: = सब ओरसे ; एव = ही ; सर्व = हे सर्वात्मन् ; अनन्तवीर्य = हे निस्सीम सामर्थ्यवाले ; अमितविक्रम: = अतुलित-पराक्रमशाली ; त्वम् = तुम ; सर्वम् = सबको ; समाप्नोषि = व्याप्त किये हुए हो ; तत: = इसलिये ; असि = हो ; सर्व: = सर्वरूप।

अनु॰ — हे निस्सीम सामर्थ्यवाले ! आपके लिए आगेसे और पीछेसे नमस्कार। हे सर्वात्मन् ! आपके लिए सब ही ओरसे नमस्कार हो। (क्योंकि) अतुलित-पराक्रमशाली आप सब (संसार) को व्याप्त किए हुए हैं, इसलिये (आप ही) सर्वरूप हैं (अर्थात्, आप ही सब-कुछ हैं ; आपसे पृथक् जगत् कोई वस्तु ही नहीं है)।

सखेति मत्वा प्रसभं यदुक्तं हे कृष्ण हे यादव हे सखेति ।
अजानता महिमानं तवेदं मया प्रमादात्प्रणयेन वापि ॥४१॥
यच्चावहासार्थमसत्कृतोऽसि विहारशय्यासनभोजनेषु ।
एकोऽथवाप्यच्युत तत्समक्षं तत्क्षामये त्वामहमप्रमेयम् ॥४२॥

पद० — सखा = (बराबरका) मित्र ; इति = ऐसा ; मत्वा = मानकर ; प्रसभम् = धृष्टतापूर्वक ; यत् = जो (कुछ) ; उक्तम् = कहा गया है ; हे कृष्ण = ओ कृष्ण ; हे यादव = अरे यदुओंके छोरे (अहीर) ; हे सखे = ऐ यार ; इति = इस प्रकार ; अजानता = न जानतेहुए (से) ; महिमानम् = माहात्म्य (गौरव) को ; तव = तुम्हारे ; इदम् = इस (को) ; मया = मुझसे ; प्रमादात् = असावधानीसे (लापरवाहीसे) ; प्रणयेन =अति-प्यारके कारण ; वा = अथवा ; अपि = मात्र ; यत् = जो ; च = और ; अवहासार्थम् = हँसी-मजाकके लिए ; असत्कृतः = अपमानित किये गए ; असि = हो ; विहार-शय्यासनभोजनेषु = (एक-साथ) चलने-फिरने, (बिछौनोंपर) सोने, (ऊँचे-नीचे या बराबरके) आसनोंपर बैठने तथा खाने-पीनेमें ; एकः = एकान्तमें ; अथवा = या ; अपि = भी ; अच्युत = हे अमर (अक्षय) ; तत्समक्षम् = अन्य लोगोंके सामने ; तत् = उस (सब) को ; क्षामये = क्षमा करवाता हूँ ; त्वाम् = तुमको ; अहम् = मैं ; अप्रमेयम् = न मापे जा-सकनेवाले (अर्थात्, अचिन्त्य-प्रभाववाले) को।

अनु० — (अभी-अभी मुझसे प्रत्यक्ष देखे-गये) आपके इस (विराट्स्वरूप-सम्बन्धी) माहात्म्यको (पहले) न जानते हुए, (आप तो मेरे) जोड़ीदार (लंगोटिया) साथी हैं — ऐसा मानकर, असावधानीसे अथवा मात्र प्रगाढ़ प्रेमके कारण "ओ कृष्ण !", " अरे अहीरके छोरे !", " ऐ यार !" इस प्रकार जो (कुछ) मुझसे (अबतक) धृष्टतापूर्वक कहा गया है, और हे क्षयरहित (नित्यस्वरूप) ! (आप) जो (मेरेद्वारा) हँसीमज़ाकके लिये, चलने-फिरने, शयन करने, आसनोंपर बैठने तथा खाने-पीने (आदिके) समय — अकेलेमें अथवा अन्य लोगोंके समक्ष—अपमानित किए गए हैं—उन (सब अपराधों) को भी असीमस्वरूप (अर्थात्,अचिन्त्य-प्रभाववान्) आपसे मैं क्षमा करवाता हूँ (यानी, उन सबके लिए भी मैं आपसे क्षमा-याचना करता हूँ)।

पितासि लोकस्य चराचरस्य त्वमस्य पूज्यश्च गुरुर्गरीयान् ।
न त्वत्समोऽस्त्यभ्यधिकः कुतोऽन्यो लोकत्रयेऽप्यप्रतिमप्रभाव ॥४३॥

पद० — पिता = जनक (उत्पत्तिकर्ता) ; असि = हो ; लोकस्य = संसारके ; चराचरस्य = स्थावरजंगम (के) ; त्वम् = तुम ; अस्य = इस (के) ; पूज्यः = पूजनीय ; च = और ; गुरुः = गुरु ; गरीयान् = गुरुसे बड़ा ; न = नहीं ; त्वत्समः =

तुम्हारे समान ; अस्ति = है ; अभ्यधिकः = अधिक ; कुतः = कहाँसे (कैसे) ; अन्यः = कोई और (दूसरा कोई) ; लोकत्रये = तीनों लोकोंमें ; अपि = भी ; अप्रतिमप्रभाव = हे अनुपम ऐश्वर्य (महत्त्व) वाले।

अनु० — आप इस स्थावरजंगम संसारके उत्पत्तिकर्ता, परमपूजनीय एवं गुरुसे (भी) बड़े गुरु (अर्थात्, सबसे बड़े गुरु) हैं। हे अनुपम ऐश्वर्य (महत्त्व) वाले ! तीनों लोकोंमें भी (गुण, तेज, प्रभुसत्ता आदिमें) (जब) आपके समान (ही) कोई और (दूसरा) नहीं है, (तब आपसे) अधिक (तो कोई) कैसे (वा कहाँ से) (हो सकता है) ? (इसलिये, हे करुणानिधे ! मुझ क्षुद्रके अपराधोंको यदि आप ही क्षमा नहीं करेंगे, तो और कौन करेगा ?)

तस्मात्प्रणम्य प्रणिधाय कायं प्रसादये त्वामहमीशमीड्यम् ।
पितेव पुत्रस्य सखेव सख्युः प्रियः प्रियाया अर्हसि देव सोढुम् ॥४४॥

पद० — तस्मात् = इसलिये ; प्रणम्य = प्रणाम करके ; प्रणिधाय = भलीभाँति चरणोंमें रखकर ; कायम् = शरीरको ; प्रसादये = प्रसन्न होनेके लिए प्रार्थना करता हूँ ; त्वाम् = तुमको ; अहम् = मैं ; ईशम् = नियन्ता (ईश्वर) को ; ईड्यम् = स्तुत्य (स्तुति करनेयोग्य) को ; पिता = पिता ; इव = जैसे ; पुत्रस्य = पुत्रके ; सखा = साथी ; इव = जैसे ; सख्युः = यारके ; प्रियः = प्रेमी ; प्रियायाः = प्रेमिकाके ; अर्हसि = समर्थ हो ; देव = हे भगवन् ; सोढुम् = सहन करनेके लिए।

अनु० — इसलिये, (हे प्रभो !) मैं (अपने) शरीरको भलीभाँति (दण्डवत्) (आपके) चरणोंमें रखकर, प्रणाम करते हुए, स्तुति करनेयोग्य आप जगन्नियन्ता (ईश्वर) को प्रसन्न होनेके लिये प्रार्थना करता हूँ। हे भगवन् ! पिता जैसे पुत्रके, (एक) साथी जैसे (अपने) यारके (और) (एक) प्रेमी (जैसे अपनी) प्रेमिकाके, (वैसे ही, आप भी मेरे) (अपराधोंको) सहन करनेके लिए समर्थ हैं (अर्थात्, आप भी मेरे समस्त अपराधोंको क्षमा करके मुझपर प्रसन्न हो जाइये)।

अदृष्टपूर्वं हृषितोऽस्मि दृष्ट्वा भयेन च प्रव्यथितं मनो मे ।
तदेव मे दर्शय देवरूपं प्रसीद देवेश जगन्निवास ॥४५॥

पद० — अदृष्टपूर्वम् = पहले न देखे-हुए (आपके इस आश्चर्यमय रूप) को ; हृषितः = प्रसन्न हो रहा ; अस्मि = हूँ ; दृष्ट्वा = देखकर ; भयेन = डरसे ; च = और (भी) ; प्रव्यथितम् = अतिव्याकुल हो रहा है ; मनः = मन ; मे = मेरा ; तत् = उसको ; एव = ही ; मे = मुझे ; दर्शय = दिखलाइये ; देवरूपम् = विष्णुरूपको ;

प्रसीद = प्रसन्न हो जाइये ; देवेश = हे देवशासक (देवाधिदेव) ; जगन्निवास = हे विश्वके आधार (अथवा सर्वव्यापी)।

अनु॰ — (हे विश्वमूर्ते !) पहले न देखे-हुए (आपके इस आश्चर्यमय रूप) को देखकर (मैं) प्रसन्न (तो) हो रहा हूँ (परन्तु, साथ ही) मेरा मन डरसे अतिव्याकुल भी हो रहा है। (इसलिये) (आप अपने) उस (चतुर्भुजी) विष्णुरूपको ही (कृपा करके) मुझे (फिर) दिखलाइये। हे देवाधिदेव ! हे विश्वाधार ! (अथवा, हे सर्वव्यापी !) (मुझपर) प्रसन्न हो जाइये।

किरीटिनं गदिनं चक्रहस्तमिच्छामि त्वां द्रष्टुमहं तथैव ।
तेनैव रूपेण चतुर्भुजेन सहस्रबाहो भव विश्वमूर्ते ॥४६॥

पद॰ — किरीटिनम् = मुकुट धारण किए-हुए (को) ; गदिनम् = गदा लिये-हुए (को) ; चक्रहस्तम् = हाथमें सुदर्शनचक्र लिये-हुए (को) ; इच्छामि = चाहता हूँ ; त्वाम् = तुमको ; द्रष्टुम् = देखना ; अहम् = मैं ; तथा = वैसे ; एव = ही ; तेन = उससे ; एव = ही ; रूपेण = रूपसे ; चतुर्भुजेन = चार-भुजाओंवाले (से) ; सहस्रबाहो = हे हज़ारों-भुजाओंवाले ; भव = हो जाओ ; विश्वमूर्ते = हे जगत्स्वरूप।

अनु॰ — (हे परमात्मन् !) मैं आपको वैसे ही (पहलेकी भाँति) मुकुट धारण किए-हुए (तथा) गदा (एवं) सुदर्शनचक्र हाथमें लिए-हुए देखना चाहता हूँ। (इसलिये,) हे हज़ारों (अगणित) भुजाओंवाले ! हे जगत्स्वरूप ! (आप) उसी चारभुजाओंवाले रूपमें प्रकट हो जाइये।

टि॰ — अर्जुनके कहनेका अभिप्राय यह है कि वह उनके परमरौद्र विराट्स्वरूपको देखकर बुरी तरह संत्रस्त है ; वह अपने, औरोंके, समयके, दिशाओं आदिके विषयमें सभी ज्ञान खो चुका है। अतः, वह बड़े करुणस्वरमें उनसे विनति करता है कि वे, जल्दी-से-जल्दी, अपने विश्वरूपका संवरण कर फिर पहले-वाले दोभुजाओंके प्राकृत रूपमें आजाएँ। किन्तु उस द्विभुजाकारको देखनेसे पूर्व वह उनके भगवान् विष्णुवाले चतुर्भुजस्वरूपको निहारना चाहता है, जिसके हाथोंमें गदा, सुदर्शनचक्र, शंख एवं कमल विराजमान हैं—इस समय अर्जुनकी यही उत्कट उत्कण्ठा है।

श्रीभगवानुवाच ।

मया प्रसन्नेन तवार्जुनेदं रूपं परं दर्शितमात्मयोगात् ।
तेजोमयं विश्वमनन्तमाद्यं यन्मे त्वदन्येन न दृष्टपूर्वम् ॥४७॥

पद॰ — श्रीभगवान् = श्रीकृष्ण भगवान्ने ; उवाच = कहा।

मया = मुझसे ; प्रसन्नेन = अनुग्रहपूर्वक ; तव = तुझको ; अर्जुन = हे अर्जुन ; इदम् = यह ; रूपम् = स्वरूप ; परम् = अत्युत्कृष्ट ; दर्शितम् = दिखलाया गया है ; आत्मयोगात् = अपनी योगशक्तिके प्रभावसे ; तेजोमयम् = दिव्यप्रकाशका पुञ्ज ; विश्वम् = विराट् ; अनन्तम् = असीम ; आद्यम् = सबका आदि (कारण) ; यत् = जो ; मे = मेरा ; त्वदन्येन = तेरे अतिरिक्त किसी और-से ; न = नहीं ; दृष्टपूर्वम् = पहले देखा-हुआ।

अनु० — श्रीकृष्ण भगवान्‌ने कहा — हे अर्जुन ! अत्युत्कृष्ट, दिव्यप्रकाशका पुञ्ज, असीम (तथा) सबका आदिकारण यह जो अपना विराट् स्वरूप मुझसे तुझको अनुग्रहपूर्वक, अपनी योगशक्तिके प्रभावद्वारा, दिखलाया गया है, (वह) तेरे अतिरिक्त किसी औरसे (कभी) पहले नहीं देखा गया।

न वेदयज्ञाध्ययनैर्न दानैर्न च क्रियाभिर्न तपोभिरुग्रैः ।
एवंरूपः शक्योऽहं नृलोके द्रष्टुं त्वदन्येन कुरुप्रवीर ॥४८॥

पद० — न = नहीं ; वेदयज्ञाध्ययनैः = वेदोंके मर्म एवं यज्ञसम्बन्धी समस्त क्रियाओंको भलीभाँति जान लेनेसे ; न = नहीं ; दानैः = दान करनेसे ; न = नहीं ; च = और ; क्रियाभिः = शास्त्रविहित कर्मोंके सम्पादनसे ; न = नहीं ; तपोभिः = तपस्याओंसे ; उग्रैः = कठोर (से) ; एवंरूपः = इस प्रकारके विश्वरूपवाला ; शक्यः = समर्थ हूँ ; अहम् = मैं ; नृलोके = मनुष्यलोकमें ; द्रष्टुम् = देखे जानेको ; त्वदन्येन = तेरे अतिरिक्त किसी औरसे ; कुरुप्रवीर = हे कुरुवंशके योद्धाओंमें सिरमौर।

अनु० — हे कुरुवंशवीरशिरोमणि (अर्जुन) ! मनुष्यलोकमें इस प्रकारके विश्वरूपवाला मैं न वेदोंके मर्म एवं यज्ञसम्बन्धी समस्त क्रियाओंको भलीभाँति जान लेनेसे, न दान करनेसे, न शास्त्रविहित कर्मोंके अनुष्ठानसे और न कठोर तपस्याओंसे (ही) तेरे अतिरिक्त किसी औरसे देखा जा सकता हूँ।

मा ते व्यथा मा च विमूढभावो दृष्ट्वा रूपं घोरमीदृङ्ममेदम्।
व्यपेतभीः प्रीतमनाः पुनस्त्वं तदेव मे रूपमिदं प्रपश्य ॥४९॥

पद० — मा = मत ; ते = तुझे ; व्यथा = व्याकुलता ; मा = नहीं ; च = और ; विमूढभावः = विस्मय (दुविधा) ; दृष्ट्वा = देखकर ; रूपम् = स्वरूपको ; घोरम् = विकराल (को) ; ईदृक् = इस प्रकारके ; मम = मेरे ; इदम् = इस (को) ; व्यपेतभीः = भयरहित ; प्रीतमनाः = प्रसन्न-मनवाला ; पुनः

= फिर ; त्वम् = तुम ; तत् = उसको ; एव = ही ; मे = मेरे ; रूपम् = रूपको ; इदम् = इस (को) ; प्रपश्य = अच्छीतरह देखो।

अनु० — मेरे इस प्रकारके इस विकराल स्वरूपको देखकर तुझे व्याकुलता नहीं (होनी चाहिये) और न (ही कोई) विस्मय (वा दुविधा)। (हे अर्जुन! अब) तू भयरहित (तथा) प्रसन्न-मनवाला (होकर) उसी मेरे (वाञ्छित) इस (शंख-चक्र-गदा-पद्मयुक्त चतुर्भुज) रूपको फिर अच्छीतरह (जी भरके) देख (अर्थात्, तेरे सामनेसे अब वह डरावना विश्वरूप हट गया है और उसके स्थानपर वही तेरा मनचाहा चतुर्भुज रूप प्रकट हो गया है ; अतः, अब तू सर्वथा निर्भय एवं प्रसन्न-चित्त होकर मेरे इस भगवान्-विष्णुविषयी सौम्य रूपको फिर अच्छीतरह देख और तृप्त हो)।

सञ्जय उवाच ।

इत्यर्जुनं वासुदेवस्तथोक्त्वा स्वकं रूपं दर्शयामास भूयः ।
आश्वासयामास च भीतमेनं भूत्वा पुनः सौम्यवपुर्महात्मा ॥५०॥

पद० — सञ्जयः = सञ्जय ; उवाच = बोला।

इति = इस प्रकार ; अर्जुनम् = अर्जुनको ; वासुदेवः = वसुदेवपुत्र (श्रीकृष्ण) ने ; तथा = वैसे ही ; उक्त्वा = कहकर ; स्वकम् = अपने (को) ; रूपम् = (चतुर्भुज) रूपको ; दर्शयामास = दिखलाया ; भूयः = फिर ; आश्वासयामास = धीरज दिया ; च = और ; भीतम् = डरे-हुएको ; एनम् = इसको ; भूत्वा = होकर ; पुनः = फिर ; सौम्यवपुः = शान्तमूर्ति ; महात्मा = उदात्तस्वरूप।

अनु० — सञ्जय बोला — (हे राजन् धृतराष्ट्र !) वासुदेव (विश्वान्तर्यामी परमात्मा) ने अर्जुनको इस प्रकार कहकर फिर वैसे ही (यानी, अर्जुनद्वारा अभिलषित) अपने (विष्णुसम्बन्धी चतुर्भुज) रूपको (उसे) दिखलाया और उदात्तस्वरूप (उस भगवान्) ने (एक बार) फिर (चतुर्भुज रूपका भी संवरण कर पूर्ववत् मानुषरूप, श्यामसुन्दर) शान्तमूर्ति होकर (अर्थात्, कृष्णरूप धारण कर) भयभीत-हुए उस (अर्जुन) को धीरज दिया (यानी, उसका ढारस बँधाया)।

टि० — इस प्रकार, अर्जुनके समक्ष भगवान्ने दो बार अपने रूपोंका संवरण किया। पहले, विश्वरूपका, जिसकी भयानकता एवं रुद्रतासे उस गाण्डीवधारी वीरशिरोमणिकी हालत खराब हो गई थी और, उसके स्थानपर, भगवान् विष्णुकी चतुर्भुजवाली दिव्य छविके दर्शन करनेका वह प्रबल आग्रह करने लगा था। परम-

भक्तवत्सल जगदीश्वरके उसे मान लेनेपर, यानी, अपने चतुर्भुज रूपका अर्जुनको साक्षात् करादेनेके पश्चात्, उस रूपका भी उन्होंने संवरण कर लिया। इसके स्थानपर, उन्होंने अपना वही पूर्ववर्ती, मानुषी पार्थसारथीरूप फिरसे धारण कर लिया और अनेक प्रकारसे अर्जुनको सान्त्वना देने लगे। तब, स्वस्थचित्त होकर, पाण्डुसूनु कहने लगा —

अर्जुन उवाच।

दृष्ट्वेदं मानुषं रूपं तव सौम्यं जनार्दन।
इदानीमस्मि संवृत्तः सचेताः प्रकृतिं गतः ॥५१॥

पद० — अर्जुनः = अर्जुन ; उवाच = बोला।

दृष्ट्वा = देखकर ; इदम् = इस (को) ; मानुषम् = मानवीय (को) ; रूपम् = रूपको ; तव = तुम्हारे ; सौम्यम् = अतिशान्त (को) ; जनार्दन = हे भक्तोंको पुरस्कृत करनेवाले ; इदानीम् = अब ; अस्मि = हूँ ; संवृत्तः = हुआ ; सचेताः = स्थिरचित्त ; प्रकृतिम् = स्वाभाविक स्थितिको ; गतः = प्राप्त होगया।

अनु० — अर्जुन बोला — हे भक्तपुरस्कर्ता (कृष्ण) ! आपके इस अतिशान्त मानवीय रूपको देखकर अब (मैं) स्थिरचित्त हुआ (अपनी) स्वाभाविक स्थितिको (फिर) प्राप्त होगया हूँ (अर्थात्, आपके विराट् स्वरूपको देखकर मेरे तन-मनमें भय, भ्रम, मोह, कम्प आदि जो विकार उत्पन्न होगये थे, वे सब आपके इस शान्त, सुमधुर, सुन्दर, श्यामसलोने मनुजगातको देखकर पूर्णतया दूर होगए हैं और अब मैं अपनी वास्तविक स्थितिको प्राप्त होकर पूर्ववत् स्वस्थ हो गया हूँ)।

श्रीभगवानुवाच।

सुदुर्दर्शमिदं रूपं दृष्टवानसि यन्मम।
देवा अप्यस्य रूपस्य नित्यं दर्शनकांक्षिणः ॥५२॥

पद० — श्रीभगवान् = श्रीकृष्ण भगवान् ; उवाच = बोला।

सुदुर्दर्शम् = अतिदुर्लभ दर्शनवाला ; इदम् = यह ; रूपम् = रूप ; दृष्टवान् = देखा ; असि = है ; यत् = जिसको ; मम = मेरा ; देवाः = देवता ; अपि = भी ; अस्य = इस (के) ; रूपस्य = रूपके ; नित्यम् = सदा ; दर्शनकांक्षिणः = देखनेके इच्छुक।

अनु० — श्रीकृष्ण भगवान् बोले — (हे अर्जुन !) मेरा यह (चतुर्भुज) रूप,

जिसको (तूने अभी-अभी) देखा है, बड़ी कठिनतासे दिखाई देनेवाला है (अर्थात्, इसके दर्शन होने बड़े ही दुर्लभ हैं) ; देवता (तक) भी इस रूपको देखनेके लिए सदा इच्छुक (अथवा, लालायित) (बने रहते हैं)।

नाहं वेदैर्न तपसा न दानेन न चेज्यया ।
शक्य एवंविधो द्रष्टुं दृष्टवानसि मां यथा ॥५३॥

पद० — न = नहीं ; अहम् = मैं ; वेदैः = वेदोंसे ; न = नहीं ; तपसा = तपसे ; न = नहीं ;दानेन = दानसे ;न = नहीं ; च = और ; इज्यया = यज्ञसे ; शक्यः = समर्थ ; एवंविधः = ऐसा (इस प्रकार) ; द्रष्टुम् = देखा जानेको ; दृष्टवान् = देखा ; असि = है ; माम् = मुझको ; यथा = जैसा (जिस प्रकार)।

अनु० — जैसा (तूने) मुझको देखा है — वैसा (चतुर्भुज रूपवाला) मैं न वेदोंसे, न तपसे न दानसे और न यज्ञसे (ही) देखा जानेको समर्थ हूँ (यानी, देखा जा सकता हूँ)।

भक्त्या त्वनन्यया शक्योऽहमेवंविधोऽर्जुन।
ज्ञातुं द्रष्टुञ्च तत्त्वेन प्रवेष्टुञ्च परन्तप ॥५४॥

पद० — भक्त्या = भक्तिके द्वारा ; तु = परन्तु ; अनन्यया = अद्वितीय (से) ; शक्यः = सम्भव (समर्थ) ; अहम् = मैं ; एवंविधः = इस प्रकार (ऐसा) ; अर्जुन = हे अर्जुन ; ज्ञातुम् = जाननेके लिये ; द्रष्टुम् = देखनेके लिए ; च = और ; तत्त्वेन = सारपूर्वक (गम्भीर रूपसे) ; प्रवेष्टुम् = प्रवेश करनेके लिए ; च = भी ; परन्तप = हे शत्रुओंको सन्तप्त करनेवाले (शत्रुसन्तापकारी)।

अनु० — परन्तु, हे शत्रुसन्तापकारी अर्जुन ! अद्वितीय भक्तिके द्वारा (तो) ऐसा (चतुर्भुज रूपवाला) मैं सारसहित जाननेके लिये, (प्रत्यक्ष) देखनेके लिये तथा प्रवेश करनेके लिए (अर्थात्, एकीभावसे प्राप्त होनेके लिए) भी समर्थ हूँ (यानी, गम्भीरतासे जाना, प्रत्यक्षरूपसे देखा तथा एकरूपतासे प्राप्त भी किया जा सकता हूँ)।

टि० — पिछले श्लोकमें कहा गया था कि न तो वेदोंसे, न तपसे, न दानसे और न यज्ञसे ही भगवान्के दिव्य चतुर्भुज रूपके दर्शन किए जा सकते हैं। तो, एक स्वाभाविक जिज्ञासा होती है कि फिर किस उपायसे यह सम्भव हो सकता है। उसी उपायको, प्रस्तुत श्लोकद्वारा बतलाते हुए, भगवान् कहते हैं कि अनन्य भक्तिके द्वारा वह चतुर्भुज रूप देखा जा सकता है, जाना जा सकता है तथा उसमें

प्रवेश भी किया जा सकता है। वह अनन्य भक्ति क्या है ? वह है भगवान्‌में ही अनन्य प्रेमका हो जाना और अपने मन, इन्द्रिय, शरीर एवं धन, जन आदि सर्वस्वको भगवान्‌का समझकर, भगवान्‌के लिये, भगवान्‌की ही सेवामें सदा-सदाके लिए लगा देना। इसीका वर्णन अगले श्लोकमें, "अनन्य भक्त" के लक्षणोंद्वारा, अब विस्तारपूर्वक किया जाता है—

मत्कर्मकृन्मत्परमो मद्भक्तः संगवर्जितः ।
निर्वैरः सर्वभूतेषु यः स मामेति पाण्डव ॥५५॥

पद० — मत्कर्मकृत् = मेरे (ही) लिए कर्तव्यकर्मोंको करनेवाला ; मत्परमः = मेरे परायण ; मद्भक्तः = मेरा भक्त ; संगवर्जितः = आसक्तिरहित ; निर्वैरः = शत्रुतासे शून्य ; सर्वभूतेषु = समस्त भूतप्राणियोंमें ; यः = जो ; सः = वह ; माम् = मुझको ; एति = प्राप्त होता है ; पाण्डव = हे पाण्डुसूनु (अर्जुन)।

अनु० — हे पाण्डुपुत्र (अर्जुन) ! जो (पुरुष) (केवल) मेरे (ही) लिए (सब-कुछ मेरा समझता हुआ, यज्ञ-दानतपादि समस्त) कर्तव्यकर्मोंको करनेवाला है, (मुझे ही परम आश्रय एवं परमगति मानकर) मेरे परायण है (अर्थात्, मेरी प्राप्तिके लिए सतत तत्पर है), मेरा भक्त है (यानी, मेरे नाम, गुण, प्रभाव और रहस्यके श्रवण, कीर्तन, मनन, ध्यान तथा पठन-पाठनका प्रेमसहित निष्कामभावसे निरन्तर अभ्यास करनेवाला है), आसक्तिरहित है (अर्थात्, स्त्री-पुत्रधनादि सम्पूर्ण सांसारिक पदार्थोंमें बिना किसी स्नेह वा लगावके है) (तथा) सकल भूतप्राणियोंमें (सभी प्रकारके) द्वेष वा वैरभावसे शून्य है, (ऐसा) वह (अनन्य भक्त) मुझ (ही) को प्राप्त होता है (यानी, मुझ ही से एकरूप हो जाता है)।

— O —

ॐ तत्सदिति श्रीमद्भगवद्गीतासूपनिषत्सु
ब्रह्मविद्यायां योगशास्त्रे श्रीकृष्णार्जुनसंवादे
विश्वरूपदर्शनयोगो नामैकादशोऽध्याय: ॥११॥

ॐ नित्यस्वरूप उस परमात्माको नमस्कार! श्रीमद्भगवद्गीतारूपी उपनिषद् एवं ब्रह्मविद्या तथा योगशास्त्रविषयक श्रीकृष्ण–और–अर्जुनके संवादमें "विश्वरूपदर्शनयोग" नामक ग्यारहवाँ अध्याय यहाँ समाप्त होता है ॥११॥

श्रीमद्भगवद्गीता—बारहवाँ अध्याय

प्रस्तुत अध्यायमें अनेक प्रकारके साधनोंसहित भगवान्‌की भक्तिका वर्णन करके भगवद्भक्तोंके लक्षण बतलाये गए हैं। इसका उपक्रम तथा उपसंहार भगवान्‌की भक्तिमें ही हुआ है। केवल तीन श्लोकोंमें ज्ञानके साधनका वर्णन है, और वह भी भगवद्भक्ति ही की महिमाके लिए हुआ है। अतः भक्तिका प्रधान प्रतिपाद्य विषय होनेके कारण, इस अध्यायका नाम "भक्तियोग" रक्खा गया है।

पिछले अध्यायोंमें कहीं तो भगवान्‌ने सगुण-साकार भगवान्‌की भक्तिकी प्रशंसा की है और कहीं उन्होंने निर्गुण-निराकार ब्रह्मकी उपासनाकी सराहना की है। अतः, स्वभावत :, अर्जुनके मनमें जिज्ञासा हुई कि इन दोनों प्रकारके साधकोंमें कौन श्रेष्ठ है। उसीकी शान्तिके लिए, वह भगवान्‌से पूछता है—

अर्जुन उवाच।

एवं सततयुक्ता ये भक्तास्त्वां पर्युपासते।
ये चाप्यक्षरमव्यक्तं तेषां के योगवित्तमाः ॥१॥

पद० — अर्जुनः = अर्जुन ; उवाच = बोला।

एवम् = इस (पूर्वोक्त) प्रकारसे ; सततयुक्ताः = निरन्तर (आपके भजन-ध्यानमें) लगे हुए ; ये = जो ; भक्ताः = भक्तजन ; त्वाम् = तुमको ; पर्युपासते = अतिश्रेष्ठ भावसे भजते हैं ; ये = जो ; च = और ; अपि = ही ; अक्षरम् = अनिवाशी (को) ; अव्यक्तम् = निराकारको ; तेषाम् = उनमें ; के = कौन ; योगवित्तमाः = अत्युत्तम योगवेत्ता।

अनु० — अर्जुन बोला—जो (अनन्यप्रेमी) भक्तजन इस (पूर्वोक्त) प्रकारसे (आपके भजन-ध्यानमें) निरन्तर लगे हुए आप (सगुणरूप परमेश्वर) को, और (दूसरे) जो (केवल) अविनाशी (सच्चिदानन्दघन) निराकार (ब्रह्म) ही को अतिश्रेष्ठ

भावसे भजते हैं—उन (दोनों प्रकारके भक्तों) में अत्युत्तम योगवेत्ता (उपासक) कौन हैं ?

श्रीभगवानुवाच।

मय्यावेश्य मनो ये मां नित्ययुक्ता उपासते ।
श्रद्धया परयोपेतास्ते मे युक्ततमा मताः ॥२॥

पद० — श्रीभगवान् = श्रीकृष्ण भगवान्ने ; उवाच = कहा।

मयि = मुझमें ; आवेश्य = एकाग्र करके ; मन := मनको ; ये = जो ; माम् = मुझको ; नित्ययुक्ताः = निरन्तर लगे हुए ; उपासते = भजते हैं ; श्रद्धया = श्रद्धासे ; परया = अतिशय श्रेष्ठ (से) ; उपेताः = युक्त हुए ; ते = वे ; मे = मुझे ; युक्ततमाः = सर्वोत्तम योगी ; मताः = मान्य हैं।

अनु० — श्रीकृष्ण भगवान्ने कहा — मुझमें मनको एकाग्र करके, निरन्तर (मेरे भजन-ध्यानमें) लगे हुए जो (भक्तजन) अतिशय-श्रेष्ठ श्रद्धासे युक्त होकर मुझ (सगुणरूप परमेश्वर) को भजते हैं, वे मुझको (योगियोमें) सर्वोत्तम योगी मान्य हैं (अर्थात्, उनको मैं सर्वश्रेष्ठ योगी वा उपासक मानता हूँ)।

टि० — पिछले श्लोकमें अर्जुनद्वारा किए-गए प्रश्नका उत्तर देते हुए, भगवान्ने यहाँ स्पष्ट रूपसे कहा कि दोनों प्रकारके उपासकोंमें जो सगुण-साकार परमेश्वर के उपासक हैं, उन्हें ही वे अधिकश्रेष्ठ समझते हैं, यानी, उन्हें ही वे ज़्यादा बढ़िया योगी मानते हैं। परन्तु ऐसा क्यों ? क्या निर्गुण-निराकार ब्रह्मके उपासक अपने लक्ष्यकी सिद्धिमें असफल रहते हैं ? इस जिज्ञासापर भगवान् कहते हैं —

ये त्वक्षरमनिर्देश्यमव्यक्तं पर्युपासते ।
सर्वत्रगमचिन्त्यञ्च कूटस्थमचलं ध्रुवम् ॥३॥
संनियम्येन्द्रियग्रामं सर्वत्र समबुद्धयः ।
ते प्राप्नुवन्ति मामेव सर्वभूतहिते रताः ॥४॥

पद० — ये = जो ; तु = परन्तु ; अक्षरम् = अविनाशी (को) ; अनिर्देश्यम् = अकथनीय स्वरूप (को) ; अव्यक्तम् = निराकारको ; पर्युपासते = निरन्तर एकीभावसे (ध्यान करते हुए) भजते हैं ; सर्वत्रगम् = सर्वव्यापी (को) ; अचिन्त्यम् = चिन्तन न किया जा सकनेवाले (मनबुद्धिसे परे) (को) ; च = तथा ; कूटस्थम् = सदा एकरस रहनेवाले (को) ; अचलम् = न हिलने-डुलनेवाले (को) ; ध्रुवम्

= नित्य (को) ; संनियम्य = भलीप्रकार वशमें करके ; इन्द्रियग्रामम् = इन्द्रियोंके समुदायको ; सर्वत्र = सबमें (सब जीवोंमें) ; समबुद्धयः = समानभाववाले ; ते = वे ; प्राप्नुवन्ति = प्राप्त होते हैं ; माम् = मुझको ; एव = ही ; सर्वभूतहिते = समस्त प्राणियोंके कल्याणमें ; रताः = तत्पर (लगे हुए)।

अनु॰ — परन्तु जो इन्द्रियोंके समुदायको भलीप्रकार वशमें करके (अर्थात्, पूरीतरह क़ाबूमें करके) अविनाशी, अकथनीय-स्वरूप, सर्वव्यापी, मनबुद्धिसे-परे, सदा-एकरस-रहनेवाले (यानी, सर्वदा-विकाररहित), निश्चल, नित्य तथा निराकार (ब्रह्म) को निरन्तर एकीभावसे (ध्यान करते हुए) भजते हैं, सब जीवोंमें समानभाववाले (अर्थात्, समस्त प्राणियोंको एक-जैसा समझनेवाले) (और) सभी जीवोंके कल्याणमें लगे हुए वे (योगी) (भी) मुझको ही प्राप्त होते हैं।

टि॰ — इस प्रकार, भगवान्ने यहाँ एक बार फिर स्पष्ट किया कि सगुण परमात्माको भजनेवाले तथा निर्गुण परमात्माको उपासनेवाले—दोनों तरहके योगियोंका लक्ष्य एक (ब्रह्म) ही है। कोई साधक, उस गन्तव्यतक पहुँचनेके लिये, कौनसा मार्ग अपनाता है, यह नितान्त उसकी अपनी प्रकृति एवं रुचिपर निर्भर करता है। जहाँतक पद्धतियोंका सम्बन्ध है, वे साध्यसिद्धिकी दृष्टिसे पूर्ण रूपसे समान हैं—न कोई छोटी, न कोई बड़ी। पिछले श्लोकका यह भाव निकाल बैठना कि उसमें भक्तिमार्ग की प्रशंसा की गई है और ज्ञानमार्गकी निन्दा, तो यह उसके अर्थका घोर अनर्थ करना होगा। यह तो भगवान्पर पक्षपातका आरोप लगाना है। क्या ब्रह्मधामतक पहुँचे-हुए एक ज्ञानयोगीको परमेश्वर भीतर नहीं घुसने देंगे और उसे बाहर ही से लौटा देंगे ? नहीं, ऐसा कदापि नहीं है। यद्यपि साधकमें भक्तिमार्गकी विशिष्टता दिखलाना उनका अभीष्ट अवश्य है, तथापि उसे ज्ञानमार्गका अवमूल्यन करना नहीं कहा जा सकता।

पिछले अध्यायके चव्वनवें श्लोकमें भगवान्ने अर्जुनको बतलाया था कि अनन्य भक्तिके द्वारा एक सगुणोपासक उन्हें देख सकता है, तत्त्वसे जान सकता है और प्राप्त कर सकता है। अब, परमात्माको तत्त्वसे जानने तथा प्राप्त करनेके काम तो एक निर्गुणोपासक भी कर सकता है, किन्तु, एक भक्तकी भाँति, वह उन्हें देख नहीं सकता। भगवान्के प्रत्यक्ष दर्शन केवल भक्तिमार्गद्वारा ही सम्भव हैं, ज्ञानमार्गद्वारा नहीं। यह इसकी पहली विशेषता है। इसकी दूसरी विशेषता यह है कि, ज्ञानमार्गकी अपेक्षा, यह कहीं अधिक सरल, सुगम एवं सुकर है। एक साधारण मनुष्य भी, थोड़ेसे ही अभ्यासके पश्चात्, भगवान्की किसी मूर्ति वा प्रतिमापर ध्यान केन्द्रित करना आरम्भ कर सकता है, किन्तु किसी अदृश्य,

अरूप, अव्यक्त तत्त्वपर एक शुद्ध-स्थिर-सूक्ष्मबुद्धिवाला उपासक ही, चिरकालतक कठिन अभ्यास करनेपर भी, अत्यल्प ही ध्यान लगानेमें समर्थ हो सकता है। सो, निराकार ब्रह्मकी साधनामें अधिक कष्ट तथा परिश्रम निहित हैं। इन्हीं भावोंको आगामी श्लोंकद्वारा अभिव्यक्त करते हुए, श्रीभगवान् कहते हैं—

क्लेशोऽधिकतरस्तेषामव्यक्तासक्तचेतसाम् ।
अव्यक्ता हि गतिर्दुःखं देहवद्भिरवाप्यते ॥५॥

पद॰— क्लेशः = परिश्रम (कष्ट) ; अधिकतरः = विशेषरूपसे घना (ज़्यादा) ; तेषाम् = उन (का) ; अव्यक्तासक्तचेतसाम् = निराकार (ब्रह्म) में लगे-हुए मनवालोंका ; अव्यक्ता = निराकारविषयक ; हि = क्योंकि ; गतिः = गन्तव्य (लक्ष्य) ; दुःखम् = कठिनतासे ; देहवद्भिः = शरीरमें मोह रखनेवालोंसे ; अवाप्यते = प्राप्त किया जाता है।

अनु॰— उन निराकार (ब्रह्म)· में लगे-हुए मन-वाले (योगियों) की (साधना) विशेषतया ज़्यादा कष्टपूर्ण है, क्योंकि शरीरमें मोह रखनेवाले (जीवधारियों) द्वारा निर्गुणब्रह्मरूपी गन्तव्य (लक्ष्य) (बड़े) परिश्रम (काठिन्य) से (ही) प्राप्त किया जाता है।

टि॰— यहाँ यह ध्यान रखना नितान्त आवश्यक है कि प्रस्तुत प्रकरणमें भगवान् भक्तिमार्ग तथा ज्ञानमार्गकी आपसमें कोई तुलना नहीं कर रहे हैं कि इनमें कौन अच्छा है, कौन बुरा अथवा कौन अनुकरणीय है और कौन नहीं। इनमें किसी प्रकारकी तुलनाका प्रश्न ही नहीं उठता, क्योंकि दोनों मार्गोंका गन्तव्य एक —ब्रह्मप्राप्ति—ही है। दूसरे श्लोकमें जब उन्होंने अर्जुनसे कहा कि सगुणोपासकोंको वे श्रेष्ठतम योगी समझते हैं, तो वे यह ही निर्देश कर रहे थे कि एक सगुणोपासककी साधना-विधि अत्यन्त सीधी और आसान होती है, जो विशेषता एक निर्गुणोपासककी साधना-विधिमें नहीं मिल सकती। क्यों नहीं मिल सकती ? इसका कारण उन्होंने इस श्लोकमें दिया है।

मनुष्य स्वभावसे ही बहिर्दृष्टि होता है। जन्म लेते ही अपने शरीरमें तथा धीरे-धीरे, समयके साथ-साथ, बाह्यवर्ती जगत्के भौतिक पदार्थोंमें उसकी आसक्ति सहज ही हो जाती है और वह निरन्तर बढ़ती रहती है। इस आसक्तिको समूल नष्ट करके अन्तर्दृष्टिद्वारा निर्गुणब्रह्मके मन-बुद्धि-द्वारा-अग्राह्य निराकारतत्त्वपर अनन्यचित्त होकर समूचा ध्यान केन्द्रित करना बड़ी ही टेढ़ी खीर है। इसके लिये तो सात्त्विकी बुद्धि, विमल हृदय, घोर परिश्रम तथा सतत अभ्यासकी चरम

आवश्यकता है। दूसरे शब्दोंमें, निर्गुणोपासना अतिकठिन, कष्टपूर्ण और श्रमसाध्य है। इसके विपरीत, सगुणोपासना, जैसा कि हम पिछले श्लोककी टिप्पणीमें निवेदन कर चुके हैं, अतिसरल , सहज और सुसाध्य है। दोनों उपासनाओंकी विधियोंमें यह विषमता दिखाना ही, बस, भगवान्‌का यहाँ उद्देश्य है।

सगुणोपासनासे परमात्माकी शीघ्र तथा अनायास प्राप्तिकी अगले दो श्लोकोंद्वारा चर्चा करते हुए, अब भगवान् कहते हैं—

ये तु सर्वाणि कर्माणि मयि संन्यस्य मत्पराः ।
अनन्येनैव योगेन मां ध्यायन्त उपासते ॥६॥
तेषामहं समुद्धर्ता मृत्युसंसारसागरात् ।
भवामि नचिरात्पार्थ मय्यावेशितचेतसाम् ॥७॥

पद० — ये = जो ; तु = परन्तु ; सर्वाणि = सब (को) ; कर्माणि = कर्मोंको ; मयि = मुझमें ; संन्यस्य = समर्पण करके ; मत्पराः = मेरे परायण-हुए ; अनन्येन = एकाग्र (से) ; एव = ही ; योगेन = योगसे ; माम् = मुझको ; ध्यायन्तः = चिन्तन करते-हुए ; उपासते = भजते हैं ; तेषाम् = उनका ; अहम् = मैं ; समुद्धर्ता = उद्धार करनेवाला ; मृत्युसंसारसागरात् = मृत्युरूप संसार-समुद्रसे ; भवामि = होता हूँ ; नचिरात् = शीघ्र (ही) ; पार्थ = हे पृथापुत्र (अर्जुन) ; मयि = मुझमें ; आवेशितचेतसाम् = चित्त लगानेवालों का।

अनु० — परन्तु जो मेरी ओर उन्मुख हुए (भक्तजन) समस्त कर्मोंको मुझे समर्पित करके मुझ (सगुणरूप परमेश्वर) को ही एकनिष्ठ (भक्ति) योगसे (निरन्तर) चिन्तन करते हुए भजते हैं, हे अर्जुन! उन मुझमें-चित्त-लगानेवाले (भक्तों) का मैं शीघ्र (ही) मृत्युरूप संसारसमुद्रसे उद्धार करनेवाला होता हूँ (अर्थात्, उनके जन्म-मरणके चक्रको सदाके लिए समाप्त कर देता हूँ)।

मय्येव मन आधत्स्व मयि बुद्धिं निवेशय ।
निवसिष्यसि मय्येव अत ऊर्ध्वं न संशयः ॥८॥

पद० — मयि = मुझमें ; एव = ही ; मनः = मनको ; आधत्स्व = रख ; मयि = मुझमें ; बुद्धिम् = बुद्धिको ; निवेशय = लगा ; निवसिष्यसि = निवास करेगा (रहेगा) ; मयि = मुझमें ; एव = ही ; अतः = इसके ; ऊर्ध्वम् = उपरान्त ; न = नहीं ; संशयः = सन्देह।

अनु० — मुझमें मनको रख (यानी, लगा) (और) मुझमें ही बुद्धिको (भी)

लगा (अर्थात्, सदा-सर्वदा मेरा ही चिन्तन एवं ध्यान कर)। (ऐसा करनेपर) इसके उपरान्त (तू) मुझमें ही निवास करेगा (यानी, मुझको ही प्राप्त होगा), (इसमें कुछ भी) सन्देह नहीं है।

अथ चित्तं समाधातुं न शक्नोषि मयि स्थिरम् ।
अभ्यासयोगेन ततो मामिच्छाप्तुं धनञ्जय ॥९॥

पद० — अथ = यदि ; चित्तम् = मनको ; समाधातुम् = भलीभाँति लगानेके लिए ; न = नहीं ; शक्नोषि = समर्थ हो ; मयि = मुझमें ; स्थिरम् = निश्चल ; अभ्यासयोगेन = बार-बारके-प्रयत्नरूप योगके द्वारा ; ततः = तब (तो) ; माम् = मुझको ; इच्छ = चाहो ; आप्तुम् = प्राप्त करनेके लिए ; धनञ्जय = हे शत्रुओंकी धनसम्पदाको जीतनेवाले (अर्जुन)।

अनु० — यदि (तू) मनको मुझमें भलीभाँति निश्चल लगानेमें (करनेमें) समर्थ नहीं हो, तो, हे अर्जुन ! अभ्यासरूप योगके द्वारा मुझे प्राप्त करनेकी इच्छा कर (अर्थात्, क्षण-क्षणमें भटक जानेवाले मनको सांसारिक पदार्थोंसे खींचकर मुझमें ही केन्द्रित करनेके लिए बार-बार अनथक प्रयास कर, जिससे तू मुझतक पहुँच सके)।

अभ्यासेऽप्यसमर्थोऽसि मत्कर्मपरमो भव ।
मदर्थमपि कर्माणि कुर्वन्सिद्धिमवाप्स्यसि ॥१०॥

पद० — अभ्यासे = अभ्यासमें ; अपि = भी ; असमर्थः = समर्थ नहीं ; असि = हो ; मत्कर्मपरमः = मेरेलिये कर्म करनेके परायण ; भव = हो ; मदर्थम् = मेरेलिये ; अपि = भी ; कर्माणि = कर्मोंको ; कुर्वन् = करते हुए ; सिद्धिम् = पूर्णताको (अथवा, लक्ष्यको) ; अवाप्स्यसि = प्राप्त करोगे।

अनु० — (यदि तू) (मुझमें ही चित्तको लगानेके उपर्युक्त) अभ्यासमें भी समर्थ न हो (यानी, इसे भी कठिन समझे), (तो) केवल मेरे (ही) लिये कर्म करनेके परायण हो ; (इस प्रकार) मेरे (ही) निमित्त कर्मोंको करता हुआ भी (तू) पूर्णताको प्राप्त होगा (अथवा, मेरी-प्राप्तिरूप लक्ष्यको पा लेगा)।

अथैतदप्यशक्तोऽसि कर्तुं मद्योगमाश्रितः ।
सर्वकर्मफलत्यागं ततः कुरु यतात्मवान् ॥११॥

पद० — अथ = यदि ; एतत् = इसको ; अपि = भी ; अशक्तः = असमर्थ ; असि = हो ; कर्तुम् = करनेको ; मद्योगम् = मेरी-प्राप्तिरूप योगको

(यानी, मेरी शरणको) ; आश्रितः = सहारा लेता हुआ ; सर्वकर्मफलत्यागम् = सब कर्मोंके फलके त्यागको ; ततः = तो ; कुरु = करो ; यतात्मवान् = मन-बुद्धि-इन्द्रियसहित शरीरको जीतनेवाला।

अनु॰ — (और) यदि इसको भी करनेमें असमर्थ हो, तो मन-बुद्धि-इन्द्रियसहित शरीरको जीतनेवाला (तथा) मेरी-शरणका-आश्रयवाला हुआ (यानी, संयमी और मेरेशरणागत होकर) (तू) सब कर्मोंके फलका (मेरे लिये) त्याग कर।

टि॰ — सचमुच, श्रीकृष्णका अर्जुनको—और, उसके माध्यमसे, समस्त मानवजातिको — भगवत्प्राप्तिके साधन बतलानेका ढंग बड़ा ही अनूठा एवं श्लाघ्य है। पहले उन्होंने, आठवें श्लोकमें, मन-बुद्धिको भगवान्‌में लगानेके लिये कहा, फिर (नवें श्लोकमें) अभ्यासयोग बतलाया, तदनन्तर (दसवें श्लोकमें) "मदर्थ" (यानी, भगवान् ही के लिये) कर्म करनेके लिये आदेश दिया और, अन्तमें, (इस ग्यारहवें श्लोकमें) सर्वकर्मफलत्यागके लिये आज्ञा दी। इस प्रकार, एकमें असमर्थ होनेपर दूसरेका आचरण करनेके लिये कहा। साधनोंका, इस विशिष्ट क्रममें, उल्लेख करनेसे भगवान्‌का यह आशय कदापि नहीं है कि वे पहले साधनको सबसे बढ़िया समझते हैं, दूसरेको उससे घटिया, तीसरेको उससे भी घटिया और चौथेको सबसे घटिया। इनके वर्गीकरणका आधार अधिकारिभेद है, न कि गुणवत्ता, क्योंकि इन चारोंका एक ही फल—भगवत्प्राप्ति—है। सो, इनका किसी उच्च वा निम्न कोटिसे सम्बद्ध होने जैसी कोई बात नहीं ; अपनी श्रद्धा, मान्यता एवं रुचिके अनुरूप, साधक जिस भी किसी साधनको सबसे अधिक सुगम और सुकर समझे, वह उसीको अपनाले। नहीं तो, उपर्युक्त क्रममें, सबसे अन्तमें निर्दिष्ट साधन—सर्वकर्मफलत्याग—को हमें सबसे निकृष्ट मानना पड़ेगा। किन्तु ऐसा है तो नहीं, क्योंकि उसकी महत्ता तो स्वयं भगवान्‌द्वारा अगले श्लोकमें प्रतिपादित की गई है। वे कहते हैं—

श्रेयो हि ज्ञानमभ्यासाज्ज्ञानाद्ध्यानं विशिष्यते ।
ध्यानात्कर्मफलत्यागस्त्यागाच्छान्तिरनन्तरम् ॥१२॥

पद॰ — श्रेयः = श्रेष्ठ ; हि = क्योंकि ; ज्ञानम् = परोक्षज्ञान (अर्थात्, श्रवण-पठनद्वारा परमेश्वरके स्वरूपका अनुमानज्ञान) ; अभ्यासात् = (मर्मको न जानकर किए-हुए) अन्ध-अभ्याससे ; ज्ञानात् = केवल-परोक्षज्ञानसे ; ध्यानम् = (मुझ-परमेश्वरके स्वरूपका) ध्यान ; विशिष्यते = बढ़िया है ; ध्यानात् =

ध्यानसे;कर्मफलत्यागः = कर्मोंके फलका त्याग ; त्यागात् = त्यागसे ; शान्तिः = परमशान्ति ; अनन्तरम् = तत्काल।

अनु॰ — (मर्मको जाने-बिना किए-हुए) अन्ध-अभ्याससे परोक्षज्ञान श्रेष्ठ है, केवल-परोक्षज्ञानसे (मुझ-परमेश्वरके स्वरूपका) चिन्तन बढ़िया है (और) चिन्तन (ध्यान) से (भी) (सब) कर्मोंके फलका (मेरेलिए) त्याग करना (अच्छा है), क्योंकि कर्मफलत्यागसे तत्काल (ही) परमशान्ति (मिलती है)।

टि॰ — कर्मफलत्यागकी सर्वोत्कृष्ट उपादेयता इस बातमें निहित है कि साधनोंमें यह सर्वाधिक व्यावहारिक एवं सुकर है। कर्म प्रत्येक प्राणीको करने ही पड़ते हैं ; इनको किए बिना वह क्षणभर भी नहीं रह सकता। कम-से-कम, भोजन करनेके लिए उसे हाथ-मुँह चलाने तथा जीवित रहनेके लिए साँस तो लेने ही पड़ते हैं। अब, यदि हर व्यक्ति अपने कार्यक्षेत्रोंमें पूरी निष्ठा, तन्मयता तथा दक्षतासे काम करे और उसका फल भगवान्पर छोड़ दे, तो उसका जीवन कितना सरस एवं सरल हो जाए ! कर्मकी सफलता वा विफलता उसके कर्ताकी चिन्ता और आशंकापर नहीं, अपितु परमेश्वरकी दयादृष्टिपर, निर्भर करती है। प्रयासोंको पुरस्कृत करने अथवा न करनेका काम तो भगवान्का है, मनुष्यका नहीं। वह क्यों भगवान्के लीलाक्षेत्रमें अनधिकृत हस्तक्षेप करता है ? कर्मोंके फलकी ओरसे सर्वथा उदासीन तथा निश्चिन्त हो जानेपर, उद्विग्नता और अशान्ति उसके पास क्यों फटकेंगी ? ऐसा होनेपर, उसे तुरन्त शान्ति मिलेगी, जो धीरे-धीरे, सतत अभ्यासके उपरान्त, परमशान्ति (यानी, भगवत्प्राप्ति) में परिणत हो जायेगी। सो, भगवत्प्राप्तिके लिये कर्मफलत्यागसे अधिक सुलभ, सामान्य और सरल अन्य साधन क्या होगा ?

परमात्माके साक्षात्कारके निमित्त विभिन्न उपाय निर्दिष्ट करनेके पश्चात् अब श्रीकृष्ण, सात श्लोकोंमें, भगवत्प्राप्त ज्ञानी-भक्तोंके लक्षण बतलाते हैं—

अद्वेष्टा सर्वभूतानां मैत्रः करुण एव च।
निर्ममो निरहंकारः समदुःखसुखः क्षमी ॥१३॥
सन्तुष्टः सततं योगी यतात्मा दृढनिश्चयः ।
मय्यर्पितमनोबुद्धिर्यो मद्भक्तः स मे प्रियः ॥१४॥

पद॰ — अद्वेष्टा = द्वेषभावसे रहित ; सर्वभूतानाम् = सब प्राणियोंमें ; मैत्रः = सबका दोस्त ; करुणः = दयालु ; एव = और ; च = तथा ; निर्ममः = अपनेपनसे रहित ; निरहंकारः = मैं-मेरेकी भावनासे शून्य ; समदुःखसुखः =

सुखदु:खमें समानरूप ; क्षमी = क्षमावान् ; सन्तुष्टः = सबर रखनेवाला ; सततम् = सदा ; योगी = ध्यान करनेमें स्थिर ; यतात्मा = मन-इन्द्रियोंसहित शरीरको वशमें करनेवाला ; दृढनिश्चयः = वज्रसंकल्पवाला ; मयि = मुझमें ; अर्पितमनोबुद्धिः = लगाई-हुई मनबुद्धिवाला ; यः = जो ; मद्भक्तः = मेरा भजन करनेवाला ; सः = वह ; मे = मेरा ; प्रियः = प्यारा।

अनु॰ — जो (मनुष्य) सब प्राणियोंमें द्वेष (घृणा) से रहित, (निस्स्वार्थ ही) सबका दोस्त तथा (बिना मतलबके भी) सबपर दया करनेवाला है, अपनेपन एवं मैं-मेरेकी भवानाओंसे शून्य है, सुख व दु:ख (दोनों ही) में समानरूप है, क्षमावान् (अर्थात्, अपराध करनेवालेको भी अभय देनेवाला) है, (लाभ-हानि दोनोंमें) सदा सबर रखनेवाला है, (मेरा) ध्यान करनेमें स्थिर है, मन-इन्द्रियोंसहित शरीरको वशमें करनेवाला (यानी, संयमी) है, वज्रसंकल्प हुआ (निरन्तर) मुझमें मन-बुद्धि लगाये रखनेवाला है और (सर्वदा) मेरा (ही) भजन करनेवाला है, वह मेरा प्यारा है (यानी, मुझे प्यारा लगता है)।

यस्मान्नोद्विजते लोको लोकान्नोद्विजते च यः ।
हर्षामर्षभयोद्वेगैर्मुक्तो यः स च मे प्रियः ॥१५॥

पद॰ — यस्मात् = जिससे ; न = नहीं ; उद्विजते = क्षुब्ध होता है ; लोकः = संसार (यानी, कोई भी जीव) ; लोकात् = किसी भी जीवसे ; न = नहीं ; उद्विजते = क्षुब्ध होता है ; च = तथा ; यः = जो ; हर्षामर्षभयोद्वेगैः = प्रसन्नता, ईर्ष्या, डर एवं क्षोभसे ; मुक्तः = रहित ; यः = जो ; सः = वह ; च = और ; मे = मेरा ; प्रियः = प्यारा।

अनु॰ — जिससे कोई भी जीव क्षुब्ध नहीं होता तथा जो (स्वयं भी) किसी जीवसे क्षुब्ध नहीं होता और जो प्रसन्नता, ईर्ष्या, डर एवं क्षोभ (आदि) से (सर्वथा) रहित है, वह (भक्त) मुझे प्यारा है (यानी, मैं उसे प्यार करता हूँ)।

अनपेक्षः शुचिर्दक्ष उदासीनो गतव्यथः ।
सर्वारम्भपरित्यागी यो मद्भक्तः स मे प्रियः ॥१६॥

पद॰ — अनपेक्षः = किसीपर निर्भर न होनेवाला ; शुचिः = शुद्ध ; दक्षः = चतुर ; उदासीनः = बेलगाव (तटस्थ) ; गतव्यथः = दु:खोंसे मुक्त ; सर्वारम्भपरित्यागी = सब कर्मोंमें कर्तापनके अभिमानसे रहित ; यः = जो ; मद्भक्तः= मेरा भक्त ; सः = वह ; मे = मेरा ; प्रियः = प्यारा।

अनु॰ — जो किसीपर निर्भर नहीं रहता (अर्थात्, पूर्णतया स्वावलम्बी है), बाहर-भीतरसे शुद्ध, चतुर, तटस्थ, दुःखोंसे मुक्त (तथा) सभी कर्मोंमें कर्तापनके अभिमानसे रहित है, वह मेरा भक्त मुझे प्यारा है।

यो न हृष्यति न द्वेष्टि न शोचति न कांक्षति ।
शुभाशुभपरित्यागी भक्तिमान्यः स मे प्रियः ॥१७॥

पद॰ — यः = जो ; न = नहीं ; हृष्यति = प्रसन्न होता है ; न = नहीं ; द्वेष्टि = द्वेष करता है ; न = नहीं ; शोचति = शोक करता है ; न = नहीं ; कांक्षति = इच्छा करता है ; शुभाशुभपरित्यागी = शुभ व अशुभ (सभी कर्मोंके फल) का पूरी-तरह त्याग करनेवाला ; भक्तिमान् = भक्तियुक्त ; यः = जो ; सः = वह ; मे = मुझे ; प्रियः = प्यारा।

अनु॰ — जो (इष्टवस्तुकी प्राप्तिसे और अनिष्टके वियोगसे कभी) प्रसन्न नहीं होता, (किसी वस्तु वा प्राणीसे) द्वेष (घृणा) नहीं करता, (अनिष्टवस्तुकी प्राप्तिसे तथा इष्टके वियोगसे) शोक नहीं करता, (अप्राप्त वस्तुको प्राप्त करनेकी कोई) इच्छा नहीं करता (और) शुभ व अशुभ (सभी कर्मोंके फल) का पूरी-तरह त्याग कर देता है, (ऐसा) वह भक्तियुक्त (पुरुष) मुझे प्यारा (लगता है)।

समः शत्रौ च मित्रे च तथा मानापमानयोः ।
शीतोष्णसुखदुःखेषु समः संगविवर्जितः ॥१८॥
तुल्यनिन्दास्तुतिर्मौनी सन्तुष्टो येनकेनचित् ।
अनिकेतः स्थिरमतिर्भक्तिमान्मे प्रियो नरः ॥१९॥

पद॰ — समः = समान ; शत्रौ = शत्रुमें ; च = और ; मित्रे = मित्रमें ; च = एवम् ; तथा = और ; मानापमानयोः = आदर व अनादरमें ; शीतोष्णसुखदुःखेषु = सर्दी, गर्मी, सुख तथा दुःखोंमें ; समः = एक-जैसा ; संगविवर्जितः = आसक्तिसे रहित ; तुल्यनिन्दास्तुतिः = बुराई और बड़ाईको समान समझनेवाला ; मौनी = चुप रहनेवाला (मननशील) ; सन्तुष्टः = सन्तोष रखनेवाला ; येनकेनचित् = जिस-किसी प्रकारसे ; अनिकेतः = निवास-स्थानमें ममतारहित ; स्थिरमतिः = निश्चलबुद्धि ; भक्तिमान् = भक्तिवाला ; मे = मुझे ; प्रियः = प्यारा ; नरः = मनुष्य।

अनु॰ — (जो) दोस्त और दुश्मनको तथा आदर (इज़्ज़त) व अनादर (बे-इज़्ज़ती) को समान समझता है, सर्दी-गर्मी और सुख-दुःख (आदि द्वन्द्वों) में (भी)

एक-जैसा (ही रहता) है, (समस्त सांसारिक पदार्थोंमें) आसक्तिसे रहित है, जिसके लिए बुराई और बड़ाई (दोनों) बराबर हैं, (जो) (वाणी तथा मन दोनोंसे) चुप रहनेवाला (अर्थात्, सदा-सर्वदा ईश्वर ही का मनन करनेवाला मननशील मुनि) है, जिस-किसी प्रकारसे (भी शरीरका निर्वाह होनेमें) (अथवा, किसीभी वस्तु वा स्थितिसे) सन्तुष्ट है, निवास-स्थानमें ममता (या आकर्षण) से शून्य है (और) निश्चल-बुद्धिसे (मेरा) भजन करनेवाला है, (ऐसा वह) मनुष्य मुझे प्यारा (लगता है)।

ये तु धर्म्यामृतमिदं यथोक्तं पर्युपासते ।
श्रद्दधाना मत्परमा भक्तास्तेऽतीव मे प्रियाः ॥२०॥

पद॰ — ये = जो ; तु = निस्सन्देह ; धर्म्यामृतम् = धर्ममय अमृत (उपदेश) को ; इदम् = इस (को) ; यथोक्तम् = जैसे कहा गया है (वैसे ही) ; पर्युपासते = पूरी-तरह सेवन (यानी, सम्पन्न) करते हैं ; श्रद्दधानाः = श्रद्धासे युक्त ; मत्परमाः = मुझे परमलक्ष्य माननेवाले ; भक्ताः = भक्तजन ; ते = वे ; अतीव = बहुत ही ; मे = मुझे ; प्रियाः = प्यारे।

अनु॰ — श्रद्धायुक्त (तथा) मुझे (ही) परमलक्ष्य माननेवाले जो भक्तजन इस धर्ममय अमृत (उपदेश) का, जैसे (ऊपर) कहा गया है (वैसे ही), पूरीतरह सेवन (पालन) करते हैं, वे, निस्सन्देह, मुझे बहुत ही प्यारे (हैं)।

— O —

ॐ तत्सदिति श्रीमद्भगवद्गीतासूपनिषत्सु
ब्रह्मविद्यायां योगशास्त्रे श्रीकृष्णार्जुनसंवादे
भक्तियोगो नाम द्वादशोऽध्यायः ॥ १२ ॥

ॐ नित्यस्वरूप उस परमात्माको नमस्कार ! श्रीमद्भगवद्गीतारूपी उपनिषद् एवं ब्रह्मविद्या तथा योगशास्त्रविषयक श्रीकृष्ण-और-अर्जुनके संवादमें "भक्तियोग" नामक बारहवाँ अध्याय यहाँ समाप्त होता है ॥ १२ ॥

श्रीमद्भगवद्गीता — तेरहवाँ अध्याय

शरीरके लिए संस्कृतमें एक शब्द "क्षेत्र" (खेत) भी प्रयुक्त होता है। जैसे खेतमें बोए-हुए बीजोंका, उनके अनुरूप, फल समयपर प्रकट हो जाता है, वैसे ही शरीरमें बोए-हुए कर्मसंस्काररूप बीजोंका फल भी अपने समयपर प्रकट होता रहता है। इसलिए, इसे "क्षेत्र" कहते हैं। इसके अतिरिक्त, शरीरका प्रतिक्षण क्षय होता रहता है, इसलिये भी इसे "क्षेत्र" (क्षय होनेवाला) कहते हैं। इस "क्षेत्र" को जो जानता है, उसे "क्षेत्रज्ञ" कहते हैं। यह जाननेका काम शरीरके भीतर स्थित चेतन-आत्मा करता है, इसलिए "आत्मा" को "क्षेत्रज्ञ" कहते हैं। "क्षेत्र" और "क्षेत्रज्ञ" का पारस्परिक सम्बन्ध बड़ा विलक्षण है। यद्यपि, अज्ञानवश, इन दोनोंमें एकता (समता) लगती है, वस्तुतः, इनमें अतिविषमता है। "क्षेत्र" जड़, विकारी, क्षणिक और नाशवान् है; इसके विपरीत, "क्षेत्रज्ञ" चेतन, ज्ञानस्वरूप, निर्विकार, नित्य तथा अविनाशी है। इस अध्यायमें "क्षेत्र" और "क्षेत्रज्ञ" के स्वरूपका उपर्युक्त प्रकारसे विभाग किया गया है, अतः, इसका नाम "क्षेत्रक्षेत्रज्ञविभागयोग" रक्खा गया है।

लगभग-समूचे ही पिछले अध्यायमें सगुणोपासनाके स्वरूप, फल एवं वैशिष्ट्य तथा भगवद्भक्तोंके लक्षणोंका वर्णन किया गया था और केवल तीन ही श्लोकों — तीसरे, चौथे तथा पाँचवें — में निर्गुणोपासनाकी हल्कीसी चर्चा की गई थी। अब, निर्गुण-निराकारके तत्त्व, महत्त्व, प्राप्तिसाधन एवं सार-विषय—ज्ञानयोग—को भलीभाँति समझानेके लिये प्रस्तुत अध्यायका आरम्भ किया जाता है। सर्वप्रथम, भगवान् "क्षेत्र" तथा "क्षेत्रज्ञ" के लक्षण बतलाते हैं—

श्रीभगवानुवाच।

इदं शरीरं कौन्तेय क्षेत्रमित्यभिधीयते ।
एतद्यो वेत्ति तं प्राहुः क्षेत्रज्ञ इति तद्विदः ॥ १ ॥

पद० — श्रीभगवान् = श्रीकृष्ण भगवान्; उवाच = बोला।

इदम् = यह ; शरीरम् = शरीर ; कौन्तेय = हे कुन्तीपुत्र (अर्जुन) ; क्षेत्रम् = क्षेत्र ; इति = ऐसा ; अभिधीयते = (नामसे) कहा जाता है ; एतत् = इसको ; यः = जो ; वेत्ति = जानता है ; तम् = उसको ; प्राहुः = कहते हैं ; क्षेत्रज्ञः = क्षेत्रज्ञ ; इति = ऐसा ; तद्विदः = उनको जाननेवाले।

अनु॰ — श्रीकृष्ण भगवान् बोले—हे अर्जुन! यह शरीर "क्षेत्र"— इस नामसे कहा जाता है (और) इसको जो जानता है उसे "क्षेत्रज्ञ"— ऐसा उन (दोनोंके तत्त्व) को जाननेवाले (ज्ञानीजन) कहते हैं।

क्षेत्रज्ञं चापि मां विद्धि सर्वक्षेत्रेषु भारत।
क्षेत्रक्षेत्रज्ञयोर्ज्ञानं यत्तज्ज्ञानं मतं मम ॥२॥

पद॰ — क्षेत्रज्ञम् = क्षेत्रज्ञ (को) ; च = और ; अपि = भी ; माम् = मुझको ; विद्धि = जान ; सर्वक्षेत्रेषु = सब क्षेत्रोंमें ; भारत = हे भरतवंशज (अर्जुन) ; क्षेत्रक्षेत्रज्ञयोः = क्षेत्र तथा क्षेत्रज्ञका ; ज्ञानम् = जानना ; यत् = जो ; तत् = वह ; ज्ञानम् = ज्ञान ; मतम् = मत ; मम = मेरा।

अनु॰ — हे अर्जुन! (तू) सब क्षेत्रों (शरीरों) में क्षेत्रज्ञ (जीवात्मा) भी मुझे (परमात्माको) (ही) जान। और क्षेत्र (सविकार प्रकृति) तथा क्षेत्रज्ञ (पुरुष) का जो (तत्त्वसे) जानना है, वह (ही) (वास्तविक) ज्ञान है—(ऐसा) मेरा मत है।

टि॰ — जीवात्मा और परमात्मा एक ही हैं। उनमें कोई भेद नहीं है ; केवल प्रकृतिके संगसे ही भेद-सा प्रतीत होता है। समस्त शरीरों (क्षेत्रों) में जो चेतन-जीवात्मा (क्षेत्रज्ञ) है, वह, परमात्मा ही का अंश होनेके कारण, वस्तुतः, परमात्मासे भिन्न नहीं है; परमात्मा ही, जीवात्माके रूपमें, विभिन्न शरीरोंमें पृथक्-पृथक्की भाँति प्रतीत होता है, जिस प्रकार कि विभागरहित स्थित-हुआ भी महाकाश घटोंमें पृथक्-पृथक्की भाँति प्रतीत होता है। इसीलिए, भगवान् यहाँ कहते हैं— "सब क्षेत्रोंमें क्षेत्रज्ञ भी मुझे ही जान।"

प्रकृति अथवा दृश्यमान जगत् (क्षेत्र), मायाका कार्य होनेके कारण, क्षणभंगुर, नाशवान्, जड़, सविकार तथा अनित्य है। इसके विपरीत, जीवात्मा (क्षेत्रज्ञ) नित्य, चेतन, निर्विकार, अविनाशी, ज्ञाता, द्रष्टा और, सच्चिदानन्द परमात्मा ही का सनातन अंश होनेके कारण, स्वयं भी परमात्मा (पुरुष) ही है। अतः, क्षेत्र एवं क्षेत्रज्ञ परस्पर अत्यन्त विलक्षण (विभिन्न) हैं ; अज्ञानसे ही दोनोंकी एकता-सी प्रतीत होती है। ऐसा समझकर, समस्त मायाकृत पदार्थोंके संगका सर्वथा त्याग

करके परमपुरुष-परमात्मामें ही एकीभावसे नित्य स्थितरहनेका नाम क्षेत्र और क्षेत्रज्ञका तत्त्वसे जानना है—और, वही वास्तविक ज्ञान है।

तत्क्षेत्रं यच्च यादृक्च यद्विकारि यतश्च यत् ।
स च यो यत्प्रभावश्च तत्समासेन मे शृणु ॥३॥

पद॰ — तत् = वह ; क्षेत्रम् = क्षेत्र ; यत् = जो ; च = और ; यादृक् = जैसा ; च = तथा ; यद्विकारि = जिन विकारोंवाला ; यतः = जिससे ; च = और ; यत् = जो ; सः = वह ; च = तथा ; यः = जो ; यत्प्रभावः = जिस प्रभाववाला ; च = और ; तत् = वह ; समासेन = संक्षेपसे ; मे = मुझसे ; शृणु = सुन।

अनु॰ — वह क्षेत्र जो! और जैसा है तथा जिन विकारोंवाला है, और जिस (कारण) से जो (हुआ) है ; तथा वह (क्षेत्रज्ञ) (भी) जो और जिस प्रभाववाला है—वह (सब) (हे अर्जुन !) संक्षेपमें मुझसे सुन।

ऋृषिभिर्बहुधा गीतं छन्दोभिर्विविधैः पृथक् ।
ब्रह्मसूत्रपदैश्चैव हेतुमद्भिर्विनिश्चितैः ॥४॥

पद॰ — ऋृषिभिः = ऋृषियोंद्वारा ; बहुधा = बहुत प्रकारसे ; गीतम् = गाया (अर्थात्, कहा अथवा समझाया) गया है ; छन्दोभि := वेदमन्त्रोंसे ; विविधैः = नाना प्रकारके ; पृथक् = अलग-अलग (विभागपूर्वक) ; ब्रह्मसूत्रपदैः = ब्रह्मसूत्रके पदोंद्वारा ; च = और ; एव = भी ; हेतुमद्भिः = युक्तियुक्तों (से) ; विनिश्चितैः = भलीभाँति निश्चिक्त किए-हुओं (से)।

अनु॰ — (यह क्षेत्र और क्षेत्रज्ञका तत्त्व) ऋृषियोंद्वारा बहुत प्रकारसे कहा (समझाया) गया है (और) नाना प्रकारके वेदमन्त्रोंसे (भी) विभागपूर्वक (कहा गया है) तथा भलीभाँति निश्चित किए-हुए (एवं) युक्तियुक्त ब्रह्मसूत्रके पदोंद्वारा भी (वैसे ही कहा गया है)।

टि॰ — "ऋृषिभिः बहुधा गीतम्" के कथनसे भगवान्का यह अभिप्राय है कि मन्त्रोंके द्रष्टा एवं शास्त्र और स्मृतियोंके रचयिता ऋृषिगणोंने "क्षेत्र" तथा "क्षेत्रज्ञ" के स्वरूपको और उनसे सम्बन्ध रखनेवाली सभी बातोंको अपने-अपने ग्रन्थोंमें एवं पुराण-इतिहासोंमें बहुत प्रकारसे वर्णन करके विस्तारपूर्वक समझाया है। उन्हींका सार, हे अर्जुन ! मैं तुझे अब बहुत थोड़े-से शब्दोंमें बताने जा रहा हूँ।

"विविधे : छन्दोभिः" पद यहाँ ऋृक्, यजुः, साम और अथर्व— इन चारों

वेदोंके "संहिता" एव "ब्राह्मण" दोनों ही भागोंके वाचक हैं। समस्त उपनिषदों तथा भिन्न-भिन्न शाखाओंको भी इन्हींके अन्तर्गत समझना चाहिये।

जो पद भलीभाँति निश्चित किए हुए हों तथा सर्वथा असन्दिग्ध हों, उन्हें "विनिश्चित" कहते हैं और जिनमें विभिन्न युक्तियों एवं तर्क-वितर्कके द्वारा सिद्धान्तोंका निर्णय किया गया हो, उन्हें "हेतुमत्" कहा जाता है। इन दोनों विशेषणोंके सहित "ब्रह्मसूत्रपदैः" का यहाँ यह भाव है कि श्रुति-स्मृति आदिमें वर्णित जो "क्षेत्र" तथा "क्षेत्रज्ञ" का तत्त्व ब्रह्मसूत्र—ब्रह्मके विषयमें सूत्र—के पदोंद्वारा असन्दिग्धरूपसे युक्तिपूर्वक समझाया गया है, उसका निष्कर्ष भी भगवान् अब बताने जा रहे हैं—

महाभूतान्यहंकारो बुद्धिरव्यक्तमेव च ।
इन्द्रियाणि दशैकञ्च पञ्च चेन्द्रियगोचराः ॥५॥
इच्छा द्वेषः सुखं दुःखं संघातश्चेतना धृतिः ।
एतत्क्षेत्रं समासेन सविकारमुदाहृतम् ॥६॥

पद० — महाभूतानि = सूक्ष्म पाँच महाभूत ; अहंकारः = अहंभाव ; बुद्धिः = महत् तत्त्व (महान्) ; अव्यक्तम् = मूलप्रकृति ; एव = भी ; च = और ; इन्द्रियाणि = इन्द्रियाँ ; दश = दस ; एकम् = एक (मन) ; च = और ; पञ्च = पाँच ; च = तथा ; इन्द्रियगोचराः = इन्द्रियोंके विषय ; इच्छा = कामना ; द्वेषः = विरोधभाव ; सुखम् = प्रसन्नताकी वृत्ति ; दुःखम् = व्याकुलताकी भावना ; संघातः = स्थूलशरीरका पिण्ड ; चेतना = जीवनशक्ति ; धृतिः = धारणशक्ति (धैर्य) ; एतत् = यह ; क्षेत्रम् = क्षेत्र ; समासेन = संक्षेपसे ; सविकारम् = विकारोंके सहित ; उदाहृतम् = कहा गया है।

अनु० — सूक्ष्म पाँच महाभूत, अहंभाव, महत् तत्त्व और मूलप्रकृति (अर्थात्, त्रिगुणमयी माया) भी ; तथा दस इन्द्रियाँ, एक मन और पाँच इन्द्रियोंके विषय ; (तथा) कामना, विरोधभाव, प्रसन्नतावृत्ति, व्याकुलताभावना, स्थूलशरीरका पिण्ड, जीवनशक्ति (और) धारणशक्ति—(इस प्रकार) विकारोंके सहित यह क्षेत्र (तुझसे) संक्षेपमें कहा गया है।

टि० — ऊपर निवेदन किया गया था कि यह अध्याय ज्ञानयोगप्रधान है ; इसके तथ्योंका आधार मुख्यतया सांख्यदर्शन है। इस दर्शनके अनुसार, यह समस्त विश्व प्रकृतिपुरुषमय है ; इन दो मूलतत्त्वोंके अतिरिक्त कहीं कुछ है ही नहीं।

इसी प्रकृतिको यहाँ पहले श्लोकमें "क्षेत्र" (शरीर) तथा पुरुषको "क्षेत्रज्ञ" (आत्मा वा परमात्मा) की संज्ञाओंसे अभिहित किया गया है।

सांख्यदर्शनकी मान्यता है कि "पुरुष" समेत विश्वमें कुल तत्त्व २५ होते हैं—शेष २४ तत्त्व "प्रकृति" से सम्बद्ध हैं। कहा भी है— "सत्त्वरजस्तमसां साम्यवस्था प्रकृतिः; प्रकृतेर्महत्; महतोऽहंकारः; अहंकारात्पञ्चतन्मात्राणि, उभयमिन्द्रियं मनश्च; तन्मात्रेभ्यः स्थूलभूतानि; पुरुष इति पञ्चविंशतिर्गणः"। अर्थात्, सत्त्व, रजस् तथा तमस्, इन तीन गुणोंकी सन्तुलित अवस्थाका नाम "प्रकृति" है (जो मूलप्रकृति अथवा आदिकारण है, जिससे अन्य तत्त्वोंकी क्रमानुसार उत्तरोत्तर उत्पत्ति होती है); प्रकृतिसे महत् तत्त्वकी; महत्से अहंकारकी; अहंकारसे पाँच तन्मात्राओं, पाँच कर्मेन्द्रियों, पाँच ज्ञानेन्द्रियों तथा मनकी और पञ्चतन्मात्राओंसे पाँच स्थूलभूतोंकी (यानी, कुल २४ तत्त्व), जो "पुरुष" को भी मिलाकर सब, संख्यामें, २५ बन जाते हैं।

"प्रकृति" के इन्हीं २४ तत्त्वोंका समावेश यहाँ पाँचवें श्लोकमें किया गया है, जिसमें "क्षेत्र" के स्वरूपका संक्षिप्त वर्णन है। छठे श्लोकमें उसी "क्षेत्र" के विकारोंकी समासरूपसे चर्चा है। यह तीसरे श्लोकमें दिए-गए भगवान्के कथन — "यह क्षेत्र जो और जैसा है तथा जिन विकारोंवाला है, वह संक्षेपमें मुझसे सुन"— के अनुरूप ही है। आइए, अब पहले, पाँचवें श्लोकमें दिए-गए "क्षेत्र" (प्रकृति) के स्वरूपभूत तत्त्वोंके विषयमें, एक-एक करके, कुछ जाननेका प्रयास करें—

महाभूतानि = महाभूतोंको सूक्ष्मभूत अथवा तन्मात्रा भी कहते हैं। ये पाँच हैं—पृथ्वी, अप्, तेज, वायु तथा आकाश। ये स्थूलभूतोंके जनक (कारण) हैं और अहंकारके जन्य (कार्य) हैं।

अहंकार := यह अहंभावका भी वाचक है और अन्तःकरणका एक भेद है। अहंकार ही पञ्चतन्मात्राओं, दसों इन्द्रियों तथा मनका जनक (कारण) है और, स्वयम्, महत् तत्त्वका जन्य (कार्य) है।

बुद्धिः = इसे महत्तत्त्व (महान्) और समष्टि-बुद्धि भी कहते हैं, जो "समष्टि-अन्तःकरण" का एक भेद है। इसका स्वरूप "निश्चय" है। यह अहंकारका तो जनक (कारण) है, किन्तु अव्यक्त (मूलप्रकृति) का जन्य (कार्य) है।

अव्यक्तम् = यह महत्तत्त्व आदि समस्त पदार्थोंकी कारणरूपा मूलप्रकृति है, परन्तु स्वयं किसी तत्त्वका कार्य नहीं है। सांख्यशास्त्रमें इसे "प्रधान" भी कहते

हैं। गीताके चौदहवें अध्यायमें इसको "महद्ब्रह्म" तथा इसी अध्यायके उन्नीसवें श्लोकमें "प्रकृति" कहा गया है।

इन्द्रियाणि दश = "दस इन्द्रियाँ" अहंकारके जन्य (कार्य) हैं। इनमें पाँच कर्मेन्द्रियाँ—वाक्, पाणि, पाद, उपस्थ और गुदा—तथा पाँच ज्ञानेन्द्रियाँ—श्रोत्र, त्वचा, चक्षु, रसना और घ्राण—हैं।

एकम् = एक—यानी, "मन"। अन्तःकरणकी जो मनन करनेवाली शक्तिविशेष है और संकल्प-विकल्प ही जिसका स्वरूप है, उसे "मन" कहते हैं। यह भी अहंकारका जन्य (कार्य) है।

पञ्च इन्द्रियगोचराः = पाँचों ज्ञानेन्द्रियोंके स्थूल विषय—शब्द, स्पर्श, रूप, रस और गन्ध। इन्हें स्थूलभूत भी कहते हैं, जो पाँच सूक्ष्मभूतों (महाभूतों) अथवा पञ्चतन्मात्राओंके जन्य (कार्य) हैं।

क्षेत्रके स्वरूपके उपरान्त, छठे श्लोकमें वर्णित क्षेत्रके विकारोंपर भी अब थोड़ा-सा ध्यान दें—

इच्छा = जिन पदार्थोंको मनुष्य सुखके हेतु समझता है, उन्हें प्राप्त करनेकी उसमें जो आसक्तियुक्त कामना होती है, उसे "इच्छा" कहते हैं। इसके वासना, तृष्णा, आशा, लालसा, स्पृहा आदि अनेक भेद हैं। यह अन्तःकरणका विकार है, इसलिये क्षेत्रके विकारोंमें इसकी गणना की गई है।

द्वेषः = जिन पदार्थोंको मनुष्य दुःखमें हेतु अथवा सुखमें बाधक समझता है, उनमें उसकी जो विरोध-बुद्धि होती है, उसका नाम "द्वेष" है। इसके स्थूल रूप वैर, ईर्ष्या, घृणा, क्रोध आदि हैं। यह भी अन्तःकरणका विकार है, अतः, इसकी भी गणाना क्षेत्रविकारोंमें की गई है।

सुखम् = अनुकूलकी प्राप्ति एवं प्रतिकूलकी निवृत्तिसे अन्तःकरणमें जो प्रसन्नताकी वृत्ति होती है, वही "सुख" है। यह अन्तःकरणका विकार है, इसलिये, यह भी क्षेत्रका एक विकार हो गया।

दुःखम् = प्रतिकूलकी प्राप्ति तथा अनुकूलके विनाशसे अन्तःकरणमें जो व्याकुलता अथवा व्यथा होती है, उसका वाचक "दुःख" है। अन्तःकरणका विकार होनेसे, यह भी क्षेत्रविकारोंके अन्तर्गत है।

संघातः = पञ्चभूतोंसे बना हुआ जो यह स्थूलशरीरका पिण्ड है और मृत्यु होनेके बाद सूक्ष्मशरीरके निकल जानेपर भी जो सबके सामने पड़ा रहता है, उस

स्थूलशरीरका नाम "संघात" है। उपर्युक्त पञ्चभूतोंका विकार होनेके कारण, इसकी भी गणना क्षेत्रके विकारोंमें की गई है।

चेतना = शरीरोंमें जो जीवनशक्ति है, जिसके कारण वे निर्जीव, जड़ पदार्थोंसे विलक्षण प्रतीत होते हैं तथा जिसे प्राणशक्ति भी कहते हैं, उसीका वाचक यहाँ "चेतना" पद है। यह भी तन्मात्राओं (सूक्ष्म महाभूतों) का विकार है, इसलिये यह एक क्षेत्रविकार भी है।

धृतिः = इसका अर्थ है "धारणशक्ति," यानी, धारण वा ग्रहण किए रखनेकी क्षमता, जिसे धीरता या धैर्य भी कहते हैं। अन्तःकरणका विकार होनेके कारण, इसकी भी गणना क्षेत्रविकारोंके अन्तर्गत की गई है।

इस प्रकार, क्षेत्रके स्वरूप तथा उसके विकारोंका संक्षिप्त वर्णन सम्पन्न हुआ। अब, दूसरे श्लोकमें जो यह बात कही गई थी कि "क्षेत्र-क्षेत्रज्ञका ज्ञान ही मेरे मतसे ज्ञान है"— उस ज्ञानको प्राप्त करनेके साधनोंको, "ज्ञान" ही के नामसे, पाँच श्लोकोंद्वारा बताया जाता है—

अमानित्वमदम्भित्वमहिंसा क्षान्तिरार्जवम् ।
आचार्योपासनं शौचं स्थैर्यमात्मविनिग्रहः ॥७॥
इन्द्रियार्थे वैराग्यमनहंकार एव च ।
जन्ममृत्युजराव्याधिदुःखदोषानुदर्शनम् ॥८॥
असक्तिरनभिष्वंगः पुत्रदारगृहादिषु ।
नित्यं च समचित्तत्वमिष्टानिष्टोपपत्तिषु ॥९॥
मयि चानन्ययोगेन भक्तिरव्यभिचारिणी ।
विविक्तदेशसेवित्वमरतिर्जनसंसदि ॥१०॥
अध्यात्मज्ञाननित्यत्वं तत्त्वज्ञानार्थदर्शनम् ।
एतज्ज्ञानमिति प्रोक्तमज्ञानं यदतोऽन्यथा ॥११॥

पद० — अमानित्वम् = अभिमानका अभाव ; अदम्भित्वम् = ढोंग न करना ; अहिंसा = कष्ट न देना ; क्षान्तिः = क्षमाभाव ; आर्जवम् = सरलता ; आचर्योपासनम् = गुरुकी सेवा ; शौचम् = शुद्धि ; स्थैर्यम् = स्थिरता ; आत्मविनिग्रहः = मन-बुद्धि-इन्द्रियसहित शरीरका नियन्त्रण ; इन्द्रियार्थेषु = इन्द्रियोंके विषयोंमें ; वैराग्यम् = आसक्तिका अभाव ; अनहंकारः = अहंभावका अभाव ; एव = भी ; च = और ; जन्ममृत्युजराव्याधिदुःखदोषानुदर्शनम् = जन्म, मृत्यु, बुढ़ापा, रोग (आदि) में दुःखों तथा दोषोंका बार-बार विचार करना ;

असक्तिः = प्रीतिका अभाव ; अनभिष्वंगः = ममताका न होना ; पुत्रदारगृहादिषु = पुत्र, स्त्री, घर आदिमें ; नित्यम् = सदा ; च = तथा ; समचित्तत्वम् = मनका निर्विकार (एकरस) बने रहना ; इष्टानिष्टोपपत्तिषु = प्रिय और अप्रियकी प्राप्तिमें ; मयि = मुझमें ; च = तथा ; अनन्ययोगेन = एकीभावसे-स्थितिरूप ध्यानयोगके द्वारा ; भक्तिः = अनुराग ; अव्यभिचारिणी = इधर-उधर न भटकनेवाली ; विविक्तदेशसेवित्वम् = एकान्त और शुद्ध देशमें निवास करना ; अरतिः = प्रेमका न होना ; जनसंसदि = (विषयासक्त) मनुष्योंके समुदायमें ; अध्यात्मज्ञाननित्यत्वम् = अध्यात्मज्ञान (आत्माके सम्बन्धमें सब बातोंको भलीभाँति जान लेना) में सदा स्थित रहना ; तत्त्वज्ञानार्थदर्शनम् = तत्त्वज्ञानके विषयरूप (परमात्मा) ही को (सर्वत्र) देखना ; एतत् = यह ; ज्ञानम् = ज्ञानप्राप्तिके साधन (अर्थात्, ज्ञान) ; इति = ऐसा ; प्रोक्तम् = कहा गया है ; अज्ञानम् = (जीवका पतन करनेवाला) अज्ञान ; यत् = जो ; अतः = इससे ; अन्यथा = विपरीत।

अनु॰ — (श्रेष्ठता, प्रतिष्ठा आदिके) अभिमानका अभाव, (किसी भी गुण-का) ढोंग न करना, (किसी भी प्राणीको कैसा भी) कष्ट न देना, क्षमाभाव, (मन-वाणी-कर्मकी) सरलता, (श्रद्धा-भक्तिपूर्वक) गुरुकी सेवा, (बाहर-भीतरकी) शुद्धि, (अन्तःकरणकी) स्थिरता, मन-बुद्धि-इन्द्रियसहित शरीरका नियन्त्रण, इन्द्रियोंके विषयोंमें (अर्थात्, इस लोक तथा परलोकके सम्पूर्ण भोगोंमें) आसक्तिका अभाव और अहंभावका भी अभाव, जन्म-मृत्यु-बुढ़ापा-रोग (आदि) में दुःखों तथा दोषोंका बार-बार विचार करना, पुत्र-स्त्री-घर आदिमें प्रीतिका अभाव, ममताका न होना तथा प्रिय और अप्रियकी प्राप्तिमें सदा (ही) मनका निर्विकार (एकरस) बने रहना, मुझ (परमेश्वर) में (ही) एकीभावसे-स्थितिरूप ध्यानयोगके द्वारा अटल एवं पूर्णविशुद्ध अनुराग तथा एकान्त और शुद्ध देश (स्थान) में निवास, (विषयासक्त) मनुष्योंके समुदायमें प्रेमका न होना, अध्यात्मज्ञानमें सदा स्थित रहना (और) तत्त्वज्ञानके विषयरूप (परमात्मा) ही को (सर्वत्र) देखना — यह (सब) (ज्ञानप्राप्तिसाधनरूप) ज्ञान है (तथा) जो इससे विपरीत है, (वह) (जीवका पतन करनेवाला) अज्ञान है—ऐसा (शास्त्रोंमें) कहा गया है।

इस प्रकार, ज्ञानके साधनोंका "ज्ञान" के नामसे वर्णन सुननेपर यह जिज्ञासा हो सकती है कि इन साधनोंद्वारा प्राप्त "ज्ञान" से जाननेयोग्य वस्तु क्या है तथा उसे जान लेनेका फल क्या होता है। अतः, उसका उत्तर भगवान् अगले सात श्लोकोंमें देते हैं—

ज्ञेयं यत्तत्प्रवक्ष्यामि यज्ज्ञात्वाऽमृतमश्नुते ।
अनादिमत्परं ब्रह्म न सत्तन्नासदुच्यते ॥१२॥

पद॰ — ज्ञेयम् = जाननेयोग्य ; यत् = जो ; तत् = उसको ; प्रवक्ष्यामि = भलीभाँति कहूँगा ; यत् = जिसको ; ज्ञात्वा = जानकर ; अमृतम् = अमरत्व (मोक्ष वा परमानन्द) को ; अश्नुते = प्राप्त होता है ; अनादिमत् = आदिरहित (कारणविहीन) ; परम् = परम ; ब्रह्म = ब्रह्म ; न = नहीं ; सत् = प्रमाणसिद्ध (वचनीय) ; तत् = वह ; न = नहीं ; असत् = अस्तित्वहीन ; उच्यते = कहा जाता है।

अनु॰ — जो जाननेयोग्य है (तथा) जिसको जानकर (मनुष्य) मोक्ष (वा परमानन्द) को प्राप्त होता है, उसको (अब मैं) भलीभाँति कहूँगा। वह कारणविहीन परमब्रह्म (परमात्मा) न प्रमाणसिद्ध (वचनीय) (ही) कहा जाता है (और) न अस्तित्वहीनं (ही)—अर्थात्, वह न "सत्" ही कहा जाता है और न "असत्" ही।

सर्वतः पाणिपादं तत्सर्वतोऽक्षिशिरोमुखम् ।
सर्वतः श्रुतिमल्लोके सर्वमावृत्य तिष्ठति ॥१३॥

पद॰ — सर्वतःपाणिपादम् = सब-ओर हाथ-पैर-वाला ; तत् = वह ; सर्वतोऽक्षिशिरोमुखम् = सब-ओर नेत्र-सिर-मुँहवाला ; सर्वतःश्रुतिमत् = सब-ओर कानवाला ; लोके = संसारमें ; सर्वम् = सबको ; आवृत्य = व्याप्त करके ; तिष्ठति = स्थित है।

अनु॰ — वह (ज्ञेयतत्त्व ब्रह्म) सब-ओर (सर्वत्र) हाथ व पैरवाला, सब-ओर (सब-जगह) नेत्र, सिर (और) मुँहवाला (तथा) सब-ओर (सब-ठौर) कानवाला है, (क्योंकि वह) संसारमें सबको (कण-कणको) व्याप्त करके स्थित है (अर्थात्, समस्त जगत्का कारण होनेकी वजहसे, वह ज्ञेयतत्त्व ब्रह्म सर्वव्यापी है—सब-कुछ उसीसे परिपूर्ण है)।

सर्वेन्द्रियगुणाभासं सर्वेन्द्रियविवर्जितम् ।
असक्तं सर्वभृच्चैव निर्गुणं गुणभोक्तृ च ॥१४॥

पद॰ — सर्वेन्द्रियगुणाभासम् = सब इन्द्रियोंकी क्रियाओंसे दीप्यमान (अर्थात्, सब इन्द्रियोंके विषयोंको ग्रहण करनेवाला) ; सर्वेन्द्रियविवर्जितम् = सब इन्द्रियोंसे सर्वथा रहित ; असक्तम् = आसक्तिरहित ; सर्वभृत् = सबका धारण-पोषण करनेवाला ; च = तथा ; एव = भी ; निगुर्णम् = गुणोंसे अतीत ; गुणभोक्तृ = गुणोंको भोगनेवाला ; च = और।

अनु० — (वह ज्ञेयतत्त्व ब्रह्म) (सामान्य जीवकी) सभी इन्द्रियोंसे सर्वथा रहित है, (फिर भी) उनके (यानी, सब इन्द्रियोंके) विषयोंको ग्रहण करनेमें समर्थ है तथा (किसी वस्तुमें) बिना किसी आसक्तिके (भी) सबका धारण-पोषण करता है और (वह) (प्रकृतिके) गुणोंसे लिप्त नहीं है (यानी, गुणोंसे सर्वथा अतीत है), (फिर) भी (प्रकृतिके सम्बन्धसे, योगमायाद्वारा) (समस्त) गुणोंको भोगता है (—यह उस ज्ञेयस्वरूप परमात्माकी कितनी अलौकिक विलक्षणता है !)।

बहिरन्तश्च भूतानामचरं चरमेव च ।
सूक्ष्मत्वात्तदविज्ञेयं दूरस्थं चान्तिके च तत् ॥१५॥

पद० — बहिः = बाहर ; अन्तः = अन्दर ; च = और ; भूतानाम् = पदार्थोंके ; अचरम् = स्थावर ; चरम् = जंगम ; एव = भी ; च = तथा ; सूक्ष्मत्वात् = सूक्ष्म होनेके कारण ; तत् = वह ; अविज्ञेयम् = जाननेमें नहीं आता ; दूरस्थम् = दूरमें स्थित ; च = और ; अन्तिके = समीपमें ; च = तथा ; तत् = वह।

अनु० — (वह ज्ञेयस्वरूप परमात्मा) (सब) पदार्थोंके बाहर और भीतर (परिपूर्ण) है और स्थावर-जंगमरूप भी (वही) है ; (तथा) अतिसूक्ष्म होनेके कारण, वह जाननेमें नहीं आता और दूरमें तथा समीपमें (भी) वही स्थित है (— सम्पूर्ण जगत्में तथा उसके बाहर ऐसी कोई भी जगह नहीं है, जहाँ सर्वव्यापी परमात्मा न विद्यमान हो। अतः, वह सभीके अत्यन्त समीपमें भी है व दूरमें भी)।

अविभक्तं च भूतेषु विभक्तमिव च स्थितम् ।
भूतभर्तृ च तज्ज्ञेयं ग्रसिष्णु प्रभविष्णु च ॥१६॥

पद० — अविभक्तम् = विभागरहित ; च = और ; भूतेषु = पदार्थोंमें ; विभक्तम् = बँटा हुआ ; इव = सदृश (जैसा) ; च = भी ; स्थितम् = टिका हुआ (विद्यमान) ; भूतभर्तृ = पदार्थोंका धारण-पोषण करनेवाला ; च = तथा ; तत् = वह ; ज्ञेयम् = जाननेयोग्य ; ग्रसिष्णु = ग्रास बनानेवाला (यानी, संहार करनेवाला) ; प्रभविष्णु = उत्पन्न करनेवाला ; च = तथा।

अनु० — और (वह ब्रह्म) विभागरहित (अर्थात्, सारा-साबुत-एकरूप) हुआ भी (समग्र) चराचर प्राणियोंमें बँटा-बँटा (पृथक्-पृथक्) सा वर्तमान (दिखाई पड़ता है)। वह जाननेयोग्य (परमात्मा) (विष्णुरूपसे) (सब) पदार्थोंका धारण-पोषण करनेवाला तथा (रुद्ररूपसे) संहार करनेवाला और (ब्रह्मारूपसे) उत्पन्न करनेवाला है।

टि॰ — इस श्लोकमें उस ज्ञेयतत्त्व (ब्रह्म) के एकत्वका प्रतिपादन किया गया है। जैसे महाकाश, वास्तवमें, सारा-सालम-एक ही है —कहींसे कटा-फटा, टूटा-फूटा, बँटा-छँटा नहीं है — फिर भी, भिन्न-भिन्न घड़ोंका आकाश, घड़ोंसे सम्बद्ध होनेके कारण, विभक्त और अलग-अलग सा प्रतीत होता है, वैसे ही, परमात्मा, वस्तुतः, एक तथा विभागरहित ही है, तो भी, समस्त चराचर प्राणियोंमें क्षेत्रज्ञ (जीवात्मा) रूपसे पृथक्-पृथक्के सदृश स्थित प्रतीत होता है। किन्तु यह भिन्नता केवल प्रतीतिमात्र ही है, असलमें तो वह परमात्मा एक है, अभिन्न है, सर्वव्यापी है।

इतना ही नहीं, सर्वशक्तिमान्-ज्ञेयस्वरूप वह परमात्मा एक-अकेला ही सम्पूर्ण चराचर जगत्का, पहले, उत्पत्तिके समय ब्रह्माके रूपमें, सृजन ; फिर, स्थितिके समय विष्णुके रूपमें, सम्भरण ; अन्तमें, प्रलयके समय शिवके रूपमें, संहरण करता है। दूसरे शब्दोंमें, वह अद्वितीय ज्ञेयस्वरूप ब्रह्म ही ब्रह्मा-विष्णु-शिवात्मक शाश्वततत्त्व है।

ज्योतिषामपि तज्ज्योतिस्तमसः परमुच्यते ।
ज्ञानं ज्ञेयं ज्ञानगम्यं हृदि सर्वस्य विष्ठितम् ॥१७॥

पद॰ — ज्योतिषाम् = प्रकाशोंका ; अपि = भी ; तत् = वह ; ज्योतिः = प्रकाश ;तमसः= अन्धकार (अथवा, अज्ञान) से ; परम् = परे (अतीत) ;उच्यते = कहा जाता है ; ज्ञानम् = बोधस्वरूप (चेतन) ; ज्ञेयम् = जाननेके योग्य ; ज्ञानगम्यम् = तत्त्वज्ञानद्वारा जाना-जाने (प्राप्त-करने) योग्य ; हृदि = हृदयमें ; सर्वस्य = सबके ; विष्ठितम् = विशेषरूपसे स्थित।

अनु॰ — वह (ब्रह्म) प्रकाशोंका भी प्रकाश (तथा) अन्धकारसे (अथवा, मायारूप अज्ञानसे) (अत्यन्त) परे (यानी, अतीत) कहा जाता है। (वह परमात्मा) बोधस्वरूप (चेतन), जाननेके योग्य (एवं) तत्त्वज्ञानद्वारा प्राप्त करनेयोग्य है (और वह) सब (प्राणियों) के हृदयमें विशेषरूपसे स्थित (विराजमान) है।

टि॰ — "ज्योतिषामपि तज्ज्योतिः" का अभिप्राय है कि सूर्य, चन्द्रमा, विद्युत्, तारे आदि जितनी भी ब्राह्य (भौतिक) ज्योतियाँ हैं ; बुद्धि, मन, इन्द्रियाँ आदि जितनी भी आभ्यन्तरिक (आध्यात्मिक) ज्योतियाँ हैं तथा विभिन्न लोकों एवं वस्तुओंकी अष्ठिातृदेवतारूप जो देवज्योतियाँ हैं — उन सभीका प्रकाशक वह ब्रह्म है। इतना ही नहीं, उन सबमें जितनी प्रकाशन-शक्ति है, वह तो उस ब्रह्मकी एक अंशमात्र है। इसीलिए, वह समस्त ज्योतियोंकी भी ज्योति है, अर्थात्,

सब प्रकाशोंको प्रकाश प्रदान करनेवाला महाप्रकाश है—वह सबका प्रकाशक है, किन्तु उसका प्रकाशक कोई नहीं।

यहाँ "ज्ञेयम्" पदसे ब्रह्मको जानना आवश्यक बतलाया गया है, अर्थात्, इस संसारमें मनुष्यशरीर पाकर परमात्माका ज्ञान प्राप्त कर लेना ही एक प्राणीका सर्वप्रथम कर्तव्य है। और "ज्ञानगम्यम्" का भाव यह है कि वह ब्रह्म ज्ञानके द्वारा जाना जा सकता है। कौनसा ज्ञान ? पूर्वोक्त अमानित्वादि ज्ञानसाधनोंके द्वारा प्राप्त तत्त्वज्ञान। अतः, उन साधनोंद्वारा तत्त्वज्ञान प्राप्त करके मनुष्यको ब्रह्म "ज्ञेयम्" (जानना चाहिए)।

"हृदि सर्वस्य विष्ठितम्" कथनका अभिप्राय यह है कि यद्यपि परमात्मा सब जगह समानभावसे परिपूर्ण है, तथापि हृदयमें उसकी विशेष अभिव्यक्ति होती है। जैसे, सूर्यका प्रकाश सब जगह समानरूपसे विस्तृत रहनेपर भी दर्पण आदिमें उसके प्रतिबिम्बकी विशेष अभिव्यक्ति होती है—और, सूर्यमुखी शीशेमें तो उसका तेज प्रत्यक्ष प्रकट होकर अग्नि ही उत्पन्न कर देता है—किन्तु अन्य पदार्थोंमें उस प्रकारकी अभिव्यक्ति नहीं होती, वैसे ही, हृदय भी उस परमात्माकी उपलब्धिका विशिष्ट एवम् उत्कृष्ट स्थान है। इसीलिए, परमात्माको "सबके हृदयमें विशेषरूपसे स्थित" बतलाया गया है।

इति क्षेत्रं तथा ज्ञानं ज्ञेयं चोक्तं समासतः ।
मद्भक्त एतद्विज्ञाय मद्भावायोपपद्यते ॥१८॥

पद॰ — इति = इस प्रकार ; क्षेत्रम् = क्षेत्र ; तथा = और ; ज्ञानम् = ज्ञान ; ज्ञेयम् = जाननेयोग्य (परमात्माका स्वरूप) ; च = तथा ; उक्तम् = कहा गया ; समासतः = संक्षेपसे ; मद्भक्तः = मेरा भक्त ; एतत् = इसको ; विज्ञाय = अच्छीतरह (तत्त्वसे) जानकर ; मद्भावाय = मेरे स्वरूपको ; उपपद्यते = प्राप्त होता है।

अनु॰ — इस प्रकार क्षेत्र तथा ज्ञान और जाननेयोग्य (परमात्माका स्वरूप) संक्षेपसे कहे गए। (हे अर्जुन !) मेरा भक्त इस (सब) को तत्त्वसे जानकर मेरे (ही) स्वरूपको प्राप्त हो जाता है (अर्थात्, परमपदको प्राप्त कर लेता है)।

टि॰ — "क्षेत्र", "ज्ञान" तथा "ज्ञेय" का संक्षिप्त स्वरूप-वर्णन करने और इस प्रकरणको जाननेका फल बतलानेके पश्चात्, भगवान् अब प्रकृति एवं पुरुषकी चर्चा करते हुए पहले उन दोनोंकी अनादिताका प्रतिपादन करते हैं और समस्त गुणों एवं विकारोंको प्रकृतिजन्य बतलाते हैं। उनका कथन है—

प्रकृतिं पुरुषं चैव विद्ध्यनादी उभावपि ।
विकारांश्च गुणांश्चैव विद्धि प्रकृतिसंभवान् ॥१९॥

पद० — प्रकृतिम् = मूलप्रकृतिको ; पुरुषम् = जीवात्मा (अर्थात्, क्षेत्रज्ञ) को ; च = और ; एव = ही ; विद्धि = जान ; अनादी = कारणहीन ; उभौ = दोनोंको ; अपि = भी ; विकारान् = विकारोंको ; च = तथा ; गुणान् = त्रिगुणात्मक (सभी) पदार्थोंको ; च = और ; एव = ही ; विद्धि = जान ; प्रकृतिसंभवान् = मूलप्रकृतिसे उत्पन्न हुओंको।

अनु० — मूलप्रकृति और पुरुष (अर्थात्, जीवात्मा वा क्षेत्रज्ञ)—इन दोनोंको ही (तू) अनादि (कारणहीन) जान। और (रागद्वेषादि) विकारोंको तथा त्रिगुणात्मक (सम्पूर्ण) पदार्थोंको भी प्रकृतिसे ही उत्पन्न हुए जान।

कार्यकरणकर्तृत्वे हेतुः प्रकृतिरुच्यते ।
पुरुषः सुखदुःखानां भोक्तृत्वे हेतुरुच्यते ॥२०॥

पद० — कार्यकरणकर्तृत्वे = कार्य और करणकी उत्पत्तिमें ; हेतुः = कारण ; प्रकृतिः = प्रकृति ; उच्यते = कही जाती है ; पुरुषः = जीवात्मा ; सुखदुःखानाम् = सुखों तथा दुःखोंके ; भोक्तृत्वे = भोक्तापनमें (अर्थात्, भोगनेमें) ; हेतुः = कारण ; उच्यते = कहा जाता है।

अनु० — कार्य और करणकी उत्पत्तिमें प्रकृति कारण कही जाती है (तथा) सुखों व दुःखोंके भोक्तापनमें (यानी, भोगनेमें) जीवात्मा कारण कहा जाता है।

टि० — इस श्लोकका अर्थ सम्यक् समझनेके लिए यह आवश्यक है कि पहले यह ज़ान लिया जाए कि "कार्य" तथा "करण" शब्दोंसे कौन-कौनसे तत्त्व वाच्य हैं और उनकी उत्पत्तिमें "प्रकृति" हेतु कैसे है। "आकाश, वायु, अग्नि, जल और पृथ्वी" ये पाँचों सूक्ष्म महाभूत तथा "शब्द, स्पर्श, रूप, रस और गन्ध" ये पाँचों इन्द्रियोंके विषय—इन दसोंका वाचक यहाँ "कार्य" शब्द है। "बुद्धि, अहंकार और मन" ये तीनों अन्तःकरण ; "श्रोत्र, त्वचा, नेत्र, रसना और घ्राण" ये पाँचों ज्ञानेन्द्रियाँ एवं "वाक्, हस्त, पाद, उपस्थ और गुदा" ये पाँचों कर्मेन्द्रियाँ—इन तेरह तत्त्वोंका वाचक यहाँ "करण" शब्द है। ये सब (तेईस) तत्त्व "प्रकृति" ही से उत्पन्न होते हैं— (कृपया देखिए इसी अध्यायके पाँचवें श्लोककी टिप्पणी)। "प्रकृति" ही इन तत्त्वोंका उपादान कारण है, इसलिए "प्रकृति" को इनकी उत्पत्तिमें यहाँ हेतु बतलाया गया है।

श्लोकके उत्तरार्द्धसे यह जिज्ञासा हो सकती है कि जब यहाँ "पुरुष" शब्द चेतन (जीव) आत्माका वाचक है और आत्माको असंग, निर्लेप एवं शुद्ध माना गया है, तो फिर यहाँ उसे सुख-दुःखोंके भोक्तापनमें हेतु कैसे कहा गया है। इसके उत्तरमें यही निवेदन करना है कि यह सर्वथा ठीक ही है कि आत्मा (पुरुष) अपने शुद्ध (स्वतन्त्र) रूपमें — अर्थात्, प्रकृतिसे मुक्तरूपमें —भोक्ता नहीं होता; किन्तु प्रकृतिके संगसे उसमें भोक्तापनकी प्रतीति-सी हो जाती है। प्रकृति-पुरुषका यह संग, यतः अनादि होता है, अतः यहाँ पुरुषको सुखदुःखोंके भोक्तापनमें हेतु, यानी निमित्त कारण, माना गया है। इसी बातको पूर्णतया स्पष्ट करते हुए, भगवान् अगले श्लोकमें कहते भी हैं कि "प्रकृतिमें स्थित ही पुरुष प्रकृतिजनित गुणोंको भोगता है"—

पुरुषः प्रकृतिस्थो हि भुंक्ते प्रकृतिजान्गुणान् ।
कारणं गुणसंगोऽस्य सदसद्योनिजन्मसु ॥२१॥

पद॰ — पुरुषः = जीवात्मा; प्रकृतिस्थः = प्रकृतिमें स्थित; हि = ही; भुक्ते = भोगता है; प्रकृतिजान् = प्रकृतिसे उत्पन्न हुओंको; गुणान् = त्रिगुणात्मक पदार्थोंको; कारणम् = कारण; गुणसंगः = गुणोंका संग; अस्य = इसके; सदसद्योनिजन्मसु = अच्छी-बुरी योनियोंमें जन्म लेनेमें।

अनु॰ — प्रकृतिमें स्थित ही पुरुष (जीवात्मा) प्रकृतिसे उत्पन्न त्रिगुणात्मक पदार्थोंको भोगता है (और इन) गुणोंका संग (ही) इस (जीवात्मा) के अच्छी- बुरी योनियोंमें जन्म लेनेका कारण है।

टि॰ — "प्रकृतिज" का अर्थ होता है "प्रकृतिसे उत्पन्न" , यानी, "सत्त्व, रज और तम"— ये तीनों गुण तथा उनके कार्य—शब्द, स्पर्श, रूप, रस और गन्ध—रूपी सभी सांसारिक पदार्थ। यह विशेषण है "गुण" (त्रिगुणात्मक) का। इस प्रकार, "प्रकृतिज गुण" से अभिप्रेत हुए "प्रकृतिसे उत्पन्न त्रिगुणात्मक पदार्थ"।

इसी तरह, यहाँ "पुरुष" का विशेषण है "प्रकृतिस्थ," जो अतीव महत्त्वपूर्ण है, क्योंकि प्रकृतिस्थ—केवल प्रकृतिस्थ—ही पुरुष गुणोंका भोक्ता होता है, अन्यथा नहीं। प्रकृतिसे बने - हुए स्थूल, सूक्ष्म और कारण—इन तीनों शीरीरोंमेंसे किसी भी शरीरके साथ जबतक जीवात्माका सम्बन्ध रहता है, तबतक वह "प्रकृतिस्थ" ही कहलाता है। इसलिये, जबतक आत्माका प्रकृतिके साथ सम्बन्ध बना रहता है, तभीतक वह प्रकृतिजनित गुणोंको भोगता है। उससे सम्बन्ध विच्छिन्न हो जानेपर तो वह अपना विशुद्ध, नित्य-निस्संग-निर्लेप-निरंजन-निर्गुण

स्वरूप बन जाता है, जिस स्थितिमें उसमें गुण-भोक्तापनके होनेका प्रश्न ही नहीं उठता।

"सदसद्योनि" शब्द यहाँ अच्छी और बुरी योनियोंका वाचक है। मनुष्यसे लेकर उससे ऊँची जितनी भी देवादि योनियाँ हैं, सब "सत्" (अच्छी) योनियाँ हैं और मनुष्यसे नीची जितनी भी पशु, पक्षी, वृक्ष, लता आदि योनियाँ हैं, वे सब "असत्" (बुरी) योनियाँ हैं। सत्त्व, रज तथा तम—इन तीनों गुणोंके कार्यरूप सांसारिक पदार्थोंमें जीवकी जो आसक्ति है, वह "गुणसंग" है। जिस जीवकी जिस गुणमें—अर्थात्, उसके कार्यरूप पदार्थमें—आसक्ति होगी, वैसी ही उसकी वासना बनेगी और उसीके अनुसार उसे पुनर्जन्म प्राप्त होगा। इस प्रकार, सत्त्वगुणके संगसे देवयोनिमें, रजोगुणके संगसे मनुष्ययोनिमें तथा तमोगुणके संगसे पशु-पक्षी आदि नीच योनियोंमें पुनर्जन्म होता है। इसीलिये, यहाँ अच्छी-बुरी योनियोंकी प्राप्तिमें गुणोंके संगको कारण बताया गया है।

प्रकृतिस्थ पुरुषके स्वरूपका वर्णन करनेके पश्चात् अब, जीवात्मा तथा परमात्माकी अभिन्नता निर्दिष्ट करते हुए, भगवान् आत्माके गुणातीत स्वरूपकी चर्चा करते हैं—

उपद्रष्टानुमन्ता च भर्ता भोक्ता महेश्वरः ।
परमात्मेति चाप्युक्तो देहेऽस्मिन्पुरुषः परः ॥२२॥

पद० — उपद्रष्टा = साक्षी ; अनुमन्ता = यथार्थ सम्मति देनेवाला ; च = तथा ; भर्ता = धारण-पोषण करनोवाला ; भोक्ता = भोगनेवाला ; महेश्वरः = महान् स्वामी ; परमात्मा = शुद्ध-सच्चिदानन्दघन ; इति = ऐसा ; च = और ; अपि = भी ; उक्तः = कहा गया है ; देहे = शरीरमें ; अस्मिन् = इसमें ; पुरुषः = आत्मा ; परः = अतीत।

अनु० — (यह) पुरुष (आत्मा) इस शरीरमें (स्थित होनेपर) भी पर (अर्थात्, त्रिगुणमयी मायासे सर्वथा अतीत) (ही है)। (केवल) साक्षी (होनेसे "उपद्रष्टा") और यथार्थ सम्मति देनेवाला (होनेसे "अनुमन्ता"), (सबका) धारण-पोषण करनेवाला (होनेसे "भर्ता"), (जीवरूपसे कर्मोंका) भोगनेवाला (होनेसे "भोक्ता"), (ब्रह्मा आदिसे भी) बड़ा स्वामी (होनेसे "महेश्वर") तथा शुद्ध-सच्चिदानन्दघन (होनेसे "परमात्मा")— ऐसा कहा गया है।

टि० — वह एक ही परब्रह्म परमात्मा, भिन्न-भिन्न निमित्तोंसे लीलाभेदके

कारण, विविध नामोंद्वारा पुकारा जाता है। वस्तुतः, उसमें किसी प्रकारका भेद नहीं है।

य एवं वेत्ति पुरुषं प्रकृतिं च गुणैः सह ।
सर्वथा वर्तमानोऽपि न स भूयोऽभिजायते ॥२३॥

पद० — यः = जो ; एवम् = इस प्रकार ; वेत्ति = जानता है ; पुरुषम् = पुरुषको ; प्रकृतिम् = प्रकृतिको ; च = तथा ; गुणैः = गुणोंसे ; सह = सहित ; सर्वथा = सब प्रकारसे ; वर्तमानः = रहता हुआ ; अपि = भी, न = नहीं ; सः = वह ; भूयः = फिर ; अभिजायते = जन्मता है।

अनु० — इस प्रकार पुरुषको तथा गुणोंके सहित प्रकृतिको जो (मनुष्य) (तत्त्वसे) जानता है, वह सब प्रकारसे रहता हुआ (अर्थात्, विविध जीवनक्षेत्रोंमें अपने कर्तव्य कर्म करता हुआ) भी फिर नहीं जन्मता (यानी, पुनर्जन्मको नहीं प्राप्त होता)।

टि० — जबतक प्रकृति एवं पुरुषके तत्त्वका पूर्ण ज्ञान नहीं होता, तभीतक पुरुष(आत्मा) का प्रकृतिसे तथा उसके गुणोंसे संबंध बना रहता है और तभीतक ही उसका बार-बार नाना योनियोंमें जन्म होता रहता है। उनका तत्त्व जान लेनेके बाद तो वह सम्बन्ध ही टूट जाता है और, फलतः, जन्म-मरणका चक्र भी समाप्त हो जाता है।

ध्यानेनात्मनि पश्यन्ति केचिदात्मानमात्मना ।
अन्ये सांख्येन योगेन कर्मयोगेन चापरे ॥२४॥

पद० — ध्यानेन = ध्यानके द्वारा ; आत्मनि = हृदयमें ; पश्यन्ति = देखते हैं ; केचित् = कितने ही ; आत्मानम् = परमात्माको ; आत्मना = सूक्ष्म बुद्धिसे ; अन्ये = और ; सांख्येन = ज्ञान (से) ; योगेन = योगके द्वारा ; कर्मयोगेन = कर्मयोगके द्वारा ; च = और ; अपरे = दूसरे।

अनु० — (उस परमपुरुष) परमात्माको कितने ही (मनुष्य तो) (शुद्ध-हुई) सूक्ष्म बुद्धिसे ध्यानके द्वारा हृदयमें देखते हैं, अन्य (कितने ही) ज्ञानयोगके द्वारा (देखते हैं) और दूसरे (कितने ही) (निष्काम) कर्मयोगके द्वारा (देखते हैं—यानी, प्राप्त करते हैं)।

टि० — साधनभेद है, साधकभेद भी है, किन्तु साध्यभेद नहीं है। एक ब्रह्मजिज्ञासु अपनी रुचि, प्रकृति, क्षमता, सुविधा, सुगमताके अनुरूप कोई-सा भी

मार्ग—भक्ति, ज्ञान वा कर्म—अपना सकता है; पहुँचना सबको एक ही गन्तव्य—परमधाम—पर है। मार्ग कोई अच्छा वा बुरा, छोटा या बड़ा नहीं है—अपने द्वारपर आए-हुए प्रत्येक यात्रीका भगवान् समानभावसे स्वागत करते हैं। हाँ, मार्गका चयन यात्रीका अपना है।

अन्ये त्वेवमजानन्तः श्रुत्वान्येभ्य उपासते ।
तेऽपि चातितरन्त्येव मृत्युं श्रुतिपरायणाः ॥२५॥

पद० — अन्ये = दूसरे ; तु = परन्तु ; एवम् = इस प्रकार ; अजानन्तः = न जानते हुए ; श्रुत्वा = सुनकर ; अन्येभ्यः = औरोंसे ; उपासते = उपासना करते हैं ; ते = वे ; अपि = भी ; च = तथा ; अतितरन्ति = तर जाते हैं ; एव = निस्सन्देह ; मृत्युम् = मृत्युको ; श्रुतिपरायणाः = सुननेके परायण हुए (अर्थात्, सुनेहुएके अनुसार ही श्रद्धा-निष्ठापूर्वक साधनमें लगे हुए)।

अनु० — परन्तु (पूर्वोक्त त्रिविध साधकोंसे) भिन्न (अर्थात्, मन्दबुद्धि पुरुष) (स्वयम्) इस प्रकार न जानते हुए दूसरोंसे (यानी, तत्त्वके जाननेवालोंसे) सुनकर (ही तदनुसार) उपासना करते हैं और वे सुननेके परायण हुए (अर्थात्, सुने-हुएपर श्रद्धानिष्ठापूर्वक आचरण करनेवाले मनुष्य) भी मृत्यु (रूप संसारसागर) को, निस्सन्देह, तर जाते हैं (यानी, पार कर जाते हैं)।

यावत्सञ्जायते किञ्चित्सत्त्वं स्थावरजंगमम् ।
क्षेत्रक्षेत्रज्ञसंयोगात्तद्विद्धि भरतर्षभ ॥२६॥

पद० — यावत् = जितना ; सञ्जायते = उत्पन्न होता है ; किञ्चित् =जो-कुछ भी ; सत्त्वम् = वस्तुसमुदाय ; स्थावरजंगमम् = चर और अचर ; क्षेत्रक्षेत्रज्ञसंयोगात् = क्षेत्र (शरीर वा प्रकृति) तथा क्षेत्रज्ञ (आत्मा वा पुरुष) के सम्बन्धसे ; तत् = उसको ; विद्धि = जान ; भरतर्षभ = हे भरतकुलश्रेष्ठ (अर्जुन)।

अनु० — हे अर्जुन ! जितना जो-कुछ भी चराचर वस्तुसमुदाय (इस संसारमें) उत्पन्न होता है, उस (सब) को (तू) प्रकृति तथा पुरुषके सम्बन्धसे (ही उत्पन्न हुआ) जान।

समं सर्वेषु भूतेषु तिष्ठन्तं परमेश्वरम् ।
विनश्यत्स्वविनश्यन्तं यः पश्यति स पश्यति ॥२७॥

पद० — समम् = समभावसे ; सर्वेषु = सब (में) ; भूतेषु = पदार्थोंमें ;

तिष्ठन्तम् = स्थित (हुए को) ; परमेश्वरम् = परमात्माको ; विनश्यत्सु = नष्ट होते हुओंमें ; अविनश्यन्तम् = नष्ट न होते-हुएको (अर्थात्, नाशरहितको) ; यः = जो ; पश्यति = देखता है ; सः = वह ; पश्यति = देखता है।

अनु॰ — जो (मनुष्य) नष्ट होते-हुए (अर्थात्, नाशशील) सब (चराचर) पदार्थोंमें परमात्माको नाशरहित (यानी, नित्य) (तथा) समभावसे स्थित देखता है, वही (यथार्थ) देखता है।

टि॰ — इस श्लोकमें आत्मतत्त्वको जन्म एवं मृत्यु आदि समस्त विकारोंसे रहित—निर्विकार—तथा सम बतलाया गया है। भाव यह है कि जो मनुष्य इस नित्य, चेतन; एक आत्मतत्त्वको इस प्रकार निर्विकार, अविनाशी और असंगरूपसे सर्वत्र समभावसे व्याप्त देखता है, वही यथार्थ— तत्त्वभावसे —देखता है। इसके विपरीत, जो इसे शरीरके संगसे जन्म-मरणशील और सुखी-दुःखी समझता है, उसका देखना यथार्थ (तत्त्वपूर्वक, ठीक-ठीक) देखना नहीं है। वस्तुतः, वह तो देखते-हुए भी नहीं देखता।

समं पश्यन् हि सर्वत्र समवस्थितमीश्वरम् ।
न हिनस्त्यात्मनाऽऽत्मानं ततो याति परां गतिम् ॥२८॥

पद॰ — समम् = समान ; पश्यन् = देखता हुआ ; हि = क्योंकि ; सर्वत्र = सबमें ; समवस्थितम् = समभावसे स्थित हुए (को) ; ईश्वरम् = परमात्माको ; न = नहीं ; हिनस्ति = नष्ट करता है ; आत्मना = अपनेद्वारा ; आत्मानम् = अपनेको ; ततः = इससे ; याति = प्राप्त होता है ; पराम् = परम (को) ; गतिम् = गतिको।

अनु॰ — क्योंकि (वह मनुष्य) सबमें समभावसे स्थित परमात्माको समान देखता हुआ अपनेद्वारा अपनेको नष्ट नहीं करता, इससे (यानी, इसलिए) (वह) परमगतिको (अर्थात्, मोक्षधामको) प्राप्त होता है।

टि॰ — "अपनेद्वारा अपनेको नष्ट नहीं करता" का भाव है कि वह मनुष्य "अपने (शरीरके नाश) द्वारा अपने (आत्मा) को (भी) नष्ट नहीं करता", यानी, अपने शरीरके नष्ट हो जानेपर, वह यह नहीं समझ बैठता कि उसका आत्मा भी नष्ट हो गया है, क्योंकि वह भलीभाँति जानता है कि शरीर नश्वर तथा अनित्य है और आत्मा अविनाशी एवं नित्य—दोनों विधर्मी तथा भिन्नप्रकृति हैं ; एकके नाश हो जानेपर दूसरेका भी नाश नहीं हो जाता। अन्य शब्दोंमें, अपने शरीर (नाश) से अपना (आत्म) नाश नहीं करता ; यानी, "अपनेसे अपनेको नहीं मारता"।

प्रकृत्यैव च कर्माणि क्रियमाणानि सर्वशः ।
यः पश्यति तथाऽऽत्मानमकर्तारं स पश्यति ॥२९॥

पद० — प्रकृत्या = प्रकृतिके द्वारा ; एव = ही ; च = और ; कर्माणि = कर्मोंको ; क्रियमाणानि = किए जातेहुओंको ; सर्वशः = सब प्रकारसे ; यः = जो ; पश्यति = देखता है ; तथा = और ; आत्मानम् = आत्माको ; अकर्तारम् = नहीं-करनेवाला ; सः = वह ; पश्यति = देखता है।

अनु० — और जो (मनुष्य) (समस्त) कर्मोंको सब प्रकारसे प्रकृतिके द्वारा ही किए जाते-हुए देखता है तथा आत्माको (कर्मोंका) नहीं-करनेवाला (देखता है), वही (यथार्थ) देखता है।

टि० — हम जानते हैं कि सत्त्व, रज और तम—ये तीनों गुण प्रकृतिके ही कार्य हैं ; तथा समस्त इन्द्रियाँ और मन, बुद्धि आदि एवम् इन्द्रियोंके विषय—ये सब भी गुणों ही के विस्तार हैं। अतः, "इन्द्रियोंका इन्द्रियोंके विषयोंमें बरतना" का अर्थ हुआ "गुणोंका गुणोंमें बरतना", अथवा, "गुणोंद्वारा कर्मोंका किया जाना," यानी, "प्रकृतिद्वारा कर्मोंका किया जाना"। सीधे-से शब्दोंमें निष्कर्ष यह निकला कि "प्रकृति ही में कर्तापन है, आत्मामें नहीं"।और, आत्मामें कर्तापन हो भी कैसे सकता है ? वह तो नित्य, शुद्ध, बुद्ध, मुक्त एवं निर्विकार है—कर्म करनेके क्षेत्रमें प्रकृतिके साथ उसका कोई भी सम्बन्ध नहीं होता। अतः, आत्मा न तो किसी कर्मका कर्ता है और न ही कर्मोंके फलका भोक्ता।

भगवान्का यहाँ कथन है कि जो भी कोई मनुष्य, इस प्रकार, "प्रकृतिको कर्मोंका कर्ता तथा आत्माको अकर्ता मानता है, वह ही यथार्थ देखता है," अर्थात्, इन दोनोंके तत्त्वको ठीक-ठीक समझता है। इसके विपरीत, जो कोई आत्माको मन, बुद्धि एवं शरीरके सम्बन्धसे कर्मोंका कर्ता-भोक्ता मानता है, उसका "देखना" भ्रमयुक्त है (यानी, गलत है)।

यदा भूतपृथग्भावमेकस्थमनुपश्यति ।
तत एव च विस्तारं ब्रह्म सम्पद्यते तदा ॥३०॥

पद० — यदा = जब (जिस क्षण) ; भूतपृथग्भावम् = (चराचर) पदार्थोंके न्यारे-न्यारे भावको ; एकस्थम् = एक (परमात्मा) में (ही) स्थित (को) ; अनुपश्यति = अच्छीप्रकार (तत्त्वपूर्वक) देखता है ; ततः = उससे ; एव = ही ; च = तथा ; विस्तारम् = फैलाव (सृष्टि) को ; ब्रह्म = ब्रह्मको (मोक्षको) ; सम्पद्यते = प्राप्त हो जाता है ; तदा = तब (उसी क्षण)।

अनु॰ — जिस क्षण (मनुष्य) (चराचर) पदार्थोंके अलग-अलग भावको एक (परमात्मा ही) में स्थित तथा उस (परमात्मा) ही से (समस्त पदार्थोंके) विस्तार (सृजन) को तत्त्वपूर्वक देखता (समझता) है, (तो वह) उसी क्षण (अर्थात्, बिना किसी विलम्बके) ब्रह्मको (यानी, मोक्षको) प्राप्त हो जाता है।

अनादित्वान्निर्गुणत्वात्परमात्माऽयमव्ययः ।
शरीरस्थोऽपि कौन्तेय न करोति न लिप्यते ॥३१॥

पद॰ — अनादित्वात् = बिना आरम्भ (कारण) का होनेसे ; निर्गुणत्वात् = गुणातीत होनेसे ; परमात्मा = ब्रह्म ; अयम् = यह ; अव्ययः = क्षयरहित (नित्य) ; शरीरस्थः = देहमें रहता हुआ ; अपि = भी ; कौन्तेय = हे कुन्तीपुत्र (अर्जुन) ; न = नहीं ; करोति = करता है ; न = नहीं ; लिप्यते = लिप्त होता है।

अनु॰ — हे अर्जुन ! बिना (किसी) आदि (यानी, कारण) का होनेसे (तथा) गुणातीत होनेसे, यह (पूर्वोक्त) अविनाशी ब्रह्म, शरीर (ही) में रहनेपर भी, (वास्तवमें) न (तो कोई कर्म) करता है (और) न (कर्मोंसे) लिप्त (ही) होता है।

यथा सर्वगतं सौक्ष्म्यादाकाशं नोपलिप्यते ।
सर्वत्रावस्थितो देहे तथाऽऽत्मा नोपलिप्यते ॥३२॥

पद॰ — यथा = जैसे (जिस प्रकार) ; सर्वगतम् = सर्वत्र व्याप्त ; सौक्ष्म्यात् = सूक्ष्म होनेके कारण ; आकाशम् = आकाश ; न = नहीं ; उपलिप्यते = लिप्त होता है ; सर्वत्र = सब जगह ; अवस्थितः = स्थित हुआ ; देहे = शरीरमें ; तथा = वैसे (उसी प्रकार) ; आत्मा = जीवात्मा ; न = नहीं ; उपलिप्यते = लिप्त होता है।

अनु॰ — जिस प्रकार सर्वत्र-व्याप्त आकाश, सूक्ष्म होनेके कारण, (पृथ्वी-जलादिके गुणदोषोंसे) लिप्त (प्रभावित) नहीं होता, उसी प्रकार आत्मा, शरीरमें सब जगह रहते (व्याप्त होते) हुए (भी), (अत्यन्त सूक्ष्म एवं गुणातीत होनेके कारण, शरीरके गुण-दोषोंसे तनिक भी) लिप्त (प्रभावित) नहीं होता।

यथा प्रकाशयत्येकः कृत्स्नं लोकमिमं रविः ।
क्षेत्रं क्षेत्री तथा कृत्स्नं प्रकाशयति भारत ॥३३॥

पद॰ — यथा = जैसे ; प्रकाशयति = प्रकाशित करता है ; एकः = एक-अकेला ; कृत्स्नम् = सम्पूर्ण (को) ; लोकम् = संसारको ; इमम् = इस (को) ; रविः = सूर्य ; क्षेत्रम् = क्षेत्र (प्रकृति) को ; क्षेत्री = क्षेत्रमें रहनेवाला (पुरुष वा आत्मा) ;

तथा = वैसे (ही) ; कृत्स्नम् = समस्त (को) ; प्रकाशयति = आलोकित करता है (अर्थात्, सत्ता-स्फूर्ति देता है) ; भारत = हे भरतवंशी (अर्जुन)।

अनु० — हे अर्जुन ! जैसे एक-अकेला (ही) सूर्य इस सम्पूर्ण संसारको प्रकाशित करता है, वैसे ही (एक-अकेला) आत्मा समस्त प्रकृतिको सत्ता-स्फूर्ति देता है।

क्षेत्रक्षेत्रज्ञयोरेवमन्तरं ज्ञानचक्षुषा ।
भूतप्रकृतिमोक्षञ्च ये विदुर्यान्ति ते परम् ॥३४॥

पद० — क्षेत्रक्षेत्रज्ञयोः = क्षेत्र (प्रकृति) तथा क्षेत्रज्ञ (पुरुष वा आत्मा) के ; एवम् = इस प्रकार ; अन्तरम् = भेदको ; ज्ञानचक्षुषा = ज्ञान-नेत्रोंद्वारा ; भूतप्रकृतिमोक्षम् = पदार्थरूपकार्यसहित प्रकृतिसे छूटनेके उपायको ; च = और ; ये = जो ; विदुः = (तत्त्वसे) जानते हैं ; यान्ति = प्राप्त होते हैं ; ते = वे ; परम् = ब्रह्मको।

अनु० — इस (पूर्वोक्त) प्रकार (से) क्षेत्र तथा क्षेत्रज्ञके भेदको—यानी, इस भेदको कि क्षेत्र जड़, विकारी, क्षणिक व नाशवान् है तथा क्षेत्रज्ञ चेतन, अविकारी, नित्य व अविनाशी है—और पदार्थरूपकार्यसहित प्रकृतिसे छूटनेके उपायको जो (मनुष्य) ज्ञान-नेत्रोंद्वारा (तत्त्वसे) जानते हैं, वे (महात्माजन) परब्रह्म परमात्माको प्राप्त होते हैं।

— O —

ॐ तत्सदिति श्रीमद्भगवद्गीतासूपनिषत्सु
ब्रह्मविद्यायां योगशास्त्रे श्रीकृष्णार्जुनसंवादे
क्षेत्रक्षेत्रज्ञविभागयोगो नाम त्रयोदशोऽध्यायः ॥१३॥

ॐ नित्यस्वरूप उस परमात्माको नमस्कार ! श्रीमद्भगवद्गीतारूपी उपनिषद् एवं ब्रह्मविद्या तथा योगशास्त्रविषयक श्रीकृष्ण-और-अर्जुनके संवादमें "क्षेत्र-क्षेत्रज्ञविभागयोग" नामक तेरहवाँ अध्याय यहाँ समाप्त होता है ॥१३॥

श्रीमद्भगवद्गीता — चौदहवाँ अध्याय

इस अध्यायमें सत्त्व, रज और तम—इन तीनों गुणोंके स्वरूपका ; इनके कार्य, कारण एवं प्राबल्यका ; ये किस प्रकार किस अवस्थामें जीवात्माको कैसे बन्धनमें डालते हैं और किस भाँति इनसे छूटकर मनुष्य परमपदको प्राप्त हो सकता है ; तथा इन तीनों गुणोंसे अतीत होकर परमात्माको-प्राप्त मनुष्यके क्या लक्षण हैं—ऐसी ही त्रिगुणसम्बन्धी बातोंका विवेचन किया गया है। पहले, साधनकालमें रज एवं तमका त्याग करके सत्त्वगुणको ग्रहण करना, फिर उसे भी त्याग देना और, इस प्रकार, अन्तमें, सभी गुणोंसे सम्बन्ध सर्वथा समाप्त कर देना— इसी विषयको समझानेके लिए इन तीनों गुणोंका विभागपूर्वक वर्णन किया गया है। अतः, इस अध्यायका नाम "गुणत्रयविभागयोग" रक्खा गया है।

श्रीभगवानुवाच।

परं भूयः प्रवक्ष्यामि ज्ञानानां ज्ञानमुत्तमम्।
यज्ज्ञात्वा मुनयः सर्वे परां सिद्धिमितो गताः ॥१॥

पद॰ — श्रीभगवान् = श्रीकृष्णजी ; उवाच = बोला।

परम् = श्रेष्ठ (को) ; भूयः = फिर ; प्रवक्ष्यामि = विस्तारपूर्वक कहूँगा ; ज्ञानानाम् = ज्ञानोंके ; ज्ञानम् = ज्ञानको ; उत्तमम् = अत्युत्कृष्ट (को) ; यत् = जिसको ; ज्ञात्वा = जानकर ; मुनयः = ज्ञानयोगी ; सर्वे = सब ; पराम् = आत्यन्तिकी (को) ; सिद्धिम् = उपलब्धि (गति वा शान्ति) को ; इतः = यहाँसे ; गताः = प्राप्त हो गए हैं।

अनु॰ — श्रीकृष्ण भगवान् बोले—ज्ञानोंमें (भी) अत्युत्कृष्ट (उस) श्रेष्ठ ज्ञानको (मैं) फिर (तेरेलिए) विस्तारपूर्वक कहूँगा, जिसको जानकर सब ज्ञानयोगी यहाँ (यानी, इस संसार) से (मुक्त होकर) आत्यन्तिकी शान्ति (अर्थात्, परमगति) को प्राप्त होगए हैं।

इदं ज्ञानमुपाश्रित्य मम साधर्म्यमागताः ।
सर्गेऽपि नोपजायन्ते प्रलये न व्यथन्ति च ॥२॥

पद० — इदम् = इस (को) ; ज्ञानम् = ज्ञानको ; उपाश्रित्य = आश्रय करके (अर्थात्, धारण करके) ; मम = मेरे ; साधर्म्यम् = स्वरूपको ; आगताः = प्राप्त हुए ; सर्गे = सृष्टिके आदिमें ; अपि = भी ; न = नहीं ; उपजायन्ते = उत्पन्न होते हैं ; प्रलये = सृष्टिके अन्तमें ; न = नहीं ; व्यथन्ति = व्याकुल होते हैं ; च = और।

अनु० — इस (श्रेष्ठ) ज्ञानको आश्रय करके (अर्थात्, धारण करके) मेरे स्वरूपको प्राप्त-हुए (मनुष्य) सृष्टिके आदि में (पुनः) उत्पन्न नहीं होते और सृष्टिके अन्तकालमें भी व्याकुल नहीं होते (क्योंकि उनकी दृष्टिमें मुझ—ब्रह्म—से भिन्न कोई वस्तु इस विश्वभरमें है ही नहीं)।

मम योनिर्महद्ब्रह्म तस्मिन् गर्भं दधाम्यहम् ।
सम्भवः सर्वभूतानां ततो भवति भारत ॥३॥

पद० — मम = मेरी ; योनिः = गर्भाधानका स्थान ; महत्-ब्रह्म = महत्-ब्रह्मरूप प्रकृति (अर्थात्, अव्याकृत त्रिगुणमयी माया) ; तस्मिन् = उसमें ; गर्भम् = (चेतन-समुदायरूप) बीजको ; दधामि = स्थापन करता हूँ ; अहम् = मैं (ब्रह्म, पुरुष, परमात्मा) ; सम्भवः = उत्पत्ति ; सर्वभूतानाम् = समस्त चराचरपदार्थोंकी ; ततः = उससे ; भवति = होती है ; भारत = हे भरतवंशोत्पन्न (अर्जुन)।

अनु० — हे अर्जुन ! मेरी (अर्थात्, परब्रह्मपरमात्माकी) महत्-ब्रह्मरूप प्रकृति (यानी, अव्याकृत त्रिगुणमयी माया) (समग्र स्थावरजंगमवस्तुओंकी) योनि—गर्भाधानकी जगह—है (और) मैं उस (योनि) में (चेतन-समुदायरूप) बीजको स्थापन करता हूँ। उस (जड़-चेतनके संयोग) से समस्त चराचर पदार्थोंकी उत्पत्ति होती है।

सर्वयोनिषु कौन्तेय मूर्तयः सम्भवन्ति याः ।
तासां ब्रह्म महद्योनिरहं बीजप्रदः पिता ॥४॥

पद० — सर्वयोनिषु = सब योनियोंमें ; कौन्तेय = हे कुन्तीपुत्र (अर्जुन) ; मूर्तयः = शरीरधारी प्राणी ; सम्भवन्ति = उत्पन्न होते हैं ; याः = जो (जितनी) ; तासाम् = उनकी ; ब्रह्म-महत् = अव्याकृत त्रिगुणमयी माया ; योनिः = गर्भ धारण करनेवाली (माता) ; अहम् = मैं ; बीजप्रदः = बीजको स्थापन करनेवाला ; पिता = जनक।

अनु॰ — हे अर्जुन ! (नाना प्रकारकी) सब योनियोंमें जितने शरीरधारी प्राणी उत्पन्न होते हैं, उन (सब) की अव्याकृत त्रिगुणमयी माया (तो) गर्भ धारण करनेवाली (माता) है (और) मैं (पुरुष वा परमात्मा) बीज स्थापन करनेवाला पिता हूँ।

सत्त्वं रजस्तम इति गुणाः प्रकृतिसम्भवाः ।
निबध्नन्ति महाबाहो देहे देहिनमव्ययम् ॥५॥

पद॰ — सत्त्वम् = सत्त्वगुण ; रजः = रजोगुण ; तमः = तमोगुण ; इति = ये ; गुणाः = गुण ; प्रकृतिसम्भवाः = प्रकृतिसे उत्पन्न हुए ; निबध्नन्ति = दृढ़तासे बाँधते हैं ; महाबाहो = हे शक्तिशालिनी-भुजाओंवाले (अर्जुन) ; देहे = शरीरमें ; देहिनम् = शरीरधारी (जीवात्मा) को ; अव्ययम् = अविनाशी (को)।

अनु॰ — हे अर्जुन ! सत्त्वगुण, रजोगुण (एवं) तमोगुण—ये प्रकृतिसे-उत्पन्न (तीनों) गुण (इस) अविनाशी जीवात्माको शरीरमें दृढ़तासे बाँधलेते हैं।

तत्र सत्त्वं निर्मलत्वात्प्रकाशकमनामयम् ।
सुखसंगेन बध्नाति ज्ञानसंगेन चानघ ॥६॥

पद॰ — तत्र = उनमें ; सत्त्वम् = सत्त्वगुण ; निर्मलत्वात् = मलरहित (शुद्ध वा स्वच्छ) होनेके कारण ; प्रकाशकम् = प्रकाश करनेवाला ; अनामयम् = रोगपीड़ारहित करनेवाला ; सुखसंगेन = सुखके सम्बन्धसे ; बध्नाति = बाँधता है ; ज्ञासंगेन = ज्ञानके सम्बन्धसे ; च = और ; अनघ = हे पापरहित (निष्पाप)।

अनु॰ — हे निष्पाप (अर्जुन) ! उन (पूर्वोक्त तीनों गुणों) में सत्त्वगुण (तो) निर्मल (शुद्ध-स्वच्छ) होनेके कारण प्रकाश करनेवाला (अर्थात्, ज्ञान देनेवाला) (तथा) रोग-पीड़ारहित करनेवाला (यानी, सुख देनेवाला) होता है, (अतः, वह जीवात्माको) सुखके सम्बन्धसे (अर्थात्, "मैं सुखी हूँ" इस प्रकारका अभिमान उत्पन्न करके) और ज्ञानके सम्बन्धसे (यानी, "मैं ज्ञानी हूँ" ऐसा अभिमान पैदा करके) बाँधता है (अर्थात्, जीवात्माको साधनके मार्गमें अग्रसर होनेसे रोक देता है—अथवा, उसे गुणातीत अवस्थासे वञ्चित रख देता है)।

रजो रागात्मकं विद्धि तृष्णासंगसमुद्भवम् ।
तन्निबध्नाति कौन्तेय कर्मसंगेन देहिनम् ॥७॥

पद॰ — रजः = रजोगुणको ; रागात्मकम् = अनुरागरूप (को) ; विद्धि =

जान ; तृष्णासंगसमुद्भवम् = कामना और आसक्तिसे उत्पन्न-हुए (को) ; तत् = वह ; निबध्नाति = दृढ़तापूर्वक बाँध देता है ; कौन्तेय = हे कुन्तीपुत्र (अर्जुन) ; कर्मसंगेन = कर्मोंके सम्बन्धसे ; देहिनम् = शरीरधारी (जीवात्मा) को।

अनु॰ — हे अर्जुन ! अनुरागरूप रजोगुणको (तू) कामना तथा आसक्तिसे उत्पन्न जान। वह (इस) जीवात्माको कर्मोंके (और उनके फलोंके) सम्बन्धसे दृढ़तापूर्वक बाँध देता है।

टि॰ — यहाँ रजोगुणको कामना-तथा-आसक्तिसे उत्पन्न-हुआ बतलाया गया है। वास्तवमें, इन दोनोंका सम्बन्ध अतिविलक्षण है। जैसे, वृक्ष बीजसे उत्पन्न होता है और फिर उसी वृक्षसे नए बीज उत्पन्न होते हैं, जिनसे कालान्तरमें अन्य नूतन वृक्ष उत्पन्न हो जाते हैं और, इस प्रकार, यह क्रम निरन्तर चलता ही रहता है—कभी बीज कारण है, तो वृक्ष कार्य और कभी वृक्ष कारण है, तो बीज कार्य—वैसे ही, रजोगुण एवं कामना-तथा-आसक्तिका भी अन्योन्याश्रय सम्बन्ध है। रजोगुणसे कामना-व-आसक्ति पैदा भी होते हैं और इनसे वह स्वयम् भी पैदा होता है। "तृष्णासंगसमुद्भवम्" पदका अर्थ यदि हम करते हैं "तृष्णा (कामना) तथा संग (आसक्ति) से सम्यक् उद्भव (प्रादुर्भाव) हो जिसका, ऐसा वह रजोगुण," तो रजोगुण उनका "कार्य" होता है ; और यदि उस पदका अर्थ हम करते हैं "कामना तथा आसक्तिका सम्यक् प्रादुर्भाव हो जिससे, ऐसा वह रजोगुण," तो रजोगुण उन दोनोंका "कारण" बन जाता है। इस प्रकार, बीज-वृक्षन्यायसे दोनों ही बातें ठीक हैं और उपर्युक्त पदके दोनों ही अर्थ बन सकते हैं।

"कर्मसंग" से अभिप्राय है मनुष्यका "इन सब कर्मोंको मैं करता हूँ" ऐसा सोचनेसे कर्मोंमें कर्तापनका अभिमान होना तथा उसके साथ "मुझे इनका अमुक-अमुक फल मिलेगा" ऐसा समझकर कर्मोंके तथा उनके फलोंके साथ अपना सम्बन्ध स्थापित करलेना। इस सम्बन्धके द्वारा रजोगुणका जो इस जीवात्माको जन्म-मृत्युरूप संसारमें फँसाये रखना है, वही उसका "कर्मसंगके द्वारा जीवात्माको बाँधना" है।

सत्त्वगुण एवं रजोगुणके उपरान्त, अब तमोगुणका स्वरूप तथा उसके द्वारा जीवात्माके बाँधे जानेके प्रकार बतलाये जाते हैं—

तमस्त्वज्ञानजं विद्धि मोहनं सर्वदेहिनाम् ।
प्रमादालस्यनिद्राभिस्तन्निबध्नाति भारत ॥८॥

पद॰ — तमः = तमोगुणको ; तु = और ; अज्ञानजम् = अज्ञानसे उत्पन्न

(को) ; विद्धि = जान ; मोहनम् = मोहित करनेवाले (को) ; सर्वदेहिनाम् = सब देहाभिमानियोंके ; प्रमादालस्यनिद्राभिः = अनवधानता (भूल वा भ्रम), सुस्ती तथा नींदके द्वारा ; तत् = वह ; निबध्नाति = दृढ़तासे बाँध (जकड़) देता है ; भारत = हे भरतवंशी (अर्जुन)।

अनु० — और हे अर्जुन! सब देहाभिमानियोंको मोहित (विवेकरहित) करनेवाले तमोगुणको (तू) अज्ञानसे उत्पन्न जान। वह (इस जीवात्माको) भ्रम (अनवधानता), सुस्ती एवं नींदके द्वारा सख़्तीसे बाँध (जकड़) देता है।

टि० — अज्ञान एवं तमोगुणमें भी, बीज-वृक्षकी भाँति, अन्योन्याश्रय सम्बन्ध है— अज्ञानसे तमोगुण बढ़ता है और तमोगुणसे अज्ञान। अतः, कहीं तमोगुणसे अज्ञानकी तथा कहीं अज्ञानसे तमोगुणकी उत्पत्ति बतलाई गई है। प्रकरण एवं स्थितिके अनुरूप, दोनों ही ठीक हैं।

यह तमोगुण, प्रमाद-आलस्य-निद्राके द्वारा, जीवात्माको मुक्तिके साधनसे वञ्चित रखकर जन्ममृत्युरूप संसार ही में फँसाये रखता है—यही उसका "जीवात्माको बाँधना" है।

तीनों गुणोंके स्वरूपका तथा उनके द्वारा जीवात्माके बन्धनके प्रकार बतलाकर, भगवान् अब उनका स्वाभाविक व्यापार निर्दिष्ट करते हैं—

सत्त्वं सुखे सञ्जयति रजः कर्मणि भारत।
ज्ञानमावृत्य तु तमः प्रमादे सञ्जयत्युत ॥९॥

पद० — सत्त्वम् = सत्त्वगुण ; सुखे = (सात्त्विक) सुखमें ; सञ्जयति = लगाता है ; रजः = रजोगुण ; कर्मणि = (भोगपरक सकाम) कर्ममें ; भारत = हे भरतवंशज (अर्जुन) ; ज्ञानम् = विवेकशक्तिको ; आवृत्य = ढककर (यानी, नष्ट करके) ; तु = तो ; तमः = तमोगुण ; प्रमादे = अनवधानता (वा, व्यर्थचेष्टा) में ; सञ्जयति = लगा देता है ; उत = जबकि।

अनु० — हे अर्जुन! सत्त्वगुण (मनुष्यको) (आत्मचिन्तन आदिके द्वारा सात्त्विक) सुखमें लगाता है (और) रजोगुण (इस लोक एवं परलोकके भोगपरक, शास्त्रविहित, सकाम) कर्मोंमें (लगाता है), जबकि तमोगुण तो (उसके) ज्ञानको आच्छादित करके (अर्थात्, विवेकसामर्थ्यको नष्ट करके) (उसे) अनवधानता-पंक (यानी, भ्रान्तियों, विस्मृतियों एवं व्यर्थचेष्टाओंकी कीच) में (ही) लगा देता है (अर्थात्, धकेल देता है)।

रजस्तमश्चाभिभूय सत्त्वं भवति भारत ।
रजः सत्त्वं तमश्चैव तमः सत्त्वं रजस्तथा ॥१०॥

पद० — रजः = रजोगुणको ; तमः = तमोगुणको ; च = और ; अभिभूय दबाकर ; सत्त्वम् = सत्त्वगुण ; भवति = होता है (अर्थात्, बढ़ता है) ; भारत = हे भरतसन्तान (अर्जुन) ; रजः = रजोगुण ; सत्त्वम् = सत्त्वगुणको ; तमः = तमोगुणको ; च = तथा ; एव = ही ; तमः = तमोगुण ; सत्त्वम् = सत्त्वगुणको ; रजः = रजोगुणको ; तथा = वैसे।

अनु० — हे अर्जुन ! सत्त्वगुण (मनुष्यमें) रजोगुण एवं तमोगुणको दबाकर (अर्थात्, उनकी प्रवृत्तियोंको रोककर) स्थित होता है (यानी, बढ़ता है अथवा प्रबलताको प्राप्त करता है) ; रजोगुण (मनुष्यमें) सत्त्वगुण (तथा) तमोगुणको (दबाकर बढ़ता है—प्राथमिकता ग्रहण करता है) और वैसे ही तमोगुण (भी) सत्त्वगुण (और) रजोगुणको (दबाकर प्रधानताको पहुँचता है)।

टि० — तात्पर्य यह कि मनुष्यमें जब-कभी किसी गुणविशेषको प्रमुखरूपसे प्रकट होना होता है, तो वह अन्य गुणोंकी प्रवृत्तियोंको उस कालखण्डके लिये दबा (वा रोक) देता है और अपनी ही विशिष्ट वृत्तियोंसे उसके तन, मन, मस्तिष्क तथा अन्तःकरणपर पूरीतरह छा जाता है। इस प्रकार, मनुष्यमें जिस समय सत्त्वगुण उत्कर्षको प्राप्त होता है, तब उसमें प्रकाश, ज्ञान, विवेक, वैराग्य आदिके बढ़ जानेसे वह अत्यन्त शान्त, सुखी, धीर व गभीर बन जाता है। जब रजोगुण उसपर हावी होता है, तब उसमें तृष्णा, वासना, आसक्ति, प्रवृत्ति आदिका प्राचुर्य हो जानेसे वह एकदम चञ्चल, अशान्त, लोभी, भोगी तथा विविध कर्मोंमें प्रवृत्त होनेका इच्छुक बन जाता है। और, ऐसे ही, तमोगुणद्वारा जकड़े जानेपर उसमें प्रमाद, आलस्य, निद्रा आदिका आधिक्य हो जानेसे वह नितान्त सम्भ्रान्त, सम्मूढ़, अविवेकी एवं तन्द्रालु बन जाता है।

गुणोंके बढ़नेकी चर्चा हो चुकनेपर, अब प्रत्येक गुणकी वृद्धिके लक्षण बतलाये जाते हैं—

सर्वद्वारेषु देहेऽस्मिन्प्रकाश उपजायते ।
ज्ञानं यदा तदा विद्याद्विवृद्धं सत्त्वमित्युत ॥११॥

पद० — सर्वद्वारेषु = सब द्वारोंमें (अर्थात्, अन्तःकरण तथा इन्द्रियोंमें) ; देहे = शरीरमें ; अस्मिन् = इस (में) ; प्रकाशः = चेतनता ; उपजायते = उत्पन्न होती है ; ज्ञानम् = विवेकशक्ति ; यदा = जिस समय ; तदा = उस

समय ; विद्यात् = जानना चाहिये ; विवृद्धम् = बढ़ा (सर्वाधिक) ; सत्त्वम् = सत्त्वगुण ; इति = ऐसा ; उत = कि।

अनु॰ — जिस समय इस शरीरमें (तथा) (इसके) सब द्वारोंमें — अर्थात्, अन्तःकरण और इन्द्रियोंमें—चेतनता (एवं) विवेकशक्ति उत्पन्न होती हैं, उस समय ऐसा जानना चाहिये कि सत्त्वगुण बढ़ा है (यानी, सर्वाधिक है)।

लोभः प्रवृत्तिरारम्भः कर्मणामशमः स्पृहा ।
रजस्येतानि जायन्ते विवृद्धे भरतर्षभ ॥ १२ ॥

पद॰ — लोभः = लोभ ; प्रवृत्तिः = सांसारिक चेष्टा ; आरम्भः = करने लगना ; कर्मणाम् = कर्मोंका ; अशमः = अशान्ति ; स्पृहा = लालसा ; रजसि = रजोगुणमें ; एतानि = ये ; जायन्ते = उत्पन्न होते हैं ; विवृद्धे = बढ़नेपर ; भरतर्षभ = हे भरतकुलश्रेष्ठ (अर्जुन)।

अनु॰ — हे अर्जुन ! रजोगुणके बढ़नेपर (यानी, सर्वाधिक गुण बन जानेपर) लालच, सांसारिक चेष्टा, (सब प्रकारके) कर्मोंको (स्वार्थबुद्धिसे अथवा सकामभावसे) करने लगना, अशान्ति (अर्थात्, मनकी चञ्चलता) (और) (विषयभोगोंकी) लालसा—ये (सब) उत्पन्न होते हैं (अर्थात्, रजोगुणके सर्वातिशय बन जानेपर, इन लोभादि भावोंका प्रादुर्भाव होता है)।

अप्रकाशोऽप्रवृत्तिश्च प्रमादो मोह एव च ।
तमस्येतानि जायन्ते विवृद्धे कुरुनन्दन ॥ १३ ॥

पद॰ — अप्रकाशः = अन्धकार (अज्ञान) ; अप्रवृत्तिः = अरुचि (अनासक्ति) ; च = और ; प्रमादः = व्यर्थचेष्टा ; मोहः = मोहिनी वृत्ति ; एव = ही ; च = तथा ; तमसि = तमोगुणमें ; एतानि = ये ; जायन्ते = उत्पन्न होते हैं ; विवृद्धे = बढ़नेपर ; कुरुनन्दन = हे कुरुसन्तति (अर्जुन)।

अनु॰ — हे अर्जुन ! तमोगुणके बढ़नेपर (अर्थात्, तीनों गुणोंमें सर्वातिशय हो जानेपर) (अन्तःकरण तथा इन्द्रियोंमें) अन्धकार (अज्ञान), (कर्तव्यकर्मोंमें) रुचि (लगन वा आसक्ति) का अभाव और व्यर्थचेष्टा तथा (निद्रादि अन्तःकरणकी) मोहिनी वृत्तियाँ—ये (सब) ही (भाव) उत्पन्न होते हैं (यानी, प्रादुर्भूत होते हैं)।

यदा सत्त्वे प्रवृद्धे तु प्रलयं याति देहभृत् ।
तदोत्तमविदां लोकानमलान्प्रतिपद्यते ॥ १४ ॥

पद॰ — यदा = जब ; सत्त्वे = सत्त्वगुणमें ; प्रवृद्धे = अधिक बढ़े-हुए

होनेमें ; तु = तो ; प्रलयम् = मृत्युको ; याति = प्राप्त होता है ; देहभृत् = शरीरधारी (जीवात्मा) ; तदा = तब ; उत्तमविदाम् = शास्त्रविहित-कर्म करनेवालोंके ; लोकान् = लोकोंको ; अमलान् = शुद्धसात्त्विकोंको ; प्रतिपद्यते = प्राप्त होता (पहुँचता) है।

अनु॰ — जब शरीरधारी (जीवात्मा) सत्त्वगुणके अधिक बढ़े-होने (की अवस्था) में मृत्युको प्राप्त होता है, तब तो (वह) शास्त्रविहित (श्रेष्ठ) कर्म करनेवालोंके शुद्ध-सात्त्विक (दिव्य-स्वर्गादि) लोकोंमें पहुँचता है।

रजसि प्रलयं गत्वा कर्मसंगिषु जायते ।
तथा प्रलीनस्तमसि मूढयोनिषु जायते ॥१५॥

पद॰ — रजसि = रजोगुणमें ; प्रलयम् = मृत्युको ; गत्वा = प्राप्त होकर ; कर्मसंगिषु = कर्म-व-फलोंमें आसक्त (मनुष्यों) में ; जायते = उत्पन्न होता है ; तथा = और ; प्रलीनः = मरा हुआ ; तमसि = तमोगुणमें ; मूढयोनिषु = निम्नयोनियोंमें ; जायते = उत्पन्न होता है।

अनु॰ — रजोगुण (के बढ़े-होनेकी दशा) में मृत्युको प्राप्त होकर (अर्थात्, मरकर) (मनुष्य) कर्म-व-फलोंमें आसक्त (मनुष्यों) में—यानी, मनुष्ययोनिमें —जन्म लेता है ; और तमोगुणके बढ़नेपर मरा हुआ (मनुष्य) (कीट-पतंग, पशु-पक्षी, वृक्ष-लता प्रभृति) निम्नयोनियोंमें उत्पन्न होता है।

कर्मणः सुकृतस्याहुः सात्त्विकं निर्मलं फलम् ।
रजसस्तु फलं दुःखमज्ञानं तमसः फलम् ॥१६॥

पद॰ — कर्मणः = कर्मका ; सुकृतस्य = शास्त्रविहित निष्काम-कर्तव्य (का) ; आहुः = कहा है ; सात्त्विकम् = सात्त्विक ; निर्मलम् = शुद्ध (पवित्र) ; फलम् = फल ; रजसः = राजसिकका ; तु = तो ; फलम् = फल ; दुःखम् = दुःख ; अज्ञानम् = अज्ञान ; तमसः = तामसिकका ; फलम् = फल।

अनु॰ — शास्त्रविहित निष्काम कर्तव्य-कर्म—अर्थात्, सात्त्विक कर्म—का तो सात्त्विक (यानी, सुख-ज्ञान-वैराग्यादि) शुद्ध (दोषरहित) फल (शासत्रकारोंने) कहा है (तथा) राजसिक (कर्म) का फल दुःख (क्लेश-कष्ट) (और) तामसिक (कर्म) का फल अज्ञान (मोह-भ्रम-प्रमाद) (शास्त्रोंने बताया है)।

सत्त्वात्सञ्जायते ज्ञानं रजसो लोभ एव च ।
प्रमादमोहौ तमसो भवतोऽज्ञानमेव च ॥१७॥

पद० — सत्त्वात् = सत्त्वगुणसे ; सञ्जायते = उत्पन्न होता है: = ज्ञानम् = ज्ञान ; रजसः = रजोगुणसे ; लोभः = लालच ; एव = निस्सन्देह ; च = और ; प्रमादमोहौ = अनवधानता एवं भ्रान्ति ; तमसः = तमोगुणसे ; भवतः = (उत्पन्न) होते हैं ; अज्ञानम् = अविवेक ; एव = भी ; च = तथा।

अनु० — सत्त्वगुणसे ज्ञान, (प्रकाश, सुख, शान्ति प्रभृति सभी सात्त्विक भाव) उत्पन्न होते हैं तथा रजोगुणसे, निस्सन्देह, लालच, (प्रवृत्ति, आसक्ति, कामना, कार्यारम्भ आदि समस्त राजसिक भाव) (प्रादुर्भूत होते हैं) और तमोगुणसे अनवधानता एवं भ्रान्ति पैदा होती हैं (तथा) अविवेक, (निद्रा, आलस्य, अप्रकाश, अप्रवृत्ति प्रभृति समग्र तामसिक भाव) भी (उसीसे जन्म लेते हैं)।

ऊर्ध्वं गच्छन्ति सत्त्वस्था मध्ये तिष्ठन्ति राजसाः ।
जघन्यगुणवृत्तिस्था अधो गच्छन्ति तामसाः ॥१८॥

पद० — ऊर्ध्वम् = उच्चलोकोंको ; गच्छन्ति = जाते हैं ; सत्त्वस्थाः = सत्त्वगुणमें स्थित (सात्त्विक मनुष्य) ; मध्ये = बीचमें ; तिष्ठन्ति = रहते (वा ठैरते) हैं ; राजसाः = रजोगुणमें स्थित (राजसिक मनुष्य) ; जघन्यगुणवृत्तिस्थाः = तमोगुणवृत्तिमें स्थित ; अधः = अधोगतिको (अर्थात्, नीचयोनियोंको) ; गच्छन्ति = जाते हैं (यानी, प्राप्त होते हैं) ; तामसाः = तामसिक मनुष्य।

अनु० — सत्त्वगुणमें स्थित (सात्त्विक मनुष्य) (मरणोपरान्त) (स्वर्गादि) उच्च (दिव्य) लोकोंको जाते हैं (अथवा प्राप्त होते हैं) ; रजोगुणमें स्थित (राजसिक मनुष्य) मध्यमें (अर्थात्, मनुष्यलोकमें) ही रहते (ठैरते) हैं (तथा) तमोगुणके कार्यरूप (निन्द्रा, प्रमाद और आलस्यादि) में स्थित तामसिक मनुष्य अधोगतिको (यानी, कीट-पतंग, पशु-पक्षी, लता-वृक्षादि नीचयोनियोंको तथा नरकादि निम्नलोकोंको) जाते (वा पहुँचते) हैं।

नान्यं गुणेभ्यः कर्तारं यदा द्रष्टाऽनुपश्यति ।
गुणेभ्यश्च परं वेत्ति मद्भावं सोऽधिगच्छति ॥१९॥

पद० — न = नहीं ; अन्यम् = औरको ; गुणेभ्यः = गुणोंके अतिरिक्त ; कर्तारम् = करनेवाला ; यदा = जब ; द्रष्टा = साक्षी ; अनुपश्यति = देखता है (अर्थात्, मानता है) ; गुणेभ्यः = गुणोंसे ; च = और ; परम् = परे (अतीत) ; वेत्ति = जानता है ; मद्भावम् = मेरे स्वरूपको ; सः = वह ; अधिगच्छति = प्राप्त हो जाता है।

अनु॰ — जब (मनुष्य अपनेको कर्ता-भोक्ताकी बजाय उदासीन द्रष्टा—साक्षी—समझने लग जाता है, और वह) उदासीन साक्षी (तीनों) गुणोंके अतिरिक्त (किसी) औरको कर्ता नहीं देखता (अर्थात्, गुण ही गुणोंमें बरतते हैं—ऐसा मानता है) तथा (तीनों) गुणोंसे (अत्यन्त) परे (अतीत) (सच्चिदानन्दस्वरूप मुझ परमात्माको तत्त्वसे भलीभाँति) जानता है, (तब) वह मेरे स्वरूपको प्राप्त हो जाता है (यानी, उसे ब्रह्मकी अभिन्नभावसे साक्षात् प्राप्ति हो जाती है)।

गुणानेतानतीत्य त्रीन्देही देहसमुद्भवान् ।
जन्ममृत्युजरादुःखैर्विमुक्तोऽमृतमश्नुते ॥२०॥

पद॰ — गुणान् = गुणोंको ; एतान् = इन (को) ; अतीत्य = उल्लंघन (अतिक्रमण वा पार) करके ; त्रीन् = तीनों (को) ; देही = शरीरधारी (मनुष्य) ; देहसमुद्भवान् = स्थूलशरीरकी उत्पत्तिके कारणरूपोंको ; जन्ममृत्युजरादु:खैः = जन्म, मरण, वृद्धावस्था तथा (सब प्रकारके) दु:खोंसे ; विमुक्तः = पूर्णतया मुक्त हुआ ; अमृतम् = अमरत्वको (अर्थात्, परमानन्दको) ; अश्नुते = प्राप्त होता है।

अनु॰ — मनुष्य, स्थूलशरीरकी उत्पत्तिके कारणरूप इन तीनों गुणोंको उल्लंघन (पार) करके, जन्म, मरण, वृद्धावस्था तथा (सब प्रकारके) दु:खोंसे पूर्णतया मुक्त होकर अमरत्वको (अर्थात्, परमानन्दको) प्राप्त हो जाता है (यानी, गुणातीत होनेपर जीवात्मा परमात्मा ही बन जाता है)।

अर्जुन उवाच ।

कैर्लिंगैस्त्रीन्गुणानेतानतीतो भवति प्रभो ।
किमाचारः कथं चैतांस्त्रीन्गुणानतिवर्तते ॥२१॥

पद॰ — अर्जुनः = अर्जुनने ; उवाच = कहा।

कैः = किन (से) ; लिंगैः = लक्षणोंसे ; त्रीन् = तीन (को) ; गुणान् = गुणोंको ; एतान् = इन (को) ; अतीतः = पार (उल्लंघन) किया हुआ ; भवति = होता है ; प्रभो = हे स्वामिन् ; किम् = कैसा ; आचारः = आचरण ; कथम् = किस प्रकार ; च = तथा ; एतान् = इन (को) ; त्रीन् = तीन (को) ; गुणान् = गुणोंको ; अतिवर्तते = पार करता है।

अनु॰ — अर्जुनने कहा, "हे स्वामिन् ! इन-तीनों-गुणोंसे-अतीत (मनुष्य) किन-किन लक्षणोंसे युक्त होता है, कैसा (उसका) आचरण होता है तथा किस उपायसे (वह) इन तीनों गुणोंसे अतीत (यानी, त्रिगुणातीत) हो जाता है ?"

श्रीभगवानुवाच ।

प्रकाशञ्च प्रवृत्तिञ्च मोहमेव च पाण्डव ।
न द्वेष्टि संप्रवृत्तानि न निवृत्तानि कांक्षति ॥२२॥
उदासीनवदासीनो गुणैर्यो न विचाल्यते ।
गुणा वर्तन्त इत्येव योऽवतिष्ठति नेंगते ॥२३॥
समदुःखसुखः स्वस्थः समलोष्टाश्मकाञ्चनः ।
तुल्यप्रियाप्रियो धीरस्तुल्यनिन्दात्मसंस्तुतिः ॥२४॥
मानापमानयोस्तुल्यस्तुल्यो मित्रारिपक्षयोः ।
सर्वारम्भपरित्यागी गुणातीतः स उच्यते ॥२५॥

पद॰ — श्रीभगवान् = श्रीकृष्ण जी ; उवाच = बोला।

प्रकाशम् = प्रकाश (ज्ञान) को ; च = और ; प्रवृत्तिम् = कर्म करनेकी लगन (स्फुरणा) को ; च = तथा ; मोहम् = भ्रान्तिको ; एव = भी ; च = और ; पाण्डव = हे पाण्डुपुत्र (अर्जुन) ; न = नहीं ; द्वेष्टि = द्वेष करता है (यानी, बुरा समझता है) ; सम्प्रवृत्तानि = प्रवृत्त (प्राप्त) हुओंको ; न = नहीं ; निवृत्तानि = निवृत्त(चले-गए) हुओंको ; कांक्षति = कामना करता है ; उदासीनवत् = साक्षीके सदृश ; आसीनः = स्थित हुआ ; गुणैः = गुणोंके द्वारा ; यः = जो ; न = नहीं ; विचाल्यते = चलायमान किया जाता है ; गुणाः = गुण ; वर्तन्ते = बरतते हैं ; इति = ऐसा ; एव = ही ; यः = जो ; अवतिष्ठति = स्थित रहता है ; न = नहीं ; इंगते = कम्पित (विचलित) होता है ; समदुःखसुखः = दुःख-सुखको समान समझनेवाला ; स्वस्थः = (निरन्तर) आत्मभावमें स्थित ; समलोष्टाश्मकाञ्चनः = मिट्टी, पत्थर एवं सोनेमें समान भाववाला ; तुल्यप्रियाप्रियः = प्रिय व अप्रियको एक-जैसा माननेवाला ; धीरः = धैर्यवान् ; तुल्यनिन्दात्मसंस्तुतिः = अपनी बुराईबड़ाईमें एक-सा रहनेवाला ; मानापमानयोः = इज़्ज़त-बेइज़्ज़तीमें ; तुल्यः = यकसाँ ; तुल्यः = समान ; मित्रारिपक्षयोः = मित्र तथा शत्रुके पक्षोंमें ; सर्वारम्भपरित्यागी = समस्त क्रियाओंमें कर्तापनके अभिमानसे रहित ; गुणातीतः = गुणोंसे परे (अप्रभावित) ; सः = वह ; उच्यते = कहा जाता (कहलाता) हैं।

अनु॰ — श्रीकृष्ण भगवान् बोले— हे अर्जुन ! (जो मनुष्य) (सत्त्वगुणके कार्यरूप) प्रकाश (ज्ञान) को और (रजोगुणकी कार्यरूप) प्रवृत्ति (अर्थात्, कर्म करनेकी स्फुरणा) को तथा (तमोगुणकी कार्यरूप) भ्रान्तिको भी न तो प्रवृत्त होनेपर (यानी, उनके प्राप्त होनेपर) बुरा समझता है और न निवृत्त होनेपर (अर्थात्, उनका अभाव होजानेपर) (उनकी) कामना करता है ; जो, साक्षीके सदृश स्थित हुआ, गुणोंके द्वारा चलायमान नहीं किया जा

सकता (और) "गुण ही गुणोंमें बरतते हैं" ऐसा (समझता हुआ) जो (परमात्मामें एकीभावसे) स्थित रहता है (एवम्) (उस स्थितिसे कभी) कम्पित (विचलित) नहीं होता है ; (जो) (निरन्तर) आत्मभावमें स्थित हुआ दु:ख-सुखको समान समझनेवाला, मिट्टी-पत्थर-सोनेमें समान भाववाला, प्रिय व अप्रियको एक-जैसा माननेवाला, धैर्यवान् (तथा) अपनी बुराई-बड़ाईमें एक-सा रहनेवाला है (और जो) इज़्ज़त-बेइज़्ज़तीमें यकसाँ है, मित्र-शत्रुपक्षोंके प्रति समान है (तथा) समस्त क्रियाओंमें कर्तापनके अभिमानसे रहित है—वह (मनुष्य) "गुणातीत" (गुणोंसे परे वा अप्रभावित) कहा जाता है।

मां च योऽव्यभिचारेण भक्तियोगेन सेवते ।
स गुणान्समतीत्यैतान्ब्रह्मभूयाय कल्पते ॥२६॥

पद० — माम् = मुझको ; च = और ; यः = जो ; अव्यभिचारेण = इधर-उधर न भटकनेवाले (अर्थात्, अनन्य) (से) ; भक्तियोगेन = भक्तिरूप योगके द्वारा ; सेवते = भजता है ; सः = वह ; गुणान् = गुणोंको ; समतीत्य = भलीभाँति लाँघकर (पारकर) ; एतान् = इन (को) ; ब्रह्मभूयाय = ब्रह्ममें एकीभाव होनेके लिये (यानी, ब्रह्मको प्राप्त होनेके लिये) ; कल्पते = योग्य बन जाता है।

अनु० — और जो (मनुष्य) अनन्य-भक्तिरूप योगके द्वारा मुझको (निरन्तर) भजता है, वह इन (तीनों) गुणोंको भलीभाँति लाँघकर (पारकर) ब्रह्मको प्राप्त होनेके लिये योग्य (समर्थ) बन जाता है।

ब्रह्मणो हि प्रतिष्ठाहममृतस्याव्ययस्य च ।
शाश्वतस्य च धर्मस्य सुखस्यैकान्तिकस्य च ॥२७॥

पद० — ब्रह्मणः = परब्रह्मका ; हि = क्योंकि ; प्रतिष्ठा = आश्रय ; अहम् = मैं ; अमृतस्य = अमृतका ; अव्ययस्य = अविनाशी (का) ; च = और ; शाश्वतस्य = नित्य (का) ; च = तथा ; धर्मस्य = धर्मका ; सुखस्य = आनन्दका ; ऐकान्तिकस्य = अखण्ड-एकरस (का) ; च = और।

अनु० — क्योंकि (उस) अविनाशी परब्रह्मका और अमृतका तथा नित्यधर्मका एवम् अखण्ड-एकरस आनन्दका आश्रय मैं (ही) हूँ (अर्थात्, उपरोक्त "ब्रह्म," "अमृत," "अव्यय," "शाश्वतधर्म" तथा "ऐकान्तिक सुख"— ये सब मेरे ही नाम हैं, अतः इनका परम आश्रय मैं ही हूँ)।

— ○ —

ॐ तत्सदिति श्रीमद्भगवद्गीतासूपनिषत्सु ब्रह्मविद्यायां योगशास्त्रे श्रीकृष्णार्जुनसंवादे गुणत्रयविभागयोगो नाम चतुर्दशोऽध्यायः ॥१४॥

ॐ नित्यस्वरूप उस परमात्माको नमस्कार ! श्रीमद्भगवद्गीतारूपी उपनिषद् एवं ब्रह्मविद्या तथा योगशास्त्रविषयक श्रीकृष्ण-और-अर्जुनके संवादमें "गुणत्रय-विभागयोग" नामक चौदहवाँ अध्याय यहाँ समाप्त होता है ॥१४॥

श्रीमद्भगवद्गीता — पन्द्रहवाँ अध्याय

प्रस्तुत अध्यायमें सम्पूर्ण जगत्के कर्ता-धर्ता-हर्ता, सर्वशक्तिमान्, सर्वनियन्ता, सर्वव्यापी, सर्वान्तर्यामी, सर्वसुहृद्, सर्वाधार, परमदयालु, परमशरण्य, परमेश्वर "पुरुषोत्तम" भगवान्के गुण, प्रभाव एवं स्वरूपका वर्णन किया गया है। इसके अतिरिक्त, "क्षर पुरुष" (क्षेत्र), "अक्षर पुरुष" (क्षेत्रज्ञ) तथा "पुरुषोत्तम" (परमेश्वर)—इन तीनोंकी चर्चा करके, "क्षर" और "अक्षर" से "भगवान्" किस प्रकार उत्तम (श्रेष्ठ) हैं, वे क्यों "पुरुषोत्तम" कहलाते हैं, उनको "पुरुषोत्तम" जाननेका क्या माहात्म्य है तथा उनको कैसे प्राप्त किया जा सकता है—इत्यादि पुरुषोत्तमसम्बन्धी विषयोंका यहाँ सुष्ठु-रीतिसे विवेचन किया गया है। अत एव, इस अध्यायका नाम "पुरुषोत्तमयोग" रक्खा गया है।

उन पुरुषोत्तम भगवान्के तत्त्व एवं महत्त्वको भलीभाँति अवगत करनेके लिये, त्रिगुणातीत होना नितान्त आवश्यक है और त्रिगुणातीत बननेमें वैराग्यकी एक प्रधान भूमिका होती है। अतः, अर्जुनमें संसारके प्रति वैराग्य उत्पन्न करानेके उद्देश्यसे, प्रारम्भिक तीन श्लोकोंद्वारा संसारका एक पीपलवृक्षके रूपमें वर्णन करते हुए, श्रीकृष्ण अर्जुनको उसे वैराग्यशस्त्रसे काट डालनेके लिए कहते हैं—

श्रीभगवानुवाच।

ऊर्ध्वमूलमधःशाखमश्वत्थं प्राहुरव्ययम्।
छन्दांसि यस्य पर्णानि यस्तं वेद स वेदवित्॥१॥

पद० — श्रीभगवान् = श्रीकृष्ण जी ; उवाच = बोला।

ऊर्ध्वमूलम् = ऊपरकी-ओर जड़ोंवाले (को) ; अधःशाखम् = नीचेकी-ओर शाखाओंवाले (को) ; अश्वत्थम् = क्षणभंगुर वा परिवर्तनशीलको (पीपलके पेड़को) ; प्राहुः = कहते हैं ; अव्ययम् = अविनाशी (को) ; छन्दांसि = वेदमन्त्र ; यस्य = जिसके ; पर्णानि = पत्ते ; यः = जो ; तम् = उसको ; वेद = जानता है ; सः = वह ; वेदवित् = वेदको जाननेवाला।

अनु॰ — श्रीकृष्ण भगवान् बोले—ऊपरकी-ओर जड़ोंवाले (तथा) नीचेकी-ओर शाखाओंवाले (जिस) (संसाररूप) पीपलके वृक्षको (शास्त्रकार वा मर्मज्ञ) अवनिाशी कहते हैं (और) वेदमन्त्र जिसके पत्ते (कहे जाते हैं), उस (संसाररूप वृक्ष) को जो (मनुष्य) (मूलसहित) (तत्त्वसे) जानता है, वह वेद (के तात्पर्य) को जाननेवाला है।

टि॰ — इस श्लोकमें संसारका वर्णन एक ऐसे पीपलवृक्षके रूपमें किया गया है जिसकी जड़ें (यानी, जिसका मूल)—सामान्य वृक्षोंके विपरीत—ऊपरकी ओर आकाशमें है तथा जिसकी शाखाएँ व पत्ते नीचेकी ओर धरतीपर स्थित हैं। इस अलौकिक स्वरूपचित्रणका भी एक कारण है। हम जानते हैं कि आदिपुरुष ब्रह्म ही (अपनी अव्यक्तशक्ति मूलप्रकृति सहित) इस समस्त ब्रह्माण्डका एकमात्र कारण है। तेरहवें अध्यायमें पाँचवें श्लोककी व्याख्या करते समय, हम यह भी देख चुके हैं कि, सृष्टिरचनाकी महाप्रक्रियामें, इस अव्याकृत प्रकृतिसे महत्, अहंकार, पञ्चतन्मात्राएँ आदि २३ तत्त्वोंकी क्रमशः उत्पत्ति होती है। ये तत्त्व, उत्तरोत्तर, स्थूल एवं स्थूलतर होते चले जाते हैं। अन्तिम अवस्थामें हम देखते हैं कि यह दृश्यमान भौतिक संसार स्थूलतम बन गया है। निखिल ब्रह्माण्डका आदिकारण—निर्गुण ब्रह्म—तो, कहनेकी आवश्यकता नहीं, सदासर्वदाकी भाँति, सूक्ष्मतम रहता ही है। फलतः, प्रकृतिके इस अटल नियमके अनुरूप कि हल्की वा सूक्ष्म वस्तुएँ ऊपर आकाशकी ओर चढ़ती हैं तथा भारी वा स्थूल पदार्थ नीचे धरतीकी ओर आकृष्ट होते हैं, संसारवृक्षके मूलकारण—ब्रह्म—का, सूक्ष्मतम होनेके कारण, आकाशमें ऊर्ध्वतम (सबसे ऊपर) स्थित होना तथा शाखाओं व पत्तों आदिका, स्थूलतम होनेकी वजहसे, नीचे धरतीकी ओर बढ़ना सर्वथा स्वाभाविक एवं समीचीन ही है।

अन्य वृक्षोंको छोड़कर, केवल पीपल ही के रूपमें संसारका वर्णन करना भी सारगर्भित है। एक यह तो बात है ही कि पीपलको समस्त वृक्षोंमें उत्तम माना गया है, किन्तु इसका मुख्य कारण "अश्वत्थ" शब्दकी रचनामें छिपा हुआ है। व्युत्पत्तिके अनुसार, इसका अर्थ है "कलतक (यानी, अगले क्षणतक) न ठहरनेवाला" — अर्थात्, क्षणभंगुर वा परिवर्तनशील। और, यह तो एक निर्विरोध तथ्य है ही कि संसारमें प्रतिपल परिवर्तन होते रहते हैं तथा यह नितान्त अनित्य—विनाशी— है।

किन्तु, यह क्या ? संसारवृक्षको तो "विनाशी" होनेके साथ-साथ यहीं (इसी श्लोकमें) "अवनिाशी" ("अव्ययम्") भी कहा गया है! परन्तु इसमें कोई विस्मय

करनेकी बात नहीं, क्योंकि यह तो मात्र विरोधाभास है। यह सर्वथा सत्य है कि संसार परिवर्तनशील एवं नाशवान् है; प्रत्येक कल्पके आदिमें इसका प्रादुर्भाव होना तथा प्रत्येक कल्पके अन्तमें इसका विलय होजाना पूर्णतया शास्त्रसम्मत एवं सुविख्यात हैं। किन्तु क्या कोई बतला सका है अथवा बतला सकता है कि संसारकी यह प्रकट होने और लय होनेकी परम्परा कब आरम्भ हुई थी तथा कबतक चलती रहेगी? क्या इस दृष्टिसे संसार आदिहीन—अनादि—और अन्तहीन—अनन्त—अर्थात्, नित्य वा अव्यय, नहीं हुआ?

और देखिये! "जैसा कारण, वैसा कार्य," इस सिद्धान्तके अनुसार भी यदि हम इस विषयका अनुशीलन करें, तो हम इस निर्णयपर पहुँचेंगे कि यह संसार नित्य और अविनाशी है। कैसे? अन्य सभी पदार्थोंकी भाँति, इस भौतिक संसारका भी मूलकरण परब्रह्म परमेश्वर ही है, जो अनादि, अनन्त, शाश्वत, नित्य, अविनाशी आदि उपाधियोंसे विभूषित है। अतः, ये सभी विशेषताएँ आंशिक रूपसे संसारमें भी विद्यमान होनी चाहियें। इस प्रकार, हम देखते हैं कि संसार विनाशी और अविनाशी दोनों ही है; सन्दर्भ एवं प्रकरणके अनुसार जो अर्थ ठीक बैठता हो, वही लगा लेना चाहिये।

यहाँ तीसरे पादमें वेदमन्त्रोंको "संसारवृक्षके पत्ते" बतलाया गया है, जो सर्वथा उपयुक्त ही है। पत्तोंका काम, मुख्यतः, वृक्षका संरक्षण, संवर्धन एवं सुशोभन करना है। वेदमन्त्र भी संसारके लिये यही सब-कुछ करते हैं—वे सांसारिकों (मनुष्यों) को धर्म-अधर्म, कर्तव्य-अकर्तव्य, यजन-याजन, चिन्तन-मनन आदिका प्रशस्त मार्ग निर्दिष्ट कर ऐहलौकिक तथा पारलौकिक अनिष्टों व दुष्कर्मोंसे उनका संरक्षण, आप्तवाक्योंद्वारा उनका सर्वांगीण संवर्धन और ऋषिप्रमाणवचनोंके माध्यमसे उनका कर्म-भक्ति-ज्ञानस्तरीय सुशोभन सम्पन्न करते हैं।

अन्तिम चरणमें कहा गया है कि "जो उस संसारवृक्षको जानता है, वह वेदोंको जानता है।" इसका यह अभिप्राय है कि जो मनुष्य मूलसहित इस संसारवृक्षको इस प्रकार तत्त्वसे जानता है कि सर्वशक्तिमान् परमेश्वरकी मायासे उत्पन्न यह संसार वृक्षकी भाँति उत्पत्ति-विनाशशील एवं क्षणिक है, अतः इसकी चमक-दमकमें न फँसकर इसको उत्पन्न करनेवाले मायापति परमेश्वर ही की शरणमें जाना चाहिये और, ऐसा समझकर, संसारसे विरक्त तथा उपरत होकर जो भगवान्की शरण ग्रहण कर लेता है—वही, वास्तवमें, वेदोंका जाननेवाला है। इसी अध्यायके पन्द्रहवें श्लोकमें भी कहा गया है कि सब वेदोंके द्वारा जाननेयोग्य

केवल भगवान् ही है। इस सबका तात्पर्य यह हुआ कि यदि वेदोंको जानना है तो भगवान्को जानो और यदि भगवान्को जानना है तो संसारवृक्षको जानो—दूसरे शब्दोंमें, जो संसारवृक्षको जान गया, वह वेदोंको जान गया।

अधश्चोर्ध्वं प्रसृतास्तस्य शाखा गुणप्रवृद्धा विषयप्रवालाः ।
अधश्च मूलान्यनुसन्ततानि कर्मानुबन्धीनि मनुष्यलोके ॥२॥

पद० — अधः = नीचे ; च = और ; ऊर्ध्वम् = ऊपर ; प्रसृताः = फैली हुई ; तस्य = उसकी ; शाखाः = शाखाएँ ; गुणप्रवृद्धाः = गुणोंसे बढ़ी हुई ; विषयप्रवालाः = विषयरूप कोंपलोंवाली ; अधः = नीचे ; च = तथा ; मूलानि = जड़ें ; अनुसन्ततानि = सर्वत्र व्याप्त हुई ; कर्मानुबन्धीनि = कर्मोंके अनुसार बाँधनेवाली ; मनुष्यलोके = मनुष्ययोनिमें।

अनु० — उस (संसारवृक्ष) की (तीनों) गुणों (रूप जल) के द्वारा बढ़ी हुई (एवं) विषय (भोग) रूप कोंपलोंवाली (देव-मनुष्य-पशु-पक्षी आदि योनिरूप) शाखाएँ नीचे और ऊपर (अर्थात्, सर्वत्र) फैली हुई हैं (तथा) मनुष्ययोनिमें कर्मोंके अनुसार बाँधनेवाली (अहंता, ममता एवं वासनारूप) जड़ें (भी) नीचे और (ऊपर) सभी लोकोंमें व्याप्त हैं।

टि० — तेरहवें अध्यायके इक्कीसवें श्लोकमें कहा जा चुका है कि अच्छी और बुरी योनियाँ गुणोंके संगसे प्राप्त होती हैं। इसके अतिरिक्त, समस्त लोक तथा प्राणियोंके शरीर भी तीनों गुणों—सत्त्व, रज और तम—ही के परिणाम हैं। यही भाव समझानेके लिये, प्रस्तुत श्लोकमें संसारवृक्षकी देव-मनुष्य-पशु-पक्षीप्रभृति योनिरूप शाखाओंको गुणजलके द्वारा बढ़ी हुई बताया गया है। सीधे-से शब्दोंमें, वृक्षकी शाखाएँ जैसे जलसे बढ़ती हैं, वैसे ही संसारकी समस्त योनियाँ गुणोंसे बढ़ती हैं (अर्थात्, "गुणप्रवृद्धाः" हैं)।

इन्हीं शाखाओंको आगे "विषयप्रवालाः" (यानी, विषयरूप कोंपलोंवाली) बताया गया है। आशय यह है कि जिस प्रकार वृक्षकी कोंपलें उसकी शाखाओं ही में से निकलती हैं और वे शाखाओंकी अपेक्षा अधिक सूक्ष्म व कोमल होती हैं, उसी प्रकार सकल योनियों (प्राणियों) ही में उनके पाँचों विषय—शब्द, स्पर्श, रूप, रस और गन्ध—रहते हैं, जो स्थूल देह तथा इन्द्रियोंकी अपेक्षा अतिसूक्ष्म होते हैं। इसीलिये, विषयोंको संसारवृक्षकी शाखाओंकी कोंपलें कहा गया है।

इतना ही नहीं, संसारवृक्षकी ये शाखाएँ "अधश्चोर्ध्वं प्रसृताः" हैं, अर्थात्, नीचे और ऊपर (सर्वत्र) फैली हुई हैं। कैसे ? ब्रह्मलोकसे लेकर पातालपर्यन्त

जितने भी लोक और उनमें निवास करनेवाली योनियाँ हैं, वे सभी ही इस संसारवृक्षकी विभिन्न शाखाएँ हैं और उनका नीचे पातालपर्यन्त तथा ऊपर ब्रह्मलोकपर्यन्त सब जगह विस्तृत होना ही उनका सर्वत्र फैलना है।

इस विलक्षण संसारवृक्षकी केवल शाखाएँ ही नहीं, अपितु जड़ें (मूल) भी सर्वत्र व्याप्त हैं। "मूलानि" पद यहाँ अविद्यामूलक "अहंता," "ममता" एवं "वासना" का वाचक है। ये तीनों ब्रह्मलोकसे लेकर पातालपर्यन्त समस्त लोकोंमें निवास करनेवाले आवागमनशील प्राणियोंके अन्तःकरणमें सर्वदा विद्यमान रहती हैं, अतः इनको सर्वत्र-व्याप्त बतलाया गया है। "मूलानि" का यहाँ एक विशेषण भी है— "कर्मानुबन्धीनि," यानी, "कर्मोंके अनुसार बाँधनेवाली," किन्तु "मनुष्यलोके" (मनुष्ययोनिमें, अर्थात्, केवल मनुष्योंको ही कर्मानुसार बाँधनेवाली जड़ें)। ऐसा क्यों ? यह इसलिए कि केवल मनुष्ययोनि ही में कर्म करनेका अधिकार है तथा मनुष्यशरीर ही के द्वारा अहंता, ममता व वासनापूर्वक किए-हुए कर्म बन्धनके हेतु माने गए हैं ; इसलिये, ये मूल मनुष्यलोक ही में कर्मानुसार बाँधनेवाले हैं। मनुष्येतर सभी योनियाँ तो भोग-योनियाँ हैं, अर्थात्, उन्हें केवल पूर्वकृत कर्मोंके फलको भोगने ही का अधिकार है, नवीन कर्म करनेका नहीं। अतः, उनमें अहंता, ममता एवं वासनारूप मूल होनेपर भी, वे कर्मानुसार बाँधनेवाले नहीं बनते।

न रूपमस्येह तथोपलभ्यते नान्तो न चादिर्न च सम्प्रतिष्ठा ।
अश्वत्थमेनं सुविरूढमूलमसंगशस्त्रेण दृढेन छित्त्वा ॥३॥
ततः पदं तत्परिमार्गितव्यं यस्मिन्गता न निवर्तन्ति भूयः ।
तमेव चाद्यं पुरुषं प्रपद्ये यतः प्रवृत्तिः प्रसृता पुराणी ॥४॥

पद० — न = नहीं ; रूपम् = स्वरूप ; अस्य = इसका ; इह = यहाँ ; तथा = वैसा ; उपलभ्यते = पाया जाता है ; न = नहीं ; अन्तः = अन्त ; न = नहीं ; च = और ; आदिः = आदि ; न = नहीं ; च = तथा ; सम्प्रतिष्ठा = अच्छी स्थिति ; अश्वत्थम् = पीपलके वृक्षको ; एनम् = इस (को) ; सुविरूढमूलम् = बड़ी-दृढ़ जड़ोंवाले (को) ; असंगशस्त्रेण = वैराग्यरूप शस्त्रद्वारा ; दृढेन = पक्के (मज़बूत) (से) ; छित्त्वा = काटकर ; ततः = तत्पश्चात् ; पदम् = परमधामको ; तत् = उस (को) ; परिमार्गितव्यम् = भलीभाँति खोजना चाहिये ; यस्मिन् = जिसमें ; गताः = गए हुए ; न = नहीं ; निवर्तन्ति = वापस आते हैं ; भूयः = फिर ; तम् = उसको ; एव = ही ; च = और ; आद्यम् = आदि (को) ; पुरुषम् = पुरुषको ; प्रपद्ये = शरणमें आता

हूँ ; यतः = जिससे ; प्रवृत्तिः = प्रक्रिया ; प्रसृता = विस्तारको प्राप्त हुई है ; पुराणी = पुरातन।

अनु० — इस (संसारवृक्ष) का स्वरूप (जैसा कहा गया है), वैसा यहाँ नहीं पाया जाता। (फिर) न (तो इसका) आदि है और न अन्त है तथा न (इसकी) अच्छी (प्रकारसे) स्थिति (ही) है।(अतः) इस (अहंता-ममता-वासनारूप) बड़ी-दृढ़ जड़ोंवाले (संसाररूप) पीपलवृक्षको प्रगाढ़ (कठोर) वैराग्यरूप शस्त्रद्वारा काटकर (तत्पश्चात्) उस परमधाम (रूप ब्रह्म) को भलीभाँति खोजना चाहिये, जिसमें गए-हुए (मनुष्य) फिर वापस (संसारमें) नहीं आते और जिस (ब्रह्म) से (यह) पुरातन (संसारवृक्षकी) प्रक्रिया विस्तारको प्राप्त हुई है—मैं उसी आदिपुरुष (परमात्मा) की शरणमें हूँ (अर्थात्, उस परमपदस्वरूप परब्रह्मका अनुसन्धान उसीका आश्रय ग्रहण करके करना चाहिये)।

टि० — संसारवृक्षका जैसा स्वरूप शास्त्रोंमें वर्णन किया गया है एवं जैसा देखने और सुननेमें आता है—कि यह अव्यय अथवा अविनाशी है—यथार्थ विचार करनेपर तथा तत्त्वज्ञान हो जानेपर, वैसा उपलब्ध नहीं होता। विचारके समय वह नाशवान् एवं क्षणभंगुर प्रतीत होता है और तत्त्वज्ञान हो जानेपर तो उसका सदा-सदाके लिए ही सम्बन्ध विच्छिन्न हो जाता है। जिस प्रकार आँख खुलनेपर स्वप्नका संसार समाप्त हो जाता है, उसी प्रकार तत्त्वज्ञान होनेपर संसारका स्वप्न समाप्त हो जाता है। इसीलिये, तीसरे श्लोकमें कहा गया है कि "इस संसारवृक्षका स्वरूप जैसा कहा गया है, वैसा यहाँ नहीं पाया जाता।"

यहीं आगे कहा गया है कि इस (संसारवृक्ष) के आदि, अन्त और मध्य (स्थिति) नहीं हैं। इस कथनसे संसारवृक्षको अनिर्वचनीय बतलाया गया है। यह सर्वमान्य ही है कि यह संसार कल्पके आदिमें उत्पन्न होकर कल्पके अन्तमें लीन हो जाता है, किन्तु इस प्रकार आदि-अन्त प्रसिद्ध होनेपर भी कोई यह नहीं जानता कि इसकी यह प्रकट होने एवं लय होनेकी परम्परा कबसे आरम्भ हुई और कबतक चलती रहेगी। फिर, अपने आदि और अन्तके मध्यमें—यानी, स्थितिकालमें—भी यह संसार अनवरत परिवर्तित होता रहता है—जो रूप इस क्षणमें है, वह अगले क्षण नहीं ठहरता। इस प्रकार, इस संसारवृक्षके आदि, अन्त एवं स्थिति (मध्य)—तीनों ही उपलब्ध नहीं होते।

भगवान्ने अर्जुनको बड़ी-दृढ़ जड़ोंवाले इस संसारवृक्षको कठोर वैराग्यरूप शस्त्रद्वारा काट डालनेको कहा है। यह "कठोर वैराग्यशस्त्र" क्या है ? विवेकद्वारा समस्त ब्रह्माण्डको नाशवान् एवं क्षणिक समझकर इस लोक तथा परलोकके समग्र भोगोंमें सुख, प्रीति और रमणीयताका न भासना—उनमें आसक्तिका सर्वथा अभाव हो जाना—ही दृढ़ (कठोर) वैराग्य है। उसीको शस्त्र (उपकरण) बनाकर समस्त चराचर संसारके

चिन्तनका त्याग कर देना तथा अहंता-ममता-वासनारूप दृढ़ (गहरी) जड़ोंका काट देना ही "संसारवृक्षका दृढ़वैराग्यरूप शस्त्रके द्वारा समूल उच्छेद कर देना" है।

अब, उपर्युक्त प्रकारसे आदिपुरुष परमपदस्वरूप परमेश्वरकी शरण होकर उसको-प्राप्त होजानेवाले मनुष्योंके लक्षण बतलाये जाते हैं—

निर्मानमोहा जितसंगदोषा अध्यात्मनित्या विनिवृत्तकामाः ।
द्वन्द्वैर्विमुक्ताः सुखदुःखसंज्ञैर्गच्छन्त्यमूढाः पदमव्ययं तत् ॥५॥

पद० — निर्मानमोहाः = जिनका मान और मोह नष्ट हो गया है ; जितसंगदोषाः = जिन्होंने आसक्तिरूप दोषको जीत लिया है ; अध्यात्मनित्याः = जिनकी परमात्माके स्वरूपमें नित्य स्थिति है ; विनिवृत्तकामाः = जिनकी कामानाएँ पूर्णरूपसे नष्ट हो गई हैं ; द्वन्द्वैः = विरोधी-युगलों (जोड़ों) से ; विमुक्ताः = सर्वथा अप्रभावित ; सुखदुःखसंज्ञैः = सुखदुःख-नामकों (से) ; गच्छन्ति = प्राप्त होते हैं ; अमूढाः = ज्ञानीजन ; पदम् = परमधामको ; अव्ययम् = अवनिाशी (को) ; तत् = उस (को)।

अनु० — जिनका मान और मोह नष्ट हो गया है, जिन्होंने आसक्तिरूप दोषको जीत लिया है, जिनकी परमात्माके स्वरूपमें नित्य स्थिति है (और) जिनकी कामनाएँ पूर्णरूपसे नष्ट हो गई हैं—(ऐसे वे) सुख-दुःख-नामक विरोधीयुगलोंसे सर्वथा-अप्रभावित ज्ञानीजन उस अविनाशी परमधाम—अर्थात्, ब्रह्म—को प्राप्त होते हैं।

न तद्भासयते सूर्यो न शशांको न पावकः ।
यद्गत्वा न निवर्तन्ते तद्धाम परमं मम ॥६॥

पद० — न = नहीं ; तत् = उसको ; भासयते = प्रकाशित कर सकता है ; सूर्यः = सूरज ; न = नहीं ; शशांकः = चाँद ; न = नहीं ; पावकः = अग्नि ; यत् = जिसको ; गत्वा = जाकर (प्राप्त होकर) ; न = नहीं ; निवर्तन्ते = लौटते हैं ; तत् = वह ; धाम = निवास-स्थान ; परमम् = सर्वोत्कृष्ट ; मम = मेरा।

अनु० — जिस (परमपद अथवा मोक्षधाम) को प्राप्त होकर (मनुष्य) (संसारमें) नहीं लौटते, उस (स्वयंप्रकाश परमधाम) को न सूरज प्रकाशित कर सकता है, न चाँद (और) न अग्नि (ही)— वह (ही) मेरा सर्वोत्कृष्ट निवास-स्थान है।

ममैवांशो जीवलोके जीवभूतः सनातनः ।
मनःषष्ठानीन्द्रियाणि प्रकृतिस्थानि कर्षति ॥७॥

पद० — मम = मेरा ; एव = ही ; अंशः = भाग (टुकड़ा) ; जीवलोके =

जीवात्माके निवासस्थान (शरीर) में ; जीवभूत: = जीवात्मा ; सनातन: = अनादि ; मन:षष्ठानि = मनको छठा करनेवालियोंको (अर्थात्, मनसमेत छह बन-जानेवालियोंको) ; इन्द्रियाणि = (पाँचों) इन्द्रियोंको ; प्रकृतिस्थानि = त्रिगुणमयी मायामें स्थित-हुइयोंको ; कर्षति = आकर्षित करता है।

अनु० — शरीरमें जीवात्मा मेरा ही अनादि भाग है (और वही) त्रिगुणमयी मायामें स्थित मनसहित (पाँचों) इन्द्रियोंको आकर्षित करता है।

टि० — पिछले श्लोकमें भगवान्ने कहा था कि जिसको प्राप्त होकर यह जीव संसारमें वापस नहीं आता, वही उनका परमधाम है। इस कथनपर यह शंका हो सकती है कि जब हर संयोगके उपरान्त वियोग अनिवार्य होता है, तो परमधाममें गए-हुए जीवका भी कभी-न-कभी वहाँसे लौटना अवश्य होता होगा। फिर, उपरोक्त वक्तव्यकी सार्थकता कैसे सिद्ध हो सकेगी ? अत:, भगवान्ने प्रस्तुत श्लोकमें जीवात्माको अपना ही अंश बतलाकर इस शंकाकी निवृत्ति की है। इसमें एक दृष्टान्त भी है—एक घड़ेके भीतरका आकाश (रिक्त स्थान) बाहरके महाकाशसे पृथक् एवं भिन्न प्रतीत होता है, यद्यपि, वास्तवमें, वह उसीका एक अभिन्न अंग है। किन्तु घड़ेके फूट जानेपर उसका मर्यादित आकाश, निर्बन्ध होजानेसे, बाहरके महाशकासे मिलकर तद्रूप एवं तदाकार बन जाता है—और फिर उसके वापस घड़ेमें आनेका तो कोई प्रश्न ही नहीं उठता।

इसी प्रकार, यद्यपि ब्रह्म एक ही है, अखण्ड और अभाज्य है तथा समस्त ब्रह्माण्डमें समभावसे सर्वत्र व्याप्त है, तथापि वह नानाविध, भिन्न-भिन्न शरीरोंके सम्बन्धसे (जीवात्माओंके रूपमें) पृथक्-पृथक् एवं विभक्त-सा प्रतीत होता है—हालाँकि, निखिल देहोंमें स्थित सभी जीव, वास्तवमें, ब्रह्म ही के अभिन्न अंश होते हैं। अब, इनमेंसे कोई जीवात्मा यदि, कर्म-भक्ति-ज्ञानादिके माध्यमसे परमेश्वरका साक्षात् कर लेनेपर, अपने स्थूलदेह-सकामकर्म-फलभोगरूपी बन्धनोंको पूर्णत: छिन्न-भिन्न कर देता है, तो वह, विमुक्त होजानेके कारण, परमधाममें जाकर परब्रह्म परमात्मासे तदात्म नहीं हो जायेगा तो और क्या होगा — और फिर, उसके संसारमें लौटनेका प्रश्न ही कहाँ उठेगा ?

यहाँ "इन्द्रियाणि" पदके साथ "प्रकृतिस्थानि" विशेषण दिया गया है, क्योंकि इन्द्रियाँ कार्य हैं और प्रकृति कारण। कार्य सदा कारण ही के आधारपर रहता है, इसीलिये इन्द्रियोंको "प्रकृतिस्थ" बतलाया गया है।

जीवात्मा जब एक शरीरसे दूसरे शरीरमें जाता है, तो मनसहित इन्द्रियोंको भी

अपने साथ ले जाता है—यही जीवात्माका मनसहित इन्द्रियोंको "आकर्षित" करना है। विषयोंका अनुभव करनेमें मन तथा पाँचों ज्ञानेन्द्रियोंकी प्रधानता होनेसे, इस श्लोकमें केवल इन छहोंको ही आकर्षित करना बतलाया गया है ; वैसे, देहान्तरण करती बार, जीवात्मा पुराने शरीरके सतरह तत्त्वोंके समुदायरूप सूक्ष्मशरीरको अपने साथ लेकर चलता है। "मनसहित इन्द्रियाँ"— इन पदोंमें "मन" अन्तःकरणका उपलक्षण है, अतः "बुद्धि" का उसमें अन्तर्भाव है। इसी प्रकार, "इन्द्रियाँ," यद्यपि इस श्लोकमें, केवल "पाँचों ज्ञानेन्द्रियों" ही का वाचक है, तथापि "ज्ञानेन्द्रियों" में "पाँचों कर्मेन्द्रयों" एवं "पाँचों प्राणों" का भी समावेश है, क्योंकि कर्मेन्द्रियोंका कार्य ज्ञानेन्द्रियोंके बिना नहीं चल सकता और जीवात्मा मन तथा इन्द्रियोंको "पाँचों प्राणों" के द्वारा ही आकर्षित करता है। इस प्रकार, वस्तुतः, पुराने शरीरके कुल इन सतरह तत्त्वोंको अपने साथ लेकर जीवात्मा नए शरीरमें जाता है।

जीवात्मा मनसहित-छह इन्द्रियोंको किस समय, किस प्रकार और किसलिये आकर्षित करता है तथा वे मनसहित-छह इन्द्रियाँ कौन-कौन हैं — इन प्रश्नोंका उत्तर अगले दो श्लोकोंद्वारा दिया जाता है—

शरीरं यदवाप्नोति यच्चाप्युत्क्रामतीश्वरः ।
गृहीत्वैतानि संयाति वायुर्गन्धानिवाशयात् ॥८॥

पद० — शरीरम् = शरीरको ; यत् = जिस (को) ; अवाप्नोति = प्राप्त होता है ; यत् = जिसको ; च = फिर ; अपि = भी ; उत्क्रामति = छोड़ता है ; ईश्वरः = स्वामी ; गृहीत्वा = ग्रहण करके ; एतानि = इनको ; संयाति = जाता है ; वायुः = पवन ; गन्धान् = गन्धको ; इव = जैसे ; आशयात् = स्थानसे।

अनु० — पवन (गन्धके) स्थानसे गन्धको जैसे (ग्रहण करके ले जाता है, वैसे ही) (देहादिका) स्वामी (जीवात्मा) भी जिस (शरीर) को छोड़ता है, (उससे) इन (मनसहित इन्द्रियों) को ग्रहण करके फिर जिस शरीरको प्राप्त होता है— (उसमें) जाता है।

श्रोत्रं चक्षुः स्पर्शनं च रसनं घ्राणमेव च ।
अधिष्ठाय मनश्चायं विषयानुपसेवते ॥९॥

पद० — श्रोत्रम् = कानको ; चक्षुः = आँखको ; स्पर्शनम् = त्वचाको ; च = और ; रसनम् = जिह्वाको ; घ्राणम् = नाकको ; एव = ही ; च = तथा ;

अधिष्ठाय = आश्रय करके ; मनः = मनको ; च = और ; अयम् = यह ; विषयान् = भोगविषयोंको ; उपसेवते = सेवन करता है।

अनु॰ — यह (जीवात्मा) कान, आँख और त्वचाको तथा जिह्वा (जीभ), नाक और मनको आश्रय करके (अर्थात्, इन सबके सहारेसे) ही भोगविषयोंका सेवन करता है।

उत्क्रामन्तं स्थितं वापि भुञ्जानं वा गुणान्वितम् ।
विमूढा नानुपश्यन्ति पश्यन्ति ज्ञानचक्षुषः ॥१०॥

पद॰ — उत्क्रामन्तम् = (शरीर) छोड़कर जाते-हुएको ; स्थितम् = (शरीरमें) स्थित (विद्यमान) हुएको ; वा = अथवा ; अपि = भी ; भुञ्जानम् = (विषयोंको) भोगते-हुएको ; वा = या ; गुणान्वितम् = (तीनों) गुणोंसे युक्त-हुएको ; विमूढ़ाः = मोहग्रस्त (अज्ञानीजन) ; न = नहीं ; अनुपश्यन्ति = जानते हैं ; पश्यन्ति = साक्षात् करते हैं (देखते हैं वा तत्त्वसे जानते हैं) ; ज्ञानचक्षुषः = ज्ञानरूप नेत्रोंवाले (ज्ञानीजन)।

अनु॰ — (शरीर) छोड़कर जाते-हुएको अथवा (शरीरमें) स्थित-हुएको (और) (विषयोंको) भोगतेहुएको या (तीनों) गुणोंसे युक्त-हुएको भी (इस प्रकृतिस्थ पुरुष — जीवात्मा—को) मोहग्रस्त (अज्ञानीजन) नहीं जानते (अर्थात्, उसके यथार्थ स्वरूपको नहीं समझते)। (केवल) ज्ञानरूप नेत्रोंवाले (ज्ञानीजन) (ही उसे) तत्त्वसे जानते हैं (यानी, उपरोक्त चारों अवस्थाओं अथवा किसी अन्य अवस्थामें भी—सदा--सर्वदा—जीवात्मा प्रकृतिसे-सर्वथा-अतीत, शुद्ध, बोधस्वरूप एवं निस्संग है—इस रहस्यको भलीभाँति समझते हैं)।

यतन्तो योगिनश्चैनं पश्यन्त्यात्मन्यवस्थितम् ।
यतन्तोऽप्यकृतात्मानो नैनं पश्यन्त्यचेतसः ॥११॥

पद॰ — यतन्तः = प्रयत्न करते हुए ; योगिनः = योगीजन ; च = और ; एनम् = इसको ; पश्यन्ति = देखते हैं (तत्त्वसे जानते हैं) ; आत्मनि = हृदयमें ; अवस्थितम् = स्थित हुएको ; यतन्तः = प्रयत्न करते हुए ; अपि = भी ; अकृतात्मानः = अन्तःकरणको (शुद्ध) न करनेवाले ; न = नहीं ; एनम् = इसको ; पश्यन्ति = देखते (जानते) हैं ; अचेतसः = बोधशक्तिशून्य (मूढ़ मनुष्य)।

अनु॰ — और (ज्ञानीजनोंके अतिरिक्त) (निरन्तर) प्रयत्नशील योगीजन (भी) (अपने) हृदयमें स्थित इस (जीवात्मा) को तत्त्वसे जानते हैं (अर्थात्, इसके नित्य-

शुद्ध-विज्ञानानन्दमय वास्तविक स्वरूपको यथार्थ जान लेते हैं) (किन्तु) (अपने) अन्तःकरणको (शुद्ध) न करनेवाले, बोधशक्तिशून्य (मूढ़ मनुष्य) (तो) प्रयत्न करते-हुए भी इस (आत्मा) को नहीं जानते (यानी, इसके तत्त्वको नहीं समझ सकते)।

यदादित्यगतं तेजो जगद्भासयतेऽखिलम् ।
यच्चन्द्रमसि यच्चाग्नौ तत्तेजो विद्धि मामकम् ॥१२॥

पद० — यत् = जो ; आदित्यगतम् = सूर्यमें स्थित ; तेजः = ज्योतिपुञ्ज ; जगत् = संसारको ; भासयते = प्रकाशित करता है ; अखिलम् = समस्त (को) ; यत् = जो ; चन्द्रमसि = चन्द्रमामें ; यत् = जो ; च = और ; अग्नौ ; अग्निमें ; तत् = उसको ; तेजः = तेज ; विद्धि = जान ; मामकम् = मेरा।

अनु० — सूर्यमें स्थित जो ज्योतिपुञ्ज समस्त संसारको प्रकाशित करता है तथा जो (ज्योत्स्ना वा चाँदनी) चन्द्रमामें है (और) जो (प्रकाश) अग्निमें है — उस (सब) को (तू) मेरा (ही) तेज जान।

गामाविश्य च भूतानि धारयाम्यहमोजसा ।
पुष्णामि चौषधीः सर्वाःसोमो भूत्वा रसात्मकः ॥१३॥

पद० — गाम् = पृथ्वीमें ; आविश्य = प्रवेश करके ; च = और ; भूतानि = पदार्थोंको ; धारयामि = धारण करता हूँ ; अहम् = मैं ; ओजसा = शक्तिसे ; पुष्णामि = पुष्ट करता हूँ ; च = तथा ; औषधीः = वनस्पतियोंको ; सर्वाः = सम्पूर्ण (को) ; सोमः = चन्द्रमा ; भूत्वा = होकर ; रसात्मकः = रसस्वरूप (अमृतमय)।

अनु० — और मैं (ही) पृथ्वीमें प्रवेश करके (अपनी) शक्तिसे (सब) पदार्थोंको धारण करता हूँ तथा रसस्वरूप (अर्थात्, अमृतमय) चन्द्रमा होकर सम्पूर्ण वनस्पतियोंको पुष्ट करता हूँ।

अहं वैश्वानरो भूत्वा प्राणिनां देहमाश्रितः ।
प्राणापानसमायुक्तः पचाम्यन्नं चतुर्विधम् ॥१४॥

पद० — अहम् = मैं ; वैश्वानरः = वैश्वानर अग्निरूप ; भूत्वा = होकर ; प्राणिनाम् = देहधारियोंके ; देहम् = शरीरको ; आश्रितः = स्थित हुआ (रहनेवाला) ; प्राणापानसमायुक्तः = प्राण और अपान (वायुओं) से सम्यक् युक्त हुआ ; पचामि = पचाता हूँ (हज़म करता हूँ) ; अन्नम् = अन्नको ; चतुर्विधम् = चार प्रकारके।

अनु॰ — मैं (ही) देहधारियोंके शरीरमें स्थित हुआ (रहनेवाला) प्राण तथा अपान (वायुओं) से भलीभाँति युक्त वैश्वानर अग्निरूप होकर (उनके) चारों प्रकारके अन्न (भक्ष्य, भोज्य, लेह्य एवं चोष्य) को पचाता (हज़म करता) हूँ।

टि॰ — "वैश्वानर" प्राणियोंके उदरमें निवास करनेवाले उस अग्निका नाम है, जिसके कारण उनके शरीरोंमें उष्णता (गर्मी) रहती है तथा उनद्वारा खाया हुआ अन्न पचता (हज़म होता) है। "मैं ही वैश्वानर अग्निरूप होकर (उनके) चारों प्रकारके अन्नको पचाता हूँ," भगवान्के इस कथनका आशय यह है कि जिस प्रकार अग्निकी प्रकाशनशक्ति उन ही के तेजका अंश है, उसी प्रकार उसका जो उष्णत्व है—अर्थात्, उसकी जो पाचन, दीपन आदि करनेकी शक्ति है—वह भी उन्हींकी शक्तिका अंश है। अतः, वे ही प्राणियोंके शरीरमें निवास करनेवाले वैश्वानर अग्निके रूपमें उनके चारों प्रकारके भोजन-पदार्थोंको पचाते हैं।

मनुष्यद्वारा खाये-जानेवाले अन्नके चार भेद इस प्रकार हैं— (i) दाँतोंसे चबाकर खाए जानेवाले "भक्ष्य पदार्थ", जैसे रोटी और चावल; (ii) निगलकर खाए जानेवाले "भोज्य पदार्थ," जैसे रबड़ी, दूध और पानी; (iii) चाटकर खाए जानेवाले "लेह्य पदार्थ," जैसे शहद और चटनी; (iv) चूसकर खाए जानेवाले "चोष्य पदार्थ," जैसे ईख और गन्ना।

सर्वस्य चाहं हृदि सन्निविष्टो मत्तः स्मृतिर्ज्ञानमपोहनञ्च।
वेदैश्च सर्वैरहमेव वेद्यो वेदान्तकृद्वेदविदेव चाहम् ॥१५॥

पद॰ — सर्वस्य = सबके ; च = और ; अहम् = मैं ; हृदि = हृदयमें ; सन्निविष्टः = स्थित हूँ ; मत्तः = मुझसे ; स्मृतिः = स्मरण ; ज्ञानम् = यथार्थ जानना ; अपोहनम् = संशय-विपर्यय आदिका निराकरण ; च = तथा ; वेदैः = वेदोंद्वारा ; च = और ; सर्वैः = सब (से) ; अहम् = मैं ; एव = ही ; वेद्यः = जाननेयोग्य ;वेदान्तकृत् = वेदान्तका कर्ता ; वेदवित् = वेदोंको जाननेवाला ; एव = ही ; च = तथा ; अहम् = मैं।

अनु॰ — और मैं (ही) सब (प्राणियों) के हृदयमें (अन्तर्यामीरूपसे) स्थित हूँ (तथा) स्मृति (किसी देखी-सुनी अथवा अनुभूत वस्तु वा घटनादिका स्मरण), ज्ञान (किसी वस्तुको यथार्थ जानलेना) और अपोहन (विचारद्वारा बुद्धिस्थ संशय-विपर्यय आदि दोषोंका निराकरण) मुझ (ही) से (होते हैं) और सब वेदोंद्वारा मैं ही जाननेयोग्य हूँ (तथा) वेदान्तका कर्ता और वेदोंको जाननेवाला (भी) मैं ही (हूँ)।

टि॰ — "सब वेदोंद्वारा मैं ही जाननेयोग्य हूँ," इस कथनसे भगवान्ने यह

भाव दिखलाया है कि मैं सर्वशक्तिमान् परमेश्वर ही समस्त वेदोंका विधेय हूँ। उनमें कर्मकाण्ड, उपासनाकाण्ड एवं ज्ञानकाण्डसे सम्बद्ध जितने भी वर्णन हैं, उन सबका लक्ष्य संसारमें वैराग्य उत्पन्न करके सब प्रकारके अधिकारियोंको मेरा ही ज्ञान करा देना है। अतः, उनके द्वारा जो मनुष्य मेरे स्वरूपका ज्ञान प्राप्त करते हैं, वे ही वेदोंके अर्थको ठीक समझते हैं। इसके विपरीत, जो लोग सांसारिक भोगोंमें फँसे रहते हैं, वे उनके अर्थको ठीक नहीं समझ सकते।

द्वाविमौ पुरुषौ लोके क्षरश्चाक्षर एव च ।
क्षरः सर्वाणि भूतानि कूटस्थोऽक्षर उच्यते ॥१६॥

पद॰ — द्वौ = दो प्रकारके ; इमौ = ये ; पुरुषौ = पुरुष ; लोके = संसारमें ; क्षरः = नाशवान् ; च = और ; अक्षरः = अविनाशी ; एव = भी ; च = तथा ; क्षरः = नाशवान् ; सर्वाणि = सम्पूर्ण ; भूतानि = चराचर पदार्थोंके शरीर ; कूटस्थः = जीवात्मा ; अक्षरः = अविनाशी ; उच्यते = कहा जाता है।

अनु॰ — (इस) संसारमें नाशवान् तथा अविनाशी भी—ये दो प्रकारके पुरुष हैं। (इनमें) सम्पूर्ण चराचरपदार्थोंका शरीर (तो) नाशवान् और जीवात्मा अविनाशी कहा जाता है।

टि॰ — सातवें अध्यायके चौथे तथा पाँचवें श्लोकोंमें जो “अपरा” एवं “परा” प्रकृतिके नामसे कहे गए हैं और तेरहवें अध्यायके पहले श्लोकमें जो “क्षेत्र” एवं “क्षेत्रज्ञ” के नामसे कहे गए हैं, उन्हीं दोनोंको यहाँ “क्षर” एवम् “अक्षर” के नामसे वर्णित किया गया है।

उत्तमः पुरुषस्त्वन्यः परमात्मेत्युदाहृतः ।
यो लोकत्रयमाविश्य बिभर्त्यव्यय ईश्वरः ॥१७॥

पद॰ — उत्तमः = उत्तम ; पुरुषः = पुरुष ; तु = तो ; अन्यः = भिन्न (पृथक्) ; परमात्मा = प्रकृष्ट आत्मा ; इति = ऐसे (इस प्रकार) ; उदाहृतः = कहा गया है ; यः = जो ; लोकत्रयम् = तीनों लोकोंको ; आविश्य = प्रवेश करके (व्याप्त होकर) ; बिभर्ति = धारण-पोषण करता है ; अव्ययः = अविनाशी ; ईश्वरः = महाप्रभु (महास्वामी)।

अनु॰ — (किन्तु) उत्तमपुरुष (पुरुषोत्तम) तो (पूर्वोक्त दोनों पुरुषों—क्षर तथा अक्षर—से) (सर्वथा) भिन्न (वा श्रेष्ठ) (ही) है, जो तीनों लोकों—भूः (पृथ्वी), भुवः (आकाश) तथा स्वः (स्वर्ग)—को (पूर्णतया) व्याप्त करके (समस्त चराचर-

जगत्‌का) धारण-पोषण करता है (और) "अव्यय" (अविनाशी), "ईश्वर" (महाप्रभु) (एवं) "परमात्मा" (प्रकृष्ट-आत्मा) ऐसे (नामोंसे शास्त्रोंमें) कहा गया है (वर्णित हुआ है)।

यस्मात्क्षरमतीतोऽहमक्षरादपि चोत्तमः ।
अतोऽस्मि लोके वेदे च प्रथितः पुरुषोत्तमः ॥१८॥

पद० — यस्मात् = जिस कारणसे (क्योंकि) ; क्षरम् = नाशवान् जड़वर्ग (क्षेत्र) को ; अतीतः = पार किए हुए (हूँ) ; अहम् = मैं ; अक्षरात् = अविनाशी जीवात्मा (क्षेत्रज्ञ) से ; अपि = भी ; च = और ; उत्तमः = अतिश्रेष्ठ ; अतः = इसलिए ; अस्मि = हूँ ; लोके = संसारमें ; वेदे = वेदमें ; च = तथा ; प्रथितः = प्रसिद्ध ; पुरुषोत्तमः = सर्वोत्कृष्ट पुरुष।

अनु० — क्योंकि मैं नाशवान् जड़वर्ग (क्षेत्र) को पार किए हुए हूँ (अर्थात्, उससे सर्वथा परे हूँ) तथा (मायामें-स्थित) अनिवाशी जीवात्मा (क्षेत्रज्ञ) से भी अतिश्रेष्ठ हूँ, इसलिए संसारमें एवं वेद-शास्त्रोंमें "पुरुषोत्तम" (सर्वोत्कृष्ट पुरुष) (नामसे) प्रसिद्ध हूँ।

यो मामेवमसम्मूढो जानाति पुरुषोत्तमम् ।
स सर्वविद्भजति मां सर्वभावेन भारत ॥१९॥

पद० — यः = जो ; माम् = मुझको ; एवम् = ऐसे (इस प्रकार) ; असम्मूढः = मोह-भ्रम-संशयादिसे सर्वथा शून्य ; जानाति = जानता है ; पुरुषोत्तमम् = प्रशस्ततम पुरुष (को) ; सः = वह ; सर्ववित् = सब-कुछ जाननेवाला (सर्वज्ञ) ; भजति = भजता है ; माम् = मुझे ; सर्वभावेन = सब प्रकारसे ; भारत = हे भरतकुलजात (अर्जुन)।

अनु० — हे अर्जुन ! इस प्रकार जो मोह-संशयादिसे पूर्णतः रहित (ज्ञानीजन) मुझको (तत्त्वसे) "पुरुषोत्तम" (प्रशस्ततम पुरुष) जानता (समझता) है, वह सर्वज्ञाता सब प्रकारसे (निरन्तर) मुझ (परमेश्वर) को (ही) भजता है।

इति गुह्यतमं शास्त्रमिदमुक्तं मयाऽनघ ।
एतद्बुद्ध्वा बुद्धिमान्स्यात्कृतकृत्यश्च भारत ॥२०॥

पद० — इति = इस प्रकार ; गुह्यतमम् = अतिरहस्ययुक्त गोपनीय ; शास्त्रम् = उपदेश ; इदम् = यह ; उक्तम् = कहा गया है ; मया = मुझसे ; अनघ = हे निष्पाप ; एतत् = इसको ; बुद्ध्वा = जानकर ; बुद्धिमान् =

ज्ञानवान् ; स्यात् = हो जाए ; कृतकृत्यः = कृतार्थ ; च = तथा ; भारत = हे भरतवंशी (अर्जुन)।

अनु० — हे निष्पाप अर्जुन ! इस प्रकार यह अतिरहस्ययुक्त गोपनीय उपदेश मेरेद्वारा कहा (दिया) गया ; इसको (तत्त्वसे) जानकर (मनुष्य) ज्ञानवान् तथा कृतार्थ हो जाता है (अर्थात्, वह समस्त कर्तव्योंसे मुक्त हो जाता है—उसे और कुछ भी करना शेष नहीं रह जाता)।

— O —

ॐ तत्सदिति श्रीमद्भगवद्गीतासूपनिषत्सु ब्रह्मविद्यायां योगशास्त्रे श्रीकृष्णार्जुनसंवादे पुरुषोत्तमयोगो नाम पञ्चदशोऽध्याय: ॥१५॥

ॐ नित्यस्वरूप उस परमात्माको नमस्कार ! श्रीमद्भगवद्गीतारूपी उपनिषद् एवं ब्रह्मविद्या तथा योगशास्त्रविषयक श्रीकृष्ण-और-अर्जुनके संवादमें "पुरुषोत्तमयोग" नामक पन्द्रहवाँ अध्याय यहाँ समाप्त होता है ॥१५॥

श्रीमद्भगवद्गीता—सोलहवाँ अध्याय

देव (परमेश्वर) से सम्बन्ध रखनेवाले तथा उसे प्राप्त करा-देनेवाले सद्गुणों एवं सदाचारोंका नाम "दैवीसम्पद्" है और असुरोंके-जैसे दुर्गुणों एवं दुराचारोंको "आसुरीसम्पद्" कहते हैं। प्रस्तुत अध्यायमें उन दोनोंके स्वरूपका विस्तृत विवेचन तथा दैवीसम्पद्को अपनाने और आसुरीसम्पद्को छोड़नेके हेतु विभागपूर्वक विशद वर्णन किया गया है। अतः, इस (अध्याय) का नाम "दैवासुरसम्पद्विभागयोग" रक्खा गया है।

पहले, दैवी-प्रकृतियुक्त महात्मापुरुषोंके तथा आसुरी-प्रकृतियुक्त अज्ञानी-मनुष्योंके लक्षण एवं स्वभावका विस्तृत वर्णन किया जाता है। प्रारम्भिक तीन श्लोकोंद्वारा, भगवान् अर्जुनको दैवीसम्पद्से युक्त सात्त्विक मनुष्योंके स्वाभाविक लक्षण बतलाते हैं—

श्रीभगवानुवाच।

अभयं सत्त्वसंशुद्धिर्ज्ञानयोगव्यवस्थितिः।
दानं दमश्च यज्ञश्च स्वाध्यायस्तप आर्जवम् ॥१॥
अहिंसा सत्यमक्रोधस्त्यागः शान्तिरपैशुनम्।
दया भूतेष्वलोलुप्त्वं मार्दवं ह्रीरचापलम् ॥२॥
तेजः क्षमा धृतिः शौचमद्रोहो नातिमानिता।
भवन्ति सम्पदं दैवीमभिजातस्य भारत ॥३॥

पद० — श्रीभगवान् = श्रीकृष्ण भगवान्; उवाच = बोला। अभयम् = भयका (सर्वथा) अभाव; सत्त्वसंशुद्धिः = अन्तःकरणकी पूर्णनिर्मलता; ज्ञानयोग-व्यवस्थितिः = तत्त्वज्ञानके लिए ध्यानयोगमें निरन्तर दृढ़-स्थिति; दानम् = (कर्तव्यानुरूप निष्कामभावसे निजी) वस्तुओंका वितरण (अर्थात्, सात्त्विक दान); दमः = इन्द्रियोंको वशमें करना; च = और; यज्ञः = (भगवत्पूजा, अग्निहोत्रादि) उत्तम कर्मोंका आचरण; च = तथा; स्वाध्यायः =(भगवन्नाम-गुणसंकीर्तनसहित) वेदशास्त्रोंका पठन-पाठन; तपः = (स्वधर्म-पालनके लिए)

कष्टसहन ; आर्जवम् = (शरीर-इन्द्रिय-अन्तःकरणकी) सरलता ; अहिंसा = (कैसे-भी किसीको) कष्ट न देना ; सत्यम् = यथार्थ (एवं प्रिय) भाषण ; अक्रोधः = (अपकार करनेवालेपर भी) क्रोध न करना ; त्यागः = (कर्मोंमें कर्तापनके अभिमानका) अभाव ; शान्तिः = (चित्तमें) चञ्चलताका न होना ; अपैशुनम् = निन्दा (चुगली) न करना ; दया = (हेतुरहित) अनुकम्पा ; भूतेषु = (सब) प्राणियोंपर ; अलोलुप्त्वम् = (विषयोंसे-संयुक्त इंद्रियोंमें) आसक्तिका अभाव ; मार्दवम् = कोमलता ; ह्रीः = (लोकशास्त्रविरूद्ध आचरणमें) लज्जा ; अचापलम् = व्यर्थचेष्टारहित होना ; तेजः = (श्रेष्ठपुरुषोंकी) अलौकिक कान्ति ; क्षमा = (अपने अपराधीको) दण्ड देने-दिलानेके भावका अभाव ; धृतिः = धैर्य ; शौचम् = (बाहर-भीतरकी) शुद्धि ; अद्रोहः = शत्रुताकी शून्यता ; न = नहीं ; अतिमानिता = अपनेमें (श्रेष्ठता, पूज्यता व) महत्ताका अभिमान होना ; भवन्ति = होते हैं ; सम्पदम् = सम्पदाको ; दैवीम् = दैवी (को) ; अभिजातस्य = प्राप्त-हुए (मनुष्य) के ; भारत = हे भरतवंशकी सन्तान (अर्जुन)।

अनु॰ — श्रीकृष्ण भगवान् बोले—हे अर्जुन ! दैवी-सम्पदाको प्राप्त (मनुष्य) के (ये लक्षण) हैं—भयका (सर्वथा) अभाव, अन्तःकरणकी पूर्ण निर्मलता, तत्त्वज्ञानके लिए ध्यानयोगमें निरन्तर दृढ़ स्थिति और (कर्तव्यानुरूप निष्कामभावसे निजी) वस्तुओंका वितरण (अर्थात्, सात्त्विक दान), इन्द्रियोंका वशीकरण, (भगवत्पूजा, अग्निहोत्रादि) उत्तम कर्मोंका आचरण, (भगवन्नाम-गुणसंकीर्तनसहित) वेद-शास्त्रोंका पठन-पाठन, (स्वधर्मपालनके लिए) कष्टसहन तथा (शरीर-इन्द्रिय-अन्तःकरणकी) सरलता, (कैसे-भी किसी-को) कष्ट न देना, यथार्थ (एवं प्रिय) भाषण, (अपकार करनेवालेपर भी) क्रोध न करना, (कर्मोंमें कर्तापनके अभिमानका) अभाव, (चित्तमें) चञ्चलताका न होना, निन्दा (चुगली) न करना, (सब) प्राणियोंपर (हेतुरहित) अनुकम्पा, (विषयोंसे-संयुक्त इंन्द्रियोंमें) आसक्तिका अभाव, कोमलता, (लोकशास्त्रविरुद्ध आचरणमें) लज्जा (तथा) व्यर्थचेष्टारहित होना, (श्रेष्ठपुरुषोंकी) अलौकिक कान्ति, (अपने अपराधीको) दण्ड देने-दिलानेके भावका अभाव, धैर्य, (बाहर-भीतरकी) शुद्धि, शत्रुताकी शून्यता (और) अपनेमें (श्रेष्ठता, पूज्यता व) महत्ताका अभिमान न होना।

दम्भो दर्पोऽभिमानश्च क्रोधः पारुष्यमेव च ।
अज्ञानं चाभिजातस्य पार्थ सम्पदमासुरीम् ॥४॥

पद॰ — दम्भः = ढोंग-पाखण्ड (अपनेको धर्मत्मा, महात्मा, ज्ञानी आदि प्रसिद्ध करनेकेलिए दिखावा करना—समाजको ठगना) ; दर्पः = घमण्ड (प्रशस्त

विद्या, धन, बल, कुटुम्ब आदिके आधारपर अपनेको बड़ा एवं दूसरोंको तुच्छ समझना) ; अभिमानः = फूला न समाना (मान, बड़ाई, प्रतिष्ठा आदिके लिए इच्छा करना तथा उसके पूरा हो जानेपर मन-ही-मन कुप्पा होना) ; च = तथा ; क्रोधः = रोष (मनके विरुद्ध कार्य होनेपर अन्तःकरणकी उत्तेजित वृत्ति) ; पारुष्यम् = कठोरता (तन, मन वा वचनकी क्रियाओंमें कोमलताका अभाव) ; एव = भी ; च = और ; अज्ञानम् = अविवेक (धर्म-अधर्म, सत्य-असत्य आदिको यथार्थ न समझना) ; च = और ; अभिजातस्य = प्राप्त-हुए (मनुष्य) के ; पार्थ = हे पृथापुत्र (अर्जुन) ; सम्पदम् = सम्पदाको ; आसुरीम् = आसुरी (राक्षसी) (को)।

अनु॰ — हे अर्जुन ! ढौंग-पाखण्ड, घमण्ड और फूला न समाना तथा रोष, कठोरता और अविवेक भी—(ये सब) आसुरी सम्पदाको प्राप्त-हुए (यानी, आसुरी सम्पदाको लेकर उत्पन्न-हुए) (मनुष्य) के (लक्षण हैं)।

दैवी सम्पद्विमोक्षाय निबन्धायासुरी मता ।
मा शुचः सम्पदं दैवीमभिजातोऽसि पाण्डव ॥५॥

पद॰ — दैवी = देवसम्बन्धी ; सम्पत् = सम्पदा ; विमोक्षाय = मुक्तिके लिये ; निबन्धाय = बाँधनेके लिए ; आसुरी = राक्षसी ; मता = मानी गई है ; मा = मत ; शुचः =शोक कर ; सम्पदम् = सम्पदाको ; दैवीम् = दैवी (को) ; अभिजातः = प्राप्त हुआ (लेकर उत्पन्न हुआ) ; असि = हो ; पाण्डव = हे पाण्डुपुत्र (अर्जुन)।

अनु॰ — दैवी-सम्पदा मुक्तिके लिए (अर्थात्, मनुष्यको संसारबन्धनसे मुक्तकर ब्रह्मसे मिलानेवाली) (और) आसुरी (सम्पंदा) बाँधनेके लिए (यानी, मनुष्यको जन्ममृत्युरूप-संसारमें फँसाकर अधोगतिमें लेजानेवाली) मानी गई है। (इसलिए) हे अर्जुन ! (तू आश्वस्त रह और) शोक मत कर (क्योंकि तू तो) दैवी-सम्पदाको प्राप्त हुआ (अथवा, लेकर उत्पन्न हुआ) है (अतः, तेरी तो मुक्ति सर्वथा निश्चित है)।

द्वौ भूतसर्गौ लोकेऽस्मिन्दैव आसुर एव च ।
दैवो विस्तरशः प्रोक्त आसुरं पार्थ मे शृणु ॥६॥

पद॰ — द्वौ = दो ; भूतसर्गौ = प्राणियोंकी सृष्टि (अर्थात्, मनुष्यसमुदाय) ; लोके = संसारमें ; अस्मिन् = इस (में) ; दैवः = दैवी प्रकृतिवाला ; आसुरः = आसुरी (राक्षसी) प्रकृतिवाला ; एव = ही ; च = और ; दैवः = दैवी (देवसम्बन्धी) प्रकृतिवाला ; विस्तरशः = विस्तारपूर्वक ; प्रोक्तः = कहा गया है ;

आसुरम् = आसुरी प्रकृतिवालेको ; पार्थ = हे पृथापुत्र (अर्जुन) ; मे = मुझसे ; शृणु = सुनो।

अनु॰ — हे अर्जुन ! इस संसारमें प्राणियोंकी सृष्टि (अर्थात्, मनुष्यसमुदाय) (प्रधानतया) दो ही (प्रकारका होता है)—दैवी प्रकृतिवाला (सात्त्विक समुदाय) तथा आसुरी प्रकृतिवाला (राजस-तामस समुदाय)। (उनमें से) दैवी प्रकृतिवाला (समुदाय) (तो मेरेद्वारा) विस्तारपूर्वक (इस अध्यायके आद्य तीन श्लोकों एवम् अन्य अध्यायोंमें भी) बताया जा चुका है, (अब तू) आसुरी-प्रकृतिवाले (समुदाय) को (भी) मुझसे (विस्तारपूर्वक) सुन।

प्रवृत्तिं च निवृत्तिं च जना न विदुरासुराः ।
न शौचं नापि चाचारो न सत्यं तेषु विद्यते ॥७॥

पद॰ — प्रवृत्तिम् = लगनेकी वृत्ति (रुचि) को ; च = और ; निवृत्तिम् = हटनेकी वृत्ति (आदत) को ; च = ही ; जनाः = मनुष्य ; न = नहीं ; विदुः = जानते हैं ; आसुराः = आसुरी (राक्षसी) स्वभाववाले ; न = नहीं ; शौचम् = शुद्धिको ; न = नहीं ; अपि = ही ; च = तथा ; आचारः = आचरण ; न = नहीं ; सत्यम् = सत्यभाषण ; तेषु = उनमें ; विद्यते = है।

अनु॰ — आसुरी-स्वभाववाले मनुष्य (कर्तव्यकर्मोंमें) लगनेकी वृत्ति तथा (अकर्तव्यकर्मोंसे) हटनेकी वृत्ति—(इन दोनोंको) ही नहीं जानते। (इसलिये) उनमें न (तो) बाहर-भीतरकी शुद्धि है, न (श्रेष्ठ) आचरण है और न सत्यभाषण ही है।

असत्यमप्रतिष्ठं ते जगदाहुरनीश्वरम् ।
अपरस्परसम्भूतं किमन्यत्कामहैतुकम् ॥८॥

पद॰ — असत्यम् = झूठा (मिथ्या) ; अप्रतिष्ठम् = निराधार (आश्रयरहित) ; ते = वे ; जगत् = संसार ; आहुः = कहते हैं ; अनीश्वरम् = बिना ईश्वरके ; अपरस्परसम्भूतम् = (अपने-आप, केवल) स्त्रीपुरुषके संयोगसे उत्पन्न ; किम् = क्या ; अन्यत् = और-कुछ ; कामहैतुकम् = भोगोंको भोगनेके लिए।

अनु॰ — वे (आसुरी-प्रकृतिवाले मनुष्य) कहते हैं (अथवा, कहा करते हैं) (कि) (यह चराचर) संसार (सर्वथा) मिथ्या, निराधार, बिना ईश्वरके (तथा) (अपने-आप, केवल) स्त्रीपुरुषके संयोगसे उत्पन्न (हुआ है,) (इसलिए, यह मात्र) भोगोंको भोगनेके लिए (ही है)—(इसके अतिरिक्त,) और (इसमें है) क्या ?

एतां दृष्टिमवष्टभ्य नष्टात्मानोऽल्पबुद्धयः ।
प्रभवन्त्युग्रकर्माणः क्षयाय जगतोऽहिताः ॥९॥

पद॰ — एताम् = इस (को) ; दृष्टिम् = देखनेके प्रकारको (यानी, सोचनेके ढंगको—पूर्वोक्त, मिथ्याज्ञानको) ; अवष्टभ्य = अवलम्बन करके (सहारा लेकर) ; नष्टात्मानः = भ्रष्ट-स्वभाववाले ; अल्पबुद्धयः = मन्दमति ; प्रभवन्ति = उत्पन्न होते हैं ; उग्रकर्माणः = क्रूर (भयानक) कार्य करनेवाले ; क्षयाय = नाशके लिए ; जगतः = संसारके ; अहिताः = अपकार करनेवाले।

अनु॰ — इस (पूर्वोक्त) मिथ्याज्ञानका अवलम्बन करके, भ्रष्टस्वभाव (एवं) मन्दमति, (सबका) अपकार (अनिष्ट) करनेवाले, क्रूरकर्मी (आसुरी स्वभावके वे मनुष्य) संसारके (केवल) नाशके लिए (ही) उत्पन्न होते हैं।

काममाश्रित्य दुष्पूरं दम्भमानमदान्विताः ।
मोहाद्गृहीत्वाऽसद्ग्राहान्प्रवर्तन्तेऽशुचिव्रताः ॥१०॥

पद॰ — कामम् = कामनाको ; आश्रित्य = आसरा (सहारा) लेकर ; दुष्पूरम् = पूर्ण न हो-सकनेवाली (को) ; दम्भमानमदान्विताः = पाखण्ड, घमण्ड एवं नशेसे युक्त ; मोहात् = अज्ञानसे ; गृहीत्वा = ग्रहण करके ; असद्ग्राहान् = मिथ्या सिद्धान्तोंको ; प्रवर्तन्ते = बरतते हैं (विचरते हैं) ; अशुचिव्रताः = भ्रष्ट आचरणोंको धारण किए हुए।

अनु॰ — पाखण्ड, घमण्ड एवं नशेसे युक्त (वे आसुरी-स्वभाववाले मनुष्य), पूर्ण न हो-सकनेवाली कामनाओंका आश्रय लेकर, अज्ञानसे मिथ्या सिद्धान्तोंको ग्रहण कर (तथा) भ्रष्ट आचरणोंको धारण करके (संसारमें) विचरते हैं (कार्य करते हैं)।

चिन्तामपरिमेयाञ्च प्रलयान्तामुपाश्रिताः ।
कामोपभोगपरमा एतावदिति निश्चिताः ॥११॥

पद॰ — चिन्ताम् = चिन्ताको ; अपरिमेयाम् = असंख्य वा असीम (को) ; च = तथा ; प्रलयान्ताम् = मृत्युपर्यन्त-रहनेवाली (को) ; उपाश्रिताः = आश्रय लेनेवाले ; कामोपभोगपरमाः = विषयभोगोंके भोगनेमें तत्पर रहनोवाले ; एतावत् = इतना ही (वा यही ही)(आनन्द है) ;इति = ऐसे (इस प्रकार) ; निश्चिताः = माननेवाले।

अनु॰ — (वे आसुरी-प्रकृतिके मनुष्य) मृत्युपर्यन्त-रहनेवाली-असंख्य-

चिन्ताओंका आश्रय लेनेवाले, विषयभोगोंके भोगनेमें तत्पर रहनेवाले तथा "इतना ही (वा यही तो)(आनन्द)है" इस प्रकार माननेवाले (होते हैं)।

आशापाशशतैर्बद्धाः कामक्रोधपरायणाः ।
ईहन्ते कामभोगार्थमन्यायेनार्थसञ्चयान् ॥१२॥

पद० — आशापाशशतैः = आशाकी सैंकड़ों फन्दारस्सियोंसे (फाँसियोंसे) ; बद्धाः = बँधे हुए ; कामक्रोधपरायणाः = काम-क्रोधका आश्रय (अवलम्बन) लिए हुए ; ईहन्ते = चेष्टा करते हैं ; कामभोगार्थम् = विषयभोगोंके लिये ; अन्यायेन = अन्यायपूर्वक (अनुचित्त रीतिसे) ; अर्थसञ्चयान् = धनादि पदार्थोंके संग्रह करनेको।

अनु० — आशाकी सैंकड़ों फाँसयिोंसे बँधे हुए (वे आसुरी-भावयुक्त मनुष्य), कामक्रोधका आश्रय लेकर, विषयभोगोंके लिए अन्यायपूर्वक (अर्थात्, अनुचित रीतिसे) धनादि पदार्थोंके संग्रह करनेकी कोशिश (चेष्टा) करते (रहते) हैं।

इदमद्य मया लब्धमिमं प्राप्स्ये मनोरथम् ।
इदमस्तीदमपि मे भविष्यति पुनर्धनम् ॥१३॥
असौ मया हतः शत्रुर्हनिष्ये चापरानपि ।
ईश्वरोऽहमहं भोगी सिद्धोऽहं बलवान्सुखी ॥१४॥
आढ्योऽभिजनवानस्मि कोऽन्योऽस्ति सदृशो मया ।
यक्ष्ये दास्यामि मोदिष्य इत्यज्ञानविमोहिताः ॥१५॥
अनेकचित्तविभ्रान्ता मोहजालसमावृताः ।
प्रसक्ताः कामभोगेषु पतन्ति नरकेऽशुचौ ॥१६॥

पद० — इदम् = यह ; अद्य = आज ; मया = मुझसे ; लब्धम् = प्राप्त किया गया है ; इमम् = इस (को) ; प्राप्स्ये = प्राप्त कर लूँगा ; मनोरथम् = मनचाहे-पदार्थको ; इदम् = यह ; अस्ति = है ; इदम् = यह ; अपि = भी ; मे = मेरा ; भविष्यति = हो जायेगा ; पुनः = फिर ; धनम् = धन ; असौ = यह ; मया = मेरेद्वारा ; हतः = मार दिया गया है ; शत्रुः = वैरी ; हनिष्ये = मारूँगा ; च = और ; अपरान् = औरोंको ; अपि = भी ; ईश्वरः = महाशासक (सर्वनियन्ता ईश्वर) ; अहम् = मैं ; अहम् = मैं ; भोगी = भोगनेवाला ; सिद्धः = सिद्धियोंसे युक्त ; अहम् = मैं ; बलवान् = शक्तिशाली ; सुखी = सुखी ; आढ्यः = धनी ; अभिजनवान् = बड़े कुटुम्बवाला ; अस्मि = हूँ ; कः = कौन ; अन्यः = और ; अस्ति = है ; सदृशः = समान ; मया = मुझसे ; यक्ष्ये = यज्ञ करूँगा ; दास्यामि = दान दूँगा ; मोदिष्ये = मौज

उड़ाऊँगा ; इति = इस प्रकार ; अज्ञानविमोहिताः = अज्ञानसे मोहित रहनेवाले ; अनेकचित्तविभ्रान्ताः = अनेक प्रकारसे भ्रमित चित्तवाले ; मोहजालसमावृताः = मोहरूप जालमें फँसे हुए ; प्रसक्ताः = अत्यन्त आसक्त हुए ; कामभोगेषु = विषय-भोगोंमें ; पतन्ति = गिरते हैं ; नरके = नरकमें ; अशुचौ = गन्दे (में)।

अनु० — (हे अर्जुन ! राक्षसी-प्रकृतिवाले वे अहंकारी मनुष्य रात-दिन ऐसा-ऐसा ही सोचते रहते हैं कि—) इस (वस्तु) को (तो) मैंने आज पा लिया है (और अपने) इस मनचाहे-पदार्थको (मैं कल) पा लूँगा ; मेरे पास यह (इतना) धन है (तथा) फिर भी यह (और अधिक) हो जायेगा ; यह वैरी (तो) मेरेद्वारा मार दिया गया है तथा अन्य (वैरियों) को भी (मैं) मार डालूँगा ; मैं (साक्षात्) ईश्वर हूँ (और) (ऐश्वर्यको) भोगनेवाला हूँ ; मैं (सब) सिद्धियोंसे सम्पन्न हूँ (एवम्) (मैं) शक्तिशाली (व) सुखी हूँ ; (मैं) (परम) धनी (तथा) बड़े-कुटुम्बवाला हूँ। मेरे समान दूसरा कौन है ? मैं यज्ञ करूँगा, दान दूँगा (और) मौज उड़ाऊँगा—इस प्रकार अज्ञानसे मोहित रहनेवाले (तथा) अनेकभाँति भ्रमित चित्तवाले, मोहरूप जालमें फँसे हुए (एवं) विषय-भोगमें अत्यन्त आसक्त (यानी, बुरी-तरह धँसे हुए) (राक्षसीलोग) बड़े अपवित्र (घोरगन्दे) नरकमें गिरते हैं।

आत्मसम्भाविताः स्तब्धा धनमानमदान्विताः ।
यजन्ते नामयज्ञैस्ते दम्भेनाविधिपूर्वकम् ॥१७॥

पद० — आत्मसम्भाविताः = अपने-आपको (ही) श्रेष्ठ माननेवाले ; स्तब्धाः = घमण्डी ; धनमानमदान्विताः = सम्पत्ति एवं प्रतिष्ठाके नशेमें चूर हुए ; यजन्ते = यजन (यज्ञ) करते हैं ; नामयज्ञैः = केवल मानमात्रके यज्ञोंद्वारा ; ते = वे ; दम्भेन = पाखण्डपूर्वक ; अविधिपूर्वकम् = शास्त्रविधिसे शून्य।

अनु० — अपने-आपको (ही) श्रेष्ठ समझनेवाले (तथा) सम्पत्ति व प्रतिष्ठाके नशेमें चूर, वे घमण्डी (राक्षसीजन) शास्त्रविधिसे-शून्य केवल नाममात्रके यज्ञोंद्वारा, पाखण्डपूर्वक, यजन (यज्ञ) करते हैं।

अहंकारं बलं दर्पं कामं क्रोधं च संश्रिताः ।
मामात्मपरदेहेषु प्रद्विषन्तोऽभ्यसूयकाः ॥१८॥

पद० — अहंकारम् = घमण्डको ; बलम् = (शारीरिक) शक्तिको ; दर्पम् = शेख़ी (डींग) को ; कामम् = वासना (इच्छा) को ; क्रोधम् = रोषको ; च = और ; संश्रिताः = आश्रित (निर्भर) हुए ; माम् = मुझको ; आत्मपरदेहेषु = अपने तथा दूसरोंके शरीरोंमें ; प्रद्विषन्तः = द्वेष (वैर) करनेवाले ; अभ्यसूयकाः = निन्दा करनेवाले।

अनु॰ — (धर्म एवं शास्त्रकी बजाय,) घमण्ड (गर्व), दादागिरी (पाशविक शक्ति), शेख़ी (डींग), वासना (भोगलालसा) तथा (अशान्त वासनासे उत्पन्न) क्रोधका सहारा लेनेवाले (अर्थात्, इन्हींके बलबूतेपर काम करनेवाले) (और दूसरोंकी) निन्दा करनेवाले (वे आसुरी वृत्तिके मनुष्य) अपने एवं दूसरोंके शरीरोंमें स्थित मुझ (अन्तर्यामी) से (ही) वैर करनेवाले होते हैं (यानी, वे जब किसीसे वैर करते हैं, तो, वस्तुतः, वे मुझ ही से वैर करते हैं, क्योंकि स्वयम् उनके तथा औरोंके—सभीके—भीतर अन्तर्यामीरूपसे मैं—परमेश्वर—ही तो स्थित हूँ)।

तानहं द्विषतः क्रूरान्संसारेषु नराधमान् ।
क्षिपाम्यजस्रमशुभानासुरीष्वेव योनिषु ॥१९॥

पद॰ — तान् = उनको ; अहम् = मैं ; द्विषतः = द्वेष करनेवालोंको ; क्रूरान् = निर्दयी-हिंस्रकोंको ; संसारेषु = संसारोंमें ; नराधमान् = निकृष्ट मनुष्योंको ; क्षिपामि = फेंकता हूँ (गिराता हूँ) ; अजस्रम् = निरन्तर (बारम्बार) ; अशुभान् = पापाचारियोंको ; आसुरीषु = राक्षसी (में) ; एव = ही ; योनिषु = योनियोंमें।

अनु॰ — उन द्वेष (वैर) करनेवाले, पापाचारी (तथा) हिंस्रकर्मी निकृष्ट (नीच-कोटिके) मनुष्योंको मैं संसारमें लगातार (बारम्बार) (पशु-पक्षी-कीट-पतंग प्रभृति) निम्न वा राक्षसी योनियों ही में पटकता हूँ (गिराता हूँ)।

आसुरीं योनिमापन्ना मूढा जन्मनि जन्मनि ।
मामप्राप्यैव कौन्तेय ततो यान्त्यधमां गतिम् ॥२०॥

पद॰ — आसुरीम् = राक्षसी (को) ; योनिम् = योनिको ; आपन्नाः = प्राप्त हुए ; मूढाः = अज्ञानीजन ; जन्मनि = जन्ममें ; जन्मनि = जन्ममें ; माम् = मुझको ; अप्राप्य = न प्राप्त होकर ; एव = ही ; कौन्तेय = हे कुन्तीपुत्र (अर्जुन) ; ततः = उससे ; यान्ति = जाते हैं (प्राप्त होते हैं) ; अधमाम् = नीची (को) ; गतिम् = अवस्थाको (स्थितिको)।

अनु॰ — हे अर्जुन ! जन्म-जन्ममें राक्षसी योनिको प्राप्त (वे) अज्ञानीजन, मुझको न प्राप्त होकर, उससे (राक्षसी योनिसे) (भी) अधिक नीच गति (यानी, ज़्यादह बुरी दशा) को ही प्राप्त होते हैं (अर्थात्, अत्यन्त यातनामय कुम्भीपाक, महारौरव आदि घोर नरकोंमें पड़ते हैं)।

टि॰ — आसुर-स्वभाववाले मनुष्योंको लगातार राक्षसी योनियोंके एवं घोर नरकोंके प्राप्त होनेकी बातसे यह जिज्ञासा हो सकती है कि उनके लिए इस दुर्गतिसे बचकर परमगतिको प्राप्त करनेका क्या कोई उपाय है ? इसपर, अब, दो श्लोकोंमें

समस्त दुर्गतियोंके प्रधान कारणरूप—आसुरी-सम्पत्तिके सार—त्रिविध दोषोंका त्याग करनेके लिये कहते हुए, भगवान् परमगतिकी प्राप्तिका उपाय बतलाते हैं—

त्रिविधं नरकस्येदं द्वारं नाशनमात्मनः ।
कामः क्रोधस्तथा लोभस्तस्मादेतत्त्रयं त्यजेत् ॥२१॥

पद॰ — त्रिविधम् = तीन प्रकारका ; नरकस्य = नरकका ; इदम् = यह ; द्वारम् = दरवाज़ा ; नाशनम् = नाश करनेवाला ; आत्मनः = आत्माका ; कामः = वासना (लालसा) ; क्रोधः = रोष (गुस्सा) ; तथा = और ; लोभः = लालच ; तस्मात् = इसलिये (इस कारणसे) ; एतत् = इस (को) ; त्रयम् = तिगड्डेको (यानी, तीनोंके समूहको) ; त्यजेत् = छोड़ देना चाहिये।

अनु॰ — काम, क्रोध और लोभ—ये आत्माका नाश करनेवाले (अर्थात्, उसे अधोगतिमें ले जानेवाले) तीन प्रकारके नरकके द्वार हैं (यानी, नरकमें ले जानेवाले तीन मार्ग हैं)। अतः, (मोक्षके इच्छुकको) इन तीनोंका, (जीवनकालमें इनका आत्माकी सर्वांगीण अधोगतिका एवं मरणोपरान्त उसकी नरकप्राप्तिका मूलकारण होनेकी वजहसे, सर्वथा) परित्याग कर देना चाहिये।

एतैर्विमुक्तः कौन्तेय तमोद्वारैस्त्रिभिर्नरः ।
आचरत्यात्मनः श्रेयस्ततो याति परां गतिम् ॥२२॥

पद॰ — एतैः = इन (से) ; विमुक्तः = पूरीतरह छूटा हुआ ; कौन्तेय = हे कुन्तीपुत्र (अर्जुन) ; तमोद्वारैः = अन्धकार (अर्थात्, अज्ञान वा नरक) के द्वारोंसे ; त्रिभिः = तीन (से) ; नरः = मनुष्य ; आचरति = आचरण करता है ; आत्मनः = अपने ; श्रेयः = कल्याणको ; ततः = उससे ; याति = जाता है (प्राप्त होता है) ; पराम् = परम (को) ; गतिम् = गतिको (लक्ष्यको)।

अनु॰ — हे अर्जुन ! इन तीनों अन्धकार (यानी, नरक) के द्वारोंसे (अर्थात्, काम, क्रोध और लोभके विकारोंसे) पूर्णतया छूटा-हुआ मनुष्य अपने कल्याणके (उद्धारके) लिये आचरण करता है, उस कारणसे (वह) परमगतिको जाता है (यानी, मुझको प्राप्त हो जाता है)।

यः शास्त्रविधिमुत्सृज्य वर्तते कामकारतः ।
न स सिद्धिमवाप्नोति न सुखं न परां गतिम् ॥२३॥

पद॰ — यः = जो ; शास्त्रविधिम् = शास्त्रोंके विधानको ; उत्सृज्य = छोड़कर ; वर्तते = आचरण करता है ; कामकारतः = अपनी इच्छासे (मनमाना) ;

न = नहीं ; सः = वह ; सिद्धिम् = पूर्णताको ; अवाप्नोति = प्राप्त होता है ; न = नहीं ; सुखम् = (सात्त्विक) सुखको ; न = नहीं ; पराम् = सर्वोत्कृष्ट (को) ; गतिम् = लक्ष्यको।

अनु॰ — जो (मनुष्य) शास्त्रोंके विधानकी अवहेलना करके अपनी इच्छासे (मनमाना) आचरण करता है, वह न (तो) पूर्णताको प्राप्त होता है, न सर्वोत्कृष्ट लक्ष्य—मोक्ष—को (और) न (ही) (सात्त्विक) सुखको।

तस्माच्छास्त्रं प्रमाणं ते कार्याकार्यव्यवस्थितौ ।
ज्ञात्वा शास्त्रविधानोक्तं कर्म कर्तुमिहार्हसि ॥२४॥

पद॰ — तस्मात् = इसलिए ; शास्त्रम् = श्रुति-स्मृति ग्रन्थ ; प्रमाणम् = निर्णायक ; ते = तेरेलिए ; कार्याकार्यव्यवस्थितौ = कर्तव्य-अकर्तव्यका निर्धारण करनेमें ; ज्ञात्वा = जानकर ; शास्त्रविधानोक्तम् = शास्त्रादेशद्वारा बताए-हुए (को) ; कर्म = कामको ; कर्तुम् = करनेके लिए ; इह = इस संसारमें ; अर्हसि = योग्य हो (अच्छे लगते हो)।

अनु॰ — इसलिए, (हे अर्जुन !) कर्तव्य-अकर्तव्यका निर्धारण करनेमें (तेरे मनकी मौज नहीं, अपितु) श्रुतिस्मृति ग्रन्थ (ही) तेरेलिए निर्णायक (पथ-प्रदर्शक) हैं। (ऐसा) जानकर (तू) शास्त्रादेशद्वारा बताए कर्म (ही) इस संसारमें करनेयोग्य है (यानी, उन्हें ही करना तुझे शोभा देता है, अतः, तू उन्हीं कर्मोंको कर)।

— O —

ॐ तत्सदिति श्रीमद्भगवद्गीतासूपनिषत्सु
ब्रह्मविद्यायां योगशास्त्रे श्रीकृष्णार्जुनसंवादे
दैवासुरसम्पद्विभागयोगो नाम षोडशोऽध्यायः ॥१६॥

ॐ नित्यस्वरूप उस परमात्माको नमस्कार ! श्रीमद्भगवद्गीतारूपी उपनिषद् एवं ब्रह्मविद्या तथा योगशास्त्रविषयक श्रीकृष्ण-और-अर्जुनके संवादमें "दैवासुरसम्पद्विभागयोग" नामक सोलहवाँ अध्याय यहाँ समाप्त होता है ॥१६॥

श्रीमद्भगवद्गीता—सतरहवाँ अध्याय

इस अध्यायमें, अर्जुनद्वारा श्रद्धायुक्त मनुष्योंकी निष्ठाके विषयमें पूछा जानेपर, भगवान्ने, उत्तरमें, तीन प्रकारकी श्रद्धा बतलाई है और उसके अनुसार ही मनुष्यका स्वरूप भी बतलाया है। इस प्रकार, प्रस्तुत अध्यायमें त्रिविध श्रद्धाकी विभागपूर्वक व्याख्या होनेके कारण, इसका नाम "श्रद्धात्रयविभागयोग" रक्खा गया है।

पिछले अध्यायमें, अर्जुनसे कर्तव्य-अकर्तव्य कर्मोंकी व्यवस्था देनेवाले शास्त्रोंके विधानके अनुरूप ही निष्कामभावसे कर्म करनेके लिए कहा गया था। इससे उसके मनमें यह जिज्ञासा उत्पन्न हुई कि जो लोग शास्त्रविधिको छोड़कर मनमाने कर्म करते हैं, उनके कर्म व्यर्थ हो जाते हैं—यह तो ठीक है ही, किन्तु ऐसे लोग भी तो हो सकते हैं, जो शास्त्रविधिका तो, न जाननेके कारण अथवा किसी अन्य कारणसे, त्याग कर बैठते हैं, परन्तु यज्ञ-पूजादि शुभ कर्म श्रद्धापूर्वक ही करते रहते हैं—तो, उनकी क्या स्थिति होती है ? इसी जिज्ञासाको व्यक्त करते हुए, वह भगवान्से पूछता है—

अर्जुन उवाच।

ये शास्त्रविधिमुत्सृज्य यजन्ते श्रद्धयान्विताः।
तेषां निष्ठा तु का कृष्ण सत्त्वमाहो रजस्तमः ॥१॥

पद० — अर्जुनः = अर्जुनने ; उवाच = कहा।

ये = जो ; शास्त्रविधिम् = शास्त्रके विधानको ; उत्सृज्य = छोड़कर ; यजन्ते = (देवादिका) पूजन करते हैं ; श्रद्धया = श्रद्धासे ; अन्विताः = युक्त हुए ; तेषाम् = उनकी ; निष्ठा = स्थिति ; तु = फिर ; का = कौनसी ; कृष्ण = हे कृष्ण ; सत्त्वम् = सात्त्विकी ; आहो = अथवा ; रजः = राजसी ; तमः = तामसी।

अनु० — अर्जुनने कहा, "हे कृष्ण ! जो (मनुष्य) शास्त्रविधानको छोड़कर

(तथा केवल) श्रद्धासे युक्त होकर (देवादिका) पूजन करते हैं, उनकी स्थिति फिर कौनसी है ? (क्या वह) सात्त्विकी है अथवा राजसी (या) तामसी ?"

श्रीभगवानुवाच ।

त्रिविधा भवति श्रद्धा देहिनां सा स्वभावजा ।
सात्त्विकी राजसी चैव तामसी चेति तां शृणु ॥२॥

पद॰ — श्रीभगवान् = श्रीकृष्णजी ; उवाच = बोला।

त्रिविधा = तीन प्रकारकी ; भवति = होती है ; श्रद्धा = श्रद्धा ; देहिनाम् = शरीरधारियोंकी (मनुष्योंकी) ; सा = वह ; स्वभावजा = स्वभावसे उत्पन्न हुई (अर्थात्, शास्त्रके श्रवण-पठनादिसे उत्पन्न "शास्त्रजा" नहीं, अपितु पूर्वजन्मोंके एवं वर्तमान जन्मके कर्मोंके संस्कारानुसार, पूर्णतया स्वाभाविक) ; सात्त्विकी = सात्त्विकी ; राजसी = राजसी ; च = तथा ; एव = ही ; तामसी = तामसी ; च = और ; इति = ऐसे ; ताम् = उसको ; शृणु = सुनो।

अनु॰ — श्रीकृष्ण भगवान् बोले—मनुष्योंकी वह (शास्त्रीय संस्कारोंसे रहित, केवल) स्वभावसे उत्पन्न श्रद्धा सात्त्विकी और राजसी तथा तामसी—ऐसे तीन ही प्रकारकी होती है। उसको (तू मुझसे) सुन।

सत्त्वानुरूपा सर्वस्य श्रद्धा भवति भारत ।
श्रद्धामयोऽयं पुरुषो यो यच्छ्रद्धः स एव सः ॥३॥

पद॰ — सत्त्वानुरूपा = अन्तःकरणके अनुकूल ; सर्वस्य = सबकी ; श्रद्धा = श्रद्धा ; भवति = होती है ; भारत = हे भरतवंशी (अर्जुन) ; श्रद्धामयः = श्रद्धायुक्त ; अयम् = यह ; पुरुषः = मनुष्य ; यः = जो ; यच्छ्रद्धः = जैसी श्रद्धावाला ; सः = वह ; एव = ही ; सः = वह।

अनु॰ — हे अर्जुन ! सभी (मनुष्यों) की श्रद्धा (उनके) अन्तःकरणके अनुकूल (ही) होती है। यह मनुष्य श्रद्धायुक्त (होता) है, (इसलिए) जो (मनुष्य) जैसी श्रद्धावाला (होता) है, वह (स्वयं भी) वह ही (होता है), (अर्थात्, जिसकी जैसी श्रद्धा होती है, उसकी वैसी ही निष्ठा वा स्थिति भी होती है—यानी, जिसकी जैसी श्रद्धा, उसका वैसा ही स्वरूप)।

यजन्ते सात्त्विका देवान्यक्षरक्षांसि राजसाः ।
प्रेतान्भूतगणांश्चान्ये यजन्ते तामसा जनाः ॥४॥

पद॰ — यजन्ते = पूजते हैं ; सात्त्विकाः = सात्त्विकी प्रकृतिके (मनुष्य) ;

देवान् = देवोंको ; यक्षरक्षांसि = यक्षों एवं राक्षसोंको ; राजसाः = राजसी वृत्तिके (लोग) ; प्रेतान् = प्रेतोंको ; भूतगणान् = भूतगणोंको ; च = और ; अन्ये = दूसरे ; यजन्ते = आराधन करते हैं ; तामसाः = तामस स्वभाववाले ; जनाः = आदमी।

अनु॰ — सात्त्विकी प्रकृतिके (मनुष्य) देवोंको पूजते हैं, राजसी वृत्तिके (लोग) यक्षों एवं राक्षसोंको (तथा) और-दूसरे—तामस स्वभाववाले आदमी—प्रेतों एवं भूतगणोंको आराधते हैं।

टि॰ — पिछले श्लोकमें कहा गया था कि मनुष्यकी श्रद्धाके अनुरूप ही उसकी निष्ठा तथा उसका स्वरूप होते हैं। यहाँ यह बतलाया गया है कि निष्ठा और स्वरूपसे भी मनुष्यकी श्रद्धा (प्रकृति) का पता चल जाता है। दूसरे शब्दोंमें, कार्य देखकर कारणकी पहचान हो जाती है—यानी, पूजाविधि पूजकवृत्तिका बोध करा देती है। इस प्रकार, जिनकी पूजनपद्धति देवताओंके आराधनकी है, वे सात्त्विकी निष्ठा वा वृत्तिके मनुष्य होते हैं, जो यक्ष-राक्षसोंको पूजते हैं वे राजसिक तथा जो भूत-प्रेतोंको सेवते हैं, वे तामसिक लोग होते हैं।

"देवों" का यहाँ अभिप्राय सूर्य, चन्द्र, अग्नि, वायु, इन्द्र, वरुण, यम आदि शास्त्रोक्त देवोंसे है ; "यक्ष" का कुबेरादिसे ; "राक्षस" का राहु-केतु आदिसे तथा "भूत-प्रेत" का मरणोपरान्त-पापकर्मवश-वायुप्रधानदेहको-प्राप्त योनियोंसे।

शास्त्रविधिका त्याग करके श्रद्धासहित यजनकरनेवालोंका ऊपर वर्णन किया गया। अब, जो व्यक्ति श्रद्धारहित हैं और शास्त्रविधिको भी नहीं मानते, परन्तु घोरतपादि कर्म करते हैं, उनके विषयमें अगले दो श्लोकोंद्वारा बतलाया जाता है—

अशास्त्रविहितं घोरं तप्यन्ते ये तपो जनाः ।
दम्भाहंकारसंयुक्ताः कामरागबलान्विताः ॥५॥
कर्शयन्तः शरीरस्थं भूतग्राममचेतसः ।
मां चैवान्तःशरीरस्थं तान्विद्ध्यासुरनिश्चयान् ॥६॥

पद॰ — अशास्त्रविहितम् = शास्त्रविधिसे-रहित (को) ; घोरम् = भयानक (को) ; तप्यन्ते = तपते हैं ; ये = जो ; तपः = तपको ; जनाः = मनुष्य ; दम्भाहंकारसंयुक्ताः = पाखण्ड एवं घमण्डसे भरपूर ; कामरागबलान्विताः = वासना, आसक्ति तथा शक्तिसे ओतप्रोत ; कर्शयन्तः = क्षीण-दुर्बल करनेवाले (अथवा, कष्ट-क्लेश देनेवाले) ; शरीरस्थम् = शरीररूपसे-स्थित (को) ; भूतग्रामम् = भूतसमुदायको ; अचेतसः = अज्ञानियोंको ; माम् = मुझको ; च

= और ; एव = भी ; अन्तःशरीरस्थम् = अन्तःकरणमें रहनेवाले (को) ; तान् = उनको ; विद्धि = जानो ; आसुरनिश्चयान् = राक्षसी-स्वभाववालों (को)।

अनु० — जो मनुष्य शास्त्रविधिसे-रहित, (केवल मनःकल्पित) भयानक तपको तपते हैं (करते हैं) (तथा) पाखण्ड व घमण्डसे भरपूर (और) वासना, आसक्ति एवं शक्तिसे ओतप्रोत हैं (तथा) शरीररूपसे-स्थित भूतसमुदायको कृश (क्षीण-दुर्बल) करनेवाले और अन्तःकरणमें रहनेवाले मुझ (अन्तर्यामी) को भी (कृश, यानी, कष्ट-क्लेश, पहुँचानेवाले) (होते हैं), उन अज्ञानियोंको (तू) राक्षसी-स्वभाववाले जान।

टि० — जिस तपके करनेका शास्त्रोंमें विधान नहीं है अथवा जो शास्त्रविरुद्ध है, तथा जिसमें नाना प्रकारके आडम्बरोंसे इन्द्रियों एवं शरीरको बहुविध-यातनाएँ दी जाती हैं और जिसका स्वरूप बड़ा भयानक होता है, ऐसे तपको "अशास्त्रविहितं घोरं तपः" कहते हैं। उसे करनेवाले मनुष्य श्रद्धाहीन होते हैं। वे लोगोंको ठगने तथा उनपर रौब जमानेके लिए ही पाखण्ड रचते हैं और सदा घमण्डसे फूले रहते हैं। इसीलिए, उन्हें "दम्भाहंकारसंयुक्ताः" कहा गया है। साथ ही, ऐसे मनुष्योंकी विविध भोगोंमें प्रगाढ आसक्ति होती है, जिससे उनके चित्तमें उन्हें भोगनेकी कामना (वासना) निरन्तर बढ़ती रहती है। वे समझते हैं कि वे जो-कुछ चाहेंगे, उसे प्राप्त कर लेंगे, क्योंकि उनमें अपार शक्ति है और कोई भी उनकी वासनापूर्तिमें बाधा नहीं बन सकता। अत एव, उन्हें "कामरागबलान्विताः" बताया गया है।

छठे श्लोकमें "भूतग्रामम्" शब्दसे तात्पर्य पञ्च महाभूत, मन, बुद्धि, अहंकार, दस इन्द्रियाँ तथा पाँच इन्द्रियोंके विषय—इन तेईस (२३) तत्त्वोंके समूहसे है। (इसका वर्णन तेरहवें अध्यायके पाँचवें श्लोकमें "क्षेत्र" के नामसे पहले आ चुका है।) इस "भूतग्रामम्" का यहाँ विशेषण है "शरीरस्थम्," अर्थात्, "शरीररूपसे स्थित," यानी, "शरीर"। कहनेका आशय यह कि शास्त्रसे-विपरीत मनमाना घोरतप करनेवाले अज्ञानी मनुष्य नाना प्रकारके भयानक आचरणोंसे अपने "भूतग्राम"को (यानी, शरीरको) क्षीण एवं दुर्बल बनाते हैं। इतना ही नहीं, वे अपने भीषण कृत्योंसे अन्तःकरणमें स्थित भगवान्‌को भी कष्ट पहुँचाते हैं—क्योंकि सबके हृदयमें आत्मरूपसे भगवान् स्थित है, अतः, स्वयम् अपने आत्माको या किसीके भी आत्माको दुःख पहुँचाना, वस्तुतः, भगवान्‌को ही दुःख पहुँचाना है। इसीलिये, मनःकल्पित-भयंकर तप करनेवाले मूढ़जनोंको "शरीरस्थ-भूतग्राम" को

(यानी, अपने शरीरको) एवम् (अन्तर्यामी) भगवान्को कष्ट पहुँचानेवाले ("कर्शयन्तः") कहा गया है।

तीनों-प्रकारकी-स्वाभाविक श्रद्धावालोंके तथा मनमाने-घोरतप करनेवाले अज्ञानियोंके लक्षण बतलाकर, अब भगवान्, सात्त्विकका ग्रहण एवं राजस-तामसका त्याग करानेके उद्देश्यसे, सात्त्विक-राजस-तामस (सभी प्रकारके) आहार, यज्ञ, तप और दानके भेद अर्जुनको बताते हैं—

आहारस्त्वपि सर्वस्य त्रिविधो भवति प्रियः ।
यज्ञस्तपस्तथा दानं तेषां भेदमिमं शृणु ॥७॥

पद० — आहारः = भोजन ; तु = और ; अपि = भी ; सर्वस्य = सबका ; त्रिविधः = तीन प्रकारका ; भवति = होता है ; प्रियः = प्यारा (मनभाता) ; यज्ञः = यज्ञ ; तपः = तप ; तथा = और ; दानम् = दान ; तेषाम् = उनके ; भेदम् = अन्तरको ; इमम् = इस (को) ; शृणु = सुनो।

अनु० — (हे अर्जुन! जैसे श्रद्धा एवं यजनके तीन-तीन भेद—सात्त्विक, राजस और तामस—पूर्वोक्त प्रकारसे होते हैं, वैसे ही) भोजन भी सबको (यानी, मनुष्यमात्रको) (अपनी-अपनी प्रकृतिके अनुसार) तीन प्रकारका प्रिय होता है (अर्थात्, अच्छा लगता है)। और (वैसे ही) यज्ञ, तप तथा दान (भी तीन-तीन प्रकारके होते हैं)। उनके इस पृथक्-पृथक् भेदको (मुझसे) सुन।

आयुःसत्त्वबलारोग्यसुखप्रीतिविवर्धनाः ।
रस्याः स्निग्धाः स्थिरा हृद्या आहाराः सात्त्विकप्रियाः ॥८॥

पद० — आयुःसत्त्वबलारोग्यसुखप्रीतिविवर्धनाः = आयु (उम्र या जीवन), सत्त्व (निर्मल एवं तीक्ष्ण बुद्धि), बल (मानसिक व शारीरिक शक्ति), आरोग्य (रोगोंका नाश), सुख (सन्तोषकारी प्रसन्नता), प्रीति (प्रेममयी चित्तवृत्ति), विवर्धनाः = विशेषरूपसे बढ़ानेवाले ; रस्याः = रसयुक्त पदार्थ (जैसे दूध, चीनी) ; स्निग्धाः = चिकनाईपूर्ण (जैसे मक्खन, घी, तेल) ; स्थिराः = ठहरनेवाले (यानी, वे पदार्थ जिनका सार बहुत कालतक शरीरमें ठहरा रह सके) ; हृद्याः = मनोहारी (अर्थात्, स्वच्छ तथा पवित्र रुचिकर पदार्थ) ; आहाराः = भोजनके पदार्थ ; सात्त्विकप्रियाः = सात्त्विक मनुष्योंको प्रिय (अच्छा लगनेवाले)।

अनु० — जीवन, बुद्धि, शक्ति, नीरोगता, सुख तथा प्रीतिको विशेषतया बढ़ानेवाले, रसयुक्त, चिकने, स्थिर रहनेवाले (और) (स्वभावसे ही) मनोहारी—(ऐसे) भोजनपदार्थ सात्त्विक मनुष्योंको प्रिय (अच्छा लगनेवाले) (होते हैं)।

कट्वम्ललवणात्युष्णतीक्ष्णरूक्षविदाहिनः ।
आहारा राजसस्येष्टा दुःखशोकामयप्रदाः ॥९॥

पद० — कट्वम्ललवणात्युष्णतीक्ष्णरूक्षविदाहिनः = कटु (कड़वे, जैसे नीम), अम्ल (खट्टे, जैसे इमली), लवण (नमकीन), अत्युष्ण (बहुत गरम), तीक्ष्ण (तीखे, जैसे लालमिर्च), रूक्ष (रुखे, जैसे भाड़में भुने-हुए जौ-चने), विदाहिनः (जलन पैदा करनेवाले, जैसे राई) ; आहाराः = भोजनके पदार्थ ; राजसस्य = राजसी वृत्तिवाले मनुष्यके ; इष्टाः = प्रिय ; दुःखशोकामयप्रदाः = दुःख (पदार्थोंके खानेमें होनेवाले कष्ट), शोक (खानेके बाद होनेवाले पश्चात्ताप) तथा आमय (खानेसे उत्पन्न होनेवाले रोग) पैदा करनेवाले।

अनु० — कड़वे, खट्टे, नमकीन, बहुत गरम, तीखे, रूखे, जलन लगानेवाले (और) कष्ट, पश्चात्ताप तथा रोग उत्पन्न करनेवाले भोजनपदार्थ रजोगुणी मनुष्योंको प्रिय (अच्छे) लगते हैं।

यातयामं गतरसं पूति पर्युषितं च यत् ।
उच्छिष्टमपि चामेध्यं भोजनं तामसप्रियम् ॥१०॥

पद० — यातयामम् = अधपका ; गतरसम् = सूखे-हुए रसवाला (रसरहित) ; पूति = दुर्गन्धयुक्त ; पर्युषितम् = बासी ; च = और ; यत् = जो ; उच्छिष्टम् = (भोजन कर लेनेपर बची-हुई) जूठन ; अपि = भी ; च = तथा ; अमेध्यम् = अपवित्र (जैसे माँस, अण्डे, शराब) ; भोजनम् = खाना ; तामसप्रियम् = तामसिक मनुष्योंको प्रिय (अच्छा)।

अनु० — जो भोजन अधपका, रसरहित, दुर्गन्धयुक्त, बासी और जूठा है तथा (जो) अपवित्र भी है, (वह भोजन) तामसिक मनुष्योंको प्यारा होता है (यानी, अच्छा लगता है)।

अफलाकांक्षिभिर्यज्ञो विधिदृष्टो य इज्यते ।
यष्टव्यमेवेति मनः समाधाय स सात्त्विकः ॥११॥

पद० — अफलाकांक्षिभिः = फल न चाहनेवाले (मनुष्यों) द्वारा ; यज्ञः = यज्ञ ; विधिदृष्टः = शास्त्रविधिसे नियत किया हुआ ; यः = जो ; इज्यते = किया जाता है ; यष्टव्यम् = यज्ञ करना चाहिये ; एव = ही ; इति = ऐसे ; मनः = मनको ; समाधाय = लगाकर (केन्द्रित कर) ; सः = वह ; सात्त्विकः = सात्त्विक।

अनु० — जो यज्ञ शास्त्रविधिसे नियत किया हुआ है (तथा) फल न चाहनेवाले

(मनुष्यों) द्वारा, "यज्ञ करना (तो) कर्तव्य ही है" इसी (विचार) पर मनको केन्द्रित करके (अर्थात्, मनमें केवल यही धारणा बना करके), किया जाता है, वह (यज्ञ) सात्त्विक (होता) है।

अभिसन्धाय तु फलं दम्भाथमपि चैव यत् ।
इज्यते भरतश्रेष्ठ तं यज्ञं विद्धि राजसम् ॥१२॥

पद॰ – अभिसन्धाय = उद्देश्य रखकर (लक्ष्य बनाकर) ; तु = परन्तु ; फलम् = फलको ; दम्भार्थम् = ढोंग-दिखावेके लिए ; अपि = भी ; च = अथवा ; एव = ही ; यत् = जो ; इज्यते = किया जाता है ; भरतश्रेष्ठ = हे भरतकुलमें उत्तम (अर्जुन) ; तम् = उस (को) ; यज्ञम् = यज्ञको ; विद्धि = जानो ; राजसम् = राजसिक।

अनु॰ — परन्तु, हे अर्जुन ! जो (यज्ञ) (केवल) ढोंग-दिखावे ही के लिए अथवा (स्त्री-पुत्र-स्वर्ग आदि) फलको भी उद्देश्य बनाकर (यानी, दृष्टिमें रखकर) किया जाता है, उस यज्ञको (तू) राजसिक जान।

विधिहीनमसृष्टान्नं मन्त्रहीनमदक्षिणम् ।
श्रद्धाविरहितं यज्ञं तामसं परिचक्षते ॥१३॥

पद॰ — विधिहीनम् = (शास्त्रोक्त) विधानसे शून्य (को) ; असृष्टान्नम् = अन्नदानसे रहित (को) ; मन्त्रहीनम् = (शास्त्रविहित) मन्त्रप्रयोगसे विरक्त (को) ; अदक्षिणम् = (पुरोहितादिकी) दक्षिणासे वञ्चित (को) ; श्रद्धाविरहितम् = श्रद्धाके-बिना-किए-हुए (को) ; यज्ञम् = यज्ञको ; तामसम् = तामसिक ; परिचक्षते = कहते हैं।

अनु॰ — (शास्त्रोक्त) विधानसे शून्य, अन्नदानसे रहित, (शास्त्रविहित) मन्त्रप्रयोगसे विरक्त, (पुरोहितादिकी) दक्षिणासे वंचित (तथा) श्रद्धाके-बिना -किए-जानेवाले यज्ञको "तामसिक (यज्ञ)" कहते हैं।

टि॰ — इस प्रकार तीन तरहके यज्ञोंके लक्षण बतलाकर, भगवान् अब तपके लक्षणोंका प्रकरण आरम्भ करते हैं। अगले चार श्लोकोंद्वारा "सात्त्विक तप" के लक्षण बतलानेके लिए, वे पहले "शारीरिक तप" के स्वरूपका वर्णन करते हैं—

देवद्विजगुरुप्राज्ञपूजनं शौचमार्जवम् ।
ब्रह्मचर्यमहिंसा च शारीरं तप उच्यते ॥१४॥

पद॰ — देवद्विजगुरुप्राज्ञपूजनम् = देवताओं, ब्राह्मणों, (अपनेसे) बड़ों एवं ज्ञानीजनोंका आराधन ; शौचम् = (शारीरिक) शुद्धि ; आर्जवम् = (शारीरिक)

सरलता (वक्रताका अभाव) ; ब्रह्मचर्यम् = वीर्यको अखण्डित रूपसे धारण करना ; अहिंसा = कष्ट न देना ; च = और ; शारीरम् = शरीरसम्बन्धी (शारीरिक) ; तपः = तप ; उच्यते = कहा जाता है।

अनु॰ — देवताओं, ब्राह्मणों, (अपनेसे) बड़ों एवं ज्ञानीजनोंका आराधन, (शारीरिक) शुद्धि, (शारीरिक) सरलता, वीर्यको अखण्डित बनाए रखना तथा कष्ट न देना— (यह) "शरीरसम्बन्धी (शारीरिक) तप" कहा जाता है।

अनुद्वेगकरं वाक्यं सत्यं प्रियहितं च यत् ।
स्वाध्यायाभ्यसनं चैव वाङ्मयं तप उच्यते ॥१५॥

पद॰ — अनुद्वेगकरम् = उत्तेजना (चुभन) न पैदा करनेवाला ; वाक्यम् = कथन (भाषण) ; सत्यम् = यथार्थ ; प्रियहितम् = मनको-अच्छा-लगनेवाला परन्तु हितकारी ; च = और ; यत् = जो ; स्वाध्यायाभ्यसनम् = वेद-शास्त्रोंके पठन एवं परमेश्वरके नाम-जपका अभ्यास ; च = तथा ; एव = ही (निस्सन्देह) ; वाङ्मयम् = वाणीसम्बन्धी ; तपः = तप ; उच्यते = कहा जाता है।

अनु॰ — जो उत्तेजना (चुभन) न पैदा करनेवाला, यथार्थ तथा मनको-अच्छा-लगनेवाला-परन्तु-हितकारी कथन (भाषण) है और (जो) वेद-शास्त्रोंके पठन एवं परमेश्वरके नाम-जपका अभ्यास है—(वह) ही "वाणीसम्बन्धी तप" कहा जाता है।

मनःप्रसादः सौम्यत्वं मौनमात्मविनिग्रहः ।
भावसंशुद्धिरित्येतत्तपो मानसमुच्यते ॥१६॥

पद॰ — मनःप्रसादः = मनकी प्रसन्नता (निर्मलता) ; सौम्यत्वम् = शान्तभाव (शीतलता) ; मौनम् = ब्रह्मविचार (भगवच्चिन्तन) में लगे रहना ; आत्मविनिग्रहः = मनको स्थिर (वशमें) करना ; भावसंशुद्धिः = अन्तःकरणकी पवित्रता ; इति = इस प्रकार (ऐसे) ; एतत् = यह ; तपः = तप ; मानसम् = मनसम्बन्धी ; उच्यते = कहा जाता है।

अनु॰ — मनकी प्रसन्नता (निर्मलता), शान्तभाव (शीतलवृत्ति), भगवच्चिन्तन (ब्रह्मविचार) करनेका स्वभाव, मनको स्थिर (वशमें) करना (तथा) अन्तःकरणकी पवित्रता—इस प्रकार यह "मनसम्बन्धी तप" कहा जाता है।

श्रद्धया परया तप्तं तपस्तत्त्रिविधं नरैः ।
अफलाकाङ्क्षिभिर्युक्तैः सात्त्विकं परिचक्षते ॥१७॥

पद॰ — श्रद्धया = सम्मानमय विश्वाससे ; परया = पूर्ण (अटूट) (से) ;

तप्तम् = तपे-हुए (अर्थात्, किए-हुए) को ; तपः = तपको ; तत् = उस (को) ; त्रिविधम् = तीन प्रकारके (को) ; नरैः = मनुष्योंद्वारा ; अफलाकाङ्क्षिभिः = (ऐहलौकिक वा पारलौकिक) फल न चाहनेवालों (से) ; युक्तैः = (निष्काम) योगियों (से) ; सात्त्विकम् = सात्त्विक ; परिचक्षते = कहते हैं।

अनु॰ — (ऐहलौकिक वा पारलौकिक) फल न चाहनेवाले योगी मनुष्योंद्वारा अपार (अटूट) श्रद्धासे किए हुए उस (पूर्वोक्त) तीन प्रकारके तपको सात्त्विक कहते हैं।

सत्कारमानपूजार्थं तपो दम्भेन चैव यत् ।
क्रियते तदिह प्रोक्तं राजसं चलमध्रुवम् ॥१८॥

पद॰ — सत्कारमानपूजार्थम् = आदर, बड़ाई एवं पूजनके लिए ; तपः = तप ; दम्भेन = पाखण्डसे ; च = और ; एव = ही ; यत् = जो ; क्रियते = किया जाता है ; तत् = वह ; इह = यहाँ ; प्रोक्तम् = कहा गया है ; राजसम् = राजसिक ; चलम् = क्षणिक (फलवाला) ; अध्रुवम् = अनिश्चित (फलवाला)।

अनु॰ — जो तप आदर, बड़ाई एवं पूजनके लिए (अथवा) पाखण्डसे ही (अर्थात्, केवल ढौंग-दिखावेके लिए) किया जाता है, वह अनिश्चित तथा क्षणिक (फलवाला) (तप) यहाँ राजसिक कहा गया है।

मूढग्राहेणात्मनो यत्पीडया क्रियते तपः ।
परस्योत्सादनार्थं वा तत्तामसमुदाहृतम् ॥१९॥

पद॰ — मूढग्राहेण = मूढता (वा अज्ञानता) पूर्ण हठसे ; आत्मनः = मन-वाणी-शरीरकी ; यत् = जो ; पीडया = पीडाके सहित ; क्रियते = किया जाता है ; तपः = तप ; परस्य = दूसरेका ; उत्सादनार्थम् = अनिष्ट करनेके लिए ; वा = अथवा ; तत् = वह ; तामसम् = तामसिक ; उदाहृतम् = कहा गया है।

अनु॰ — जो तप मूढतापूर्ण (वा अज्ञानतापूर्ण) हठसे, मन-वाणी-शरीरकी पीड़ाके सहित अथवा दूसरेका अनिष्ट करनेके लिए किया जाता है, वह (तप) तामसिक कहा गया है।

टि॰ — तपके वास्तविक स्वरूपको न समझकर, जिस-भी-किसी क्रियाको तप मानबैठना और उसे करनेका जो हठ या दुराग्रह है, उसे "मूढग्राह" कहते हैं। इस प्रकारके तपका वर्णन इसी अध्यायके पाँचवें तथा छठे श्लोकोंमें किया गया है। ऐसे "तप" नितान्त अशास्त्रीय, मनःकल्पित एवं घोर-दारुणरूप होते हैं, जैसे

पैरोंको पेड़के टहनेमें बाँधकर सिर नीचा करके लटकना, लोहेकी कीलोंपर बैठना वा लेटना, अपने चारों ओर अग्नि प्रज्वलित कर बीचमें बैठे-रहना। ऐसी मनमानी, भीषण, अज्ञानजन्य तामसी क्रियाएँ झूठे-नामके लिए, रौब डालनेके लिये अथवा मात्र-दिखावेके लिए की जाती हैं ; या, फिर, दूसरोंका अनिष्ट करनेके उद्देश्यसे सम्पन्न की जाती है। इन तथाकथित तपोंका स्वाँग रचनेकी प्रक्रियामें, ढोंगी-दम्भी तामसी "तपस्वियों" के आत्मा (यानी, मन-वाणी-शरीर) को किसी-भी रूपमें पहुँचनेवाले कष्टको "आत्मनः पीडा" कहते हैं।

तीनों प्रकारके तपोंके लक्षण बताए जा चुकनेके बाद, अब दानके तीन भेद बतलाए जाते हैं—

दातव्यमिति यद्दानं दीयतेऽनुपकारिणे ।
देशे काले च पात्रे च तद्दानं सात्त्विकं स्मृतम् ॥२०॥

पद० — दातव्यम् = देना चाहिये (अर्थात्, दान देना तो एक कर्तव्य है) ; इति = ऐसे (यानी, ऐसे भावसे) ; यत् = जो ; दानम् = दान ; दीयते = दिया जाता है ; अनुपकारिणे = प्रत्युपकार न करनेवालेके लिए ; देशे = देशमें ; काले = कालमें ; च = और ; पात्रे = पात्रमें ; च = तथा ; तत् = वह ; दानम् = दान ; सात्त्विकम् = सात्त्विक ; स्मृतम् = कहा गया है।

अनु० — "दान देना (तो एक) कर्तव्य (ही) है"— ऐसे भावसे जो दान देश और काल तथा पात्रके प्राप्त होनेपर प्रत्युपकार न करनेवालेके लिए दिया जाता है, वह दान सात्त्विक कहा गया है (अर्थात् जहाँ, जब, जिसे और जैसे— कर्तव्य समझकर, न कि फलेच्छासे—सुपात्रको दिया हुआ दान सात्त्विक होता है)।

यत्तु प्रत्युपकारार्थं फलमुद्दिश्य वा पुनः ।
दीयते च परिक्लिष्टं तद्दानं राजसं स्मृतम् ॥२१॥

पद० — यत् = जो ; तु = किन्तु ; प्रत्युपकारार्थम् = बदलेमें किए-जानेवाले उपकारके प्रयोजनसे (अर्थात्, बदलेमें अपना कोई सांसारिक कार्य सिद्ध करानेकी आशासे) ; फलम् = फलको ; उद्दिश्य = उद्देश्य बनाकर (यानी, दृष्टिमें रखकर) ; वा = अथवा ; पुनः = फिर ; दीयते = दिया जाता है ; च = और ; परिक्लिष्टम् = कष्टपूर्वक ; तत् = वह ; दानम् = दान ; राजसम् = राजसिक ; स्मृतम् = कहा गया है।

अनु० — किन्तु जो दान कष्टपूर्वक (अर्थात्, डर-लिहाज़-दबाव आदिके

कारण दुःखित-विवश-अनचाहते मनसे) तथा बदलेमें अपना कोई उल्लू सीधा कराने की नीयतसे अथवा (किसी ऐहलौकिक वा पारलौकिक) फलको दृष्टिमें रखकर दिया जाता है, वह दान राजसिक कहा गया है।

अदेशकाले यद्दानमपात्रेभ्यश्च दीयते ।
असत्कृतमवज्ञातं तत्तामसमुदाहृतम् ॥२२॥

पद॰ — अदेशकाले = अनुचित स्थान व समयमें ; यत् = जो ; दानम् = दान ; अपात्रेभ्यः = कुपात्रों (अयोग्यों) के लिए ; च = और ; दीयते = दिया जाता है ; असत्कृतम् = बिना आदर-स्वागतके (अर्थात्, रूखेपनसे) ; अवज्ञातम् = तिरस्कारपूर्वक (यानी, अपमानित करके) ; तत् = वह ; तामसम् = तामसिक ; उदाहृतम् = कहा गया है।

अनु॰ — जो दान बिना आदर-स्वागतके (यानी, रूखेपनसे) (अथवा) तिरस्कारपूर्वक (अर्थात्, अपमानित करके) अनुपयुक्त स्थान व समयमें तथा कुपात्रों (यानी, मद्यमाँससेवी, चोर, जार, जुआरी प्रभृति निकृष्ट और अयोग्य व्यक्तियों) के लिए दिया जाता है, वह (दान) तामसिक कहा गया है।

टि॰ — अब तक इस अध्यायमें, मोटे शब्दोंमें, श्रद्धा, पूजा, तप, आहार, यज्ञ तथा दानके पृथक्-पृथक् तीन भेद—सात्त्विक, राजसिक, तामसिक—बतलाए गए। इनमें, सात्त्विक प्रक्रियाओंका सम्पादन और राजसिक व तामसिकका परित्याग करनेके लिए भी कहा गया। अब प्रश्न उठते हैं कि इन सात्त्विक यज्ञ-तप-दानादि कर्मोंकी उपादेयता कैसे होती है, भगवान्से उनका क्या सम्बन्ध है तथा उनमें यदि अंगवैगुण्य हो जाए (अर्थात्, उनका सुचारु-रूपसे अनुष्ठान करनेमें, यदि किसी प्रकारका कोई दोष वा अभाव रह जाए) तो उसकी पूर्ति कैसे होती है ? इन सबका उत्तर देनेके लिए, भगवान् "ॐ तत् सत्" के महानामकी महिमा बताते हैं—

ॐ तत्सदिति निर्देशो ब्रह्मणस्त्रिविधः स्मृतः ।
ब्राह्मणास्तेन वेदाश्च यज्ञाश्च विहिताः पुरा ॥२३॥

पद॰ — ॐ = ओ३म् ; तत् = तत् ; सत् = सत् ; इति = ऐसे ; निर्देशः = नाम ; ब्रह्मणः = ब्रह्मका ; त्रिविधः = तीन प्रकारका ; स्मृतः = कहा गया है ; ब्राह्मणाः = ब्राह्मण ; तेन = उससे ; वेदाः = वेद ; च = तथा ; यज्ञाः = यज्ञ ; च = और ; विहिताः = रचे गये ; पुरा = पहले।

अनु॰ — "ॐ, तत्, सत्"—ऐसे (यह) तीन प्रकारका ब्रह्मका नाम

(शास्त्रोंमें) कहा गया है ; उसीसे (यानी, ब्रह्मसे) पहले (सृष्टिके आदिकालमें) ब्राह्मण और वेद तथा यज्ञ (आदि) रचे गये।

टि॰ — यूँ तो ब्रह्म—सर्वशक्तिमान् परमेश्वर—के असंख्य नाम हैं, किन्तु उनमें "ॐ, तत्, सत्" इन तीनोंका सर्वोत्कृष्ट महत्त्व है, क्योंकि ये ही तीनों नाम वेदोंमें प्रधान माने गए हैं। इसीलिए, सात्त्विक यज्ञ-तप-दानादि प्रत्येक शुभकर्मके आरम्भमें इन तीनों नामोंका उच्चारण वा चिन्तन अनिवार्य एवं परममंगलकारी समझा जाता है। सभी मंगलकार्योंके साथ इस प्रकारका अभिन्न तथा अनन्य सम्बन्ध होनेके कारण, ये तीनों नाम उन (कार्यों) की समस्त त्रुटियों (अशुद्धियों) को दूर करते हैं (अर्थात्, उनकी वैगुण्यनिवृत्ति करते हैं) और उनके अनुष्ठानको सफल एवं प्रभावशाली बनाते हैं—बस, इसी रीतिसे इन शुभ कर्मोंकी उपादेयता बनती है।

यहाँ "ब्राह्मण" शब्द ब्राह्मण-क्षत्रिय-वैश्यादि समस्त प्रजाका वाचक है, "वेद" चारों वेदोंका तथा "यज्ञ" शब्द यज्ञ, तप, दानादि सकल शास्त्रविहित कर्तव्य-कर्मोंका।

तस्मादोमित्युदाहृत्य यज्ञदानतपःक्रियाः ।
प्रवर्तन्ते विधानोक्ताः सततं ब्रह्मवादिनाम् ॥२४॥

पद॰ — तस्मात् = इसलिए ; ओम् = ओ३म् ; इति = ऐसे ; उदाहृत्य = उच्चारण करके ; यज्ञदानतपःक्रियाः = यज्ञ, दान एवं तपरूप क्रियाएँ ; प्रवर्तन्ते = आरम्भ होती हैं ; विधानोक्ताः = शास्त्रविधिसे नियत की हुई ; सततम् = सदा ; ब्रह्मवादिनाम् = वेदमार्गी-पुरुषोंकी।

अनु॰ — इसलिए, वेदमार्गी-पुरुषोंकी शास्त्रविधिसे-नियत यज्ञ, दान एवं तपरूप क्रियाएँ सदा "ओ३म्" इस (परमात्माके नाम) का उच्चारण करके (ही) आरम्भ होती हैं।

तदित्यनभिसन्धाय फलं यज्ञतपःक्रियाः ।
दानक्रियाश्च विविधाः क्रियन्ते मोक्षकांक्षिभिः ॥२५॥

पद॰ — तत् = तत् (परमात्माके नाम) को ; इति = ऐसे ; अनभिसन्धाय = लक्ष्य न बनाकर ; फलम् = फलको ; यज्ञतपःक्रियाः = यज्ञ-तपरूप क्रियाएँ ; दानक्रियाः = दानरूप क्रियाएँ ; च = और ; विविधाः = नाना प्रकारकी ; क्रियन्ते = की जाती हैं ; मोक्षकांक्षिभिः = मोक्ष-चाहनेवालोंसे।

अनु॰ — मोक्ष-चाहनेवाले मनुष्योंद्वारा, फलको लक्ष्य बनाए बिना, नाना प्रकार-

की यज्ञ-तपरूप क्रियाएँ तथा दानरूप क्रियाएँ, "तत्" इस (परमात्माके नामका उच्चारण करके ही) की जाती हैं।

सद्भावे साधुभावे च सदित्येतत्प्रयुज्यते ।
प्रशस्ते कर्मणि तथा सच्छब्दः पार्थ युज्यते ॥२६॥

पद० — सद्भावे = नित्य-अस्तित्वमें ; साधुभावे = श्रेष्ठत्वमें ; च = और ; सत् = सत् ; इति = ऐसा ; एतत् = यह ; प्रयुज्यते = प्रयुक्त किया जाता है ; प्रशस्ते = उत्तम (शुभ) (में) ; कर्मणि = कर्ममें ; तथा = और ; सत् = सत् ; शब्दः = शब्द ; पार्थ = हे पृथापुत्र (अर्जुन) ; युज्यते = प्रयुक्त होता है।

अनु० — "सत्" ऐसा यह (परमात्माका नाम) नित्य-अस्तित्वमें तथा श्रेष्ठत्वमें प्रयुक्त किया जाता है और, हे अर्जुन ! उत्तम (शुभ) कर्ममें (भी) "सत्" शब्द प्रयुक्त होता है।

यज्ञे तपसि दाने च स्थितिः सदिति चोच्यते ।
कर्म चैव तदर्थीयं सदित्येवाभिधीयते ॥२७॥

पद० — यज्ञे = यज्ञमें ; तपसि = तपमें ; दाने = दानमें ; च = और ; स्थितिः = श्रद्धा (निष्ठा) ; सत् = सत् ; इति = ऐसे ; च = तथा ; उच्यते = कहा जाता है ; कर्म = कर्म ; च = और ; एव = भी ; तदर्थीयम् = उस (परमात्मा) के निमित्त (किया हुआ) ; सत् = सत् ; इति = ऐसा ; एव = निस्सन्देह ; अभिधीयते = कहा जाता है।

अनु० — तथा (सात्त्विक) यज्ञ, तप और दानमें श्रद्धा (निष्ठा) "सत्" है, इस प्रकार कहा जाता है ; तथा उस (परमात्मा) के निमित्त (किया हुआ) कर्म भी, निस्सन्देह, "सत्" (होता है)—ऐसा कहा जाता है।

अश्रद्धया हुतं दत्तं तपस्तप्तं कृतं च यत् ।
असदित्युच्यते पार्थ न च तत्प्रेत्य नो इह ॥२८॥

पद० — अश्रद्धया = बिना श्रद्धाके ; हुतम् = होमा हुआ ; दत्तम् = दिया हुआ ; तपः = तप ; तप्तम् = तपा हुआ ; कृतम् = किया हुआ ; च = और ; यत् = जो ; असत् = असत् ; इति = इस प्रकार ; उच्यते = कहा जाता है ; पार्थ = हे पृथापुत्र (अर्जुन) ; न = नहीं ; च = तथा ; तत् = वह ; प्रेत्य = मरनेके बाद ; नो = न ; इह = इस लोकमें।

अनु० — हे अर्जुन ! बिना श्रद्धाके होमा हुआ (हवन), दिया हुआ (दान), तपा

हुआ तप और जो (कुछ-भी) किया हुआ (शुभ कर्म) है, (वह सब) "असत्" है—ऐसा कहा जाता है ; (अतः,) वह न (तो) इस लोकमें (लाभकारी है) और न (ही) मरनेके बाद (परलोकमें) (फलदायक है)।

— ० —

ॐ तत्सदिति श्रीमद्भगवद्गीतासूपनिषत्सु
ब्रह्मविद्यायां योगशास्त्रे श्रीकृष्णार्जुनसंवादे
श्रद्धात्रयविभागयोगो नाम सप्तदशोऽध्यायः ॥१७॥

ॐ नित्यस्वरूप उस परमात्माको नमस्कार! श्रीमद्भगवद्गीतारूपी उपनिषद् एवं ब्रह्मविद्या तथा योगशास्त्रविषयक श्रीकृष्ण-और-अर्जुनके संवादमें "श्रद्धात्रयविभागयोग" नामक सतरहवाँ अध्याय यहाँ समाप्त होता है ॥१७॥

श्रीमद्भगवद्गीता–अठारहवाँ अध्याय

संसारके जन्म-मरणरूप बन्धनसे सदासर्वदाके लिए छूटकर परमानन्दस्वरूप परमात्माको प्राप्त कर लेनेका नाम "मोक्ष" है। प्रस्तुत अध्यायमें पिछले सभी सतरह अध्यायोंका सार संग्रह करके मोक्षके उपायभूत सांख्ययोगका "संन्यास" के नामसे तथा कर्मयोगका "त्याग" के नामसे अंगप्रत्यंगोंसहित वर्णन किया गया है। इसके अतिरिक्त, साक्षात् मोक्षरूप परमेश्वरमें सब कर्मोंका संन्यास करनेपर विशेष बल दिया गया है। अतः, इस अध्यायका नाम "मोक्षसंन्यासयोग" रक्खा गया है।

पूर्ववर्ती अध्यायोंमें, भक्तियोगके साथ-साथ, मुख्यतया सांख्ययोग (ज्ञानयोग) एवं कर्मयोगकी दृष्टियोंसे ब्रह्मके साक्षात्कारके लिए अनेक साधन निर्दिष्ट किए गए। उन सबको सुननेके अनन्तर, मतिभ्रमित-अर्जुनके मनमें गत अध्यायोंके उपदेशका भाव स्पष्टतया जाननेकी उत्कण्ठा हुई। इसी उद्देश्यसे, उसने भगवान्से संन्यास (ज्ञानयोग) एवं त्याग (कर्मयोग) के तत्त्व अलग-अलग समझानेकी प्रार्थना की—

अर्जुन उवाच।

संन्यासस्य महाबाहो तत्त्वमिच्छामि वेदितुम्।
त्यागस्य च हृषीकेश पृथक्केशिनिषूदन ॥१॥

पद० — अर्जुनः = अर्जुनने ; उवाच = कहा।

संन्यासस्य = संन्यास (के) ; महाबाहो = हे बड़ी-बड़ी (शक्तिशालिनी) भुजाओंवाले (कृष्ण) ; तत्त्वम् = मर्मको ; इच्छामि = चाहता हूँ ; वेदितुम् = जानना ; त्यागस्य = त्यागके ; च = और ; हृषीकेश = हे इन्द्रियोंके स्वामी (गोपाल) ; पृथक् = अलग-अलग ; केशिनिषूदन = हे केशि-राक्षसको मारनेवाले (वासुदेव)।

अनु० — अर्जुनने कहा, "हे कृष्ण! हे गोपाल! हे वासुदेव! (मैं) संन्यास तथा त्यागके मर्मको अलग-अलग जानना चाहता हूँ।"

टि॰ — भगवान् कृष्णद्वारा दिये-जानेवाले उत्तरको यथार्थरूपमें समझनेके लिए यह परम आवश्यक है कि "संन्यास" एवं "त्याग" के स्वरूपको ठीक-ठीक जान लिया जाए। हमने अभी ऊपर कहा है कि इस अध्यायमें "संन्यास" ज्ञानयोग (वा सांख्ययोग) के लिए तथा "त्याग" कर्मयोगके अर्थमें प्रयुक्त हुए हैं। इन दोनों योगोंका गन्तव्य एक ही होते हुए भी, इनके मार्ग पृथक्-पृथक् हैं।

जैसे कि पाँचवें अध्यायमें बतलाया जा चुका है, दोनोंका एक ही फल—यथार्थ तत्त्वज्ञानद्वारा ब्रह्मको प्राप्त करना—है, किन्तु उनकी साधनप्रणालियों एवं मान्यताओंमें पूर्व-पश्चिमकी भाँति विशाल अन्तर है। कर्मयोगी कर्मको, कर्मफलको, ब्रह्मको और अपनेको भिन्न-भिन्न मानकर, कर्मफल तथा आसक्तिका त्याग करके, ईश्वरार्पण-बुद्धिसे समस्त कर्म करता है; सांख्ययोगी मन, इन्द्रिय एवं शरीरद्वारा होनेवाली सम्पूर्ण क्रियाओंमें, कर्तापनके अभिमानसे रहित होकर, केवल सर्वव्यापी-ब्रह्मके स्वरूपमें अभिन्नभावसे स्थित रहता है। कर्मयोगी अपनेको कर्मोंका कर्ता मानता है; सांख्ययोगी ऐसा नहीं मानता। कर्मयोगी अपने कर्मोंको भगवान्के अर्पण करता है; सांख्ययोगी मन तथा इन्द्रियोंके द्वारा होनेवाली अहंतारहित-क्रियाओंको कर्म ही नहीं मानता। कर्मयोगी ब्रह्मको अपनेसे पृथक् मानता है; सांख्ययोगी सदा अभेद मानता है। कर्मयोगी प्रकृतिकी तथा उसके पदार्थोंकी सत्ता स्वीकार करता है; सांख्ययोगी एक ब्रह्मके अतिरिक्त किसीकी भी सत्ता नहीं मानता। कर्मयोगी कर्म एवं कर्मफलकी सत्ता मानता है; सांख्ययोगी न तो ब्रह्मसे भिन्न कर्म और कर्मफलकी सत्ता ही मानता है और न उनसे अपना कोई सम्बन्ध ही समझता है। एक वाक्यमें—कर्मयोग (त्याग) में त्याग है कर्मके फलका; सांख्ययोग (वा ज्ञानयोग) (संन्यास) में त्याग है कर्मके स्वरूपका (यानी, स्वयं कर्म ही का)।

अर्जुनकी पूर्वोक्त जिज्ञासापर अपना निश्चय प्रकट करनेसे पूर्व, भगवान् "संन्यास" तथा "त्याग" के विषयमें दो श्लोकोंद्वारा विद्वानोंके भिन्न-भिन्न मत बताते हैं—

श्रीभगवानुवाच।

काम्यानां कर्मणां न्यासं संन्यासं कवयो विदुः।
सर्वकर्मफलत्यागं प्राहुस्त्यागं विचक्षणाः ॥२॥

पद॰ — श्रीभगवान् = श्रीकृष्णजी; उवाच = बोला।

काम्यानाम् = ईप्सितों (अभिलषितों) (के); कर्मणाम् = कर्मोंके; न्यासम् =

त्यागको ; संन्यासम् = संन्यास (को) ; कवयः = पण्डितजन ; विदुः = जानते (समझते) हैं ; सर्वकर्मफलत्यागम् = समस्त कर्मोंके फलके त्यागको ; प्राहुः = कहते हैं ; त्यागम् = त्याग (को) ; विचक्षणाः = विचारकुशल (मनुष्य)।

अनु॰ — श्रीकृष्ण भगवान् बोले—(कितने ही) पण्डितजन (तो) ईप्सित (फल-चाहे-हुए) कर्मोंके त्यागको "संन्यास" समझते हैं (तथा) (अन्य अनेक) विचारकुशल (मनुष्य) समस्त कर्मोंके फलके त्यागको "त्याग" कहते हैं।

टि॰ — स्त्री, पुत्र, धन, स्वर्गादि प्रिय वस्तुओंकी प्राप्ति एवं रोग-संकटादि अप्रिय बातोंकी निवृत्ति जैसी कामनाओंको (फलोंको) दृष्टिमें रखकर किए-जानेवाले यज्ञ, दान, तप, उपासना प्रभृति शुभ कर्मोंका नाम "काम्यकर्म" है। ऐसे कर्मोंके विधानमें यह बात कही जाती है कि यदि अमुक फलकी कामना (इच्छा) हो, तो मनुष्यको यह विशिष्ट कर्म ऐसे-ऐसे करना चाहिये ; किन्तु उक्त फलकी इच्छा न होनेपर उस (कर्म) के न करनेसे कोई हानि भी नहीं है।

त्याज्यं दोषवदित्येके कर्म प्राहुर्मनीषिणः ।
यज्ञदानतपःकर्म न त्याज्यमिति चापरे ॥३॥

पद॰ — त्याज्यम् = त्याग करनेयोग्य ; दोषवत् = दोषयुक्त ; इति = ऐसा ; एके = कई-एक ; कर्म = कर्म ; प्राहुः = कहते हैं ; मनीषिणः = विद्वान् ; यज्ञदानतपःकर्म = यज्ञ, दान और तपरूप कर्म ; न = नहीं ; त्याज्यम् = तागनेयोग्य ; इति = यह (इस प्रकार) ; च = तथा ; अपरे = अन्य।

अनु॰ — कई-एक विद्वान् ऐसा कहते हैं (कि) कर्ममात्र (ही) दोषयुक्त है (इसलिए) (वह समस्त, निश्शेषरूपसे) त्यागनेके योग्य है तथा अन्य (विद्वान्) यह (कहते हैं कि) यज्ञ, दान और तपरूप कर्म त्यागनेयोग्य नहीं हैं (अर्थात्, निषिद्ध कर्मोंका ही त्याग करना चाहिए, शास्त्रविहित कर्तव्य-कर्मोंका नहीं)।

निश्चयं शृणु मे तत्र त्यागे भरतसत्तम ।
त्यागो हि पुरुषव्याघ्र त्रिविधः सम्प्रकीर्तितः ॥४॥

पद॰ — निश्चयम् = सुविचारित-मतको ; शृणु = सुनो ; मे = मेरे ; तत्र = उनमें ; त्यागे = त्यागमें ; भरतसत्तम = हे भरतवंशियोंमें उत्कृष्ट-साधु (अर्जुन) ; त्यागः = त्याग ; हि = निस्सन्देह ; पुरुषव्याघ्र = हे नरसिंह (वीरशिरोमणि) ; त्रिविधः = तीन प्रकारका ; सम्प्रकीर्तितः = सुचारु रूपसे वर्णित किया गया है।

अनु॰ — हे भरतकुलश्रेष्ठ (अर्जुन) ! उन (दोनों) में (यानी, संन्यास और त्यागमें) (से, पहले तू) त्याग (के विषय) में मेरे सुविचारित-मतको सुन। हे नरसिंह ! (वीरशिरोमणि !) (वह) त्याग, निस्सन्देह, (सात्त्विक, राजसिक एवं तामसिक—ऐसे) तीन प्रकारका (शास्त्रोंमें) सुचारु रूपसे वर्णित किया गया है।

टि॰ — इस प्रकार, त्यागका तत्त्व सुननेके लिए अर्जुनको सावधान करनेके उपरान्त, भगवान् दो श्लोकोंद्वारा शास्त्रविहित शुभकर्मोंके करनेके समर्थनमें अपना मत प्रकट करते हैं—

यज्ञदानतपःकर्म न त्याज्यं कार्यमेव तत् ।
यज्ञो दानं तपश्चैव पावनानि मनीषिणाम् ॥५॥

पद॰ — यज्ञदानतपःकर्म = यज्ञ, दान एवं तपरूप कर्म ; न = नहीं ; त्याज्यम् = छोड़नेयोग्य ; कार्यम् = कर्तव्य ; एव = ही ; तत् = वह ; यज्ञः = यज्ञ ; दानम् = दान ; तपः = तप ; च = और ; एव = निस्सन्देह ; पावनानि = पवित्र करनेवाले ; मनीषिणाम् = बुद्धिमान् मनुष्योंके।

अनु॰ — यज्ञ, दान एवं तपरूप कर्म त्याग करनेके योग्य नहीं हैं ; वे (तो) अवश्यकर्तव्य ही हैं, (क्योंकि) यज्ञ, दान और तप (ये तीनों ही कर्म), निस्सन्देह, बुद्धिमान् मनुष्योंको पवित्र करनेवाले हैं (अर्थात्, उनके अन्तःकरणको शुद्ध करनेवाले हैं)।

एतान्यपि तु कर्माणि संगं त्यक्त्वा फलानि च ।
कर्तव्यानीति मे पार्थ निश्चितं मतमुत्तमम् ॥६॥

पद॰ — एतानि = ये ; अपि = भी ; तु = तथा ; कर्माणि = कर्म ; संगम् = आसक्तिको ; त्यक्त्वा = त्याग करके ; फलानि = फलोंको ; च = और ; कर्तव्यानि = किए जाने चाहिएँ ; इति = ऐसा ; मे = मेरा ; पार्थ = हे पृथापुत्र (अर्जुन) ; निश्चितम् = भलीभाँति विचारा हुआ ; मतम् = मत ; उत्तमम् = श्रेष्ठ (उत्कृष्ट)।

अनु॰ — हे अर्जुन ! ये (यज्ञ, दान और तपरूप कर्म) तथा (अन्य) भी (सभी शास्त्रविहित कर्तव्य) कर्म, आसक्ति एवं फलोंका त्याग करके, (अवश्य ही) किए जाने चाहिएँ—ऐसा मेरा (सम्यक्) निर्धारित श्रेष्ठ (उत्कृष्ट) मत है।

टि॰ — अपना सुनिश्चित मत बतलाकर, अब भगवान् शास्त्रोंमें वर्णित तीनों प्रकारके त्यागोंकी चर्चा करते हैं। उनमें सात्त्विक त्याग ही सच्चा त्याग है,

अतः वही कर्तव्य है तथा अन्य दोनों त्याग—राजसिक व तामसिक—वास्तविक त्याग नहीं हैं, इसलिये वे करनेयोग्य नहीं हैं—यह बात समझानेके लिये, अगले तीन श्लोकोंद्वारा, वे उनके लक्षण बतलाते हैं। सबसे पहले, वे निकृष्ट कोटिके त्याग—तामसिक—को लेते हैं—

नियतस्य तु संन्यासः कर्मणो नोपपद्यते ।
मोहात्तस्य परित्यागस्तामसः परिकीर्तितः ॥७॥

पद० — नियतस्य = शास्त्रनिर्धारित कर्तव्यका ; तु = परन्तु ; संन्यासः = स्वरूपसे त्याग ; कर्मणः = कर्मका ; न = नहीं ; उपपद्यते = उचित है ; मोहात् = भूल (अज्ञान) से ; तस्य = उसका ; परित्यागः = त्याग करना ; तामसः = तामसिक ; परिकीर्तितः = कहा गया है।

अनु० — (निषिद्ध एव काम्यकर्मोंका तो स्वरूपसे त्याग करना उचित ही है) परन्तु शास्त्रनिर्धारित कर्तव्यकर्मका स्वरूपसे त्याग (यानी, कर्तव्यकर्म करने ही छोड़ देना) उचित नहीं है। (अतः,) मोह (अर्थात्, भूल वा भ्रम) के कारण उसका त्याग कर देना "तामस त्याग" कहा गया है (क्योंकि मोहकी उत्पत्ति तमोगुण ही से होती है)।

दुःखमित्येव यत्कर्म कायक्लेशभयात्त्यजेत् ।
स कृत्वा राजसं त्यागं नैव त्यागफलं लभेत् ॥८॥

पद० — दुःखम् = दुःखरूप ; इति = ऐसा ; एव = ही ; यत् = जो ; कर्म = कर्म ; कायक्लेशभयात् = शारीरिक कष्टके भयसे ; त्यजेत् = छोड़ दे ; सः = वह ; कृत्वा = करके ; राजसम् = राजसिक (को) ; त्यागम् = त्यागको ; न = नहीं ; एव = भी ; त्यागफलम् = त्यागके फलको ; लभेत् = प्राप्त करे।

अनु० — "जो (कुछ) कर्म है, (वह सब) दुःखरूप ही है"—ऐसा (समझकर) (यदि कोई) शारीरिक कष्टके डरसे (कर्तव्यकर्मोंका) त्याग कर दे, (तो) वह (मनुष्य ऐसे) राजसिक त्यागको करके त्यागके फलको (किसी) भी (प्रकार) नहीं प्राप्त करता (—इस प्रकारका त्याग सच्चा एवं वास्तविक त्याग नहीं होता, इसलिए वह अभिलषित फल देनेमें सर्वथा असमर्थ रहता है)।

कार्यमित्येव यत्कर्म नियतं क्रियतेऽर्जुन ।
संगं त्यक्त्वा फलं चैव स त्यागः सात्त्विको मतः ॥९॥

पद० — कार्यम् = कर्तव्य ; इति = ऐसा (इसी भावसे) ; एव = ही ; यत्

= जो ; कर्म = कर्म ; नियतम् = शास्त्रनिर्धारित ; क्रियते = किया जाता है ; अर्जुन = हे अर्जुन ; संगम् = आसक्तिको ; त्यक्त्वा = त्याग करके ; फलम् = फलको ; च = और ; एव = ही ; सः = वह ; त्यागः = त्याग ; सात्त्विकः = सात्त्विक ; मतः = माना गया है।

अनु० — हे अर्जुन ! जो शास्त्रनिर्धारित कर्म, "(करना तो) कर्तव्य ही है"—इसी भावसे (तथा) आसक्ति और फलका त्याग करके, किया जाता है, वही त्याग सात्त्विक माना गया है।

टि० — कर्मोंसे सम्बन्ध सर्वथा विच्छिन्न हो जाना ही त्यागका वास्तविक परिणाम है। यह परिणाम ममता, आसक्ति एवं कामनाके त्यागसे ही हो सकता है, केवल स्वरूपसे शास्त्रविहित कर्मोंका त्याग करनेसे नहीं। अतः, कर्मोंमें आसक्ति तथा फलेच्छाका त्याग ही "सात्त्विक त्याग" है। दूसरे शब्दोंमें, निष्कामभावसे कर्तव्यकर्मोंका अनुष्ठान ही "सच्चा त्याग" है।

अब, एक सात्त्विक-त्यागीका, निषिद्ध एवं काम्यकर्मोंको स्वरूपसे छोड़नेमें तथा कर्तव्यकर्मोंको करनेमें, कैसा भाव रहता है, यह दरसानेके लिए उसके लक्षण बतलाए जाते हैं—

न द्वेष्ट्यकुशलं कर्म कुशले नानुषज्जते ।
त्यागी सत्त्वसमाविष्टो मेधावी छिन्नसंशयः ॥१०॥

पद० — न = नहीं ; द्वेष्टि = द्वेष (घृणा) करता है ; अकुशलम् = अप्रिय (को) ; कर्म = कर्मको ; कुशले = प्रियमें ; न = नहीं ; अनुषज्जते = आसक्त होता है ; त्यागी = सच्चा त्यागी ; सत्त्वसमाविष्टः = शुद्धसत्त्वगुणसे युक्त ; मेधावी = स्थिरबुद्धिवाला ; छिन्नसंशयः = नष्ट-शंका-भ्रान्तिवाला।

अनु० — शुद्धसत्त्वगुणसे युक्त, स्थिरमति (तथा) नष्ट-शंका-भ्रान्तिवाला (एक) सच्चा त्यागी (मनुष्य) न (तो) अप्रिय (अच्छा न लगनेवाले) कर्मसे द्वेष (वा घृणा) करता है (और) न (ही) प्रिय (अच्छा लगनेवाले) (कर्ममें) आसक्त होता है।

टि० — प्रस्तुत श्लोकमें एक सात्त्विक त्यागीको (यानी, निष्कामभावसे कर्तव्यकर्मोंका अनुष्ठान करनेवाले कर्मयोगीको) "सच्चा त्यागी" बतलाया गया है। इसपर जिज्ञासा होती है कि, निषिद्ध एवं काम्यकर्मोंकी भाँति, अन्य समस्त कर्मोंका स्वरूपसे त्याग करदेनेवाला मनुष्य भी तो सच्चा त्यागी हो सकता है, फिर केवल निष्कामभावसे कर्म करनेवालेको ही सच्चा त्यागी क्यों कहा गया। इसे शान्त करते हुए कहते हैं—

न हि देहभृता शक्यं त्यक्तुं कर्माण्यशेषतः ।
यस्तु कर्मफलत्यागी स त्यागीत्यभिधीयते ॥११॥

पद॰ — न = नहीं ; हि = क्योंकि ; देहभृता = शरीरधारीसे ; शक्यम् = सम्भव ; त्यक्तुम् = त्याग देना ; कर्माणि = कर्मोंको ; अशेषतः = सम्पूर्णतासे ; यः = जो ; तु = इसलिए ; कर्मफलत्यागी = कर्मोंके फलको त्याग देनेवाला ; सः = वह ; त्यागी = सच्चा त्यागी ; इति = ऐसा ; अभिधीयते = कहा जाता है।

अनु॰ — क्योंकि शरीरधारी (किसी भी मनुष्य) के द्वारा सम्पूर्णतासे (सब) कर्मोंको त्याग देना सम्भव नहीं है, इसलिए जो कर्मोंके फलको त्याग देता है, वही "सच्चा त्यागी"—ऐसा कहलाता है (अर्थात्, "सच्चा त्यागी" कहा जाता है)।

टि॰ — अभी कहा गया कि "जो कर्मोंके फलको त्याग देता है, वही सच्चा त्यागी है।" इसपर यह आपत्ति हो सकती है कि कर्मोंका फल न चाहनेपर भी किए-हुए कर्म तो अपना फल दिए बिना नष्ट नहीं हो सकते। जैसे बोया हुआ बीज समय आनेपर अपने-आप ही वृक्षको उत्पन्न कर देता है, वैसे ही किए-हुए कर्मोंका फल भी किसी-न-किसी जन्ममें सभीको अनिवार्य रूपसे भोगना पड़ता है। अतः, केवल कर्मफलके त्यागसे मनुष्य "त्यागी" (यानी, कर्मबन्धनसे रहित) कैसे हो सकता है ? इस शंकाकी निवृत्तिके लिए, भगवान् कहते हैं—

अनिष्टमिष्टं मिश्रं च त्रिविधं कर्मणः फलम् ।
भवत्यत्यागिनां प्रेत्य न तु संन्यासिनां क्वचित् ॥१२॥

पद॰ — अनिष्टम् = बुरा ; इष्टम् = अच्छा ; मिश्रम् = मिला हुआ ; च = और ; त्रिविधम् = तीन प्रकारका ; कर्मणः = कर्मका ; फलम् = फल ; भवति = होता है ; अत्यागिनाम् = (कर्मफल) न त्यागनेवालोंके (अर्थात्, आसक्ति-फलेच्छापूर्वक कर्म करनेवाले सकामी मनुष्योंके) ; प्रेत्य = मरकर ; न = नहीं ; तु = किन्तु ; संन्यासिनाम् = त्यागियोंके (यानी, कर्मोंमें तथा उनके फलमें ममता, आसक्ति एवं कामनाको सर्वथा-त्यागनेवाले निष्कामी मनुष्योंके) ; क्वचित् = कभी भी (अर्थात्, किसी कालमें भी)।

अनु॰ — कर्मफल-न-त्यागनेवाले (सकामी) मनुष्योंके कर्मोंका (तो) अच्छा बुरा और मिला-हुआ—(ऐसे) तीन प्रकारका फल मरनेके पश्चात् (भी) (अनिवार्यरूपसे) होता है, किन्तु कर्मफल-त्यागनेवाले (निष्कामी) मनुष्योंके (कर्मोंका फल) किसी कालमें भी नहीं होता (क्योंकि उनके द्वारा होनेवाले कर्म,

वास्तवमें, कर्म ही नहीं होते—भुने-हुए बीजकी भाँति, वे फल उत्पन्न करनेमें नितान्त अशक्त होते हैं)।

टि० — इस अध्यायके पहले श्लोकमें, अर्जुनने संन्यास एवं त्यागका तत्त्व अलग-अलग जाननेकी इच्छा प्रकट की थी। उसके उत्तरमें, चौथे श्लोकसे प्रस्तुत श्लोकतक, भगवान्‌ने पहले त्यागका (यानी, कर्मयोगका) तत्त्व समझाया। अब वे संन्यासका (अर्थात्, सांख्ययोग वा ज्ञानयोगका) तत्त्व समझाना आरम्भ करते हैं। उसके निमित्त, वे आदिमें सांख्यसिद्धान्तके अनुसार कर्मोंकी सिद्धिके पाँच हेतुओंका निरूपण करते हैं—

पञ्चैतानि महाबाहो कारणानि निबोध मे ।
साङ्ख्ये कृतान्ते प्रोक्तानि सिद्धये सर्वकर्मणाम् ॥१३॥

पद० — पञ्च = पाँच ; एतानि = ये ; महाबाहो = हे विशाल (बलवती) भुजाओंवाले (अर्जुन) ; कारणानि = हेतु ; निबोध = भलीभाँति जान ; मे = मुझसे ; साङ्ख्ये = सांख्यशास्त्रमें ; कृतान्ते = कर्मोंका अन्त करनेके लिए (उपाय बतलानेवाले) (में) ; प्रोक्तानि = कहे गये हैं ; सिद्धये = सम्पन्न (पूरा) होनेके लिए ; सर्वकर्मणाम् = सब कर्मोंकी।

अनु० — हे अर्जुन ! समस्त कर्मोंके सम्पन्न (पूरा) होनेके ये पाँच हेतु कर्मोंका-अन्त-करनेके-निमित्त (ज्ञानयोगीय उपाय-बतलानेवाले) सांख्यशास्त्रमें कहे गये हैं, (उनको तू) मुझसे भलीभाँति जान (समझ)।

अधिष्ठानं तथा कर्ता करणं च पृथग्विधम् ।
विविधाश्च पृथक्चेष्टा दैवं चैवात्र पञ्चमम् ॥१४॥

पद० — अधिष्ठानम् = आधाररूप वा आश्रयभूत (शरीर) ; तथा = वैसे ; कर्ता = करनेवाला (प्रकृतिस्थ पुरुष) ; करणम् = सहायक (मन-बुद्धि-अहंकार-इन्द्रियाँ) ; च = और ; पृथग्विधम् = भिन्न-भिन्न प्रकारके ; विविधाः = नाना प्रकारकी ; च = तथा ; पृथक् = अलग-अलग ; चेष्टाः = क्रियाएँ (गमन-अंगसञ्चालन-संकल्प-विकल्पादि) ; दैवम् = प्रारब्ध (भाग्य वा अदृष्ट) ; च = और ; एव = ही ; अत्र = इस विषयमें ; पञ्चमम् = पाँचवाँ।

अनु० — इस विषयमें (अर्थात्, कर्मोंकी सिद्धिमें) शरीर, प्रकृतिस्थ पुरुष तथा भिन्न-भिन्न प्रकारके सहायक (मन-बुद्धि-अहंकार-इन्द्रियादि) एवं बहुभाँतिकी अलग-अलग क्रियाएँ (गमन-अंगसंचालन-संकल्प-विकल्पादि) और, वैसे ही, पाँचवाँ (हेतु) प्रारब्ध (भाग्य) है।

शरीरवाङ्मनोभिर्यत्कर्म प्रारभते नरः ।
न्याय्यं वा विपरीतं वा पञ्चैते तस्य हेतवः ॥१५॥

पद० — शरीरवाङमनोभिः = मन, वाणी एवं शरीरसे ; यत् = जो ; कर्म = काम ; प्रारभते = आरम्भ करता है ; नरः = मनुष्य ; न्याय्यम् = शास्त्रके अनुसार ; वा = अथवा ; विपरीतम् = प्रतिकूल ; वा = भी ; पञ्च = पाँच ; एते = ये ; तस्य = उसके ; हेतवः = कारण।

अनु० — मनुष्य मन, वाणी एवं शरीरसे शास्त्रके अनुकूल अथवा प्रतिकूल जो (कुछ) भी काम करता है, उसके ये पाँचों कारण हैं।

टि० — सांख्ययोगके सिद्धान्तानुसार समस्त कर्मोंकी सिद्धिके अधिष्ठानादि पाँच कारणोंकी चर्चाके उपरान्त, अब आत्माके यथार्थ स्वरूपका निरूपण किया जाता है और बताया जाता है कि आत्माका, वस्तुतः, कर्मोंसे कोई सम्बन्ध नहीं—वह नितान्त शुद्ध, निर्विकार तथा अकर्ता है। यह बात समझानेके लिए, दो श्लोकोंद्वारा, आत्माको कर्ता माननेवालेकी निन्दा और अकर्ता समझनेवाले की स्तुति की जाती है—

तत्रैवं सति कर्तारमात्मानं केवलं तु यः ।
पश्यत्यकृतबुद्धित्वान्न स पश्यति दुर्मतिः ॥१६॥

पद० — तत्र = उस विषयमें (अर्थात्, कर्मोंके सम्पन्न होनेमें) ; एवम् = ऐसा ; सति = होनेपर ; कर्तारम् = करनेवाले (को) ; आत्मानम् = आत्माको ; केवलम् = शुद्धस्वरूप-निस्संग (को) ; तु = परन्तु ; यः = जो ; पश्यति = देखता है (समझता है) ; अकृतबुद्धित्वात् = अशुद्धबुद्धि होनेके कारण ; न = नहीं ; सः = वह ; पश्यति = देखता है (यथार्थ जानता है) ; दुर्मतिः = मलिनबुद्धिवाला (अज्ञानी)।

अनु० — परन्तु ऐसा होनेपर (भी) जो (मनुष्य), अशुद्धबुद्धि होनेके कारण, उस विषयमें (अर्थात्, कर्मोंकी सिद्धिमें) नितान्तशुद्धस्वरूप (निस्संग) आत्माको कर्ता समझता है, वह मलिनबुद्धिवाला (अज्ञानी) यथार्थ (सत्य वा वास्तविकता) को नहीं जानता।

टि० — सत्संग एवं शास्त्रोंके अभ्यासद्वारा तथा विवेक, विचार और शम-दमादि आध्यात्मिक साधनोंद्वारा जिसकी बुद्धि शुद्ध की हुई नहीं है—ऐसे प्राकृत अज्ञानी मनुष्यको "अकृतबुद्धि" कहते हैं। अतः, यहाँ "अकृतबुद्धित्वात्" पदसे

आत्माको कर्ता माननेका हेतु बतलाया गया है। अभिप्राय यह है कि समस्त कर्मोंके पूरा होनेमें उपर्युक्त अधिष्ठानादि ही पाँच कारण हैं, आत्माका उन कर्मोंके साथ, वास्तवमें, कोई भी सम्बन्ध नहीं, फिर भी लोग, अज्ञानवश, अपनेको (यानी, आत्माको) कर्मोंका कर्ता मान बैठते हैं—यह कितना असंगत तथा आश्चर्यप्रद है!

"आत्मानम्" पदके साथ "केवलम्" विशेषणका प्रयोग भी बड़ा उपयुक्त है। ऐसा करनेसे, आत्माका यथार्थ स्वरूप "केवल"—अर्थात्, सर्वथा-शुद्ध, निर्विकार और असंग—लक्षित किया गया है। अत:, असंग आत्माका कर्मोंके साथ संग (सम्बन्ध) जोड़कर, उसे कर्मोंका कर्ता मानना नितान्त विपरीत है।

यस्य नाहंकृतो भावो बुद्धिर्यस्य न लिप्यते ।
हत्वापि स इमाँल्लोकान्न हन्ति न निबध्यते ॥१७॥

पद० — यस्य = जिसके ; न = नहीं ; अहंकृत: = अहंकार ("मैं कर्ता हूँ") का ; भाव: = विचार ; बुद्धि: = बुद्धि ; यस्य = जिसकी ; न = नहीं ; लिप्यते = लिप्त (आसक्त) होती है ; हत्वा = मारकर ; अपि = भी = स: = वह ; इमान् = इन (को) ; लोकान् = लोकोंको ; न = नहीं ; हन्ति = मारता है ; न = नहीं ; निबध्यते = बँधता है।

अनु० — जिस (मनुष्य) के (अन्त:करणमें) "मैं कर्ता हूँ" (ऐसा) भाव नहीं है (तथा) जिसकी बुद्धि (सांसारिक पदार्थोंमें एवं समस्त कर्मोंमें) लिप्त नहीं होती, वह (मनुष्य) इन (सब) लोकोंको मारकर भी (जैसे, क्षात्रधर्मोचित निश्शेषप्राणि-संहार करनेपर भी) (वास्तवमें) न (तो) मारता (ही) है (और) न (किसी पापसे) बँधता (ही) है (अर्थात्, लोकदृष्टिसे समस्त कर्म करता हुआ भी, वह उन कर्मोंसे सर्वथा असम्बद्ध वा निर्लिप्त ही रहता है)।

टि० — संन्यास (ज्ञानयोग) का तत्त्व बतानेके लिए आत्माके अकर्तापनका निरूपण करनेके बाद अब, सांख्यसिद्धान्तके अनुसार, कर्मके अंगप्रत्यंगोंको भलीभाँति समझानेके लिए, भगवान् कृष्ण, अगले श्लोकमें, कर्मप्रेरणा एवं कर्म-संग्रहका प्रतिपादन करते हैं—

ज्ञानं ज्ञेयं परिज्ञाता त्रिविधा कर्मचोदना ।
करणं कर्म कर्तेति त्रिविधः कर्मसंग्रहः ॥१८॥

पद० — ज्ञानम् = जिसके द्वारा जाना जाए (अर्थात्, वस्तुके स्वरूपका निश्चय करानेवाली वृत्ति) ; ज्ञेयम् = जानी जानेवाली वस्तु (यानी, जिस वस्तुके

स्वरूपका निश्चय होता है) ; परिज्ञाता = जाननेवाला (अर्थात्, वस्तुके स्वरूपका निश्चय करनेवाला) ; त्रिविधा = तीन प्रकारकी ; कर्मचोदना = कर्मप्रेरणा ; करणम् = कर्म करनेके साधन (मन, बुद्धि, इन्द्रिय आदि) ; कर्म = क्रिया (यानी, कामका करना) ; कर्ता = क्रियाओंको करनेवाला (अर्थात्, प्रकृतिस्थ पुरुष) ; इति = यह ; त्रिविधः = तीन प्रकारका ; कर्मसंग्रहः = कर्मनिष्पत्ति (यानी, कामका सम्पन्न होना)।

अनु० — ज्ञाता, ज्ञान (और) ज्ञेय—(यह) तीन प्रकारकी कर्मप्रेरणा है (अर्थात्, इन तीनोंके संयोग ही से मनुष्यकी कर्ममें प्रवृत्ति होती है) (और) कर्ता, करण (तथा) क्रिया—यह तीन प्रकारका कर्मसंग्रह है (यानी, इन तीनोंके संयोग ही से क्रिया सम्पन्न होती है—काम निष्पन्न होता है वा बनता है)।

ज्ञानं कर्म च कर्ता च त्रिधैव गुणभेदतः ।
प्रोच्यते गुणसंख्याने यथावच्छृणु तान्यपि ॥१९॥

पद० — ज्ञानम् = ज्ञान ; कर्म = कर्म ; च = और ; कर्ता = कर्ता ; च = तथा ; त्रिधा = तीन-तीन प्रकारके ; एव = ही ; गुणभेदतः = गुणोके भेदसे ; प्रोच्यते = कहा गया है ; गुणसंख्याने = गुणोंकी संख्या करनेवाले शास्त्रमें (अर्थात्, सत्त्व-रज-तमरूपी गुणत्रयके सम्बन्धसे समस्त पदार्थोंके भिन्न-भिन्न प्रकारोंकी गणना करनेवाले शास्त्र—सांख्यशास्त्र—में) ; यथावत् = बारी-बारी (क्रमसे) ; शृणु = सुनो ; तानि = उनको ; अपि = भी।

अनु० — गुणोंकी संख्या करनेवाले शास्त्र (सांख्यशास्त्र) में ज्ञान और कर्म तथा कर्ता (सत्त्व-रज-तमरूपी) गुणों ही के भेदसे (सात्त्विक-राजसिक-तामसिकरूप) तीन-तीन प्रकारके कहे गये हैं, उनको भी (तू मुझसे) क्रमके अनुसार सुन।

सर्वभूतेषु येनैकं भावमव्ययमीक्षते ।
अविभक्तं विभक्तेषु तज्ज्ञानं विद्धि सात्त्विकम् ॥२०॥

पद० — सर्वभूतेषु = समस्त (चराचर) प्राणियोंमें ; येन = जिससे ; एकम् = एक (को) ; भावम् = परमात्मभावको ; अव्ययम् = अविनाशी (को) ; ईक्षते = देखता है ; अविभक्तम् = विभागरहित (को) ; विभक्तेषु = पृथक्-पृथक् (में) ; तत् = उस (को) ; ज्ञानम् = ज्ञानको ; विद्धि = जानो ; सात्त्विकम् = सात्त्विक।

अनु० — जिस (ज्ञान) से (मनुष्य) पृथक्-पृथक् समस्त (चराचर) प्राणियोंमें एक अविनाशी परमात्मभाव (ही) को विभागरहित (समभावसे स्थित) देखता है

(अर्थात्, लोकदृष्टिसे भिन्न-भिन्न प्रतीत होनेवाले समस्त चराचर प्राणियोंको तथा स्वयम् अपनेको एक अविनाशी परमात्मासे अभिन्न समझता है), उस ज्ञानको (तू) सात्त्विक जान (यानी, जो ऐसा यथार्थ अनुभव है, वही सात्त्विक या सच्चा ज्ञान है ; इससे अन्य सभी सांसारिक ज्ञान नाममात्रके ही ज्ञान हैं, वास्तविक नहीं)।

पृथक्त्वेन तु यज्ज्ञानं नानाभावान्पृथग्विधान् ।
वेत्ति सर्वेषु भूतेषु तज्ज्ञानं विद्धि राजसम् ॥२१॥

पद० — पृथक्त्वेन = अलग-अलग करके ; तु = और ; यत् = जो ; ज्ञानम् = ज्ञान ; नानाभावान् = अनेक भावोंको ; पृथग्विधान् = भिन्न-भिन्न प्रकारके ; वेत्ति = जानता है ; सर्वेषु = सब (में) ; भूतेषु = प्राणियोंमें ; तत् = उस (को) ; ज्ञानम् = ज्ञानको ; विद्धि = जानो ; राजसम् = राजसिक।

अनु० — और जो ज्ञान (अर्थात्, जिस ज्ञानके द्वारा) (मनुष्य) समस्त प्राणियोंमें भिन्न-भिन्न प्रकारके अनेक भावोंको अलग-अलग जानता है (अर्थात्, कीट, पतंग, पशु, पक्षी, मनुष्य, राक्षस, देवता आदि सम्पूर्ण प्राणियोंमें आत्माको, उनके शरीरोंकी आकृति अथवा स्वभावके भेदसे, भिन्न-भिन्न प्रकारके, अनेक और अलग-अलग समझता है—यानी, यह समझता है कि प्रत्येक शरीरमें आत्मा अलग-अलग है और वे अनेक हैं तथा सब परस्पर-विलक्षण हैं), उस ज्ञानको (तू) राजसिक जान (अर्थात्, नाममात्रका, मिथ्या, अवास्तविक ज्ञान समझ)।

यत्तु कृत्स्नवदेकस्मिन् कार्ये सक्तमहैतुकम् ।
अतत्त्वार्थवदल्पं च तत्तामसमुदाहृतम् ॥२२॥

पद० — यत् = जो ; तु = परन्तु ; कृत्स्नवत् = सम्पूर्णके सदृश ; एकस्मिन् = एक (में) ; कार्ये = कार्य (रूप शरीर) में ; सक्तम् = आसक्त (लिप्त) ; अहैतुकम् = बिना युक्तिवाला ; अतत्त्वार्थवत् = तात्त्विक अर्थ (यथार्थ) से रहित ; अल्पम् = तुच्छ ; च = तथा ; तत् = वह ; तामसम् = तामसिक ; उदाहृतम् = कहा गया है।

अनु० — परन्तु जो (ज्ञान) (अर्थात्, जिस ज्ञानके द्वारा मनुष्य) एक कार्य (रूप शरीर) में (ही) सम्पूर्णके सदृश आसक्त (लिप्त) है तथा (जो) युक्तिहीन, तात्त्विक अर्थ (यथार्थ) से रहित (और) तुच्छ है, वह "तामसिक" कहा गया है।

टि० — जिस विपरीत-ज्ञानके द्वारा मनुष्य प्रकृतिके कार्यरूप शरीरको ही अपना स्वरूप समझ लेता है और ऐसा समझकर उस क्षणभंगुर, नाशवान् शरीरमें

सर्वस्वकी भाँति आसक्त रहता है तथा आत्माको उससे भिन्न या सर्वव्यापी नहीं मानता, ऐसे ज्ञानको "तामसिक ज्ञान" बताया गया है। वास्तवमें, वह "ज्ञान" ज्ञान ही नहीं है, बल्कि विपर्यय-ज्ञान अथवा अज्ञान है। इसीलिए, भगवान्ने इस श्लोकमें "ज्ञान" पदका प्रयोग ही नहीं किया है। अज्ञानमय होनेके कारण ही, इसे "तामसिक" कहा गया है, क्योंकि अज्ञान तमोगुण ही का कार्य होता है।

नियतं संगरहितमरागद्वेषतः कृतम् ।
अफलप्रेप्सुना कर्म यत्तत्सात्त्विकमुच्यते ॥२३॥

पद॰ — नियतम् = शास्त्रविधिसे निर्धारित किया हुआ ; संगरहितम् = कर्तापनके अभिमानसे रहित ; अरागद्वेषतः = बिना राग-द्वेषके ; कृतम् = किया हुआ ; अफलप्रेप्सुना = फल न चाहनेवाले (मनुष्य) द्वारा ; कर्म = काम ; यत् = जो ; तत् = वह ; सात्त्विकम् = सात्त्विक ; उच्यते = कहा जाता है।

अनु॰ — जो कर्म शास्त्रविधिसे निर्धारित किया हुआ (और) कर्तापनके अभिमानसे रहित हो (तथा) फल न चाहनेवाले (मनुष्य) द्वारा बिना रागद्वेष के किया गया हो, वह "सात्त्विक" कहा जाता है।

यत्तु कामेप्सुना कर्म साहंकारेण वा पुनः ।
क्रियते बहुलायासं तद्राजसमुदाहृतम् ॥२४॥

पद॰ — यत् = जो ; तु = और ; कामेप्सुना = भोगोंको चाहनेवाले (मनुष्य) से ; कर्म = काम ; साहंकारेण = अहंकारयुक्त (मनुष्य) द्वारा ; वा = या ; पुनः = तथा ; क्रियते = किया जाता है ; बहुलायासम् = बहुत परिश्रमसे युक्त ; तत् = वह ; राजसम् = राजसिक ; उदाहृतम् = कहा गया है।

अनु॰ — और जो कर्म बहुत परिश्रमसे युक्त होता है तथा भोगोंको चाहनेवाले अथवा अहंकारयुक्त (मनुष्य) द्वारा किया जाता है, वह "राजसिक" कहा गया है।

अनुबन्धं क्षयं हिंसामनपेक्ष्य च पौरुषम् ।
मोहादारभ्यते कर्म यत्तत्तामसमुच्यते ॥२५॥

पद॰ — अनुबन्धम् = परिणाम (को) ; क्षयम् = हानि (को) ; हिंसाम् = हिंसा (को) ; अनपेक्ष्य = न विचारकर ; च = तथा ; पौरुषम् = सामर्थ्यको ; मोहात् = अज्ञानसे ; आरभ्यते = आरम्भ किया जाता है ; कर्म = काम ; यत् = जो ; तत् = वह ; तामसम् = तामसिक ; उच्यते = कहा जाता है।

अनु॰ — जो कर्म परिणाम, हानि, हिंसा तथा सामर्थ्यको न विचारकर (केवल) अज्ञानसे आरम्भ किया जाता है, वह "तामसिक" कहा जाता है।

मुक्तसंगोऽनहंवादी धृत्युत्साहसमन्वितः ।
सिद्ध्यसिद्ध्योर्निर्विकारः कर्ता सात्त्विक उच्यते ॥२६॥

पद॰ — मुक्तसंगः = आसक्तिसे रहित ; अनहंवादी = अहंकारके वचन न बोलनेवाला ; धृत्युत्साहसमन्वितः = धैर्य और उत्साहसे युक्त ; सिद्ध्यसिद्ध्योः = सफलता एवं विफलतामें ; निर्विकारः = विकारोंसे शून्य ; कर्ता = करनेवाला ; सात्त्विकः = सात्त्विक ; उच्यते = कहा जाता है

अनु॰ — (जो) कर्ता (करनेवाला) आसक्तिसे रहित, अहंकारके वचन न बोलनेवाला, धैर्य और उत्साहसे युक्त (तथा) (कार्यकी) सफलता एवं विफलतामें (हर्ष-शोकादि) विकारोंसे शून्य है, (वह) "सात्त्विक" कहा जाता है।

रागी कर्मफलप्रेप्सुर्लुब्धो हिंसात्मकोऽशुचिः ।
हर्षशोकान्वितः कर्ता राजसः परिकीर्तितः ॥२७॥

पद॰ — रागी = आसक्तिसे युक्त ; कर्मफलप्रेप्सुः = कर्मोंके फलको चाहनेवाला ; लुब्धः = लोभी ; हिंसात्मकः = दूसरोंको कष्ट-देनेके स्वभाववाला ; अशुचिः = अशुद्ध आचरणवाला ; हर्षशोकान्वितः = हर्ष एवं शोकसे व्याप्त ; कर्ता = करनेवाला ; राजसः = राजसिक ; परिकीर्तितः = कहा गया है।

अनु॰ — (जो) कर्ता (करनेवाला) आसक्तिसे युक्त, कर्मोंके फलको चाहनेवाला (और) लोभी है (तथा) दूसरोंको कष्ट-देनेके स्वभाववाला, अशुद्धाचारी (और) हर्ष एवं शोकसे व्याप्त (पूर्ण) है, (वह) "राजसिक" कहा गया है।

अयुक्तः प्राकृतः स्तब्धः शठो नैष्कृतिकोऽलसः ।
विषादी दीर्घसूत्री च कर्ता तामस उच्यते ॥२८॥

पद॰ — अयुक्तः = अस्थिर स्वभाववाला ; प्राकृतः = अशिष्ट (वा अशिक्षित) ; स्तब्धः = घमण्डी ; शठः = धूर्त ; नैष्कृतिकः = दूसरेकी आजीविकाका नाशक ; अलसः = आलसी ; विषादी = शोक करनेवाला ; दीर्घसूत्री = कामको टालता-रहनेवाला ; च = और ; कर्ता = करनेवाला ; तामसः = तामसिक ; उच्यते = कहा जाता है।

अनु॰ — (जो) कर्ता (करनेवाला) अस्थिर स्वभाववाला, अशिष्ट (वा

अशिक्षित), घमण्डी, धूर्त, दूसरेकी आजीविकाका नाशक, आलसी, शोक करनेवाला तथा कामको टालता-रहनेवाला है, (वह) "तामसिक" कहा जाता है।

बुद्धेर्भेदं धृतेश्चैव गुणतस्त्रिविधं शृणु ।
प्रोच्यमानमशेषेण पृथक्त्वेन धनञ्जय ॥२९॥

पद॰ — बुद्धेः = बुद्धि (निश्चय करनेकी शक्ति) के ; भेदम् = भेदको ; धृतेः = धृति (धारण करनेकी शक्ति) के ; च = और ; एव = भी ; गुणतः = गुणोंके अनुसार ; त्रिविधम् = तीन प्रकारके (को) ; शृणु = सुनो ; प्रोच्यमानम् = कहे-जानेवाले (को) ; अशेषेण = सम्पूर्णतासे ; पृथक्त्वेन = पृथक्-पृथक् करके (यानी, विभागपूर्वक) ; धनञ्जय = हे शत्रुओंका धन जीतनेवाले (अर्जुन)।

अनु॰ — हे अर्जुन! (अब तू, मेरेद्वारा) सम्पूर्णतासे विभागपूर्वक कहे-जानेवाले, बुद्धिके तथा धृतिके (धारणशक्तिके) भी (सत्त्व-रज-तमरूपी) गुणोंके अनुसार (सात्त्विक, राजसिक, तामसिकरूप) तीन-तीन प्रकारके भेदोंको (क्रमशः) सुन।

प्रवृत्तिं च निवृत्तिं च कार्याकार्ये भयाभये ।
बन्धं मोक्षं च या वेत्ति बुद्धिः सा पार्थ सात्त्विकी ॥३०॥

पद॰ — प्रवृत्तिम् = प्रवृत्तिमार्ग (गृहस्थमें रहते हुए फल और आसक्तिको त्यागकर भगवदर्पणबुद्धिसे केवल लोकशिक्षाके लिए कर्म करना) को ; च = और ; निवृत्तिम् = निवृत्तिमार्ग (देहाभिमानको त्यागकर केवल ब्रह्ममें एकीभावसे स्थित होते हुए संसारसे उपराम होकर विचरना) को ; च = तथा ; कार्याकार्ये = कर्तव्य (करनेयोग्य) और अकर्तव्य (न करनेयोग्य) को ; भयाभये = भय तथ अभयको ; बन्धम् = (जन्म-मृत्युरूप) कर्मबन्धनको ; मोक्षम् = (भगवत्प्राप्तिरूप) कर्ममुक्तिको ; च = और ; या = जो ; वेत्ति = तत्त्वसे जानती है ; बुद्धिः = बुद्धि ; सा = वह ; पार्थ = हे पृथापुत्र (अर्जुन) ; सात्त्विकी = सात्त्विकी।

अनु॰ — हे अर्जुन! जो बुद्धि प्रवृत्तिमार्ग और निवृत्तिमार्गको, कर्तव्य और अकर्तव्यको, भय और अभयको तथा कर्मबन्धन एवं कर्ममुक्तिको तत्त्वसे (यथार्थ) जानती है, वह सात्त्विकी है।

यया धर्ममधर्मं च कार्यं चाकार्यमेव च ।
अयथावत्प्रजानाति बुद्धिः सा पार्थ राजसी ॥३१॥

पद॰ — यया = जिससे ; धर्मम् = धर्मको ; अधर्मम् = अधर्मको ; च =

और ; कार्यम् = कर्तव्य (करनेयोग्य) को ; च = तथा ; अकार्यम् = अकर्तव्य (न करनेयोग्य) को ; एव = भी ; च = और ; अयथावत् = यथार्थ नहीं ; प्रजानाति = जानता है ; बुद्धिः = बुद्धि ; सा = वह ; पार्थ = हे पृथानन्दन (अर्जुन) ; राजसी = राजसिकी।

अनु० — हे अर्जुन ! जिस (बुद्धि) के द्वारा (मनुष्य) धर्म और अधर्मको तथा कर्तव्य और अकर्तव्यको भी यथार्थ नहीं जानता (समझता), वह बुद्धि राजसिकी है।

अधर्मं धर्ममिति या मन्यते तमसाऽऽवृता ।
सर्वार्थान्विपरीतांश्च बुद्धिः सा पार्थ तामसी ॥३२॥

पद० — अधर्मम् = अधर्मको ; धर्मम् = धर्म ; इति = ऐसा ; या = जो ; मन्यते = मानती है ; तमसा = तमोगुणसे ; आवृता = घिरी (ढकी) हुई ; सर्वार्थान् = सम्पूर्ण पदार्थोंको ; विपरीतान् = उलटे हुओंको ; च = और ; बुद्धिः = बुद्धि ; सा = वह ; पार्थ = हे पृथासूनु (अर्जुन) ; तामसी = तामसिकी।

अनु० — हे अर्जुन ! तमोगुणसे घिरी (ढकी) हुई जो बुद्धि अधर्मको (भी) "यह धर्म है" ऐसा मान लेती है तथा (इसी प्रकार अन्य) सम्पूर्ण पदार्थोंको (भी) उलटा (ही) (समझ बैठती है), वह तामसिकी है।

धृत्या यया धारयते मनःप्राणेन्द्रियक्रियाः ।
योगेनाव्यभिचारिण्या धृतिः सा पार्थ सात्त्विकी ॥३३॥

पद० — धृत्या = धारणशक्ति (अर्थात्, किसी क्रिया, भाव या वृत्तिको दृढ़तापूर्वक स्थिर रखनेकी शक्ति) से ; यया = जिस (से) ; धारयते = धारण करता है ; मनःप्राणेन्द्रियक्रियाः = मन, प्राण तथा इन्द्रियोंकी क्रियाओंको ; योगेन = ध्यानयोगके द्वारा ; अव्यभिचारिण्या = (केवल परमात्मामें ही) अटल रूपसे स्थिर रहनेवाली (से) ; धृतिः = धारणशक्ति ; सा = वह ; पार्थ = हे पृथातनुज (अर्जुन) ; सात्त्विकी = सात्त्विकी।

अनु० — हे अर्जुन ! इधर-उधर न भटकनेवाली (अर्थात्, अटल रूपसे स्थिर रहनेवाली) जिस धारणशक्तिसे (मनुष्य) ध्यानयोगके द्वारा मन, प्राण तथा इनिद्रयोंकी क्रियाओंको (केवल परमात्मामें ही) दृढ़तापूर्वक रोके रखता है, वह धृति (धारणशक्ति) सात्त्विकी है।

यया तु धर्मकामार्थान्धृत्या धारयतेऽर्जुन ।
प्रसंगेन फलाकांक्षी धृतिः सा पार्थ राजसी ॥३४॥

पद० — यया = जिस (से) ; तु = और ; धर्मकामार्थान् = धर्म, अर्थ और

कामको ; धृत्या = धारणशक्तिके द्वारा ; धारयते = दृढ़तापूर्वक रोके (ग्रहण किए) रखता है ; अर्जुन = हे अर्जुन ; प्रसंगेन = अत्यन्त आसक्तिसे ; फलाकांक्षी = फलकी इच्छावाला ; धृतिः = धारणशक्ति ; सा = वह ; पार्थ = हे पृथातनय ; राजसी = राजसिकी।

अनु॰ — और हे पृथातनय अर्जुन ! फलकी इच्छावाला (मनुष्य) जिस धारणशक्तिके द्वारा अन्यन्त आसक्तिसे धर्म, अर्थ और काम को दृढ़तापूर्वक ग्रहण किए (पकड़े) रहता है, वह धारणशक्ति राजसिकी है।

यया स्वप्नं भयं शोकं विषादं मदमेव च ।
न विमुञ्चति दुर्मेधा धृतिः सा पार्थ तामसी ॥३५॥

पद॰ — यया = जिससे ; स्वप्नम् = निद्रा (को) ; भयम् = डर (को) ; शोकम् = सोग (रञ्ज) (को) ; विषादम् = दुःखको ; मदम् = उन्मत्तताको ; एव = भी ; च = और ; न = नहीं ; विमुञ्चति = छोड़ता है ; दुर्मेधाः = दुष्ट-बुद्धिवाला ; धृतिः = धारणशक्ति ; सा = वह ; पार्थ = हे पृथात्मज (अर्जुन) ; तामसी = तामसिकी।

अनु॰ — हे अर्जुन ! दुष्ट-बुद्धिवाला (मनुष्य) जिस (धारणशक्ति) के द्वारा निद्रा, डर, रञ्ज और दुःखको (तथा) उन्मत्तताको भी नहीं छोड़ता (अर्थात्, अपनाए वा चिपटाए रहता है), वह धारणशक्ति तामसिकी है।

सुखं त्विदानीं त्रिविधं शृणु मे भरतर्षभ ।
अभ्यासाद्रमते यत्र दुःखान्तं च निगच्छति ॥३६॥
यत्तदग्रे विषमिव परिणामेऽमृतोपमम् ।
तत्सुखं सात्त्विकं प्रोक्तमात्मबुद्धिप्रसादजम् ॥३७॥

पद॰ — सुखम् = सुखको ; तु = भी ; इदानीम् = अब ; त्रिविधम् = तीन प्रकारके (को) ; शृणु = सुनो ; मे = मुझसे ; भरतर्षभ = हे भरतकुलश्रेष्ठ ; अभ्यासात् = अभ्याससे ; रमते = रमण करता है ; यत्र = जिसमें ; दुःखान्तम् = दुःखोंके अन्तको ; च = और ; निगच्छति = प्राप्त हो जाता है ; यत् = जो ; तत् = वह ; अग्रे = प्रथम (पहले-पहले) ; विषम् = ज़हर (के) ; इव = तुल्य ; परिणामे = अन्तमें (फलमें) ; अमृतोपमम् = अमृतके सदृश ; तत् = वह ; सुखम् = सुख ; सात्त्विकम् = सात्त्विक ; प्रोक्तम् = कहा गया है ; आत्मबुद्धिप्रसादजम् = परमात्मविषयक बुद्धिके प्रसादसे उत्पन्न होनेवाला।

अनु॰ — हे भरतकुलश्रेष्ठ (अर्जुन) ! (बुद्धि तथा धृतिके भेद सुननेके

उपरान्त) अब तीन प्रकारके सुखको भी (तू) मुझसे सुन। जिस (सुख) में (साधक मनुष्य) (भजन, ध्यान और सेवादिके) अभ्याससे रमण करता है और (जिससे) दु:खोंके अन्तको प्राप्त हो जाता है; जो (ऐसा सुख है), वह प्रथम (अर्थात्, साधनके आरम्भकालमें) (यद्यपि) विषके तुल्य (प्रतीत होता है), (तथापि) अन्तमें (यानी, फल देनेमें) अमृतके सदृश (होता है)। (इसलिए) परमात्मविषयक बुद्धिके प्रसादसे उत्पन्न होनेवाला वह सुख "सात्त्विक" कहा गया है।

विषयेन्द्रियसंयोगाद्यत्तदग्रेऽमृतोपमम्।
परिणामे विषमिव तत्सुखं राजसं स्मृतम् ॥३८॥

पद० — विषयेन्द्रियसंयोगात् = विषयों और इन्द्रियोंके संयोग (साथ मिलने) से; यत् = जो; तत् = वह; अग्रे = पहले-पहले; अमृतोपमम् = अमृतके सद्दश; परिणामे = अन्तमें; विषम् = ज़हर; इव = तरह; तत् = वह; सुखम् = सुख; राजसम् = राजसिक; स्मृतम् = कहा गया है।

अनु० — जो सुख विषयों और इन्द्रियोंके संयोग (अर्थात्, आपसमें मिलने) से (उत्पन्न होता है), वह (यद्यपि) पहले-पहले (यानी, भोगकालमें) अमृतके सदृश (प्रिय तथा आनन्दकारी प्रतीत होता है, तथापि) अन्तमें (अर्थात्, फल देनेमें) ज़हरकी तरह (होता है, क्योंकि वह क्षणिक एवं प्रतीतिमात्रका सुख बल, वीर्य, बुद्धि, तेज, धन, परलोकादिका नाशक होता है; इसलिये) वह (सुख) "राजसिक" कहा गया है।

यदग्रे चानुबन्धे च सुखं मोहनमात्मनः।
निद्रालस्यप्रमादोत्थं तत्तामसमुदाहृतम् ॥३९॥

पद० — यत् = जो; अग्रे = आरम्भमें; च = और; अनुबन्धे = परिणाममें; च = भी; सुखम् = सुख; मोहनम् = मोहित करनेवाला; आत्मनः = आत्माका; निद्रालस्यप्रमादोत्थम् = नींद, सुस्ती तथा मस्तीपूर्ण अज्ञानसे उत्पन्न हुआ; तत् = वह; तामसम् = तामसिक; उदाहृतम् = कहा गया है।

अनु० — जो सुख आरम्भमें (अर्थात्, भोगकालमें) तथा अन्तमें (यानी, परिणाममें वा फलमें) भी आत्माको मोहित (अथवा भ्रमित) करनेवाला है, नींद, सुस्ती एवं मस्तीपूर्ण अज्ञानसे उत्पन्न हुआ वह (सुख) "तामसिक" कहा गया है (क्योंकि निद्रा, आलस्य और प्रमाद—ये तीनों ही तमोगुणके कार्य हैं)।

न तदस्ति पृथिव्यां वा दिवि देवेषु वा पुनः ।
सत्त्वं प्रकृतिजैर्मुक्तं यदेभिः स्यात्त्रिभिर्गुणैः ॥४०॥

पद० — न = नहीं ; तत् = वह ; आस्त = है ; पृथिव्याम् = पृथ्वीपर ; वा = या ; दिवि = आकाशमें ; देवेषु = देवताओंमें ; वा = अथवा ; पुनः = अन्यत्र कहीं भी ; सत्त्वम् = प्राणी (वा पदार्थ) ; प्रकृतिजैः = प्रकृतिसे उत्पन्न (हुओंसे) ; मुक्तम् = छुटा हुआ (अतीत) ; यत् = जो ; एभिः = इन (से) ; स्यात = हो ; त्रिभिः = तीनों (से) ; गुणैः = गुणोंसे।

अनु० — पृथ्वीपर या आकाशमें अथवा देवताओंमें (तथा इनके अतिरिक्त) अन्यत्र कहीं भी ऐसा (कोई भी) प्राणी (वा पदार्थ) नहीं है, जो प्रकृतिसे उत्पन्न इन (उपरोक्त) तीनों गुणोंसे अतीत (रहित) हो (क्योंकि जब निश्शेष सृष्टि ही त्रिगुणमयी प्रकृति की विकृति है, तो इसमें स्थित कोई भी प्राणी अथवा पदार्थ उसके गुणोंसे वञ्चित कैसे रह सकता है ?)।

ब्राह्मणक्षत्रियविशां शूद्राणां च परन्तप ।
कर्माणि प्रविभक्तानि स्वभावप्रभवैर्गुणैः ॥४१॥

पद० — ब्राह्मणक्षत्रियविशाम् = ब्राह्मण, क्षत्रिय तथा वैश्योंके ; शूद्राणाम् = शूद्रोंके ; च = और ; परन्तप = हे शत्रुओंको सन्तप्त करनेवाले (अर्जुन) ; कर्माणि = कर्म ; प्रविभक्तानि = पूरीतरह बाँटे गए हैं (अर्थात्, भलीभाँति नियत किए गए हैं) ; स्वभावप्रभवैः = स्वभाव (यानी, पूर्वकृत कर्मोंके संस्कार) से उत्पन्न (हुओंसे) ; गुणैः = गुणोंसे।

अनु० — हे अर्जुन ! ब्राह्मण, क्षत्रिय तथा वैश्योंके और शूद्रोंके (भी) कर्म (उनके) स्वभावसे उत्पन्न गुणोंके द्वारा (यानी, अनुकूल) (ही) सम्यक् रीतिसे विभक्त (नियत) किए गए हैं।

शमो दमस्तपः शौचं क्षान्तिरार्जवमेव च ।
ज्ञानं विज्ञानमास्तिक्यं ब्रह्मकर्म स्वभावजम् ॥४२॥

पद० — शमः = अन्तःकरणका निग्रह करना ; दमः = इन्द्रियोंका दमन करना ; तपः = धर्मपालनके लिये कष्ट सहना ; शौचम् = बाहर-भीतरसे शुद्ध रहना ; क्षान्तिः = दूसरोंके अपराधोंको क्षमा करना ; आर्जवम् = मन, इन्द्रियों और शरीरको सरल रखना ; एव = ही ; च = और ; ज्ञानम् = वेद-शास्त्रोंका अध्ययन-अध्यापन करना ; विज्ञानम् = परमात्माके तत्त्वका अनुभव करना ;

आस्तिक्यम् = वेद, शास्त्र, ईश्वर, परलोक आदिमें श्रद्धा रखना ; ब्रह्मकर्म = ब्राह्मणका कर्म ; स्वभावजम् = स्वभावसे उत्पन्न हुआ (अर्थात्, स्वाभाविक)।

अनु० — अन्तःकरणका निग्रह करना ; इन्द्रियोंका दमन करना ; धर्मपालनके लिए कष्ट सहना ; बाहर-भीतरसे शुद्ध रहना ; दूसरोंके अपराधोंको क्षमा करना ; मन, इन्द्रियों और शरीरको सरल रखना ; वेद-शास्त्रोंका अध्ययन-अध्यापन करना ; परमात्माके तत्त्वका अनुभव करना और वेद, शास्त्र, ईश्वर, परलोक आदिमें श्रद्धा रखना—(ये सब-के-सब) ही ब्राह्मणके स्वाभाविक कर्म हैं।

शौर्यं तेजो धृतिर्दाक्ष्यं युद्धे चाप्यपलायनम् ।
दानमीश्वरभावश्च क्षात्रं कर्म स्वभावजम् ॥४३॥

पद० — शौर्यम् = शूरवीरता ; तेजः = तेज ; धृतिः = धैर्य ; दाक्ष्यम् = चतुरता ; युद्धे = रणमें ; च = और ; अपि = भी ; अपलायनम् = नहीं भागना ; दानम् = दन देना ; ईश्वरभावः = स्वामिभाव ; च = और ; क्षात्रम् = क्षत्रियका ; कर्म = कर्म ; स्वभावजम् = स्वाभाविक।

अनु० — शूरवीरता, तेज, धैर्य, चतुरता और युद्धमें भी न भागना (अर्थात्, पीठ न दिखाना), दान देना तथा स्वामिभाव—(ये सब-के-सब) क्षत्रियके स्वाभाविक कर्म हैं।

कृषिगौरक्ष्यवाणिज्यं वैश्यकर्म स्वभावजम् ।
परिचर्यात्मकं कर्म शूद्रस्यापि स्वभावजम् ॥४४॥

पद० — कृषिगौरक्ष्यवाणिज्यम् = खेती-क्यारी, गौ-प्रभृति पशुओंका पालन तथा क्रय-विक्रयरूप सत्य व्यवहार ; वैश्यकर्म = वैश्यका कर्म ; स्वभावजम् = स्वाभाविक ; परिचर्यात्मकम् = सेवा-शुश्रुषा करना ; कर्म = कर्म ; शूद्रस्य = शूद्रका ; अपि = भी ; स्वभावजम् = स्वाभाविक।

अनु० — खेती-क्यारी, गौ-प्रभृति पशुओंका पालन तथा क्रय-विक्रयरूप सत्य व्यवहार—(ये सब) वैश्यके स्वाभाविक कर्म हैं (और) (सब वर्णोंकी) सेवाशुश्रूषा करना शूद्रका भी स्वाभाविक कर्म है।

स्वे स्वे कर्मण्यभिरतः संसिद्धिं लभते नरः ।
स्वकर्मनिरतः सिद्धिं यथा विन्दति तच्छृणु ॥४५॥

पद० — स्वे = अपने (में) ; स्वे = अपने (में) ; कर्मणि = कर्ममें ; अभिरतः = लगा हुआ ; संसिद्धिम् = परमसिद्धिको ; लभते = प्राप्त हो जाता है ;

नरः = मनुष्य ; स्वकर्मनिरतः = अपने कर्ममें लगा हुआ ; सिद्धिम् = परमसिद्धिको ; यथा = जिस प्रकार ; विन्दति = प्राप्त होता है ; तत् = उसको ; शृणु = सुनो।

अनु॰ — अपने-अपने (स्वाभाविक) कर्मोंमें (तत्परतासे) लगा हुआ मनुष्य (भगवत्प्राप्तिरूप) परमसिद्धिको प्राप्त हो जाता है। अपने (स्वाभाविक) कर्मोंमें लगा हुआ (मनुष्य) जिस प्रकारसे (कर्म करके) परमसिद्धिको प्राप्त होता है, उस (विधि) को (अब तू मुझसे) सुन।

यतः प्रवृत्तिर्भूतानां येन सर्वमिदं ततम् ।
स्वकर्मणा तमभ्यर्च्य सिद्धिं विन्दति मानवः ॥४६॥

पद॰ — यतः = जिससे ; प्रवृत्तिः = उत्पत्ति ; भूतानाम् = प्राणियोंकी ; येन = जिससे ; सर्वम् = सब ; इदम् = यह ; ततम् = व्याप्त है ; स्वकर्मणा = अपने कर्मोंद्वारा ; तम् = उसको ; अभ्यर्च्य = पूजा करके ; सिद्धिम् = परमसिद्धिको ; विन्दति = प्राप्त होता है ; मानवः = मनुष्य।

अनु॰ — जिस (परमात्मा) से (सम्पूर्ण) प्राणियोंकी उत्पत्ति (हुई है) (और) जिससे यह समस्त (जगत्) व्याप्त है, उस (परमात्मा) की अपने (स्वाभाविक) कर्मोंद्वारा पूजा करके (अर्थात्, सब कर्मोंको केवल कर्तव्य समझकर निष्कामभावसे करते हुए उन्हें परमात्माके चरणोंमें पूर्णतया समर्पित करके) मनुष्य (परमात्मरूप) परमसिद्धिको प्राप्त हो जाता है।

टि॰ — अभी यह कहा गया कि निष्कामभावसे तथा भगवदर्पण-बुद्धिसे स्वभावानुकूल कर्म करता हुआ मनुष्य परमसिद्धि—परमात्मा—को प्राप्त हो जाता है। यहाँ यह शंका उठती है कि यदि कोई व्यक्ति, परिस्थितिवशात्, अपने स्वभावके-प्रतिकूल कर्मोंद्वारा परमात्माको प्राप्त करनेकी चेष्टा करे, तो क्या उसमें कोई हानि वा आपत्ति है ? अगले दो श्लोकोंद्वारा इसका समाधान करते हुए, भगवान् कहते हैं—

श्रेयान्स्वधर्मो विगुणः परधर्मात्स्वनुष्ठितात् ।
स्वभावनियतं कर्म कुर्वन्नाप्नोति किल्बिषम् ॥४७॥
सहजं कर्म कौन्तेय सदोषमपि न त्यजेत् ।
सर्वारम्भा हि दोषेण धूमेनाग्निरिवावृताः ॥४८॥

पद॰ — श्रेयान् = श्रेष्ठतर (अधिक कल्याणकारी) ; स्वधर्मः = अपने स्वभावके-अनुकूल कर्म ; विगुणः = गुणरहित (दोषयुक्त) ; परधर्मात् = परकीय-

स्वभावप्रेरित कर्मसे ; स्वनुष्ठितात् = अच्छी-प्रकार आचरण किए-हुए (से) ; स्वभावनियतम् = प्रकृतिसे निर्धारित (निर्दिष्ट) (को) ; कर्म = कर्मको ; कुर्वन् = करता हुआ ; न = नहीं ; आप्नोति = प्राप्त होता है ; किल्विषम् = पापको ; सहजम् = स्वाभाविक (को) ; कर्म = कर्मको ; कौन्तेय = हे कुन्तीपुत्र (अर्जुन) ; सदोषम् = अवगुणयुक्त (त्रुटिपूर्ण) (को) ; अपि = भी ; न = नहीं ; त्यजेत् = छोड़े (छोड़ना चाहिये) ; सर्वारम्भाः = सभी कर्म ; हि = क्योंकि ; दोषेण = अवगुणसे ; धूमेन = धूएँसे ; अग्निः = अग्नि ; इव = सदृश ; आवृताः = ढके हुए।

अनु॰ — अच्छी-प्रकार (भी) किए-हुए परकीय-स्वभावप्रेरित कर्मसे (तो) दोषयुक्त (वा त्रुटिपूर्ण) (भी) अपने-स्वभावसे प्रचोदित कर्म अधिक श्रेयस्कर है, (क्योंकि) अपनी प्रकृतिके अनुरूप कर्म करता हुआ (मनुष्य) पापको नहीं प्राप्त होता (अर्थात्, पापका भागी नहीं बनता)। (इसलिए) हे अर्जुन ! दोषपूर्ण भी (अपने) स्वाभाविक (स्वभावानुकूल) कर्मको नहीं छोड़ना चाहिये (यानी, उसे ही करना चाहिये), क्योंकि, धुएँसे अग्निके सदृश, सभी कर्म (किसी-न-किसी) दोषसे ढके (युक्त) होते हैं।

टि॰ — इस प्रकार, इन श्लोकोंके माध्यमसे यह स्पष्ट किया गया कि स्वभावानुकूल कर्म ही मनुष्यके लिये अधिक हितकर हैं, न कि स्वभावप्रतिकूल। ऐसे कर्म, स्वतःप्रेरित होनेके कारण, अपेक्षतया सहज, सुकर एवं साफल्यप्रद तो होते ही हैं, साथ ही, निजप्रकृतिजन्य गुणोंद्वारा प्रचोदित होनेसे, संस्कारक्षय तथा नवसंस्काररूप पापका निवारण भी करते हैं। सो, गीताकारने अपने पूर्वप्रतिपादित (अध्याय ४, श्लोक १३) मतका एक बार फिर यहाँ निरूपण किया है कि कार्यके आधारपर मानवताको चार अंगोंमें विभाजित करनेवाली प्रणाली—वर्णव्यवस्था—मनुष्योंके गुणजन्य कर्मपर आश्रित है न कि उनके जन्म (वंश) पर। किसी व्यक्तिके लिए जीवनमें विशिष्ट कार्यकलापकी वाञ्छनीयताका निर्णायक तत्त्व उसका अपना धर्म (स्वभाव) है–उसकी अपनी प्रकृति– न कि उसका कुल अथवा वंश।

संन्यासके फल तथा उपासनासहित-सांख्ययोगके साधनप्रकारको बतलानेके लिए, भगवान् अब फिर सांख्ययोगका प्रकरण आरम्भ करते हैं—

असक्तबुद्धिः सर्वत्र जितात्मा विगतस्पृहः ।
नैष्कर्म्यसिद्धिं परमां संन्यासेनाधिगच्छति ॥४९॥

पद॰ — असक्तबुद्धिः = आसक्तिरहित बुद्धिवाला ; सर्वत्र = समस्त

जगत्में ; जितात्मा = जीते-हुए इन्द्रियोंसहित-अन्तःकरणवाला ; विगतस्पृहः = इच्छाओंसे सर्वथा रहित ; नैष्कर्म्यसिद्धिम् = कर्मबन्धनरहित सिद्धि (मुक्ति) को ; परमाम् = उत्कृष्ट (को) ; संन्यासेन = सांख्ययोगके द्वारा ; अधिगच्छति = प्राप्त होता है।

अनु॰ — सब-किसीमें आसक्तिरहित बुद्धिवाला (अर्थात्, मन-बुद्धिकी समूची संलग्नतासे शून्य), इन्द्रियोंसहित-अन्तःकरणको वशमें करनेवाला (और) समस्त इच्छाओंसे पूर्णतया रहित (मनुष्य) सांख्ययोगके द्वारा (भी) नैष्कर्म्यरूप परमसिद्धिको (यानी, कर्मबन्धनमुक्तिरूप परब्रह्मको) प्राप्त होता है।

सिद्धिं प्राप्तो यथा ब्रह्म तथाऽऽप्नोति निबोध मे ।
समासेनैव कौन्तेय निष्ठा ज्ञानस्य या परा ॥५०॥

पद॰ — सिद्धिम् = सिद्धिको ; प्राप्तः = प्राप्त हुआ ; यथा = जैसे (जिस प्रकारसे) ; ब्रह्म = ब्रह्मको ; तथा = वैसे (उस प्रकारको) ; आप्नोति = प्राप्त होता है ; निबोध = जानो ; मे = मुझसे ; समासेन = संक्षेपसे ; एव = ही ; कौन्तेय = हे कुन्तीपुत्र (अर्जुन) ; निष्ठा = काष्ठा ; ज्ञानस्य = ज्ञानयोगकी ; या = जो ; परा = चरम (अन्तिम)।

अनु॰ — हे अर्जुन ! (अन्तःकरणकी शुद्धिरूप) सिद्धिको प्राप्त-हुआ (मनुष्य) जिस प्रकारसे (सांख्ययोगके द्वारा) ब्रह्मको प्राप्त होता है, जो ज्ञानयोगकी चरम काष्ठा है (अर्थात्, जो तत्त्वज्ञानकी अन्तिम स्थिति है), उस प्रकारको (तू) मुझसे संक्षेपमें ही जान।

बुद्ध्या विशुद्धया युक्तो धृत्यात्मानं नियम्य च ।
शब्दादीन्विषयांस्त्यक्त्वा रागद्वेषौ व्युदस्य च ॥५१॥
विविक्तसेवी लघ्वाशी यतवाक्कायमानसः ।
ध्यानयोगपरो नित्यं वैराग्यं समुपाश्रितः ॥५२॥
अहंकारं बलं दर्पं कामं क्रोधं परिग्रहम् ।
विमुच्य निर्ममः शान्तो ब्रह्मभूयाय कल्पते ॥५३॥

पद॰ — बुद्ध्या = बुद्धिसे ; विशुद्धया = निष्पाप (निर्मल) (से) ; युक्तः = युक्त ; धृत्या =(सात्त्विक)धारणशक्तिके द्वारा ; आत्मानम् = अन्तःकरणसहित इन्द्रियोंको ; नियम्य = वशमें करके ; च = और ; शब्दादीन् = शब्दादि (को) ; विषयान् = विषयोंको ; त्यक्त्वा = छोड़कर ; रागद्वेषौ = आसक्ति (लगाव) तथा शत्रुता (विलगाव) को ; व्युदस्य = सर्वथा नष्ट करके ; च = तथा ; विविक्तसेवी = एकान्त एवं शुद्ध

स्थानमें रहनेवाला ; लघ्वाशी = हल्का, सात्त्विक एवं नियमित भोजन करनेवाला ; यतवाक्कायमानसः = वाणी, शरीर तथा मनको जीत लेनेवाला ; ध्यानयोगपरः = ध्यानयोगके परायण रहनेवाला ; नित्यम् = निरन्तर ; वैराग्यम् = विरक्तिभावको ; समुपाश्रितः = भलीभाँति आश्रय लिए हुआ ; अहंकारम् = अपने ही को सब-कुछ समझनेकी वृत्तिको ; बलम् =(पैशाचिक)शक्तिको ; दर्पम् = घमण्डको ; कामम् = वासनाको ; क्रोधम् = रोषको ; परिग्रहम् = सांसारिक भोगोंका संग्रह करनेको ; विमुच्य = त्याग करके ; निर्ममः = ममतारहित ; शान्तः = शान्तियुक्त ; ब्रह्मभूयाय = ब्रह्ममें अभिन्नभावसे स्थित होनेके लिए ; कल्पते = योग्य होता है।

अनु० — निष्पाप (निर्मल) बुद्धिसे युक्त ; एकान्त एवं शुद्ध स्थानमें रहनेवाला ; हल्का, सात्त्विक तथा नियमित भोजन करनेवाला ; वाणी, शरीर और मनको जीत लेनेवाला ; निरन्तर ध्यानयोगके परायण रहनेवाला ; (दृढ़) विरक्तिभावका भलीभाँति आश्रय लेनेवाला ; ममतारहित तथा शान्तियुक्त (मनुष्य) सात्त्विक धारणशक्तिके द्वारा अन्तःकरणसहित इन्द्रियोंको वशमें करके, शब्दादि (समस्त इन्द्रिय) विषयोंको छोड़कर, आसक्ति तथा शत्रुताको सर्वथा नष्ट करके और अहंकार, पैशाचिक शक्ति, घमण्ड, वासना, रोष (तथा) सांसारिकभोगसंग्रहणका (सम्पूर्ण) त्याग करके (सच्चिदानन्द) ब्रह्ममें अभिन्नभावसे स्थित होनेके योग्य हो जाता है (अर्थात्, एकीभाव होनेका पात्र बन जाता है)।

टि० — दो अन्तिम शब्दों, "ब्रह्मभूयाय कल्पते," का यह भाव है कि उपर्युक्त प्रकारसे साधन करनेवाला मनुष्य, इन साधनोंसे सम्पन्न होनेपर, ब्रह्मभावको प्राप्त-होनेका अधिकारी बन जाता है और तत्काल ही ब्रह्मरूप हो जाता है—अर्थात्, उसकी दृष्टिमें जीवात्मा तथा परमात्माका भेदभाव सर्वथा नष्ट होकर सर्वत्र आत्मबुद्धि हो जाती है ; उस समय वह समस्त जगत्में अपनेको व्याप्त समझता है तथा समस्त जगत्को अपने अन्तर्गत देखता है।

अंग-प्रत्यंगोंसहित संन्यासका, यानी सांख्ययोगका, स्वरूप बतलाकर, अब भगवान् उक्त साधनद्वारा ब्रह्मभावको प्राप्त-हुए योगीके लक्षण तथा उसे ज्ञानयोगकी परानिष्ठारूप पराभक्तिका प्राप्त हो जाना बतलाते हैं—

ब्रह्मभूतः प्रसन्नात्मा न शोचति न कांक्षति ।
समः सर्वेषु भूतेषु मद्भक्तिं लभते पराम् ॥५४॥

पद० — ब्रह्मभूतः = ब्रह्ममें एकीभावसे स्थित हुआ ; प्रसन्नात्मा = प्रसन्न मनवाला ; न = नहीं ; शोचति = शोक करता है ; न = नहीं ; कांक्षति = आकांक्षा

(इच्छा) करता है ; समः = समभाववाला ; सर्वेषु = सब (में) ; भूतेषु = प्राणियोंमें ; मद्भक्तिम् = मेरी भक्तिको ; लभते = प्राप्त करता है ; पराम् = सर्वोत्कृष्ट (को)।

अनु० — (फिर वह) (सच्चिदानन्द) ब्रह्ममें एकीभावसे स्थित, प्रसन्न मनवाला (योगी) न (तो किसी वस्तुके लिए) शोक करता है (और) न (किसीकी) आकांक्षा (इच्छा, कामना) (ही) करता है। (ऐसा) समस्त प्राणियोंमें समभाववाला (योगी) मेरी पराभक्तिको (अर्थात्, तत्त्वज्ञानकी पराकाष्ठाको) प्राप्त हो जाता है।

भक्त्या मामभिजानाति यावान्यश्चास्मि तत्त्वतः ।
ततो मां तत्त्वतो ज्ञात्वा विशते तदनन्तरम् ॥५५॥

पद० — भक्त्या = पराभक्तिके द्वारा ; माम् = मुझको ; अभिजानाति = भली-प्रकार जान लेता है ; यावान् = जितना ; यः = जो ; च = और ; अस्मि = हूँ ; तत्त्वतः = तत्त्वसे ; ततः = उससे ; माम् = मुझको ; तत्त्वतः = तत्त्वसे (यथार्थसे) ; ज्ञात्वा = जानकर ; विशते = प्रविष्ट हो जाता है ; तदनन्तरम् = तत्काल।

अनु० — (उस) पराभक्तिके द्वारा (वह योगी) मुझ (परमात्मा) को—मैं जो हूँ और जितना (जिस प्रभाववाला) हूँ—तत्त्वसे (अर्थात्, ठीक वैसे-का-वैसा) भलीभाँति जान लेता है (तथा) उस (भक्ति) से मुझे तत्त्वसे (यानी, यथार्थमें) जानकर तत्काल (ही) (मुझमें) प्रविष्ट हो जाता है (अर्थात्, अनन्यभावसे मुझको प्राप्त हो जाता है)।

सर्वकर्माण्यपि सदा कुर्वाणो मद्व्यपाश्रयः ।
मत्प्रसादादवाप्नोति शाश्वतं पदमव्ययम् ॥५६॥

पद० — सर्वकर्माणि = सभी कर्मोंको ; अपि = भी ; सदा = सर्वदा ; कुर्वाणः = करता हुआ ; मद्व्यपाश्रयः = मेरे परायण हुआ ; मत्प्रसादात् = मेरी कृपासे ; अवाप्नोति = प्राप्त कर लेता है ; शाश्वतम् = सनातन (को) ; पदम् = परमपदको ; अव्ययम् = अविनाशी (को)।

अनु० — मेरे परायण हुआ (निष्काम कर्मयोगी तो) सभी कर्मोंको सदा-सर्वदा करता हुआ भी मेरी कृपासे सनातन, अवनिाशी परमपद (अर्थात्, ब्रह्मपद) को प्राप्त हो जाता है।

चेतसा सर्वकर्माणि मयि संन्यस्य मत्परः ।
बुद्धियोगमुपाश्रित्य मच्चित्तः सततं भव ॥५७॥

पद० — चेतसा = मनसे ; सर्वकर्माणि = सब कर्मोंको ; मयि = मुझमें ;

संन्यस्य = अर्पण करके ; मत्परः = मेरे परायण हुआ ; बुद्धियोगम् = समत्वबुद्धिरूप (निष्कामकर्म) योगको ; उपाश्रित्य = अवलम्बन करके ; मच्चित्तः = मुझमें चित्तवाला (अर्थात्, मेरा स्मरण करनेवाला) ; सततम् = निरन्तर ; भव = हो।

अनु॰ — सब कर्मोंको मनसे मुझमें अर्पण करके (तथा) समत्वबुद्धिरूप (निष्कामकर्म) योगका अवलम्बन करके मेरे परायण (और) निरन्तर मेरा स्मरण करनेवाला हो।

मच्चित्तः सर्वदुर्गाणि मत्प्रसादात्तरिष्यसि ।
अथ चेत्त्वमहंकारान्न श्रोष्यसि विनंक्ष्यसि ॥५८॥

पद॰ — मच्चित्तः = मुझमें मनवाला हुआ ; सर्वदुर्गाणि = सब बाधाओं (संकटों) को ; मत्प्रसादात् = मेरी कृपासे ; तरिष्यसि = तर जाएगा (यानी, पार कर जायेगा) ; अथ = और ; चेत् = यदि ; त्वम् = तू ; अहंकारात् = अहंकारके कारण ; न = नहीं ; श्रोष्यसि = सुनेगा ; विनंक्ष्यसि = बरबाद हो जाएगा।

अनु॰ — (उपर्युक्त प्रकारसे) मुझमें (निरन्तर) मनवाला होकर, तू, मेरी कृपासे, (जन्म-मृत्यु आदि) सभी संकटोंको (अनायास ही) पार कर जायेगा। और यदि, अंहकारके कारण, (तू मेरे वचनोंको) नहीं सुनेगा, (तो) बरबाद हो जायेगा (अर्थात्, परमार्थसे भ्रष्ट हो जायेगा)।

यदहंकारमाश्रित्य न योत्स्य इति मन्यसे ।
मिथ्यैष व्यवसायस्ते प्रकृतिस्त्वां नियोक्ष्यति ॥५९॥

पद॰ — यत् = जो (यदि) ; अहंकारम् = अहंकारको ; आश्रित्य = अवलम्बन करके ; न = नहीं ; योत्स्ये = युद्ध करूँगा ; इति = ऐसा ; मन्यसे = समझता है ; मिथ्या = झूठा (व्यर्थ) ; एषः = यह ; व्यवसायः = कार्य (यानी, निश्चय वा सोचना) ; ते = तेरा ; प्रकृतिः = स्वभाव ; त्वाम् = तुझको नियोक्ष्यति = ज़बरदस्ती लगा देगा।

अनु॰ — जो (तू) अहंकारका अवलम्बन करके (अर्थात्, अहंकारके कारण) "मैं युद्ध नहीं करूँगा"—ऐसा समझता है, (तो) तेरा यह समझना (वा सोचना) व्यर्थ (बेकार) है, (क्योंकि) (तेरा क्षत्रियत्वका) स्वभाव तुझे ज़बरदस्ती (युद्धमें) लगा देगा (धकेल देगा)।

स्वभावजेन कौन्तेय निबद्धः स्वेन कर्मणा ।
कर्तुं नेच्छसि यन्मोहात्करिष्यस्यवशोऽपि तत् ॥६०॥

पद॰ — स्वभावजेन = स्वभावसे उत्पन्न (अर्थात्, स्वाभाविक) (से) ; कौन्तेय = हे कुन्तीपुत्र (अर्जुन) ; निबद्धः = बँधा हुआ ; स्वेन = अपने (से) ; कर्मणा = कर्मसे ; कर्तुम् = करना ; न = नहीं ; इच्छसि = चाहता है ; यत् = जिसको ; मोहात् = अविवेकमय अनुरागसे ; करिष्यसि = करेगा ; अवशः = परवश होकर ; अपि = भी ; तत् = उसको।

अनु॰ — हे अर्जुन ! जिस (कर्म) को—अर्थात्, युद्धको—(तू) मोहके कारण नहीं करना चाहता, उसको भी (तू), अपने (पूर्वकृत) स्वाभाविक कर्मसे बँधा हुआ, परवश होकर करेगा (अर्थात्, तेरी युद्धके लिए इच्छा न होनेपर भी, वह तुझे ज़बरदस्ती अपनी ओर आकर्षित कर लेगा और फिर तुझे, अपने स्वभावके वशमें होकर, उसे अनिवार्य रूपसे करना ही पड़ेगा)।

ईश्वरः सर्वभूतानां हृद्देशेऽर्जुन तिष्ठति ।
भ्रामयन्सर्वभूतानि यन्त्रारूढानि मायया ॥६१॥

पद॰ — ईश्वरः = परमात्मा ; सर्वभूतानाम् = समस्त प्राणियोंके ; हृद्देशे = हृदयमें ; अर्जुन = हे श्वेत (यानी, शुभ्र वा निर्मलहृदय) ; तिष्ठति = स्थित है ; भ्रामयन् = घुमाता हुआ (फिराता हुआ) ; सर्वभूतानि = सब प्राणियोंको ; यन्त्रारूढानि = मशीनपर चढ़े-हुओंको ; मायया = माया (शक्ति) से।

अनु॰ — हे निर्मलहृदय (अर्जुन) ! (शरीररूप) यन्त्रमें चढ़े हुए सब प्राणियोंको (अन्तर्यामी) परमात्मा (अपनी) माया (शक्ति) से (उनके कर्मोंके अनुसार) घुमाता हुआ (चक्कर कटाता हुआ) समस्त प्राणियोंके हृदयमें स्थित है।

तमेव शरणं गच्छ सर्वभावेन भारत ।
तत्प्रसादात्परां शान्तिं स्थानं प्राप्स्यसि शाश्वतम् ॥६२॥

पद॰ — तम् = उसको ; एव = ही ; शरणम् = अनन्यशरणको ; गच्छ = जा (प्राप्त हो) ; सर्वभावेन = सम्पूर्ण (निश्शेष) प्रकारसे ; भारत = हे भरतवंशज (अर्जुन) ; तत्प्रसादात् = उसकी कृपासे ; पराम् = परम (को) ; शान्तिम् = शान्तिको ; स्थानम् = धामको ; प्राप्स्यसि = प्राप्त होगा ; शाश्वतम् = सनातन (को)।

अनु॰ — हे अर्जुन ! (तू) सम्पूर्ण (निश्शेष) प्रकारसे उस (परमात्मा) की ही अनन्यशरणमें जा। उस (परमात्मा) की (ही) कृपासे (तू) अक्षय शान्ति (एवं) सनातन परमधाम (यानी, ब्रह्मधाम वा निर्वाणपद) को प्राप्त होगा।

इति ते ज्ञानमाख्यातं गुह्याद्गुह्यतरं मया ।
विमृश्यैतदशेषेण यथेच्छसि तथा कुरु ॥६३॥

पद० — इति = इस प्रकार ; ते = तेरेलिए ; ज्ञानम् = ज्ञान ; आख्यातम् = कहा गया है ; गुह्यात् = गोपनीयसे ; गुह्यतरम् = अधिक गोपनीय ; मया = मुझसे ; विमृश्य = भलीभाँति विचार करके ; एतत् = इसको ; अशेषेण = सम्पूर्णतासे ; यथा = जैसे ; इच्छसि = चाहता है ; तथा = वैसे ; कुरु = कर।

अनु० — इस प्रकार, (यह) गोपनीयसे (भी) अधिक गोपनीय (अर्थात्, अत्यन्त गोपनीय) ज्ञान मुझसे तेरेलिए कहा गया है। (अब) इस (रहस्ययुक्त ज्ञान) को सम्पूर्णतया भलीभाँति विचार करके (तू) जैसे चाहता है वैसे (ही) कर (अर्थात्, मैंने जो कर्मयोग, ज्ञानयोग, भक्तियोग आदि अनेक प्रकारके साधन तुझे बतलाये हैं, उनमेंसे तुझे जो साधन अच्छा मालूम पड़े, उसीका पालन कर, अथवा अन्य जो-कुछ तू ठीक समझे, वही कर)।

सर्वगुह्यतमं भूयः शृणु मे परमं वचः ।
इष्टोऽसि मे दृढमिति ततो वक्ष्यामि ते हितम् ॥६४॥

पद० — सर्वगुह्यतमम् = सम्पूर्ण गोपनीयोंसे अधिक गोपनीय (को) ; भूयः = फिर ; शृणु = सुन ; मे = मेरे ; परमम् = परम (को) ; वचः =वचनको; इष्टः = प्रिय ; असि = है ; मे = मेरा ; दृढम् = अतिशय ; इति = यह ; ततः = इससे ; वक्ष्यामि = कहूँगा ; ते = तेरेलिए ; हितम् = हितकारक (को)।

अनु० — (भगवान्‌के उपर्युक्त प्रकारसे कहनेपर भी जब अर्जुन कुछ नहीं बोला, तो वे फिर कहने लगे—)

(हे अर्जुन !) सम्पूर्ण गोपनीयोंसे अधिक गोपनीय (अर्थात्,सर्वाधिक गोपनीय) मेरे परम (रहस्ययुक्त) वचनको (तू) फिर (भी) सुन। (तू) मेरा अतिशय प्रिय है, इससे यह परम हितकारक (वचन) (मैं) तेरेलिए (फिर) कहूँगा।

मन्मना भव मद्भक्तो मद्याजी मां नमस्कुरु ।
मामेवैष्यसि सत्यं ते प्रतिजाने प्रियोऽसि मे ॥६५॥

पद० — मन्मनाः = मुझमें मनवाला ; भव = हो ; मद्भक्तः = मेरा भक्त ; मद्याजी = मेरा पूजन करनेवाला ; माम् = मुझको ; नमस्कुरु = प्रणाम कर ; माम् = मुझको ; एव = ही ; एष्यसि = प्राप्त होगा ; सत्यम् = सच्ची ; ते = तुझसे ; प्रतिजाने = प्रतिज्ञा करता हूँ ; प्रियः = प्रिय ; असि = है ; मे = मेरा।

अनु॰ — (तू) मुझमें मनवाला हो, मेरा भक्त (बन), मेरा पूजन करनेवाला (हो) (और) मुझको प्रणाम कर। (ऐसा करनेसे तू) मुझे ही प्राप्त होगा—(यह मैं) तुझसे सच्ची प्रतिज्ञा करता हूँ, (क्योंकि तू) मेरा (अत्यन्त) प्रिय है।

सर्वधर्मान्परित्यज्य मामेकं शरणं व्रज ।
अहं त्वा सर्वपापेभ्यो मोक्षयिष्यामि मा शुचः ॥६६॥

पद॰ — सर्वधर्मान् = सब धर्मोंको ; परित्यज्य = त्यागकर ; माम् = मुझको ; एकम् = एक (को) ; शरणम् = शरणको ; व्रज = जा (प्राप्त हो) ; अहम् = मैं ; त्वा = तुझको ; सर्वपापेभ्यः = सब पापोंसे ; मोक्षयिष्यामि = मुक्त कर दूँगा ; मा = मत ; शुचः = शोक कर।

अनु॰ — सब धर्मोंको (अर्थात्, सम्पूर्ण कर्तव्यकर्मोंको) (मुझमें) त्यागकर (यानी, मेरे अर्पण करके) (तू केवल) एक मुझ (सर्वशक्तिमान्, सर्वाधार परमेश्वर) की (ही) शरणमें (आ) जा (अर्थात्, मुझ ही को पूर्ण आत्मसमर्पण कर दे)। (ऐसा कर देनेपर,) मैं तुझे (जन्म-मरण-कर्मबन्धनरूप) समस्त पापोंसे मुक्त कर दूँगा ; (तू) शोक (चिन्ता) मत कर (क्योंकि यह बात सर्वथा निस्सन्दिग्ध है)।

इदं ते नातपस्काय नाभक्ताय कदाचन ।
न चाशुश्रूषवे वाच्यं न च मां योऽभ्यसूयति ॥६७॥

पद॰ — इदम् = यह ; ते = तेरेद्वारा (तुझसे) ; न = नहीं ; अतपस्काय = (इन्द्रियमनदमनरूप अथवा स्वधर्मपालनरूप) तपसे रहितके लिए ; न = नहीं ; अभक्ताय = (ईश्वर-शास्त्र-गुरुजनोंमें श्रद्धा-प्रेमरूपी) भक्तिसे शून्यके लिए ; कदाचन = कभी भी ; न = नहीं ; च = और ; अशुश्रूषवे = सेवाभावविहीन (अथवा श्रवणेच्छाविहीन) के लिए ; वाच्यम् = कहा जाना चाहिये ; न = नहीं ; च = तथा ; माम् = मुझको ; यः = जो ; अभ्यसूयति = निन्दा करता है (वा दोषदृष्टि रखता है)।

अनु॰ — (हे अर्जुन !) यह (गीतारूप रहस्यमय उपदेश) कभी भी तपरहित (मनुष्य) से तेरेद्वारा नहीं कहा जाना चाहिये (अर्थात्, तुझे इसको नहीं कहना चाहिये), न भक्तिशून्यसे और सेवाभावविहीनसे (अथवा, सुनना-नहीं-चाहनेवालेसे) तथा न (ही ऐसे मनुष्यसे) जो (सदा) मेरी निन्दा करता है (अथवा, मुझमें दोष ही दोष देखता रहता है)।

य इदं परमं गुह्यं मद्भक्तेष्वभिधास्यति ।
भक्तिं मयि परां कृत्वा मामेवैष्यत्यसंशयः ॥६८॥

पद॰ — यः = जो ; इदम् = इस (को) ; परमम् = अत्यन्त (को) ; गुह्यम् = रहस्ययुक्त (गीताशास्त्र) को ; मद्भक्तेषु = मेरे भक्तोंमें ; अभिधास्यति = कहेगा ; भक्तिम् = प्रेममयी श्रद्धाको ; मयि = मुझमें ; पराम् = उत्कृष्ट (को) ; कृत्वा = करके ; माम् = मुझको ; एव = ही ; एष्यति = प्राप्त होगा ; असंशयः = निस्सन्देह।

अनु॰ — जो (मनुष्य), मुझमें उत्कृष्ट प्रेममयीश्रद्धा (यानी, भक्ति) को करके, इस अत्यन्त रहस्ययुक्त (गीताशास्त्र) को मेरे भक्तोंमें कहेगा (अर्थात्, निष्कामभावसे प्रेमपूर्वक मेरे भक्तोंको पढ़ाएगा या अर्थकी व्याख्याद्वारा इसका प्रचार करेगा), (वह) मुझ ही को प्राप्त होगा—इसमें कोई सन्देह नहीं है।

न च तस्मान्मनुष्येषु कश्चिन्मे प्रियकृत्तमः ।
भविता न च मे तस्मादन्यः प्रियतरो भुवि ॥६९॥

पद॰ — न = नहीं ; च = और ; तस्मात् = उससे ; मनुष्येषु = मनुष्योंमें ; कश्चित् = कोई ; मे = मेरा ; प्रियकृत्तमः = प्रिय कार्य करनेवाला ; भविता = होगा ; न = नहीं ; च = तथा ; मे = मेरा ; तस्मात् = उससे ; अन्यः = दूसरा ; प्रियतरः = अधिक प्यारा ; भुवि = पृथ्वीपर।

अनु॰ — और न (तो) उससे बढ़कर मेरा प्रिय कार्य करनेवाला मनुष्योंमें कोई (है) और न (ही) उससे अधिक मेरा प्यारा पृथ्वीपर दूसरा (कोई) होगा।

अध्येष्यते च य इमं धर्म्यं संवादमावयोः ।
ज्ञानयज्ञेन तेनाहमिष्टः स्यामिति मे मतिः ॥७०॥

पद॰ — अध्येष्यते = पढ़ेगा (नित्यपाठ करेगा) ; च = तथा ; यः = जो ; इमम् = इस (को) ; धर्म्यम् = धर्ममय (को) ; संवादम् = बात-चीतकी शैलीवाले (गीताशास्त्र) को ; आवयोः = हम दोनोंके ; ज्ञानयज्ञेन = ज्ञानयज्ञसे ; तेन = उसके द्वारा ; अहम् = मैं ; इष्टः = पूजित ; स्याम् = होऊँगा ; इति = ऐसा ; मे = मेरा ; मतिः = मत।

अनु॰ — तथा जो (मनुष्य) इस धर्ममय हमदोनोंके-संवाद(रूप गीताशास्त्र) का, (मेरा यथार्थतत्त्व जाननेके लिए), नित्यपाठ करेगा, उसके द्वारा (सर्वोत्कृष्ट-साधन) ज्ञानयज्ञसे (ही, मानो,) मैं पूजित होऊँगा—ऐसा मेरा मत है।

श्रद्धावाननसूयश्च शृणुयादपि यो नरः ।
सोऽपि मुक्तः शुभाँल्लोकान्प्राप्नुयात्पुण्यकर्मणाम् ॥७१॥

पद० — श्रद्धावान् = श्रद्धायुक्त ; अनसूयः = दोषदृष्टिसे रहित ; च = और ; शृणुयात् = सुन ले ; अपि = भी ; यः = जो ; नरः = मनुष्य ; सः = वह ; अपि = भी ; मुक्तः = मुक्त हुआ ; शुभान् = श्रेष्ठ (को) ; लोकान् = लोकोंको ; प्राप्नुयात् = प्राप्त हो जाए ; पुण्यकर्मणाम् = उत्तम कर्म करने वालोंके।

अनु० — (नित्यपाठ तो रहा दूर,) जो मनुष्य, श्रद्धायुक्त एवं दोषदृष्टिसे रहित होकर, (इस गीताशास्त्रका) श्रवण मात्र भी कर लेगा, वह भी (सब पापोंसे) मुक्त होकर उत्तम कर्म करनेवालोंके श्रेष्ठलोकोंको प्राप्त हो जाएगा।

कच्चिदेतच्छ्रुतं पार्थ त्वयैकाग्रेण चेतसा ।
कच्चिदज्ञानसम्मोहः प्रणष्टस्ते धनञ्जय ॥७२॥

पद० — कच्चित् = क्या ; एतत् = यह ; श्रुतम् = सुना गया है ; पार्थ = हे पृथापुत्र (अर्जुन) ; त्वया = तुझसे ; एकाग्रेण = अनन्य (अविभक्त) (से) ; चेतसा = मनसे ; कच्चित् = क्या ; अज्ञानसम्मोहः = अज्ञानसे उत्पन्न-हुआ मोह ; प्रणष्टः = पूरी-तरह नष्ट हो गया है ; ते = तेरा ; धनञ्जय = हे शत्रुओंकी धनसम्पदा जीतनेवाले (अर्जुन)।

अनु० — (अपने पूर्वोक्त दिव्य उपदेशद्वारा अर्जुनपर पड़े किसी प्रभावको जाननेकी इच्छासे, भगवान् उससे पूछते हैं–)हे पार्थ ! क्या यह (मेरा पूर्वोक्त उपदेश) तेरेद्वारा अनन्य मनसे सुना गया है ? (अर्थात्, क्या तूने गीताके उपदेशको अविभक्त ध्यानसे सुना है ?) (और) हे अर्जुन ! (उसे सुनकर,) क्या अज्ञानसे उत्पन्न-हुआ तेरा (पहलेवाला) मोह (अब) सम्पूर्णतया नष्ट (दूर) हो गया है ?

अर्जुन उवाच ।

नष्टो मोहः स्मृतिर्लब्धा त्वत्प्रसादान्मयाऽच्युत ।
स्थितोऽस्मि गतसन्देहः करिष्ये वचनं तव ॥७३॥

पद० — अर्जुनः = अर्जुन ; उवाच = बोला।

नष्टः = नष्ट हो गया है ; मोहः = अज्ञानमय अनुराग ; स्मृतिः = याद (आत्माके यथार्थ स्वरूपकी पहचान) ; लब्धा = प्राप्त हो गई है ; त्वत्प्रसादात् = आपकी कृपासे ; मया = मुझसे ; अच्युत = हे निर्विकार-अविनाशी (भगवन्) ; स्थितः = स्थिरबुद्धि ; अस्मि = हूँ ; गतसन्देहः = संशयरहित ; करिष्ये = करूँगा ; वचनम् = आदेशको ; तव = आपके।

अनु॰ — अर्जुनने उत्तर दिया, "हे भगवन् ! आपकी कृपासे (अब मेरा) मोह दूर हो गया है, मैंने (परमात्माके यथार्थ स्वरूपका) ज्ञान (भी) प्राप्त कर लिया है, (मेरी बुद्धि) स्थिर हो गई है (यानी, डाँवाडोल नहीं रही है) (तथा कर्तव्यसंबंधी मेरे सब) संशय समाप्त हो गए हैं ; (अतः, पूर्ण निष्ठा एवं दृढ़संकल्पके साथ, अब मैं) आपके आदेशका पालन करूँगा।"

सञ्जय उवाच।

इत्यहं वासुदेवस्य पार्थस्य च महात्मनः ।
संवादमिममश्रौषमद्भुतं रोमहर्षणम् ॥७४॥

पद॰ — सञ्जयः = सञ्जय ; उवाच = बोला।

इति = इस प्रकार ; अहम् = मैंने ; वासुदेवस्य = श्रीकृष्णके ; पार्थस्य = अर्जुनके ; च = और ; महात्मनः = पुण्यात्मा (के) ; संवादम् = संवादको ; इमम् = इस (को) ; अश्रौषम् = सुना ; अद्भुतम् = आश्चर्यमय (को) ; रोमहर्षणम् = रोमाञ्चकारक (को)।

अनु॰ — सञ्जय बोला—(हे राजन् धृतराष्ट्र !) इस प्रकार मैंने श्रीकृष्ण तथा पुण्यात्मा अर्जुनके (बीच हुए) इस आश्चर्यमय (रहस्ययुक्त) (तथा) रोमाञ्चकारक संवादको सुना।

व्यासप्रसादाच्छ्रुतवानेतद्गुह्यमहं परम् ।
योगं योगेश्वरात्कृष्णात्साक्षात्कथयतः स्वयम् ॥७५॥

पद॰ — व्यासप्रसादात् = (महर्षि) व्यासकी कृपासे ; श्रुतवान् = सुना है ; एतत् = इस (को) ; गुह्यम् = गोपनीय (को) ; अहम् = मैंने ; परम् = अत्यन्त (को) ; योगम् = योगको ; योगेश्वरात् = योगशक्तियोंके स्वामी (से) ; कृष्णात् = श्रीकृष्णसे ; साक्षात् = प्रत्यक्ष ; कथयतः = कहते-हुए (से) ; स्वयम् = ख़ुद।

अनु॰ — (महर्षि) व्यासकी कृपासे (दिव्यदृष्टि पाकर) मैंने इस अत्यन्त गोपनीय योगको (अर्जुनके प्रति) कहते-हुए स्वयं योगेश्वर (भगवान्) श्रीकृष्णसे प्रत्यक्ष सुना है।

राजन् संस्मृत्य संस्मृत्य संवादमिममद्भुतम् ।
केशवार्जुनयोः पुण्यं हृष्यामि च मुहुर्मुहुः ॥७६॥

पद॰ — राजन् = हे राजन् ; संस्मृत्य = स्मरण करके ; संस्मृत्य = स्मरण

करके ; संवादम् = संवादको ; इमम् = इस (को) ; अद्भुतम् = आश्चर्यमय (को) ; केशवार्जुनयो: = श्रीकृष्ण और अर्जुनके ; पुण्यम् = कल्याणकारक (को) ; हृष्यामि = प्रसन्न होता हूँ ; च = और ; मुहुर्मुहु: = बारम्बार।

अनु० — हे राजन् (धृतराष्ट्र) ! (भगवान्) श्रीकृष्ण और अर्जुनके इस (रहस्यपूर्ण), कल्याणकारक तथा आश्चर्यमय संवादको पुन:-पुन: स्मरण करके (मैं) बारम्बार प्रसन्न होता हूँ।

तच्च संस्मृत्य संस्मृत्य रूपमत्यद्भुतं हरेः ।
विस्मयो मे महान्राजन्हृष्यामि च पुनः पुनः ॥७७॥

पद० — तत् = उस (को) ; च = और ; संस्मृत्य = स्मरण करके ; संस्मृत्य = स्मरण करके ; रूपम् = आकृतिको (छविको) ; अत्यद्भुतम् = अतीव विस्मयकारी (को) ; हरे: = श्रीकृष्णके ; विस्मय: = आश्चर्य ; मे = मेरे ; महान् = बड़ा ; राजन् = हे नरेश ; हृष्यामि = प्रसन्न होता हूँ ; च = तथा ; पुन: = फिर ; पुन: = फिर।

अनु० — और हे राजन् (धृतराष्ट्र) ! श्रीकृष्ण (भगवान्) के उस अतीव-विस्मयकारी रूपका (अर्थात्, अर्जुनको दिखाए-गए दिव्य विश्वरूपका) (भी) पुन:-पुन: स्मरण करके मेरे (चित्तमें) बड़ा आश्चर्य (होता है) तथा (मैं) बार-बार प्रसन्न हो रहा हूँ।

टि० — यहाँ कृष्ण भगवान्के लिए "हरि" शब्दका प्रयोग हुआ है, जो बड़ा उपयुक्त है। "हरि" शब्द "हृ" धातुसे बना है, जिसका अर्थ है "ले जाना" ("दूर करना" वा "नष्ट करना") तथा "चुराना"। भगवान् कृष्ण साधुमहात्माओंके दु:ख दूर करते हैं और पाप नष्ट करते हैं तथा, साथ ही, भक्तोंके मनको चुराते भी हैं। इसीलिए, उनको यहाँ "हरि"कहा गया है।

भगवान्के विराट् स्वरूपका ध्यान आनेसे सञ्जयको "महान् विस्मय" दो कारणोंसे हो रहा है—एक तो, उस स्वरूपके अत्यन्त विलक्षण दृश्य तथा घटनाचक्र और, दूसरे, उसका यह सोचना कि उस जैसे अनधिकारी एवं कुपात्रको भी भगवान्के नितान्त-दुर्लभ, अलौकिक दिव्यरूपके दर्शन कैसे हो गए।

यत्र योगेश्वरः कृष्णो यत्र पार्थो धनुर्धरः ।
तत्र श्रीर्विजयो भूतिर्ध्रुवा नीतिर्मतिर्मम ॥७८॥

पद० — यत्र = जहाँ ; योगेश्वर: = (समस्त) योगशक्तियोंके अधिष्ठाता ; कृष्ण: = कृष्ण ; यत्र = जहाँ ; पार्थ: = पृथापुत्र (अर्जुन) ; धनुर्धर: = धनुषधारी ; तत्र

= वहाँ ; श्रीः = लक्ष्मी (शोभा) ; विजयः = जीत ; भूतिः = वैभव (ऐश्वर्य) ; ध्रुवा = अटल ; नीतिः = न्याय (धर्म) ; मतिः = मत (विश्वास) ; मम = मेरा।

अनु॰ — (हे राजन् !) जहाँ (अर्थात्, जिस स्थान वा पक्षमें) योगेश्वर श्रीकृष्ण भगवान् हैं (तथा) जहाँ (गाण्डीव) धनुषधारी अर्जुन है, वहींपर (सम्पूर्ण) लक्ष्मी (शोभा), (समस्त) वैभव (ऐश्वर्य),अटल न्याय (धर्म) (और)(अनिवार्य) विजय (भी) हैं–(ऐसा) मेरा मत (वा दृढ़ विश्वास) है।

टि॰ — प्रस्तुत श्लोकमें श्रीकृष्ण और अर्जुनकी प्रशंसाद्वारा, सञ्जयने धृतराष्ट्रके मनमें सन्धिकी इच्छा उत्पन्न करनेकी चेष्टा की है। अभिप्राय यह है कि समस्त योगशक्तियोंके स्वामी, साक्षात्-भगवान् श्रीकृष्ण तथा विश्वका अनुपम धनुर्धारी अर्जुन जिस पक्षमें हों, उसकी रणमें विजय अवश्यम्भावी है। अतः, अब भी, जब कि कौरव-पाण्डव युद्धको छिड़े दस दिन हो चुके हैं, भीष्म पितामहका पतन हो गया है और वे शर-शय्यापर पड़े हुए हैं, सब-कुछ हाथसे नहीं छूट गया है—वे चाहें तो अभी भी, अपने पुत्रोंको समझाकर, पाण्डवोंसे सन्धि करके कुरुवंशको सर्वनाशसे बचा सकते हैं। सञ्जयका पाण्डवविजयरूपी युद्ध-परिणाम-सूचक यह संकेत, सचमुच, बड़ा चातुरीसाहसपूर्ण, सार्थक एवं सराहनीय है।

— O —

ॐ तत्सदिति श्रीमद्भगवद्गीतासूपनिषत्सु
ब्रह्मविद्यायां योगशास्त्रे श्रीकृष्णार्जुनसंवादे
मोक्षसंन्यासयोगो नामाष्टादशोऽध्याय: ॥१८॥

ॐ नित्यस्वरूप उस परमात्माको नमस्कार ! श्रीमद्भगवद्गीतारूपी उपनिषद् एवं ब्रह्मविद्या तथा योगशास्त्रविषयक श्रीकृष्ण-और-अर्जुनके संवादमें "मोक्ष-संन्यासयोग" नामक अठारहवाँ अध्याय यहाँ समाप्त होता है ॥१८॥

परिशिष्ट (१)

हम-सब अर्जुन हैं

अठारहवें अध्यायकी समाप्तिके साथ ही गीताप्रकरण भी परिणतिको प्राप्त होता है। जिज्ञासा होनी नैसर्गिक है कि क्या अठारह-अध्याय विस्तारवाली, महाभारतके मध्यमें ग्रथित यह श्रीमद्‌भगवद्‌गीता अपनी लक्ष्यपूर्तिमें पूरी उतरी है ? हाँ, उतरी है, पूरी उतरी है, और आशातीत पूरी उतरी है। इसका प्रमाण इससे बढ़कर और क्या होगा कि जो अर्जुन गीताके आरम्भमें अस्थिरप्रकृति, भ्रमितमनोबुद्धि, किंकर्तव्यविमूढ़, शोकसंविग्नमानस तथा अपने आराध्य-नायक कृष्णके भी "युद्ध कर" रूपी आदेशकी अवज्ञा करनेपर उतारू था, वही अर्जुन गीताके अन्तमें स्वेच्छासे उद्‌घोष करता है कि उसका सब मोह और शोक नष्ट हो गया है, उसके समस्त सन्देह एवं विकल्प दूर हो गए हैं, अपनी स्वस्थ-प्रकृतिको उसने फिरसे प्राप्त कर लिया है और अब वह निस्संकोच होकर प्राणपणसे भी उनके आदेशका पालन करेगा।

क्या कारण था अर्जुनमें इस विपरीतात्मक परिवर्तनका ? कैसे आई उसमें यह सम्पूर्ण क्रान्ति ? यह आई वेदान्तपीयूषप्रसारिणी, उपनिषद्‌गोदुग्धदायिनी, अद्वैतामृतवार्षिणी गीताशाश्वतवाणीके द्वारा। और यदि उस वाणीके वक्ता साक्षात् भगवान् योगेश्वर कृष्ण हों, तो फिर चमत्कार नहीं होगा, तो क्या होगा ? अपने अनूठे और अनन्य ढंगसे वेदान्तमर्म समझाते हुए, भगवान्‌ने अर्जुनसे कहा—"यह सब-कुछ ब्रह्म है ; उसके अतिरिक्त अन्य भ्रम है। वह ही एकमात्र सत्-चित्-आनन्दस्वरूप है। शेष सब उसीकी प्रकृतिकी लीला है ; उसीकी मायाका प्रपञ्च है। वह स्वयंभू है ; अनादि है, अनन्त है ; शाश्वत है, सनातन है ; अच्युत है, अक्षर है ; अद्वितीय है, अप्रमेय है ; समस्त सृष्टिका कर्ता-धर्ता-हर्ता है ; सर्वज्ञ है, सर्वशक्तिमान् है ; साक्षात् ज्ञान एवं शक्ति है ; सर्वव्यापी है, सर्वान्तर्यामी है ; सब उसमें हैं, वह सबमें है और उनसे भी परे है।

"प्रत्येक जीवमें स्थित आत्मा—जीवात्मा—उसी परमात्माका एक अभिन्न अंश है, जो नित्य, अव्यय तथा अविकारी है। वह स्वयं कोई कर्म नहीं करता और

न ही जीवसे कराता, केवल उसे कर्म करतेको देखता है ; जीवके कर्ममें वह मात्र साक्षी है, साझी नहीं। यह जीवका केवल अज्ञान व अहंकार है कि वह आत्माको कर्मोंका कर्ता समझ बैठता है। कर्म तो वह स्वयं ही, अपनी प्रकृतिके वशीभूत हो तज्जन्य गुणोंसे प्रेरित होकर, करता है। उनका फल जब, जितना, जैसे और जहाँ मिलना होता है, उसे अपने-आप मिलता रहता है—इस सब बखेड़ेसे आत्माको कुछ नहीं लेना-देना। कर्म किए बिना तो जीव एक क्षण भी नहीं रह सकता ; उसकी प्रकृति, बरबस, उससे नित्य कर्म कराती रहती है, जिनके फलोंके बन्धनमें जकड़ा हुआ वह इस संसारमें बारम्बार जन्मता और मरता रहता है। इससे छुटकारेका उपाय यही है कि उसके कर्म फल पैदा करना बन्द करदें। यह उसी दशामें सम्भव है, जबकि वह सर्वथा निस्सक्त एवं निर्लिप्त होकर निष्काम तथा फलेच्छाविहीन भावनासे अपने अशेष कर्म करता हुआ उन्हें पूर्ण-समर्पण-बुद्धिसे ईश्वरचरणोंमें भेंट चढ़ा दे।

"शरीरको ही आत्मा मान लेना जीवकी मोहजनित हिमालयभूल है। आत्मा नित्य और अमर है, शरीर अनित्य और नाशवान्। मरनेपर शरीर ही नष्ट होता है, आत्मा इच्छानुकूल दूसरा शरीर वरण कर लेता है। शरीर एक भवन है, आत्मा उसका निवासी, जो उसके टूट-फूट जानेपर दूसरे भवनमें प्रवेश कर लेता है, शरीर वस्त्र है, आत्मा मनुष्य, जो उसके जीर्ण-शीर्ण हो जानेपर नया वस्त्र पहन लेता है ; आत्माके लिए शरीरोंका परिवर्तन ऐसा ही है, जैसा कि मनुष्यके शरीरमें शैशव कौमार्य, तारुण्य, वृद्धावस्थाओंका परिवर्तन। शरीरका हनन होनेसे आत्माका हनन नहीं हो जाता ; अतः, न कोई मारता है, न मरता है, न मरवता है। शरीरोंमें मोह होनेके कारण ही, हम एक-दूसरेके अपने-पराये वा मित्र और शत्रु हैं। परन्तु मरना निश्शेष सभी को है ; कौन-कब-कहाँ-कैसे ? यह अपने-अपने कर्मफल (भाग्य) पर निर्भर करता है।

"सो, हे अर्जुन ! यदि तू कौरवोंको नहीं भी मारेगा, तो भी मरना तो इनको अनिवार्यरूपसे है ही। इसी प्रकार, तेरे अपने पक्षके सभी योद्धाओंका भी—समेत तेरे—संहार निरपवादरूपसे होजाना है। ये तो सभी पहलेसे ही मरे-मराये पड़े हैं, तू तो, इनके मारनेमें, केवल एक बहाना (निमित्त कारण) बन जा। यदि इस धर्म-न्याय-युद्धको तू करता है, तो सुयश और स्वर्गलोक प्राप्त करेगा ; यदि नहीं करता है, तो अपयश और यह मृत्यु-लोक ही तुझे मिलेंगे। इसलिये, अस्थिरता और मानसिक दुर्बलता छोड़ ; शोक, शंका तथा मोहको दूर भगा ; निष्ठा, निश्चय और विश्वासको जगा ; क्षत्रियत्व एवं धनञ्जयत्वका अवलम्बन ले ; निर्विलम्ब उठ ; गाण्डीव उठा और युद्ध कर।"

कृष्णके शब्दोंने अर्जुनमें विद्युत्का संचार किया, उसकी कायापलट हुई और वह पूर्ववत् स्वस्थ हो गया। किन्तु गीतोपदेशद्वारा अर्जुनको पहुँचनेवाला यह लाभ तो स्थानीय, तात्कालिक एवं वैयक्तिक ही है; इसका वास्तविक लाभ तो अतुल्य और अमित है, क्योंकि यह सार्वदेशिक है, सार्वकालिक है, सार्वजनीन है—मानवमात्रव्यापी है। कारण? समस्त मानवजाति ही सदा-सर्वदा अर्जुनके रोगोंसे ग्रस्त रही है और रहेगी—हम-सब अर्जुन हैं। प्रत्येक मानव निज जीवनके नानाविध कुरुक्षेत्र (कार्यके क्षेत्र) में नित्यप्रति सन्देह-शंका, भय-त्रास, मोह-भ्रम, चिन्ता-निराशा, कायरता-कार्पण्यता, ईर्ष्या-द्वेष, मद-मात्सर्य, काम-क्रोध, लोभ-क्षोभ, भीति-अनीति, आसक्ति-अनुरक्ति, तृष्णा-वासना, दर्प-अहंकार, स्वार्थ-अभिमान प्रभृति दोषपिशाचोंसे आक्रान्त एवं प्रताड़ित होता रहता है। किंकर्तव्यविमूढ़ताके उस निबिड़ अन्धकारमें गीतातीव्रालोक ही उसे राह सुझाता है। कुरुक्षेत्रमें कृष्णद्वारा अर्जुनको दिया हुआ वह दिव्यसन्देश, ऐसी अवस्थामें, संसारकार्यक्षेत्रमें परमात्माद्वारा जीवात्माको दिए-हुए मोक्षमन्त्रका रूप धारण कर लेता है।

वह मन्त्र किसी विशिष्ट जाति-सम्प्रदाय, मत-पन्थ, वर्ण-आश्रम, आयु-युग, देश-प्रदेश, भाषा-रंग, साक्षर-निरक्षरके लिए निर्धारित नहीं है, अपितु निश्शेष मानवजातिके लिए समादिष्ट है। जो भी कोई—चाहे, वह कोई भी हो—उस मन्त्रका "जाप" करेगा (यानी, उसके अनुरूप आचरण करेगा), वह ही मोक्षपदका अधिकारी बनेगा—कोई पण नहीं, प्रण नहीं; अनुबन्ध नहीं, प्रतिबन्ध नहीं। इससे बढ़कर धार्मिक विचारस्वतन्त्रता, कर्मस्वच्छन्दता, मानवसमता, साधनसुगमताका दृष्टान्त अन्यत्र कहाँ मिलेगा? यही है हिन्दुत्वका सत्य-स्वरूप, यही है उसका यथार्थ-तत्त्व। और, इधर हमारे ही देशमें तथाकथित प्रगतिशील एवम् आधुनिकतावादी बन्धु हैं, जो हिन्दुधर्मको कट्टरपन्थी व रूढिवादी कहते नहीं थकते! "हिन्दु" शब्दसे ही उन्हें चिड़ है। सच तो यह है—और उन महाशयोंके लिए यह बड़ा-कड़ुआ सच है—कि धर्म केवल हिन्दुधर्म ही है, अन्य सब मत, पन्थ, वीथि वा सरणी हैं।

"धर्म" का अभिप्राय होता है "मानवधर्म" से, अर्थात्, वह धर्म जो मानवोंद्वारा मानवोंके लिए बना हो। इस कसौटीपर केवल हिन्दुधर्म ही खरा उतरता है, अन्य नहीं। जहाँ मतादिकोंके विषयमें यह निश्चयपूर्वक कहा जा सकता है कि उनका प्रवर्तक वा संस्थापक कौन है, वे कब बनाए गए, किस वर्गविशेषको दृष्टिमें रखकर बनाए गए, कौन उनका मुख्य-प्रतिपादक ग्रन्थ है, वहाँ हिन्दुधर्मके विषयमें इनमें से कोई भी बात बतलाना सम्भव नहीं। ऋग्वेद, जो केवल हिन्दुओंका नहीं

बल्कि समस्त विश्वका आद्यतम ग्रन्थ है, किसी एक ऋषिद्वारा प्रणीत नहीं है। अनेक ऋषियोंने अपने सम्मुख सत्यके आधारभूत तथ्य जैसे देखे, वैसे-के-वैसे ही छन्दोबद्ध कर दिए—अपनी ओरसे नूतन कुछ नहीं कहा। इसीलिए, ऋषियोंको मन्त्रोंका "द्रष्टा" कहा जाता है, "कर्ता" नहीं। और, वे तथ्य विश्वमें अनादिकालसे अथवा किस अज्ञात पुरातन युगसे प्रसूत होते आ रहे हैं, कोई कुछ निश्चित नहीं कह सकता। अतएव, हिन्दुधर्मको "सनातन धर्म" तथा "वैदिक धर्म" भी कहा जाता है। इसी प्रकार, संस्कृतके विशाल वाङ्मयमें से किसी एक ग्रन्थपर उंगली नहीं टिकाई जा सकती, यह निर्दिष्ट करनेके लिए कि हिन्दुत्वका यह ही एकमात्र मूल-प्रतिपादक ग्रन्थ है।

विडम्बना यह है कि "छाज बोलै सो बोलै, छालनी भी बोलै, जिसमें बहात्तर छेद।" जो साम्प्रदायिक मत स्वयं कट्टरपन्थी व रूढिवादी हैं, उल्टा, वे ही हिन्दुधर्मको ऐसा बतलाते हैं। कदाचित्, "हिन्दु" सर्वाधिक दुष्प्रयुक्त व दुर्गत शब्द है। इसे विदेशियोंने नहीं गढ़ा—जैसा प्रायः सोचा जाता है—बल्कि, यह तो वैदिक शब्द "सप्तसिन्धु" ही से विकृत हुआ है। इस देशके वासीकी ऐतिहासिक, धार्मिक, सांस्कृतिक तथा भावात्मक आस्थाएँ जितनी "हिन्दु" शब्दसे प्रतिबिम्बित होती हैं, उतनी "आर्य" वा "भारतीय" से भी नहीं। मोटे शब्दोंमें, इस देशका प्रत्येक नागरिक, चाहे वह किसी भी मतका अवलम्बन करनेवाला हो, "हिन्दु" (इण्डियन) है। "हिन्दु" शब्दका यह बृहदर्थ एवं विशाल परिप्रेक्ष्य न स्वीकार करना कोरी हठधर्मी है। दुर्भाग्यवश, अपने देशके प्राचीन नैतिक, सांस्कृतिक तथा राष्ट्रीय मूल्यों व मानदण्डोंकी घोर उपेक्षा करना हमारा फैशन या स्वभाव बन गया है। कोई भी आचार-विचार, जीवनशैली अथवा कार्यपद्धति विदेशी या अर्वाचीन हो, हम उसपर लट्टू हो जाते हैं और उसे अपनानेमें अपनी शान समझते हैं।

इस-सबके कहनेका यह आशय नहीं कि देशीय एवं पुरातन प्रत्येक वस्तुका अंगीकार हो और परकीय तथा नूतनका तिरस्कार। किसी भी मत वा क्रियाकलापकी स्वीकृति एवं तिरस्कृतिका आधार उसका कर्ता, स्थान अथवा समय नहीं, अपितु निष्पक्ष गुणदोष-परीक्षण, होना चाहिये। ईसाकी प्रायः-नवीं शतीतक, इस देशमें इसी स्वर्णिम सिद्धान्तका परिपालन होता रहा। फलस्वरूप, जीवनके प्रत्येक क्षेत्र—भौतिक व आध्यात्मिक—में हिन्दुस्थान उन्नतिके चरम शिखरपर स्थित रहा। धर्म-दर्शन, नीति-आचार, ज्ञान-विज्ञान, साहित्य-संगीत,कला-कौशल, सभ्यता-संस्कृति, गणित-ज्योतिष, भाषा-व्याकरण, वैद्यक-शल्यचिकित्सा, चित्रकारी-मूर्तिनिर्माण, भवनरचना-नगरसंस्थापना, कृषि-वनस्पतिविज्ञान, युद्ध-आयुधविद्या, वाणिज्य-व्यापार, जल-थलयातायात—मानवजीवनका कोई ऐसा पक्ष

न था, जिसमें हिन्दु, उस कालखण्डमें, विश्वके सिरमौर न रहे हों। तक्षशिला एवं नालन्दा जैसे उनके जगद्विख्यात विश्वविद्यालयोंमें सैंकड़ोंकी संख्यामें विदेशी छात्र विद्याकी विविध शाखाओंमें ज्ञानार्जनके लिए आते थे और, इस प्रकार, इस देशको "जगद्गुरु" होनेका गौरव प्रदान करते थे।

किन्तु किसीका एकसा समय सदा कहाँ रहता है? परिस्थितियोंने पलटा खाया और जनसाधारणकी मनोवृत्तिने भी अंगड़ाई ली। उदारता, वीरता, एकता, परमार्थता, ज्ञानप्रियता, आध्यात्मिकता तथा राष्ट्रीयताका स्थान धीरे-धीरे संकीर्णता, भीरुता, पृथक्ता, स्वार्थता, अज्ञानता, भौतिकता एवं साम्प्रदायिकताने ले लिया। पारस्परिक फूट, आन्तरिक कलह, मिथ्याभिमान, उच्छृंखलता, विलासप्रियता तथा कूपमण्डूकताने विदेशी आक्रमणकारियोंकी गृध्रदृष्टिको इस सोनेकी चिड़ियाकी ओर आकृष्ट कराया और उन्होंने इसको केवल पिंजरेमें बन्द ही नहीं किया, बल्कि इसके पंख भी नोंच डाले, ताकि यह फड़फड़ा भी न सके। लगभग एक सहस्र वर्षोंकी पराधीनताने इस देशको उन्नतिगगनसे गिराकर अवनतिके रसातलमें फैंक दिया। ज्ञान, शौर्य, वर्चस्व, धनसम्पदा और अस्मिताका इस सीमातक ह्रास हुआ कि स्वाधीनताके चालीस-वर्ष उपरान्त भी ये व्रण पूर्णतया नहीं भर पाये।

भौतिक क्षतिसे कहीं अधिक क्षोभकारी एवं मर्मभेदी, अपना सांस्कृतिक, नैतिक तथा बौद्धिक पतन हुआ है। कलतक हम जगद्गुरु थे, आज हमें विद्यार्जनके लिए विदेशोंका द्वार खटखटाना पड़ता है; कलतक हम स्वावलम्बी थे, आज हमें अपनी आवश्यकतापूर्तिके निमित्त बहुलतया परकीय सहायतापर निर्भर रहना पड़ता है; कलतक हम संसारके सामने नीति-सदाचारके प्रतीक थे, आज हमारा जीवन पग-पगपर झूठ, धोखा, बे-ईमानी, घूंस, चोरी, जारी, लूटखसोट, दादागिरीसे सटा पड़ा है; कलतक हमें अपने स्वत्वपर गर्व था, आज हम दूसरोंकी नक़ल और चाटुकारिता करना अपना परमधर्म समझते हैं। अन्धानुकृति एवं हीनभावनाके इस भयानक रोगने भाषाके विषयमें तो अतीव निर्लज्ज रूप धारण कर रक्खा है। अपनी मातृभाषाको तिलाञ्जलि दे, हम परभाषाप्रयोग—चाहे वह अशुद्ध ही हो—निरंकुशतापूर्वक करते हैं। "माता," "पिता" जैसे पावन शब्द भी इस महामारीसे नहीं बच पाए। गाँवमें निरक्षर, गूठा-टेक किसान भी अपने बच्चोंको "डैडी," "मम्मी" कहनेके लिए बाध्य करता है। "प्रगतिवाद" की यही गति रही, तो वह दिन दूर नहीं जब हमारे बालक पढ़ा करेंगे कि "बाप" या "पिता" कहते हैं "डैडी" या "फ़ादर" को, "माँ" या "माता" कहते हैं "मम्मी" या "मदर" को, "गाय" का अर्थ है "काऊ," "दूध" का अर्थ है "मिल्क।" कलेजा मुँहको आता है यह देखकर कि हमारे विश्ववन्दित और महिमामण्डित पूर्वजोंकी

सन्तान इतनी शोचनीय एवं दयनीय दशाको पहुँच गई है। यह दशा, कम से कम, हमारे (लेखकके) लिए नितान्त अग्राह्य और अवाच्य है। अतः, उसकी परिस्फुटित अभिव्यक्तिके हेतु, हम प्रातःस्मरणीय राष्ट्रकवि मैथिलीशरण गुप्तकी ओजस्विनी एवं भावोद्‌भाविनी वाणीका आश्रय लेते हुए, उनकी अमरकृति "भारत-भारती" से अधोलिखित पङ्‌क्तियाँ उद्‌धृत करते हैं—

"चर्चा हमारी भी कभी संसारमें सर्वत्र थी,
वह सद्‌गुणोंकी कीर्ति मानो एक और कलत्र थी।
इस दुर्दशाका स्वप्नमें भी क्या हमें कुछ ध्यान था?
क्या इस पतन ही को हमारा वह अतुल उत्थान था?

शैशव-दशामें देश प्रायः जिस समय सब व्याप्त थे,
निश्शेष विषयोंमें तभी हम प्रौढ़ताको प्राप्त थे।
संसारको पहले हमींने ज्ञान-शिक्षा दान की,
आचारकी, व्यापारकी, व्यवहारकी, विज्ञानकी ॥

'हाँ' और 'ना' भी अन्य जन करना न जब थे जानते,
थे ईशके आदेश तब हम वेदमन्त्र बखानते ।
जब थे दिगम्बर-रूपमें वे जंगलोंमें घूमते,
प्रासाद-केतन-पट हमारे चन्द्रको थे चूमते ॥

हमको विदित थे तत्त्व सारे नाश और विकासके,
कोई रहस्य छिपे न थे पृथ्वी तथा आकाशके ;
थे जो हज़ारों वर्ष पहले जिस तरह हमने कहे,
विज्ञान-वेत्ता अब वही सिद्धान्त निश्चित कर रहे ॥

उत्थानके पीछे पतन सम्भव सदा है सर्वथा,
प्रौढ़त्वके पीछे स्वयं वृद्धत्व होता है यथा ।
हा! किन्तु अवनति भी हमारी है समुन्नति-सी बड़ी,
जैसी बढ़ी थी पूर्णिमा वैसी अमावस्या पड़ी ॥

क्या थे यवन, पाते न प्रश्रय यदि अधम जयचन्दसे ?
जयशील पृथ्वीराज हारे अन्तमें छल-छन्दसे ।
हा ! देशका दीपक बुझा भीषण अँधेरा छा गया,
निज कर्मके फलभोगका वह काल आगे आ गया ॥

है विश्वमें सबसे बली सर्वान्तकारी काल ही,
होता अहो ! अपना पराया कालके वश हाल ही ।
बनता कुतुबमीनार यमुनास्तम्भका निर्वाद है,
उस तीर्थराज प्रयागका बनता इलाहाबाद है ॥

विख्यात हिन्दुधर्म ही सच्चा सनातन धर्म है,
वह धर्म ही धारण क्रियाका नित्य कर्ता-कर्म है ।
परमार्थकी—संसारकी भी—सिद्धिका वह धाम है,
पर वाद और विवादमें ही आज उसका नाम है ॥

हम आज क्यासे क्या हुए ? भूले हुए हैं हम इसे,
है ध्यान अपने मानका हममें बताओ अब किसे ?
पूर्वज हमारे कौन थे ? हमको नहीं यह ज्ञान भी,
है भार उनके नामपर दो अंजली जल-दान भी ॥

हिन्दु-समाज सभी गुणोंसे आज कैसा हीन है!
वह क्षीण और मलीन है, आलस्यमें ही लीन है ।
परतंत्र पद-पदपर विपद्‌में पड़ रहा वह दीन है,
जीवन-मरण उसका यहाँ अब एक दैवाधीन है ॥

हा ! आर्यसन्तति आज कैसी अन्ध और असक्त है,
पानी हुआ क्या अब हमारी नाड़ियोंका रक्त है ?
संसारमें हमने किया बस एक ही यह काम है—
निज पूर्वजोंका सब तरह हमने डुबोया नाम है ॥

हतभाग्य हिन्दुजाति! तेरा पूर्व-दर्शन है कहाँ?
वह शील, शुद्धाचार, वैभव, देख, अब क्या है यहाँ?
क्या जान पड़ती वह कथा अब स्वप्न की-सी है नहीं?
हम हों वहीं, पर पूर्व-दर्शन दृष्टि आते हैं कहीं?

बीतीं अनेक शताब्दियाँ, पर हाय! तू जागी नहीं,
वह कुम्भकर्णी नींद तूने तनिक भी त्यागी नहीं।
देखें कहीं पूर्वज हमारे स्वर्गसे आकर हमें,
आँसू बहावें शोकसे, इस वेशमें पाकर हमें॥

अब भी समय है जागनेका, देख आँखें खोलके,
सब जग जगाता है तुझे, जगकर स्वयं जय बोलके।
निश्शक्त यद्यपि हो चुकी है, किन्तु तू न मरी अभी,
अब भी पुनर्जीवन-प्रदायक साज़ हैं सम्मुख सभी॥

हम कौन थे, क्या हो गए हैं? जान लो इसका पता,
जो थे कभी गुरु, है न उनमें शिष्यकी भी योग्यता।
जो थे सभीसे अग्रगामी, आज पीछे भी नहीं,
है दीखती संसारमें विपरीतता ऐसी कहीं?

ऐसा करो ज़िसमें तुम्हारे देशका उद्धार हो,
जर्जर तुम्हारी जातिका बेड़ा विपद्से पार हो।
ऐसा न हो जो अन्तमें, चर्चा करें ऐसी सभी—
थी एक हिन्दु नामकी भी निन्द्य जाति यहाँ कभी॥

हा दीनबन्धो! क्या हमारा नाम ही मिट जायगा?
अब फिर कृपा-कण भी न क्या भारत तुम्हारा पायगा?
हा राम! हा! हा कृष्ण! हा! हा नाथ! हा! रक्षा करो;
मनुजत्व दो हमको दयामय! दुःख दुर्बलता हरो॥”

परिशिष्ट (२)
गीता—एक नजरमें

श्लोक **विषय**

पहला अध्याय

१-११ दोनों सेनाओंके प्रधान-प्रधान शूरवीरोंकी गणना और सामर्थ्यका कथन
१२-१९ दोनों सेनाओंकी शंखध्वनिका कथन
२०-२७ अर्जुनद्वारा सेनानिरीक्षणका प्रसंग
२८-४७ मोहसे व्याप्त-हुए अर्जुनके कायरता, स्नेह और शोकयुक्त वचन

दूसरा अध्याय

१-१० अर्जुनकी कायरताके विषयमें श्रीकृष्णार्जुनका संवाद
११-३० सांख्यायोगका विषय
३१-३८ क्षात्रधर्मके अनुसार युद्ध करनेकी आवश्यकताका निरूपण
३९-५३ निष्काम कर्मयोगका विषय
५४-७२ स्थिरबुद्धि पुरुषके लक्षण और उसकी महिमा

तीसरा अध्याय

१-८ ज्ञानयोग और निष्काम कर्मयोगके अनुसार अनासक्तभावसे नियतकर्म करनेकी श्रेष्ठताका निरूपण
९-१६ यज्ञादि कर्म करनेकी आवश्यकताका निरूपण
१७-२४ ज्ञानवान् और भगवान्के लिए भी लोकसंग्रहार्थ कर्म करनेकी आवश्यकता
२५-३५ अज्ञानी और ज्ञानवान्के लक्षण तथा रागद्वेष-रहित होकर कर्म करनेके लिए प्रेरणा
३६-४३ कामके निरोधका विषय

चौथा अध्याय

१-१८ सगुण भगवान्का प्रभाव और निष्काम कर्मयोगका विषय
१९-२३ योगी महात्मा पुरुषोंके आचरण और उनकी महिमा

श्लोक	विषय
७-१०	जगतकी उत्पत्तिका विषय
११-१५	भगवान्का-तिरस्कार-करनेवाले आसुरी प्रकृतिवालोंकी निन्दा और दैवी-प्रकृतिवालोंके भगवद्भजनका प्रकार
१६-१९	सर्वात्मरूपसे प्रभावसहित भगवान्के स्वरूपका वर्णन
२०-२५	सकाम और निष्काम उपासनाका फल
२६-३४	निष्काम-भगवद्भक्तिकी महिमा

दसवाँ अध्याय

१-७	भगवान्की विभूति और योगशक्तिका कथन तथा उनके जाननेका फल
८-११	फल और प्रभावसहित भक्तियोगका कथन
१२-१८	अर्जुनद्वारा भगवान्की स्तुति एवं विभूति और योगशक्तिको कहनेके लिए प्रार्थना
१९-४२	भगवान्द्वारा अपनी विभूतियोंका और योगशक्तिका कथन

ग्यारहवाँ अध्याय

१-४	विश्वरूपका दर्शन करानेके लिए अर्जुनकी प्रार्थना
५-८	भगवान्द्वारा अपने विश्वरूपका वर्णन
९-१४	धृतराष्ट्रके प्रति संजयद्वारा विश्वरूपका वर्णन
१५-३१	अर्जुनद्वारा भगवान्के विश्वरूपका देखा जाना और उनकी स्तुति करना
३२-३४	भगवान्द्वारा अपने प्रभावका वर्णन और युद्धके लिए अर्जुनको उत्साहित करना
३५-४६	भयभीत हुए अर्जुनद्वारा भगवान्की स्तुति और चतुर्भुजरूपका दर्शन करानेके लिए प्रार्थना
४७-५०	भगवान्द्वारा अपने विश्वरूपके दर्शनकी महिमाका कथन तथा चतुर्भुज और सौम्यरूपका दिखाया जाना
५१-५५	बिना अनन्य भक्तिके चतुर्भुजरूपके दर्शनकी दुर्लभताका और फलसहित अनन्यभक्तिका कथन

बारहवाँ अध्याय

१-१२	साकार और निराकारके उपासकोंकी उत्तमताका निर्णय और भगवत्प्राप्तिके उपायका विषय
१३-२०	भगवत्प्राप्तिवाले पुरुषोंके लक्षण

तेरहवाँ अध्याय

१-१८	ज्ञानसहित क्षेत्रक्षेत्रज्ञका विषय
१९-३४	ज्ञानसहित प्रकृतिपुरुषका विषय

(गीताप्रेस, गोरखपुरके सौजन्यसे)

परिशिष्ट (३)
किसने कहाँ, कितना कहा

अध्याय	धृतराष्ट्र	संजय	अर्जुन	श्रीभगवान्	पूर्ण-संख्या
१	१	२५	२१	०	४७
२	०	३	६	६३	७२
३	०	०	३	४०	४३
४	०	०	१	४१	४२
५	०	०	१	२८	२९
६	०	०	५	४२	४७
७	०	०	०	३०	३०
८	०	०	२	२६	२८
९	०	०	०	३४	३४
१०	०	०	७	३५	४२
११	०	८	३३	१४	५५
१२	०	०	१	१९	२०
१३	०	०	०	३४	३४
१४	०	०	१	२६	२७
१५	०	०	०	२०	२०
१६	०	०	०	२४	२४
१७	०	०	१	२७	२८
१८	०	५	२	७१	७८
जोड़	१	४१	८४	५७४	७००

(गीताप्रेस, गोरखपुरके सौजन्यसे)

परिशिष्ट (४)
राम और श्याम

जिन दो विभूतियोंने हिन्दुओंके मानसपटलपर युगोंसे एक अमिट छाप छोड़ी हुई है, वे हैं—राम और कृष्ण। इनका नाम-वा-स्मरण मात्र ही उनमें शक्तिसंचरण, चेतनास्पन्दन, कार्योद्‌बोधन, धर्मानुगमन तथा स्वान्तः-स्तवनका सृजन कर देता है। प्रखरदिव्यज्योतिके इन अक्षयस्तम्भोंके बिना, हिन्दु ही क्या, मानवजाति ही दिग्-हीन और दृग्-हीन हो जाती है। दोनों भगवान् विष्णुके अवतार हैं और दोनों ही ने अपने-अपने समयमें यथेष्ट दुष्टदलन तथा पापदमन किया है। किन्तु, साथ ही, उनकी जीवनशैलियों, क्रियापद्धतियों एवं लीलापरिस्थितियोंमें इतना वैषम्य और वैपरीत्य है कि आश्चर्य हुए बिना नहीं रह सकता। आइये, चलते-चलते, हम भी इस रोचक व मोहक प्रसंगकी एक झलक ले लें—

राम	कृष्ण
(१) रामका जन्म प्रासाद (महल) में हुआ था।	(१) कृष्णका जन्म कारागार (जेल) में हुआ था।
(२) राम अपने माता-पिताकी पहली सन्तान थे।	(२) कृष्ण अपने माता-पिताकी अन्तिम (आठवीं) सन्तान थे।
(३) रामके माता-पिता चिरकाल तक निस्सन्तान रहे थे। बड़ी लालसाके उपरान्त, पुत्रेष्टियज्ञ करनेपर ही उन्हें औलादका मुँह	(३) कृष्णके माता-पिताको विवाहके बादसे ही (कृष्णके मामा) कंसने जेलमें डाल रक्खा था। वह उनकी संतानको होते ही मार

राम	कृष्ण
देखना नसीब हुआ था।	डालता था। इस प्रकार, उनके सात बच्चे मारे ज़ा चुके थे। अतः, आठवीं सन्तानके लिए, उनके मनमें कोई विशेष लालसा वा उमंग शेष नहीं रह गई थी।
(४) रामका जन्म दिनके समय हुआ था।	(४) कृष्ण आधी-रातको हुए थे।
(५) राम गौर वर्णके थे।	(५) कृष्णका वर्ण श्याम (साँवला) था। इसीलिये, उन्हें "श्याम" भी कहा जाता है।
(६) राम, राजकुमारके रूपमें, बारह वर्षोंतक महलोंमें रहे थे और तदुपरान्त ही (विश्वामित्रके साथ) वनोंमें गए थे।	(६) कृष्ण, बारह वर्षोंतक, वन-उपवन-लताकुंजोंमें विहार करते रहे और उसके बाद ही (कंसवधके लिए) महलोंमें गए थे।
(७) रामका जीवन धर्मप्रेरित था। वे मर्यादापुरुषोत्तम थे—मानव-मर्यादाके प्रतीक।	(७) कृष्णका जीवन कर्मप्रेरित था। वे योगेश्वर थे—कर्मयोगके प्रतीक।
(८) राम बारह कलाओंके अवतार थे; उन्होंने कभी अपने-आपको परमात्मा नहीं बताया।	(८) कृष्ण पूर्ण-सोलह कलाओंके अवतार थे; गीतामें जगह-जगह उन्होंने अपने-आपको परमात्मा घोषित किया है।
(९) राम नित्यसंघर्षशील जीवात्माके प्रतिनिधि हैं, जिसका लक्ष्य परमात्मप्राप्ति है।	(९) कृष्ण साक्षात् परमात्मा हैं और समस्त जीवात्माओंके परमसाध्य —यानी, चरमलक्ष्य।
(१०) रामने (रावणके साथ) रामायणका महायुद्ध स्वयं लड़ा था।	(१०) कृष्ण महाभारतके युद्धमें स्वयं नहीं लड़े थे, बल्कि (पार्थ-सारथीके रूपमें) दूसरोंकी लड़ाईके साक्षी थे।
(११) राम एकपत्नीव्रत थे। सीताको छोड़, किसी अन्य स्त्रीका स्वप्नतकमें भी विचार उनके	(११) कृष्ण बहुपत्नीक थे। उनकी पत्नियाँ कितनी थीं? इस विषयमें नाना मत हैं। कुछके

राम	कृष्ण
लिए नारकीय पातक था। अश्वमेधयज्ञमें उन्हें जब धर्मपत्नीकी आवश्यकता पड़ी, तो (परित्यक्ता) सीताके स्थानपर किसी अन्य स्त्रीको स्वीकार करनेकी बजाय, उन्होंने सीताकी प्रतिमासे ही काम चलाया।	अनुसार तो, उनकी "पूरी फौज-की-फौज" थी। इनमें वे सोलह हज़ार एक सौ कन्याएँ भी सम्मिलित थीं, जिन्हें कृष्णने, प्राग्ज्योतिषपुरके दैत्यराजा भौमासुरका वध करके, उसकी कैदसे मुक्त कराया था। इन मतोंको, कपोलकल्पित एवं तथ्यहीन मानकर, यदि सर्वथा उपेक्षित कर दें, तो भी इतना तो पूर्ण विश्वाससे कहा ही जा सकता है कि उनकी अनेक पत्नियाँ थीं। इनमें आठ उनकी पटरानियाँ थीं—रुक्मिणी, सत्यभामा, जाम्बवती, कालिन्दी, मित्रविन्दा, नाग्नजिती (सत्या), लक्ष्मणा और भद्रा। इनमें भी, रुक्मिणी सबकी सिरमौर थी।
(१२) केवल एक ही पत्नी होते हुए भी, रामका दाम्पत्यजीवन दुःख-कष्टमय एवं सन्तापपूर्ण था। सीताको तो, विवाहोपरान्त, कदाचित् ही शान्ति, सन्तोष तथा चैनका साँस लेनेको मिला हो।	(१२) पत्नियोंकी भरमार होते हुए भी, कृष्णका दाम्पत्यजीवन हर्षोल्लासपूर्ण तथा आनन्दमय था। उनकी सभी पत्नियाँ सदा उनसे सन्तुष्ट रहती थीं और वे भी उनसे प्रसन्न रहते थे।
(१३) राम, वनमें, कामिनी (सीता) की सन्तुष्टिके लिए काञ्चन (मृग) की खोजमें निकलते हैं और, ऐसा करनेमें, काञ्चन भी नहीं मिलता तथा कामिनीसे भी हाथ धो बैठते हैं।	(१३) कृष्ण, वनमें, काञ्चन (स्यमन्तक मणि) की खोज में निकलते हैं और, ऐसा करनेमें, न ही केवल काञ्चनको प्राप्त कर लेते हैं, अपितु, साथमें, दो-दो कामिनियों—सत्यभामा एवं जाम्बवती—को भी हथिया लेते हैं।

राम	कृष्ण
(१४) एक स्त्री (सीता) खोई जाती है और उसके विरहमें एक पुरुष (राम) विलाप करता है।	(१४) एक पुरुष (कृष्ण) (मथुरा) चला जाता है और उसके विरहमें स्त्रियाँ (गोपियाँ) विलाप करती हैं।
(१५) रामकी पत्नी (सीता) का बलपूर्वक (रावणद्वारा) अपहरण किया गया था; रामने किसी स्त्रीका अपहरण नहीं किया।	(१५) कृष्णने अनेक स्त्रियों—जैसे, रुक्मिणी, मित्रविन्दा, लक्ष्मणा—का अपहरण किया और फिर उनसे विवाह किया।
(१६) रामके नामका भजन-संकीर्तन करनेमें, उससे पहले उनकी विधिवत् विवाहिता पत्नीका नाम ("सीता") जोड़ा जाता है और "सीताराम" शब्द बनाया जाता है।	(१६) कृष्णके नामका भजन-संकीर्तन करनेमें, उससे पहले उनकी अनुपम प्रेमिका व आराधिका तथा अन्य पुरुषकी पत्नीका नाम ("राधा") जोड़ा जाता है और "राधाकृष्ण" शब्द बनाया जाता है।
(१७) रामको कामिनी (सीता) के कारण लोकापवाद मिला था।	(१७) कृष्णको काञ्चन (स्यमंतकमणि) के कारण लोकापवाद मिला था।
(१८) रामके महाप्रयाणके समय, अयोध्या बड़ी ऐश्वर्यवैभवपूर्ण एवं सुसमृद्ध थी, जिसके निवासी शान्तिप्रिय, विद्यावान् व धर्मपरायण थे।	(१८) कृष्णके महाप्रयाणके समय, समस्त यादवसमुदाय उच्छृंखलता, व्यभिचार एवं गृहयुद्धके कारण विनष्ट हो गया था और द्वारका पूर्णतया ध्वस्त व धूलिसात् हो चुकी थी।
(१९) राम सूर्यवंशी थे।	(१९) कृष्णका जन्म चन्द्रवंशियोंकी यादवशाखामें हुआ था।
(२०) राम शेषनागके अवतार (लक्ष्मण) के बड़े भाई थे।	(२०) कृष्ण शेषनागके अवतार (बलराम) के छोटे भाई थे।
(२१) रामने सूर्यपुत्र (सुग्रीव) की रक्षा की और इन्द्रपुत्र (बाली) का वध किया।	(२१) कृष्णने सूर्यपुत्र (कर्ण) का वध करवाया और इन्द्रपुत्र (अर्जुन) की रक्षा की।

राम	कृष्ण
(२२) रामको अपने जीवनमें अनेक बार रोना पड़ा था।	(२२) कृष्ण जीवन-भर आमोद-प्रमोद, हास्य-विनोदकी मूर्ति बने रहे थे। एक बार, केवल एक बार, उनकी आँखें आँसुओंसे डबडबाई थीं—जब उन्होंने अपने बालसखा, सुदामा, को द्वारका-महलमें दीन-हीन, जीर्ण-शीर्ण दशामें देखा था।

ॐ शान्ति:! शान्ति:!! शान्ति:!!!

योगेश्वर और धनुर्धर

भृगु संहिता
फलित प्रकाश

लेखक: महर्षि भृगु
टाइप: पेपरबैक
भाषा: हिन्दी
पृष्ठ: 728

वैदिक ग्रन्थों में बहुचर्चित प्राचीन ऋषि भृगु महाराज के असीम ज्ञान एवं पांडित्य से ओत-प्रोत अमर ग्रन्थ है- 'भृगु संहिता'। हजारों वर्ष पूर्व रचा गया फलित ज्योतिष का यह अभूतपूर्व ग्रन्थ आज भी महती प्रासंगिकता बनाए हुए है तथा आने वाले समय में भी इसकी आभा से मानव मात्र को लाभ मिलता रहेगा। तीन प्रकरणों से युक्त ग्रन्थ 'भृगु संहिता' के प्रथम प्रकरण में प्रारंभिक तथा आवश्यक जानकारियां दी गई हैं। दूसरे प्रकरण में लग्नों की कुंडलियों का फलादेश है। ग्रहों की युति, उच्च, नीच, मूल, त्रिकोण, मित्र तथा शत्रुराशिस्थ ग्रहों की महादशा से संबंधित फलादेश जैसे विषयों का वर्णन तीसरे प्रकरण में किया गया है। इस प्रकार यह ग्रन्थ आम पाठक के लिए अत्यधिक उपयोगी बन पड़ा है। ज्योतिष विद्या से अनजान एवं कम पढ़े-लिखे लोग भी इससे पर्याप्त लाभ उठा सकेंगे।

मंत्र रहस्य

लेखक: डा. नारायणदत्त श्रीमाली

टाइप: पेपरबैक

भाषा: हिन्दी

पृष्ठ: 380

विश्वविख्यात आध्यात्मिक पुरुष की अनूठी पुस्तक। मंत्रों के सफल प्रयोगों पर आधारित प्रामाणिकत व सचित्र विधियां, जिनके असंख्य दुर्लभ मंत्रों से साधक एक सफल मंत्रशास्त्री बन सकता है। इस पुस्तक में मंत्र के अर्थ, महत्व, एवं मंत्र सिद्धि के उपाय आदि के बारे में क्रमबद्ध जानकारी है।

तांत्रिक सिद्धियां

लेखक: डा. नारायणदत्त श्रीमाली

टाइप: पेपरबैक

भाषा: हिन्दी

पृष्ठ: 191

विश्वविख्यात योगाचार्य तथा तंत्र-मंत्र शास्त्री की लोकप्रिय पुस्तक। तंत्र के क्षेत्र में पहली प्रैक्टिकल पुस्तक, जिसमें तांत्रिक सिद्धियों को प्राप्त करने के प्रयोग, मार्ग में आने वाली बाधाएं व सफलता प्राप्त करने की साधना दी गई है।

हिन्दुओं के व्रत, पर्व और तीज-त्योहार

लेखक: डॉ. प्रकाश चंद गगराडे

टाइप: पेपरबैक

भाषा: हिन्दी

पृष्ठ: 220

हिन्दू जन-मानस की आवश्यकता तथा उनकी रुचि को ध्यान में रखते हुए इस पुस्तक का प्रकाशन किया गया है। पुस्तक में हिन्दू धर्म-ग्रंथों के आधार पर आवश्यकतानुसार प्रामाणिक जानकारी दी गई है। व्रत, पर्व एवं त्योहारों के आध्यात्मिक पक्ष को वैज्ञानिक तथ्यों द्वारा यथास्थान पुष्ट किया गया है। इस पुस्तक की उपज कई संपादकों, समीक्षकों एवं विद्वज्जनों द्वारा किए गए शोधों का एक परिणाम है।

व्रत एवं त्योहार भारतीय संस्कृति एवं सभ्यता की धरोहर हैं। धर्म-प्राण भारत में व्रत, पर्व एवं त्योहारों के मनाए जाने का मुख्य उद्देश्य है - मनुष्य और मनुष्य के बीच, मनुष्य और प्रकृति के बीच सामंजस्य स्थापित करना। ये मानव मन में नवोन्मेष लेकर आते हैं, लोक के साथ परलोक सुधारने की प्रेरणा देते हैं। जीवन को संतुलित रखते हुए खालीपन को कोसों दूर ले जाते हैं। ये मनुष्य को तपोभूत कर उसे भूत कार्यो की तरफ अग्रेसित करते हैं। भारतीय जनमानस को समय-समय पर एकता के सूत्र में पिरोने का कार्य व्रत, पर्व एवं त्योहार ही करते हैं।

व्रतोपवास आत्मशोधन का एक सर्वश्रेष्ठ उपाय है, शक्ति का उत्तम स्रोत है। ब्रह्मचर्य, एकांतवास, मौन एवं आत्मनिरीक्षण आदि की विधा संपन्न करने का सर्वश्रेष्ठ मार्ग है। जीवन के उत्थान और विकास की अद्‌भुत शक्ति, आत्मविश्वास और अनुशासन की भावना भी वस्तुत: व्रत नियम के पालन से ही आती है। वेदों के मतानुसार व्रत और उपवास के नियम पालन से शरीर को तपाना ही तप है। इससे मानव जीवन सफल होता है। पुस्तक की विशेषता यह है कि भारतवर्ष में सैकड़ों वर्षो से मनाए जाने वाले व्रत एवं त्योहार जैसे - गणगौर/गौरी तृतीया, निर्जला एकादशी, गुरु पूर्णिमा, श्री कृष्ण जन्माष्टमी, नवरात्र/दुर्गा पूजन, करवा चौथ, अहोई अष्टमी, देवोत्थानी एकादशी, महाशिवरात्रि, श्री सत्यनारायण व्रत कथा, सोलह सोमवार, शुक्रवार व्रत एवं त्योहारों के अतिरिक्त सैकड़ों अन्य व्रतों एवं त्योहारों को महीनों के अनुसार रंगीन चित्रों द्वारा सुसज्जित किया गया है। व्रतों के अतिरिक्त होली, दीपावली, दशहरा, रक्षाबंधन, शिवरात्रि, गंगा स्नान आदि पर्वों का भी सचित्र वर्णन है।

धर्म एवं आध्यात्मिकता